FACHBUCHREIHE
für wirtschaftliche Bildung

W0199407

Steuerlehre

26. überarbeitete Auflage

Lutz

VERLAG EUROPA-LEHRMITTEL
Nourney, Vollmer GmbH & Co. KG
Düsseldorfer Straße 23
42781 Haan-Gruiten

Europa-Nr.: 78718

EUROPA LEHRMITTEL

Verfasser:
Karl Lutz Dipl.-Finw. Ulm

Ehemaliger Mitautor:
Peter Huber-Jilg München

26. Auflage 2023

Druck 5 4 3 2 1

Alle Drucke derselben Auflage sind parallel einsetzbar, da sie bis auf die Korrektur von Druckfehlern identisch sind.

ISBN 978-3-7585-7467-2

www.europa-lehrmittel.de
Umschlaggestaltung, Satz, Grafik und Layout: tiff.any GmbH & Co. KG, 10999 Berlin
Umschlagfoto: © Tiberius Gracchus – Fotolia.com
Druck: UAB BALTO print, 08217 Vilnius (LT)

Vorwort

„Steuerlehre“ ist ein in **Lehre und Praxis** bewährtes Fachbuch, das nunmehr in der 26. Auflage vorliegt. Es richtet sich an:

- **Steuerfachangestellte**
- **Schülerinnen und Schüler an den Fachschulen und Berufskollegs**
- **Studentinnen und Studenten an Berufsakademien und Fachhochschulen**
- **Dozenten und Teilnehmer von Fort- und Weiterbildungen der Steuerfachwirte und Bilanzbuchhalter**

Das **systematisch** und **gut verständlich aufgebaute Lehrbuch** kann sowohl im Unterricht als auch in steuerfachlichen Schulungen sowie zur **Vorbereitung auf Klausuren und Prüfungen** eingesetzt werden. Zugleich ist **„Steuerlehre“** ein wertvolles **Nachschlagewerk** in der steuerlichen Praxis.

Die **übersichtliche Strukturierung der Inhalte**, verbunden mit **aussagekräftigen Beispielen** erleichtert die **selbstständige Erarbeitung** der Lerninhalte.

Entsprechend dem KMK Rahmenlehrplan vom 22.08.2022 deckt **„Steuerlehre“** die Lernfelder

3 Umsatzsteuerliche Sachverhalte bearbeiten
4 Einkommensteuererklärungen erstellen
6 Grenzüberschreitende Sachverhalte und Sonderfälle umsatzsteuerrechtlich bearbeiten und erfassen
8 Gewinneinkünfte und weitere Überschusseinkünfte ermitteln
9 Körperschaftsteuer und Gewerbesteuer ermitteln
11 Verwaltungakte prüfen, Rechtsbehelfe und Anträge vorbereiten

sowie darüber hinaus die Grundlagen des Allgemeinen Steuerrechts, des Bewertungsrechts und der Erbschaftsteuer ab.

„Steuerlehre“ ist ein aktuelles Werk auf dem **Rechtsstand vom Januar 2023**, das laufend überarbeitet wird. Die Änderungen gegenüber der vorherigen Auflage sind deutlich in der Randspalte gekennzeichnet. §

„Steuerlehre“ bildet zusammen mit dem Titel „Rechnungswesen für Steuerfachangestellte“(Europa-Nr. 78017) ein in sich vernetztes Fachprogramm, das **lernfeld- und fächerübergreifendes Lernen und Lehren** ermöglicht und fördert. Die Vernetzung beider Werke erfolgt durch grafische Symbole (**RW 267 f.**), welche auf die entsprechenden Inhalte des jeweils anderen aktuellen Titels hinweisen.

Beide Bücher bieten somit unverzichtbares **Fachwissen für die steuerliche Praxis**.

Ihr Feedback ist uns wichtig
Ihre Anmerkungen, Hinweise und Verbesserungsvorschläge zu diesem Buch nehmen wir gerne auf – schreiben Sie uns unter *lektorat@europa-lehrmittel.de*.

Ulm, Januar 2023 Der Verfasser

1	**Grundlagen des Allgemeinen Steuerrechts**	**13**
1.1	**Steuerrecht als Teil des Öffentlichen Rechts**	**13**
1.2	**Ziele der Besteuerung**	**13**
1.3	**Öffentlich rechtliche Abgaben**	**14**
1.3.1	Steuern	15
1.3.2	Steuerliche Nebenleistungen	15
1.3.3	Gebühren	16
1.3.4	Beiträge	16
1.4	**Einteilung der Steuern**	**17**
1.4.1	Einteilung nach dem Steuergegenstand	17
1.4.2	Einteilung nach der Ertragshoheit	18
1.4.3	Einteilung nach der Überwälzbarkeit	18
1.4.4	Einteilung nach der Behandlung im Rechnungswesen	19
1.5	**Steuerliche Vorschriften**	**20**
1.5.1	Gesetzgebungshoheit	20
1.5.2	Steuerliche Rechtsgrundlagen	21
1.5.3	Einteilung der Steuergesetze	22
1.5.4	Durchführungsverordnungen	22
1.5.5	Richtlinien und andere Verwaltungsanweisungen	22
1.5.6	Entscheidungen der Steuergerichte	23
1.6	**Die Steuerverwaltung**	**24**
1.6.1	Steuerverwaltungshoheit	24
1.6.2	Aufbau und Aufgaben der Finanzbehörden	24
1.6.3	Aufbau und Arbeitsweise der Finanzämter	25
1.7	**Hilfeleistung in Steuersachen**	**27**
1.7.1	Anwendungsbereich	27
1.7.2	Befugnis zur Hilfeleistung	27
1.7.3	Berufspflichten	28
2	**Umsatzsteuer (Lernfelder 3 und 6)**	**29**
2.1	**Bedeutung und Stellung der Umsatzsteuer im Steuersystem**	**29**
2.1.1	Geschichtliche Entwicklung	29
2.1.2	Wesen, Bedeutung und Rechtsgrundlagen	30
2.1.3	System der Umsatzsteuer	31
2.1.4	Berechnungsschema	34
2.2	**Steuerbare Umsätze – Überblick**	**35**
2.3	**Steuerbare Umsatzarten**	**37**
2.3.1	Lieferungen und sonstige Leistungen	37
2.3.1.1	Begriff und Umfang der Leistungen	37
2.3.1.2	Begriff der Lieferung	39
2.3.1.3	Grundformen der Lieferung	42
2.3.1.4	Sonderfälle von Lieferungen	44
2.3.1.5	Den Lieferungen gleichgestellte Wertabgaben	47
2.3.1.6	Ort der Lieferung	51
2.3.1.7	Begriff und Formen sonstiger Leistungen	54
2.3.1.8	Den sonstigen Leistungen gleichgestellte Wertabgaben	56
2.3.1.9	Ort der sonstigen Leistung	58
2.3.1.10	Werklieferung oder Werkleistung	64
2.3.2	Unternehmereigenschaften und Umfang des Unternehmens	66
2.3.3	Begriffsbestimmungen Inland, Ausland, Gemeinschafts- und Drittlandsgebiet	72
2.3.4	Entgelt/Leistungsaustausch	74
2.3.5	Einfuhr aus Drittlandsgebieten	76

2.4 Umsatzsteuerliche Besonderheiten innerhalb der EU . . . 77
2.4.1 Innergemeinschaftlicher Erwerb . . . 77
2.4.2 Innergemeinschaftliche Warenumsätze . . . 78
2.4.2.1 Erwerb gewöhnlicher Gegenstände . . . 78
2.4.2.2 Erwerb/Lieferung neuer Fahrzeuge . . . 86
2.4.2.3 Erwerb/Lieferung verbrauchssteuerpflichtiger Waren . . . 87
2.4.2.4 Innergemeinschaftliche Dreiecksgeschäfte . . . 89
2.4.3 Beförderungsleistungen und damit zusammenhängende sonstige Leistungen . . . 90
2.4.4 Instrumentarien . . . 93

2.5 Steuerbefreiungen . . . 95
2.5.1 Einteilung der Steuerbefreiungen nach Vorsteuerabzugsrecht und Optionsmöglichkeiten . . . 95
2.5.2 Ausgewählte steuerfreie Tatbestände . . . 98
2.5.2.1 Ausfuhrlieferungen . . . 98
2.5.2.2 Innergemeinschaftliche Lieferungen . . . 100
2.5.2.3 Vermietungs- und Verpachtungsumsätze . . . 101
2.5.2.4 Umsätze heilberuflicher Tätigkeiten . . . 105

2.6 Steuersätze und Bemessungsgrundlagen . . . 108
2.6.1 Steuersätze in Deutschland . . . 108
2.6.2 Bemessungsgrundlagen . . . 110
2.6.2.1 Bemessungsgrundlagen für entgeltliche Leistungen und den innergemeinschaftlichen Erwerb . . . 111
2.6.2.2 Bemessungsgrundlage für unentgeltliche Wertabgaben . . . 113
2.6.2.3 Mindestbemessungsgrundlage . . . 119
2.6.2.4 Bemessungsgrundlagen für Tausch und tauschähnliche Umsätze . . . 122
2.6.3 Änderung der Bemessungsgrundlage . . . 123

2.7 Entstehung der Steuer und Steuerschuldner . . . 126
2.7.1 Entstehung der Steuer für entgeltliche Lieferungen und sonstige Leistungen . . . 126
2.7.2 Entstehung der Steuer für unentgeltliche Wertabgaben, innergemeinschaftlichen Erwerb u. a.. . . . 128
2.7.3 Steuerschuldner . . . 130
2.7.4 Leistungsempfänger als Steuerschuldner . . . 130

2.8 Vorsteuerabzug . . . 133
2.8.1 Vorsteuerabzug aus Lieferungen und sonstigen Leistungen . . . 133
2.8.2 Anforderungen an Rechnungen . . . 135
2.8.3 Vorsteuerabzug aus Einfuhr und innergemeinschaftlichem Erwerb . . . 138
2.8.4 Vorsteuerabzug aus Kleinbetragsrechnungen und Fahrausweisen . . . 139
2.8.5 Vorsteuerabzug nach Durchschnittsätzen . . . 141
2.8.6 Ausschluss vom Vorsteuerabzug . . . 143
2.8.6.1 Vorsteuerabzugsverbot für nichtabzugsfähige Betriebsausgaben und Lebenshaltungskosten . . . 143
2.8.6.2 Vorsteuerabzugsverbot für bestimmte Reisekosten . . . 145
2.8.6.3 Vorsteuerabzugsverbot für bestimmte Umsätze . . . 147
2.8.7 Aufteilung der Vorsteuern . . . 148
2.8.8 Berichtigung der Vorsteuer . . . 152

2.9 Besteuerungsverfahren . . . 157
2.9.1 USt-Voranmeldung und USt-Erklärung . . . 157
2.9.2 Aufzeichnungs- und besondere Meldepflichten . . . 161
2.9.3 Besondere Besteuerungsverfahren . . . 163

2.10 Besteuerung von Kleinunternehmern . . . 166

Aufgaben zur Wiederholung und Vertiefung . . . 168

3 **Einkommensteuer (Lernfelder 4 und 8)** . . . 179

3.1 Bedeutung und Stellung in Steuersystem . . . 179
3.1.1 Steueraufkommen . . . 179
3.1.2 Rechtsgrundlagen . . . 179
3.1.3 Ermittlung des zu versteuernden Einkommens . . . 180
3.1.4 Erhebungsformen . . . 181
3.1.5 Steuerpflicht . . . 182
3.1.5.1 Unbeschränkte Steuerpflicht nach § 1 (1) EStG . . . 182
3.1.5.2 Unbeschränkte Steuerpflicht nach § 1 (2) EStG . . . 183
3.1.5.3 Unbeschränkte Steuerpflicht nach § 1 (3) EStG . . . 183
3.1.5.4 Unbeschränkte Steuerpflicht nach § 1 a EStG . . . 183
3.1.5.5 Beschränkte Einkommensteuerpflicht . . . 184
3.1.6 Steuerbefreiungen . . . 184
3.1.7 Arten der Gewinnermittlung . . . 187
3.1.7.1 Gewinnermittlungszeitraum . . . 187
3.1.7.2 Abgrenzung zwischen Betriebsvermögen und Privatvermögen . . . 188
3.1.7.3 Betriebsvermögensvergleich nach § 4 (1) EStG . . . 190
3.1.7.4 Betriebsvermögensvergleich nach § 5 EStG . . . 190
3.1.7.5 Unterschiede zwischen den Arten des Betriebsvermögensvergleichs . 190
3.1.8 Gewinnermittlung durch Überschussrechnung nach § 4 (3) EStG . . 192
3.1.8.1 Zufluss der Einnahmen und Abfluss der Ausgaben . . . 192
3.1.8.2 Abgrenzung zwischen Betriebseinnahmen und Betriebsausgaben . 193
3.1.8.3 Nichtabzugsfähige Betriebsausgaben . . . 195

3.2 Bewertung von Wirtschaftsgütern des Betriebsvermögens . . . 199
3.2.1 Bewertungsmaßstäbe . . . 199
3.2.1.1 Anschaffungskosten (Ak) . . . 199
3.2.1.2 Herstellungskosten (Hk) . . . 202
3.2.1.3 Teilwert . . . 204
3.2.2 Bewertungsvorschriften . . . 206
3.2.2.1 Bewertung des Anlagevermögens (AV) . . . 206
3.2.2.2 Bewertung des Umlaufvermögens (UV) . . . 208
3.2.2.3 Bewertung der Verbindlichkeiten . . . 209
3.2.2.4 Bewertung der Entnahmen . . . 210
3.2.2.5 Bewertung der Einlagen . . . 212
3.2.3 Geringwertige Wirtschaftsgüter (GWG) – Sammelposten . . . 213
3.2.4 Maßgeblichkeit der Handelsbilanz für die Steuerbilanz . . . 215
3.2.5 Bewertungsgrundsätze . . . 216
3.2.6 Bilanzberichtigung – Bilanzänderung . . . 219

3.3 Absetzungen für Abnutzungen und Sonderabschreibungen . . . 221
3.3.1 Abschreibungsverfahren bei beweglichen Wirtschaftsgütern . . . 221
3.3.1.1 Bemessungsgrundlage für die AfA . . . 221
3.3.1.2 Dauer der Abschreibung . . . 221
3.3.1.3 Beginn und Ende der Abschreibung . . . 222
3.3.2 Lineare AfA . . . 222
3.3.3 Degressive AfA . . . 223
3.3.4 Umstieg von degressiver AfA zu linearer AfA . . . 224
3.3.5 Leistungs-AfA . . . 225
3.3.6 Sonderabschreibung und Investitionsabzugsbetrag nach § 7 g EStG 227
3.3.6.1 Sonderabschreibung nach § 7 g Abs. 5 EStG . . . 227
3.3.6.2 Sonderabschreibung nach § 7g EStG und planmäßige Abschreibung 228
3.3.6.3 Investitionsabzugsbetrag nach § 7 g Abs. 1 EStG . . . 229
3.3.7 Abschreibungsverfahren bei Gebäuden . . . 232
3.3.7.1 Lineare Abschreibung bei Gebäuden . . . 232
3.3.7.2 Degressive Abschreibung bei Gebäuden . . . 233
3.3.8 Abschreibungsverfahren bei immateriellen Wirtschaftsgütern[1] . . 234

3.3.9	Absetzung für außergewöhnliche technische und wirtschaftliche Abnutzung	234
3.4	**Einnahmen und Werbungskosten**	**237**
3.4.1	Nicht steuerbare Einnahmen	237
3.4.2	Einnahmen i. S. d. § 8 EStG	237
3.4.3	Werbungskosten	237
3.4.3.1	Begriff und Umfang	237
3.4.3.2	Werbungskostenpauschbeträge	238
3.4.3.3	Zeitliche Zuordnung der Einnahmen und Werbungskosten	239
3.4.4	Abgrenzung zwischen Werbungskosten, Betriebsausgaben und Kosten der privaten Lebensführung	239
3.5	**Einkunftsarten**	**241**
3.5.1	Begriff und Umfang der Einkünfte aus Land- und Forstwirtschaft	241
3.5.2	Einkünfte aus Gewerbebetrieb	242
3.5.2.1	Kennzeichen eines Gewerbebetriebes	242
3.5.2.2	Umfang der Einkünfte aus Gewerbebetrieb	243
3.5.3	Einkünfte aus selbstständiger Arbeit	248
3.5.3.1	Merkmale des Begriffs „selbstständige Arbeit"	248
3.5.3.2	Umfang der Einkünfte aus selbstständiger Arbeit	248
3.5.4	Einkünfte aus nichtselbstständiger Arbeit	251
3.5.4.1	Einnahmen aus nichtselbstständiger Arbeit	251
3.5.4.2	Versorgungsfreibetrag und Werbungskosten	255
3.5.5	Einkünfte aus Kapitalvermögen	262
3.5.5.1	Abgeltungsteuer bei laufenden Kapitalerträgen	262
3.5.5.2	Antragsveranlagung	265
3.5.5.3	Abgeltungsteuer bei privaten Veräußerungsgeschäften	266
3.5.6	Einkünfte aus Vermietung und Verpachtung	271
3.5.6.1	Umfang der Einkünfte aus Vermietung und Verpachtung	271
3.5.6.2	Ermittlung der Einkünfte aus Vermietung und Verpachtung	272
3.5.6.3	Erhaltungsaufwendungen	273
3.5.6.4	Weitere Werbungskosten	274
3.5.7	Sonstige Einkünfte	278
3.5.7.1	Einkünfte aus wiederkehrenden Bezügen	278
3.5.7.2	Unterhaltsleistungen	281
3.5.7.3	Private Veräußerungsgeschäfte	283
3.5.7.4	Einkünfte aus Leistungen	285
3.6	**Von der Summe der Einkünfte zum Gesamtbetrag der Einkünfte**	**288**
3.6.1	Verlustausgleich	288
3.6.2	Altersentlastungsbetrag und Abzug für Land- und Forstwirte	291
3.6.3	Entlastungsbetrag für Alleinerziehende	293
3.7	**Verlustabzug nach § 10 d EStG**	**295**
3.8	**Sonderausgaben**	**297**
3.8.1	Unbeschränkt abzugsfähige Sonderausgaben	298
3.8.1.1	Versorgungsleistungen im Rahmen vorweggenommener Erbfolge	298
3.8.1.2	Kirchensteuer	298
3.8.2	Beschränkt abzugsfähige Sonderausgaben	299
3.8.2.1	Unterhaltsleistungen an den Ehegatten (Realsplitting)	299
3.8.2.2	Aufwendungen für die eigene Berufsausbildung	300
3.8.2.3	Schulgeld	301
3.8.3	Spenden als Sonderausgaben	302
3.8.4	Mitgliedsbeiträge und Spenden an politische Parteien und Wählervereinigungen	306
3.8.5	Kinderbetreuungskosten als Sonderausgaben	310
3.8.6	Vorsorgeaufwendungen	312
3.8.6.1	Abzugsfähige Aufwendungen zur Altersvorsorge (Grundversorgung)	312

3.8.6.2 Sonstige Vorsorgeaufwendungen 316
3.8.6.3 Vorsorgepauschale 318
3.8.7 Altersvorsorgesparleistungen 321

3.9 Außergewöhnliche Belastungen 322
3.9.1 Außergewöhnliche Belastungen allgemeiner Art 323
3.9.2 Unterhaltsaufwendungen 325
3.9.3 Aufwendungen für Berufsausbildung. 326
3.9.4 Pauschbeträge für Behinderte, Hinterbliebene und Pflegepersonen 328

3.10 Ermittlung des zu versteuernden Einkommens 331
3.10.1 Berücksichtigungsfähige Kinder 331
3.10.2 Kinderfreibetrag und Kindergeld. 332
3.10.3 Betreuungsfreibetrag 333

3.11 Härteausgleich 336

3.12 Ermittlung der tariflichen und festzusetzenden ESt. 337
3.12.1 Veranlagungsarten 337
3.12.2 Der Einkommensteuertarif. 339
3.12.3 Progressionsvorbehalt 340
3.12.4 Anrechnung der Gewerbesteuer auf die Einkommensteuer 342
3.12.5 Steuerermäßigung bei haushaltsnahen Dienstleistungen 343
3.12.6 Abrechnung der Einkommensteuer 345

Aufgaben zur Wiederholung und Vertiefung 350

3.13 Die Lohnsteuer 359
3.13.1 Erhebung der Lohnsteuer 359
3.13.2 Lohnsteuerklassen 361
3.13.3 Lohnsteuertabellen 364
3.13.4 Elektronische Lohnsteuerabzugsmerkmale (ELStAM) 366
3.13.5 Lohnsteuerermäßigungsverfahren 369
3.13.6 Lohnsteuer-Jahresausgleich durch den Arbeitgeber 375
3.13.7 Pauschalierung der Lohnsteuer 377
3.13.8 Anmeldung und Abführung der Lohnsteuer 381

4 Körperschaftsteuer (Lernfeld 9) 382

4.1 Bedeutung und Stellung im Steuersystem 382

4.2 Rechtsgrundlagen. 382

4.3 Steuerpflicht 382
4.3.1 Unbeschränkte Steuerpflicht. 383
4.3.2 Beschränkte Steuerpflicht 384

4.4 Beginn und Ende der Steuerpflicht. 384
4.4.1 Beginn bei Kapitalgesellschaften. 385
4.4.2 Ende der Steuerpflicht. 386

4.5 Steuerbefreiungen 386

4.6 Grundlagen der Besteuerung 388
4.6.1 Ermittlung des Einkommens 388
4.6.2 Schema zur Ermittlung des Einkommens (vereinfacht). 389
4.6.3 Abziehbare Aufwendungen 390
4.6.4 Nichtabziehbare Aufwendungen. 392
4.6.5 Verdeckte Gewinnausschüttungen 394
4.6.6 Verdeckte Einlagen 395

4.7 Steuersatz – Entstehung und Veranlagung der KSt 396

4.8 Freibeträge 397

4.9	**Ausschüttungen an natürliche Personen**	**398**
4.10	**Ausschüttungen an Kapitalgesellschaften – Dividendenfreistellung**	**399**
4.11	**Auswirkungen von verdeckten Gewinnausschüttungen**	**400**
4.12	**Das steuerliche Einlagekonto**	**401**
	Aufgaben zur Wiederholung und Vertiefung	**402**
5	**Gewerbesteuer (Lernfeld 9)**	**404**
5.1	**Bedeutung und Stellung im Steuersystem**	**404**
5.1.1	Steueraufkommen	**404**
5.1.2	Rechtsgrundlagen	**404**
5.1.3	Die Verwaltung der Gewerbesteuer	**405**
5.1.3.1	Zuständigkeiten	**405**
5.1.3.2	Steuerbescheide und Rechtsbehelfe	**406**
5.1.4	Schema zur Ermittlung der Gewerbesteuer	**407**
5.2	**Gewerbesteuerpflicht**	**408**
5.2.1	Merkmale eines Gewerbebetriebs	**408**
5.2.2	Steuergegenstand	**408**
5.2.2.1	Arten des Gewerbebetriebs	**409**
5.2.2.2	Formen des Gewerbebetriebs	**410**
5.2.3	Beginn und Ende der Gewerbesteuerpflicht	**411**
5.2.3.1	Beginn der Steuerpflicht	**411**
5.2.3.2	Ende der Steuerpflicht	**411**
5.3	**Steuerschuldner**	**412**
5.4	**Steuerbefreiungen**	**413**
5.5	**Besteuerungsgrundlage**	**414**
5.5.1	Ausgangswert für die Berechnung des Gewerbeertrags	**414**
5.5.2	Hinzurechnungen	**415**
5.5.3	Kürzungen	**420**
5.5.4	Maßgebender Gewerbeertrag	**426**
5.5.5	Gewerbeverlust	**427**
5.5.6	Freibeträge bei der Ermittlung des Gewerbeertrags	**428**
5.6	**Steuermesszahl und Steuermessbetrag**	**428**
5.7	**Die Berechnung der Gewerbesteuer**	**429**
5.7.1	Hebesatz	**429**
5.7.2	Entstehung der Steuer	**429**
5.7.3	Vorauszahlungen	**430**
5.7.4	Abschlusszahlung	**430**
5.7.5	Teilanrechnung der Gewerbesteuer auf die Einkommensteuer	**431**
5.8	**Zerlegung des Steuermessbetrags**	**432**
5.8.1	Voraussetzungen für die Zerlegung	**432**
5.8.2	Zerlegungsmaßstab	**432**
5.9	**Die Gewerbesteuer-Rückstellung**	**435**
5.9.1	Berechnungsschema für die Rückstellung	**435**
	Aufgaben zur Wiederholung und Vertiefung	**437**
6	**Abgabenordnung (Lernfeld 11)**	**440**
6.1	**Die Zuständigkeit der Finanzbehörden**	**440**
6.1.1	**Sachliche Zuständigkeit**	**440**
6.1.2	Örtliche Zuständigkeit	**441**
6.2	**Steuerverwaltungsakte**	**443**

6.2.1 Begriff . . . 443
6.2.2 Arten von Steuerverwaltungsakten . . . 444
6.2.3 Form und Inhalt . . . 444
6.2.4 Voraussetzungen für das Wirksamwerden . . . 445
6.2.5 Fehlerhafte Verwaltungsakte . . . 447

6.3 Fristen und Termine . . . 448
6.3.1 Arten der Fristen . . . 448
6.3.2 Berechnung von Fristen . . . 449
6.3.3 Folgen der Fristversäumnis . . . 450
6.3.4 Wiedereinsetzung in den vorigen Stand . . . 452

6.4 Das steuerliche Ermittlungsverfahren . . . 453
6.4.1 Pflichten des Finanzamts . . . 453
6.4.2 Pflichten des Steuerbürgers . . . 453
6.4.3 Rechtsfolgen bei Verletzung von Pflichten . . . 455
6.4.4 Auskunftsverweigerungsrecht . . . 455
6.4.5 Die Außenprüfung . . . 456

6.5 Das Festsetzungsverfahren . . . 457
6.5.1 Steuerbescheid . . . 457
6.5.2 Steueranmeldung . . . 459
6.5.3 Steuerfestsetzung unter Vorbehalt der Nachprüfung . . . 459
6.5.4 Vorläufige Steuerfestsetzung . . . 460
6.5.5 Festsetzungsverjährung . . . 460
6.5.6 Berichtigung von Steuerbescheiden . . . 461

6.6 Das Erhebungsverfahren . . . 465
6.6.1 Entstehung der Steuer . . . 465
6.6.2 Fälligkeit der Steuer . . . 466
6.6.3 Stundung . . . 467
6.6.4 Erlöschen des Steueranspruchs . . . 468
6.6.5 Verzinsung von Steuern (Vollverzinsung) . . . 471

6.7 Das Rechtsbehelfsverfahren . . . 473
6.7.1 Das außergerichtliche Rechtsbehelfsverfahren . . . 473
6.7.2 Das gerichtliche Rechtsbehelfsverfahren . . . 475
6.7.3 Aussetzung der Vollziehung . . . 477

6.8 Rechtsverstöße im Steuerrecht . . . 479
6.8.1 Steuerstraftaten . . . 479
6.8.2 Steuerordnungswidrigkeiten . . . 480
6.8.3 Selbstanzeige bei Steuerhinterziehung und leichtfertiger Steuerverkürzung . . . 481

Aufgaben zur Wiederholung und Vertiefung . . . 482

7 Das Bewertungsgesetz . . . 485

7.1 Einführung in das Bewertungsgesetz (BewG) . . . 485

7.2 Aufbau des Bewertungsgesetzes . . . 485

7.3 Bewertungsgegenstand . . . 485

7.4 Bewertungsmaßstäbe . . . 487
7.4.1 Ursprüngliche (originäre) Bewertungsmaßstäbe . . . 487
7.4.2 Abgeleitete (derivative) Bewertungsmaßstäbe . . . 487

7.5 Vermögensarten . . . 489
7.5.1 Land- und forstwirtschaftliches Vermögen . . . 489
7.5.2 Grundvermögen . . . 490
7.5.2.1 Umfang des Grundvermögens . . . 490
7.5.2.2 Begriffe des Grundvermögens . . . 490

7.5.3 Betriebsvermögen . . . 491
7.5.3.1 Begriff und Umfang . . . 491

7.6 Feststellung von Einheitswerten) . . . **493**
7.6.1 Feststellungsarten . . . 494
7.6.1.1 Hauptfeststellung . . . 494
7.6.1.2 Fortschreibungen . . . 495

7.7 Bewertung von Grundstücken . . . **497**
7.7.1 Bewertung unbebauter Grundstücke (Vergleichswertverfahren) . . . 497
7.7.2 Bewertung bebauter Grundstücke . . . 498

7.8 Bewertung des Betriebsvermögens . . . **501**

Aufgaben zur Wiederholung und Vertiefung . . . **503**

8 Erbschaftsteuer/Schenkungsteuer . . . **506**

8.1 Bedeutung und Stellung im Steuersystem . . . **506**

8.2 Rechtsgrundlagen . . . **506**

8.3 Steuerpflicht . . . **506**
8.3.1 Steuerpflichtige Vorgänge . . . 506
8.3.2 Persönliche Steuerpflicht . . . 507
8.3.3 Entstehung der Steuer . . . 507

8.4 Steuerpflichtiger Erwerb . . . **508**
8.4.1 Berechnung bei Erwerb von Todes wegen . . . 508
8.4.2 Bewertung des Vermögensanfalls . . . 510

8.5 Sachliche Steuerbefreiungen . . . **515**

8.6 Steuerbefreiung für Betriebsvermögen, Betriebe der Land- und Forstwirtschaft und Anteile an Kapitalgesellschaften . . . **517**

8.7 Berechnung der Steuer . . . **519**
8.7.1 Steuerklassen . . . 519
8.7.2 Persönliche Freibeträge . . . 520
8.7.3 Versorgungsfreibeträge . . . 520
8.7.4 Steuersätze . . . 521
8.7.5 Berücksichtigung früherer Erwerbe . . . 522
8.7.6 Steuerermäßigung bei mehrfachem Erwerb desselben Vermögens . . . 524

8.8 Steuerfestsetzung und Erhebung . . . **525**
8.8.1 Steuerschuldner . . . 525
8.8.2 Anzeige des Erwerbs . . . 525
8.8.3 Steuererklärung . . . 525
8.8.4 Kleinbetragsgrenze und Stundung . . . 525

Aufgaben zur Wiederholung und Vertiefung . . . **526**

Stichwortverzeichnis . . . **528**

AEAO	Anwendungserlass zur AO
AfA	Absetzung für Abnutzung
AG	Aktiengesellschaft
Ak	Anschaffungskosten
AN	Arbeitnehmer
AO	Abgabenordnung
AV	Anlagevermögen
BA	Betriebsausgabe
BE	Betriebseinnahme
BewG	Bewertungsgesetz
BfA	Bundesversicherungsanstalt für Angestellte
BFH	Bundesfinanzhof
BGB	Bürgerliches Gesetzbuch
BMF	Bundesminister für Finanzen
BMG	Bemessungsgrundlage
BpO	Betriebsprüfungsordnung
BV	Betriebsvermögen
DBA	Doppelbesteuerungsabkommen
EFG	Entscheidungen der Finanzgerichte
EFH	Einfamilienhaus
EigZulG	Eigenheimzulagengesetz
ErbStDV	Erbschaftsteuer-Durchführungsverordnung
ErbStG	Erbschaftsteuergesetz
ErbStR	Erbschaftsteuer-Richtlinien
ESt	Einkommensteuer
EStDV	Einkommensteuer-Durchführungsverordnung
EStG	Einkommensteuergesetz
EStR	Einkommensteuer-Richtlinien
EU	Europäische Union
EUSt	Einfuhrumsatzsteuer
EV	Eigenverbrauch
EW	Einheitswert
EWR	Europäischer Wirtschaftsraum
EZ	Erhebungszeitraum
FA	Finanzamt
FAG	Finanzausgleichsgesetz
FG	Finanzgericht
FGO	Finanzgerichtsordnung
FVG	Finanzverwaltungsgesetz
FördG	Fördergebietsgesetz
GBR	Gesellschaft bürgerlichen Rechts
GewSt	Gewerbesteuer
GewStDV	Gewerbesteuer-Durchführungsverordnung
GewStG	Gewerbesteuer-Gesetz
GewStR	Gewerbesteuer-Richtlinien
GG	Grundgesetz
GmbH	Gesellschaft mit beschränkter Haftung
GWG	geringwertiges Wirtschaftsgut
H	Hinweise
HB	Handelsbilanz
HGB	Handelsgesetzbuch
Hk	Herstellungskosten
HV	Hauptversammlung
i.d.R.	in der Regel
i.S.d.	im Sinne des
i.V.m.	in Verbindung mit
KBV	Kleinbetragsverordnung
KFB	Kinderfreibetrag
KG	Kommanditgesellschaft
KGaA	Kommanditgesellschaft auf Aktien
KiSt	Kirchensteuer
Kj	Kalenderjahr
KSt	Körperschaftsteuer
KStDV	Körperschaftsteuer-Durchführungsverordnung
KStG	Körperschaftsteuer-Gesetz
KStR	Körperschaftsteuer-Richtlinien
LE	Leistungsempfänger
LSt	Lohnsteuer
LStDV	Lohnsteuer-Durchführungsverordnung
LStR	Lohnsteuer-Richtlinien
LVA	Landesversicherungsanstalt
ND	Nutzungsdauer
OFD	Oberfinanzdirektion
OHG	Offene Handelsgesellschaft
PV	Pflegeversicherung
RWj	Rumpfwirtschaftsjahr
S.	Satz
SolZu	Solidaritätszuschlag
StB	Steuerbilanz
StBerG	Steuerberatungsgesetz
StKL	Steuerklasse
Sz	Säumniszuschlag
TW	Teilwert
USt	Umsatzsteuer
USt-IdNr.	Umsatzsteuer-Identifikationsnummer
UStDV	Umsatzsteuer-Durchführungsverordnung
UStG	Umsatzsteuer-Gesetz
UStAE	Umsatzsteuer-Anwendungserlass
UV	Umlaufvermögen
VAZ	Voranmeldungszeitraum
vE	verdeckte Einlage
vEk	verwendbares Eigenkapital
vGA	verdeckte Gewinnausschüttung
VSt	Vorsteuer
vstpfl.	verbrauchsteuerpflichtig
VwZG	Verwaltungszustellungsgesetz
Vz	Veranlagungszeitraum
WG	Wirtschaftsgut
Wj	Wirtschaftsjahr
Wk	Werbungskosten
ZFH	Zweifamilienhaus
ZM	Zusammenfassende Meldung

1 Grundlagen des Allgemeinen Steuerrechts

1.1 Steuerrecht als Teil des Öffentlichen Rechts

Öffentliches Recht			
Völkerrecht Verfassungsrecht	Prozessrecht Strafrecht	Verwaltungs-, Verkehrsrecht	Sozialrecht Steuerrecht

Das Öffentliche Recht regelt die Beziehungen des einzelnen Bürgers zum Staat. Der Staat als Inhaber hoheitlicher Gewalt ist dabei dem Bürger übergeordnet. Er kann im Interesse der Allgemeinheit und zur Verfolgung seiner Ziele den Bürgern einseitig Pflichten auferlegen und deren Nichtbefolgung durch Strafen und andere Rechtsnachteile ahnden.

Das **Steuerrecht** als Teil des Öffentlichen Rechts ermöglicht es dem Staat, sich durch Gesetze die zur Erfüllung seiner Aufgaben notwendigen Geldmittel zu beschaffen. Neben dieser rein fiskalischen Zielsetzung kommen der Besteuerung aber auch wirtschafts- und finanzpolitische sowie verteilungs-, sozialpolitische und ökologische Aspekte zu.

1.2 Ziele der Besteuerung

fiskalische Ziele	verteilungs- und sozialpolitische Ziele	wirtschafts- und finanzpolitische Ziele	ökologische Ziele
dienen der	**dienen der**	**dienen der**	**dienen der**
Einnahmeerzielung	Umverteilung von Einkommen und Vermögen	Stärkung des Wettbewerbs Förderung der Konjunktur und des Wirtschaftswachstums Erhaltung der Stabilität Strukturverbesserung	Energieeinsparung und dem Umweltschutz und entfalten eine Lenkungswirkung hin zu umweltbewußtem Verhalten

1.3 Öffentlich rechtliche Abgaben

Die öffentlichen Finanzen

Bund, Länder und Gemeinden sind jeweils für die Erfüllung bestimmter öffentlicher Aufgaben zuständig. Die Mittel für diese Aufgaben stammen überwiegend aus dem Aufkommen verschiedener Steuern sowie aus Gebühren und Beiträgen. Diese wichtigsten Einnahmequellen des Staates bezeichnet man als **öffentlich-rechtliche-Abgaben**.

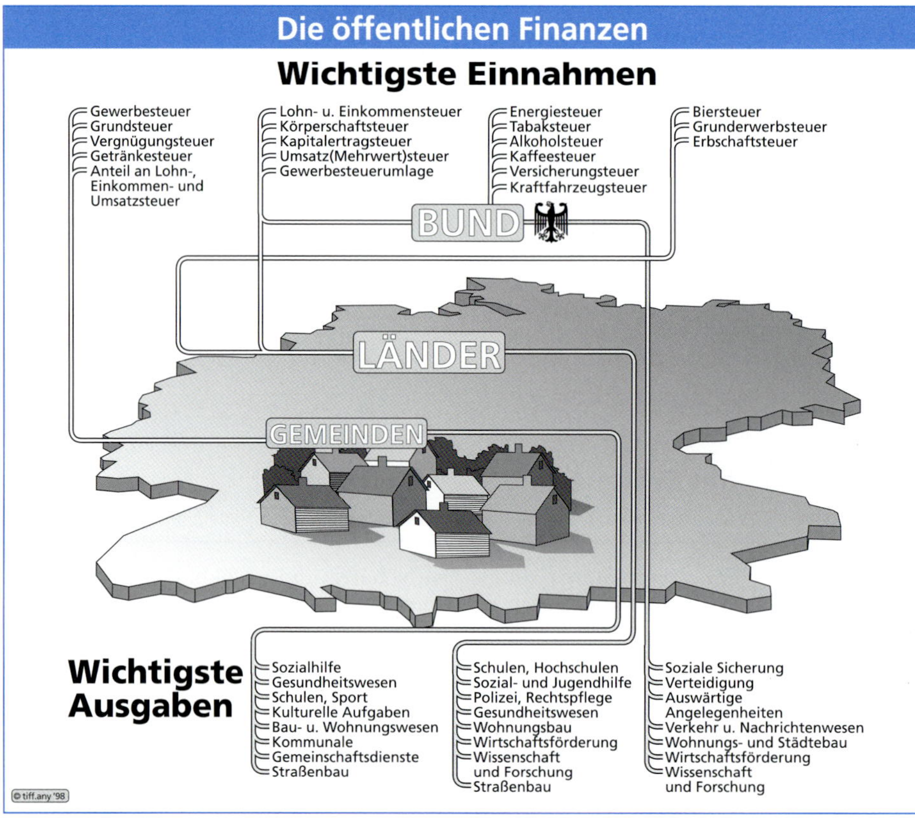

öffentlich rechtliche Abgaben			
Steuern	steuerliche Nebenleistungen	Gebühren	Beiträge

Geldleistungen der Bürger zur Erfüllung öffentlicher Aufgaben

1.3.1 Steuern

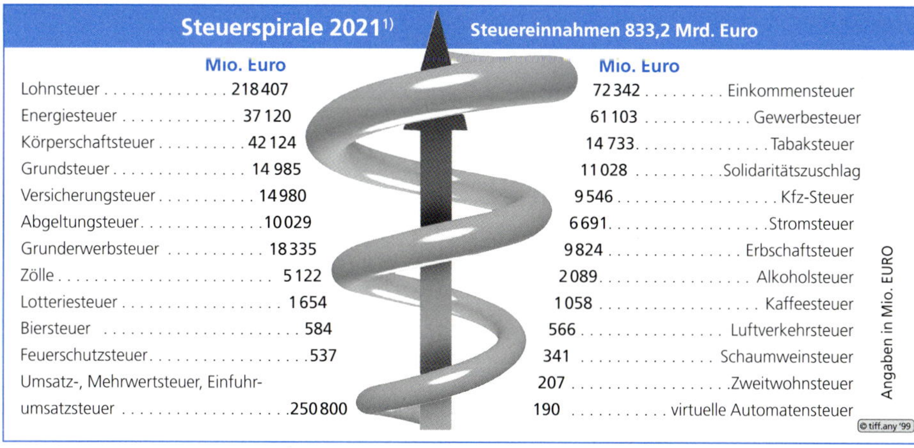

Steuern sind

- **Geldleistungen,** keine Sach- oder Dienstleistungen, die § 3 (1) AO
- **keine Gegenleistung** für eine bestimmte Leistung des Staates darstellen und
- von einem **öffentlich rechtlichen Gemeinwesen erhoben** werden, z. B. von Bund, Ländern, Gemeinden oder anerkannten Religionsgemeinschaften. Steuern werden
- **allen auferlegt,** d. h. ohne Ansehen der Person erhoben, wenn die vom Gesetz genannten Tatbestände erfüllt sind, z. B. Erzielung von Einkünften aus Kapitalvermögen.
- Zweck der Steuererhebung: **Erzielung von Einnahmen**

Nur wenn alle Merkmale erfüllt sind, handelt es sich um eine Steuer.

1.3.2 Steuerliche Nebenleistungen § 3 (4) AO

Steuerliche Nebenleistungen sind beispielsweise:

Verspätungszuschläge	für die verspätete Abgabe von Steuererklärungen	§ 152 AO
Säumniszuschläge	die verspätete Zahlung von Steuerschulden	§ 240 AO
Zinsen	für Stundung, Hinterziehung einer Steuer, Prozesszinsen, für Steuernachforderungen, Steuererstattungen, Aussetzung der Vollziehung	§ 233 ff. AO
Zwangsgelder	bei Verletzung der Mitwirkungspflichten	§ 329 AO
Kosten	für besondere Inanspruchnahme der Zoll- und Finanzbehörden, Vollstreckungskosten	§§ 178, 337 ff. AO
Gebühren	für verbindliche Auskünfte und Vorabverständigungen i. S. d. § 178a AO	§ 89 (3–5) AO
Verzögerungsgeld	wenn der Stpfl. der Aufforderung zur Rückverlagerung der elektronischen Buchhaltung nicht nachkommt	§ 146 (2c) AO

[1)] Kassenmäßige Steuereinnahmen, Statistisches Bundesamt vom 05.05.2022

1.3.3 Gebühren

Gebühren sind Geldleistungen für tatsächlich in Anspruch genommene öffentliche Leistungen.

Benutzungsgebühren	Verwaltungsgebühren
Entgelte für die Benutzung einer Verwaltungseinrichtung, z. B. Müllabfuhr, Eintritt ins städtische Schwimmbad, Autobahn-Maut	Entgelte für die Vornahme einer Amtshandlung, z. B. Ausstellung eines Reisepasses, Zulassung eines Kraftfahrzeugs

1.3.4 Beiträge

Als Beiträge werden Entgelte für angebotene öffentliche Leistungen bezeichnet, ohne Rücksicht auf die tatsächliche Inanspruchnahme, z. B. Sozialversicherungsbeiträge, Kurtaxe, Straßenanliegerbeiträge.

Übungen

1 Welche Ziele verfolgt der Staat mit der Besteuerung?

2 Mit welchen Einnahmen finanziert der Staat überwiegend seine Ausgaben?

3 Welche Merkmale muss eine Abgabe enthalten, damit sie als Steuer bezeichnet werden kann?

4 Ermitteln Sie anhand des Schaubilds „Steuerspirale 21" die sechs aufkommenstärksten Steuerarten und berechnen Sie deren prozentualen Anteil am gesamten Steueraufkommen!

5 Entscheiden Sie, ob es sich bei den folgenden Zahlungen um eine Steuer, steuerliche Nebenleistung, Benutzungs-, Verwaltungsgebühr oder einen Beitrag handelt!

a) Vollstreckungskosten
b) Kurtaxe
c) Zulassung eines Kfz
d) Arbeitgeberanteil an Krankenversicherung
e) Einfuhrzoll
f) Verspätungszuschlag
g) Müllabfuhr
h) Ausstellung eines Reisepasses
i) Eintritt ins städtische Hallenbad
j) Stundungszinsen
k) Solidaritätszuschlag

6 Wie sich die Belastung der Bürger mit Steuern und Sozialabgaben (= Staatsquote) in den vergangenen Jahren entwickelt hat zeigt folgendes Schaubild.

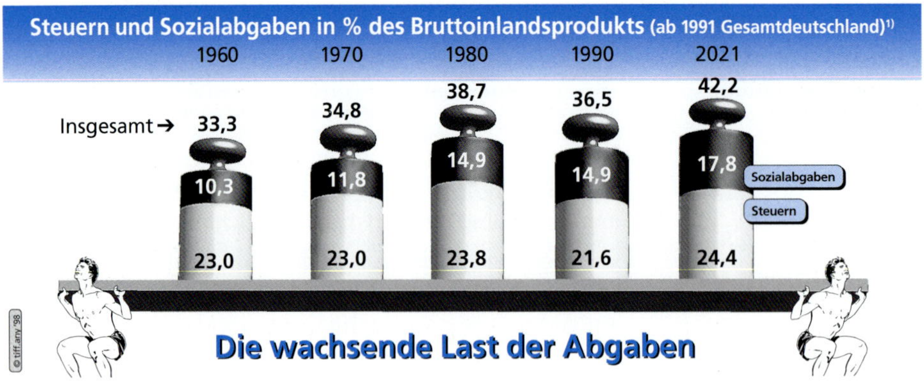

Ermitteln Sie, um wie viel Prozentpunkte sich die Steuerquote, das ist der Anteil der Steuern am Bruttoinlandsprodukt und die Sozialabgabenquote zwischen 1960 und 2021 erhöht bzw. gesenkt haben!

1) Abgrenzung nach der volkswirtschaftlichen Gesamtrechnung; Quelle: Arbeitskreis Steuerschätzung vom Oktober 2022

1.4 Einteilung der Steuern

Steuern können nach unterschiedlichen Gesichtspunkten eingeteilt werden. Einteilungskriterien sind beispielsweise:

der Steuergegenstand	die Ertragshoheit	die Überwälzbarkeit	die Behandlung im Rechnungswesen

1.4.1 Einteilung nach dem Steuergegenstand

<table>
<tr><th colspan="4">Einteilung der Steuern</th></tr>
<tr><td rowspan="2">Besitzsteuern</td><td colspan="2">Einkommensteuer (einschl. Lohn- und Kapitalertragsteuer) → Anteil an Einkommensteuer
Körperschaftsteuer
Gewerbesteuerumlage ← Gewerbesteuer</td><td>Anteil an Einkommensteuer
Gewerbesteuer</td></tr>
<tr><td>Solidaritätszuschlag</td><td>Erbschaft- und Schenkungsteuer</td><td>Grundsteuer</td></tr>
<tr><td rowspan="2">Verkehrsteuern</td><td colspan="3">Umsatzsteuer (Mehrwertsteuer)</td></tr>
<tr><td>Kraftfahrzeugsteuer
Luftverkehrsteuer
Versicherungsteuer</td><td>Grunderwerbsteuer
Rennwett- und Lotteriesteuer
Spielbankabgabe
Feuerschutzsteuer</td><td>Schankerlaubnissteuer</td></tr>
<tr><td rowspan="2">Verbrauchsteuern</td><td colspan="3">Einfuhrumsatzsteuer</td></tr>
<tr><td>Alkoholsteuer
Energiesteuer
Tabaksteuer
Kaffeesteuer
Schaumweinsteuer
Stromsteuer
Kernbrennstoffsteuer
Alkopopsteuer</td><td>Biersteuer</td><td>Örtliche Verbrauch- und Aufwandsteuern:
Getränkesteuer
Vergnügungsteuer
Hundesteuer
Jagd- und Fischereisteuer
Zweitwohnungsteuer</td></tr>
<tr><td>© tiff.any '98</td><td>Bund</td><td>Länder</td><td>Gemeinden</td></tr>
</table>

Besitzsteuern werden unterteilt in Personensteuern und Real- bzw. Objektsteuern.
Personensteuern, z. B. die ESt, knüpfen an die wirtschaftliche Leistungsfähigkeit des Steuersubjekts an und berücksichtigen persönliche Verhältnisse, wie Familienstand, Alter.
Die Steuer kann dabei sowohl auf erwirtschaftetes Einkommen, wie bei der ESt und KSt, als auch auf nicht erwirtschaftetes Einkommen, wie bei der Erbschaft- und Schenkungsteuer, anfallen.
Bei den **Real- oder Objektsteuern** spielen persönliche Verhältnisse keine Rolle. Die Steuer wird auf das Innehaben von Eigentum erhoben, z. B. die Grundsteuer auf den Grund und Boden, die Gewerbesteuer auf den Gewerbebetrieb.

Verkehrsteuern knüpfen an rechtliche und wirtschaftliche Vorgänge an, beispielsweise an den Erwerb von Grundstücken, wie die Grunderwerbsteuer oder an den Verkauf von Waren, wie die USt.

Verbrauchsteuern werden in der Regel beim Hersteller der verbrauchsteuerpflichtigen Güter erhoben. Die Verbrauchsteuern werden allerdings nicht von den Finanzämtern, sondern von den Hauptzollämtern verwaltet.

1.4.2 Einteilung nach der Ertragshoheit

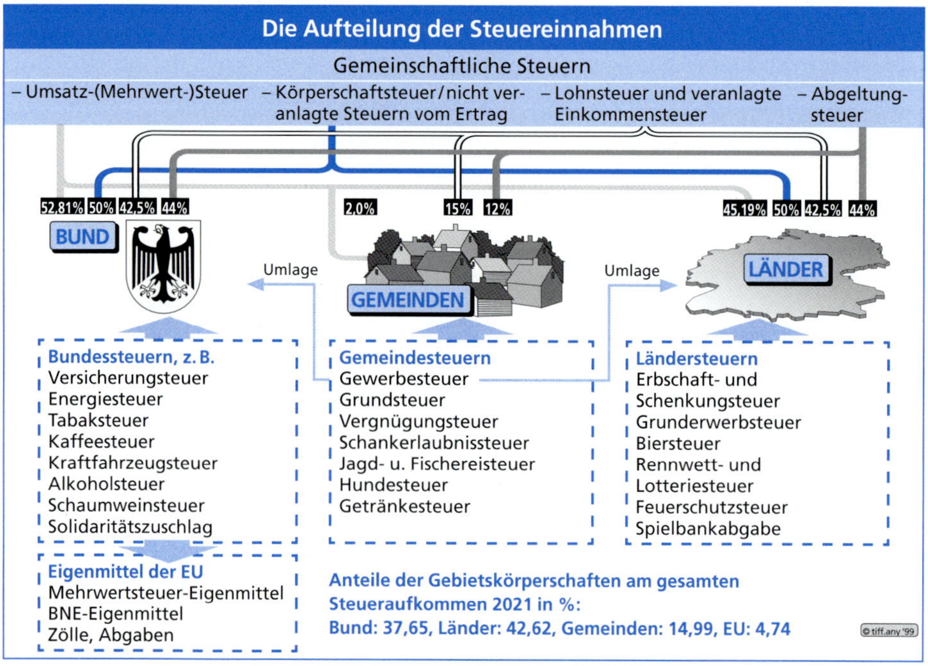

§ 1 FAG Das Aufkommen aus den Steuern steht nach Art. 106 GG entweder dem Bund, den Ländern, den Gemeinden oder mehreren Körperschaften anteilmäßig zu. Nach der Ertragshoheit werden daher Bundessteuern, Landessteuern, Gemeindesteuern und Gemeinschaftsteuern (Gemeinschaftliche Steuern) unterschieden. Der Bund erhält z. B. vom Umsatzsteueraufkommen 52,81 %, die Länder 45,19 % und die Gemeinden 2,0 % zu-/abzüglich Festbeträgen.

1.4.3 Einteilung nach der Überwälzbarkeit

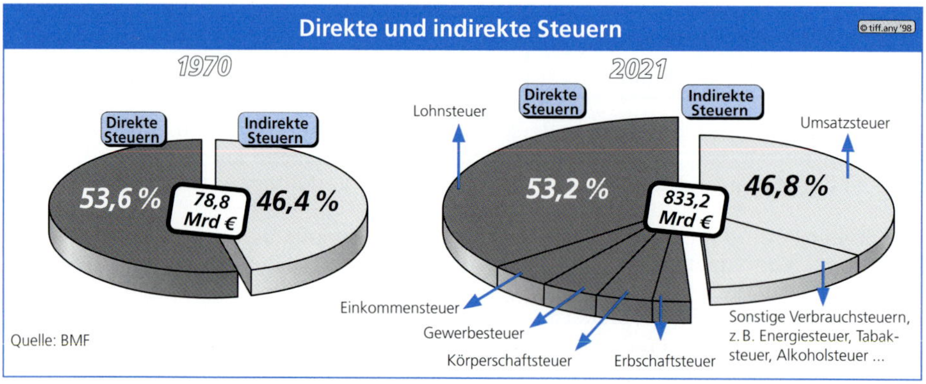

Bei den **direkten Steuern**, beispielsweise der ESt, hat der Steuerschuldner auch die Steuerlast wirtschaftlich zu tragen **(Steuerschuldner = Steuerträger)**. Die Belastung mit indirekten Steuern kann der Steuerschuldner dagegen auf andere Personen abwälzen, z. B. die USt auf den Endverbraucher.

Typische indirekte Steuern neben der USt sind beispielsweise: Energie-, Tabak-, Kaffee-, Bier-, Schaumwein-, Versicherung-, Grunderwerbsteuer, Zölle.

1.4.4 Einteilung nach der Behandlung im Rechnungswesen

RW 261 ff.

Personensteuern	Sachsteuern
nicht als Betriebsausgabe abzugsfähig: z. B. Einkommensteuer Körperschaftsteuer Erbschaftsteuer und die auf diese Steuern entfallenden Nebenleistungen, z. B. Säumniszuschläge, Verspätungszuschläge, Stundungszinsen R 6.3 (6) EStR, H 12.4 EStH	als Betriebsausgabe abzugsfähig: z. B. Grundsteuer für Betriebsgrundstücke Kfz-Steuern für Betriebsfahrzeuge nicht abzugsfähig: Gewerbesteuer und auf sie entfallende Nebenleistungen, § 4 (5b) EStG aktivierungspflichtig: z. B. Grunderwerbsteuer für den Kauf von Geschäftsbauten Die auf diese Steuern entfallenden Nebenleistungen sind wie die entsprechenden Steuern zu behandeln.

Übungen

1 Welche Auswirkungen auf die Haushalte des Bundes, der Länder und der Gemeinden hätte die

a) Erhöhung der Einkommensteuer;

b) Senkung der Körperschaftsteuer

c) Abschaffung des Solidaritätszuschlags;

d) Abschaffung der Gewerbesteuer;

e) Senkung der Umsatzsteuer?

2 Wie viel € der gesamten Steuereinnahmen entfielen 1970 bzw. 2021 auf indirekte Steuern pro Kopf der Bevölkerung? (EW 1970: 60 Mio., EW 2021: 83 Mio.)

3 Welche Schwierigkeit könnte sich in wirtschaftlich schwachen Zeiten durch die Anhebung indirekter Steuern ergeben?

4 Ein Gewerbetreibender, der seinen Gewinn nach § 5 EStG ermittelt und seine Umsätze nach vereinbarten Entgelten versteuert, tätigte im vergangenen Jahr folgende Zahlungen:

a) 7.000 € Grunderwerbsteuer für den Kauf eines unbebauten Betriebsgrundstücks

b) 1.188 € Kfz-Steuer für Betriebsfahrzeuge

c) 16.000 € Gewerbesteuer-Vorauszahlungen

d) 22.400 € Umsatzsteuer-Vorauszahlungen

e) 2500 € Grundsteuer für Betriebsgrundstücke

f) 25 € Säumniszuschlag für die verspätete Zahlung der Grundsteuer

g) 8.600 € Einkommensteuer-Abschlusszahlung

h) 250 € Verspätungszuschlag für die Umsatzsteuer-Erklärung

Wie sind die einzelnen Zahlungen in der Finanzbuchhaltung zu behandeln?

1.5 Steuerliche Vorschriften

1.5.1 Gesetzgebungshoheit

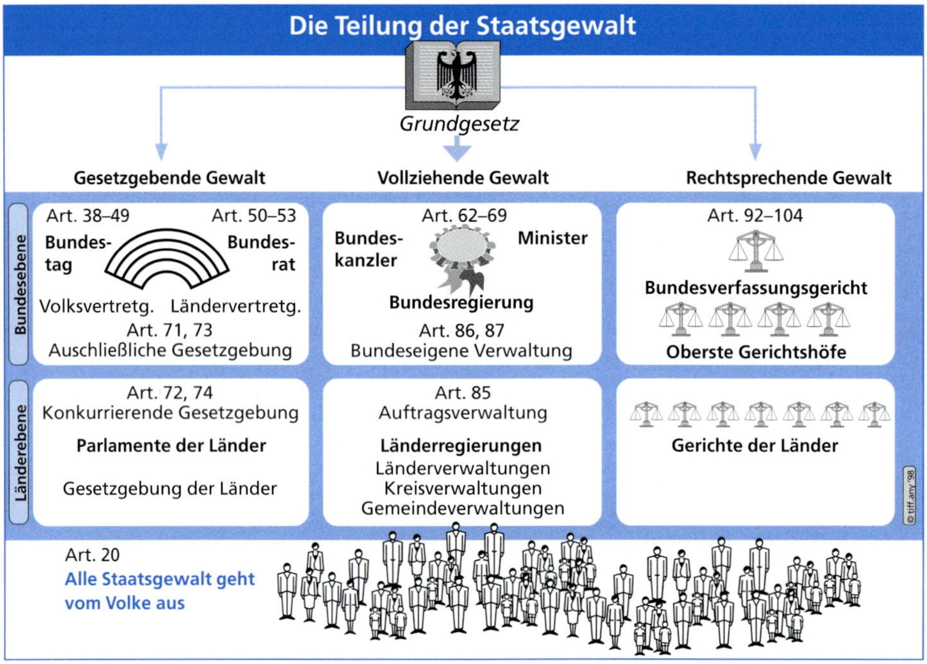

Art. 70 GG — Die Gesetzgebungshoheit, d.h. das Recht, Gesetze zu erlassen, wird zwischen Bund und Ländern aufgeteilt.

Art. 71, 72 GG

ausschließliche Gesetzgebungskompetenz	konkurrierende Gesetzgebungskompetenz
der **Bund** hat die Gesetzgebung über die Zölle und Finanzmonopole, Art. 105 (1)GG	der Bund hat die Gesetzgebung, wenn ihm das Steueraufkommen ganz oder teilweise zusteht, Art. 105 (2)GG z.B. Energiesteuer, Grundsteuer oder ein Bedürfnis nach bundeseinheitlicher Regelung besteht z.B. Umsatzsteuer, Einkommensteuer
die **Länder** haben die Gesetzgebung, wenn und soweit sie in einem Bundesgesetz ausdrücklich ermächtigt werden, über die örtlichen Verbrauch- und Aufwandsteuern, z.B. Hundesteuer, Vergnügungsteuer, Schankerlaubnissteuer, Art.	die Länder haben die Gesetzgebung, wenn die o.g. Voraussetzungen nicht vorliegen, z.B. Kirchensteuern oder der Bund von seinem Gesetzgebungsrecht keinen Gebrauch macht, z.B. Feuerschutzsteuer

1.5.2 Steuerliche Rechtsgrundlagen

Steuern dürfen nur aufgrund von Gesetzen erhoben werden.

Steuergesetze	Durchführungsverordnungen	Richtlinien
Rechtsnormen, die in einem förmlichen Gesetzgebungsverfahren zustande gekommen sind,	**Rechtsnormen**, die von der Exekutive aufgrund gesetzlicher Ermächtigung erlassen wurden,	**Verwaltungsvorschriften**, von übergeordneten Behörden an nachgeordnete Behörden,
verbindlich für Bürger, Verwaltung, Gerichte	**verbindlich** wie Gesetze	**verbindlich** nur für die Verwaltung

So entstehen Steuergesetze

Finanzausschüssler sind Detailarbeiter – sie geben Gesetzen in den Bereichen Finanz- und Steuerpolitik sowie Geld- und Kreditwesen den letzten Schliff. Ausgangspunkt von Steuergesetzen ist meist ein Koalitionsbeschluß, den Beamte des Bundesfinanzministeriums in einen Gesetzentwurf umsetzen. Dieser wird vom Kabinett beschlossen und – nun Regierungsentwurf genannt – nach der ersten Lesung im Parlament in den Finanzausschuß überwiesen. Dort erläutern die Finanzbeamten den Entwurf, wobei sie an die Regierungslinie gebunden sind. Bei wichtigen Gesetzen gibt es öffentliche Anhörungen von Experten. Obwohl die Mehrheitsverhältnisse der Sitzverteilung im Bundestag entsprechen, nimmt die Ausschußmehrheit fast immer Änderungen am Regierungsentwurf vor. In der Beschlußvorlage für das Parlament sind diese klar zu erkennen: In der linken Spalte der Regierungsentwurf, in der rechten die Ergänzungen. Der Bundestag übernimmt die Beschlußvorlage fast immer. Wenn es sich – wie bei vielen Steuergesetzen – um Zustimmungsgesetze handelt, haben Bundesrat und Vermittlungsausschuß das letzte Wort.

(aus Das Parlament 1997, Nr. 46, S. 9)

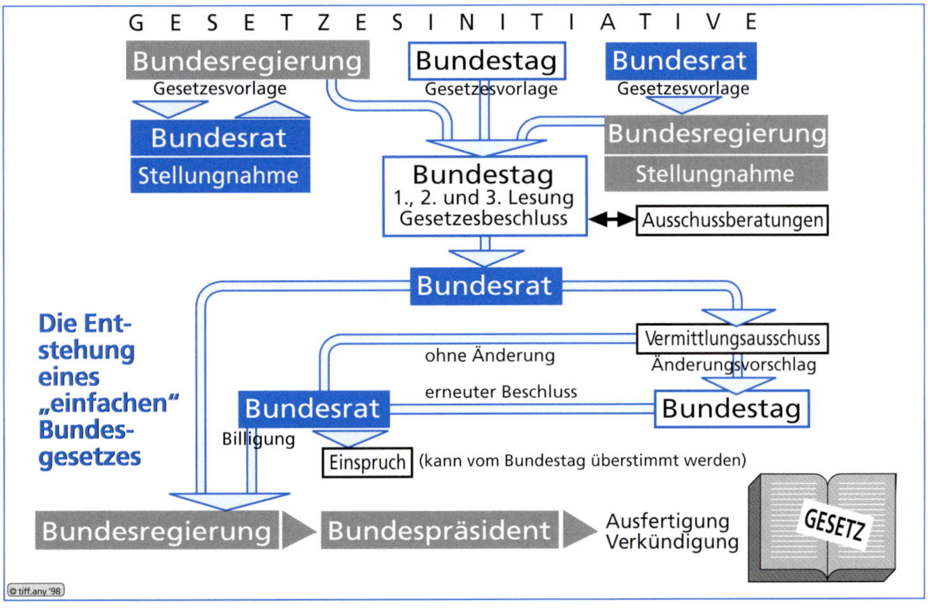

1.5.3 Einteilung der Steuergesetze

Allgemeine Steuergesetze	Einzelsteuergesetze
enthalten grundlegende Bestimmungen, die für alle oder mehrere Steuerarten gelten, z. B. **Abgabenordnung** §§ 149–153 Bestimmungen über Steuererklärungen **Bewertungsgesetz** §§ 19 ff. Bestimmungen über die Einheitsbewertung; §§ 157 ff. Grundbesitzwerte	enthalten spezielle Bestimmungen für einzelne Steuerarten; Regelungen in Einzelsteuergesetzen gehen den allgemeinen Steuergesetzen vor, z. B. **Einkommensteuergesetz** § 6 Bestimmungen zur Bewertung von Wirtschaftsgütern des Betriebsvermögens

Gesetze sind verbindlich für Bürger, Gerichte und Verwaltung.

1.5.4 Durchführungsverordnungen

Einkommensteuer-Durchführungsverordnung	(EStDV)
Umsatzsteuer-Durchführungsverordnung	(UStDV)
Gewerbesteuer-Durchführungsverordnung	(GewStDV)

Durchführungsverordnungen dienen der Ergänzung und Erläuterung der Gesetze. Sie können von der Bundesregierung, von Bundesministern oder Landesregierungen auf Grund gesetzlicher Ermächtigung mit Gesetzeskraft erlassen werden.

1.5.5 Richtlinien und andere Verwaltungsanweisungen

Einkommensteuer-Richtlinien	(EStR)
Lohnsteuer-Richtlinien	(LStR)
Körperschaftsteuer-Richtlinien	(KStR)
Umsatzsteuer-Anwendungserlass	(UStAE)
Gewerbesteuer-Richtlinien	(GewStR)
Erbschaftsteuer-Richtlinien	(ErbStR)

Richtlinien behandeln Zweifels- und Auslegungsfragen von allgemeiner Bedeutung. Sie stellen eine einheitliche Rechtsauslegung und -anwendung sicher, dienen der Vermeidung von Härten und der Verwaltungsvereinfachung. Steuerrichtlinien binden nur die Finanzverwaltung.

Schreiben des Bundesministers der Finanzen	(BMF-Schreiben)
Erlasse der Länderfinanzminister	
Verfügungen der Oberfinanzdirektionen	(OFD-Verfügungen)

Andere Verwaltungsanweisungen dienen ebenfalls der Gleichbehandlung der Steuerpflichtigen sowie als Entscheidungshilfe für nachgeordnete Behörden.

1.5.6 Entscheidungen der Steuergerichte

Die Urteile der Steuergerichte binden nur die Beteiligten soweit über den Steuergegenstand entschieden worden ist. Die Finanzgerichtsbarkeit ist zweistufig aufgebaut:

§2 FGO

Finanzgerichte (FG)	Bundesfinanzhof (BFH)
erste Instanz, sachlich zuständig für Rechtsstreitigkeiten in Steuerangelegenheiten; örtlich zuständig für die in ihrem Bezirk liegende beklagte Finanzbehörde; die Urteile werden in den „Entscheidungen der Finanzgerichte" (EFG) veröffentlicht.	letzte Instanz für Rechtsstreitigkeiten im Steuerrecht; Sitz München; die Urteile werden im Bundessteuerblatt, Teil II, veröffentlicht; BFH-Urteile bilden häufig die Grundlage für Entscheidungen und Begründungen paralleler steuerlicher Tatbestände.

Übungen

1 Bund und Länder können Steuergesetze beschließen. Prüfen Sie, wer bei folgenden Steuern die Gesetzgebungshoheit hat:

a) Biersteuer
b) Tabaksteuer
c) Hundesteuer
d) Grunderwerbsteuer
e) Umsatzsteuer
f) Gewerbesteuer
g) Feuerschutzsteuer
h) Versicherungsteuer
i) Erbschaftsteuer
j) Zölle
k) Einkommensteuer
l) Autobahn-Maut

2 Welche der unter 1 genannten Steuern sind

a) Besitzsteuern; b) Verkehrsteuern ; c) Verbrauchsteuern?

3 Welche staatlichen Institutionen erlassen:

a) Gesetze; b) Durchführungsverordnungen; c) Richtlinien?

4 Welche Bindungswirkung haben:

a) Durchführungsverordnungen; b) Finanzgerichtsurteile;
c) OFD-Verfügungen?

5 Max Weber betreibt in Konstanz ein Reisebüro in einem seiner Ehefrau gehörenden Gebäude. Im vergangen Kalenderjahr hat er einen Gewinn von 66.800 € erzielt.

Welche Gesetze helfen Ihnen bei der Entscheidung:

a) ob Herr Weber eine ESt-Erklärung abgeben muss;
b) innerhalb welcher Frist die ESt-Erklärung abzugeben ist;
c) bei welchem Finanzamt Herr Weber seine ESt-Erklärung einzureichen hat;
d) wem das Grundstück zuzuordnen ist, in dem er sein Reisebüro betreibt;
e) wie er seine Reiseleistungen zu versteuern hat?

1.6 Die Steuerverwaltung

1.6.1 Steuerverwaltungshoheit

Bundes-, Landes- und Gemeindefinanzbehörden verwalten die Steuern. Die Steuerverwaltung umfasst insbesondere die Festsetzung, Erhebung und Einziehung der Steuern. Die Verwaltungshohheit ist zwischen Bund, Ländern und Gemeinden folgendermaßen aufgeteilt:

Finanzbehörden	verwalten
Bundesfinanzbehörden	Zölle, Finanzmonopole, bundesgesetzlich geregelte Verbrauchsteuern, Einfuhrumsatzsteuer, Abgaben im Rahmen der Europäischen Gemeinschaft
Landesfinanzbehörden	Besitz- und Verkehrsteuern, z. B. ESt, KSt, USt, GewSt, ErbSt
Gemeindefinanzbehörden	Steuern, die ihnen allein zufließen, z. B. Grundsteuern, Hundesteuern

1.6.2 Aufbau und Aufgaben der Finanzbehörden

Bundesfinanzbehörde	Stufe	Landesfinanzbehörde
Bundesministerium der Finanzen Leitung der Bundesfinanzverwaltung Entwürfe von Steuergesetzen Erlass von Richtlinien und Verwaltungsanweisungen	**Oberste Behörde** ‹ Aufgaben ›	**Landesministerien der Finanzen** Leitung der Landesfinanzbehörden Erlass von Verwaltungsanweisungen
Bundeszentralamt für Steuern (BZSt), z. B. Mitwirkung bei Außenprüfungen, Vergabe von USt-IdNr., IdNr. für natürliche Personen, Bilden von ELStAM	**Oberbehörden** ‹ Aufgaben ›	**Rechenzentren** zentrale IT-Dienstleister für die Finanzverwaltung
Generalzolldirektion operative Steuerung der Zollverwaltung, Dienst- und Fachaufsicht über die örtlichen Zollbehörden		**Mittelbehörden/Aufgaben** Besitz- und Verkehrssteuerabteilung Behördenaufsicht Verwaltungsanweisungen
Hauptzollämter/Zollfahndungsämter/Zollämter Verwaltung von Zöllen und Verbrauchsteuern	**örtliche Behörden** ‹ Aufgaben ›	**Finanzämter** Verwaltung von Besitz- und Verkehrsteuern

1.6.3 Aufbau und Arbeitsweise der Finanzämter

Der Aufbau und die Arbeitsabläufe der Finanzämter sind in der **Geschäftsordnung für Finanzämter (FAGO)** festgelegt. Danach gliedert sich ein Finanzamt in mehrere Sachgebiete, die jeweils von einem Sachgebietsleiter geführt werden. Jedes Sachgebiet besteht aus einem oder mehreren Arbeitsgebieten (Stellen), deren Aufgaben von einem Sachbearbeiter erledigt werden. Die aufgabenbezogene Gliederung ist in den einzelnen Finanzämtern unterschiedlich geregelt.

Beispiel:

Vorsteher

Leiter des Finanzamts

Sachgebiet I: Organisation, Haushalt, Personal

Arbeitsgebiet: Geschäftsstelle

Arbeitsgebiet: Vollstreckungsstelle, Rechtsbehelfsstelle

Sachgebiete II–IV

Arbeitsgebiete	**Arbeitsgebiete**	**Arbeitsgebiete**
Veranlagungsstelle – Körperschaften	Veranlagungsstelle – Einzelunternehmen – Personengesellschaften – Freie Berufe	Veranlagungsstelle – Land- und Forstwirtschaft

Sachgebiete V–VII

Arbeitsgebiete	**Arbeitsgebiete**	**Arbeitsgebiete**
– Arbeitnehmer-Veranlagung (Lohnsteuer-Stellen)	– Veranlagungsstelle für beschränkt Stpfl. und ausländische Unternehmer	– Grunderwerbsteuerstellen

Sachgebiete VIII–X

Arbeitsgebiete	**Arbeitsgebiete**	**Arbeitsgebiete**
– Bewertungsstellen für Grundbesitz – Erbschaftsteuerstelle	– Finanzkasse	– Betriebsprüfung – Lohnsteueraußenprüfung – Umsatzsteuer-Sonderprüfung

Die Arbeitsweise in den Veranlagungsstellen der Finanzämter beschreibt folgender Artikel:

ABGABENORDNUNG / Arbeitsweise in den Veranlagungsstellen der Finanzämter

HANDELSBLATT, DÜSSELDORF. Zur Arbeitsweise in den Veranlagungsstellen der Finanzämter ist in gleichlautenden Erlassen der obersten Finanzbehörden der Länder, die im verfahrensrechtlichen Bereich mit dem BMF abgestimmt sind, folgendes ausgeführt worden:

1. Bei der Bearbeitung der Steuerfälle muß auf das Wesentliche abgestellt werden. Der Aufwand bei der Bearbeitung eines Falls richtet sich nach dessen steuerlicher Bedeutung.

2. Steuerfälle sind intensiv zu bearbeiten, soweit dies generell oder im Einzelfall angeordnet wird, sie maschinell hierzu ausgewählt werden oder sich Zweifelsfragen von erheblicher steuerlicher Bedeutung ergeben. Darüber hinaus hat der Bearbeiter Steuerfälle im Rahmen pflichtgemäßen Ermessens intensiv zu bearbeiten soweit er dazu einen Anlaß sieht. Die maschinell auszuwählenden Fälle werden nach bundeseinheitlichen Vorgaben durch die obersten Finanzbehörden der Länder festgelegt. Sie sind hinsichtlich aller in Betracht kommender Steuerarten intensiv zu bearbeiten. Kommt eine intensive Bearbeitung im Einzelfall nicht in Betracht, ist dies zu dokumentieren. Bei den nicht maschinell ausgewählten Fällen kann die intensive Bearbeitung auf bestimmte Gesichtspunkte beschränkt werden.

3. In den übrigen Steuerfällen soll den Angaben der Steuerpflichtigen gefolgt werden, soweit sie schlüssig und glaubhaft sind. Die Angaben sind schlüssig, wenn die vorgetragenen Tatsachen die begehrte Rechtsfolge eintreten lassen und der Sachvortrag nicht offensichtlich unvollständig ist. Die Angaben sind glaubhaft, wenn – z.B. aufgrund von Feststellungen für vorangegangene Zeiträume – eine überwiegende Wahrscheinlichkeit für das Vorliegen des Sachverhalts spricht. Dies gilt auch, wenn gleichartige Sachverhalte bei vergleichbaren Steuerpflichtigen regelmäßig vorliegen. Prüffelder (siehe Nr. 6) und maschinelle Prüfhinweise sind zu beachten. Kontrollmaterial ist auszuwerten. Belege und sonstige Unterlagen sind auf Aufforderung vorzulegen. Offensichtliche Fehler sind richtigzustellen, fehlende oder unvollständige Angaben zu ergänzen.

4. Die Steuerfälle sind nach Möglichkeit in einem Arbeitsgang abschließend zu bearbeiten. Kann die Bearbeitung nicht zeitnah abgeschlossen werden, ist die Steuer zunächst unter dem Vorbehalt der Nachprüfung festzusetzen, wenn dies erkennbar erhebliche steuerliche Auswirkungen hätte (z.B. hohe Abschlußzahlungen bzw. Heraufsetzung laufender Vorauszahlungen). Bei Steuerpflichtigen, die der regelmäßigen Betriebsprüfung unterliegen oder bei denen eine Außenprüfung bevorsteht, ist die Steuer unter dem Vorbehalt der Nachprüfung festzusetzen.

5. Wenn mit erheblichen steuerlichen Auswirkungen zu rechnen ist, sind Steuererklärungen rechtzeitig anzufordern, Vorauszahlungen zeitnah festzusetzen oder anzupassen; Anträge auf Herabsetzung laufender Vorauszahlungen sind genau zu prüfen.

6. Auf Amts-, OFD- oder Landesebene sollen variable Prüffelder festgelegt werden.

Übungen

1 Welche Behörde ist zuständig für:

a) den Erlass von ESt-Richtlinien;
b) die Stundung der Gewerbesteuer;
c) die Vergabe einer USt-IdNr.;
d) die Aufsicht über die Finanzämter;
e) Mitwirkung bei Konzernprüfungen;
f) Erhebung der Einfuhrumsatzsteuer;
g) Niederschlagung der Grundsteuer?

2 In welchem Arbeitsgebiet des Finanzamts werden folgende Vorgänge bearbeitet:

a) Antrag auf Stundung der Einkommensteuer-Abschlusszahlung;
b) Entscheidung über einen Einspruch gegen den USt-Bescheid;
c) Festsetzung eines Verspätungszuschlags bei der ESt;
d) Aufforderung zur Abgabe einer Erbschaftsteuer-Erklärung;
e) Festsetzung der Grunderwerbsteuer;
f) Bestellung von Heizöl für das Finanzamt?

3 Die Veranlagungsstellen sollen bei der Bearbeitung von Steuerfällen auf das Wesentliche abstellen. Beantworten Sie die folgenden Fragen mit Hilfe des obenstehenden Zeitungsartikels.

a) Unter welchen Voraussetzungen sind die Steuerfälle intensiv zu prüfen?
b) Wann sind die Angaben eines Steuerpflichtigen in der Steuererklärung schlüssig und glaubhaft?
c) In welchen Fällen ist die Steuer unter dem „Vorbehalt der Nachprüfung" festzusetzen?

1.7 Hilfeleistung in Steuersachen

1.7.1 Anwendungsbereich

Die Beratung und Hilfe in Steuersachen erstreckt sich beispielsweise auf: § 1 StBerG

- Steuern und Vergütungen, die durch Bundes- und Landesfinanzbehörden verwaltet werden
- Realsteuern, Grunderwerbsteuer, Monopolsachen
- Steuerstrafsachen, Bußgeldsachen
- Führung von Büchern und Aufzeichnungen, Aufstellen von Abschlüssen, die für die Besteuerung von Bedeutung sind
- Einziehung von Steuererstattungs- und Vergütungsansprüchen

1.7.2 Befugnis zur Hilfeleistung

Die Hilfeleistung darf **geschäftsmäßig** nur von Personen und Vereinigungen ausgeübt werden, die hierzu befugt sind. §§ 2, 5 StBerG

§§ 3, 4 StBerG

Befugnis zur unbeschränkten Hilfeleistung haben z. B.	Befugnis zur beschränkten Hilfeleistung haben z. B.
Steuerberater, Steuerbevollmächtigte	Notare, Patentanwälte
Steuerberatungsgesellschaften	Kammern, Innungen
Rechtsanwälte, Wirtschaftsprüfer	Landwirtschaftliche Buchstellen
Wirtschaftsprüfungsgesellschaften	Lohnsteuerhilfevereine
vereidigte Buchprüfer	
Buchprüfungsgesellschaften	

Wer unbefugt geschäftsmäßig Hilfe in Steuersachen leistet handelt ordnungswidrig und kann mit einer Geldbuße bis zu 5.000 € belegt werden. §§ 5, 160

Von dem Verbot geschäftsmäßig Hilfe in Steuersachen zu leisten bzw. Rat in Steuersachen zu erteilen sind nicht betroffen: § 6 StBerG

- die Erstattung wissenschaftlich begründeter Gutachten
- die unentgeltliche Hilfeleistung für Angehörige i. S. d. § 15 AO
- die Durchführung mechanischer Arbeitsgänge bei der Führung von Büchern und Aufzeichnungen für steuerliche Zwecke
- das Buchen laufender Geschäftsfälle, die Lohnabrechnung, das Fertigen der Lohnsteuer-Anmeldung von Personen mit entsprechender kaufmännischer Ausbildung und bestandener Abschlussprüfung oder die bei gleichwertiger Vorbildung mindestens drei Jahre in einem Umfang von 16 Wochenstunden im Buchhaltungswesen praktisch tätig gewesen sind
- Lohnsteuerhilfevereine, wenn sie für ihre Mitglieder Hilfe im Rahmen des § 4 Nr. 11 StBerG leisten

1.7.3 Berufspflichten

§§ 57 ff. StBerG Steuerberater und Steuerbevollmächtigte haben als unabhängiges „Organ der Steuerrechtspflege“ bei der Ausübung ihres Berufes eine Reihe von allgemeinen und besonderen Berufspflichten zu beachten.

Allgemeine Berufspflichten	Besondere Berufspflichten
Unabhängigkeit	Verpflichtung der Gehilfen zur Verschwiegenheit
Eigenverantwortlichkeit	Bindung an die Gebührenordnung
Gewissenhaftigkeit	Abschluss einer Berufshaftpflichtversicherung
Verschwiegenheit	Aufbewahrung von Handakten
Verzicht auf berufswidrige Werbung	

Mit dem Beruf eines Steuerberaters oder Steuerbevollmächtigten sind folgende Tätigkeiten

vereinbar	Wirtschaftsprüfer, vereidigter Buchprüfer gutachterliche, treuhänderische Tätigkeit Hochschullehrer, Fachhochschullehrer schriftstellerische Tätigkeit Vortrags- und Lehrtätigkeit Syndikus-Steuerberater (Angestellte in Unternehmen)
nicht vereinbar	gewerbliche Tätigkeit Tätigkeit als Arbeitnehmer, ausgenommen als Hochschullehrer oder Angestellter i. S. d. § 58 StBerG

Übungen

1 Welche Hilfeleistungen in Steuersachen sind nach dem StBerG unzulässig?

a) Ein Arbeitgeber in Worms führt für seine 14 Arbeitnehmer den Lohnsteuerjahresausgleich nach § 42b EStG durch.

b) Die Steuerfachangestellte Lieb in Halle erstellt für ihren Nachbarn die ESt-Erklärung für 50 €.

c) Der Geschäftsstellenleiter eines Lohnsteuerhilfevereins in Bremen hilft einem Gaststättenbesitzer unentgeltlich bei der Erstellung der Umsatzsteuererklärung.

d) Ein Notar in Würzburg erstellt für eine Mandantin eine Erbschaftsteuererklärung.

e) Ein Bilanzbuchhalter erstellt für seinen Arbeitgeber die Gewerbesteuererklärung.

2 Ein Steuerberater übt neben seiner beruflichen Tätigkeit noch folgende Arbeiten aus:

a) Lehrbeauftragter an einer Fachhochschule für Wirtschaft;
b) Nebenerwerbslandwirt;
c) Fachbuchautor;
d) Betreiber einer Gaststätte.

Welche dieser Tätigkeiten sind nach dem StBerG zulässig?

2 Umsatzsteuer

2.1 Bedeutung und Stellung der Umsatzsteuer im Steuersystem

2.1.1 Geschichtliche Entwicklung

Die Ansätze einer Verbrauchsabgabe reichen bis in das Mittelalter zurück.
Aus dem Umsatz- oder Pfundzoll des 12. und 13. Jahrhunderts entwickelten sich die sogenannten Um- oder Ungelder als Abgabe mit Steuercharakter.
Ab dem 15. Jahrhundert sind vielfältige Einzelverbrauchsteuern („Akzisen") vorzufinden; ohne dass sich eine umfassende „Umsatzbesteuerung" in Deutschland durchsetzen konnte.

Erst im Jahre 1918 wurde die Umsatzsteuer zu einer selbstständigen Reichssteuer.
1968 wurde das bisherige System der Bruttoumsatzbesteuerung durch das heute noch gültige System der Nettobesteuerung der Umsätze (nur Mehrwertbesteuerung) ersetzt.

Entwicklung des Regelsteuersatzes[1)]

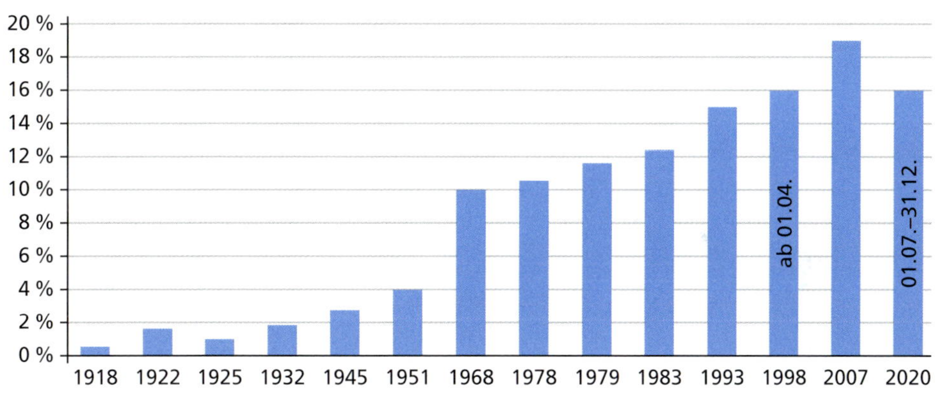

Steueraufkommen in den Jahren 1980 bis 2021

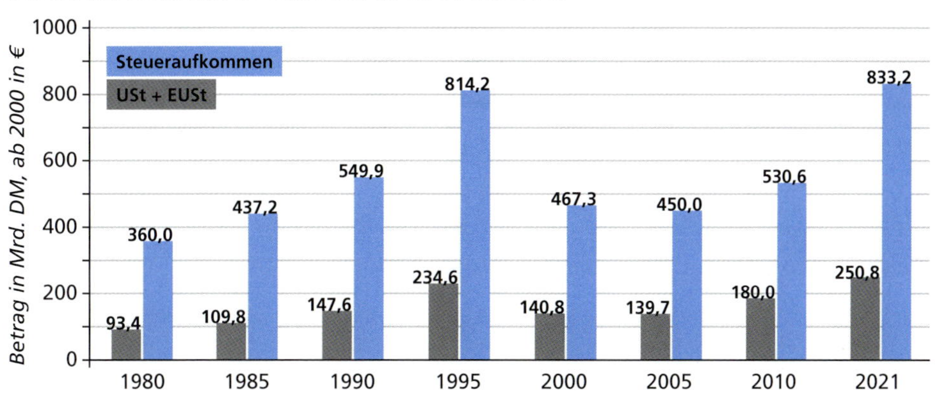

1) 01.07.2020 bis zum 31.12.2020 betrug der Regelsteuersatz 16 % (Zweites Corona-Steuerhilfegesetz). Seit 2021 beträgt der Regelsteuersatz wieder 19 %.

2.1.2 Wesen, Bedeutung und Rechtsgrundlagen

Wesen der Umsatzsteuer

Verkehrsteuer	Besteuert werden wirtschaftliche Verkehrsvorgänge (Umsätze).
Gemeinschaftsteuer	Der Bund erhält vom Umsatzsteueraufkommen 52,81 %, die Bundesländer 45,19 % und die Gemeinden 2,0 %.
indirekte Steuer	Steuerschuldner (Unternehmer) und Steuerträger (Endverbraucher) sind nicht identisch.
Allphasennettosteuer	Auf jeder Produktions- und Handelsstufe wird die Umsatzsteuer erhoben. Durch den Vorsteuerabzug wird in jeder Phase nur die Wertschöpfung (Mehrwert) steuerlich belastet.

Bedeutung der Umsatzsteuer

finanzpolitisch	wirtschafts- und sozialpolitisch	EU einheitlich
– Größte Einnahmequelle für öffentliche Haushalte. – Neben dem Bund erhalten auch die Länder und die Gemeinden einen Anteil aus dem Aufkommen der USt.	– Lebensnotwendiger Bedarf wird i.d.R. mit dem ermäßigten Steuersatz belegt. – Steuerbefreiungen für bestimmte Leistungen z. B. Vermietung für Wohnzwecke und ärztliche Leistungen.	– USt ist erste und bislang einzige Steuer, die weitestgehend innerhalb der Europäischen Union einheitlich geregelt ist. – Seit dem 1.1.93 existieren innerhalb der EU keine Steuergrenzen mehr.

Rechtsgrundlagen des Umsatzsteuerrechtes

Das Gesetzgebungsrecht obliegt dem Bund.
Die Verwaltung der USt obliegt den Landesfinanzbehörden.

– Umsatzsteuergesetz (UStG) – Umsatzsteuer-Durchführungsverordnung (UStDV)	allgemeinverbindliche Rechtsnormen
– Umsatzsteuer-Anwendungserlass (UStAE)	behandelt Zweifels- und Auslegungsfragen von allgemeiner Bedeutung; stellt eine einheitliche Rechtsanwendung durch die Finanzbehörden sicher; verbindlich nur für die Finanzverwaltung

2.1.3 System der Umsatzsteuer

Mit der Umsatzsteuer sind wir täglich konfrontiert.

- Einkauf von Waren (= Lieferungen)
  z. B.: Lebensmittel, Bekleidung, Freizeitartikel, Bücher/Zeitschriften usw.
- Inanspruchnahme von Dienstleistungen (= sonstige Leistungen)
  z. B.: Nahverkehr, Kino, Reisen, Telefon, Gaststätte, Reparaturen usw.

→ **L e i s t u n g e n**

Sammelbegriff lt. UStG:

U m s ä t z e

Beachte: Unter den Sammelbegriff Umsätze fallen außerdem noch: Einfuhr und innergemeinschaftlicher Erwerb.

Preise für diese Leistungen/Umsätze enthalten i.d.R.

USt

wenn

sie von einem **Unternehmer** ausgeführt werden.

z. B.:
- Gewerbetreibende (Produktions-, Handels-, Bau-, Verkehrsbetriebe, Handwerker, Reiseunternehmen usw.)
- Freiberufler (Rechtsanwälte, Notare, Steuerberater usw.)
- Land- und Forstwirte (auch Gärtner, Weinbauern usw.)

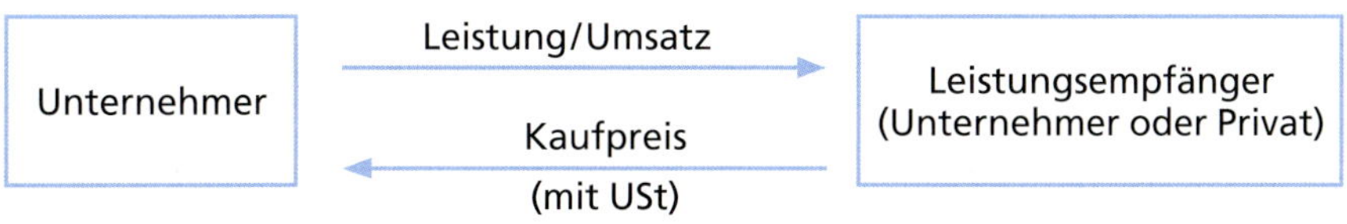

Beispiel

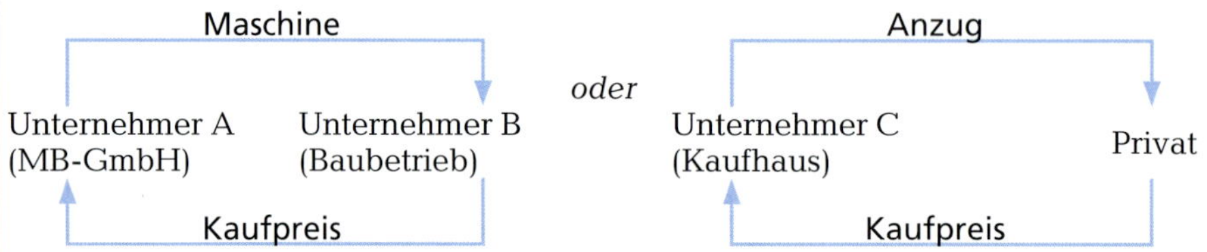

	80.000,00 €	
+ USt	15.200,00 €	119,00 €
	95.200,00 €	

= **offener** Ausweis der USt — = **ohne** Ausweis der USt (verdeckt)

Folge:

	80.000,00 €	= Nettopreis		119,00 €	= Bruttopreis
+	15.200,00 €	= USt	–	19,00 €	= USt
	95.200,00 €	= Bruttopreis		100,00 €	= Nettopreis

- In beiden Fällen wird die USt vom Leistungsempfänger (Steuerträger = Unternehmer B und Privat) getragen und an den leistenden Unternehmer bezahlt.
- Der leistende Unternehmer (Steuerschuldner = Unternehmer A und C) schuldet den erhaltenen USt-Betrag an das Finanzamt (Steuergläubiger).

Vorsteuerabzug: Der Unternehmer kann, von der Steuer, die er für seine Umsätze schuldet (Ausgangs-USt), die USt-Beträge abziehen, die ihm andere Unternehmer für ihre Leistungen an sein Unternehmen in Rechnung gestellt haben (Vorsteuer).

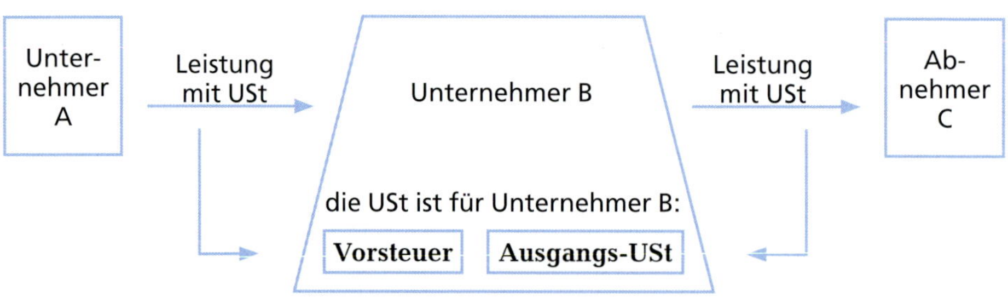

Regel: Ausgangs-USt ./. Vorsteuer = Zahllast oder Erstattungsanspruch

Die Ausgangs-USt wird auch als Traglast, die Zahllast als USt-Schuld bezeichnet.

Beispiel

Der Urerzeuger liefert Rohstoffe für 400 € + 19 % USt an den Hersteller.
Der Urerzeuger selbst hat keine Vorlieferer.
Der Hersteller produziert aus den Rohstoffen eine Ware und veräußert sie für 1.000 € + 19% USt an den Großhändler.
Der Großhändler verkauft die Ware an den Einzelhändler für 1.300 € + 19% USt weiter.
Diese Ware wird von einem Kunden im Einzelhandelsgeschäft für insgesamt 1.785 € erworben.

Umsatzbewegung

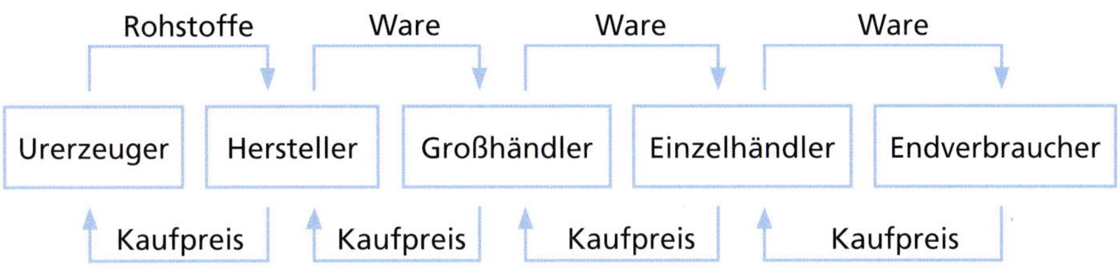

Netto	400,00 €	1.000,00 €	1.300,00 €	1.500,00 €
+ USt	76,00 €	190,00 €	247,00 €	285,00 €
= Brutto	476,00 €	1.190,00 €	1.547,00 €	1.785,00 €

Umsatzsteuerberechnung

	Urerzeuger	Hersteller	Großhändler	Einzelhändler
Ausgangs-USt.	76,00 €	190,00 €	247,00 €	285,00 €
./. Vorsteuer	0,00 €	↘ 76,00 €	↘ 190,00 €	↘ 247,00 €
= Zahllast	76,00 €	114,00 €	57,00 €	38,00 €

Die Zahllast aus der gesamten Unternehmerkette beträgt 285 € (76 € + 114 € + 57 € + 38 €), die letzlich immer der Endverbraucher mit der Zahlung des Kaufpreises (1.500 € + 285 € USt) trägt.

Übung

1 Der Möbelhersteller M, der Spanplatten, Furniere, Beschläge usw. von seinen Zulieferern Z für die Herstellung der Anbauwand „Palermo“ erhielt, bekam von diesen die Warenwerte + 228 € USt in Rechnung gestellt.
M veräußert die Anbauwand an den Großhändler G für 2.100 € + 19% USt.
Die Anbauwand wird vom Einzelhändler E für netto 2.400 € erworben.
Infolge einer Transportbeschädigung kann E die Ware nicht zum üblichen Ladenverkaufspreis von 2.990 € verkaufen. Mit dem Kunden, der dieses Modell bestellt hatte, verständigt sich der Händler auf einen Kaufpreis von 2.618 €.
Ermitteln Sie die Zahllast für jeden Unternehmer!

2.1.4 Berechnungsschema

– vereinfacht –

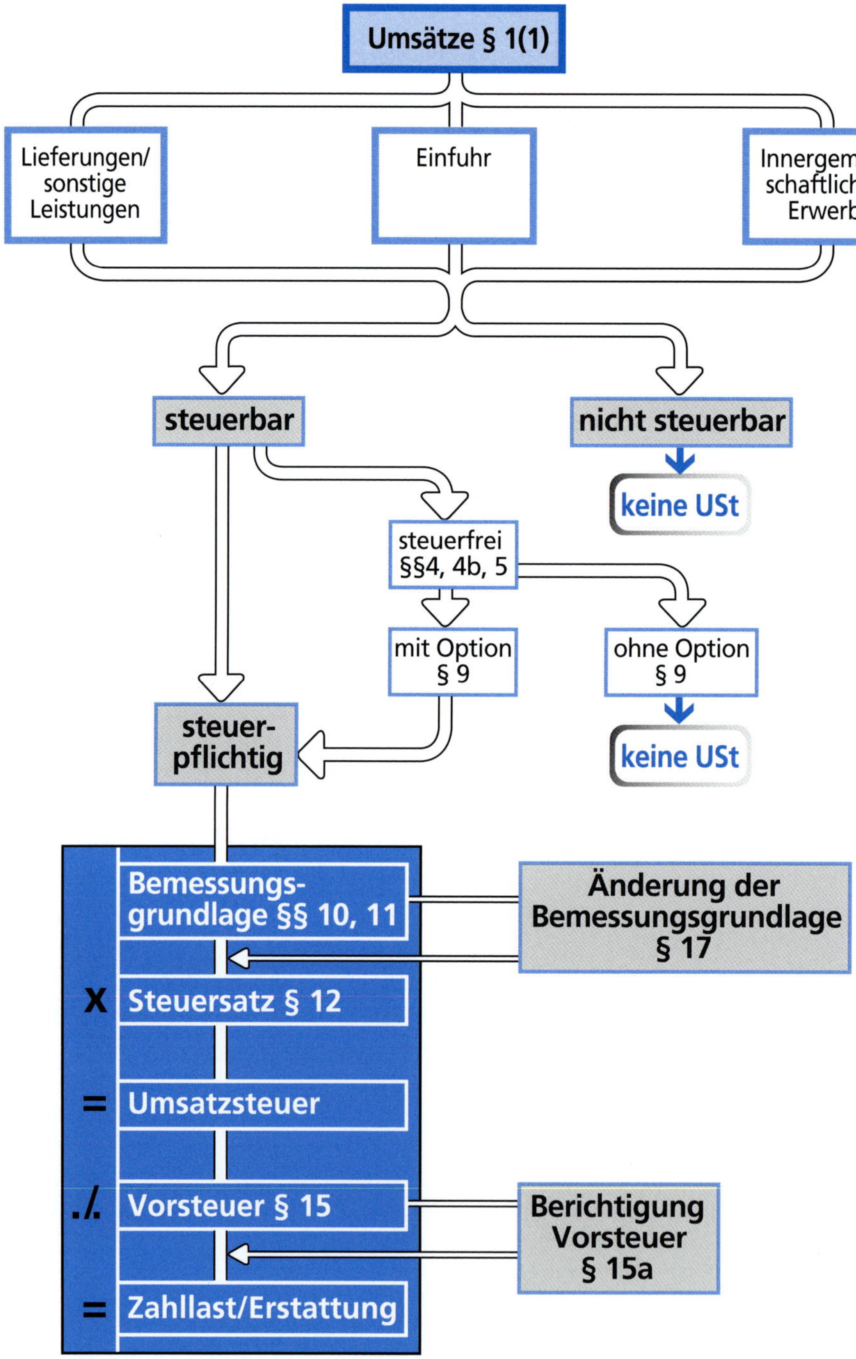

2.2 Steuerbare Umsätze – Überblick

Steuerbare Tatbestände		
= Umsatzarten, für die eine Umsatzbesteuerung wirksam werden kann		
Lieferungen und sonstige Leistungen	Einfuhr	innergemeinschaftlicher Erwerb

§ 1 (1)

Fall 1: Der Schlachtverarbeitungsbetrieb Roh in Magdeburg hat im März u.a. folgende wirtschaftliche Vorgänge zu verzeichnen:

a) Von einer indischen Großhandelsfirma wurden entsprechend einer Bestellung diverse Gewürze geliefert.

b) Roh verkaufte an Gaststätten der Stadt Fleisch- und Wurstwaren.

c) Anlässlich des Stadtfestes hat Roh für 3 Tage einen Stand auf dem Stadtplatz gemietet. Eine Angestellte verkauft hier Rauch- und Bockwürste mit Brötchen.

d) Von einem spanischen Konzern erhielt Roh gemäß Bestellung eine Fleischverarbeitungsmaschine geliefert.

e) Einer Angestellten überlässt Roh entgeltlich, aber verbilligt verschiedene Wurstwaren für eine Familienfeier.

f) Einem guten Geschäftsfreund leiht Roh gegen ein geringes Entgelt sein privates Wohnmobil für eine Woche.

g) Aus Österreich erhielt Roh Rinder- und Schweinezungen geliefert.

h) Seiner Buchhalterin B überlässt Roh für 50 € den im Firmenbesitz befindlichen Kleintransporter für ihren Umzug am Wochenende.

Stellen Sie fest, um welche Umsatzarten es sich in vorstehenden Sachverhalten handelt!

Tatbestandsmerkmale steuerbarer Umsatzarten

Tatbestandsmerkmale
= Einzelbedingungen/Einzelvoraussetzungen, die für die Steuerbarkeit der jeweiligen Umsatzart vollständig erfüllt sein müssen

Lieferungen und sonstige Leistungen § 1 (1) Nr. 1

Lieferungen und sonstige Leistungen	› eines Unternehmers › im Rahmen des Unternehmens › im Inland › gegen Entgelt

Die Steuerbarkeit von Lieferungen und sonstigen Leistungen erstreckt sich auch auf Umsätze infolge gesetzlicher oder behördlicher Anordnungen.

§ 1 (1 a) **Beachte:** Die Veräußerung eines Unternehmens im Ganzen ist ein nicht steuerbarer Tatbestand.

§ 1 (1) Nr. 4 *Einfuhr*

Einfuhr aus Nicht-EU-Ländern	› von Gegenständen › im Inland oder in den österreichischen Gebieten Jungholz und Mittelberg

§ 1 (1) Nr. 5 *Innergemeinschaftlicher Erwerb*

Innergemeinschaftlicher Erwerb aus anderen EU-Ländern	› von Gegenständen › in das Inland › gegen Entgelt

Ein Umsatz ist stets nur dann **steuerbar,** wenn **alle Tatbestandsmerkmale** der jeweiligen Umsatzart **erfüllt** sind. **Fehlt** ein notwendiges **Tatbestandsmerkmal,** ist der Umsatz **nicht steuerbar.**

Übungen

Bestimmen Sie für die nachfolgenden Sachverhalte die Umsatzart und entscheiden Sie, ob der Umsatz steuerbar ist!

1 A. Tick, Inhaber eines Uhrenfachgeschäftes in Augsburg, hat die Batterie der Armbanduhr von Frau Kleinert gewechselt.

2 Der Rechtsanwalt Kluge aus Recklinghausen berät eine Mandantin in einer Mietstreitigkeit.

3 Paul Bock (leitender Angestellter bei einem Automobilhersteller) veräußert seinen Jahreswagen an einen Gebrauchtwagenhändler in Darmstadt.

4 Die Frischkost-GmbH Düsseldorf erhält eine Lkw-Lieferung mit Frischgemüse aus Holland.

5 Kurt Kämmer ist Inhaber eines Friseursalons in Weimar. Als Restposten aus dem Bau seines privaten Einfamilienhauses verkauft er preiswert 6 Säcke Zement an einen Kunden.

6 Infolge von Zahlungsschwierigkeiten muss aus dem Betriebsvermögen der Flopp KG ein Grundstück in Würzburg zwangsversteigert werden.

7 Malermeister Faber aus Cottbus hat bei Familie Keller einige Räume der Wohnung neu tapeziert.

8 Die Schiffbau AG Kiel erhält Spezialschrauben von einer norwegischen Firma.

2.3 Steuerbare Umsatzarten

2.3.1 Lieferungen und sonstige Leistungen

Der Umsatzsteuer unterliegen Lieferungen und sonstige Leistungen, die ein Unternehmer im Inland gegen Entgelt im Rahmen seines Unternehmens ausführt.

2.3.1.1 Begriff und Umfang der Leistungen

Leistungen

=

Sammelbegriff für

Lieferungen + **sonstige Leistungen**

Durch die Unterscheidung der Leistungen in Lieferungen und sonstige Leistungen kann der Gesetzgeber Art und Umfang der Besteuerung (z. B. Leistungsort, Steuerbefreiungen u. Ä.) jeweils unterschiedlich regeln.

Merkmale einer Leistung

- **Willentliches Verhalten des Unternehmers (Leistungswille)**
  Dem willentlichen Verhalten sind auch rechtmäßig erzwungene Leistungen zuzurechnen, § 1 (1) Nr. 1. S. 2.

  Beispiel: gezahlte Entschädigungen bei Enteignungen, 1.3 (14) UStAE; Meistgebot bei Zwangsversteigerungen, 13b.13 (2) UStAE

  Kein Leistungswille ist jedoch bei Raub, Diebstahl o. Ä. durch den Geschädigten gegeben.

- **Leistung gegenüber einem anderen Rechtssubjekt**
  Wenn Leistender und Leistungsempfänger identisch sind, ist der Tatbestand eines **nichtsteuerbaren Innenumsatzes** gegeben, ausgenommen § 3 (1b) Nr. 1–3, (9a) Nr. 1+2

  Beispiel: Der Inhaber einer Elektrofirma, der zugleich noch ein vermietetes Mehrfamilienhaus und ein eigengenutztes Einfamlienhaus besitzt, erneuert die Elektroinstallation in beiden Gebäuden.
  Sowohl hinsichtlich der Materiallieferungen als auch bei der Ausführung der Elektroarbeiten sind der Leistende und der Leistungsempfänger identisch.
  Die Leistungen im MFH stellen einen nichtsteuerbaren Innenumsatz dar.
  Die Leistungen im EFH sind steuerbar und steuerpflichtig.

- **Leistung im wirtschaftlichen Sinne, z. B. Nutzung von körperlichen und nichtkörperlichen Gegenständen zur nachhaltigen Erzielung von Einnahmen**
  Folglich ist die bloße Geldzahlung oder Überweisung keine Leistung im umsatzsteuerrechtlichen Sinne.

Leistungsumfang		
Einheitliche Leistung	**oder**	**Selbstständige Einzelleistungen**
Ein einheitlicher wirtschaftlicher Vorgang darf umsatzsteuerlich nicht in mehrere Leistungen aufgeteilt werden. Besteht eine einheitliche Leistung aus einer Hauptleistung und aus einer/mehreren Nebenleistung/en, gilt der **Grundsatz: Nebenleistungen teilen das Schicksal der Hauptleistung;** hinsichtlich Ort der Leistung, Steuerbefreiung, Steuersatz, z. B. bei Warenumschließungen, wie Gläser, Flaschen, usw., um die Waren für den Endverbraucher verkaufs- oder absatzfähig zu machen. Eine einheitliche Leistung liegt nicht vor, wenn die Leistung von mehreren Unternehmern an einen Abnehmer oder von einem Unternehmer an mehrere Abnehmer erbracht wird.		Werden mehrere einzelne Leistungen, die auf einem einheitlichen Vertrag beruhen mit einer Rechnung geliefert so können diese nicht automatisch als Leistungseinheit betrachtet werden. Erfüllt jede der einzelnen Leistungen einen selbstständigen Zweck, so ist von mehreren selbstständigen Hauptleistungen auszugehen. z. B.: die Lieferung von Transporthilfsmitteln, wie Paletten, Kisten, Boxen, Container gegen Entgelt an Unternehmer oder einzelne Warenpositionen auf dem Kassenbeleg des Wochenendeinkaufes

Beachte: Für Verpflegungsleistungen bei der Beherbergung geht das Aufteilungsgebot gemäß 12.16 (8) UStAE, dem allgemeinen Grundsatz von Haupt- und Nebenleistung, die nicht aufgespalten werden dürfen, vor, auch wenn Übernachtung und Verpflegung zu einem Pauschalpreis („All inclusive") angeboten werden. Nicht begünstigte Nebenleistungen können mit 20% des Pauschalpreises angesetzt werden, UStAE 12.17 (12) S. 2.

› Teilleistung

Eine Teilleistung liegt vor, wenn für bestimmte Teile einer wirtschaftlich teilbaren Leistung das Entgelt gesondert vereinbart wurde.

Beispiel

Der Brennstoffhandel Alt GbR in Lindau lieferte im Mai 2.000 *l* Heizöl für das eigengenutzte Einfamilienhaus sowie 6.000 *l* Heizöl für das vermietete Mehrfamilienhaus von Berd Braun. Braun hatte zwei getrennte Rechnungen erbeten.

Übung

Ernst Eifrig aus Brandenburg hat bei einem Baustoffhändler der Stadt für die Renovierung seines Bades Fliesen und weiteres Material gekauft. Die Rechnung enthält folgende Angaben:

Menge	Bezeichnung	Einzelpreis	Gesamt
1	Palette	7,50 €	7,50 €
16 qm	Fliesen „Paola"	50,20 €	803,20 €
2 Sack	Fliesenkleber	17,80 €	35,60 €
	Zufuhr		15,00 €

Welche Positionen stellen eine Hauptleistung, welche eine Nebenleistung dar?

2.3.1.2 › Begriff der Lieferung

§ 3 (1)

Lieferung = Unternehmer —— **Verschaffung der Verfügungsmacht** **über einen (Liefer)gegenstand** ——→ Abnehmer

UStAE 3.1 (1) S. 1

Eine Lieferung liegt vor, wenn Substanz, Wert und Ertrag eines Gegenstandes unbedingt und endgültig übertragen werden. Es wird auf die Verfügungsbefähigung abgestellt. Die umsatzsteuerliche Lieferung ist nicht mit der bürgerlich-rechtlichen Eigentumsübertragung identisch.

Fall 2: Fritz Funk möchte im Fachgeschäft „Sound" eine bestimmte Hi-Fi-Anlage, die ihn bei seinem Freund begeistert hatte, erwerben.
Mit dem Verkäufer verständigt sich Funk über einen Ratenkauf bei Anzahlung von 300 €.
Das Fachgeschäft übergibt Funk die Anlage; behält sich jedoch das Eigentum bis zur vollständigen Bezahlung des Kaufpreises vor (Eigentumsvorbehalt).
Wann wird Funk die Verfügungsmacht über die Anlage verschafft?

› Liefergegenstand

§ 90 BGB

Gegenstandsbegriff lt. BGB

Im USt-lichen Sinne nur ► **Körperliche Gegenstände** | nichtkörperliche Gegenstände (Rechte)

UStAE 3.1 (1) S. 2+5

Sachen i. S. § 90 BGB				
unbewegliche Sachen	bewegliche Sachen	lebende Sachen	Sachen in flüssigem und gasförmigem Zustand	Wirtschaftsgüter, die wie Sachen behandelt werden
z. B. – Grund und Boden – Gebäude	z. B. – Waren – Maschinen – Kfz	z. B. – Pflanzen – Tiere (beachte § 90a BGB)	z. B. – Benzin – Wasser – Gase	z. B. – Strom – Wärme

› Sachgesamtheit und vertretbare Sachen

Eine **Sachgesamtheit** stellt die Zusammenfassung mehrerer selbstständiger Gegenstände zu einem einheitlichen Ganzen dar (z. B. Speiseservice), wobei die Zusammenfassung der Einzelteile (Teller, Schüsseln …) wirtschaftlich als ein qualitativ anderes Wirtschaftsgut angesehen wird, als die Summe der einzelnen Gegenstände. Die Sachgesamtheit wird als ein Gegenstand behandelt. UStAE 3.1 (1) S. 3

Vertretbare Sachen sind bewegliche Sachen, die im Wirtschaftsverkehr nach Zahl, Maß oder Gewicht bestimmt werden (z. B.: Liter-Benzin, Tonnen-Sand, Kies, Kohle …).

› Verschaffung der Verfügungsmacht

UStAE 3.1 (2) Begriff: **Verfügungsmacht** ist die umfassende Herrschaftsmacht an einer Sache, d. h. der Abnehmer kann als Eigentümer oder wie ein Eigentümer über die Sache verfügen, sie benutzen, verbrauchen, veräußern, zerstören usw.

§ 3 (1)

Möglichkeiten der Verschaffung der Verfügungsmacht (V. d. Vm.)

1

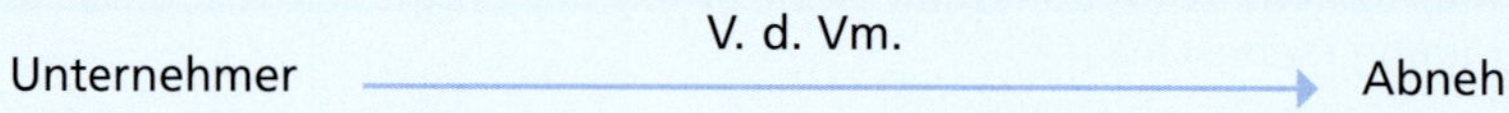

z. B.: Der TV-Händler U übergibt dem Käufer A das erworbene Fernsehgerät im Einzelhandelsgeschäft.

2

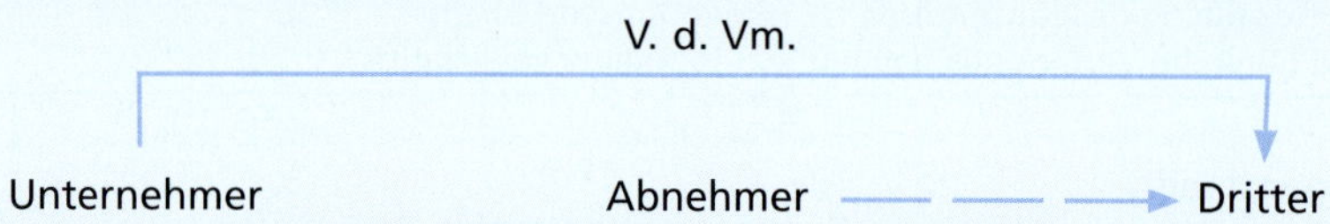

z. B.: Der Käufer A beauftragt den TV-Händler U das Fernsehgerät an seine Tochter (Dritter) zu liefern (als Geschenk).

3

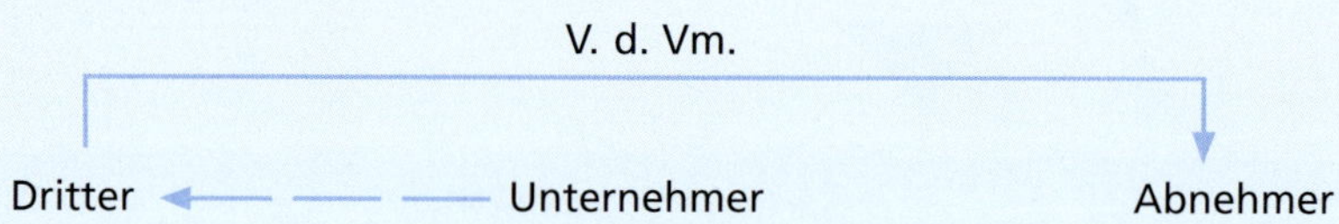

z. B.: Der TV-Händler U beauftragt seinen Großhändler (Dritter), das im Einzelhandelsgeschäft bestellte Fernsehgerät direkt an den Käufer A zu versenden.

4

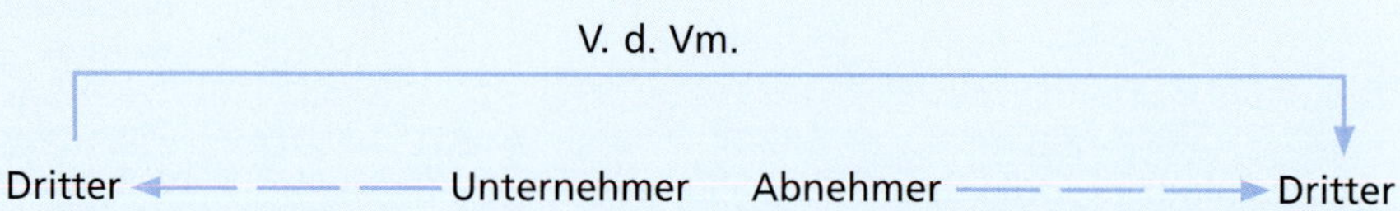

z. B.: Der TV-Händler U beauftragt seinen Großhändler (Dritter), das vom Käufer A im Einzelhandelsgeschäft bestellte Fernsehgerät an seine Tochter (Dritter) zu liefern.

Für eine Lieferung ist nicht das Verfügungsrecht, sondern die tatsächliche Verfügungsbefähigung ausschlaggebend. Wenn nur ein Recht übertragen wird, ohne über einen Gegenstand verfügen zu können, ist keine Lieferung im umsatzsteuerlichen Sinne gegeben.

› Grundformen der zivilrechtlichen Eigentumsübertragung

Die Verschaffung der Verfügungsmacht erfolgt i.d.R. durch die bürgerlich-rechtliche Eigentumsübertragung.

An beweglichen Sachen:	An unbeweglichen Sachen:	In Sonderfällen:
„Zur Übertragung des Eigentums an einer beweglichen Sache ist erforderlich, dass der Eigentümer die Sache dem Erwerber übergibt und beide darüber einig sind, dass das Eigentum übergehen soll." § 929 S. 1 BGB	Durch den Abschluss des Kaufvertrages wird die Verfügungsmacht noch nicht verschafft. Die Eigentumsübertragung erfolgt erst mit der Eintragung im Grundbuch. Da dieser Zeitpunkt unabhängig von den Vertragsparteien (abhängig vom Grundbuchamt) ist, gilt nach wirtschaftlicher Betrachtungsweise der Zeitpunkt als Verschaffung der Verfügungsmacht, in dem Nutzen und Lasten auf den Erwerber übergehen.	a) Umsatzsteuerlich kann auch ohne einen zivilrechtlichen Eigentumsübergang eine Lieferung vorliegen, z.B. beim Verkauf von Hehlerwaren, weil mit dem Verkauf die Verfügungsbefähigung auf den Abnehmer übergeht. Der Diebstahl selbst ist keine Lieferung. b) Vor Eigentumsübertragung: ➔ Verkauf unter Eigentumsvorbehalt z.B. Ratenkäufe

Maßgeblich für die Verschaffung der Verfügungsmacht ist nicht das schuldrechtliche Verpflichtungsgeschäft z.B. der Abschluss eines Kaufvertrags, sondern die Übertragung der Verfügungsbefähigung.
Dies geschieht i.d.R. durch die Übergabe des Gegenstands (Erfüllungsgeschäft).

Beispiel ⟩⟩⟩

Verpflichtungsgeschäft	Erfüllungsgeschäft
Familie Albert schließt am 11.02. in einem Möbelfachgeschäft einen Vertrag über die Lieferung einer Polstergarnitur für insgesamt 1.498 € ab.	Am 02.03. wird die Polstergarnitur vom Möbelfachgeschäft geliefert. Damit erhält die Familie Albert die Verfügungsbefähigung über die Polstergarnitur.

Trotz bürgerlich-rechtlichem Eigentumsübergang kann es vorkommen, dass umsatzsteuerlich noch keine Lieferung vorliegt, z.B. bei Bauten auf fremdem Grund und Boden. Wird beispielsweise ein Bauunternehmen beauftragt mit selbst beschafften Materialien auf dem Grundstück eines Bauherrn ein Gebäude zu errichten, führt der Einbau der Materialien nicht zu fortlaufenden Lieferungen. Die Lieferung erfolgt grundsätzlich erst mit der Übergabe des fertigen Werkes.

2.3.1.3 › Grundformen der Lieferung

Verschaffung der Verfügungsmacht bei Beförderung oder Versendung

§ 3 (6) S. 1

Beförderung oder Versendung

Lieferer → Abnehmer

des Liefergegenstandes

durch

a) den Lieferer selbst oder
b) den Abnehmer oder
c) einen von Lieferer oder Abnehmer beauftragten Dritten

Beispiele

Zu a) Der Liefergegenstand wird mit firmeneigenem Fahrzeug des Lieferers zum Abnehmer transportiert.

Zu b) Der Liefergegenstand wird mit firmeneigenem Fahrzeug des Abnehmers beim Lieferer abgeholt.

Zu c) Der Liefergegenstand wird durch einen von Lieferer oder Abnehmer beauftragten Spediteur zum Abnehmer transportiert.

§ 3 (6) S. 2 + 3

Beförderung	**Versendung**
=	=
„Befördern ist jede Fortbewegung eines Gegenstandes."	„Versenden liegt vor, wenn jemand die Beförderung durch einen selbstständigen Beauftragten ausführen oder besorgen lässt."
▼	▼
Der **leistende Unternehmer** U **oder** der **Abnehmer** A (bzw. ein unselbstständiger Erfüllungsgehilfe des U oder A, z. B. Fahrer) **transportiert** den Liefergegenstand.	Der leistende Unternehmer U oder der Abnehmer A beauftragen einen **selbstständigen Beauftragten** mit dem **Transport** des Liefergegenstandes. Typische selbstständige Beauftragte können sein: Post, Bahn, Spediteure, Frachtführer, Reedereien u. Ä.
Verschaffung der Verfügungsmacht: **... mit Beginn der Beförderung**	Verschaffung der Verfügungsmacht: **... mit Übergabe an den Beauftragten**

Die Verschaffung der Verfügungsmacht ist nur dann erfolgt, wenn

1 zu Beginn der Beförderung bzw. Versendung zum Zeitpunkt der Übergabe an den selbstständigen Beauftragten, der Abnehmer bereits feststeht. UStAE 3.12 (3)
Anderenfalls spricht man von einem nicht steuerbaren **rechtsgeschäftslosen Verbringen.**

2 nach der Beförderung oder Versendung beim Erwerber des Gegenstandes nicht noch eine Behandlung/Tätigkeit durch den Lieferer (z. B. Montage, Einbauten u. Ä.) vorgenommen wird, der seine Marktgängigkeit ändert bzw. nach wirtschaftlicher Betrachtungsweise einen Gegenstand neuer Qualität entstehen lässt. UStAE 3.12 (4)

Wird der funktionsfähige Gegenstand der Lieferung zum Zwecke des besseren/ leichteren Transportes zerlegt und vor Ort wieder aufgebaut/zusammengesetzt, ist die Verschaffung der Verfügungsmacht wie unter Punkt 1 bereits erfolgt. UStAE 3.12 (4) S. 7

Beispiel

Familie Mittag aus Essen hat am 10.04. in einem Küchenstudio der Stadt einen Vertrag über Lieferung einer neuen Einbauküche abgeschlossen. Am 21.05. werden die einzelnen Küchenteile vom Küchenstudio geliefert und durch zwei Monteure der Firma aufgebaut. Am 22.05. wird die funktionsfähige Küche der Familie übergeben.

Vertraglich wird die Lieferung und der Einbau einer funktionsfähigen Einbauküche vereinbart (Verpflichtungsgeschäft). Der bloße Transport der Einzelteile der Küche zum Abnehmer verschafft diesem noch nicht die Verfügungsmacht über die Einbauküche und ist demgemäß als rechtsgeschäftloses Verbringen zu betrachten. Erst mit dem Aufbau und Anschluss aller Geräte und Nachweis der Funktionsfähigkeit wird die Einbauküche dem Abnehmer übergeben (Erfüllungsgeschäft).

Übung

Stellen Sie in den nachstehenden Sachverhalten fest, ob eine Beförderung oder Versendung vorliegt und an welchem Ort der Abnehmer die Verfügungsmacht erhalten hat!

1. Ein großes deutsches Versandhaus mit Sitz in Hamburg hat mit der Post mehrere bestellte Kleidungsstücke an Familie Kunze in München geschickt.

2. Die Keramikwerkstatt Lehmann & Sohn aus Lichtenfels transportiert mit eigenem Fahrzeug diverse Keramikprodukte zum Wochenmarkt nach Kulmbach um sie dort anzubieten.

3. Lutz Leberecht hat im Baumarkt in Bonn mehrere verpackte Regale erworben und in seinem Pkw nach Koblenz mitgenommen.

4. Eine Maschinenbau-GmbH aus Wetzlar hat mit eigenem Lkw eine Stahlpresse an eine Firma in Bad Nauheim geliefert.

5. Mit einem Kurierdienst werden dringend benötigte Arzneimittel für einen Kunden vom Großhandel in Düsseldorf an eine Apotheke in Wuppertal übermittelt.

2.3.1.4 ⟩ Sonderfälle von Lieferungen

Handeln im eigenen und im fremden Namen

Eigenhandel

› **im eigenen Namen auf eigene Rechnung** (i. e. N. a. e. R.)

Unternehmer —— Lieferung i. e. N. a. e. R. ——▸ Abnehmer

z. B.:
Volker Wienert (Passau) ist Kfz-Vertragshändler eines deutschen Automobilherstellers.

Er verkauft an einen Kunden einen bestellten Neuwagen.

USt-lich liegt **eine Lieferung** vor.

§ 3 (3) **Kommissionsgeschäfte**[1)]

› **im eigenen Namen auf fremde Rechnung** (i. e. N. a. f. R.)

Verkaufskommissionen:

Kommittent —— Lieferung lt. Kommissionsvertrag ——▸ Verkaufskommissionär —— Lieferung i. e. N. a. f. R. ——▸ Abnehmer

z. B.:
Das Möbelhaus Weich & Co Mainz (Kommissionär) hat fünf Boxspringbetten Modell „Safran" vom Hersteller (Kommittent) aus Koblenz in Kommission genommen und an Kunden verkauft.

Lt. Vertrag erfolgt die Abrechnung in der Form, dass Weich eine Provision von 10 % des Verkaufspreises erhält.

USt-lich liegen **zwei Lieferungen** vor.

Agenturgeschäfte

› **im fremden Namen auf fremde Rechnung** (i. f. N. a. f. R.)

Auftraggeber ◂—— sonstige Leistung —— Handelsvertreter —— Handeln i. f. N. a. f. R. —— Abnehmer

Auftraggeber —— Lieferung ——▸ Abnehmer

z. B.:
Günter Gierig hat im Mai den Grundstücksmakler Maus (M) mit dem Verkauf eines seiner unbebauten Grundstücke beauftragt.

Laut Vertrag ist der Verkauf gegen meistbietend vorgesehen; M steht eine Provision von 3,75 % des Verkaufspreises zu. M hat nach Gebot den Käufer Mächtig ausgewählt. Im Juli kann der notarielle Kaufvertrag zwischen Gierig und Mächtig abgeschlossen werden.

USt-lich liegt **eine Lieferung und eine sonstige Leistung** (z. B. Vermittlung) vor.

---

1) Dienstleistungskommissionen regelt § 3 (11)

Tausch/Tauschähnlicher Umsatz § 3 (12)

Tausch

› Das Entgelt für eine Lieferung besteht in einer (Gegen)lieferung.

z. B.:

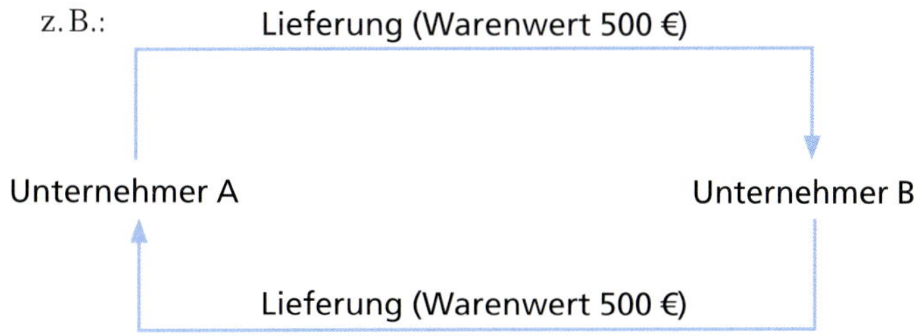

USt-lich liegen **zwei Lieferungen** vor.

Tausch-ähnlicher Umsatz

› Das Entgelt für eine sonstige Leistung besteht in einer Lieferung oder sonstigen Leistung.

z. B.:

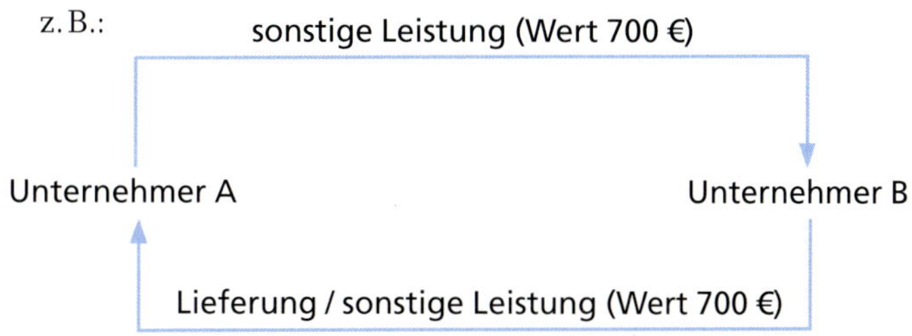

USt-lich liegen **zwei Leistungen** vor.

Tausch/Tausch-ähnlicher Umsatz mit Baraufgabe

› Zum Wert der Sachleistung wird durch einen Beteiligten ein Geldbetrag zugezahlt (Wertausgleich)

z. B.:

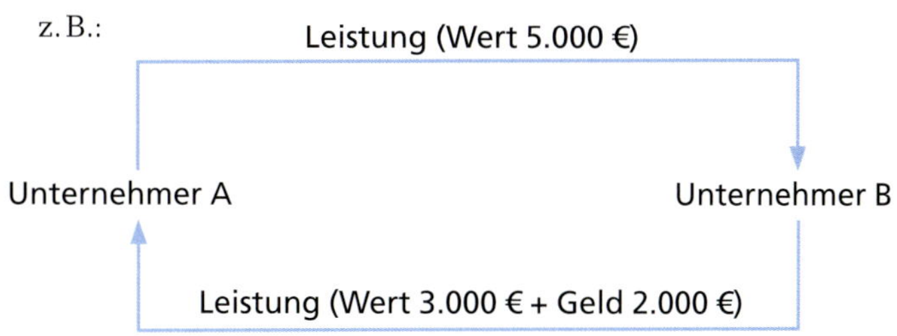

USt-lich liegen **zwei Leistungen** vor.

Umtausch, Rückgabe/Rücknahme, Rücklieferung

Umtausch

› Beim Umtausch wird der ursprünglich erworbene Gegenstand zurückgegeben und zugleich dafür ein anderer oder gleichartiger Gegenstand erworben.

z. B.:

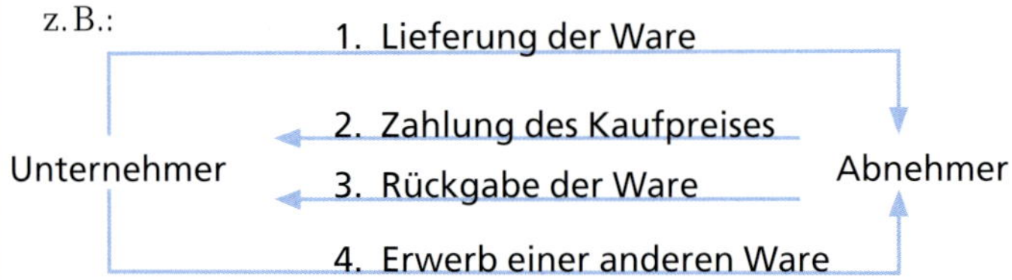

Beachte:
- Der Zahlungsvorgang (Nr. 2) kann auch nach Erwerb der anderen Ware erfolgen.
- Mögliche Preisunterschiede zwischen der ursprünglich und später erworbenen Ware sind umsatzsteuerlich zu berücksichtigen.

USt-lich liegt **eine Lieferung** vor.

Rückgabe/ Rücknahme

› Nach erfolgter Lieferung wird der Gegenstand (z. B. wegen erheblicher Mängel) vom Abnehmer zurückgegeben. Mit der Rückgabe/Rücknahme wird der Kaufpreis erstattet.

z. B.:

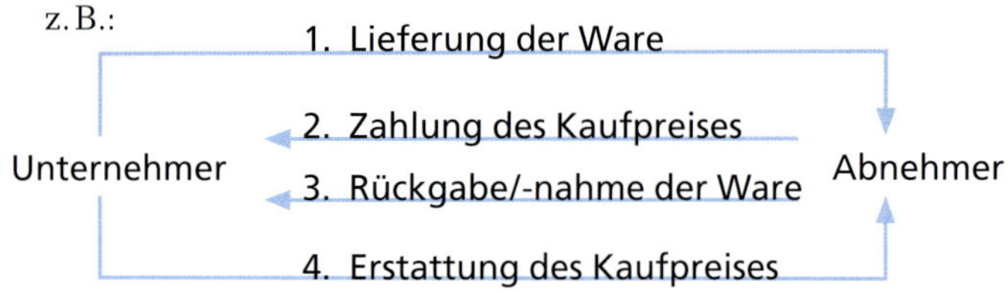

Beachte:
Die Vorgänge Nr. 2 und 4 können auch völlig entfallen.

USt-lich liegt **keine Lieferung** vor.

Rücklieferung

› Bei einer Rücklieferung wird der vom Abnehmer benutzte/verwendete Gegenstand nach einem größeren Zeitraum an den ursprünglich leistenden Unternehmer zurückgeliefert (Rückkauf).

z. B.:

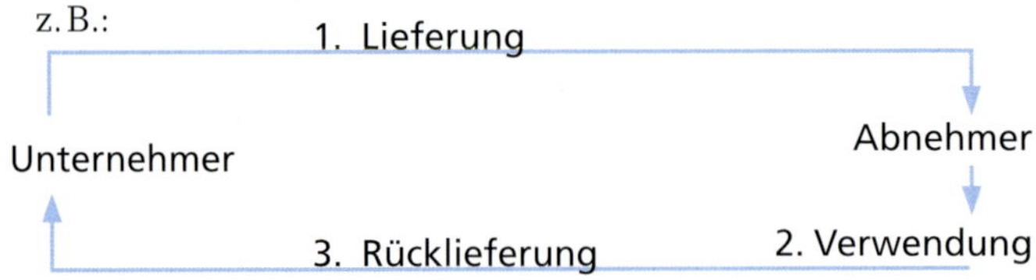

USt-lich liegen **zwei Lieferungen** vor.

Übungen

zu 2.3.1.3 und 2.3.1.4

Stellen Sie fest, welche Umsatzart durch das Unternehmen (Autohaus GmbH) ausgeführt wurde!

Heinz und Ludwig Hörner (H) betreiben in Torgau in der Rechtsform einer GmbH ein Autohaus nebst Werkstatt sowie eine Tankstelle.
In der letzten Woche waren u. a. folgende Geschäftsvorfälle zu verzeichnen:

1. An der Tankstelle wurden für eine namhafte Mineralölgesellschaft verschiedene Mengen an Treibstoff verkauft. Die GmbH erhält aus dem Verkauf eine Provision in Höhe von 5,5% vom Bruttoverkaufspreis.

2. Hörner hat von einem guten Kunden (K) ein gebrauchtes Fahrzeug entgegengenommen und es zum Verkauf „im Kundenauftrag" auf seinem Stellplatz für Gebrauchtwagen angeboten. K möchte aus dem Verkauf ca. 5.000 € erhalten. Vor 3 Tagen konnte der Pkw an einen Interessenten verkauft werden.

3. Die GmbH hat einem Kunden Alu-Felgen für 500 € verkauft. Die Felgen wurden vom Kunden in seinem Fahrzeug mitgenommen.

4. Die GmbH hat einem Kunden runderneuerte Winterreifen verkauft, die bereits nach einem Winter erhebliche Defekte aufwiesen. Von der GmbH wurden die defekten Reifen zurückgenommen und dem Kunden unentgeltlich andere Reifen übergeben.

5. Ein Unternehmer U hat bei der GmbH einen Neuwagen erworben. U hat seinen Gebrauchtwagen in Zahlung gegeben und noch einen Betrag von 15.000 € mit Bankkarte bezahlt.

6. Eine Privatperson hat bei der GmbH ein Cabriolet bestellt. Als Verkaufspreis wurden 53.400 € vereinbart.

7. Das Autohaus hat ein firmeneigenes Wohnmobil an einen Kunden überlassen. Im Nutzungsvertrag ist u. a. ein Preis von 49 €/Tag (brutto) vereinbart.

8. Am Wochenende hat die GmbH verschiedene Pkw-Modelle zur Messe „Freizeit und Reisen" in den Leipziger Messehallen ausgestellt.

9. Das Autohaus hat auf dem Pkw eines Blumenfachgeschäftes verschiedene Werbeaufkleber unentgeltlich angebracht. Im Gegenzug übernahm das Fachgeschäft ohne Berechnung die Ausgestaltung des Autohauses mit floristischen Arbeiten.

10. Die GmbH verkauft gelegentlich von Kunden in Zahlung genommene Altfahrzeuge an einen Händler aus Lettland, der diese mit eigenem Lkw nach Lettland transportiert.

11. Durch einen Kunden wurde ein Leihwagen vom Autohaus für 3 Tage entgeltlich genutzt.

12. Im Autohaus werden verschiedene Zubehörteile mit Werbeaufdrucken des Herstellers veräußert.

2.3.1.5 › Den Lieferungen gleichgestellte Wertabgaben

Die unentgeltlichen Wertabgaben aus dem Unternehmen werden den entgeltlichen Leistungen gleichgestellt und damit wie eine entgeltliche Leistung besteuert, wenn der entnommene Gegenstand zum vollen oder teilweisen Vorsteuerabzug berechtigt hat. (siehe auch Pkt. 2.3.1.8)

§ 3 (1 b) Einer Lieferung gegen Entgelt werden gleichgestellt:

RW 384 f.

Gegenstandsentnahme	Gegenstandszuwendung an Personal	Gegenstandszuwendung anderer Art
§ 3 (1 b) Nr. 1, UStAE 3.3 (5)	§ 3 (1 b) Nr. 2, UStAE 3.3 (9)	§ 3 (1 b) Nr. 3, UStAE 3.3 (10)
Tatbestandsmerkmale		
– **Unternehmer entnimmt** Gegenstand aus seinem Unternehmen **für Zwecke außerhalb des Unternehmens**	– **unentgeltliche Zuwendung** eines Gegenstandes **aus dem Unternehmen an das Personal** für dessen privaten Bedarf **ausgenommen:** Aufmerksamkeiten	– andere **unentgeltliche Zuwendung** eines Gegenstandes **ausgenommen:** Geschenke mit geringem Wert und Warenmuster für Zwecke des Unternehmens
Voraussetzung: **Berechtigung zum vollen oder** teilweisen **Vorsteuerabzug, § 15 (1)** wenn die Anschaffungs- oder Herstellungskosten des entnommenen/erworbenen Gegenstandes mit USt belastet waren.		

Beispiele

1. Holzhändler Hecht (H) hatte vor 2 Jahren von seinem Bruder (Angestellter) dessen privaten Pkw für die Firma erworben. Im Februar diesen Jahres kaufte H einen neuen Firmen-Pkw und schenkte den „alten" Pkw seinem Sohn zur bestandenen Führerscheinprüfung.

Lösung:
H tätigt mit der Entnahme des Pkw`s eine Gegenstandsentnahme aus dem Unternehmensvermögen, die jedoch **nicht steuerbar** ist,weil der Erwerb des „alten" Fahrzeugs von einer Privatperson erfolgte und beim Erwerb keine USt angefallen ist.

2. Der Inhaber eines Modegeschäftes schenkte seiner Angestellten zum 40. Geburtstag eine Jacke (Einkaufspreis: 90 € netto; Verkaufspreis: 149 €).

Lösung:
Das Geschenk stellt eine Gegenstandszuwendung an das Personal dar, die als **steuerbar und steuerpflichtig** zu behandeln ist, da zum Zeitpunkt des Einkaufs der Vorsteuerabzug durch den Händler vorgenommen wurde und es sich hierbei auch nicht um eine Aufmerksamkeit (≤ 60 € brutto) handelt (UStAE 1.8 (3)).

3. Facharzt Dr. Fiedler (F) hatte vor 4 Jahren ein kleines PC-Netz durch eine Computerfirma in seiner Praxis einrichten lassen. Zu Beginn dieses Jahres wurden durch F neue, leistungsfähigere PCs angeschafft. Alle „Altgeräte" übergab F unentgeltlich an ein Kinderheim der Stadt.

Lösung:
Die Gegenstandsentnahme durch F erfolgte auch hier für Zwecke außerhalb des Unternehmens. Die Gegenstandsentnahme durch den Unternehmer ist in diesem Falle nicht der USt zu unterwerfen (**nicht steuerbar**), weil ein Facharzt nur steuerfreie Umsätze ausführt, die den Vorsteuerabzug für bezogene Leistungen ausschließen, § 15 (2).

Fall 3: Für die „Vario-Medien- und Computer-GmbH" in Hamburg sind folgende Vorgänge hinsichtlich ihrer Umsatzbesteuerung zu beurteilen:

a) Im Zusammenhang mit der Eröffnung einer weiteren Filiale wurde in der örtlichen Tagespresse folgendes Angebot unterbreitet. „Jeder 100. Kunde erhält ein Smartphone im Wert von 199 €"

b) Der neue Filialleiter erhielt von der Gesellschaft für seine umfangreichen Initiativen ein Notebook (Wert: EP 290,– €) geschenkt, das extra eingekauft wurde .

c) Einer Behindertenschule der Stadt schenkte die GmbH einen neuen Computer mit entsprechendem Zubehör (Wert: EP 550,– €).

d) Einem guten Geschäftsfreund schenkte der Geschäftsführer der GmbH im Auftrag der Firma zu dessen 50. Geburtstag ein iPad aus dem Warenbestand (Wert: EP 320,– €).

e) Zum runden Geburtstag erhielten einige Mitarbeiter ein CD-Paket nach eigener Wahl von der Firma geschenkt (Wert: EP zwischen 19 und 39 €).

f) Beim innerbetrieblichen Transport wurde eine PC-Tastatur so beschädigt, dass sie nicht mehr verkauft werden konnte. Einem Mitarbeiter wurde sie unentgeltlich für Bastlerzwecke überlassen.

g) Verschiedene kaufmännische Bildungseinrichtungen der Stadt erhielten von der GmbH eine Update-Version eines neuen Buchhaltungsprogrammes (Wert: EP 29 €) kostenlos.

h) Ein Mitarbeiter erhält zum 20jährigen Firmenjubiläum einen Geschenkkorb, der für 100 € gekauft wurde.

Gegenstandsentnahme – § 3 (1b) Nr. 1:

Die Entnahme von Unternehmensgegenständen erfolgt für private Zwecke des Unternehmers, unabhängig ob der Unternehmer den entnommenen Gegenstand selbst privat nutzt oder ob er den Gegenstand einer anderen Person zukommen lässt. Maßgeblich ist lediglich der unternehmensfremde/außerunternehmerische Verwendungszweck.

Beispiel

Der Juwelier J entnimmt aus seinem Unternehmen einen Ring

– um ihn selbst zu tragen

oder

– um ihn seinem Bruder zum Geburtstag zu schenken.

Die Entnahme muss eine endgültige, willentliche Überführung eines Unternehmensgegenstandes in den außerunternehmerischen Bereich darstellen. Eine zeitweise private Nutzung von Unternehmensgegenständen (auch räumlich außerhalb des Unternehmens) erfüllt nicht die Voraussetzungen.

Der Gegenstand muss vor der Entnahme dem Unternehmensvermögen zugeordnet sein. Dies ist jedoch nur möglich, wenn der Gegenstand mindestens zu 10% unternehmerisch genutzt wird, § 15 (1) Satz 2.

Beispiel

Architekt A hat eine Videokamera erworben. Die Kamera will A vorrangig im Privatbereich nutzen. A rechnet lediglich mit einer
a) ca. 15%-igen
b) ca. 5%-igen
unternehmerischen Nutzung.

Zu a) A kann die Kamera wahlweise dem Privat- oder Unternehmensbereich zuordnen.

Zu b) A kann die Kamera nicht dem Unternehmensbereich, sondern nur dem Privatbereich zuordnen.

Gegenstandszuwendung an das Personal – § 3 (1b) Nr. 2:

RW 278 f.

Gegenstandszuwendungen des Unternehmers an sein Personal (Arbeitnehmer)

steuerbar	nicht steuerbar	
keine Aufmerksamkeit; kein betriebliches Interesse	**Aufmerksamkeiten**	**Leistungen im überwiegend betrieblichen Interesse**
– für privaten Bedarf – mit Vorsteuerabzug erworben („Geschenk aus dem Warenbestand des Unternehmens“)	– Gelegentliche Sachzuwendungen bis zum Wert von **60 € (Freigrenze, brutto)** für besondere Ereignisse, z. B. Buch, CD, Blumen, Genussmittel o. Ä. – Als Geschenk eingekaufte Gegenstände über 60 € brutto (kein Vorsteuerabzug) – unentgeltliche Überlassung von Getränken und Genussmitteln zum Verzehr im Betrieb	z. B. – zur Verbesserung der Arbeitsbedingungen (Pausenräume, Duschanlagen) – Speisen und Genussmittel zum Verzehr im Betrieb – Arbeitsschutzkleidung – Zuwendungen bei Betriebsveranstaltungen bis **110 € brutto** je AN und Veranstaltung gelten bei zwei Veranstaltungen im Jahr als unternehmerisch veranlasst

UStAE 3.3 (9)/ 1.8 (2) S. 1

UStAE 1.8 (3 + 4)

Beispiel

Ein Buchhändler schenkt seiner Sekretärin zum Weihnachtsfest einen Bildband aus dem Warenbestand im Wert von 89 €.	› Sachzuwendung = steuerbar
Der Unternehmer schenkt seiner Sekretärin zum Geburtstag einen Blumenstrauß im Wert von 30 €.	› Aufmerksamkeit = nicht steuerbar

Gegenstandszuwendung anderer Art – § 3 (1b) Nr. 3:

Als Geschenke mit geringem Wert sind Gegenstände zu betrachten, deren Anschaffungs- bzw. Herstellungskosten den Wert von **€ 35 (netto) je Empfänger** und Kalenderjahr nicht übersteigen. (siehe § 4 (5) Nr. 1, S. 1 EStG)

Steuerbar sind unentgeltliche Gegenstandszuwendungen aus unternehmerischen Gründen, z. B. zu Werbezwecken -, zur Verkaufsförderung, Imagepflege o. Ä.

Erscheinungsformen (z. B.):
- Gegenstandszuwendungen bei Preisausschreiben
- Verlosung von Sachwerten zu Werbezwecken
- Sachspenden an Vereine und Schulen

Der Steuerbarkeit unterliegen nicht Geschenke an Geschäftsfreunde oder Kunden, da diese Sachzuwendungen (> € 35) nach dem EStG als nicht abzugsfähige Betriebsausgabe gelten und somit nicht zum Vorsteuerabzug berechtigen. (siehe hierzu Pkt. 2.8.6.1) UStAE 3.3 (12) § 15 (1a) UStG

2.3.1.6 › Ort der Lieferung

Der Ort der Lieferung richtet sich vorbehaltlich der §§ 3c, 3e und 3g nach § 3 (6–8). § 3 (5a)

Lieferart	Ort der Lieferung	
Beförderungslieferung	**dort, wo die Beförderung … beginnt**	§ 3 (6)
Versendungslieferung	**dort, wo die Versendung … beginnt** Versendung beginnt mit der Übergabe an den Beauftragten.	§ 3 (6)
keine Beförderungs- oder Versendungslieferung	**dort, wo sich der Gegenstand zur Zeit der Verschaffung der Verfügungsmacht befindet**	§ 3 (7)
den Lieferungen gleichgestellte Wertabgaben	**richtet sich, wie oben beschrieben, nach § 3 (6+7)**	

Beispiele ›››

1. Das Dresdner Fensterbauunternehmen F hat für eine Leipziger Baugesellschaft B verschiedene Holzfenster hergestellt und geliefert. F hat die Fenster mit eigenem Fahrzeug zu einer Baustelle von B nach Riesa transportiert.

Lösung:
F führt eine Beförderungslieferung (Beförderung durch den Lieferer) aus. Der Transport durch F gilt als Nebenleistung zur Fensterlieferung. Der Ort der Lieferung für F ist Dresden, da dort die Beförderung (der Transport) beginnt.

2. Das Dresdener Fensterbauunternehmen F hat für eine Leipziger Baugesellschaft B verschiedene Holzfenster hergestellt. B hat ein Transportunternehmen T in Pirna beauftragt, die Fenster zu einer Baustelle von B nach Riesa zu transportieren.

Lösung:
F führt eine Versendungslieferung aus, da er nicht selbst befördert. Ort der Lieferung für F ist Dresden, da dort die Versendung (mit Übergabe des Gegenstandes an den Transportbeauftragten T) beginnt.

3. Unternehmer U aus Ulm verkauft einen nicht mehr benötigten Lagerplatz neben seiner Filiale in Stuttgart an Unternehmer B aus Berlin.

Lösung:
Ort der Lieferung ist Stuttgart, da sich hier das Grundstück befindet.

Fall 4: Norbert Neureich aus Düren (D) hat beim Notar Silberling in Aachen notarielle Kaufverträge über den Erwerb
a) eines Wohn- und Geschäftshauses in Eupen (Belgien) für 600.000 € von Bert Bangen aus Verviers (Belgien) und
b) eines unbebauten Grundstücks in Eschweiler (D) für 250.000 € von Artur Acker aus Jülich (D) abgeschlossen.

Bestimmen Sie jeweils den Ort der Lieferung und die Steuerbarkeit!

Eine Besonderheit der Ortsbestimmung gilt für die Lieferung von Gas und Elektrizität:

	Lieferart	Ort der Lieferung
§ 3 g	**Lieferung von Gas über Erdgasnetz und Elektrizität, Wärme, Kälte**	**dort, wo**
	an Wiederverkäufer (Unternehmer)	der Abnehmer sein Unternehmen/ seine Betriebsstätte betreibt
	an sonstige Abnehmer	der Abnehmer das Gas/den Strom, die Wärme, die Kälte tatsächlich verbraucht/nutzt

Übungen

Bestimmen Sie in nachstehenden Sachverhalten den Ort der Lieferung und die Steuerbarkeit!

1 Klaus Klang aus Unna kauft eine CD in einem Fachgeschäft in Dortmund.

2 Ein Computerfachgeschäft in Völklingen hat 20 PC's mit eigenem Fahrzeug von einem Händler in Saarbrücken abgeholt.

3 Fliesenlegermeister Faber aus Bautzen hat aus seinem Geschäft 14 qm Fußbodenfliesen für die Verlegung in seinem Einfamilienhaus entnommen.

4 Die Baumaschinen GmbH Regensburg transportiert mit eigenem Lkw einen Minibagger zur Messe nach Nürnberg, um ihn dort auszustellen.

5 a) Ein Dresdner Fensterbauunternehmen F hat für eine Leipziger Baugesellschaft B verschiedene Holzfenster hergestellt, geliefert und auf der Baustelle von B in Riesa im Auftrag von B auch eingebaut.

b) Das Dresdner Fensterbauunternehmen F hat mit eigenen Fahrzeugen verschiedene Erzeugnisse des Betriebes für eine Baufachmesse nach Chemnitz transportiert. F möchte auf dieser Messe die Qualität seiner Erzeugnisse vorstellen und weitere Kunden/Abnehmer gewinnen.

c) Das Dresdner Fensterbauunternehmen F hat für ihren Geschäftsführer G unentgeltlich die Lieferung, Transport und den Einbau eines Kellerfensters für das Eigenheim von G in Riesa ausgeführt.

Reihengeschäft

„Schließen **mehrere Unternehmer** (*mindestens drei*) über **denselben Gegenstand** Liefergeschäfte ab und **gelangt** dieser Gegenstand bei der Beförderung oder Versendung **unmittelbar** vom ersten Unternehmer an den letzten Abnehmer, ist die Beförderung oder Versendung nur einer der Lieferungen zuzuordnen" **(= bewegte Lieferung).**[1] § 3 (6a)

Beispiel

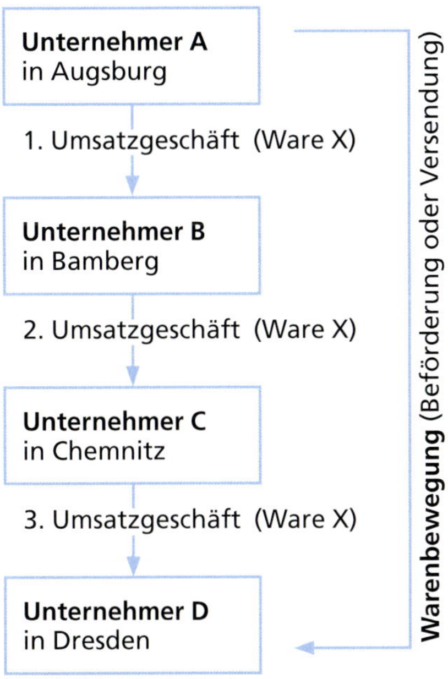

- 4 Unternehmer
- 3 Umsatzgeschäfte (= 3 Lieferungen)
- gleiche Ware X (die Marktgängigkeit innerhalb der Reihe darf nicht verändert werden)
- Beförderung/Versendung der Ware von A nach D (der letzte Abnehmer muss zu Beginn der Beförderung/Versendung feststehen)

Für die **Ortsbestimmung** der Lieferungen ist entscheidend, welcher Unternehmer die Beförderung oder Versendung veranlasst hat und verantwortet.

Unternehmer A beauftragt und verantwortet die Beförderung/Versendung an Unternehmer D:

- Beförderung/Versendung wird dem 1. Umsatzgeschäft zugeordnet; § 3 (6a) S. 2
- Ort der Lieferung für A = wo Beförderung/Versendung beginnt = Augsburg;
- 2. und 3. Umsatzgeschäft = Lieferungen **nach** der Beförderung/Versendung = Ort: wo Beförderung/Versendung **endet** = Dresden (für Lieferung des B und für Lieferung des C), § 3 (7) S. 2 Nr .2
  Lieferung A an B = **bewegte Lief.**, Lieferungen B an C und C an D = ruhende Lieferungen.

Unternehmer D beauftragt und verantwortet die Beförderung/Versendung (Abholung) bei Unternehmer A):

- Beförderung/Versendung wird dem 3. Umsatzgeschäft zugeordnet; **bewegte Lieferung**; § 3 (6a) S. 3
- Ort der Lieferung für C = wo Beförderung/Versendung beginnt = Augsburg;
- 1. und 2. Umsatzgeschäft = Lieferungen **vor** der Beförderung/Versendung = Ort: wo Beförderung/Versendung **beginnt** = Augsburg (für Lieferung des A an B und für Lieferung des B an C; ruhende Lieferungen, § 3 (7) S. 2 Nr. 1

---

[1] Gelangt der Liefergegenstand von einem EU-Mitgliedstaat in einen anderen EU-Mitgliedstaat oder ins Drittland ist nur die bewegte Lieferung steuerfrei i. S. d. §§ 6 und 6a.

2.3.1.7 › Begriff und Formen sonstiger Leistungen

§ 3 (9) **Grundsatz: Sonstige Leistungen sind Leistungen, die keine Lieferungen sind.**

UStAE 3.1 (4) Das UStG definiert den Begriff der sonstigen Leistungen lediglich durch eine negative Abgrenzung zu den Lieferungen. Die Vielfältigkeit von sonstigen Leistungen lässt sich nicht katalogmäßig erfassen oder anderweitig definieren.

sonstiger Leistungen		
TUN	**DULDEN**	**UNTERLASSEN**
z. B.: – handwerkliche Reparaturleistungen – Beratungsleistungen – Vermittlungsleistungen – Kino- oder Theatervorführungen – sonstige Dienstleistungen – Beförderungsleistungen – Vortragstätigkeit – Restaurationsumsätze	z. B.: – Vermietung und Verpachtung – Übertragung von Rechten (Patente, Urheberrechte, Warenzeichen) – Darlehensgewährung	z. B.: – Verzichtshandlungen (auf Werbung, Verkauf, Bebauung usw.) – vorzeitige Mietvertragsauflösung u. Ä.

In den Fällen

- der Entgeltsentrichtung ohne ein wirtschaftliches Ziel (z. B. Geldeinzahlung über Nachttresor, Geldüberweisung...) und
- der Geldanlage auf Giro-, Bauspar- und Sparkonten oder in Wertpapieren

ist überhaupt kein Leistungstatbestand gegeben.

zu 2.3.1.2 bis 2.3.1.7

Übungen

1 Handelt es sich in nachstehenden Fällen um Lieferungen oder sonstige Leistungen?

a) Herr Müller kauft auf dem Wochenmarkt einen Blumenstrauß für seine Frau.
b) Die Firma „Elektro-Krause" hat die turnusmäßige Überprüfung der Elektrogeräte im Hochbauamt ausgeführt.
c) Frau Sonnenschein hat in einem Drogeriemarkt ihre Urlaubsfotos gegen Zahlung von 19,04 € abgeholt.
d) Imker Süsslebe hat mehrere Bienenvölker an einen Kollegen veräußert.
e) Schauspielerin K. hat eine beachtliche Gage für ihre Filmrolle in einem erfolgreichen Kinofilm erhalten.
f) Bauer Holzmann hat aus seinem Besitz ein unbebautes Waldgrundstück verkauft.
g) „Radl-Heinz" verkauft in seinem Fachgeschäft Fahrräder verschiedenster Marken.
h) Familie Klein hat am Wochenende ein Erlebnisbad besucht.
i) Ein Dozent hat Vorträge (einschl. Skripte) zum Zollrecht gehalten.
j) Architekt Baumann hat seinem Kunden K. einen Bauplan zum Umbau seines Bauernhofes übergeben.
k) Herr Kaiser hat über das Internet eine wertvolle Gedenkmünze gekauft.

l) Die Hausbank hat einer Tiefbaufirma einen Kredit zum Kauf einer Baumaschine gewährt.
m) Extremsportler E. hat die Veröffentlichungsrechte seiner letzten Expeditionsfotos an eine deutsche Wochenzeitschrift veräußert.
n) Azubi A. hat eine Standardsoftware in einem PC-Fachgeschäft erworben.
o) Rentner R. hat in einem Heimwerkergeschäft Sperrholzplatten erworben.

2 Bestimmen Sie für die nachstehenden Sachverhalte die Leistungsart.

a) Der Apotheker Piller verkauft einem Kunden verschiedene Medikamente gegen Barzahlung.
b) Die Färberei Bunt hat im Auftrag eines Textilunternehmens das Einfärben von Stoffen übernommen.
c) Malermeister Blau überweist seine USt-Schuld für den Voranmeldungszeitraum Juni.
d) Claudia M. hat sich beim Optiker Klarsicht eine hochwertige Sonnenbrille anfertigen lassen.
e) Ein Weinbauer von der Mosel verkauft verschiedene Sorten Rotwein an einen Großhändler in Hamburg.
f) Das Autohaus V&W überlässt einem Kunden einen Mietwagen für eine Woche.
g) Eine große Kaufhauskette wirbt in der Tagespresse für verschiedene Artikel.
h) Eine Kunde hat lt. Jahresrechnung 112 m^3 Wasser verbraucht.
i) Gegen eine „Entschädigung“ von 20.000 € räumt Schmiedemeister Feurig vorzeitig seine gemietete Werkstatt.
j) Der Steuerberater Wissmann erstellt für einen Mandanten die ESt-Erklärung und übermittelt sie dem Finanzamt.
k) Ein Journalist überlässt entgeltlich seine Nachforschungen über den Verbleib wertvoller Kunstwerke der Dresdener Museen nach dem 2. Weltkrieg einer Zeitschrift.
l) Der Schneidermeister Nadler fertigt aus eigenen Materialien ein aufwändiges Brautkleid für eine Kundin an.
m) Fritz Fischer erwirbt eine Fahrkarte für die Fahrt von München nach Hof.
n) Der Schornsteinfeger Schwarz kehrt die Kamine auf einem Bürogebäude.

3 Gerd Glücklich (G), leitender Angestellter eines Großunternehmens in Wismar, spielt seit 20 Jahren Lotto. Im Vorjahr erzielte er bei der Lottogesellschaft L einen Gewinn von rund 407.000 €, der auf sein Konto überwiesen wurde. Da er das Geld sinnvoll anlegen wollte, konsultierte er mehrmals seinen Steuerberater S, der ihm – unter Berücksichtigung seiner Wünsche und Vorstellungen – schließlich zur Errichtung eines Einfamilienhauses mit Ferienwohnung riet.

Mit seiner Bank B klärte G vertraglich die anteilige Kreditfinanzierung seines Vorhabens. G konnte kurzfristig durch Einschaltung eines Maklers M ein geeignetes Grundstück (Grund und Boden) von dem Landwirt R erwerben.
Durch den Architekten A wurde der Plan erstellt und die Bauüberwachung übernommen.
Die Baufirma F errichtete bis 31.05.2023 das Gebäude vollständig bezugsfertig. Kurz vor Bezug kaufte G bei der „Wohnwelt-GmbH“ verschiedene Möbel, die termingemäß angeliefert wurden.
Seit dem 01.06.2023 bewohnt G gemeinsam mit seiner Familie das Einfamilienhaus.
Die Ferienwohnung vermietet er an ständig wechselnde Urlauber.
a) Stellen Sie fest, welche Leistungsarten von den genannten Personen/Unternehmen erbracht wurden!
b) Entscheiden Sie, welche Formen sonstiger Leistungen vorliegen!
c) Prüfen Sie die Steuerbarkeit der Leistungen!
Bereiten Sie die Lösung nach folgendem Schema auf:

Leistung von	Lieferung	Sonstige Leistung in der Form			keine Leistung	steuerbar
		Tun	Dulden	Unterlassen		

2.3.1.8 › Den sonstigen Leistungen gleichgestellte Wertabgaben

Die den sonstigen Leistungen gleichgestellten unentgeltlichen Wertabgaben beziehen sich auf alles, was gemäß § 3 (9) eine sonstige Leistung sein kann.

Einer sonstigen Leistung gegen Entgelt werden gleichgestellt:

RW 389 ff.

§ 3 (9 a)

Verwendung von Unternehmensgegenständen für den Privatbereich des Unternehmers bzw. des Personals	Ausführung anderer sonstiger Leistungen für den Privatbereich des Unternehmers bzw. des Personals
§ 3 (9 a) Nr. 1	§ 3 (9 a) Nr. 2
Tatbestandmerkmale	
– Verwendung eines vorsteuerabzugsberechtigten Gegenstandes durch den Unternehmer im außerunternehmerischen Bereich oder im Privatbereich des Personals **ausgenommen:** Aufmerksamkeiten (≤ 60 € brutto)	– Unentgeltliche Erbringung anderer sonstiger Leistungen durch den Unternehmer für Zwecke außerhalb des Unternehmens oder im Privatbereich des Personals **ausgenommen:** Aufmerksamkeiten (≤ 60 € brutto)
an Arbeitnehmer*innen oder deren Angehörige, UStAE 1.8 (3)	

Zu § 3 (9a) Nr. 1:

Es handelt sich hierbei um eine **unentgeltliche Nutzung** von Unternehmensgegenständen für Zwecke außerhalb des Unternehmens bzw. an das Personal, z. B. private Nutzung eines zum Unternehmen gehörenden Pkw's, PC's oder anderer unternehmerischer Gegenstände.
Beachte : Die Besonderheiten der privaten Nutzung von betrieblichen Telekommunikationsgeräten regelt Abschnitt 3.4 (4) UStAE.

Da die Umsatzbesteuerung zwingend an den VSt-Abzug der verwendeten Gegenstände anknüpft, ist immer dann **keine Besteuerung** durchzuführen, wenn die **Unternehmensgegenstände ohne USt erworben** wurden, z. B. von einer Privatperson, von einem Kleinunternehmer, von einem steuerfrei liefernden Unternehmer oder bei der Anschaffung/Herstellung dieser Gegenstände kein VSt-Abzug möglich war.

Zu § 3 (9a) Nr. 2:

Andere sonstige Leistungen sind beispielsweise:

1. Der unentgeltliche Einsatz betrieblicher Arbeitskräfte im Privatbereich des Unternehmers für
   a) Dienstleistungen
      z. B. im Privatgarten, im Haushalt, im Freizeitbereich o. Ä.
   b) Werkleistungen
      z. B. Reparaturleistungen an Privatgegenständen, Überlassung eines unternehmerischen Fahrzeugs nebst Fahrer
2. Die unentgeltliche Ausführung sonstiger Leistungen durch das Unternehmen im Privatbereich des Personals, z. B. Gestellung von betrieblichen Arbeitskräften zur Erstellung eines Carports

Fall 5: Stellen Sie fest, ob in den nachstehenden Sachverhalten steuerbare unentgeltliche Wertabgaben durch den Unternehmer vorliegen für Zwecke außerhalb des Unternehmens bzw. für den privaten Bedarf seines Personals.
Begründen Sie kurz Ihre Entscheidung!

Eine Tiefbaufirma (B) ist auch als Vermieter von Baumaschinen tätig.

a) Einem Angestellten der Firma B wurde am Wochenende ein Bagger für den Aushub der Baugrube für sein Einfamilienhaus unentgeltlich überlassen.

b) Der Baustellenleiter von B nutzt einen Unternehmens-Pkw zum Besuch der Baustellen und für gelegentliche Privatfahrten.

c) Unternehmer B nutzt den von einem Händler erworbenen Firmenwagen auch für Fahrten zwischen Wohnung und Betriebsstätte

d) Der Geschäftsführer der Tiefbaufirma hat 2 Mitarbeiter seiner Firma mit dem Abtransport des Erdaushubs vom Grundstück seines Nachbarn beauftragt.

e) Ein Lkw-Fahrer von B hat den Auftrag, den Lkw mit alten Klinkersteinen aus dem Abriss eines Gebäudes zu beladen, um diese für Sanierungsarbeiten
ea) der Firma an einem historischen Bauwerk wieder einzusetzen;
eb) am eigenen Betriebsgebäude zu verwenden.

Übungen

1 Ein Unternehmer schickt zwei Arbeitnehmer aus seiner Versandabteilung für einen Tag in sein privates Wohnhaus, um dort Umbauarbeiten im Partykeller vorzunehmen. Beurteilen Sie die Steuerbarkeit dieses Sachverhalts und geben Sie dabei auch die entsprechenden Paragrafen an.

2 Der Besitzer eines Autohauses stellt einen Gesellen ab, um den Wagen seiner Frau auf den TÜV vorzubereiten. Der Geselle prüft Bremsen, Reifen etc., nimmt eine gründliche Innen- und Außenreinigung vor und übergibt den Wagen dann an die Frau des Inhabers. Eine Rechnung wird nicht ausgestellt. Beurteilen Sie die Steuerbarkeit dieses Sachverhalts und geben Sie dabei auch die entsprechenden Paragrafen an.

3 Ein Unternehmer aus Wiesbaden besitzt ein Haus, das er ingesamt seinem Unternehmen zugeordnet hat. In diesem Gebäude sind die Räume im Erdgeschoss an eine Rechtsanwaltskanzlei steuerpflichtig vermietet, die Wohnung im 1. Stock überlässt er unentgeldlich seinem Sohn (Student). Wie ist die unentgeldliche Überlassung der Wohnung an den Sohn umsatzsteuerlich (Steuerbarkeit)? Geben Sie bei Ihrer Lösung auch die relevanten Paragrafen an.

4 Der Frankfurter Unternehmer Breuer nutzt sein Geschäftstelefon (die Telefonanlage ist gemietet) zu 20% für private Zwecke. Ist die Privatnutzung umsatzsteuerlich steuerbar?

5 Eine Unternehmerin aus Hamburg überlässt einem ihrer leitenden Angestellten ausnahmsweise einen Firmen-Pkw für eine Urlaubsreise nach Dänemark. Ist der Vorgang steuerbar (Paragrafen angeben)?

2.3.1.9 › Ort der sonstigen Leistung

Der Ort einer sonstigen Leistung, die an eine Privatperson ausgeführt wird (B2C-Umsatz), ist grundsätzlich dort, wo der Unternehmer sein Unternehmen bzw. eine Betriebsstätte betreibt. Wird die sonstige Leistung an einen Unternehmer für dessen Unternehmen ausgeführt (B2B-Umsatz), ist der Ort dort, wo dieser sein Unternehmen bzw. eine Betriebsstätte betreibt.
Der Gesetzgeber hat eine Reihe von Abweichungen zur Grundregel des Ortes einer sonstigen Leistung bestimmt, sodass es sinnvoll ist, den Sachverhalt zunächst hinsichtlich des Zutreffens einer abweichenden Regelung zu prüfen.
Trifft keine Ausnahme zu, greift die jeweilige Grundregel.

Ort der sonstigen Leistung (Grundregel)	
Sitzort oder Ort der Betriebsstätte des leistenden Unternehmers § 3a (1)	**Sitzort oder Ort der Betriebsstätte des Leistungsempfängers § 3a (2)**
Sonstige Leistungen an – Nichtunternehmer – Unternehmer, wenn die sonstige Leistung nicht für das Unternehmen erbracht wird – nicht unternehmerisch tätige juristische Personen **ohne USt-IdNr.** sofern **kein Tatbestand** des § 3a (2–8) und der §§ 3b, 3e vorliegt	Sonstige Leistungen an – Unternehmer für denen Unternehmen – Nicht unternehmerisch tätige juristische Personen **mit USt-IdNr.** (= einem Unternehmen gleichgestellte juristische Person) sofern **kein Tatbestand** des § 3a (3–8) und der §§ 3b, 3e vorliegt

Beispiel

Familie Fischer aus Eindhoven (NL) verbrachte den Sommerurlaub im Hotel „Meerblick" in der Stadt Bergen auf der Insel Rügen. Zur Vorbereitung auf den Galaabend im Hotel besuchte Frau Fischer einen Friseursalon in der Stadt Sassnitz .

Lösung:
Der Friseursalon erbringt eine sonstige Leistung an eine Privatperson (Business-to-Consumer). Der Ort dieser Leistung ist Sassnitz (Sitzort des leistenden Unternehmens), § 3a (1).

Beispiel

Herr Helzig betreibt in Lübeck eine Wäscherei mit Textilreinigung. Unter seinen Kunden ist u. a. auch eine Arztpraxis aus Travemünde, die regelmäßig die schmutzige Berufskleidung der Schwestern und Ärzte reinigen lässt.

Lösung:
Helzig erbringt eine sonstige Leistung an einen Unternehmer (Business-to-Business). Der Ort dieser Leistung ist Travemünde (Sitzort des unternehmerischen Leistungsempfängers), § 3a (2).

Fall 6: Die Steuerberatergesellschaft Phara & Abs betreibt auf eigenem Grundstück in Rostock, Salzweg 7 eine Steuerkanzlei. Durch das Unternehmen wurden u. a. folgende Leistungen im Mai erbracht:

a) Für einen Gewerbetreibenden aus Kühlungsborn wird die Lohnbuchhaltung durchgeführt.
b) Steuerberater Abs hält Vorträge zum deutschen Steuersystem an einer Schule in Bad Doberan.
c) Arbeitnehmer Max Müller aus Nienhagen lässt seine ESt-Erklärung von der Steuerkanzlei erstellen.
d) Die 1. Etage des Grundstückes Salzweg 7 ist an ein Architektenbüro vermietet.

Stellen Sie jeweils den Ort der sonstigen Leistung fest!
Nennen Sie die gesetzlichen Bestimmungen!

Ort der sonstigen Leistung – Abweichungen von den Grundregeln	
Belegenheitsort des Grundstückes unabhängig, wer Leistungsempfänger ist **§ 3 a (3) Nr. 1**	› **für sonstige Leistungen einschließlich Werkleistungen, die der Bebauung, Verwertung, Nutzung oder Unterhaltung von Grundstücken dienen insbesondere:** • Vermietung und Verpachtung von Grundstücken und aller weiteren Leistungen nach § 4 Nr. 12 z. B. auch einzelner Räume, Fahrzeugabstellplätze, Campingflächen, unbebaute Flächen, Ausstellungsflächen usw. • sonstige Leistungen im Zusammenhang mit Veräußerung oder Erwerb von Grundstücken z. B. Leistungen von Maklern, Sachverständigen und Notaren, Leistungen juristischer Art bei Grundstücksübertragungen • sonstige Leistungen zur Erschließung, Vorbereitung oder Durchführung von Bauleistungen z. B. Leistungen von Architekten, Vermessungsbüros, Gutachtern und Bauträgern sowie Abbruch und Erdarbeiten

Nicht im Zusammenhang mit einem Grundstück sind z. B. folgende sonstige Leistungen zu betrachten: UStAE 3a.3 (10)
- Veröffentlichung von Immobilienanzeigen;
- Finanzierung oder Finanzberatung für Erwerb und Bebauung von Grundstücken;
- Rechts- und Steuerberatung in Grundstücksangelegenheiten.
- Werbeleistungen

Beispiel

Der Bausachverständige B aus Freiburg (D) hat die Baubeschaffenheit eines Gebäudes in Basel (Schweiz) im Auftrag eines Kunden K in Offenburg (D) begutachtet.

Lösung:
Die Gutachterleistung von B stellt eine sonstige Leistung im Zusammenhang mit einem Grundstück dar. Für die Ortsbestimmung der sonstigen Leistung von B gilt folglich § 3a (3) Nr. 1 = **Belegenheitsort des Grundstückes**. Ort der Leistung von B ist **Basel** (Schweiz). Da der Ort der Leistung nicht im Inland liegt, ist die Leistung des B aus Freiburg gegenüber dem Kunden K aus Offenburg **nicht steuerbar**; die Rechnung wird ohne USt erstellt.

Übergabeort des Beförderungsmittels unabhängig, wer Leistungsempfänger ist **§ 3 a (3) Nr. 2**	› **für ein kurzfristig gemietetes Beförderungsmittel** • Beförderungsmittel für Personen oder Gegenstände • Für die Kurzfristigkeit gilt ein ununterbrochener Zeitraum von ≤ 90 Tagen für Wasserfahrzeuge ≤ 30 Tagen für andere Beförderungsmittel **Beachte:** Sonderregelungen nach § 3 a (7) für die Vermietung von speziellen Beförderungsmitteln an Unternehmer im Drittland!

Beispiel

Familie Wolff aus Kiel hat Urlaub in Jonsdorf (Zittauer Gebirge) gemacht. Durch einen bedauerlichen Unfall wurde der Pkw der Familie beschädigt. Herr Wolff mietet sich bis zur Beseitigung des Schadens am Fahrzeug bei einer Löbauer Mietwagenfirma einen Pkw für die verbleibenden 5 Urlaubstage.

Lösung:
Die Mietwagenfirma erbringt eine kurzfristige Vermietungsleistung (5 Tage) eines Beförderungsmittels (Pkw). Der Ort dieser Vermietungsleistung ist Löbau, da hier dem Leistungsempfänger (Herr Wolff) das Fahrzeug zur Verfügung gestellt wird.

Veranstaltungsort des leistenden Unternehmers/ Tätigkeitsort **§ 3a (3) Nr. 3** **§ 3b (2)**	› **für die jeweilige, einzelne sonstige Leistung bei** a) künstlerischen, wissenschaftlichen, unterrichtenden, sportlichen, unterhaltenden, tontechnischen oder ähnlichen Leistungen an Nichtunternehmer b) Restaurationsleistungen, nicht in Schiffen, Flugzeugen, Eisenbahnen innerhalb der EU; Ort der Leistung ist dort, wo sie tatsächlich erbracht werden. Bei Restaurationsleistungen innerhalb der EU in den o. g. Beförderungsmitteln ist der Ort der Leistung am Abgangsort des Beförderungsmittels. c) Arbeiten an beweglichen körperlichen Gegenständen und deren Begutachtung für Nichtunternehmer • Beladen, Entladen und Umschlagen im Zusammenhang mit der Güterbeförderung an Nichtunternehmer

Beispiel

Der selbstständige Kfz-Sachverständige K aus Freiburg hat im Auftrag von Herrn F die Höhe des aktuellen Marktwertes eines gebrauchten „Jaguar" ermittelt. Das Fahrzeug befand sich am Wohnort von F in Neustadt (D).

Lösung:
Die Gutachterleistung von K stellt eine sonstige Leistung dar, deren Ortsbestimmung nach § 3a (3) Nr. 3c (beweglicher körperlicher Gegenstand) vorzunehmen ist = **Tätigkeitsort des Unternehmers**. Ort der Leistung ist somit **Neustadt**, da das Fahrzeug in Neustadt (Fahrzeugstandort) in Augenschein genommen wurde.

Ort der Vermittlungsleistung an Nichtunternehmer § 3a (3) Nr. 4	**› für die Vermittlung von Umsätzen an Nichtunternehmer** Als Ort der sonstigen Leistung ist der Ort anzusehen, an dem der vermittelte Umsatz ausgeführt wird.

Beispiel ›››

Unternehmer M aus Halle vermittelt den Verkauf eines Reimport-Fahrzeugs eines Autohändlers aus Berlin an eine Privatperson aus Dresden.

Lösung:
Die sonstige Leistung des M stellt eine **Vermittlungsleistung** für eine Lieferung dar. Die Ortsbestimmung richtet sich nach § 3 a (3) Nr. 4. Der Ort der Vermittlungsleistung ist dort, wo der vermittelte Umsatz ausgeführt wird. Da sich der Gegenstand der Lieferung zum Zeitpunkt der Verschaffung der Verfügungsmacht in Berlin befindet, ist dort auch der Ort für die Vermittlungsleistung.

Vermittlungsleistungen		
für Vermietung von Grundstücken	für kurzfristige Beherbergungsleistungen an Unternehmer (z. B. Hotel)	für kurzfristige Beherbergungsleistungen an Privat (z. B. Fewo/Hotel)
▼	▼	▼
Ort nach § 3 a (3) Nr. 1	Ort nach § 3 a (2)	Ort nach § 3 a (3) Nr. 4
Belegenheitsort des Grundstücks	Sitz des Leistungsempfängers	Ort des vermittelten Umsatzes

UStAE 3a.7 (1)

Veranstaltungsort § 3a (3) Nr. 5	Einräumung Eintrittsberichtigung für kulturelle, künstlerische, wissenschaftliche, unterrichtende, sportliche, unterhaltende Veranstaltungen an Unternehmer für dessen **Unternehmen**; die physische Teilnahme des Leistungsempfängers an der Veranstaltung ist erforderlich; keine Online-Teilnahme

UStAE 3a.7

Werden die Leistungen an Nichtunternehmer erbracht, ist der Ort der Veranstaltung nach § 3a (3) Nr. 3 Buchstabe a) dort, wo die sonstige Leistung vom Unternehmer tatsächlich erbracht wird.

Beispiel ›››

Der Buchhändler Wurm aus Offenbach erwirbt über die Geschäftsstelle einer örtlichen Tageszeitung drei Eintrittskarten für die Frankfurter Buchmesse.

Lösung:
Die Geschäftsstelle erbringt eine sonstige Leistung in Form der Einräumung einer Eintrittsberechtigung für eine kulturelle/unterhaltende Veranstaltung an einen Unternehmer. Der Ort für die sonstige Leistung ist nach § 3 a (3) Nr. 5 Frankfurt, dort, wo die Veranstaltung tatsächlich stattfindet.

Ort des Leistungsempfängers § 3a (4)	**› für sonstige Leistungen nach § 3a (4) S. 2 an Nichtunternehmer mit Wohnsitz im Drittland** Der Sitzort des nichtunternehmerischen Leistungsempfängers im Drittland **gilt nur für die im Satz 2 genannten sonstigen Leistungen**.
§ 3a (5)	Für Telekommunikationsleistungen, Rundfunk- u. Fernsehdienstleistungen und auf elektronischem Weg erbrachte sonstige Leistungen an Privatpersonen ist nach Maßgabe des § 3a (5) S. 3 für die Ortsbestimmung die EU-einheitliche Umsatzgrenze von 10.000 € zu beachten (§ 3c (4)).

Beispiel

Herr Kozinava aus Tokio verbringt seinen Winterurlaub in den deutschen Alpen. Er hat bei einem deutschen Sportfachgeschäft in Mittenwald für 10 Tage eine Skiausrüstung gemietet.

Lösung:
Das Sportfachgeschäft erbringt eine sonstige Leistung nach § 3a (4) Nr. 10 (Vermietung beweglicher körperlicher Gegenstände), die gegenüber einer Privatperson mit Wohnsitz im Drittland ausgeführt wird. Der Ort dieser Vermietungsleistung ist Tokio (Sitzort des Leistungsempfängers) und damit nicht steuerbar.

Ort im Inland	› wenn die sonstige Leistung im Inland genutzt oder ausgewertet wird		
§ 3a (6)	**Leistender**	**Art der sonstigen Leistung**	**Leistungsempfänger**
	Unternehmer im Drittland	Kurz- und langfristige Vermietung eines Beförderungsmittels	Nichtunternehmer/ Unternehmer
		Sonstige Leistung nach § 3a (4) Nr. 1–10	Inländische, nichtunternehmerische jur. Person des öffentlichen Rechts (z. B. IHK)
		Sonstige Leistung nach § 3a (5) S. 2 Nr. 1 + 2	Nichtunternehmer/ Unternehmer

Ort der Beförderungsleistung **§ 3b (1)**	**› bezieht sich auf die Wegstrecke der Beförderung** Ort der Beförderungsleistung ist dort, wo die Beförderung bewirkt wird. Steuerbar ist jedoch nur der Teil der Beförderungsstrecke von Personen und Gütern für **nichtunternehmerische** Leistungsempfänger, der auf das Inland entfällt. **Beachte:** Die innergemeinschaftliche Güterbeförderung ist im § 3b (3) abweichend geregelt (= Ort der Beförderungsleistung ist dort, wo die Beförderung beginnt) , siehe 2.4.3, S. 90.

Übungen

1 Bestimmen Sie für die nachfolgenden sonstigen Leistungen, die gegen Entgelt erbracht werden, den Ort, und entscheiden Sie über die Steuerbarkeit unter Angabe der gesetzlichen Bestimmungen!

a) Der in Cuxhaven praktizierende Arzt Dr. Heiler behandelt einen Kurgast (Wohnsitz in Altenburg) des Kursanatoriums „Am Meer".
b) Der Rechtsanwalt Dr. Rechtler mit Praxis in Stuttgart vertritt einen Mandanten aus Basel (Schweiz) in einem Ehescheidungsverfahren in Freiburg.
c) Für einen Kunden aus Rosenheim erstellt der in Reit im Winkl ansässige Architekt Baumann die Projektunterlagen für ein Hotel in Kitzbühel (Österreich).
d) Die Schriftstellerin Sylvia Sachly (Wohnsitz in Luxemburg) führt eine Probelesung zu ihrem neuen Roman „Kalter Kaffee" gegen ein Entgelt von 2.000 € in der „Kunstgalerie Meisel" Oldenburg durch.
e) Spediteur Rudi Roller aus Warendorf hat im Auftrag einer gemeinnützigen Organisation von Münster den Transport von Hilfsgütern nach Bosnien übernommen. Der Lastzug von Roller wird mit den entsprechenden Gütern in Hamm beladen.
f) Ein Tourist aus Luzern (Schweiz) macht Urlaub am Scharmützelsee. Er mietet sich bei dem Sport- und Jagdwaffenhaus Schieser in Fürstenwalde eine Angelausrüstung für 3 Wochen.
g) Der Handelsvertreter Fritz Flink aus Bierbergen vermittelt im Auftrag einer Großbrauerei in München die ständige Belieferung mit Schwarzbier an das Hotel „Elbblick" in Magdeburg.

2 Nehmen Sie – unter Angabe der gesetzlichen Grundlagen – in den nachstehenden Fällen Stellung zur Art der Leistung, zum Ort der Leistung und zur Steuerbarkeit.

a) Ein deutscher Verlag mit Sitz in Berlin verkauft auf der Buchmesse in Leipzig u. a. Lexika für 100.000 € an eine Buchhandelsgesellschaft aus Zürich (Schweiz) und für 8.000 € an die Universitätsbibliothek in Chemnitz. Die Lieferung der Bücher erfolgt wenige Tage später direkt vom Verlagshaus durch die Post an die entsprechenden Besteller.
b) Der Student Wilfried Wanderer aus Kassel überlässt einem Freund in der Zeit seines einjährigen Studienaufenthaltes in England sein Motorrad für ein geringes Entgelt.
c) Die FAZ veröffentlicht entgeltlich Annoncen des Pariser Grundstücksmaklers Mattey zum Verkauf von Ferienwohnungen an der französischen Mittelmeerküste und auf den spanischen Balearen.
d) Der Montagearbeiter Schrauber nimmt täglich drei Arbeitskollegen vom Wohnort Worms zur Baustelle nach Mannheim in seinem Pkw mit. Von seinen Kollegen erhält Schrauber dafür wöchentlich einen Unkostenbeitrag von je 30 €.
e) Die Heizungsfirma Faulwasser & Co aus Cottbus hat Wartungsarbeiten in einem Freizeitbad in Zary (Polen) für 47.000 € ausgeführt.
f) Torsten Tran ist Fischhändler mit Wohnsitz in Jever. Er betreibt in Wilhelmshaven einen Großhandel und auf Helgoland ein Einzelhandelsgeschäft.
   - Von einer Hamburger Lebensmittelkette wird ein Posten tiefgefrosteter Rotbarsch mit Kühltransport in Wilhelmshaven abgeholt.
   - Mit seinem Boot beliefert Tran sein Einzelhandelsgeschäft mit 200 Assietten Schlemmerfilet aus seinem Großhandel in Wilhelmshaven.
   - An einen Imbissstandbesitzer in Jever veräußert das Einzelhandelsgeschäft von Tran wöchentlich Fischstäbchen für 620 €.
g) Prof. Dr. Dr. Leber mit Wohnsitz in Stuttgart hält anlässlich einer Fachtagung in Trondheim (Schweden) einen Vortrag über seine Forschungsergebnisse zur Organtransplantation. Er erhält von der ortsansässigen Ärztekammer eine Gage in Höhe von 3.000 €.
h) Unternehmer Möller aus München bietet seit kurzem über das Internet E-Books zum download an. Er verkauft erstmals an Privatpersonen in Österreich E-Book-downloads für 298 €.

2.3.1.10 › Werklieferung oder Werkleistung

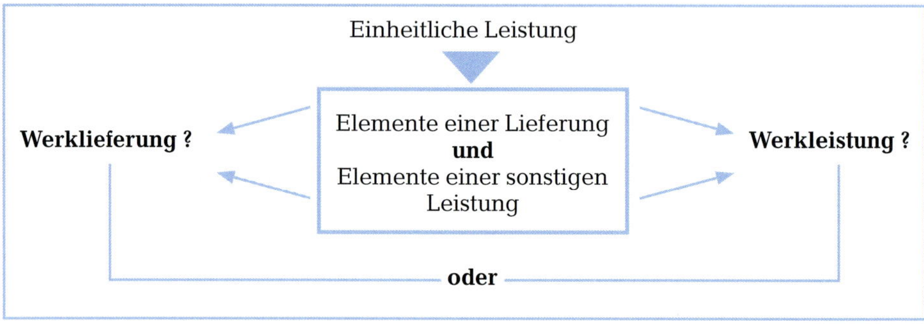

Fall 7: Das Bauunternehmen Suffer KG errichtet auf dem bislang unbebauten Grundstück von Horst Hoffer in der Zeit von März bis August den Rohbau für sein Einfamilienhaus. Alle notwendigen Materialien und Geräte werden durch das Bauunternehmen beschafft. Die Bauleistungen werden durch die Arbeitnehmer der Suffer KG erbracht.

Handelt es sich bei den erbrachten Leistungen der Suffer KG um eine Werklieferung oder eine Werkleistung? Erläutern Sie Ihre Entscheidung.

Grundlage für Werklieferungen und Werkleistungen ist immer ein Werkvertrag gemäß §§ 631 ff. BGB.

In einer Werklieferung oder Werkleistung vereinigen sich immer Elemente einer Lieferung und Elemente einer sonstigen Leistung, die so eng miteinander verbunden sind, dass man sie wirtschaftlich nicht trennen kann (einheitliche Leistung).

Für die Zuordnung als Lieferung (Werklieferung) oder sonstige Leistung (Werkleistung) ist entscheidend, welche Elemente den wirtschaftlichen Gehalt der Leistung prägen und von wem das eingesetzte Material beschafft wurde.

§ 3 (4)
§ 3 (10)

Merkmale	
Herstellung bzw. Be- oder Verarbeitung eines fremden Gegenstandes	
Verwendung des Hauptstoffes, der	
vom leistenden Unternehmer beschafft wurde	**vom Auftraggeber/Besteller beschafft wurde**
↓	↓
Werklieferung	**Werkleistung**

Eine Werklieferung liegt nur vor, wenn der Werkhersteller für das Werk einen fremden Gegenstand be- oder verarbeitet und dafür selbst beschaffte Stoffe verwendet, die nicht nur Zutaten oder sonstige Nebensachen sind, z. B. kleinere technische Hilfsmittel wie Schrauben, Nägel. UStAE 3.8 (1) BMF-Schreiben v. 01.10. 2020

Haupt- und Nebenstoffe müssen im fertigen Werk enthalten sein.

Die Unentbehrlichkeit eines eingesetzten Materials allein macht dieses noch nicht zum Hauptstoff. Dabei kommt es nicht auf die Wertverhältnisse des eingesetzten Materials im Vergleich zur erbrachten Arbeitsleistung an.

Bei **Austauschteilen**, denen eine gewisse selbstständige Bedeutung im Rahmen des Ganzen zukommt (z. B.: Kurbelwelle eines Kfz), ist **nicht** von einer **Nebensache** auszugehen.

Die **Ortsbestimmung** für eine **Werklieferung** erfolgt nicht nach § 3 (6), wenn der Gegenstand der Lieferung am Bestimmungsort noch einer Behandlung unterzogen wird, die seine Marktgängigkeit verändert. In diesem Fall erfolgt die Verschaffung der Verfügungsmacht nach § 3 (7) Nr. 1 an dem Ort, an dem das fertiggestellte Werk übergeben wird. UStAE 3.12 (4)

Die **Ortsbestimmung** für eine **Werkleistung** wird analog der Regelungen für sonstige Leistungen vorgenommen, § 3a (1+2).

Übungen

zu 2.3.1.10

Prüfen Sie, ob in nachstehenden Sachverhalten eine **Werklieferung** oder **Werkleistung** vorliegt!

1 Malermeister Mosig hat das Wohnzimmer von Familie Frisch neu tapeziert. Die Tapeten hatte die Familie in einem Fachgeschäft erworben. Leim und Arbeitsgeräte stellt der Malerbetrieb.

2 Ein Installationsbetrieb erhält von einer Kundin den Auftrag ein neues Waschbecken für ihr Bad zu liefern und zu installieren. Ein Monteur des Betriebs führt den Auftrag aus.

3 Rudi Rassant lässt die Stoßstange seines Sportwagens in seiner Werkstatt ausbeulen und neu lackieren.

4 Fotograf Wonnenberger verkauft selbst aufgenommene Fotografien aus dem Privatleben von Prinz C. an einen Zeitschriftenverlag.

5 Heidi Hübsch betreibt ein Reisegewerbe als Heimfriseurin. Die Materialien und Arbeitsmittel für das Waschen, Färben und Fönen der Haare werden von H mitgebracht. Die Kunden stellen Wasser und Strom.

6 Reifenhändler Rundler hat einem Kunden Winterreifen verkauft, die sofort in der Werkstatt aufgezogen werden.

7 Für die Instandsetzung eines defekten Fernsehgerätes wird ein Widerstand durch den Monteur der Firma „TV-GmbH" beim Kunden Kleber ausgetauscht.

8 Ein Weinbauer aus dem Rhein-Main-Gebiet hat verschiedene Sorten Weißwein gekeltert und in Flaschen abgefüllt. Abnehmer ist eine Weingroßhandlung in Hessen.

2.3.2 Unternehmereigenschaften und Umfang des Unternehmens

› Unternehmereigenschaften

Die Feststellung der Unternehmereigenschaften im umsatzsteuerlichen Sinne ist für verschiedene Betrachtungsebenen von besonderer Bedeutung, z. B. als

- notwendiger Tatbestand der Steuerbarkeit von Umsätzen
- Steuerschuldner
- Voraussetzung für den Verzicht auf Steuerbefreiungen (Option)
- Voraussetzung für den Vorsteuerabzug

§ 2 (1) S. 1

Unternehmereigenschaften				
Unternehmerfähigkeit	+	**Gewerbliche oder berufliche Tätigkeit**	+	**Selbstständigkeit**

Fall 8:

Bernd Bauer aus Nürnberg ist angestellter Verkäufer in einer Buchhandlung und in seiner Freizeit ein leidenschaftlicher Hobbygärtner. Am Rande der Stadt bewohnt er gemeinsam mit seiner Familie ein ihm gehörendes Zweifamilienhaus.

a) Die erste Etage seines Zweifamilienhauses hat Bauer für Wohnzwecke an Familie Glücklich vermietet.

b) Im Auftrage der Gartenzeitschrift „Gärtner Tulpe" schreibt Bauer regelmäßig größere und kleinere Beiträge gegen Honorar.

c) In seinem Sportverein betätigt sich Bauer als Schatzmeister.

Ist Bauer hinsichtlich seiner verschiedenartigen Betätigungen Unternehmer?

› Unternehmerfähigkeit

Die Unternehmerfähigkeit ist kein direkt formuliertes Tatbestandsmerkmal. Nach dem Gesetzestext des § 2 (1) Nr. 1 ist Unternehmer „wer eine gewerbliche oder berufliche Tätigkeit selbstständig ausübt, unabhängig davon, ob er nach anderen Vorschriften rechtsfähig ist."

Wer kann Unternehmer sein?

Natürliche Personen		Personengesellschaften/ Personenvereinigungen	Juristische Personen	
			des privaten Rechts	des öffentlichen Rechts
z.B. AN	z.B. Einzelunternehmer (ggf. auch neben der AN-Tätigkeit)	z.B. OHG, KG, GbR	z.B. GmbH, AG, Genossenschaften, e.V.	z.B. Gebietskörperschaften, Kammern, Innungen, Krankenkassen bei
				Unterhaltung – Betrieb gewerblicher Art – Land- oder forstwirtschaftlichen Betrieb – Tätigkeiten gemäß § 2b (4) Nr. 1–5
	UNTERNEHMER			

§ 2b

Die Unternehmereigenschaft ist weder an die Geschäfts- noch an die Handlungsfähigkeit gebunden. Im Gegensatz zum ESt-Recht besitzen auch Personengesellschaften die umsatzsteuerliche Unternehmereigenschaft.

Hoheitliche Aufgaben von juristischen Personen des öffentlichen Rechts sind nicht dem umsatzsteuerlichen Unternehmensbereich zuzuordnen.

Eingetragene **Vereine** sind dann Unternehmer, wenn sie neben ihrer gewöhnlichen Vereinstätigkeit einen **wirtschaftlichen Geschäftsbetrieb** (z. B. entgeltliche Sonderleistungen, wie Veranstaltungen, Trainerstunden o. Ä.) betreiben.

› Gewerbliche oder berufliche Tätigkeit

Wirtschaftliche Betätigung/ Leistungserbringung	**Einnahmeerzielungsabsicht**	**Nachhaltigkeit**
Verhalten wie ein Händler am Markt auch Vorbereitungshandlungen für Unternehmensbeginn	keine Gewinnerzielungsabsicht auch bei Veräußerung unter den Selbstkosten	wiederholte Tätigkeit; auch einmalige Tätigkeiten – zur Begründung von Dauerleistungszuständen (z. B. Vermietung) – bei Wiederholungsabsicht

› Selbstständigkeit

Vom Gesetzgeber wird im § 2 (2) lediglich der Begriff der Unselbstständigkeit definiert. Daraus abgeleitet ergibt sich für die Selbstständigkeit:

§ 2 (2) Nr. 1	**von natürlichen Personen**	Typische Merkmale die im Gesamtbild der Verhältnisse für eine Selbstständigkeit sprechen sind z. B.: – tätig werden auf eigene Rechnung; – Tragen des Unternehmerrisikos; – eigene Arbeits- und Zeiteinteilung; – keine Weisungsgebundenheit. Wenn ein AN jedoch neben seiner unselbstständigen Tätigkeit noch weitere Tätigkeiten ausübt, kann er durchaus hierfür die Unternehmereigenschaft erlangen. (z. B. Geldermann ist Finanzbeamter. In seiner Freizeit hält er wiederholt Vorträge zum Steuerrecht bei der VHS.)
	von Personengesellschaften	Personengesellschaften sind stets selbstständig.
§ 2 (2) Nr. 2	**von juristischen Personen des privaten Rechts (jPpR)**	jPpR sind grundsätzlich selbstständig, ausgenommen beim Vorliegen einer **Organschaft**. Als Organschaft bezeichnet man die Eingliederung einer juristischen Person (z. B. einer GmbH als Organgesellschaft) in finanzieller, wirtschaftlicher und organisatorischer Form in ein anderes Unternehmen (z. B. AG als Organträger).

› Umfang des Unternehmens

§ 2 (1) S. 2 „Das Unternehmen umfasst die **gesamte gewerbliche und berufliche** ... Tätigkeit des Unternehmers."

Einheitstheorie		
alle gewerblichen **und/oder** **beruflichen Tätigkeiten** **eines Unternehmers**	=	**1 Unternehmen**

Ein Unternehmer kann nur ein Unternehmen betreiben. Alle von ihm betriebenen gewerblichen und/oder beruflichen Tätigkeiten/Aktivitäten zählen zu diesem einen Unternehmen.

Beispiel

Reiner Reich besitzt folgende Vermögenswerte:

- in Salzgitter einen Fabrikationsbetrieb für Holzerzeugnisse;
- in Wolfenbüttel ein EH-Geschäft für Deko-Waren;
- in Braunschweig eine Autovermietung;
- in Lebenstedt ein selbstgenutztes Einfamilienhaus;
- am Starnberger See eine ständig vermietete Jacht;
- bei Goslar einen verpachteten Fischaufzuchtbetrieb;
- zwei Pkw im Privatbesitz;

Außerdem ist Reich als Autor einer Krimi-Reihe des Verlages V wirksam.

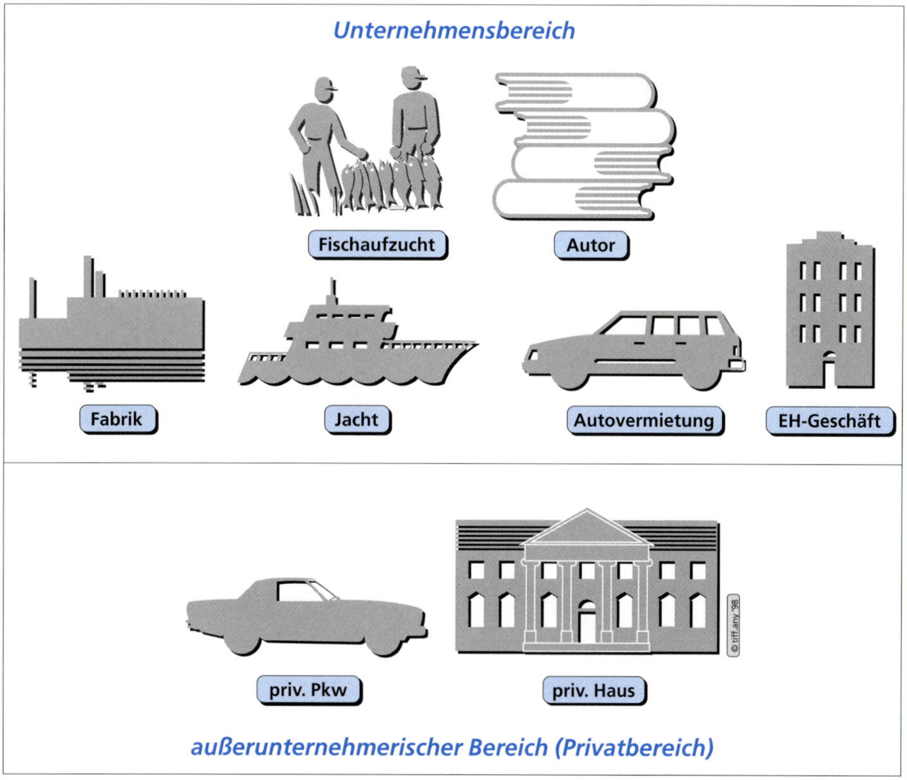

Unternehmer Reich hat: – **mehrere Unternehmensteile** (Fabrik, EH-Geschäft, Autovermietung, vermietete Jacht, verpachteter Fischaufzuchtsbetrieb, Autorentätigkeit),

aber

– **nur ein Unternehmen**.

Der Unternehmer hat grundsätzlich **alle Umsätze** aus seiner gewerblichen und/oder beruflichen Tätigkeit in **einer Steueranmeldung** (USt-Voranmeldung, USt-Jahreserklärung) zusammenzufassen.

Sind jedoch an einem Unternehmensteil noch andere Unternehmer beteiligt, so ist dieser Teil jeweils als eigenständiges Unternehmen zu betrachten.

Folge:

Unterschiedliche Unternehmerstruktur = Unterschiedliche Unternehmen

Beispiel

(Siehe oben – Beispiel Reich)

- Die Fabrik und die Jacht sind Eigentum von Reiner und Christian Reich.
- Zusammen mit seiner Ehefrau Anita ist Reiner Reich (je zur Hälfte) Eigentümer der Autovermietung und des EH-Geschäftes.
- Der Fischaufzuchtsbetrieb und Autorentätigkeit sind ausschließlich Reiner Reich zuzurechnen.

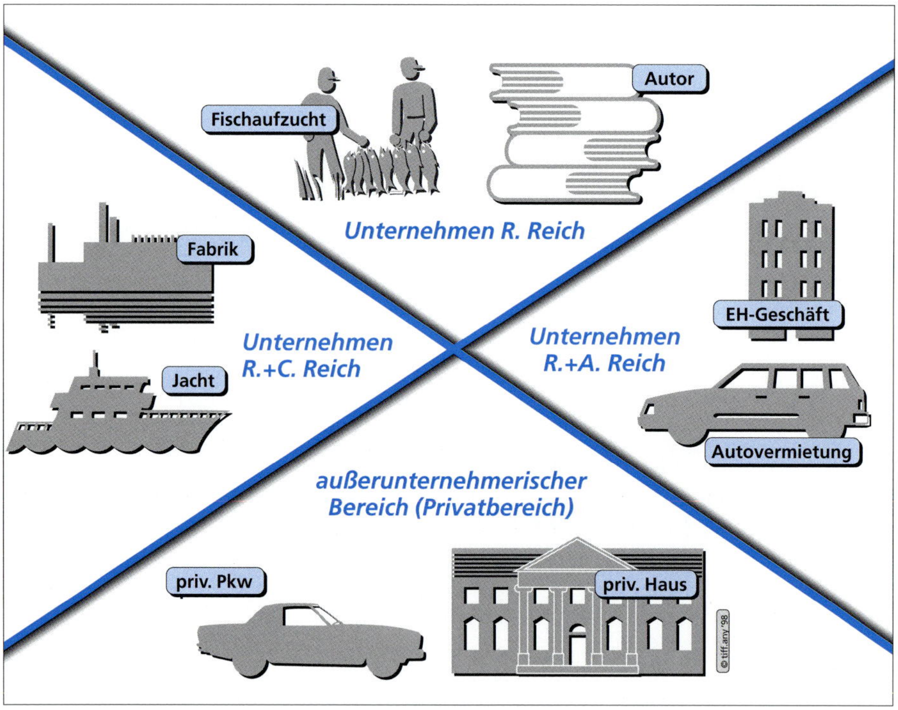

Folge: Drei selbstständige Unternehmen

› Rahmen des Unternehmens

Eine Leistung vom Unternehmensbereich an Dritte gilt immer dann **im Rahmen des Unternehmens** als ausgeführt, wenn es sich um Grund-, Hilfs- oder Nebengeschäfte handelt.

Grundgeschäft	Hilfsgeschäft	Nebengeschäft
Leistungen des Unternehmers, die den **Hauptzweck** der unternehmerischen Tätigkeit bilden	Leistungen des Unternehmers, die sich **im Gefolge der Haupttätigkeit** des Unternehmens ergeben	Leistungen des Unternehmers, die **neben der Haupttätigkeit** des Unternehmens anfallen und mit ihr in einem **wirtschaftlichen Zusammenhang** stehen

Beispiel: Fleischerei

Grundgeschäft	Hilfsgeschäft	Nebengeschäft
Verkauf von Fleisch- und Wurstwaren	Verkauf der alten Ladeneinrichtung	Mitglied im Prüfungsausschuss der HWK

Übungen

1 Stellen Sie fest, wer in den nachfolgenden Beispielen als Unternehmer tätig ist.

a) Der Landwirt Walter Wiesenreiter verkauft aus seinem Besitz 10.000 qm Weideland an eine Grundstücksgesellschaft.
b) Kurt Krumm ist als selbstständiger Versicherungsmakler für eine große Versicherungsgesellschaft in Landshut tätig.
c) Siggi Staub ist als Lkw-Fahrer bei der Städtischen Müllabfuhr in Bautzen beschäftigt.
d) Lydia L. bietet ihren Escort-Service in einer Tageszeitung an.
e) Der Tennisverein „Satz und Spiel e. V." in Wuppertal vermietet seine Tennishalle für eine sportliche Großveranstaltung für drei Tage an die Stadt.
f) Die Steuerberaterkammer von Sachsen-Anhalt führt die Abschlussprüfung für die zukünftigen Steuerfachangestellten durch.
g) Lothar Leichtfuß, der als Lagerarbeiter bei der Firma Heimelektronik-GmbH Aschaffenburg tätig ist, veräußert preisgünstig einige Smartphones an Freunde und Bekannte, die er aus dem Lagerbestand der Firma „mitgehen" ließ.

2 Entscheiden Sie, ob die Leistungen des Obst-und Gemüsehändlers Saftig im Rahmen des Unternehmens ausgeführt wurden.

a) Saftig veräußert für ein „Trinkgeld" leere Obstkisten an einen Rentner.
b) Auf der Festwiese verkaufte Saftig aus Anlass des Heimatfestes – im Kostüm eines historischen Straßenhändlers – Sauerkraut und Gewürzgurken.
c) An einen Antiquitätenhändler veräußert Saftig ein altes, wertvolles Speiseservice.
d) Saftig verkauft für 150.000 € seine bislang vermietete Eigentumswohnung.

2.3.3 Begriffsbestimmungen Inland, Ausland, Gemeinschafts- und Drittlandsgebiet

Für die Steuerbarkeit von Umsätzen ist in aller Regel das Tatbestandsmerkmal „im Inland" zwingende Voraussetzung.

	Gebiet der BRD	
Übriges Gemeinschaftsgebiet	Inland	Drittlandsgebiete
Gemeinschaftsgebiet		Nicht EU-Länder

Fall 9: Lutz Lebemann betreibt auf der Insel Helgoland eine gutgehende Nachtbar.
a) Welche Leistungsart erbringt Lebemann?
b) Werden die Umsätze im Inland ausgeführt?
c) Beinhalten die Preise der Getränkekarte USt?

Gebiet der BRD

§ 1 (2) S. 1 **Inland**

- Büsingen am Hochrhein
- Insel Helgoland
- Freizonen i. S. d. Art. 243 des Zollkodex der Union (= **Freihäfen** in Bremerhaven und Cuxhaven)
- Gewässer und Watten zwischen dem Hoheitsgebiet und der jeweiligen Strandlinie
- Deutsche Schiffe und Luftfahrzeuge in Gebieten, die zu keinem Zollgebiet gehören

= **Teil des Drittlandsgebietes**

§ 1 (2 a) S. 3 **Drittlandsgebiete = Gebiete, die nicht Gemeinschaftsgebiete sind**

Beachte:

UStAE 1.9

Zum umsatzsteuerlichen **Inland** gehören z. B. auch	Zum **Drittlandsgebiet** gehören z. B. auch
– ausländische Botschaften u. ä. in der BRD, – Einrichtungen ausländischer Streitkräfte in der Bundesrepublik, – Duty-free-Shops in Flughäfen und – ausländische Schiffe und Flugzeuge im Gebiet der BRD.	– Kanarische Inseln (Spanien), – Andorra, – Republik San Marino, – Gibraltar, – Zypern, türkischer Teil – Vatikan und – Grönland.

Gemeinschaftsgebiet	
Inland	Gebiete der übrigen Mitgliedsstaaten der EU: Belgien, Bulgarien, Dänemark, Finnland, Frankreich (einschl. Monaco), Griechenland, Republik Irland, Nordirland (wird hinsichtlich des Warenverkehrs (Lieferungen) nicht jedoch der sonstigen Leistungen nach dem 31.12.2020 als zum Gemeinschaftsgebiet gehörend behandelt), Italien, Kroatien, Luxemburg, Niederlande, Österreich, Portugal (einschl. Azoren und Madeira), Rumänien, Schweden, Spanien (einschl. Balearen), Estland, Lettland, Litauen, Malta, Polen, Slowakei, Slowenien, Tschechien, Ungarn, Zypern (griechischer Teil) = **übriges Gemeinschaftsgebiet**
Ausland	= **Gebiete, die nicht Inland sind**

§ 1 (2a) UStAE 1.10 BMF-Schreiben v. 10.12. 2020

§ 1 (2) S. 2

Regel: Alle Umsätze, die infolge der Ortsbestimmung **nicht im Inland** ausgeführt werden, gelten als **nicht steuerbar**.

Beachte Ausnahme: § 1 (3)
Umsätze in **Freihäfen** und **Gewässern und Watten** zwischen Hoheitsgrenze und Strandlinie werden wie **Umsätze im Inland** behandelt, z. B.

- Umsätze an Endverbraucher
- unentgeltliche Wertabgaben
- Umsätze im Rahmen des Freihafenveredlungsverkehrs oder Freihafenlagerung
- Lieferungen und sonstige Leistungen, die der Leistungsempfänger ausschließlich oder zum Teil für eine nach **§ 4 Nr. 8–27 UStG steuerfreie unternehmerische Tätigkeit verwendet**

Bedeutung der Territorialbezeichnungen für den grenzüberschreitenden Warenverkehr

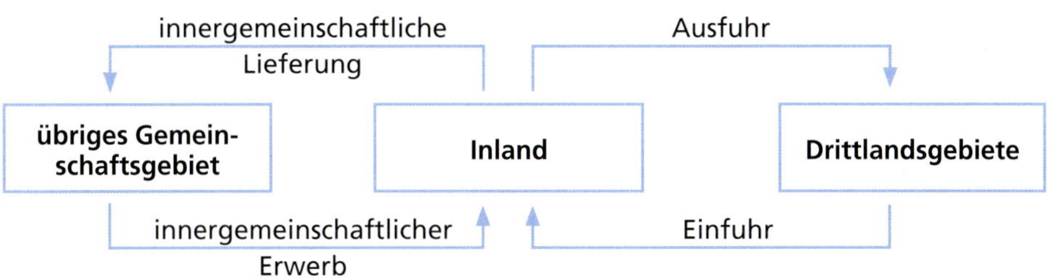

Übung

Zu Welchen Gebieten gehören nachstehende Orte/Einrichtungen/Territorien?

	Gebiet der BRD	Inland	Gemeinschaftsgebiet	übriges Gemeinschaftsgebiet	Drittlandsgebiet
Oslo					
Hafen in Hamburg					
Flughafen Tokio					
deutsche Botschaft in Bern					
Insel Sylt					
Freihafen Bremerhaven					
Paris					
Insel Helgoland					

2.3.4 Entgelt/Leistungsaustausch

Entgelt kann alles sein, was einen gewissen **wirtschaftlichen Wert** hat.

Formen des Entgeltes:
- Bargeld oder Giralgeld in €,
- Geldbeträge in ausländischer Währung (Umrechnung notwendig),
- andere Leistung,
- Übernahme von Schulden (Nennwert).

Leistungsaustausch

Fall 10: Juwelier Goldmann aus Darmstadt sucht sich seit geraumer Zeit ein ansprechendes Ladengeschäft im Zentrum der Stadt. Mit der Suche hat er den befreundeten Immobilienmakler Lars Listig beauftragt. Im April verschenkt Goldmann an Listig eine wertvolle Armbanduhr zu dessen 50. Geburtstag. Im Zusammenhang mit der Errichtung des „City-Centers" reservierte Listig im Juli ein geeignetes Objekt für Goldmann. Im Oktober konnte Goldmann das neue Objekt erwerben.

Liegt im vorliegenden Sachverhalt zwischen Goldmann und Listig ein Leistungsaustausch vor?

UStAE 1.1

		Prüfschema – Leistungsaustausch
Vorhandensein		**a) von mindestens zwei Beteiligten,**
	+	**b) von Leistung und Gegenleistung,**
	+	**c) eines wirtschaftlichen Zusammenhangs von Leistung und Gegenleistung.**

Zu a) Leistender Unternehmer und Leistungsempfänger müssen **verschiedene** Personen/Wirtschaftsgebilde sein.

Kein Leistungsaustausch bei
- Innenumsatz und
- Organschaft

Zu b) Einer Leistung muss eine **Gegenleistung** gegenüberstehen.

Gegenleistung
- in Geldform oder
- in Form einer anderen Leistung

Zu c) Ein Zusammenhang ist immer dann gegeben, wenn die **Gegenleistung für** den **Erhalt der Leistung** erbracht wird.

Zusammenhang bei
- Leistungsaustausch infolge von gegenseitigen Verträgen
- Erwartung/Üblichkeit einer Gegenleistung

Kein Leistungsaustausch liegt vor bei

echter Schenkung	**echtem Schadenersatz**	**echten Mitgliedsbeiträgen**	**Erbfolge**
Für eine **Leistung** wird **keine Gegenleistung** erbracht.	Der **Gegenleistung** steht **keine Leistung** gegenüber.	Der Verein wird nur zur Erfüllung seiner den **Gesamtbelangen sämtlicher Mitglieder dienenden satzungsgemäßen Gemeinschaftszwecken** tätig.	Erbrechtliche Vorgänge sind **mangels Leistung bzw. Gegenleistung** nicht steuerbar.

UStAE 1.3
UStAE 1.4

Bei einer **echten Schenkung** müssen immer die Veranlassung/Zweck und die Stellung des Beschenkten betrachtet werden. Voraussetzung ist in jedem Falle, dass ein Unternehmer einem anderen eine Leistung aus dem unternehmerischen Bereich schenkt.

Beispiel:

Der Lederwarenhändler Gerber schenkt seiner Frau zum Geburtstag eine Handtasche aus dem Lagerbestand seines Unternehmens.

Gerber tätigt eine Lieferung, die jedoch mangels Entgelt grundsätzlich nicht steuerbar ist. Bevor er die Tasche jedoch seiner Frau schenken konnte, musste er sie seinem Unternehmen entnehmen. Da die **Entnahme für private/außerunternehmerische Zwecke** erfolgte, ist der Tatbestand der **unentgeltlichen Wertabgabe** (§ 3 Abs. 1b Nr. 1 UStG) gegeben, der steuerbar und steuerpflichtig ist.

Beispiel:

Der Lederwarenhändler Gerber schenkt einem Geschäftspartner zum Geburtstag einen Aktenkoffer, den er für diesen Zweck für 70 € erworben hatte.

Bei Geschenken, für die nach § 15 (1 a) Nr. 1 UStG in Verbindung mit § 4 (5) Satz 1 Nr. 1 EStG kein Vorsteuerabzug vorgenommen werden kann, entfällt die Besteuerung der unentgeltlichen Zuwendung (§ 3 (1b) S. 2).

Schadenersatz ist infolge eines verursachten Schadens zu leisten. Die Schadenersatzleistung (Geld- oder Naturalform) erfolgt nicht auf der Grundlage einer erhaltenen Leistung, sondern für die Verursachung eines Schadens, für die der Schädiger nach Gesetz oder Vertrag einstehen muss. Hierzu gehören z.B. Verzugszinsen, Vertragsstrafen, Mahngebühren, Fälligkeitszinsen und Stornogebühren bei Reiseleistungen.

UStAE 1.3
vgl. §§ 249, 251 BGB

RW 131 f.

2.3.5 Einfuhr aus Drittlandsgebieten

§ 1 (1) Nr. 4

Drittlandsgebiete	Einfuhr von Gegenständen →	**Inland** oder Jungholz und Mittelberg
		▲
		Besteuerung (Einfuhrumsatzsteuer)

Beachte: Eine steuerbare Einfuhr wird auch dann bewirkt, wenn der Gegenstand auf dem Transitweg durch ein EU-Land transportiert wird.

Mit dem steuerbaren Tatbestand der Einfuhr wird eine steuerliche Gleichstellung von importierten Waren aus Drittländern bewirkt. Dadurch sind diese Waren mit dem gleichen USt-satz/betrag belastet, wie gleichartige Waren, die auf dem inländischen Markt angeboten werden.

Beispiel:

Ein amerikanischer Computerhersteller liefert an einen deutschen Händler 500 PC mit einem Nettowarenwert von umgerechnet 250.000 €.

Die Herstellerfirma führt eine Lieferung (Ausfuhr) aus, die jedoch im Ursprungsland (USA) steuerfrei behandelt wird. Der Händler tätigt eine Einfuhr, die im Bestimmungsland (Deutschland) der EUSt unterliegt. Folglich sind – ohne Berücksichtigung von Zoll und weiteren Einfuhrabgaben – 47.500 € EUSt zu entrichten (19% von 250.000 €).

§ 21 (1) Die EUSt ist eine Verbrauchsteuer, die von der Zollverwaltung erhoben und verwaltet wird.

Für die Klärung der Frage, wer **Schuldner der EUSt** ist, sind die **Lieferbedingungen** näher zu betrachten:

§ 3 (8)

„unverzollt und unversteuert“ (Normalfall)	**„verzollt und versteuert“** (Sonderfall)
Der **Abnehmer/Leistungsempfänger** ist **Schuldner der EUSt.**	Der **Lieferer oder sein Beauftragter** ist gemäß § 3 (8) **Schuldner der EUSt.**
▼	▼
Einfuhrtatbestand gemäß § 1 (1) Nr. 4	Liefertatbestand gemäß § 1 (1) Nr. 1
Vorsteuerabzug ist in beiden Fällen möglich, § 15 (1) Nr. 2.	

Der Tatbestand der Einfuhr kann auch für einen Nichtunternehmer zutreffen. Dieser kann die EUSt jedoch nicht als Vorsteuer abziehen.

§ 5 (1) Nr. 7 Steuerfrei ist die Einfuhr von Gegenständen in Sendungen mit einem Sachwert von höchstens 150 €.

2.4 Umsatzsteuerliche Besonderheiten innerhalb der EU

2.4.1 Innergemeinschaftlicher Erwerb

Ein innergemeinschaftlicher Erwerb gegen Entgelt liegt vor, wenn der Gegenstand der Lieferung an den Abnehmer aus dem übrigen Gemeinschaftsgebiet in das Inland oder in die in § 1 (3) bezeichneten Gebiete gelangt (Ort des ig Erwerbs § 3d S. 1) und der Erwerber u. a. ein Unternehmer ist, der den Gegenstand für sein Unternehmen erwirbt. Lieferungen aus anderen EU-Ländern unterliegen der **Erwerbsteuer**, d. h., der **Erwerber** (Abnehmer/Besteller) **schuldet** die auf den Warenwert entfallende **USt**, § 13 a (1) Nr. 2, die er wieder als **Vorsteuer** abziehen kann, § 15 (1) Nr. 3. § 1a (1)

Übriges Gemeinschaftsgebiet

Lieferer = Unternehmer

(Liefer-) Gegenstand →

Inland oder Gebiete gemäß § 1 (3) = Freihäfen (Freizonen) … § 1 (1) Nr. 5

Erwerber = Unternehmer

↓

Erwerbsteuer an FA

Beispiel:

Die Maschinenbau-GmbH in Leipzig erhält Stahlbleche im Wert von 100.000 € von einer schwedischen Firma geliefert.

Die schwedische Firma führt eine steuerfreie innergemeinschaftliche Lieferung aus. Die Maschinenbau-GmbH tätigt einen innergemeinschaftlichen Erwerb, der in Deutschland steuerbar und steuerpflichtig ist. Die geschuldete USt (19.000 €) kann sie wieder als Vorsteuer abziehen.

Notwendige Anforderungen (grundsätzlicher Art)		
an den **Lieferer**	an die **Lieferung**	an den **Erwerber**
Unternehmer (kein Kleinunternehmer im Lieferland)	gegen Entgelt im Rahmen des Unternehmens	Unternehmer und Erwerb für sein Unternehmen oder juristische Person als Nichtunternehmer bzw. Erwerb der Gegenstände für nichtunternehmerischen Bereich

2.4.2 Innergemeinschaftliche Warenumsätze

Für die umsatzsteuerliche Beurteilung von Warenbewegungen zwischen EU-Ländern sind die nachstehenden **Gruppen von Liefergegenständen** zu unterscheiden:

- **gewöhnliche Gegenstände**[1]
- **neue Fahrzeuge**
- **verbrauchsteuerpflichtige Waren**

2.4.2.1 Erwerb gewöhnlicher Gegenstände

Erfüllt der **Erwerber** die Voraussetzungen des innergemeinschaftlichen Erwerbs gemäß § 1 a (1 oder 2), tätigt er einen **steuerbaren und steuerpflichtigen Umsatz** (innergemeinschaftlicher Erwerb) im Bestimmungsland; der **Lieferer** führt einen **steuerbaren und steuerfreien Umsatz** (innergemeinschaftliche Lieferung) im Ursprungsland aus.

Lieferer =		**Erwerber** =
Unternehmer im übrigen Gemeinschaftsgebiet (= Ursprungsland)	Lieferung gewöhnlicher Gegenstände →	Unternehmer im Inland oder im Freihafen (= Bestimmungsland)
		innergemeinschaftlicher Erwerb

Die Besteuerung erfolgt im Bestimmungsland (Ende der Beförderung oder Versendung, § 3d (1)) des Liefergegenstandes durch den Erwerber (Steuerschuldner, § 13 a Abs. 1 Nr. 2), sofern dieser nicht eine ihm von einem anderen Mitgliedstaat erteilte USt-IdNr. verwendet (3d S. 2). Die Versteuerung im Land der verwendeten USt-IdNr. erfolgt so lange, wie nicht die Versteuerung im Bestimmungsland nachgewiesen wird. Ein Vorsteuerabzug ist jedoch nur im Fall des § 3d (1) möglich (§ 15 (1) Nr. 3).

Besteuerung	
Für den Erwerber ist der Umsatz	
nach § 1 (1) Nr. 5 i. V. m. § 3 d S. 1 (Ende der Beförderung Versendung) →	**steuerbar** und **steuerpflichtig**

---

[1] bewegliche körperliche Gegenstände (Sachen) und Wirtschaftsgüter, die umsatzsteuerlich wie Gegenstände behandelt werden, z. B. Standardsoftware, nicht jedoch Strom, Gas, Wärme, Kälte, § 3g (1+2)

Für die Entscheidung, ob ein innergemeinschaftlicher Erwerb vorliegt, sind die einzelnen Tatbestandsmerkmale des § 1 a (1) zu überprüfen.

Beispiel:

Der in Hannover ansässige Blumengroßhandel G erhält entgeltlich regelmäßig von einem holländischen Floristik-Handelsunternehmen H in Groningen verschiedenartige Schnittblumen. Die Belieferung der Kunden führt H mit firmeneigenen Fahrzeugen durch.

§ 1 a (1) Nr. 1	**Liefergegenstand**	Schnittblumen
	gelangt	keine besondere Anforderung an die Art der Beförderung bzw. Versendung (hier: Beförderung durch den Lieferer)
	aus dem Gebiet eines Mitgliedstaates in das Gebiet eines anderen Mitgliedstaates …	von Groningen (Holland) nach Hannover (Deutschland)
	auch wenn der Lieferer den Gegenstand in das Gemeinschaftsgebiet eingeführt hat	denkbar wären auch exotische Schnittblumen, die H aus Drittländern importiert hat
Nr. 2	**Erwerber** ist der Unternehmer	Großhandel G ist Unternehmer
	erwirbt Gegenstand für sein Unternehmen	Schnittblumen gehört für G zum Grundgeschäft
Nr. 3	**Lieferung** durch einen Unternehmer	Handelsunternehmen H ist Unternehmer
	gegen Entgelt	entgeltliche Lieferung
	im Rahmen seines Unternehmens	Handel mit Schnittblumen ist für H Grundgeschäft
	nicht durch Kleinunternehmer	Lieferer darf kein Kleinunternehmer sein
Folge		**Der Sachverhalt erfüllt alle Tatbestandsmerkmale eines innergemeinschaftlichen Erwerbs durch G**

Die Verwendung einer USt-IdNr. durch den Lieferer und Erwerber reicht in der Regel aus (Ausnahme: Lieferung neuer Fahrzeuge), um die Unternehmereigenschaft und den unternehmerischen Bezug der Lieferung zu dokumentieren.

Als Lieferung gegen Entgelt gilt auch das Verbringen eines Gegenstandes vom Inland in das übrige Gemeinschaftsgebiet (§ 3 (1a) oder aus dem übrigen Gemeinschaftsgebiet in das Inland (§ 1a (2), **innergemeinschaflicher Erwerb**).

Beispiel:

Unternehmen Meyer GmbH mit Betriebsstätte, Filiale, Auslieferungslager o. Ä. im	Verbringen eines Unternehmensgegenstandes (nicht vorübergehend) z. B. **Maschine**	Sitz des **Unternehmen Meyer GmbH** im
übrigen Gemeinschaftsgebiet	← oder →	Inland

Tatbestandsmerkmale des innergemeinschaftlichen Verbringens/Erwerbs

1. **Unternehmer befördert oder versendet**
2. **Gegenstand des Unternehmens**
3. **zu seiner Verfügung**
4. **für eine nicht nur vorübergehende Verwendung**

5. vom Inland in das übrige Gemeinschaftsgebiet = innergemeinschaftliches Verbringen § 3 (1a)	**6. aus dem übrigen Gemeinschaftsgebiet in das Inland = innergemeinschaftlicher Erwerb § 1a (2)**

UStAE 1a.2 Zu 4.:

Verbringen zur **nicht** vorübergehenden Verwendung	Verbringen zur vorübergehenden Verwendung
z. B. – Eingang in das Anlagevermögen – zum Ge- und Verbrauch als Roh-, Betriebs- oder Hilfsstoff – für Weiterlieferung	z. B. – zur Ausführung sonstiger Leistungen – zur Durchführung von Reparaturen – zur Verwendung für Werklieferungen Für verschiedene Warengruppen wurden Verwendungsfristen festgelegt; die Maximaldauer beträgt 2 Jahre.

Beachte:

UStAE 1a.2 (10–13) Wird der Gegenstand während einer vorübergehenden Verwendung veräußert, vernichtet oder wird die Verwendungsfrist überschritten, ist mit Eintritt dieses Ereignisses der Tatbestand nachträglich als innergemeinschaftlicher Erwerb/Lieferung zu behandeln.

Ausnahmen vom innergemeinschaftlichen Erwerb/Lieferung

› Privater Reiseverkehr

Im Rahmen des **privaten Reiseverkehrs** in den EU-Ländern gilt für Lieferungen an den privaten Endverbraucher (Abholfall › Touristeneinkäufe) grundsätzlich das **Ursprungslandprinzip** d. h., die USt ist durch den Abnehmer/Käufer in dem entsprechenden EU-Land zu bezahlen.

Beispiel:

Ein Tourist aus Ungarn kauft in einem Fachgeschäft in Ulm eine Kamera für 357 € (brutto) gegen Barzahlung.

› Schwellenerwerber

Bestimmte Erwerber +	**Keine Überschreitung der nationalen Erwerbsschwelle**
• Unternehmer, der nur steuerfreie Umsätze ausführt; z. B. Arzt, Versicherung, Vermietung für Wohnzwecke • Kleinunternehmer gemäß § 19 (1) • Unternehmer, mit Besteuerung gemäß § 24 = Land- und forstwirtschaftliche Betriebe • Juristische Personen als Nichtunternehmer bzw. Gegenstandserwerb nicht für ihr Unternehmen	Gesamtbetrag der Entgelte für den innergemeinschaftlichen Erwerb durch einen Erwerber hat den Betrag von **12.500 €** im vorangegangenen Kalenderjahr nicht überschritten und wird diesen Betrag im laufenden Kalenderjahr voraussichtlich nicht überschreiten. **Beachte:** • Schätzung im laufenden Kalenderjahr notwendig • tatsächlicher Erwerb im laufenden Kalenderjahr jedoch > **12.500 €** = unschädlich

§ 1 a (3)

Auch bezeichnet als
- **Halbunternehmer/**
- **Schwellenerwerber/**
- **Exoten**

Erwerbsschwelle:

Summe aller Erwerbe eines Unternehmers aus allen EU-Ländern in einem Kalenderjahr.

Kein innergemeinschaftlicher Erwerb

Keine innergemeinschaftliche Lieferung

→ **Versteuerung durch den Lieferer**

Nach. § 1 a (4) können die o. g. Erwerber auf die Anwendung der Erwerbsschwelle verzichten **(Option)**. Der Verzicht führt zu einem innergemeinschaftlichem Erwerb bzw. einer innergemeinschaftlichen Lieferung.

Der Verzicht ist gegenüber dem Finanzamt zu erklären und bindet den Erwerber mindestens für zwei Kalenderjahre. § 1 a (4)

Beispiel:

Der Wohnungsvermieter (WV) in Stuttgart bezieht von einem Fensterbauunternehmen in Schweden (kein Kleinunternehmen) Fenster für 50.000 €. WV verzichtet auf die Anwendung der Erwerbsschwelle.

Lösung:
Der schwedische Fensterbauer liefert die Fenster steuerfrei nach Deutschland. Der Wohnungsvermieter tätigt einen steuerpflichtigen innergemeinschaftlichen Erwerb, für den er die deutschte USt in Höhe von 19 % (= 9.500 €) schuldet, die er jedoch nicht als Vorsteuer abziehen kann, weil er steuerfrei vermietet (§ 15 (2) Nr. 1 i.V.m. § 4 Nr. 12a).

UStAE 1a.1 (3) **Beachte:**
Juristische Personen des öffentlichen Rechts haben grundsätzlich alle in ihrem Bereich vorgenommenen innergemeinschaftlichen Erwerbe zusammenzufassen.

Beispiel:

Unter der Stadtverwaltung von Münster sind alle Erwerbe zusammenzufassen die z. B. durch das Gesundheitsamt, Umweltamt, Schulverwaltungsamt, Hochbauamt usw. der Stadt Münster erfolgt sind.

Aus Vereinfachungsgründen wird beim innergemeinschaftlichen Erwerb von einzelnen Behörden/Ressorts des Bundes oder der Länder davon ausgegangen, dass die **Erwerbsschwelle überschritten ist,** unabhängig von der Höhe der Erwerbe. Diese Organisationseinheiten können eine eigene USt-IdNr. erhalten.

Beispiel:

Die Stadtverwaltung von Flensburg (F) hat verschiedene Pflanzgefäße von einer dänischen Firma (D) in Apenrade für netto 12.000 € erhalten.
Die Pflanzgefäße sollen Verwendung finden
a) zum Verkauf in der städtischen Gärtnerei;
b) für das Gelände des Friedhofes.

Zu a)
Die Stadt F ist zwar eine juristische Person, jedoch erwirbt sie die Gegenstände für ihren Betrieb gewerblicher Art und damit als Unternehmer. Damit wird durch F ein innergemeinschaftlicher Erwerb getätigt, für den die Erwerbsschwelle völlig unbeachtlich ist.
F muss 19 % USt = 2.280 € (Erwerbsteuer) zahlen, die als Vorsteuer wieder abgezogen werden kann.

Zu b)
Die Stadt F erwirbt in diesem Falle „für ihren hoheitlichen Bereich" die Gegenstände. Die Voraussetzungen für den innergemeinschaftlichen Erwerb wären nicht erfüllt (hinsichtlich Erwerbereigenschaft und Erwerbsschwelle). Da jedoch für juristische Personen des öffentlichen Rechts die Erwerbsschwelle als überschritten gilt, handelt es sich auch in diesem Falle um einen innergemeinschaftlichen Erwerb, der wie unter a) durch die Stadt Flensburg zu besteuern ist. Zu beachten ist in diesem Falle nur, dass die Erwerbsteuer nicht als Vorsteuer abziehbar ist.

§ 3c **› Innergemeinschaftlicher Fernverkauf**

Bei Beförderung oder Versendung von Gegenständen durch den Lieferer oder einen von ihm Beauftragten **(nicht durch den Abnehmer)** innerhalb des Gemeinschaftsgebiets an Schwellenerwerber i.S.d. § 1a (3) Nr. 1, die weder die Erwerbsschwelle überschreiten, noch auf ihre Anwendung verzichten, oder an Nichtunternehmer i.S.d. § 3 a(5) Satz 1, **verlagert** der Gesetzgeber nach § 3 c (1) den **Ort der Lieferung** für Um-
§ 27 (33) sätze, die nach dem 30.06.2021 ausgeführt werden, in das **Bestimmungsland.**

Nach § 3c (1) ist der Ort der Lieferung eines innergemeinschaftlichen Fernverkaufs dort, wo sich der Gegenstand am Ende der Beförderung oder Versendung an den Erwerber befindet. Weil die Abnehmer nicht die Voraussetzungen für einen innergemeinschaftlichen Erwerb erfüllen, muss der **Lieferer** die Lieferung **im Bestimmungsland versteuern.**

Beispiel:

Sandra Strauch (S) betreibt in Ulm eine Baumschule. S hatte bisher keine USt-IdNr. beantragt und nicht für die Erwerbsbesteuerung optiert. Im März 2023 erhielt der Baumschulenbetrieb von einem holländischen Düngemittelhersteller D, der die Umsatzschwelle von 10.000 € nicht überschreitet und auch nicht optiert hat (§ 3c (4) S. 2), per Bahn Spezialdüngemittel im Wert von 3.500 €. Weitere Einkäufe in Holland oder anderen EU-Ländern durch den Baumschulbetrieb erfolgten 2023 nicht. 2022 hatte die Baumschule Waren im Wert von 6.000 € aus Luxemburg bezogen.

Die Lieferung erfolgt an einen Schwellenerwerber ohne USt-IdNr. gem. § 1a (3) Nr. 1, der die Erwerbsschwelle von 12.500 € im Kj 2022 nicht überschritten hat und auch im Kj 2023 voraussichtlich nicht überschreiten wird und der auch nicht optiert hat (§1a (4)). Es liegt kein innergemeinschaftlicher Erwerb vor. Damit ist der **holländische Düngemittelhersteller** (Lieferer) **Steuerschuldner** für die Lieferung, weil er die Umsatzschwelle von 10.000 € nicht überschreitet und auch nicht optiert hat, § 3c (4) S. 2, erfolgt die Besteuerung dort, wo die Beförderung oder Versendung beginnt, in den Niederlanden.

Wird bei innergemeinschaftlichen Fernverkäufen eines Unternehmers aus einem EU-Land an einen Schwellenerwerber oder an Privatpersonen in einem anderen EU-Land die für alle EU-Länder geltende Umsatzschwelle von insgesamt 10.000 € durch den Lieferer **nicht überschritten und** erfolgte auch **keine Option** nach § 3c (4), ist der Ort der Lieferung dort, wo die Beförderung/Versendung beginnt, wenn der Gesamtbetrag der Entgelte aus Fernverkäufen insgesamt im vergangenen Jahr 10.000 € nicht überschritten hat oder im laufenden Jahr nicht übersteigt. Der Lieferer kann allerdings auf die Anwendung der Umsatzschwelle verzichten. In diesem Fall wird der Umsatz im Bestimmungsland versteuert. Der Unternehmer muss sich dann dort registrieren lassen. Wird die Umsatzschwelle überschritten kann durch die One-Stop-Shop Regelung die USt-Erklärung im Ursprungsland (Sitzstaat) des liefernden Unternehmers über das Bundeszentralamt für Steuern vierteljährlich abgeführt werden, §§16 (1d), 18j. Eine Registrierung im Bestimmungsland wird dadurch vermieden.

UStAE 3c.1

§ 3c (4) UStG

§ 18j UStG

Die Verlagerung des Lieferorts nach § 3c (1) in das Bestimmungsland erfolgt bereits dann, wenn im laufenden Kalenderjahr die EU-weit geltende Umsatzschwelle von insgesamt 10.000 € überschritten wird, und zwar bereits mit dem Umsatz, der zur Überschreitung der Umsatzschwelle führt, es sei denn, die One-Stop-Shop Regelung wird angewendet.

Beispiel:

Ein deutsches Versandhaus V hat 2022 die Umsatzschwelle an Kunden in der EU (Schwellenerwerber ohne USt-IdNr. oder Privatpersonen) nicht überschritten. Bis zum 20.04.2023 betrug der Lieferumfang von V an Kunden in der EU 9.500 €. Am 21.04. führt V eine Versendungslieferung im Wert von 600 € an eine Privatperson P in Paris aus.
Mit dieser Lieferung wird die Umsatzschwelle durch V überschritten. Die bisherigen Lieferungen musste V noch in Deutschland (Ursprungsland) versteuern. Mit der Lieferung an P am 21.04.2023 wird die Umsatzschwelle von 10.000 € überschritten. Der innergemeinschaftliche Fernverkauf ist in Frankreich zu versteuern. Wenn V nicht von der One-Stop-Shop Regelung Gebrauch macht, muss er sich in Frankreich registrieren lassen.

› Zusammenfassende Übersicht mit Beispiel

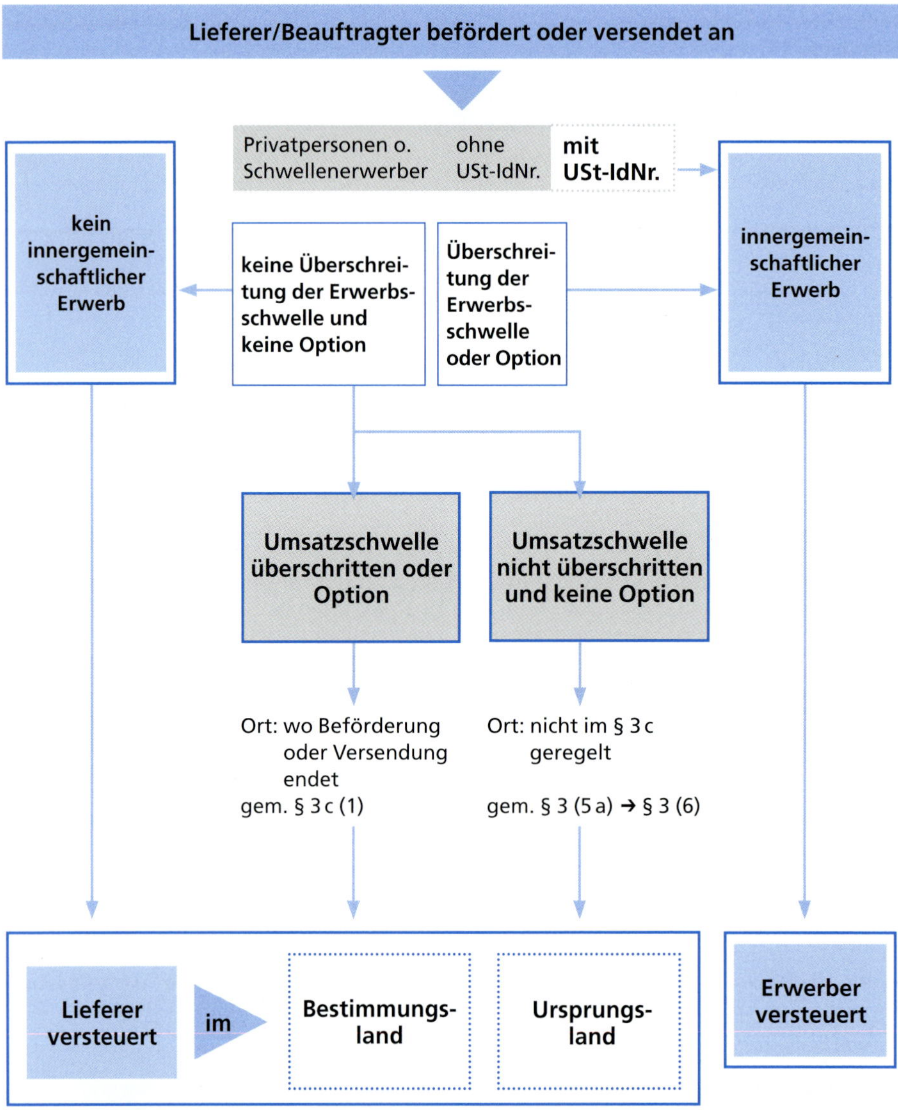

UStAE 3c.1 (2+3)

Umsatzschwelle: Summe aller Lieferungen eines Unternehmers in das Gemeinschaftsgebiet im Vorjahr oder im laufenden Jahr.

Beispiel:

Ein deutscher Versicherungsvertreter V mit Sitz in Koblenz erhielt von einer dänischen Herstellerfirma H aus Kopenhagen Spezialpapier im Gegenwert von 9.500 €. Die Ware wurde im Auftrag von H durch eine Speditionsfirma S zum Kunden transportiert.

Es handelt sich um eine **Versendungslieferung durch den dänischen Hersteller/Lieferer** (H) an einen deutschen **Schwellenerwerber** (§ 1a (3) Nr. 1a), der nur steuerfreie Umsätze ausführt, die zum Ausschluss vom Vorsteuerabzug führen).

Annahme:
V hat keine weiteren Warenbezüge im lfd. Kalenderjahr aus anderen EU-Ländern erhalten. V hat die deutsche Erwerbsschwelle nicht überschritten (§ 1a (3) Nr. 2) bzw. hat nicht auf die Anwendung der Erwerbsschwelle verzichtet (nicht optiert, § 1a (4)).

V tätigt **keinen** innergemeinschaftlichen Erwerb.
Die Lieferung muss durch **den Lieferer (H) versteuert** werden.

Variante 1 a

H hat die Umsatzschwelle von 10.000 € infolge weiterer Lieferungen an deutsche und weitere Kunden in der EU überschritten bzw. hat auf die Anwendung der Umsatzschwelle verzichtet.

▼

H muss nach § 3 c (1) die Lieferung **in Deutschland versteuern** und stellt somit seine Rechnung mit deutscher USt (19 % = 1.805 €) aus.

Variante 1 b

H hat die Umsatzschwelle nicht überschritten und hat auf die Anwendung der Umsatzschwelle nicht verzichtet.

▼

H muss nach §3 (5 a)/§ 3 (6) die Lieferung **in Dänemark versteuern**.
V erhält eine Rechnung mit dänischer USt.

Beispielerweiterung:
V hat mit weiteren Warenbezügen aus verschiedenen EU-Ländern im lfd. Kalenderjahr die Erwerbsschwelle von 12.500 € (§ 1a (3) Nr. 2) überschritten oder hat auf die Anwendung der Erwerbsschwellenregelung verzichtet (optiert), § 1a (4).

▼

V tätigt einen steuerbaren und steuerpflichtigen innergemeinschaftlichen Erwerb.
H tätigt eine steuerbare und steuerfreie innergemeinschaftliche Lieferung in Dänemark.

Seit dem 01.07.2021 wird die Versandhandelslieferung zum **„innergemeinschaftlichen Fernverkauf"**. Die bisherigen Lieferschwellen wurden abgeschafft und durch eine einheitliche, für alle EU-Länder geltende, Umsatzschwelle von 10.000 € ersetzt, die nicht pro Land gilt, sondern für alle entsprechenden Umsätze in der EU. Zudem muss sich der leistende Unternehmer beim Überschreiten dieser Grenze nicht mehr im Bestimmungsland registrieren, sondern kann die Besteuerungsverpflichtung über ein nationales elektronisches Portal abwickeln, § 18j UStG (siehe Ausführungen auf Seite 83).

2.4.2.2 › Erwerb/Lieferung neuer Fahrzeuge

EU-Land X	Lieferung eines neues Fahrzeuges →	**EU-Land Y**
Lieferer:		**Abnehmer:**
§ 1 a (1) Nr. 2 — Unternehmer	Fall nach § 1 a (1) Nr. 2 →	Unternehmer oder juristische Person als Nichtunternehmer bzw. Fahrzeugerwerb nicht für das Unternehmen
oder		oder
§ 1 b (1) § 2 a — Unternehmer (Lieferung nicht im Rahmen des Unternehmens) oder Nichtunternehmer (Privatperson)	Fall nach § 1 b (1) bzw. § 2 a →	Unternehmer (Fahrzeugerwerb nicht für das Unternehmen) oder Nichtunternehmer (Privatperson)
Ursprungsland: **steuerbar und steuerfrei** für den Lieferer		Bestimmungsland: **steuerbar und steuerpflichtig** für den Erwerber

Fall 11: Olaf Obermann lebt seit einigen Jahren mit seiner Familie in Hildesheim (D). Am 9.6.2023 kaufte er bei einem ortsansässigen Pkw-Händler einen Neuwagen für insgesamt 22.015 €.
Im September 2023 bietet ihm seine Firma die Möglichkeit, ab 1.1.2024 für 2 Jahre in den USA tätig zu werden. O. nimmt das Angebot seiner Firma an.
Seinen Pkw (Kilometerstand 5.678 km) verkauft er am 28.12.2023 an seine in Groningen (NL) lebende Schwester für 15.000 €.

Welche umsatzsteuerliche Konsequenzen ergeben sich für die Beteiligten aus dem Kauf im Juni 2023 bzw. Verkauf im Dezember 2023?

Lieferungen von neuen Fahrzeugen von einem EU-Land in ein anderes EU-Land werden **grundsätzlich** wie eine **innergemeinschaftliche Lieferung/innergemeinschaftlicher Erwerb** behandelt. UStAE 1b.1

Beachte:
- Nach § 2a wird bei der Lieferung eines neuen Fahrzeuges durch einen Nichtunternehmer (Privatperson) dieser wie ein Unternehmer behandelt.
- Beim Erwerb neuer Fahrzeuge ist die Erwerbsschwelle völlig unbeachtlich, § 1a (5) S. 1.
- Der innergemeinschaftliche Erwerb neuer Fahrzeuge durch Privatpersonen unterliegt der Fahrzeugeinzelbesteuerung, §§ 16 (5a) + 18 (5a). Die zu zahlende Steuer ist für jeden einzelnen Erwerb zu berechnen und am Fälligkeitstag vom Erwerber zu entrichten (siehe auch Kap. 2.9.3).

Neue Fahrzeuge

Fahrzeugart	motorbetriebene Landfahrzeuge	Wasserfahrzeuge	Luftfahrzeuge
Bedingungen	> 48 ccm Hubraum oder > 7,2 kW Leistung	> 7,5 m Länge	> 1.550 kg Starthöchstmasse
Erste Inbetriebnahme	nicht mehr als 6 Monate zurückliegend	nicht mehr als 3 Monate zurückliegend	nicht mehr als 3 Monate zurückliegend
	oder	oder	oder
Fahrleistung/ Betriebsstunden	≤ 6.000 km	≤ 100 Betriebsstunden	≤ 40 Betriebsstunden

§ 1b (2), § 1b (3)

2.4.2.3 › Erwerb/Lieferung verbrauchssteuerpflichtiger Waren

Verbrauchsteuerpflichtige Waren:
- Mineralöl
- Alkohol
- alkoholische Getränke
- Tabakwaren

§ 1a (5)

Fall 12: Die Spirituosenherstellerfirma Schluck OHG aus Rosenheim (D) hat u.a. die nachstehenden Aufträge vorliegen:

a) Bestellung über 8 Flaschen Rum von Walter Wanninger aus Kufstein (Österreich) zur Abholung am 2.9.

b) Bestellung über 1.000 Flaschen Wodka von einem Getränkehändler aus Metz (Frankreich) zur Lieferung bis 21.9.

c) Bestellung über 12 Flaschen Kirschlikör von Rene Rogey aus Lüttich (Belgien) zur Lieferung bis 13.9.

Wie hat die Schluck OHG die entsprechenden Rechnungen an die o.g. Besteller auszustellen; wer ist jeweils der Steuerschuldner und in welchem Land erfolgt die Besteuerung?

Bei der Lieferung/dem Erwerb von verbrauchsteuerplichtigen (vstpfl.) Waren sind nachstehende Varianten zu unterscheiden:

EU-Land z. B. Deutschland (D)		EU-Land z. B. Dänemark (DK)
§ 1a (1) Lieferer = Unternehmer	**1. Lieferung an Unternehmer Lieferung vstpfl. Waren** (Beförderung/Versendung/ Abholung)	Abnehmer = **Unternehmer oder juristische Person** §1a (1+5)
innergemeinschaftliche Lieferung		**innergemeinschaftlicher Erwerb**
steuerbar und steuerfrei in D	Folge:	**steuerbar und steuerpflichtig in DK**
Lieferer = Unternehmer	**2. Lieferung an Privat** **a Beförderung oder Versendung von vstpfl. Waren durch den Lieferer** ig-Fernverkauf, § 3c	Abnehmer = **Privatperson**
Umsatzgrenze ≤ 10.000 €, keine Option § 3 (4) S.2 **Lieferung**		**Erwerb**
steuerbar und steuerpflichtig in D	Folge:	**nicht steuerbar in DK**
Umsatzgrenze > 10.000 € oder Option	Folge:	Lieferer (deutscher Unternehmer) versteuert in Dk
§ 3 (6) Lieferer = Unternehmer	**b Abholung vstpfl. Waren durch Privatpersonen** ig-Fernverkauf gilt nur bei Beförderung/Versendung § 3c (1) S. 2	Abnehmer = **Privatperson**
Lieferung		**Erwerb**
steuerbar und steuerpflichtig in D	Folge:	**nicht steuerbar in DK**

§ 1a (5) Bei innergemeinschaftlichen Umsätzen von verbrauchsteuerpflichtigen Waren sind Erwerbs- und Lieferschwellen unbeachtlich.

Übung

Dr. Mediner betreibt in Trier eine gutgehende Arztpraxis. Er erzielt als Unternehmer nur steuerfreie Umsätze. 2022 tätigte er **erstmals** innergemeinschaftliche Umsätze:

- Für seine Praxis erwarb er von einem Unternehmer in Dänemark verschiedene Einrichtungsgegenstände im Wert von 9.700 €.
- Zur Durchführung von Hausbesuchen u. ä. kaufte er in Frankreich einen neuen Pkw-Kombi für 41.200 €.
- Als Geschenk zum Geburtstag für seinen Bruder kaufte er in Luxemburg mehrere Kisten Zigarren im Wert von 260 €.

Wie sind die obengenannten Vorgänge umsatzsteuerlich zu behandeln?
Geben Sie die gesetzlichen Bestimmungen an.

2.4.2.4 › Innergemeinschaftliche Dreiecksgeschäfte

Das innergemeinschaftliche Dreiecksgeschäft ist eine besondere Art des Reihengeschäftes mit **drei verschiedenen Unternehmern, in drei verschiedenen EU-Ländern**. Die Regelungen des § 25 b bewirken eine **Übertragung der Steuerschuld auf** den **letzten Abnehmer**.

Beispiel:

Die deutsche „Nutzfahrzeug-GmbH“ D bestellt unter ihrer USt-IdNr. DE ... Getriebe bei ihrem schwedischen Handelspartner S (USt-IdNr. SE ...). Das schwedische Handelsunternehmen bestellt ihrerseits die Getriebe beim belgischen Herstellerunternehmen B (USt-IdNr. BE ...) mit der Maßgabe, dass B die Getriebe direkt zu D befördert

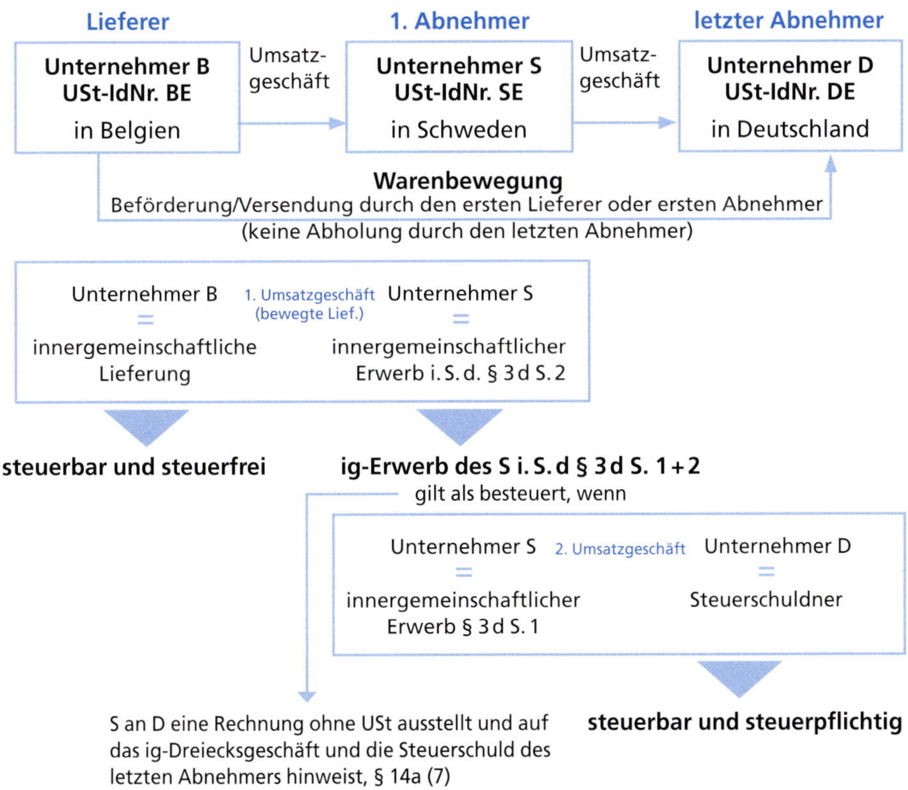

§ 25 b (3)

§ 25 b (2) UStG

zu 2.4.2.4 **Übung**

Ein ungarischer Werkzeughersteller bestellt unter seiner USt-IdNr. HU ... bei einer österreichischen Maschinenfabrik eine Werkzeugmaschine. Diese leitet den Auftrag unter ihrer USt-IdNr.AT ... weiter an einen Maschinenbauer in Augsburg, USt-IdNr. DE ..., mit der Maßgabe, die Werkzeugmaschine direkt an den Kunden in Ungarn zu befördern. Die österreichische Maschinenfabrik möchte die Vereinfachung des innergemeinschaftlichen Dreiecksgeschäfts nutzen.

Beurteilen Sie die genannten Transaktionen umsatzsteuerlich.

2.4.3 Beförderungsleistungen und damit zusammenhängende sonstige Leistungen

Innergemeinschaftliche Beförderungsleistungen von Gegenständen

Die **innergemeinschaftliche Beförderung** von Gegenständen ist generell als eine **eigenständige sonstige Leistung** zu betrachten, wenn sie von einem Beförderungsunternehmer z.B. durch einen Spediteur oder Frachtführer ausgeführt wird und nicht durch den leistenden Unternehmer oder Abnehmer selbst.

EU-Land A
Ursprungsland

Abgangsort:
Ort, an dem die Güterbeförderung tatsächlich beginnt

Güterbeförderung über Drittland X →
oder
direkt →
oder
über EU-Land C →

EU-Land B
Bestimmungsland

Ankunftsort:
Ort, an dem die Güterbeförderung tatsächlich endet

Leistungsempfänger

Unternehmer	Nichtunternehmer
Steuerbar + steuerpflichtig am Sitzort des LE **§ 3 a (2)**	**Steuerbar + steuerpflichtig an dem Ort, an dem die Beförderung beginnt** **§ 3 b (3)**

Steuerschuldner: leistender Unternehmer

Fall 13: Ernst Eckert, Kaiserslautern, ist Eigentümer eines Mehrfamilienhauses in Trier, dessen Fenster erneuert werden sollen. Das belgische Speditionsunternehmen „Eurotrans-BS" befördert im Auftrag von Eckert die in Liege (Belgien) bestellten und hergestellten Fenster zum Grundstücksort.

a) Wer schuldet in welchem Land die USt für die Beförderungsleistung?
b) Würde sich eine Änderung ergeben, wenn die Fenster für das eigengenutzte Einfamilienhaus von Eckert benötigt würden?

› Im Zusammenhang mit der Güterbeförderung stehende sonstige Leistungen

Umschlagsleistungen u. Ä.

§ 3 b (2)

Leistungen		
• Beladen • Entladen • Umschlagen • Lagern u. ä. Leistungen	• **durch den befördernden Unternehmer** = Nebenleistung teilt das Schicksal der Hauptleistung (= Beförderung)	
	• **durch einen anderen Unternehmer** = Selbstständige Leistung an	
	Unternehmer	Nichtunternehmer
	steuerbar + steuerpflichtig am: Sitzort des LE **§ 3 a (2)**	**steuerbar + steuerpflichtig am: Tätigkeitsort** (Ort, an dem die Leistung erbracht wird) **§ 3 b (2)**

Steuerschuldner: leistender Unternehmer

Beispiel:

Der deutsche Spediteur (S) wird von einem Unternehmer in Augsburg beauftragt, Spargel von Schrobenhausen zu einem Unternehmen nach Rom zu transportieren. S übernimmt das Beladen seines Lkw's in Schrobenhausen.

Lösung:
Das Beladen durch S stellt eine Nebenleistung zur Beförderungsleistung dar. Ort der Leistung ist Augsburg. Die gesamte Leistung ist für S steuerbar und steuerpflichtig.

Fall 14: Der deutsche Unternehmer D beauftragt den belgischen Frachtführer B, Waren von Portugal nach Deutschland zu befördern. In Spanien wird ein Umladen erforderlich.

a) B beauftragt den spanischen Unternehmer S mit dem Umladen;
b) D beauftragt den spanischen Unternehmer S mit dem Umladen;
c) D beauftragt den belgischen Frachtführer B mit dem Umladen

Bestimmen Sie jeweils den Leistungsort und den Steuerschuldner; begründen Sie kurz Ihre Entscheidung.

Übungen

Beurteilen Sie die nachstehenden Sachverhalte und treffen Sie Aussagen zu folgenden Aspekten für alle Beteiligten!

- Innergemeinschaftliche Lieferung/innergemeinschaftlicher Erwerb; andere Umsatzart;
- Steuerbarkeit (wo);
- Steuerpflicht (wo);
- Steuerschuldner (wer)?

1 Ein Fahrzeughersteller in Wolfsburg (D) hat mit eigenem Lkw Ersatzteile im Wert von 60.000 € an eine Kfz-Werkstatt in Spanien geliefert.

2 Das Gesundheitsamt in Köln (D) hat von einem Luxemburger Möbelgroßhändler Büroausstattungen für 32.000 € erworben. Die Lieferung erfolgt per Lkw durch den Möbelgroßhändler.

3 Der irische Großhändler hat für 12.000 € Whisky an einen deutschen Einzelhändler per Bahn geliefert.

Der Gesamtumfang der Lieferungen des Großhändlers nach Deutschland liegen seit Jahren zwischen 60.000 € und 85.000 €.

4 Ein Privatmann in Apeldoorn (Holland) hat sein gebrauchtes Klavier an einen Händler in Münster (D) für 1.500 € verkauft. Der Händler hat das Klavier mit eigenem Fahrzeug in Holland abgeholt.

5 Ein französischer Konzern hat an eine deutsche Zweiradwerkstatt (Kleinunternehmer) Schrauben im Wert von 400 € per Bahn geliefert. Beide Unternehmen haben die Optionsrechte nicht wahrgenommen. Die Jahreslieferungen des Konzern nach Deutschland belaufen sich auf mehrere Millionen.

6 Ein Unternehmer aus Saarbrücken holt mit eigenem Fahrzeug die in seinem Betriebsteil in Rohrbach (Frankreich) hergestellten optischen Geräte für den Verkauf in Deutschland ab.

7 Ein in Pforzheim ansässiger Spediteur hat im Auftrag einer Firma in Karlsruhe den Transport einer Maschine vom Verkäufer in Mühlhausen (Frankreich) nach Bruchsal (unweit von Karlsruhe) übernommen.

8 Ein Thüringer Kleinunternehmer T hat erstmals in diesem Jahr einem spanischen Handelshaus eine Probelieferung von mundgeblasenen Erzeugnissen per Spedition im Wert von 1.000 € geliefert. Lieferungen an andere EU- oder Nicht-EU-Länder erfolgten durch T bislang nicht.

9 Roberto Silva, bislang wohnhaft in Porto (Portugal), zieht infolge Eheschließung mit Marianne aus Kiel nach Deutschland. Roberto S. beauftragt die Kieler Reederei R das Umzugsgut von Porto nach Kiel zu bringen. Dafür wird ein Entgelt von 6.800 € berechnet.

10 Manuela Messina aus Rostock hat für 2.349 € verschiedene Haushaltswaren bei einem kleinen Versandhaus V in Belgien bestellt und die Teile auch vollständig erhalten. V überschreitet nicht die Umsatzschwelle von 10.000 €.

a) V hat nach § 3c (4) UStG optiert.
b) V hat nicht optiert.

2.4.4 Instrumentarien

› Umsatzsteueridentifikationsnummer (USt-IdNr.)

Beantragung/Vergabe:

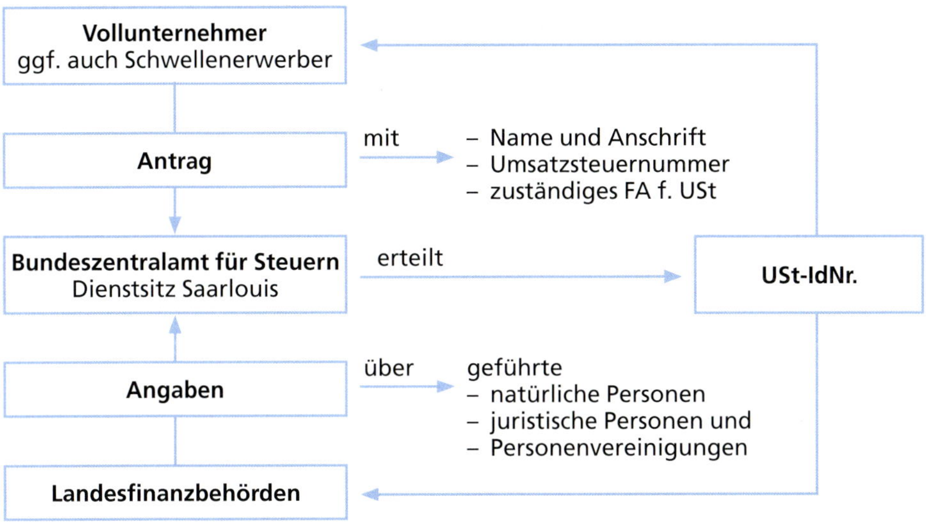

Beachte: Ein Unternehmer kann USt-IdNr. in mehreren EU-Ländern beantragen.

Aufbau:

Ländercode (Zweistellig)	laufende Nummer (Zwischen 8 und 12 Stellen in den einzelnen EU-Ländern)	z. B. für Unternehmer in Deutschland = DE - 123456789

Funktion/Bedeutung:

allgemein	bei Lieferungen/sonstigen Leistungen
eine USt-IdNr. benötigt ein Unternehmer, der ig-Lieferungen, ig-Erwerbe und ig-Dreiecksgeschäfte tätigt oder steuerpflichtige sonstige Leistungen nach § 3a (2) im übrigen Gemeinschaftsgebiet erbringt	an der USt-IdNr. des Abnehmers kann der Unternehmer erkennen, ob seine Lieferung oder sonstige Leistung an einen registrierten Unternehmer ausgeführt wird = Voraussetzung für eine steuerfreie Lieferung bzw. die Verlagerung der Steuerschuld auf den Leistungsempfänger bei einer sonstigen Leistung

› Zusammenfassende Meldung (ZM)

§ 18 a

Zusammenfassende Meldung für				durch
innergemeinschaftliche Warenlieferungen § 18 a (6)		Lieferungen gem. § 25 b (2)	steuerpflichtige sonstige Leistungen im übrigen Gemeinschaftsgebiet gemäß § 3 a (2)	**Unternehmer gemäß § 2 (1) + (2) Nr. 2** **nicht Kleinunternehmer**
Innergemeinschaftliche Lieferungen gemäß § 6 a (1); nicht für Fahrzeuglieferungen an Abnehmer ohne USt-IdNr.	Verbringen von Gegenständen in das übrige Gemeinschaftsgebiet gemäß § 6 a (2)	Innergemeinschaftliche Dreiecksgeschäfte	bei Steuerschuldnerschaft des Leistungsempfängers in dem anderen Mitgliedsstaat	

Amtlich vorgeschriebener Datensatz durch Datenfernübertragung an das Bundeszentralamt für Steuern in Saarlouis bis zum 25. Tag nach Ablauf des Meldezeitraums; vollständig u. richtig, sonst Verlust der Steuerfreiheit bei ig-Lieferungen

Angaben:
USt-IdNr. und allgemeine Angaben zum leistenden Unternehmer

– USt-IdNr. Erwerber – Bemessungsgrundlagen – Art des Umsatzes	– USt-IdNr. von dem Land, in das verbracht wurde – Bemessungsgrundlagen	– USt-IdNr. des letzten Abnehmers, Bemessungsgrundlage – Hinweis auf ig-Dreiecksgeschäfte	– USt-IdNr. Leistungsempfänger – Bemessungsgrundlagen – Hinweis auf steuerpfl. sonstige Leistung gem. § 3 a (2)

Meldezeitraum:

monatlich, § 18 a (1) Satz 1 vierteljährlich, § 18 a (1) Satz 2 + (2) jährlich, § 18 a (9)	monatlich, § 18 a (3) vierteljährlich, § 18 a (2)

zu 2.4.3 **Übung**

Die Trockenbaustoffe GmbH & Co. KG (Monatszahler) hat u. a. – unter Verwendung ihrer deutschen USt-IdNr. – nachstehende innergemeinschaftliche Lieferungen ausgeführt:
a) 900 Sack Zement am 26.02. mit Rechnung vom 02.03. an ein belgisches Unternehmen;
b) 2.000 Sack Zement am 19.03. mit Rechnung vom 21.03. an einen schwedischen Großhändler;
c) 1.600 Sack Estrich am 28.05. mit Rechnung vom 02.07. an ein Bauunternehmen in Österreich.
In welchem Meldezeitraum sind diese Vorgänge spätestens in der ZM zu erfassen, wenn die Bagatellgrenzen überschritten werden?

2.5 Steuerbefreiungen

2.5.1 Einteilung der Steuerbefreiungen nach Vorsteuerabzugsrecht und Optionsmöglichkeiten

Der Gesetzgeber hat im USt-Recht eine Vielzahl von Steuerbefreiungsvorschriften bzw. damit unmittelbar zusammenhängende Regelungen vorgesehen. § 4

Steuerfreie Umsätze mit und ohne Vorsteuerabzugsrecht

Steuerfreie Umsätze

mit Vorsteuerabzug gemäß §15 (3)			**ohne Vorsteuerabzug** gemäß §15 (2)		
z. B.			**z. B.**		
§ 4	Nr. 1 a	Ausfuhrlieferungen/ Lohnveredelungen;	§ 4	Nr. 9 a	Umsätze gemäß Grunderwerbsteuergesetz;
	Nr. 1 b	innergemeinschaftliche Lieferungen;		Nr. 11	Umsätze von Bausparkassen-/Versicherungsvertretern;
	Nr. 2	Umsätze für die Seeschifffahrt und Luftfahrt;		Nr. 12	Vermietung und Verpachtung von Grundstücken;
	Nr. 3	grenzüberschreitende Güterbeförderung (nicht innergemeinschaftlich) u. ä.;		Nr. 14	aus Heilbehandlungen von Ärzten u. ä.;
	Nr. 4	Lieferung von Gold an Zentralbanken;		Nr. 16	Leistungen von benannten Einrichtungen zur Betreuung oder Pflege bedürfiger Personen;
	Nr. 4a	Lieferung in ein Umsatzsteuerlager;		Nr. 20	Umsätze bestimmter kultureller Einrichtungen des Bundes, der Länder und Gemeinden;
	Nr. 5	bestimmte Vermittlungsumsätze;		Nr. 26	bestimmte ehrenamtliche Tätigkeiten;
	Nr. 6	bestimmte Leistungen der Eisenbahn; an Bord von Schiffen und Flugzeugen usw.;		Nr. 28	Lieferungen, für die der VSt-Abzug nach § 15 (1 a) ausgeschlossen ist oder wenn der Unternehmer die Gegenstände ausschließlich für steuerfreie Umsätze gemäß § 4 Nr. 8 bis 27 verwendet.
	Nr. 7	bestimmte Leistungen an NATO-Streitkräfte u. a. Einrichtungen;			
	Nr. 8	bestimmte Finanz-/ Bankumsätze;			
§ 25(2)		Reisevorleistungen in Drittlandsgebieten;			
§ 26 (3 + 5)		Sonderregelungen des BMF.			

§ 4 Steuerbefreiungen	
untersetzt durch:	
§ 4 b + § 5	• Zusätzliche Steuerbefreiungen beim innergemeinschaftlichen Erwerb und bei der Einfuhr (Einzelfälle);
§§ 25 (2), 26 (3 + 5)	• Weitere ergänzende Steuerbefreiungen (besondere Fälle);
Ergänzung zum § 4:	
§ 6	• Ausfuhrlieferungen (§ 4 Nr. 1 a);
§ 6 a	• Innergemeinschaftliche Lieferungen (§ 4 Nr. 1 b);
§ 7	• Lohnveredelung (§ 4 Nr. 1 a);
§ 8	• Umsätze für die Seeschifffahrt und Luftfahrt (§ 4 Nr. 2);
§ 8 bis 24 UStDV	• Besondere Anforderungen und Nachweise
§ 9 › Verzicht auf Steuerbefreiungen (i. V. m. § 27 (2))	

Die Prüfung eines Umsatzes auf eine mögliche Steuerbefreiung setzt immer dessen Steuerbarkeit voraus.

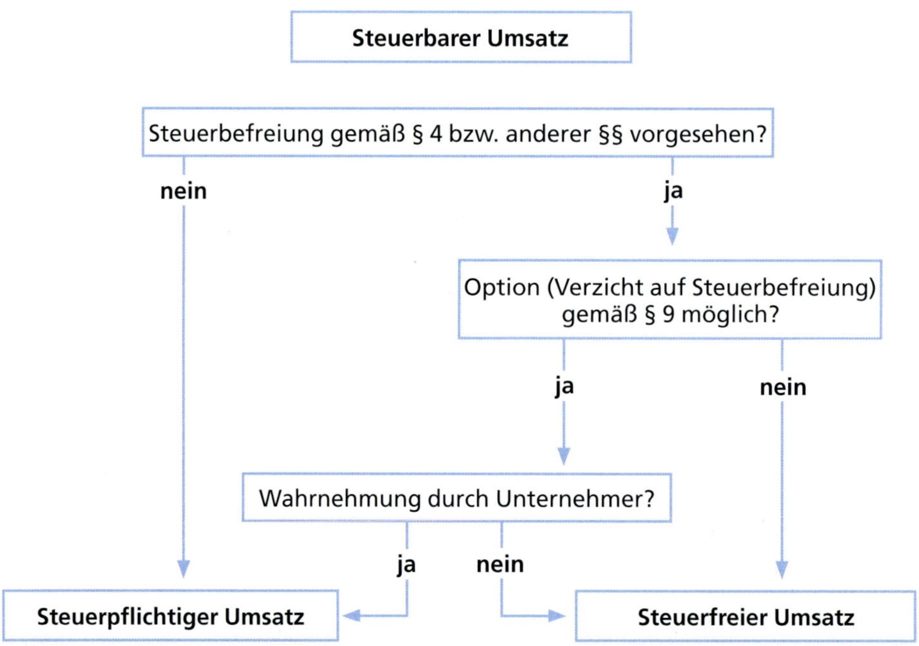

Fall 15: Moritz Meyer hat Ende 2022 ein älteres Mehrfamilienhaus in der Innenstadt von Merseburg geerbt.

Im Haus befinden sich folgende Mieter:
Erdgeschoss: Friseursalon „Locke"
1. Etage: Praxis des Tierarztes Dr. Vogel
2. Etage: Wohnung des Rechtsanwaltes Dr. Jurano
3. Etage: Wohnung des Rentnerehepaares Ruhig

Bei welchen Vermietungsumsätzen kann Meyer auf die Steuerbefreiung verzichten?

Optionsmöglichkeiten für ausgewählte steuerfreie Umsätze

Die Optionsmöglichkeit gemäß § 9 ist für den Unternehmer eine „Kann-Regelung" zum Verzicht auf die steuerfreie Behandlung einiger Umsätze.

Steuerfreie Umsätze		an	**Leistungsempfänger** § 9 (1)
§ 4 Nr. 8 a–g	Finanz- und Bankumsätze		anderer Unternehmer für dessen Unternehmen
Nr. 9 a	Umsätze gemäß Grunderwerbsteuergesetz		
Nr. 12	Vermietung und Verpachtung von Grundstücken		
Nr. 13	Umsätze von Wohnungseigentümergemeinschaften		
Nr. 19	Umsätze blinder Unternehmer und Blindenwerkstätten		

Optierbar

Folge der Option

Steuerpflichtiger Umsatz

§ 9 (2)

Einschränkung der Option

Umsatzart	**Leistungsempfänger**
• Bestellung und Übertragung von Erbbaurechten gemäß § 4 Nr. 9 a • Umsätze gemäß § 4 Nr. 12 S. 1a–c (insbesondere Vermietung und Verpachtung von Grundstücken)	Grundstücksnutzung durch den jeweiligen Unternehmer **ausschließlich** für Umsätze, die den Vorsteuerabzug nicht ausschließen.

Für die Anwendung des § 9 (2) sind die Übergangsregelungen gemäß § 27 (2) zu beachten (siehe Gliederungspunkt 2.5.2.3).

2.5.2 Ausgewählte steuerfreie Tatbestände

2.5.2.1 Ausfuhrlieferungen

§ 6 Der Begriff „Ausfuhrlieferung“ bezieht sich nur auf den Warenverkehr mit Drittlandsgebieten.

Ausfuhrlieferung	
Kommerzieller Bereich § 6 (1–3)	**Reiseverkehr/Tourismus u. Ä. § 6 (3 a)**
Ausfuhr- und Buchnachweise erforderlich gemäß §§ 8–11 UStDV	gemäß §§ 17 UStDV

Der Tatbestand der Ausfuhrlieferung:

Inland	**Drittlandsgebiet**	
	Nicht EU-Länder	Gebiete gemäß § 1 (3) z. B. Freihäfen

Fall § 6 (1) Nr. 1
Unternehmer

befördert/versendet *

Abnehmer kann auch Inländer sein, da keine Abnehmereigenschaft genannt ist.

Fall § 6 (1) Nr. 2
Abnehmer

befördert/versendet *

Abnehmer muss im Zeitpunkt der Lieferung ausländischer Abnehmer sein.

Fall § 6 (1) Nr. 3
Unternehmer oder Abnehmer

befördert/versendet *

Abnehmer muss
- Unternehmer sein, der den Gegenstand für sein Unternehmen erwirbt und für steuerfreie Tätigkeiten nach § 4 Nr. 8–27 verwendet

oder
- ausländischer Nichtunternehmer sein und der Gegenstand gelangt in das übrige Drittlandsgebiet.

* = Bestimmungsort

Fall 16: Heiderose Hollerbusch betreibt auf der Insel Helgoland eine kleine Strandboutique mit modischem Allerlei. Von einem Großhändler aus Hamburg erhält sie diverse Strandbekleidung geliefert. Die Waren einschließlich Rechnung werden per Paket an die Boutique geliefert.

Wie ist die Lieferung des Großhändlers an die Boutique hinsichtlich Steuerbarkeit und Steuerpflicht zu behandeln?

Für eine Ausfuhrlieferung sind 4 Aspekte von besonderer Bedeutung:

1. **Wer befördert oder versendet den Liefergegenstand;**
   Leistender Unternehmer oder Abnehmer?
2. **In welchen Teil des Drittlandsgebietes gelangt der Liefergegenstand;**
   in Gebiete gemäß § 1 (3) = Freihäfen … oder übriges Drittlandsgebiet?
3. **Abnehmereigenschaften;**
   Werden die vom Gesetzgeber vorgeschriebenen Abnehmereigenschaften erfüllt?
   Beachte: Abnehmer ist immer die Person/Unternehmer, der die Lieferung bezahlt!
   Die Lieferung von Gegenständen in Freihäfen an Unternehmer, die nicht oder nicht in vollem Umfang zum Vorsteuerabzug berechtigt sind, ist umsatzsteuerpflichtig. Dies gilt auch für Lieferungen an Unternehmer, die in einer Freizone die gelieferten Gegenstände ausschließlich oder zum Teil für eine steuerfreie Tätigkeit nach § 4 Nr. 8–27 und 29 UStG verwenden. § 6 (1) S. 1 Nr. 3 a
4. **Für welche Zwecke wird der Liefergegenstand verwendet.**
   Im § 6 (3) hat der Gesetzgeber für Liefergegenstände, die der Ausrüstung/Versorgung von Beförderungsmitteln dienen, weitere Anforderungen festgelegt.

Ausfuhrlieferungen im nichtkommerziellen Reiseverkehr werden erst ab einem Rechnungsbetrag > 50 € (brutto) freigestellt, § 6 (3a).

Übungen

zu 2.5.2.1

Entscheiden Sie, ob in nachstehenden Sachverhalten steuerfreie Ausfuhrlieferungen ausgeführt werden; begründen Sie jeweils Ihre Entscheidung!

1 Die deutsche „Bäkowa GmbH" mit Sitz in Stuttgart liefert mit eigenen Lkw diverse Backzutaten an ein Dauerbackwarenunternehmen in Luzern (Schweiz).

2 Ein im Freihafen von Bremerhafen ansässiger Unternehmer B bestellt bei einem Unternehmer O in Oldenburg Speziallacke. Die Ware wird mit der Bahn an B geliefert.

3 Frau Schenkenberg aus Zittau erwirbt bei ihrem Kaufmann an der Ecke eine preisgünstige Kaffeemaschine für 49,99 €.

a) Frau Schenkenberg bittet den Händler, die Ware per Paket an eine Bekannte nach Minsk (Weißrussland) zu schicken.

b) Frau Schenkenberg nimmt die Kaffeemaschine mit nach Hause und bringt sie ihrer Bekannten bei einem Besuch mit nach Minsk.

4 Ein Privatmann aus Trondheim kauft bei einem Unternehmer in Stralsund eine Videokamera für 499,99 € (Ladenpreis), die er noch am gleichen Tag mit nach Norwegen nehmen möchte.

5 Ein Gastarbeiter aus der Türkei hat kurz vor seiner Rückreise in sein Heimatland in einem Fachgeschäft in Heidelberg ein Mikrowellengerät für 99,99 € erworben, das er seiner Ehefrau mitnehmen möchte.

RW 265 ff. 2.5.2.2 › Innergemeinschaftliche Lieferungen

§ 6 a Werden Gegenstände in das übrige Gemeinschaftsgebiet befördert oder versendet, liegt eine innergemeinschaftliche Lieferung vor, wenn die weiteren Voraussetzungen des § 6a gegeben sind. Die Lieferung ist nach § 4 Nr. 1b steuerfrei, wenn der Unternehmer eine richtige und vollständige zusammenfassende Meldung nach § 18a fristgerecht abgibt.

Voraussetzungen für eine innergemeinschaftliche Lieferung

Inland	Übriges Gemeinschaftsgebiet
§ 6 a (1):	
Nr. 1 Unternehmer (kein Kleinunternehmer, siehe auch UStAE 6a.1 (3))	Beförderung oder Versendung des Liefergegenstandes durch Unternehmer oder Abnehmer → Abnehmer
Nr. 2	**Abnehmer** ist ➔ Unternehmer und Gegenstandserwerb für sein Unternehmen oder ➔ Nichtunternehmerische juristische Person oder Gegenstandserwerb nicht für ihr Unternehmen oder ➔ bei Fahrzeuglieferungen jeder andere Erwerber (z. B. Privatperson)
Nr. 3	**Abnehmer** unterliegt der Erwerbsbesteuerung (durch Angabe seiner USt-IdNr.); ausgenommen Privatperson
§ 6 a (2):	
Unternehmer A (z. B. Hauptwerk)	Lieferfiktion Verbringen eines Gegenstandes (nicht vorübergehend) → Unternehmer A (z. B. Betriebsteil, Auslieferungslager)

§ 6 a (3): Nachweispflicht der Voraussetzungen durch leistenden Unternehmer, wenn keine Gelangenheitsvermutung nach § 17a (1) UStDV besteht, mittels Gelangensbestätigung, bei Beförderung durch Lieferer oder Abholung durch Abnehmer § 17b (2) UStDV

§ 6 a (4): Vertrauensschutzregelung

Für eine steuerfrei ausgeführte innergemeinschaftliche Lieferung, die auf unrichtige Angaben des Abnehmers zurückzuführen ist, schuldet der Abnehmer die entgangene Steuer, z. B. Verwendung einer USt-IdNr. bei Käufen für den Privatbereich.

§ 2 a Bei der Lieferung neuer Fahrzeuge durch oder an eine Privatperson wird diese wie ein
UStAE Unternehmer behandelt.
6a.1 (15)

2.5.2.3 › Vermietungs- und Verpachtungsumsätze

§ 4 Nr. 12

Steuerfrei	Nicht steuerfrei
a) Vermietung und Verpachtung von Grundstücken usw. b) Überlassung von Grundstücken und Grundstücksteilen durch Kaufanwartschaftsverhältnis c) Ausübung dinglicher Nutzungsrechte an Grundstücken (z. B. Nießbrauch)	– **Kurzfristige** Vermietung von Wohn- und Schlafräumen an Fremde, nicht jedoch an das Personal – Vermietung von Abstellplätzen für Fahrzeuge – **Kurzfristige** Vermietung von Campingplätzen – Vermietung und Verpachtung von Betriebsvorrichtungen

Optionsmöglichkeit gemäß § 9

Für den **Verzicht auf Steuerbefreiungen (Option)** nach § 9 sind die ergänzenden Regelungen des § 27 (2) zu beachten:

§ 9 (1)	§ 9 (2)
Umsatz an einen anderen Unternehmer für dessen Unternehmen	Leistungsempfänger nutzt das Grundstück **ausschließlich** für Umsätze, die den Vorsteuerabzug nicht ausschließen.

§ 27 (2)

keine Anwendung des § 9 (2)
wenn das Gebäude folgende Voraussetzungen erfüllt:

Verwendungszweck	Fertigstellung	Baubeginn
1. Wohnzwecke	vor 01.04.85	vor 01.06.84
2. andere nichtunternehmerische Zwecke	vor 01.01.86	vor 01.06.84
3. unternehmerische Zwecke	vor 01.01.98	vor 11.11.93

Beispiel: Verzicht auf Steuerbefreiungen (Option) nach § 9

Werner Wild ist Eigentümer eines 2010 erbauten Gebäudes in Wismar, Goethe Str. 19.
Seine Ehefrau Vera betreibt im Erdgeschoss des Hauses ein Friseurgeschäft.
Soweit zulässig, hat Werner Wild auf Steuerbefreiungen nach § 9 UStG verzichtet.
Das Grundstück wird im laufenden Jahr wie folgt genutzt:

Etage		Nutzung	mtl. Nettomietwert
Erdgeschoss	rechts	Einzelhandelsgeschäft „Schmucktruhe"	440 €
	links	Friseurgeschäft Vera Wild	460 €
1. OG	rechts	Büro eines Versicherungsvertreters	380 €
	links	Finanzberatung Werner Wild	420 €
2. OG	rechts	Büroräume der Bäckerinnung Wismar	320 €
	links	Praxisräume eines Tierarztes	580 €
3. OG	rechts	Wohnung Familie Kern	700 €

Lösung:
Die Vermietung und Verpachtung von Grundstücken stellt eine sonstige Leistung nach § 3 (9) dar, die gemäß § 4 Nr. 12a vom Gesetzgeber steuerfrei gestellt wurde. Der Unternehmer Werner Wild kann für bestimmte steuerfreie Umsätze zur Steuerpflicht optieren, § 9.

Nutzung durch	Optionsrecht
EH-Geschäft	Werner W. vermietet an einen anderen Unternehmer für dessen Unternehmen, wobei das EH-Geschäft vollständig zum VSt-Abzug berechtigt ist. Eine Option ist möglich. Die USt auf den Vermietungsumsatz beträgt 83,60 €.
Friseurfachgeschäft Vera Wild	Werner W. vermietet an einen anderen Unternehmer für dessen Unternehmen (unabhängig davon, dass die eigene Ehefrau als Mieter in Erscheinung tritt); das Friseurgeschäft berechtigt zum vollen VSt-Abzug. Eine Option ist möglich. Die USt auf den Vermietungsumsatz beträgt 87,40 €.
Versicherungsvertreter	Werner W. vermietet an einen anderen Unternehmer für dessen Unternehmen, jedoch erbringt der Leistungsempfänger (Mieter) nach § 4 Nr. 11 nur steuerfrei Umsätze, die keinen VSt-Abzug ermöglichen. Eine Option ist nicht möglich. Werner W. kann auf den monatlichen Vermietungsumsatz keine USt erheben.
Finanzberatung Werner Wild	Werner W. vermietet nicht an einen anderen Unternehmer (an sich selbst), womit der Tatbestand des nicht steuerbaren Innenumsatzes gegeben ist.
Bäckerinnung	Werner W. vermietet an keinen Unternehmer. Innungen zählen zu den juristischen Personen des öffentlichen Rechts mit hoheitlichen Aufgaben. Eine Option ist nicht möglich. Werner W. kann auf den monatlichen Vermietungsumsatz keine USt erheben.
Tierarzt	Werner W. vermietet an einen anderen Unternehmer für dessen Unternehmen. Leistungen von Tierärzten sind nach § 4 Nr. 14 S. 4 a ausdrücklich nicht steuerbefreit und haben folglich das volle VSt-Abzugsrecht. Eine Option ist möglich. Die USt auf den Vermietungsumsatz beträgt 110,20 €.
Familie Kern	Werner W. vermietet an keinen Unternehmer/an Privat für Wohnzwecke. Eine Option ist nicht möglich. Werner W. kann auf den monatlichen Vermietungsumsatz keine USt erheben.

Beispiel zu § 27 (2):

Der Eigentümer eines Mietwohngrundstückes in Köln hat u.a. eine Etage für Praxisräume an einen Facharzt für Allgemeinmedizin vermietet.
Das Gebäude wurde a) 1994 erbaut
b) 1961/62 erbaut.

Die Vermietung durch den Eigentümer erfolgt an einen Unternehmer (Facharzt) und für dessen Unternehmen (Praxisräume). Damit sind die Bedingungen des § 9 (1) erfüllt.
Da ein Arzt gemäß § 4 Nr. 14 steuerfreie Umsätze erzielt, erfolgt die Nutzung der Räume folglich für Umsätze, die den Vorsteuerabzug ausschließen. Somit wären die Bedingungen gemäß § 9 (2) für eine Option nicht erfüllt.
Es sind jedoch zusätzlich noch die ergänzenden Rechtsvorschriften des § 27 (2) zu prüfen.

Zu a) Da es sich um einen unternehmerischen Verwendungszweck (Arztpraxis) handelt, ist die Nr. 3 für die Entscheidung bestimmend. Da mit der Errichtung des Gebäudes nicht vor dem 11.11.1993 begonnen worden ist, kann das Optionsrecht nicht wahrgenommen werden.

Zu b) Die Bauzeit 1961/62 fällt eindeutig unter den im § 27 (2) Nr. 3. genannten Anwendungszeitraum. Folglich ist § 9 (2) nicht anzuwenden (es handelt sich um einen sogenanntes „Altgebäude"), wonach für das Optionsrecht lediglich die Bestimmungen des § 9 (1) maßgebend sind. Da diese Bedingungen – wie oben festgestellt – erfüllt sind, kann der Eigentümer sein Optionsrecht auch gegenwärtig noch wahrnehmen.

Die Steuerbefreiung nach § 4 Nr. 12 Satz 1 gilt auch für die üblichen Nebenleistungen bei einer Vermietung bzw. Verpachtung (Wasser, Wärme, Aufzüge/Fahrstühle, Treppenbeleuchtung und -reinigung usw.) sowie für mit vermietete/(verpachtete Einrichtungsgegenstände, z. B. für bewegliches Büromobiliar, nicht jedoch für Betriebsvorrichtungen (UStAE 4.12.10). UStAE 4.12.1 (3+5)

Fall 17: Max und Marianne Müller sind je zur Hälfte Eigentümer eines Mehrfamilienhauses (Fertigstellung Dez. 2022) in Kiel, das ganz dem Unternehmen zugeordnet und ab 2023 wie folgt genutzt wird:

Dachgeschoss	Fotolabor für Sohn der Familie Müller, der in der Stadt ein Fotostudio betreibt (verbilligte Überlassung)	Wohnung eines Junggesellen
2. Etage	Wohnung der Familie Max Müller	Wohnung Steuerberater Stein
1. Etage	Praxisräume Kinderarzt Dr. med. Sanftleben	Rechtsanwaltspraxis Dr. Rechtler
Erdgeschoss	Außenstelle des Sozialamtes	Getränkehandel Max Müller

Alle Wohnungen vom Erdgeschoss bis zur 2. Etage sind gleich groß (90 qm) und haben einen Nettomietwert von je 720 €; die kleineren Dachgeschosswohnungen (60 qm) haben einen Nettomietwert von je 420 €.

Ermitteln Sie die USt-Traglast für das Jahr 2023, wenn die Eheleute Müller soweit wie möglich optieren.

UStAE 3a.3 (2) Der Grundstücksbegriff im Sinne des Umsatzsteuerrechts ist ein eigenständiger Begriff.

Grundstück: – Grund und Boden
– wesentliche Bestandteile
(z. B. Gebäude/Gebäudeteile, Garagen, Hofräume, Lagerräume, Baum- und Fruchtbestände)
nicht – Zubehör (z. B. Inventar)

Die Begriffe Vermietung und Verpachtung sind nach bürgerlichem Recht zu beurteilen.

§ 535 BGB **Vermietung:** wenn dem Mieter zeitweise der Gebrauch eines Grundstückes bzw. bestimmte Grundstücksfläche überlassen wird

§ 581 BGB **Verpachtung:** wenn dem Pächter das Grundstück nicht nur zum Gebrauch überlassen wird, sondern auch der Fruchtgenuss gewährt wird.

Eine **kurzfristige** Vermietung gemäß § 4 Nr. 12, Satz 2 liegt dann vor, wenn die tatsächliche Gebrauchsüberlassung **weniger als 6 Monate** beträgt.
Die private Wohnungsverwendung ist als **unentgeltliche Wertabgabe nicht steuerbar**.

zu 2.5.2.3 **Übungen**

1 Andreas Neumann ist Eigentümer eines zehn Jahre alten Gebäudes, das im Oktober 2023 wie folgt genutzt wird:

Erdgeschoss, Kanzleiräume eines Steuerberaters, Miete	1.800 €
1. Obergeschoss, Geschäftsstelle einer Krankenversicherung, Miete	1.800 €
2. Obergeschoss, Geschäftsstelle einer Bausparkasse; Miete	1.800 €
3. Obergeschoss, zwei gleich große Wohnungen, Miete jeweils	900 €

Für eine neue Dacheindeckung entstanden Neumann im Oktober 2023 Aufwendungen von insgesamt 18.000 € netto. Wie hoch ist die Umsatzsteuer-Zahllast für Oktober 2023, wenn Neumann, soweit möglich, optiert hat?

2 Oliver Steiner (S) betreibt in Starnberg im eigenen Haus ein Einzelhandelsgeschäft für Sportwaren. Das Betriebsgebäude (alle Stockwerke sind gleich groß), Baujahr 2020, wird wie folgt genutzt:

a) Im Erdgeschoss betreibt S sein Sportgeschäft. Der monatliche Mietwert beträgt 3.000 €.
b) Im 1. Obergeschoss befindet sich die Praxis eines Tierarztes. Auf dem betrieblichen Bankkonto gehen monatlich 2.500 € Miete ein.
c) Im 2. Obergeschoss sind die Praxisyräume eines Heilpraktikers. Er bezahlt monatlich 2.500 € Miete.
d) Im 3. Obergeschoss befindet sich die Wohnung eines Angestellten von S. Mit dem monatlichen Gehalt werden 1.190 € für die Miete verrechnet.

S hat nach § 9 UStG so weit wie möglich optiert. Tragen Sie die umsatzsteuerlichen Sachverhalte für die USt-Voranmeldung Juni 2023 aus der Sicht des Unternehmers S in das nachfolgende Lösungsschema ein und ermitteln Sie die USt-Traglast.

Nr.	Umsatzart	Ort der Leistung	Steuerbar	Steuerfrei	Steuer-pflichtig
	§, Absatz, Nr.	§, Absatz, Nr.	§, Absatz, Nr.	§ und Nr.	Ja/Nein

2.5.2.4 › Umsätze heilberuflicher Tätigkeiten

steuerfrei unabhängig von der Rechtsform des Unternehmens	
als Arzt, Zahnarzt, Heilpraktiker, Physiotherapeut, Hebamme oder ähnlicher Heilberufe, wie z. B. Dentisten, Masseure (**nicht**: z. B. Fußpfleger, Zahntechniker)	für Heilbehandlung, Krankenhausbehandlungen vorbeugende Gesundheitspflege (z. B. Schutzimpfung), Untersuchung von Körperflüssigkeiten und Gewebe, Untersuchung der Wirkung von Medikamenten, Röntgenleistungen, Heilbäder, Massagen usw. durch entsprechend benannte Einrichtungen

Fall 18: Der freiberuflich in Salzgitter praktizierende Orthopäde Dr. hc. Obermeier hatte im II. Quartal nachstehende Einnahmen:

- 117.345 € aus der Behandlung von Patienten,
- 10.200 € aus seiner Vorlesungstätigkeit an der Universität Hannover,
- 4.400 € aus dem Verkauf eines älteren Röntgengerätes und
- 7.700 € aus dem Verkauf seines zu 70 % dienstlich und zu 30 % privat genutzten Pkw.

Ermitteln Sie die USt-Traglast für Dr. hc. Obermeier im II. Quartal!

Nebenleistungen von Ärzten usw.
Nebenleistungen, die unmittelbar mit der heilberuflichen Tätigkeit im Zusammenhang stehen, teilen das Schicksal der Hauptleistung; sie sind ebenfalls **steuerfrei** zu behandeln. Derartige Nebenleistungen können z. B. sein

- Krankentransporte und Medikamentenabgabe in Notfällen;
- Reiseentschädigungen, Wegegelder u. Ä

Andere Leistungen von Ärzten

› Schriftstellerische Tätigkeiten › Vortragstätigkeit › Lehrtätigkeit › Entgeltliche Medikamentenabgabe aus eigener Apotheke › Lieferung von Kontaktlinsen durch Augenärzte › Erstellung selbstständiger ärztlicher Gutachten	› Veräußerung Praxiseinrichtung › Hilfsgeschäfte ▼ **gemäß § 4 Nr. 28** **ggf.**
▼	▼
steuerbar und steuerpflichtig	**steuerbar und steuerfrei**

Sonderregelungen

§ 4 Nr. 14 a) **Keine Steuerbefreiung** bei:

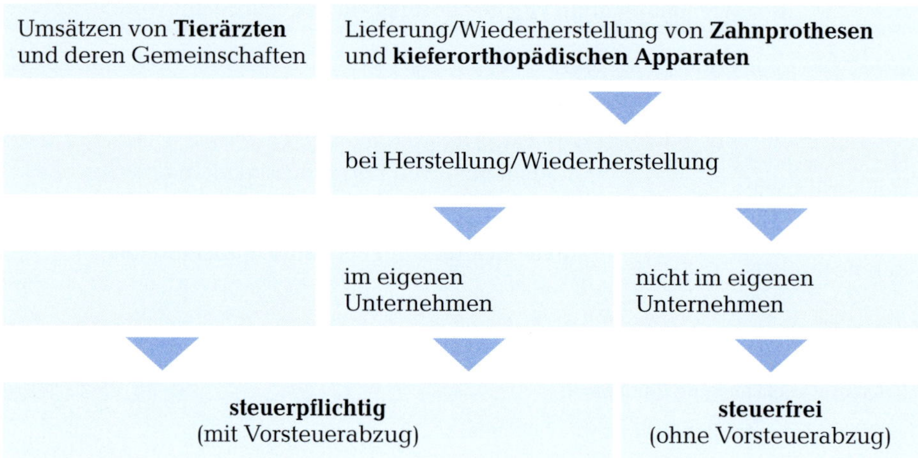

Zweck dieser Sonderregelung ist es, dass Zahnärzte und Zahntechniker bei der Herstellung von Zahnersatz, Kronen, Spangen usw. umsatzsteuerlich gleich behandelt werden.

zu 2.5.2.3 und 2.5.2.4

Übungen

1 Der Frauenarzt Dr. Feuersenger betreibt in einer ihm gehörenden Villa in Leipzig, Kaiserweg 7 eine eigene Praxis mit 4 Angestellten. 2015 hatte er über einen Grundstücksmakler 3 Eigentumswohnungen in dem neu errichteten Wohn- und Geschäftshaus Kaiserweg 14 erworben, die er wie folgt vermietet:

EW 1: an eine Angestellte seiner Arztpraxis;
EW 2: an einen freischaffenden Künstler als Atelier;
EW 3: an einen Versicherungsvertreter als Büro.

Im Jahr 2023 erzielte Dr. Feuersenger nachstehende Einnahmen:

- Honorare aus seiner ärztlichen Tätigkeit: 219.789 €
- Honorar aus einem Vortrag anlässlich einer fachärztlichen Tagung in Wien: 3.200 €
- Mieteinnahmen aus EW 1: 8.400 €; aus EW 2: 10.800 €; aus EW 3: 9.000 €
- Verkauf der EW 3 im März 2023 an Privat: 198.000 €.

Dr. Feuersenger hat auf Steuerbefreiungen gemäß § 9 verzichtet.

a) Welche Umsätze sind steuerbar, steuerfrei bzw. steuerpflichtig?
b) Wie hoch ist die USt-Traglast für Dr. Feuersenger 2023?

2 Die Haus-und Grundstücksgesellschaft mbH (HAGRU) in Halle hat von einem Landwirt 300.000 qm Grund und Boden am Rande der Stadt erworben. Im Januar dieses Jahres verkaufte die HAGRU das Gelände an verschiedene Unternehmen zur Errichtung von Produktions- und Handelsbetrieben im Rahmen eines Gewerbeparks.

a) Kann die HAGRU beim Verkauf der Grundstücke USt berechnen?
b) Belegen Sie Ihre Entscheidung mit Angabe der entsprechenden Rechtsgrundlagen!

3 Das Brauhaus Melzer in Braunschweig verpachtet an den Gastwirt Suffmann (S) eine Gaststätte mit kleinem Hotelbetrieb und Bowlingbahn in Braunlage (Harz). Die monatliche Pacht für S in Höhe von 3.400 € berechnet sich wie folgt:

Gaststätte, Hotel und Garagenteil für Gäste:	2.400 €
Bowlingbahn:	600 €
Privatwohnung von S	400 €

a) Wie hat das Brauhaus die Pachteinnahmen umsatzsteuerlich zu behandeln?
b) Wie muss S die
- Einnahmen aus den Hotelzimmern;
- Einnahmen aus der Vermietung der Garagen an Hotelgäste umsatzsteuerlich behandeln?

4 Der selbstständige Versicherungsvertreter Kleinlich aus Lübeck ist Hauptvertreter für eine große deutsche Versicherungsgesellschaft.
Im letzten Jahr erzielte er folgende Umsätze:

– Provisionseinnahmen	47.166 €
– Verkaufserlös eines privaten Pkw's	6.100 €
– Honorar aus Vortragstätigkeit	1.570 €
– Vergütung als Übungsleiter Turnen (wöchentlich 2 h)	960 €
– Verkauf des ausschließlich dienstlich genutzten PC's	400 €
– Einnahmen aus einer vermieteten Garage	480 €

Bestimmen Sie die Höhe der steuerbaren, steuerfreien und steuerpflichtigen Umsätze.

5 Karl-Heinz Krafthand (K) betreibt seit Jahren in der Stadt Gelsenkirchen ein Fitnessstudio. Im Oktober 2015 hatte K in Bochum ein unbebautes Grundstück von Walter Weise erworben. Durch eine ortsansässige Baufirma ließ K in der Zeit von September 2015 bis Juli 2017 ein Wohn- und Geschäftshaus errichten.
Seit August 2017 wurden die einzelnen Räumlichkeiten des Gebäudes vermietet.
Im Jahr 2023 wird das Gebäude wie folgt genutzt:

		Monatlicher Nettomietwert
– EG:	Sonnenstudio Karl-Heinz Krafthand	2.500 €
– 1 OG (re):	Zahnarztpraxis Dr. Zange	1.450 €
– 1 OG (li):	Büroräume der staatlich genehmigten Ersatzschule – BFS	1.350 €
– 2 OG (re):	Büroräume der Firma Baufix GmbH	1.000 €
– 2 OG (li):	Kanzleiräume des Notar Neiding	1.000 €
– 3 OG (re):	Wohnung der Mutter von K (ortsübl. Miete 600 €)	unentgeltlich
– 3 OG (li):	Wohnung eines Lehrers	500 €

Für die USt-Erklärung 2023 von K können folgende Feststellungen getroffen werden:

– Einnahmen aus dem Fitnessstudio in Gelsenkirchen	620.000 €
– Einnahmen aus dem Sonnenstudio in Bochum	367.000 €

- In der Zahnarztpraxis ist u. a. auch ein Zahntechniker beschäftigt.
- Die Firma Baufix GmbH errichtet auf eigenen Grundstücken Einfamilienhäuser, die nach Fertigstellung veräußert werden und führt weitere Bauleistungen aller Art aus.
- K hat alle Optionsrechte gemäß § 9 wahrgenommen.

a) Welche Art von Leistungen werden von K im einzelnen ausgeführt; wie sind diese umsatzsteuerlich zu behandeln?
b) Ermitteln Sie die USt-Traglast für K im Jahr 2023!
c) Belegen Sie Ihre Entscheidungen mit Angabe der entsprechenden Rechtsquellen!

2.6 Steuersätze und Bemessungsgrundlagen

2.6.1 Steuersätze in Deutschland

§

Regelsteuersatz	ermäßigter Steuersatz	Durchschnittssätze für Land- und Forstwirtschaft
19 % § 12 (1)	**7 %** § 12 (2)	**5,5 % und 9 %** § 24

Steuersätze in der EU – Regelsteuersatz in %, Stand 2022

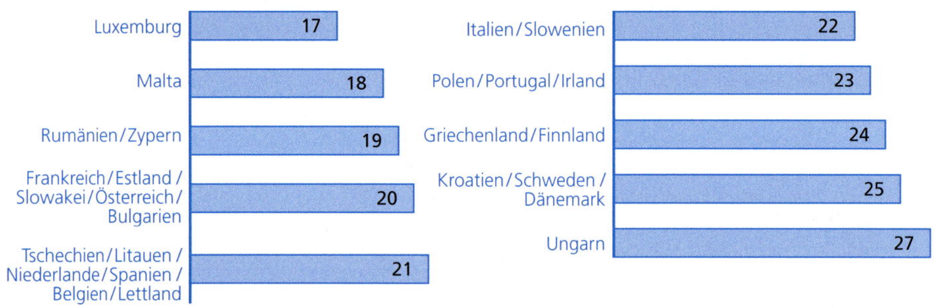

Fall 19: Ein Druckhaus in Köln erbringt im Mai die folgenden Leistungen zu nachstehenden Nettopreisen an einen Händler in Bonn:

5.000	Zeitschriften „Bauen und mehr"	à	1,70 €
4.000	Glückwunschkarten	à	1,00 €
	Porto		35,00 €
	Verpackung		10,00 €

Ermitteln Sie den Rechnungsgesamtbetrag (einschließlich USt) für die Leistung! Die Aufteilung der USt, die auf die Nebenleistungen entfällt, ist nach den Warennettowerten vorzunehmen (UStAE 14.5 (21).

ermäßigter Steuersatz[1]	
§ 12 (2) Nr. 1 für Lieferungen, Einfuhr und innergemeinschaftlichen Erwerb von **Gegenständen** gemäß **Anlage 2 zum UStG,** ausgenommen Nr. 49 f, 53 u. 54	§ 12 (2) Nr. 2 bis Nr. 15 (siehe Seite 109) **§ 12 (3) 0 Prozent[2] für Lieferungen, ig- Erwerb u. Einfuhr von Solarmodulen, Komponenten und Speichern für Photovoltaikanlagen bis 30 kW (peak) auf Privatwohnungen, Wohnungen und Gebäuden, die für Tätigkeiten genutzt werden, die dem Gemeinwohl dienen**

BMF-Schreiben v. 21.11.2022

[1] Für nach dem 31.12.2020 und vor dem 31.12.2023 erbrachte Restaurant- und Verpflegungsleistungen mit Ausnahme der Abgabe von Getränken beträgt der Steuersatz 7 %. Dies gilt auch für Catering-Unternehmen, Lebensmitteleinzelhandel, Bäckereien, Metzgereien für die Abgabe von verzehrfertig zubereiteten Speisen (8. VStÄndG).

[2] Jahressteuergesetz 2022

z. B.
- Land- und forstwirtschaftliche Erzeugnisse
  z. B. Tiere, Fleisch, Fisch, Eier, Getreide,Gemüse, Früchte, Milch usw.
- Futtermittel
- Lebensmittel und Wasser (nur einfaches natürliches Wasser; nicht in Flaschen)
- Verlagserzeugnisse
  z. B. Bücher, Zeitschriften, E-Books, E-Papers;
  nicht:
  Post- und Glückwunschkarten, Kalender, jugendgefährdende Schriften und Trägermedien
- Kunstgegenstände und Sammlungen

z. B.

Nr. 2: Vermietung von Gegenständen der **Anlage 2** zum UStG;
Nr. 6: Zahntechniker und Prothetikumsätze der Zahnärzte;
Nr. 7: Leistungen auf kulturellem Gebiet und des Urheberrechtes u. Ä.
Nr. 9: Leistungen von Schwimm- und Heilbädern, Kurtaxe;
Nr. 10: a) Personenbeförderung im Schienenbahnverkehr;
b) Linien-, Schiffs- und Fährverkehr sowie bei Taxi-Fahrten[1)]
ab) innerhalb einer Gemeinde oder
bb) Beförderungsstrecke ≤ 50 km
Nr. 11: kurzfristige Vermietung von Wohn- und Schlafräumen in Hotels, Pensionen, Ferienappartements, Ferienzimmern sowie die kurzfristige Vermietung von Campingflächen

Alle nicht im § 12 (2+3) genannten Leistungen unterliegen dem **Regelsteuersatz**.

Besonderheit:

Abgabe von Speisen und Getränken

zum Verzehr an Ort und Stelle	zum Mitnehmen
=	=
Sonstige Leistung	Lieferung
▼	▼
nur Regelsteuersatz[2)]	ermäßigter Steuersatz[3)] (gem. Anlage 2 zu § 12 (2) Nr. 1)

Bei der Abgabe von Speisen und Getränken ist zu entscheiden, ob eine dem **ermäßigten Steuersatz unterliegende Lieferung** oder eine dem **Regelsteuersatz unterliegende** 3.6 (1–6) UStAE
sonstige Leistung vorliegt. Dies hängt davon ab, ob **die Elemente der Lieferung oder der sonstigen Leistung qualitativ überwiegen.** Werden **Speisen lediglich zum „Mitnehmen" abgegeben,** unterliegen diese Umsätze dem **ermäßigten Steuersatz,** da insoweit keine unterstützenden Dienstleistungen wie beispielsweise die Bereitstellung von Tischen und Sitzgelegenheiten sowie die Gestellung von Geschirr und Besteck, die den sofortigen Verzehr begünstigen, erbracht werden.

Die o.g. Grundsätze gelten auch für unentgeltliche Wertabgaben nach § 3 (1b) und § 3 (9a) Nr. 2 UStG.

Beispiel

Der Verzehr von Speisen und Getränken durch den Unternehmer (Gastwirt) in seiner Gaststätte stellt eine unentgeltliche Wertabgabe nach § 3 (9a) Nr. 2 UStG dar, die dem allgemeinen Steuersatz[4)] unterliegt. Entnimmt der Gastwirt dagegen Nahrungsmittel zum Verzehr in seiner Wohnung, handelt es sich um eine unentgeltliche Wertabgabe i.S.d. § 3 (1b) UStG, die dem ermäßigten Steuersatz unterliegt.

---

1) Der ermäßigte Steuersatz gilt auch für Nebenleistungen, z. B. für Gepäck, mitgeführte Fahrzeuge (Pkw, Krafträder, Fahrräder) sowie für Taxifahrten mit anderen Verkehrsmitteln als Pkw, wenn die Merkmale des Taxiverkehrs in vergleichbarer Form vorliegen.

2)/3)/4) siehe Anmerkung auf Seite 108, unten.

Bei einer einheitlichen Leistung – bestehend aus Haupt- und Nebenleistung – ist der Steuersatz der Hauptleistung auch für die Nebenleistung maßgebend.

UStAE 14.5.(21) Werden jedoch mehrere selbstständige Hauptleistungen mit unterschiedlichen Steuersätzen ausgeführt, so ist das Entgelt für die Nebenleistung entsprechend der Warennettowerte aufzuteilen.

Übungen

Bestimmen Sie für die nachstehenden steuerpflichtigen Umsätze den Steuersatz.

1 Ein Rechtsanwalt vertritt einen Mandanten in einem Zivilprozess.

2 Ein Schausteller betreibt im Einkaufscenter ein Kinderkarussell.

3 Ein Binnenfischereibetrieb liefert Karpfen an diverse Geschäfte.

4 Der Baumarkt veräußert Profilbretter.

5 Ein Eiscafé verkauft verschiedene Eisbecher.

6 Ein Imker verkauft Bienenhonig auf dem Wochenmarkt.

7 Ein Elektroinstallateur verkauft eine PV-Anlage < 30 kW (peak) und montiert diese auf einem Einfamilienhaus.

8 In einem Blumenfachgeschäft wird ein Übertopf gekauft.

9 Eine Computerfirma vertreibt Softwareprodukte.

10 Ein Ehepaar vermietet Ferienwohnungen an ständig wechselnde Gäste.

2.6.2 Bemessungsgrundlagen

Bemessungsgrundlage (BMG) = Wert- bzw. Besteuerungsgrundlage für einen steuerpflichtigen Umsatz

▼

BMG × Steuersatz = USt

Die USt ist grundsätzlich nicht Bestandteil der BMG.

Überblick über die gesetzlichen Regelungen zur BMG:

§§	Umsatzart
§ 10 (1)	– Lieferungen und sonstige Leistungen – innergemeinschaftlicher Erwerb
§ 10 (2)	– Übertragung von Rechten (über Pfandscheine) – Tausch und tauschähnliche Umsätze
§ 10 (4)	– Lieferfiktionen/Verbringen bei innergemeinschaftlicher Lieferung bzw. innergemeinschaftlichem Erwerb – unentgeltliche Wertabgaben als Lieferung – unentgeltliche Wertabgaben als sonstige Leistung
§ 10 (5)	– verbilligte Lieferungen und sonstige Leistungen
§ 10 (6)	– gelegentliche Personenbeförderung mit ausländischen Bussen
§ 11	– Einfuhr

2.6.2.1 › Bemessungsgrundlagen für entgeltliche Leistungen und den innergemeinschaftlichen Erwerb

BMG = Entgelt § 10 (1) Satz 2

Entgelt = alles, was der Leistungsempfänger aufwendet,
um die Leistung zu erhalten, jedoch abzüglich der USt

Fall 20: Der Getränkehändler Duhn aus Ueckermünde lieferte der Familie Löwe im Juli verschiedene Getränke für deren Sommerparty nach Vogelsang. Duhn erstellte folgende Rechnung:

20 Flaschen Mineralwasser	à	0,49 €	9,80 €
30 Flaschen Multivitaminsaft	à	0,99 €	29,70 €
60 Flaschen Bier	à	0,69 €	41,40 €
Summe			80,90 €
zuzüglich USt (7 %)			5,66 €
+ Anlieferung			10,00 €
gesamt			96,56 €

Familie Löwe übergab dem Händler am Liefertag 96,56 €.
Wurde die BMG richtig ermittelt?
Welchen USt-Betrag schuldet der Händler aus dieser Lieferung an das FA (beachte UStAE 14c.1 (9)?

Für die USt-Ermittlung ist entscheidend, was der Leistungsempfänger tatsächlich aufgewendet hat, einschließlich Nebenkosten, selbst wenn das gezahlte Entgelt nicht angemessen ist (z. B. Eröffnungsangebote, Sonderangebote u. Ä.). Bei verbilligten Lieferungen/sonstigen Leistungen an Anteilseigner, Gesellschafter und deren Angehörige (§ 15 AO) sowie an das Personal oder deren Angehörige ist jedoch die **Mindestbemessungsgrundlage** zu berücksichtigen, § 10 (5) i. V. m. § 10 (4), siehe Kapitel 2.6.2.3. UStAE 10.1 (3)

Der vom Abnehmer aufgewendete Betrag enthält sowohl das Entgelt als auch die USt (Bruttobetrag). Zur Ermittlung der BMG muss die USt mit dem zutreffenden Steuersatz herausgerechnet werden.

Beispiel

Die Auszubildende eines Elektromarktes erwarb von ihrem Unternehmen ein Smartphone ohne Vertrag für 250 € bzw. 200 €. Der Einkaufspreis des Smartphones zuzüglich Nebenkosten betrug für das Unternehmen 170 € netto. Im Elektromarkt wird das Gerät fremden Kunden für 379 € angeboten.

Berechnung der Bemessungsgrundlagen:

gezahlter Betrag	250,00 € (brutto)	200,00 € (brutto)
– enthaltene USt 19/119	39,92 €	31,93 €
Entgelt § 10 (1) BMG	210,08 €	168,67 €
MindestBMG		170,00 €

	BMG für entgeltliche Leistungen und innergemeinschaftlichen Erwerb	
	Bestandteile der BMG	keine Bestandteile der BMG
§ 10 (1) S. 2 § 10 (1) S. 3+4	• Entgeltliche (unechte) Zuschüsse von Dritten im Interesse des Leistungsempfängers • Verbrauchsteuern beim innergemeinschaftlichen Erwerb, die vom Erwerber getragen werden	• Durchlaufende Posten
UStAE 10.1	• Zusätzlich Kosten, die der Leistende dem Leistungsempfänger berechnet (Nebenkosten, Auslagenersatz u. Ä.) • Trinkgelder (freiwillige Zuzahlungen) an den Unternehmer (nicht an AN) • Vom Unternehmer geschuldete Verbrauch- und Verkehrsteuern , öffentliche Gebühren und Abgaben (nicht USt) • Pfandgelder für Warenumschließung (Ausnahmen möglich)	• Vertragsstrafen wegen Nichterfüllung • Verzugszinsen, Fälligkeitszinsen, Prozesszinsen • Kosten des gerichtlichen Mahnverfahrens und Mahngebühren • Zinsen, Vergütungen und Protestkosten im Rahmen des Scheck-, Wechselgesetzes

UStAE 10.2 **Zuschüsse:**
Zuschüsse sind Zahlungen für Leistungen an den Zahlenden in Form von Beihilfen, Prämien, Ausgleichszahlungen, Zuwendungen u. Ä..

Formen:

Unechter Zuschuss		**Echter Zuschuss**
als zusätzliches Entgelt eines Dritten (Zuschussgeber)	als Entgelt für eine Leistung an den Zuschussgeber	Zuschuss knüpft nicht an bestimmte Umsätze/ Leistungen an
Kein unmittelbares Leistungsaustauschverhalten zwischen Zuschussgeber und Leistenden (i.d.R. Zuschuss durch Rechtsansprüche des Leistungsempfängers (LE) bzw. öffentlich rechtliche Verpflichtungen gegenüber dem LE)	Leistungsaustauschverhältnis zwischen Zuschussgeber und Zuschussempfänger	Kein Leistungsaustauschverhältnis = nicht steuerbar da kein Entgelt
z. B. Zuschüsse des Landes an Bauunternehmer zur Errichtung von Gebäuden	z. B. Zahlungen von A für die Mitnutzung einer von L neu errichteten Anlage	z. B. Zuschüsse des Bundes für Forschungsvorhaben einer Universität
UStAE 10.2 (3)	UStAE 10.2 (2)	UStAE 10.2 (7)

Zum Entgelt gehören auch die vom Unternehmer geschuldeten Verbrauch- und Verkehrsteuern, ausgenommen die Umsatzsteuer, sowie die öffentlichen Gebühren und Abgaben, die auf den Leistungsempfänger abgewälzt werden.

Beispiel

Ein deutscher Sekthersteller liefert 4.000 Flaschen Sekt an einen deutschen Großabnehmer für 10 € je 0,75l-Flasche. Außerdem werden dem Abnehmer die Schaumweinsteuer in Höhe von 1,02 €/Flasche und die Transportkosten von 1.500 € in Rechnung gestellt.

BMG und USt für den Import betragen:

4.000 Flaschen	à 10,00 €/Flasche	40.000,00 €
+ Schaumweinsteuer	à 1,02 €/Flasche	4.080,00 €
+ Transport		1.500,00 €
BMG		45.580,00 €
USt		8.660,20 €

Durchlaufende Posten:
Beträge, die ein Unternehmer im Namen und für Rechnung eines anderen vereinnahmt und verausgabt, sind **nicht** Bestandteil der **BMG**. § 10 (1) S. 5
In solchen Fällen ist dieser Unternehmer weder Gläubiger noch Schuldner des Betrages; er zieht die Beträge für einen anderen vom Zahlungspflichtigen ein und leitet den Betrag an den Zahlungsempfänger weiter (z. B. Kurtaxe, Gerichtskosten usw.).

Umsätze in ausländischer Währung:
Für Umsätze in ausländischer Währung ist der monatliche Durchschnittskurs des BMF maßgeblich; die Anwendung des Tageskurses ist nur auf besonderen Antrag möglich.

BMG für unternehmensinternes Verbringen von/nach anderen EU-Ländern
§ 1a (2) und § 3 (1a)
= Einkaufspreis + Nebenkosten bzw. Selbstkosten zum Zeitpunkt des Umsatzes, § 10 (4) Nr. 1

2.6.2.2 › Bemessungsgrundlage für unentgeltliche Wertabgaben

Gegenstandsentnahme/ Gegenstandszuwendung § 3 (1b)	BMG =	Einkaufspreis + Nebenkosten (netto) bzw. Selbstkosten zum Zeitpunkt des Umsatzes[2)] § 10 (4) Nr. 1
Private Verwendung von Unternehmensgegenständen § 3 (9a) Nr. 1	BMG =	Entstandene Ausgaben bei Ausführung des Umsatzes § 10 (4) Nr. 2
Ausführung sonstiger Leistungen im Privatbereich § 3 (9a) Nr. 2	BMG =	Entstandene Ausgaben bei Ausführung des Umsatzes § 10 (4) Nr. 3

2) Bei Sachspenden als unentgeltliche Wertabgabe i.S.d. § 3 (1b) S. 1 Nr. 1 richtet sich die BMG nach der Beschaffenheit (Verkehrsfähigkeit) des Gegenstandes. Ist dieser nicht mehr verkehrsfähig, z. B. bei Lebensmitteln kurz vor dem Ablaufdatum, beträgt die BMG 0 €. Bei eingeschränkter Verkehrsfähigkeit, z. B. bei Materialfehlern, richtet sich die BMG nach der Verkaufsfähigkeit. UStAE 10.6 (1a)

Beispiel

Der Schuhwareneinzelhändler S hat im April u. a. Damensandalen des Modells „Fantastik" im Großhandel für 23 €/Paar + USt erworben, die in seinem Geschäft für 39,90 € verkauft werden. An Transportkosten für die Anlieferung vom Großhandel zahlt S üblicherweise 15 €/100 Paar. Im Juni wurde die gleiche Sandale im Großhandel für 28 € + USt angeboten. S schenkt im Juni seiner Frau ein Paar dieser Sandalen.
Die Gegenstandsentnahme ist nach § 3 (1b) steuerbar und steuerpflichtig.
Als BMG für die USt sind nach § 10 (4) Nr. 1 anzusetzen:

	Einkaufspreis zum Zeitpunkt des Umsatzes (netto)	=	28,00 €	
+	Nebenkosten (Transport)	=	0,15 €	
	BMG		28,15 €	(USt = 5,35 €)

Bei der Ermittlung der BMG für die außerunternehmerische Verwendung von Unternehmensgegenständen sind aus den entstandenen Ausgaben diejenigen auszuklammern, die nicht zum vollen oder teilweisen VSt-Abzug berechtigten.

§ 10 (4) Nr. 2 Sätze 2+3

Zu den in § 10 (4) Nr. 2 und 3 genannten **Ausgaben** gehören auch die **Anschaffungs- oder Herstellungskosten** der Gegenstände, die ab einem Wert von **500 €** auf mehrere Jahre gemäß dem **Berichtigungszeitraum nach § 15a** zu verteilen sind (anteilige Ak/Hk), unabhängig von der ertragsteuerlichen Regelung.

Beispiel

Ein regelbesteuerter Unternehmer erwarb am 01.03.2020 einen neuen Betriebs-Pkw für 30.000 € + 5.700 € USt. Die Vorsteuer wurde bei der Anschaffung in voller Höhe abgezogen. Laut Fahrtenbuch wurde das Fahrzeug im Jahr 2023 zu 20% privat genutzt. Die dem VSt-Abzug unterlegenen laufenden Betriebskosten betrugen insgesamt 2.600 €. Die betriebsgewöhnliche Nutzungsdauer des Fahrzeugs beträgt 6 Jahre.Wie hoch ist die Bemessungsgrundlage für die unentgeltliche Wertabgabe nach § 3 (9a) Nr. 1 und die darauf entfallende USt?
Lösung:

	laufende Ausgaben	2.600 €	
+	anteilige Ak gem. § 15a (1)	6.000 €	(30.000 € : 5 = 6.000 €)
	Ausgaben, § 10 (4) Nr. 2	8.600 €	
	davon 20% = BMG	1.720 €	
	USt 19%	326,80 €	

Bei unentgeltlichen sonstigen Leistungen durch das Unternehmen für den Privatbereich oder im Privatbereich des Personals bzw. Dritter ist der anteilige **Unternehmerlohn nicht mit in die Kosten (BMG) einzubeziehen.**

Fall 21: Karin Klein betreibt ein kleines Bekleidungsfachgeschäft.

a) Für die Lieferung von 80 Jeanshosen und 30 Schaltüchern wurden ihr vom Großhändler im Juni in Rechnung gestellt: 1.440 € für Hosen; 360 € für Tücher sowie 6 € für Transport und Verpackung zuzüglich USt.

aa) Eine Jeanshose nimmt Frau Klein für ihren Sohn mit nach Hause.

ab) Frau Klein schenkt ihrer angestellten Verkäuferin einen Schal, Einkaufspreis 30 €.

ac) Eine angeschmutzte Hose wird nicht wie üblich zu 39 €, sondern für 30 € an einen Kunden verkauft.

b) Das Geschäftstelefon nutzt Frau Klein zu 15 % für Privatgespräche. Die letzte Monatsabrechnung betrug für Grund- und Gesprächsgebühren 107,10 €.

c) Zur Geschäftseröffnung des benachbarten Friseurgeschäftes verschenkte Frau Klein ein Trockengesteck, welches sie im Blumenhaus „Flora" für 51 € erworben hatte.

d) Der Jugendabteilung des örtlichen Sportvereins spendet Frau Klein 15 Trikots mit kleinen Farbfehlern. Die Trikots hat sie vor mehreren Monaten für 12 € netto/Stück erworben und im Geschäft für 19,99 €/Stück brutto angeboten. Den Wert eines Trikots schätzt sie mittlerweile auf 8 € netto/Stück.

Ermitteln Sie die Bemessungsgrundlagen und die USt. Bestimmen Sie jeweils die Umsatzart.

Nutzung von Unternehmensfahrzeugen für private Zwecke

Beim Kauf eines Fahrzeugs, das der Unternehmer zu mindestens 10 % unternehmerisch nutzt, kann die in Rechnung gestellte Vorsteuer in voller Höhe abgezogen werden, § 15 (1) Satz 2 UStG. Die private Nutzung (= **unentgeltliche Wertabgabe**) wird jedoch einer sonstigen Leistung gegen Entgelt gleichgestellt und ist daher steuerbar und steuerpflichtig, § 9 a Nr 1 UStG.
Bemessungsgrundlage für die Berechnung der Umsatzsteuer sind die **entstandenen Ausgaben** im Sinne des § 10 (4) Nr. 2 UStG. Der Unternehmer hat die Wahl zwischen drei

Methoden

Fahrtenbuchregelung	**1 v. H.-Regelung** [1] (lohnsteuerl. Regelung)	**Sachgerechte** Schätzung
Fahrzeuggesamtkosten (netto) ./. nicht mit USt belastete Kosten (z. B. Kfz-Steuer/Kfz-Versicherung usw.) = Gesamtausgaben für USt × Anteil der nichtunternehmerischen Nutzung = BMG	inländischer Bruttolistenpreis des Fahrzeuges ~ auf volle 100 € davon 1 % mtl. (= Pauschalwert der allg. Privatnutzung) = Summe Pauschalwert der Privatnutzung ./. 20 % Abschlag für nicht vorsteuerbelastete Kosten = Nettowert Privatnutzung = BMG	Fahrzeuggesamtkosten (netto) ./. nicht mit USt belastete Kosten = Gesamtausgaben für USt × geschätzter Anteil der Privatnutzung (Richtwert mind. 50 %) = BMG

Für Elektrofahrzeuge, die vom 01.01.2019 bis zum 31.12.2030 angeschafft werden, ist **ertragsteuerlich** mit Wirkung vom 01.01.2020 bei einem Listenpreis von mehr als 60.000 € nur der halbierte inländische Bruttolistenpreis und bei einem Bruttolistenpreis bis einschließlich 60.000 € nur ein Viertel anzusetzen. § 6 (1) Nr. 4 S. 2 Nr. 1–5 EStG

Beispiel

Anschaffung von zwei Elektrofahrzeugen im Januar 2022 für 49.980,00 € und 65.450,00 €. Beide Fahrzeuge werden zu 60 % betrieblich genutzt. Mit welchem Wert ist der **ertragsteuerliche private Nutzungsanteil** für das Jahr 2023 jeweils anzusetzen?
Lösung:

Bruttolistenpreis	49.980,00 €	Bruttolistenpreis	65.450,00 €
davon 25 %	12.495,00 €	davon 50 %	32.725,00 €
abgerundet	12.400,00 €	abgerundet	32.700,00 €
× 12 %	1.488,00 €	× 12 %	3.924,00 €

Für **umsatzsteuerliche Zwecke erfolgt keine pauschale Kürzung** des inländischen Listenpreises für Elektro- und Hybridelektrofahrzeuge, UStAE 15.23 (5) Nr. 1a + b.

[1] Fahrzeug muss zu mehr als 50 % betrieblich genutzt werden

Beispiel

Ein Gewerbetreibender erwarb im Januar **2022** zwei Elektrofahrzeuge zum Bruttopreis von 49.980,00 € und 65.450 €. Die betriebliche Nutzung beträgt jeweils 60 %.
Berechnen Sie die Umsatzsteuer für den jeweiligen privaten Nutzungsanteil für 2023 nach der pauschalen Nutzungswertmethode.

Lösung:		Lösung:	
Bruttolistenpreis	49.980,00 €	Bruttolistenpreis	65.450,00 €
abgerundet	49.900,00 €	abgerundet	65.400,00 €
× 12 %	5.988,00 €	× 12 %	7.848,00 €
– 20 % Abschlag	1.197,60 €	– 20 % Abschlag	1.569,60 €
BMG für USt	4.790,40 €	BMG für USt	6.278,40 €
USt	910,18 €	USt	1.192,90 €

Beispiel

Kurt Kabel (K) betreibt in Bochum einen Einzelhandel mit Elektrogeräten.
K benutzt einen vom Autohändler im Januar 2021 für 46.338,60 € (brutto) erworbenen betrieblichen Pkw auch für Privatfahrten.

Folgende Daten sind aus der Buchhaltung für 2023 bekannt:

AfA betriebsgewöhnliche Nutzungsdauer 6 Jahre	6.490 €
Gesamtfahrleistung lt. Fahrtenbuch	36.480 km
davon: Allgemeine Privatfahrten	10.944 km
Fahrten zwischen Wohnung und Geschäft	1.824 km
Kraftstoffkosten	3.402 €
Kfz-Reparaturkosten	678 €
Kfz-Steuer und Kfz-Versicherung	936 €
steuerpflichtige Garagenmiete	360 €

Lösung:
Die Privatnutzung des Pkws bezieht sich auf ein **Fahrzeug**, wofür der volle VSt-Abzug erfolgte. Der private Nutzungsanteil ist nach § 3 (9 a) Nr. 1 als unentgeltliche Wertabgabe zu besteuern.

Der Unternehmer kann die Ermittlung der BMG wahlweise vornehmen nach

Fahrtenbuchregelung		**1. H.-Regelung**	
Kraftstoff	3.402 €	Bruttolistenpreis, abgerundet	= 46.300 €
Kfz-Reparaturkosten	678 €		
Garagenmiete	360 €		
anteilige Ak gem. § 15a (1) (38.940 : 5 = 7.788 €)	7.788 €	davon 1 % monatlich (463 × 12)	5.556,00
= Ausgaben, § 10 (4) S. 1 Nr. 2	12.228 €		
		./. 20 % Abschlag	1.111,20 €
Anteil nicht unternehmerische Nutzung (10.944 km/36.480 km; 1.824 km gelten ab dem ersten Entfernungskilometer als unternehmerische Nutzung)	= 30 %		
BMG	= 3.668,40 €	BMG	= 4.444,80 €

Übung

Ein regelbesteuerter Unternehmer hat im Januar 2020 einen neuen Betriebs-Pkw für 45.000 € zuzüglich 8.550 € USt erworben, den er auch zu 30 % privat nutzt.
Im Jahr 2023 sind laut Buchhaltung für das Fahrzeug folgende Betriebsausgaben i.S.d. § 4 (4) EStG angefallen: Kfz-Steuer 480 €, Kfz-Versicherung 960 €, laufende Betriebskosten 7.200 €, AfA 7.500 €.
Berechnen Sie die Bemessungsgrundlage und die Umsatzsteuer für die unentgeltliche Wertabgabe nach der 1 %-Regelung und nach der Fahrtenbuchmethode.

Die Fahrzeugüberlassung an Arbeitnehmer (einschl. Gesellschafter-Geschäftsführer von Kapitalgesellschaften) für eine gewisse Dauer oder regelmäßig zur privaten Nutzung wird einer sonstigen Leistung gegen Entgelt gleichgestellt, § 3 (9a) Nr. 1 UStG. Aus Vereinfachungsgründen können als BMG die lohnsteuerrechtlichen Werte angesetzt werden. Diese Werte sind Bruttowerte, aus denen die USt herauszurechnen ist. Für Elektro- und Hybridelektrofahrzeuge darf keine Kürzung des inländischen Listenpreises vorgenommen werden. UStAE 15.23 (9+11)

Bei der pauschalen Nutzungswertmethode sind folgende Werte von dem auf 100 € abzurundenden inländischen Bruttolistenpreis des Fahrzeugs bei Erstzulassung anzusetzen:

– für Privatfahrten	1 % bzw. 0,5 % oder 0,25 %, siehe Beispiel auf Seite 116 oben, je Monat	R 8.1 (9 Nr. 1) LStR
– für Fahrten zw. Wohnung und erster Tätigkeitsstätte	0,03% je Monat und Entfernungs-km/ bei Einzelbewertung 0,002 % je Fahrt für längstens 180 Tage im Jahr	UStAE 15.23 (10) Nr. 1
– für Familienheimfahrten wegen betrieblich bedingter doppelter Haushaltführung	0,002% je Fahrt und Entfernungs-km	

Bei Überlassung eines Fahrzeugs aus besonderem Anlass für nicht mehr als 5 Tage im Kalenderjahr ist die gelegentliche Nutzung zu Privatfahrten oder Fahrten zwischen Wohnung und erster Tätigkeitsstätte mit 0,001 % des inländischen Listenpreises je Fahrtkilometer zu bewerten (Einzelbewertung). BMF-Schreiben v. 04.04. 2018

Nutzung von Unternehmensfahrzeugen für außerunternehmerische Zwecke durch Personal

RW 173

gelegentlich/ aus besonderem Anlass	regelmäßig/beständig
(nicht mehr als 5 Kalendertage im Monat), UStAE 15.23 (12) S. 2	UStAE 15.23 (8)
=	=
steuerbare unentgeltliche Wertabgabe § 3 (9a) Nr. 1	steuerbare entgeltliche Leistung (Leistungsaustausch), § 1 (1) Nr. 1 S. 1
BMG nach § 10 (4) Nr. 2	BMG nach § 10 (2) S. 2
Ausgaben (= Nettowert) (Kürzung der nicht VSt-belasteten Ausgaben)	**Gesamtausgabenschätzung** (= Nettowert) (ohne Kürzung der nicht VSt-belasteten Ausgaben)
oder	oder
lohnsteuerliche Werte (= Bruttowerte) (ohne Kürzung der nicht VSt-belasteten Ausgaben) UStAE 15.23 (12) S. 6+7	**lohnsteuerliche Werte** (= Bruttowerte) (ohne Kürzung der nicht VSt-belasteten Ausgaben)
	oder
	Fahrtenbuchregelung (ohne Kürzung der nicht VSt-belasteten Ausgaben)

zu 2.6.2.1 und 2.6.2.2

Übungen

Ermitteln Sie die Bemessungsgrundlage und die USt für die entsprechenden Wertabgaben.

1 Im Mai schenkte der Autohändler Blitz aus Oldenburg seinem Sohn einen bislang betrieblich genutzten PC. Der Buchwert beträgt zu diesem Zeitpunkt 200 €. Der PC wurde ursprünglich für netto 800 € + USt angeschafft. Der gegenwärtige Marktwert für diesen PC wird lt. Auskunft eines Händlers mit netto 150 € angegeben.

2 Tischlermeister Holzner erwarb zu Beginn des Jahres einen PC aus privater Hand für 400 €. Der PC wurde dem Betriebsvermögen zugerechnet.
Holzner nutzte den PC jedoch auch im Umfang von 20 % für private Zwecke. Für die PC-Nutzung entstanden im abgelaufenen Jahr Kosten in Höhe von 230 €.

3 Die Fuchs & Schlau-Metallbau KG hatte Anfang 2021 einen neuen Pkw beim ortsansässigen Händler für 32.500 € + 6.175 € USt erworben. Die Vorsteuer wurde in voller Höhe abgezogen. Das zum Betriebsvermögen gehörende Fahrzeug wurde 2023 lt. **Fahrtenbuch** wie folgt genutzt:

- Fahrten zu verschiedenen Baustellen durch Arbeitnehmer der GmbH 5.493 km
- Fahrten zwischen Wohnung und Betriebsstätte (2 × 13 km/Tag) durch Fuchs an 240 Tagen
- Gelegentliche private Nutzung durch Fuchs – 752 km
- Geschäftsreisen von Fuchs und Schlau – 2.889 km
- Stadtfahrten für betriebliche Besorgungen – 1.127 km
- Kostenlose Überlassung des Pkw an die Buchhalterin der Firma zum Besuch ihres schwer erkrankten Vaters im Krankenhaus – 379 km
- Nutzung des Pkw durch Schlau für seine Urlaubsreise nach Holland – 1.710 km, davon wurden im Ausland gefahren: 510 km
- entgeltliche Überlassung des Pkw an einen befreundeten Unternehmer – 350 km

2023 sind für das Fahrzeug folgende Aufwendungen (netto) entstanden:

– Benzin	2.157 €
– Kfz-Steuer	334 €
– Reifenschaden	97 €
– Kfz-Versicherungen	740 €
– anteilige Ak gem. § 15a	6.500 €
– Inspektion	416 €
– Gebühr für Autoradio	34 €
– Garagenmiete (steuerpflichtig)	360 €

(Berechnung nach Fahrtenbuchregelung)

4 Buchhändler Wurm (W) betreibt in Senden ein Einzelhandelsgeschäft. Seinem Auszubildenden schenkte er zum 18. Geburtstag im Juni eine Romantrilogie, die im Laden für insgesamt 50,90 € angeboten wird. W hatte die 3-bändige Ausgabe im Vorjahr für 38,50 € (netto) erworben; gegenwärtig wird die gleiche Auflage beim Großhändler für netto 34,90 € angeboten.

5 Die Gewerbetreibende Gudrun Geibrich hat im März **2022** ein Elektrofahrzeug der Oberklasse für ihr Unternehmen erworben; Bruttolistenpreis 90.440 €. Der private Nutzungsanteil beträgt 30 %.

Berechnen Sie die Bemessungsgrundlage für die Nutzungsentnahme nach der pauschalen Nutzungswertmethode sowie die darauf entfallende USt für 2023.

6 Dr. Hans Hilfreich (H) ist seit 2 Jahren als Leiter der Abteilung Marketing in der Bochumer Betriebsstätte der Hebezeuge GmbH, Frankfurt/M. eingesetzt.
Die Firma gestattet H die regelmäßige Nutzung eines Firmenwagens auch für private Zwecke.
Der Pkw wurde im September 2021 für 49.200 € + 9.348 € USt erworben und mit vollem VSt-Abzug dem Betriebsvermögen der Firma zugeordnet. Die betriebsgewöhnliche Nutzungsdauer beträgt 6 Jahre.
Aus dem ordnungsgemäß geführten Fahrtenbuch ergibt sich für 2023 eine Gesamtfahrleistung des Pkws von 25.550 km, die sich wie folgt aufteilt:

– Kundenbesuche von H	8.427 km
– Sonstige dienstliche Fahrten	6.392 km
– Privatfahrten von H (Einkäufe, Ausflüge u. Ä.)	1.279 km
– Fahrten zwischen Wohnung und Arbeitsstätte durch H an 210 Tagen	2.940 km
– 8 Familienheimfahrten nach Frankfurt/M. von H wegen betrieblich bedingter doppelter Haushaltführung	6.512 km

Die Pkw-Gesamtausgaben (netto) für 2023 von 31.600 € setzen sich wie folgt zusammen:

– AfA	8.200 €
– Benzinkosten und Reparaturen (Unfall)	22.315 €
– Kfz-Steuer	355 €
– Kfz-Versicherung	730 €

Ermitteln Sie die Bemessungsgrundlage und die Umsatzsteuer für die Fahrzeugüberlassung an H nach
a) Fahrtenbuchregelung und
b) der 1 %-Regelung.

2.6.2.3 › Mindestbemessungsgrundlage

Erbringen Unternehmen an ihre Gesellschafter oder ihr Personal Lieferungen und sonstige Leistungen, für die das entrichtete Entgelt geringer ist als die Bemessungsgrundlagen in § 10 (4) Nr. 1–3 (Einkaufspreis, Selbstkosten, Ausgaben), sind die dort genannten Bemessungsgrundlagen für die Berechnung der USt anzusetzen. § 10 (5)

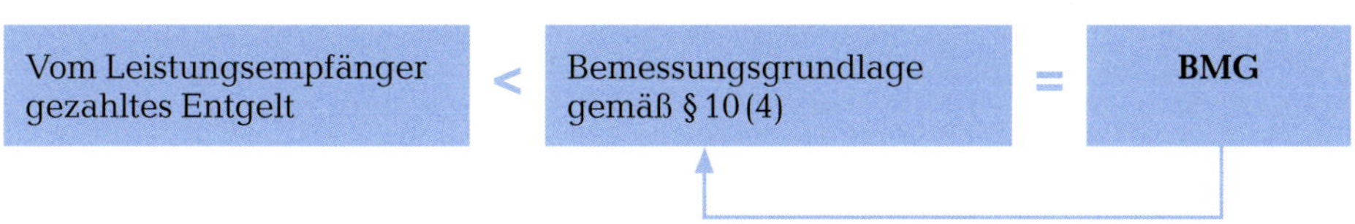

Fall 22: Werkzeughändler Fuchs aus Paderborn hat im Juli vom Großhändler 100 Bohrmaschinen zum Einkaufspreis von je 100 € (netto) erworben, die er im Ladengeschäft für 169 € anbietet.

a) Einem Arbeitnehmer überlässt F. eine Bohrmaschine zum Preis von 110 €.
b) Ein Freund von F. erhält die gleiche Maschine zum Vorzugspreis von 120 €.
c) Seinem Schwager schenkt F. eine solche Maschine zum Geburtstag.
d) Ein Kunde erwirbt im Ladengeschäft eine Maschine zum Sonderpreis von 149 €.

Wie hoch ist jeweils die BMG? Welche USt-Beträge hat der Unternehmer Fuchs an das FA zu entrichten?

§ 10 (5)

Leistungen von Gesellschaften nach § 1 (1) Nr. 1–5 KStG usw. an Anteilseigener, Gesellschafter … oder diesen nahestehenden Personen	Leistungen von Einzelunternehmern an ihm nahestehende Personen	Leistungen von Unternehmern an sein Personal oder deren Angehörige

BMG = richtet sich nach § 10 (4)

wenn: Bemessungsgrundlage nach § 10 (4) > gezahltes Entgelt

Nahestehende Personen können Angehörige i. S. d. § 15 AO sowie Personen und Gesellschaften sein, zu denen eine enge rechtliche, wirtschaftliche oder persönliche Beziehung besteht.

Beispiel

Ulrich Übermut betreibt in Schwerin ein Einzelhandelsgeschäft für Haushaltsgeräte. Seiner angestellten Verkäuferin hat er einen E-Herd für 600 € überlassen. Den Herd hatte Übermut zu einem Preis von 550 € + 104,50 € USt im Großhandel eingekauft.

Vom Leistungsempfänger gezahltes Entgelt	Bemessungsgrundlage gemäß § 10 (4)	Folge für BMG
600 € ./. 95,80 € USt **= 504,20 € (Entgelt)**	Einkaufspreis (netto) **= 550,00 €**	Das vom Leistungsempfänger gezahlte Entgelt liegt 45,80 € unter der Mindestbemessungsgrundlage des § 10 (4). Die Leistung wurde verbilligt erbracht; als BMG für den überlassenen Herd sind folglich **550,00 €** und eine USt von 104,50 € anzusetzen.

Übungen

zu 2.6.2.3

Bestimmen Sie, unter Angabe der gesetzlichen Grundlage, für nachfolgende Sachverhalte die Bemessungsgrundlage und den USt-Betrag.

1 Für den leitenden Angestellten Gründig des Bauunternehmens Schacht wurde durch Arbeitnehmer von Schacht ein alter Schuppen weggerissen.
Es entstanden folgende Aufwendungen:
Lohn = 980 €, Transportkosten = 340 €, sonstige Kosten = 260 €.
Gründig überwies für den Abriss den vereinbarten Preis von 1.800 €.

2 Malermeister Braun aus Fürstenwalde hat am letzten Wochenende den Bungalow seines Bruders mit einem Holzschutzanstrich versehen. Die Holzschutzlasur hat Braun seinem Lagerbestand entnommen (Einkaufspreis 89 €); Arbeitszeit 5 Stunden; üblicher Stundensatz 26,70 €. Der Leistungsempfänger zahlte einen „Freundschaftspreis" von 150 € in bar.

3 In der Tischlerei Trepte (T) lässt T durch seine Mitarbeiter für seinen Bruder B eine speziell gewendelte Holztreppe mit Geländer anfertigen.

Während der Werkstattanfertigung sind folgende Kosten entstanden:

– Materialkosten	1.034 €
– Arbeitsleistungen	2.867 €
– Sonstige Kosten	496 €

Im September wurde die Holztreppe im neu errichteten Einfamilienhaus des Bruders von Arbeitnehmern des T eingebaut. Die Montageleistung hatte einen Wert von 549 €. B zahlte im Oktober den vereinbarten „Freundschaftspreis" von 5.900 €.

4 Das Schreibwarengeschäft Freier in Torgau überließ seiner Angestellten A 5 Pakete Druckpapier mit einem 30%igen Rabatt gegenüber dem Ladenverkaufspreis. A zahlte insgesamt 28,50 €. Firma Freier hatte im Einkauf 4,99 € netto je Paket bezahlt.

5 Die angestellte Floristin Tina erwarb im Blumenfachgeschäft ihres Arbeitgebers eine Topfpflanze zum Vorzugspreis von 11,80 €. Im Großhandel wurde die Pflanze zum Warenwert von 9,90 € + eines 2%igen Verpackungszuschlages zuzüglich USt erworben.

6 Das Architektenbüro „Gammaplan" in Hof gestattet seiner Sekretärin S die Benutzung eines betrieblichen Pkws für eine Urlaubsreise nach Österreich. Mit der Angestellten wird ein pauschales Nutzungsentgelt von 620 € vereinbart. Die von S zurückgelegte Fahrstrecke beträgt 1.260 km. Nach der Gesamtfahrleistung und den Gesamtkosten ergeben sich für den Pkw Kosten von 0,60 €/km. Der Anteil der nicht mit USt belasteten Kfz-Kosten beträgt 15%.

§ 10(2) Satz 2

2.6.2.4 › Bemessungsgrundlagen für Tausch und tauschähnliche Umsätze

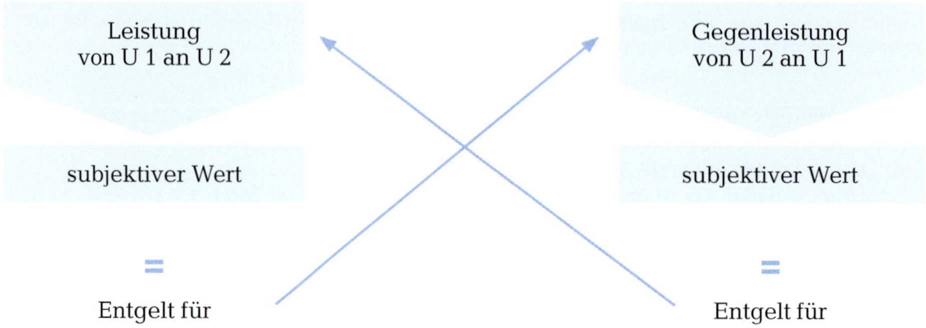

UStAE 10.5 Als Entgelt für eine Leistung ist der subjektive Wert (alle Ausgaben incl. Nebenkosten) anzusetzen, den der Empfänger der jeweiligen Leistung aufwendet, um die Gegenleistung zu erhalten.

Beispiel ›››

Die Kfz-Werkstatt Wolf repariert für den Baubetrieb Kandel ein beschädigtes Firmenfahrzeug zu einem Rechnungspreis von 5.175 € (einschließlich USt).
Als Gegenleistung wird durch die Firma Kandel der Hof der Kfz-Werkstatt neu gepflastert.

BMG für die Leistung	der Fa. Kandel	der Fa. Wolf
Wert der erhaltenen Leistung:	5.175,00 €	5.175,00 €
./. USt 19/119	826,26 €	826,26 €
= Entgelt	4.348,74 €	4.348,74 €

Da nur in den wenigsten Fällen ein vollständiger Wertausgleich der beiden Leistungen vorliegt, wird i. d. R. von einem Beteiligten ein Geldbetrag zugezahlt. In diesen Fällen spricht man von einem **Tausch mit Baraufgabe oder tauschähnlichen Umsatz.** Bei dieser Verfahrensweise gehört zum Entgelt des Zahlungsempfängers auch der Geldbetrag. Beim Zahlungspflichtigen ist der Wert der Sachleistung um diesen Betrag zu kürzen.

Beispiel ›››

Wie oben dargestellt, jedoch hat die Firma Wolf noch 2.300 € als Baraufgabe zu entrichten.

BMG für die Leistung	der Fa. Kandel	der Fa. Wolf
Wert der erhaltenen Leistung:	5.175,00 €	5.175,00 €
Baraufgabe		./. 2.300,00 €
	= 5.175,00 €	2.875,00 €
./. USt 19/119	826,26 €	459,03 €
= Entgelt	4.348,74 €	2.415,97 €

2.6.3 Änderung der Bemessungsgrundlage

Änderung der Bemessungsgrundlage

§ 17 (1)

RW 132, 140

beim Leistenden (Unternehmer)	beim Leistungsempfänger (Unternehmer)
▼	▼
Berichtigung der USt	Berichtigung der VSt

Fall 23: Der Möbelhändler Zimmermann in Aachen hatte am 19.03. beim Großhändler Mischler in Erfurt 100 Polsterstühle, Modell „Karina-Buche" bestellt. Die Ware wurde vereinbarungsgemäß am 26.03. mit Firmenfahrzeug von Mischler geliefert und nachstehende Rechnung (Auszug) übergeben:

"	100 Polsterstühle „Karina" à 68,00 €	6.800,00 €
+	Verpackung	40,00 €
+	Transport	135,00 €
+	Netto	6.975,00 €
+	USt (19 %)	1.325,25 €
	Summe	8.300,25 €

Bei Zahlung innerhalb von 8 Tagen gewähren wir 4 % Skonto."

Am 29.03. stellt die Firma Zimmermann fest, dass nicht das bestellte Modell, sondern das Modell „Karina-Esche" geliefert wurde. Daraufhin verständigen sich die beiden Unternehmen über eine Reduzierung des Listeneinkaufspreises um 8 %.

Welchen Betrag schuldet die Firma Zimmermann nach der Reduzierung des Listeneinkaufspreises und der Inanspruchnahme des Skontos?

In welcher Höhe sind Berichtigungen der USt bzw. VSt durchzuführen?

Änderungsmöglichkeiten der BMG

UStAE 17.1

Entgeltminderung

z. B.
- Skonti, Boni, Rabatte
- Kaufpreisminderung infolge Mängelrüge
- uneinbringliche Forderungen
- Vergütungen von Gutscheinen

Entgelterhöhung

z. B.
- Preiszuschläge
- Nachbelastungen
- Trinkgelder an den Unternehmer
- Vertragsstrafen (jedoch nicht Verzugszinsen, Fälligkeitszinsen und Prozesszinsen u. Ä. = nicht steuerbarer Schadensersatz) § 17 (2 a)

Die Uneinbringlichkeit einer Forderung ist insbesondere dann gegeben, wenn der Schuldner zahlungsunfähig geworden ist. In diesen Fällen ist der USt-Betrag voll zu berichtigen. Gehen jedoch unerwartet noch Zahlungen auf eine solche Forderung ein, ist eine erneute Berichtigung durchzuführen. Mit der Eröffnung eines Insolvenzverfahrens sind Forderungen aus rechtlichen Gründen uneinbringlich. Im Voranmeldungszeitraum der Insolvenzeröffnung ist daher eine Berichtigung der Bemessungsgrundlage vorzunehmen. UStAE 17.1 (11)

UStAE 17.1 (6) Bei der Abtretung einer Forderung unter dem Nennwert (z.B. an ein Inkassobüro) bestimmt sich das Entgelt nach den tatsächlichen Aufwendungen des Leistungsempfängers. Die Berichtigung der USt durch den Lieferer erfolgt nicht auf der Basis der abgetretenen Forderung, sondern in Höhe des Betrages, den der Schuldner an das Inkassobüro entrichtet hat.

§ 17 (1) Satz 8 *Berichtigungszeitpunkt*

Die Berichtigungen sind für den Besteuerungszeitraum vorzunehmen, in dem die Änderung der Bemessungsgrundlage eingetreten ist

zu 2.6.3 **Übungen**

1 Stellen Sie fest, welche Änderungen der Bemessungsgrundlage im Besteuerungszeitraum 2023 vorliegen und ob Berichtigungen durchzuführen sind (wer-wann-Betrag)!

a) Am 26.06. feierten Verwandte, Freunde und Bekannte in der Gaststätte „Zur alten Post" in Feuchtwangen die Hochzeit des jungen Paares Seeliger. Am 30.06. erstellt der Gastwirt die Rechnung über den Gesamtbetrag von 1.599,50 €, davon entfallen 476,00 € auf Getränke, und übermittelt diese – wie besprochen – an die Eltern der Braut. Für die Ausrichtung der Feier entrichten die Eltern am 13.07. einen Betrag von 1.650 €.

b) Am 24.06. beendete die Firma Safa-GmbH einen längerfristigen Malerauftrag für die Schlitz KG in Waldheim, für den am 27.06. folgende Rechnung (Auszug) erstellt wurde:

„Für durchgeführte Malerarbeiten in ihren Firmenräumen vom 27.05. bis 24.06. berechnen wir:

Material	4.767,00 €
Arbeitsleistungen	27.706,00 €
Summe	32.473,00 €
+ 19 % USt	6.169,87 €
	38.642,87 €
– Anzahlung (14.621,85 € + 2.778,15 € USt)	17.400,00 €
Rechnungsbetrag	21.242,87 €

Bei Zahlung innerhalb von 10 Tagen gewähren wir 3 % Skonto."

Am 03.07. wurden durch die Schlitz KG 20.605,58 € an die Safa-GmbH überwiesen.

c) Die Weba-GmbH, Mainz lieferte am 24.03. an den Eisenwarenhändler Fuchs in Wiesbaden diverse Werkzeuge für 24.000 € + 4.560 € USt. Da Fuchs trotz mehrmaliger Mahnungen nicht zahlt, berechnet ihm die GmbH zusätzlich 210 € Verzugszinsen sowie 36 € Auslagen und kündigt zugleich bei Nichtzahlung bis zum 15.07. gerichtliche Schritte an. Am 14.07. geht auf dem Konto der GmbH der volle Rechnungsbetrag, einschließlich Zinsen und Auslagen, von Fuchs ein.

d) Das Fußbodenstudio Nachtmann hat in der Zeit vom 05. bis 09.06. in allen Räumlichkeiten der Anwaltskanzlei Hörner Parkettfußboden für 26.200 € + USt gelegt. Auf diesen Preis war von Nachtmann ein Rabatt von 15 % zugesagt und gemäß Rechnung vom 18.06. berechnet worden.
Da jedoch bereits nach wenigen Tagen das Parkett an einigen Stellen Risse zeigte, forderte RA Hörner umgehende Nachbesserung und behielt zum Fälligkeitstermin am 18.07. vom Rechnungsbetrag 4.000 € zurück.

2 Stellen Sie unter Angabe der gesetzlichen Bestimmungen die umsatzsteuerliche Behandlung der einzelnen Sachverhalte dar! Verwenden Sie für die Lösung folgendes Schema:

Umsatzart §	Ort der Leistung §	Steuerbarkeit §	Steuerpflicht/ Steuerbefreiung §	Bemessungsgrundlage §	USt 19 %

Siegfried Stein betreibt in München ein Bauunternehmen nebst Baustoffhandel.

a) Stein vermietet eine Spezialputzmaschine seines Unternehmens an eine Firma in Seefeld (Österreich). Hierfür erhält er vereinbarungsgemäß die erste Mietzahlung in Höhe von 375 € auf sein Konto überwiesen.

b) Stein überlässt seinem Gesellen Geiger für die Sanierung seines Grundstückes in Haar 30 Sack Putzmörtel für 2 € je Sack. Im Einkauf wurde je Sack ein Entgelt von 1,80 € gezahlt. Für Kundenaufträge wird ein Sackpreis von 3,50 € (netto) berechnet.

c) Stein hat durch einige Arbeiter seines Unternehmens in Tutzing am Starnberger See ein großräumiges Ferienhaus zur Eigennutzung errichten lassen und aus firmeneigenen Beständen Material zum Einkaufspreis von 27.000 € verwendet. Der auf die Errichtung angefallene Lohnaufwand betrug 31.000 €. Der Verkaufspreis (ohne USt) des Gebäudes würde 90.000 € betragen.

d) Für einen befreundeten Unternehmer aus Augsburg errichtet die Fa. Stein eine Jagdhütte für einen Gesamtpreis von 65.000 € in Sankt Gallen (Schweiz).

e) Karl Klamm beauftragte Stein mit dem Ausbau des Dachgeschosses seines Einfamilienhauses in Dachau. Als Festpreis wurden 12.000 € (einschließlich USt) sowie bei Zahlung innerhalb von 10 Tagen nach Abschluss ein Skonto von 3% vereinbart. Da Klamm nach Ausführung des Auftrages und Ablauf der 4-wöchigen Zahlungsfrist sowie nach erfolgter Mahnung immer noch nicht gezahlt hatte, stellte die Fa. Stein dem Kunden zusätzlich 150 € Verzugszinsen, 10 € Mahngebühren, 15 € für Auslagen in Rechnung und kündigte für die nächsten Tage gerichtliche Schritte an. Klamm zahlte daraufhin den vereinbarten Festpreis zuzüglich aller Kosten.

f) Stein übernahm die Lieferung und den Transport von Trockenbaustoffen für die Errichtung eines Lagerhauses der Imex-GmbH im Freihafen Kiel. Die Imex-GmbH zahlte den Rechnungsbetrag in Höhe von 8.810 €.

g) Stein erhielt von der Großbau GmbH Nürnberg einen Betrag von 12.500 € für den Verzicht der Beteiligung an einer Ausschreibung für ein größeres Bauvorhaben in Ingolstadt.

h) Für das Stein gehörende Mehrfamilienhaus in Unterhaching wurde eine neue Eingangstreppe in seiner Firma vorgefertigt und vor Ort angebracht. Dabei entstanden Material- und Lohnkosten von 3.500 € (netto). Einem Kunden hätte Stein für die gleiche Leistung einen Betrag von 5.300 € (einschließlich USt) berechnet.

i) Im Rahmen seiner Tätigkeit als Mitglied der Prüfungskommission bei der Handwerkskammer München erhielt Stein 90 € für seine mehrtägige Teilnahme an der Fertigkeitsprüfung für Maurer überwiesen.

j) Stein war zum 70. Geburtstag seines ehemaligen Gesellens Eifrig aus Oberschleißheim eingeladen. Stein schenkte im Namen der Firma einen Fotoapparat, den er für 99 € in einem Fachgeschäft in München erworben hatte.

2.7 Entstehung der Steuer und Steuerschuldner

§ 13
2.7.1 Entstehung der Steuer für entgeltliche Lieferungen und sonstige Leistungen

Steuerberechnung

nach **vereinbarten** Entgelten = Sollbesteuerung	nach **vereinnahmten** Entgelten = Istbesteuerung

Steuerentstehung

§ 13 (1) Nr. 1 a + b RW 193 ff.

mit Ablauf des Voranmeldungszeitraums, in dem die **Leistung/Teilleistung ausgeführt** wird	mit Ablauf des Voranmeldungszeitraums, in dem das **Entgelt vereinnahmt** wird

Fall 24: Franziska Fabian (F) hat am 19.04. in einem großen Möbelfachgeschäft in Berlin (jährlich ca. 18 Mio. € Umsatz) eine Wohnzimmeranbauwand im Wert von 3.495 € bestellt. Das Geschäft hatte bei der Bestellung um eine Anzahlung von 495 € gebeten, die von Frau F mit Bankkarte beglichen wurde. Der Restbetrag ist vereinbarungsgemäß bei Lieferung fällig. Am 05.06. erfolgte die Lieferung und Montage der Anbauwand.

Da jedoch drei Einlegeböden und zwei Schubkästen infolge von Beschädigungen nicht verwendbar waren, wurde Nachlieferung zugesagt. Die Kundin behielt 200 € vom Restpreis ein. Diesen Betrag beglich sie mit der Nachlieferung am 03.07.

Bestimmen Sie, in welchem Voranmeldungszeitraum, welche USt-Beträge entstanden sind!

Das UStG regelt im § 20 wann ein Unternehmer die Umsätze nach **vereinnahmten** Entgelten besteuern darf.

Besteuerung nach vereinnahmten Entgelten möglich

Voraussetzungen
- Gesamtumsatz im vorangegangenen Kj **bundeseinheitlich** ≤ 600.000 €

oder

- Unternehmer, die von der Verpflichtung Bücher zu führen und regelmäßig Abschlüsse zu machen, befreit sind

oder

- Unternehmer mit Umsätzen aus einer freiberuflichen Tätigkeit (§ 18 (1) Nr. 1 EStG)

Besteuerung nach vereinbarten Entgelten

Antrag an FA

Voraussetzungen erfüllt

Voraussetzungen nicht erfüllt oder kein Antrag an FA

Werden von Unternehmen, die der Sollbesteuerung unterliegen, **Entgelte oder Teilentgelte vor der Ausführung der Leistung/Teilleistung** (z. B. Vorauszahlungen, Anzahlungen u. Ä.) vereinnahmt, so ist die hieraus resultierende USt nach Ablauf des Voranmeldungszeitraums zu entrichten, in dem das Entgelt/Teilentgelt vereinnahmt wurde **(= Mindest-Ist-Besteuerung)**. § 13 (1) Nr. 1 a, S. 4

Voranmeldungszeiträume

Voranmeldungszeiträume (Vorauszahlungen)		ohne Voranmeldung/Vorauszahlung
vierteljährlich	**monatlich**	**jährlich** (durch Entscheidung FA)
USt-Schuld im vorangegangenen Kalenderjahr ≤ 7.500 €	USt-Schuld im vorangegangenen Kalenderjahr > 7.500 €	USt-Schuld im vorangegangenen Kalenderjahr ≤ 1.000 €
Wahlrecht von vierteljährlich → nach monatlich bei Überschuss zu Gunsten des Unternehmers im vorangegangenen Kalenderjahr > 7.500 € durch Abgabe der ersten Voranmeldung bis 10.02 des laufenden Kalenderjahres für Januar (bindend für das gesamte Kj)		Hat der Unternehmer in den Besteuerungszeiträumen 2021–2026 seine Tätigkeit nur in einem Teil des vergangenen Kalenderjahrs ausgeübt, ist die tatsächliche Steuer in eine Jahressteuer umzurechnen. Bei Beginn im laufenden Jahr ist die voraussichtliche Steuer des laufenden Kalenderjahrs maßgebend. § 18 (2) S. 6

Wird ein Unternehmen neu gegründet, müssen die Umsatzsteuer-Voranmeldungen im Jahr der Neugründung und im folgenden Jahr monatlich abgegeben werden. Existenzgründer können in den Besteuerungszeiträumen 2021–2026 die Voranmeldungen vierteljährlich abgeben, es sei denn, die tatsächliche Steuer des Vorjahres, umgerechnet in eine Jahressteuer, oder die voraussichtliche Steuer im Gründungsjahr übersteigt 7.500 €. § 18 (2, 2 a) UStG BMF-Schreiben v. 16.12. 2020

Übungen

In welchem Voranmeldungszeitraum ist die USt jeweils entstanden?
Geben Sie die USt-Beträge sowie die gesetzlichen Vorschriften an.

1 Die Büromaschinen-Service GmbH aus Freiburg (Sollbesteuerer; Vorjahresumsatz 460.000 €) hat am 29.03. einen defekten Kopierer im örtlichen Arbeitsamt repariert. Mit Rechnung vom 08.04. wird ein Betrag von 236 € zuzüglich 44,84 € USt erhoben. In der Rechnung wird ein Skonto von 2 % bei Zahlung innerhalb von 8 Tagen angeboten. Am 04.05. erfolgt die Gutschrift auf dem Konto der BMS-GmbH in Höhe von 280,84 €.

2 Die Albrecht-Leichtmetallbau KG in Plauen (Besteuerung nach vereinbarten Entgelten; Monatszahler) hat mit Vertrag vom 29.06. einen bislang betrieblich genutzten PC an die Buchhalterin der Firma verkauft. Der PC hat einen Buchwert von 300 € obwohl sein gegenwärtiger Marktwert noch mit 500 € angesetzt werden kann. Am 03.07. wird von der Käuferin der vereinbarte Kaufpreis von 357 € entrichtet und der PC mitgenommen.

2.7.2 Entstehung der Steuer für unentgeltliche Wertabgaben, innergemeinschaftlichen Erwerb u. a.

§ 13 (1) Nr. 2

Unentgeltliche Wertabgaben

Die Steuer entsteht bei:

Unentgeltliche Wertabgaben als Lieferung § 3 (1b)	Unentgeltliche Wertabgaben als sonstige Leistung § 3 (9a)

Mit Ablauf des Voranmeldungszeitraums, in dem die Umsätze ausgeführt wurden.

Fall 25: Das Fotofachgeschäft Kirchner (K) in Mainz (Sollbesteuerer; Vierteljahreszahler) hat u. a. nachstehende Umsätze ausgeführt:

a) Herr Kirchner hat unentgeltlich die Aufnahme, Entwicklung und Anfertigung von Abzügen anlässlich der Silberhochzeit seiner Schwester am 27.05. übernommen. Die Bilder wurden am 02.06. im eigenen Labor durch K. erstellt und noch am gleichen Abend der Schwester übergeben. An Aufwendungen sind entstanden:
   - Material 69,40 €
   - Arbeitsleistungen von Herrn Kirchner 47,80 €

   Für einen Dritten hätte das Fotofachgeschäft einen Preis von 220 € (einschließlich USt) berechnet.

b) Herr Kirchner hat am 25.06. eine Speicherkarte für seine Urlaubsreise vom 06. bis 20.07. in die Karibik mit nach Hause genommen. Diese Karten wurden im Mai für 4,50 € je Stück (netto) im Einkauf erworben. Durch die seit 15.06. laufende Sonderaktion des Herstellers „Superpreise für Urlaubsfotos" sind die Einkaufspreise für diese Karten um 1,00 € je Stück reduziert worden.

c) Am 29.06. hatte Herr Kirchner für das Geschäftsjubiläum eines befreundeten Unternehmers eine Bleikristallvase im nahegelegenen Fachgeschäft für 39 € (brutto) gekauft. Das Geschenk wurde am 01.07. anlässlich der Jubiläumsfeier im Hotel „Schwan" von Herrn Kirchner übergeben.

Entscheiden Sie – unter Angabe der gesetzlichen Grundlagen – für welchen Voranmeldungszeitraum die entsprechenden USt-Beträge fällig werden!

Innergemeinschaftlicher Erwerb

Die Steuer entsteht bei

innergemeinschaftlichem Erwerb § 1a	innergemeinschaftlichem Erwerb neuer Fahrzeuge § 1b
mit Ausstellung der Rechnung; spätestens mit Ablauf des dem Erwerb folgenden Kalendermonats, § 13 (1) Nr. 6	mit dem Tag des Erwerbs, § 13 (1) Nr. 7

Fall 26: Die Merkel KG (Monatszahler) betreibt in Eisenach ein Landmaschinenbauunternehmen.

a) Am 22.02. hat die KG bei ihrem schwedischen Handelspartner Stahlmessersätze bestellt. Beide Unternehmen verwenden jeweils die USt-IdNr. ihres Landes. Die Ware wurde am 27.02. von Uppsala per Bahn versendet. Mit Rechnung vom 27.02. wird der Merkel KG ein Betrag von 24.800 € berechnet. Am 03.03. trifft die Lieferung bei der Merkel KG in Eisenach ein.
b) Herr Merkel hat am 16.03. bei einem Händler in Frankreich einen neuen Lkw im Wert von 98.000 € (netto) für die Firma gekauft. Das Fahrzeug wurde am 24.03. von einem Fahrer der KG in Frankreich abgeholt und nach Eisenach gebracht.

Bestimmen Sie bis zu welchem Zeitpunkt die Erwerbsteuer jeweils entsteht!

Unrichtiger Steuerausweis
Die Steuer entsteht bei

Ausweis eines überhöhten USt-Betrages in einer Rechnung für Leistungen durch einen Unternehmer	Unberechtigter, gesonderter USt-Ausweis in einer Rechnung	§ 14c (1+2)
wie bei Besteuerung nach vereinbarten bzw. vereinnahmten Entgelten; spätestens im Zeitpunkt der Ausgabe der Rechnung	im Zeitpunkt der Ausgabe der Rechnung	§ 13 (1) Nr. 3

Fall 27: Ein Fensterbaubetrieb aus Hildesheim (Sollbesteuerer; Vierteljahreszahler) hat am 30.03. an einen Rentner Holzabfälle geliefert. Die Rechnung wurde wie folgt erstellt:

3 qm Holzabfälle à 15,00 €	45,00 €
Transport	13,00 €
	58,00 €
+ USt (19 %)	12,01 €
Rechnungsbetrag	70,01 €

Der obige Rechnungsbetrag wurde vom Leistungsempfänger am Liefertag bar bezahlt.

Welcher USt-Betrag wird in welchem Voranmeldungszeitraum aus dieser Lieferung geschuldet (beachte UStAE 14c.1 (5)?

Steuerfrei behandelte innergemeinschaftliche Lieferung infolge unrichtiger Angaben des Abnehmers § 13 (1) Nr. 8
Die Steuer entsteht bei

Steuerfrei behandelter innergemeinschaftlicher Lieferung eines Unternehmers infolge unrichtiger Angaben des Abnehmers gemäß § 6a (4) S. 2

Lieferzeitpunkt

2.7.3 Steuerschuldner

§ 13 (a)

RW 284

Umsatzart/Vorgang	gemäß §§	Steuerschuldner
• Lieferungen und sonstige Leistungen • Ausweis eines überhöhten USt-Betrages	§ 1 (1) Nr. 1 § 14c (1)	Leistender Unternehmer
• Innergemeinschaftlicher Erwerb	§ 1 (1) Nr. 5	Erwerber
• Steuerfrei behandelte innergemeinschaftliche Lieferung infolge unrichtiger Angaben des Abnehmers	§ 6a (4)	Abnehmer
• Unberechtigter, gesonderter USt-Ausweis	§ 14c (2)	Rechnungssteller
• Innergemeinschaftliches Dreiecksgeschäft	§ 25b (2)	Letzter Abnehmer
• Einfuhr	§ 1 (1) Nr. 4 i. V. m. § 21	Zoll- oder Verbrauchsteuerschuldner
• Auslagerung aus USt-Lager	§ 4 Nr. 4a S. 2	i. d. R. Auslagerer

§ 13b (5) S. 1–5

2.7.4 Leistungsempfänger als Steuerschuldner

Unternehmer und juristische Personen des öffentlichen Rechts schulden als **Leistungsempfänger** die Umsatzsteuer für an sie ausgeführte Umsätze. Die Verlagerung der Steuerschuld auf den Abnehmer **(Reverse-Charge-Verfahren)** für bestimmte Umsätze regelt § 13b (1, 2 und 5).

Zu den steuerpflichtigen Umsätzen gehören z. B.:

- Werklieferungen
- Sonstige Leistungen
- Lieferungen von sicherungsübereigneten Gegenständen
- Umsätze, die unter das Grunderwerbsteuergesetz fallen
- Werklieferungen und sonstige Leistungen, die der Herstellung, Instandsetzung, Instandhaltung, Änderung oder Beseitigung von Bauwerken dienen
- Lieferung von Gas und Elektrizität unter den Bedingungen des § 3g
- Lieferung von Industrieschrott, Altmetallen, sonstigen Abfallstoffen
- Reinigung von Gebäuden und Gebäudeteilen

Beispiel

1. Ein Bauunternehmer in Frankfurt erhält den Auftrag zur Erstellung eines schlüsselfertigen Einfamilienhauses. Den Dachstuhl des Hauses lässt der Unternehmer von einem Subunternehmer aus Polen errichten, der auch das dazu erforderliche Bauholz liefert.
   Der Subunternehmer erbringt eine steuerpflichtige Werklieferung an den Bauunternehmer. UStAE
   Die USt für die Werklieferung schuldet der Bauunternehmer, wenn er selbst nachhaltig 13b.1
   Bauleistungen erbringt, § 13b (5) S. 2 i.V.m. § 13b (2) Nr. 4.
2. Ein in Frankreich ansässiger Gutachter erstellt für ein deutsches Unternehmen in Saarbrücken ein technisches Gutachten. Der im Ausland ansässige Gutachter erbringt für das deutsche Unternehmen eine sonstige Leistung i.S.d. § 13b (2) Nr. 1. Die USt dafür schuldet das deutsche Unternehmen § 13b (5) S. 1.

Entstehung der Steuer

Für Leistungen eines im **übrigen Gemeinschaftsgebiet** ansässigen Unternehmers, die im Inland umsatzsteuerbar und umsatzsteuerpflichtig sind, sog. innergemeinschaftliche Leistungen, z.B. Planungsleistungen von Architekten, unterhaltende, künstlerische oder wissenschaftliche Leistungen, entsteht die Steuer mit Ablauf des Voranmeldungszeitraums, in dem die Leistungen ausgeführt worden sind, § 13b(1). Die Steuer für die in § 13b (2) S.1 genannten Umsätze, z.B. Werklieferungen von Bauunternehmen oder Montagefirmen, entsteht mit Ausstellung der Rechnung, spätestens jedoch mit Ablauf des Kalendermonats, der auf die Ausführung der Leistung folgt. Bei Anzahlungen oder Vorauszahlungen entsteht die Steuer bereits mit Ablauf des Voranmeldungszeitraums, in dem das Entgelt oder Teilentgelt vereinnahmt worden ist, § 13b(4). Bei Dauerleistungen, die für mehr als ein Jahr erbracht werden, entsteht die Steuer mit Ablauf des Kalenderjahrs, in dem die Leistung tatsächlich erbracht wurde,§ 13b(3).

Beispiel

Der in Belgien ansässige Unternehmer Chapeau führt am 25. Mai eine Werklieferung an einen deutschen Abnehmer aus. Die Rechnung erstellt Chapeau am 26. Juni. Am 03. Juli geht die Rechnung beim deutschen Abnehmer ein. Die USt entsteht mit Ablauf des Monats Juni (Ausstellung der Rechnung). Der Abnehmer hat den Umsatz in seiner USt-Voranmeldung für Juni anzumelden, wenn er monatliche USt-Voranmeldungen abgibt.
Der leistende Unternehmer ist zur Ausstellung der Rechnung verpflichtet. Neben den Angaben nach § 14 (4) ist auf die Steuerschuldnerschaft des Leistungsempfängers hinzuweisen, § 14a (5) S. 1. Die Umsatzsteuer darf in der Rechnung nicht ausgewiesen werden, § 14a (5). 2. Weist der leistende Unternehmer die USt gesondert aus, schuldet er sie auch, § 14c (1).

Bemessungsgrundlage und Steuersatz

Bemessungsgrundlage ist der in der Rechnung oder Gutschrift ausgewiesene Betrag. Dieser enthält keine USt, § 14a (5) S. 2.
Bei tauschähnlichen Umsätzen mit oder ohne Baraufgabe gilt § 10 (2), außerdem ist die Mindestbemessungsgrundlage nach § 10 (5) zu beachten.
Der Steuersatz richtet sich nach § 12.

Vorsteuerabzug des Leistungsempfängers

Der Leistungsempfänger kann die von ihm nach § 13b (1+2) **geschuldete Umsatzsteuer als Vorsteuer abziehen**, § 15 (1) Nr. 4, wenn die Lieferung oder sonstige Leistung für sein Unternehmen bestimmt und der Vorsteuerabzug nicht ausgeschlossen ist. Die Vorsteuer entsteht zeitgleich mit der Umsatzsteuer und führt damit nicht zu einer Belastung des Leistungsempfängers.

zu 2.7.2 und 2.7.3

Übungen

Lösen Sie die Sachverhalte 1–4 nach folgendem Schema:

Umsatzart/Vorgang (§§)	Betrag	VAZ bzw. späte Fälligkeit	Steuerschuldner

1 Das Modehaus Rüger in Delmenhorst (Monatszahler) hat am 30.04. eine Lieferung Oberbekleidung von einem norwegischen Hersteller für umgerechnet 27.280 € erhalten, Lieferkondition: unverzollt und unversteuert.

2 Taxiunternehmer Kleinert (Vierteljahreszahler) hat am 18.07. die Familie Glaube aus Leipzig zum Hauptbahnhof gefahren. Die Familie hat einen Preis von 11,90 € einschließlich 19% USt für die Stadtfahrt entrichtet. Eine Quittung liegt vor.

3 Eine öffentliche Grundschule in Aachen hat in den Herbstferien an die Stadtwerke einen Unterrichtsraum für Schulungszwecke vermietet und folgende Rechnung erstellt:

Miete Unterrichtsraum am 16. 02. – 8 Std. à 10 €	80,00 €
+ 19 % Mehrwertsteuer	15,20 €
gesamt	95,20 €

4 Der Geschäftsmann van Lugen (NL) hat unter Vorlage seiner holländischen USt-IdNr. am 20.01. bei einem Elektrogerätehändler in Dortmund den im Angebot befindlichen Dampfreiniger für 399 € steuerfrei erworben. Van Lugen hat jedoch für diesen Einkauf bis heute keine Erwerbsbesteuerung durchgeführt, da er das Gerät ausschließlich in seinem Privathaushalt in Ede (NL) nutzt.

5 Ein in Straßburg ansässiger Architekt plant für einen Unternehmer in Karlsruhe die Errichtung eines Bürogebäudes. Nach Fertigstellung der Pläne im Juni erstellt der Architekt eine Rechnung über 12.000 € in der er auf die Steuerschuldnerschaft des Unternehmers in Karlsruhe hinweist. Die Rechnung geht dem Unternehmer aus Karlsruhe im Juli zu.

Nehmen Sie Stellung zur / zum
- Art der Leistung
- Steuerschuldnerschaft
- Entstehung der Steuer
- Vorsteuerabzug.

6 Ihr Mandant, ein Bauunternehmen in Augsburg, beauftragte die „Fensterbau GmbH" in Bregenz (Österreich) mit dem Einbau von Fenstern in ein Gebäude, das bereits weitgehend fertiggestellt ist. Die „Fensterbau GmbH" setzte die Fenster in der Zeit vom 18. Mai bis zum 26. Mai 2023 in das Gebäude ein. Bereits am 31. Mai 2023 stellte die GmbH eine ordnungsgemäße Rechnung in Höhe von 60.000 € aus mit dem Hinweis auf die Steuerschuld des Leistungsempfängers, § 14 a (5) S. 1 UStG. Die Rechnung ging Ihrem Mandanten am 05. Juni 2023 zu.
Beurteilen Sie den Vorgang für Ihren Mandanten aus umsatzsteuerlicher Sicht.

2.8 Vorsteuerabzug

Stellung der Vorsteuer bei der Ermittlung der Vorauszahlungen

	Steuer	
Steuerpflichtige Umsätze		
zum Steuersatz von 19 %		
zum Steuersatz von 7 %		
Umsätze, die anderen Steuersätzen unterliegen		
+ Steuerpflichtige innergemeinschaftliche Erwerbe		
zum Steuersatz von 19 %		
zum Steuersatz von 7 %		
neuer Fahrzeuge		
= Umsatzsteuer		§ 16 (2)
./. Abziehbare Vorsteuerbeträge		§ 15
= Verbleibende USt-Vorauszahlung (Zahllast)		
Verbleibender Überschuss		

2.8.1 Vorsteuerabzug aus Lieferungen und sonstigen Leistungen

Voraussetzungen für den Vorsteuerabzug

§ 15 (1)

- Der Unternehmer kann
- die gesetzlich geschuldete Steuer
- für Lieferungen und sonstige Leistungen
- die von einem anderen Unternehmer
- für sein Unternehmen ausgeführt wurden
- bei Besitz einer nach § 14/§ 14a ausgestellten Rechnung

► **als Vorsteuer abziehen.**

Für den VSt-Abzug müssen **alle** Voraussetzungen gemäß § 15 (1) Nr. 1 erfüllt sein. Der Unternehmer kann nur die gesetzlich geschuldete Steuer für Lieferungen und sonstige Leistungen eines anderen Unternehmers für sein Unternehmen als Vorsteuer abziehen. Der Besitz einer Rechnung nach den §§ 14 und 14a UStG ist Voraussetzung für den VSt-Abzug beim Leistungsempfänger, auch wenn nicht alle formellen Voraussetzungen erfüllt sind, UStAE 15.2a (6). Der USt-Ausweis, § 14 (4) Nr. 8 UStG ist jedoch verbindlich.

UStAE 15.2 (1) Satz 3 Als **VSt sind nur Beträge abziehbar, die nach dem deutschen UStG geschuldet** werden. Unternehmer, die mit ausländischen Vorsteuerbeträgen belastet wurden, haben sich bezüglich eines eventuellen Abzuges an den Staat zu wenden, der die Steuer erhoben hat (z. B. Vergütungsverfahren in der EU).

Für den VSt-Abzug kommen nur im Inland bewirkte Leistungen in Betracht. Dieser Grundsatz ist auf die nach § 1 (3) bewirkten Leistungen, die wie Umsätze im Inland behandelt werden, übertragbar.

UStAE 15.1 (1) Zum VSt-Abzug sind ausschließlich Unternehmer gemäß §§ 2 und 2a im Rahmen ihrer unternehmerischen Tätigkeit berechtigt. Kleinunternehmer sind nicht zum VSt-Abzug berechtigt, wenn sie den Regelungen des § 19 (1) unterliegen.

Fall 28: Kann die Vorsteuer in nachstehenden Sachverhalten abgezogen werden?

a) Ein Tankstellenpächter hat Dieselkraftstoff für 19.000 € + 3.610 € USt erhalten.

b) Ein Rechtsanwalt hat einige Räume seiner Privatwohnung vom Malermeister Kunz tapezieren lassen. Für die Leistung wird ein Betrag von 4.620 € zuzüglich 877,80 € in Rechnung gestellt.

c) Herr Moritz (Angestellter in der Stadtverwaltung) hat für sein unbebautes Grundstück in Zwickau, welches er steuerpflichtig an einen Metallbaubetrieb als Lagerplatz vermietet hat, ein neues Eingangstor für 3.040 € + 577,60 € USt anfertigen lassen.

d) Bauunternehmer Kühn (K) hatte im Oktober bei einer Computerfirma (C) fünf Notebooks zur Lieferung im Dezember bestellt. C informierte Ende November K darüber, dass infolge einer Havarie die Lieferung erst im Januar möglich sei. Da K die Aufwendungen noch im lfd. Geschäftsjahr buchen möchte, wurde C um Rechnungsausstellung im Dezember gebeten. Am 19.12. erhielt Kühn eine ordnungsgemäße Rechnung über die bestellten Notebooks (5.050 € + 959,50 € USt), die er noch im Dezember bezahlte.

Für welchen VAZ ist der VSt-Abzug möglich?

UStAE 15.2 (1) S.2 Ein Vorsteuerabzug ist nicht zulässig, soweit der die Rechnung ausstellende Unternehmer die Umsatzsteuer nach § 14c (1 + 2) schuldet.

Für den Rechnungsempfänger ist damit eine materiell-rechtliche Prüfung der in der Rechnung ausgewiesenen Umsatzsteuer erforderlich, UStAE 15.2a (6).

UStAE 14c.1 (5+7) Der Rechnungsempfänger kann eine berichtigte Rechnung anfordern. Dem Leistungsempfänger muss eine hinreichend bestimmte schriftliche Berichtigung tatsächlich zugehen. Bleibt der Rechnungsbetrag unverändert, ergibt sich die Steuer durch Herausrechnung aus dem bisherigen Rechnungsbetrag.

Beispiel

Der Blumenhändler B liefert an den Unternehmer A mehrere Grünpflanzen mit folgender Rechnung (Auszug):

12 Grünpflanzen	à 14,50 €	174,00 €
+ USt (19 %)		33,06 €
Summe		207,06 €

Der Rechnungsbetrag wurde termingemäß durch A beglichen.

§ 14c (1) B schuldet die gesetzliche USt von 13,55 € (207,06 € × 7/107), zuzüglich nach § 14c (1) auch den Mehrbetrag von 19,51 € (33,06 € – 13,55 €). Der Leistungsempfänger A kann den in der Rechnung ausgewiesenen Betrag von 33,06 € nicht als VSt geltend machen, sondern nur den Betrag von 13,55 €.

2.8.2 Anforderungen an Rechnungen

Der Leistungsempfänger hat einen zivilrechtlichen Anspruch auf eine ordnungsgemäß erstellte Rechnung. Bei Leistungen an einen Nichtunternehmer ist der Unternehmer **berechtigt,** bei steuerpflichtigen Umsätzen an einen anderen Unternehmer für dessen Unternehmen oder an eine juristische Person, die nicht Unternehmer ist, ist der leistende Unternehmer **verpflichtet,** innerhalb von sechs Monaten nach Ausführung der Leistung eine Rechnung mit gesonderten USt-Ausweis zu erteilen. Führt ein Unternehmer eine **steuerpflichtige Werklieferung** oder eine **sonstige Leistung im Zusammenhang mit einem Grundstück** aus, ist er verpflichtet, innerhalb von **sechs Monaten** nach Ausführung der Leistung eine Rechnung auszustellen, **unabhängig** von der **Person des Leistungsempfängers**. Die Rechnung muss die in § 14 (4) beschriebenen **Pflichtangaben** enthalten. Die ausdrückliche Bezeichnung als „Rechnung" ist nicht zwingend erforderlich. Aus dem Dokument muss lediglich die Abrechnung des Unternehmers über eine Leistung erkennbar sein (z. B. als Rechnung, Quittung, Vertrag, Gutschrift u. a.).

§ 14 (1)
§ 14 (2)

Eine Rechnung kann aus mehreren Dokumenten bestehen. Die Abrechnung des Leistungsempfängers mit Gutschrift muss vereinbart sein.
Die Gutschrift wird als Rechnung unwirksam, wenn der Empfänger dem Dokument widerspricht.
Rechnungen und Rechnungskopien sind auf Papier oder mit Zustimmung des Rechnungsempfängers auf elektronischem Weg zu übermitteln. Einzelheiten zur elektronischen Rechnungsstellung regelt § 14 (3) UStG.

Rechnungsarten

Rechnungsart	Angaben/Anforderungen	**§§**
• Rechnungen mit einem Bruttobetrag von mehr als 250 €	**1.** Name/Anschrift leistender Unternehmer und Leistungsempfänger **2.** Steuernummer oder USt-IdNr. des leistenden Unternehmers **3.** Ausstellungsdatum **4.** Rechnungsnummer **5.** Menge/Art/Umfang/handelsübliche Bezeichnung und ausreichende Beschreibung der Leistung **6.** Zeitpunkt der Leistung **7.** Nach Steuersätzen und einzelnen Steuerbefreiungen aufgeschlüsseltes Entgelt **8.** Anzuwendender Steuersatz sowie den auf das Entgelt entfallenden Steuerbetrag bzw. Hinweis auf Steuerbefreiung	§ 14 (4)
• Rechnungen mit einem Bruttobetrag bis zu 250 € (Kleinbetragsrechnung)	**1.** Name/Anschrift leistender Unternehmer **2.** Ausstellungsdatum **3.** Menge/Art/Umfang/handelsübliche Bezeichnung der Leistung **4.** Bruttobetrag sowie Steuersatz bzw. Hinweis auf Steuerbefreiung	§ 33 UStDV
• Fahrausweise für Personenbeförderung und Reisegepäckverkehr	**1.** Name/Anschrift Beförderungsunternehmer **2.** Ausstellungsdatum **3.** Bruttobetrag **4.** Steuersatz, wenn die Beförderungsleistung nicht dem ermäßigten Steuersatz gemäß § 12 (2) Nr. 10 unterliegt bzw. Tarifentfernung bei Eisenbahnfahrausweisen **5.** Hinweis auf grenzüberschreitende Beförderung von Personen im Luftverkehr bei Anwendung § 26 (3)	§ 34 UStDV

Weitere Anforderungen an die Rechnungsausstellung in besonderen Fällen regelt § 14 a.

§ 14 b *Aufbewahrung von Rechnungen*

Unternehmer hat ein Doppel der Rechnung, die	• **er ausgestellt hat** + • **er erhalten hat**	10 Jahre aufzubewahren

Privatpersonen und nichtunternehmerische juristische Personen müssen bei erhaltenen Leistungen in Zusammenhang mit einem Grundstück die Rechnung **zwei Jahre aufbewahren,** § 14b (1) Satz 5 Nr. 1 + 2 i. V. m. § 14 (2) S. 1 Nr. 1.

§ 14 b (2+4) Für inländische Unternehmer und für im § 1 (3) ansässige Unternehmer gilt als Aufbewahrungsort das Inland bzw. die im § 1 (3) bezeichneten Gebiete.
Elektronisch aufbewahrte Rechnungen, auf die online zugegriffen werden kann, können auch im übrigen Gemeinschaftsgebiet aufbewahrt werden, wenn die Finanzbehörden sie einsehen, herunterladen und verwenden können.

Die nachstehende Übersicht zeigt notwendige Verfahrensweisen bei fehlerhaft erstellten Rechnungen.

Rechnungsmängel

	Mangel	**Ursache (z. B.)**	**Rechtsfolgen für**		**Berichtigungsmöglichkeit**
§ 31 (5) UStDV			Rechnungsempfänger **VSt-Abzug**	Rechnungsaussteller **USt**	
§ 14 c (2) UStAE 14c.2	Unberechtigter Steuerausweis	– durch Nichtunternehmer – bei Schein- bzw. Gefälligkeitsrechnungen – durch Kleinunternehmer – Leistungen nicht im Rahmen des Unternehmens	i. d. R. nicht möglich	ausgewiesener Steuerbetrag wird geschuldet	ja [1] auf Antrag beim FA
§ 14 c (1) UStAE 14c.1 (1)	zu hoher Steuerausweis	– höherer Steuerbetrag (Rechen-/Schreibfehler)	niedrigerer (richtiger) Betrag		ja [1] Für die Berichtigung des geschuldeten Mehrbetrags ist dessen Rückzahlung an den Leistungsempfänger erforderlich.
		– steuerfreie Leistung – nicht steuerbare Leistung z. B. infolge • Unentgeltlichkeit • nicht inländischer Umsatz • Geschäftsveräußerung	nicht möglich	Mehrbetrag wird auch geschuldet	
UStAE 14c.1 (9)	zu niedriger Steuerbetrag	– niedrigerer Steuerbetrag (Rechen-/Schreibfehler)	ausgewiesener Steuerbetrag	höherer (richtiger) Betrag wird geschuldet	ja [1]

[1] Eine Korrektur durch den Rechnungsaussteller ist möglich, wenn keine Gefährdung des Steueraufkommens besteht. Die Gefährdung des Steueraufkommens ist beseitigt, wenn der Rechnungsaussteller nachweist, dass der Rechnungsempfänger keine VSt abgezogen oder die geltend gemachte VSt an das Finanzamt zurückgezahlt hat.

Mangel	Ursache (z. B.)	Rechtsfolgen für		Berichtigungsmöglichkeit
		VSt-Abzug	USt	
Fehlender gesonderter Steuerausweis	– fehlerhafte Rechnungsausstellung	nicht möglich	USt entsteht	ja – wenn Berechtigung zum USt-Ausweis

Eine Ergänzung oder **Berichtigung von Rechnungen** kann grundsätzlich **nur vom Rechnungsaussteller** vorgenommen werden. Änderungen durch den Rechnungsempfänger sind unwirksam, selbst wenn dies im Beisein des leistenden Unternehmers geschieht. Kaufpreisminderungen infolge nachträglicher Vereinbarung bedürfen keiner Rechnungsberichtigung. Eine Berichtigung kann bis zum Besteuerungszeitraum der erstmaligen Rechnungserteilung zurückwirken. 15.2a (7) UStAE

Übungen

zu 2.8.1 und 2.8.2

Entscheiden Sie in nachstehenden Sachverhalten über die Höhe des **VSt-Abzuges für den Leistungsempfänger!**
Begründen Sie kurz Ihre Entscheidungen.

1 Der Bürofachhandel B hat der Kunstschmiede „Paulig & Sohn“ Büromaterial lt. nachstehender Rechnung (Auszug) geliefert:

„30 Ordner A 4	à 1,99	59,70 €
4 Abroller Hand für Tesapack	à 4,70	18,80 €
6 Korrekturroller (4,2 mm)	à 2,00	12,00 €
Summe		90,50 €

In diesem Betrag sind 14,45 € USt enthalten.“

2 Die UTV-GmbH bezahlte einen Rechnungsbetrag in Höhe von 2.685 € + 510,15 € USt erst nach einer Mahnung durch den Lieferer. Die angemahnte Rechnung lautet über:

	2.685,00 €	(Warenwert)
+	50,00 €	Mahngebühr
=	2.735,00 €	
+	519,65 €	USt (19 %)
=	3.254,65 €	Gesamtbetrag

3 Architekt Häusler hat für zwei Auftraggeber die Bauausführungsunterlagen erstellt und folgende Abrechnung (Auszug) erteilt:

„Honorar Bauunterlagen lt. Vertrag	27.500 €
+ Gebühr beim zuständigen Bauamt für den Bauantrag (Verauslagung für Auftraggeber)	1.500 €
	29.000 €
+ 19 % USt	5.510 €
= Rechnungsbetrag	34.510 €“

Auftraggeber war in einem Fall die „Falter-KG“ und im zweiten Fall die Familie Kleber.

4 Brennstoffhändler B auf Helgoland hat die Rechnung über die Lieferung eines neuen PC von einer Firma F aus Cuxhaven über 839,50 € + 159,50 € USt termingemäß bezahlt.

2.8.3 Vorsteuerabzug aus Einfuhr und innergemeinschaftlichem Erwerb

	Einfuhr § 1 (1) Nr. 4	**Innergemeinschaftlicher Erwerb § 1 (1) Nr. 5**
RW 268 VSt-Abzug =	entstandene EUSt, § 15 (1) Nr. 2	angefallene Erwerbsteuer, § 15 (1) Nr. 3
Voraussetzungen:	Unternehmer führt Gegenstände ein für sein Unternehmen in das Inland **oder** in den österreichischen Gebieten Jungholz und Mittelberg	Unternehmer tätigt innergemeinschaftlichen Erwerb von Gegenständen für sein Unternehmen

UStAE 15.8 (1) Voraussetzung für den VSt-Abzug der entstandenen EUSt ist, dass die Gegenstände für das Unternehmen in das Inland eingeführt wurden. Dieser Tatbestand ist durch zollamtliche Belege nachzuweisen, UStAE 15.11 (1).

UStAE 15.8 (7) Nicht erforderlich ist, dass der Unternehmer die EUSt selbst entrichtet hat. Er kann sie als VSt auch dann abziehen, wenn sein Beauftragter, z. B. Spediteur, Frachtführer oder Handelsvertreter Schuldner der EUSt ist.

UStAE 15.8 (4) Die Einfuhr für das Unternehmen ist gegeben, wenn der Unternehmer den eingeführten Gegenstand in seinem im Inland gelegenen Unternehmensbereich eingliedert, um ihn hier im Rahmen seiner unternehmerischen Tätigkeit zur Ausführung von Umsätzen einzusetzen bzw. zur Ausführung der im § 1 (3) bezeichneten Umsätze verwendet. Diese Voraussetzung ist bei dem Unternehmer gegeben, der im Zeitpunkt der Einfuhr (am Ort des Grenzübergangs) die Verfügungsmacht über den Gegenstand besitzt.

UStAE 15.10 (2) Der Erwerber kann für den **innergemeinschaftlichen Erwerb** geschuldete USt als VSt abziehen, wenn er den Gegenstand für sein Unternehmen bezieht und zur Ausführung von Umsätzen verwendet, die den Vorsteuerabzug nicht ausschließen. Der erwerbende Unternehmer darf weder ein Kleinunternehmer gemäß § 19 (1) noch ein land- und forstwirtschaftlicher Betrieb sein, welcher der Durchschnittsatzbesteuerung nach § 24 UStG unterliegt.

Übungen

Entscheiden Sie, ob und durch wen in den nachfolgenden Sachverhalten ein VSt-Abzug möglich ist.

1. Ein Weinhändler aus Südafrika lieferte an ein Restaurant in Düsseldorf 24 Kisten Wein mit Lieferkondition „unverzollt und unversteuert".
2. Gleicher Sachverhalt – nur lauten die Lieferkonditionen „verzollt und versteuert".
3. Unternehmer Klein aus Bad Muskau hat die Durchsicht an seinem Geschäftswagen aus Kostengründen in einer polnischen Werkstatt durchführen lassen.
4. Lederwarenhändler Lauke aus Goslar hatte in der Lederfabrik Sakalo in Spanien verschiedene Koffer bestellt und per Bahn am 18.04. erhalten.
5. Dr. Kindermann (Kinderarzt aus Stuttgart) erhielt von einem Hersteller H aus Frankreich eine neue Bestuhlung für sein Wartezimmer im Wert von 2.300 € geliefert. Weitere Erwerbe aus EU-Mitgliedstaaten wurden nicht getätigt.

2.8.4 Vorsteuerabzug aus Kleinbetragsrechnungen und Fahrausweisen

Kleinbetragsrechnungen

Kleinbetragsrechnungen sind Rechnungen, deren Gesamtbetrag 250 € für alle ab 01.01.2017 ausgeführten Lieferungen und sonstigen Leistungen nicht übersteigt. § 33 UStDV

Der Unternehmer kann den VSt-Abzug aus diesen Rechnungen vornehmen, wenn er den Rechnungsbetrag in Entgelt und Steuerbetrag aufteilt. § 35 (1) UStDV UStAE 15.4 (1 + 2)

Formel für VSt: $\frac{\text{Rechnungsbetrag} \times \text{Steuersatz}}{(100 + \text{Steuersatz})}$

Beispiel

Ein Unternehmer hat in einem Fachgeschäft Farbdosen zur Verwendung in seinem Unternehmen erworben. Die Rechnung lautet u. a.:

„3 × Farbe ... à 18,70 € 56,10 €
einschließlich 19 % USt"

Lösung: $\text{VSt} = \frac{56{,}10\ € \times 19}{119} = 8{,}96\ €$

Für die Ermittlung des VSt-Abzugsbetrages ist auch die Anwendung von Umrechnungsfaktoren (19 % = 15,97; 7 % = 6,54 usw.) möglich. UStAE 15.4 (3)

Am Beispiel: 56,10 € × 15,97 % = 8,96 €

Zur Vereinfachung können für die Berechnung des VSt-Betrages alle im Voranmeldungszeitraum angefallenen Kleinbetragsrechnungen mit dem gleichem Steuersatz zusammengefasst werden.

Fahrausweise

Fahrausweise für die Beförderung von Personen gelten als Rechnung, wenn sie die in § 34(1) UStDV verlangten Angaben enthalten. § 34 UStDV

Für den VSt-Abzug aus Fahrausweisen ist der Bruttorechnungsbetrag in Entgelt und Steuerbetrag aufzuteilen. Dabei ist der Steuersatz in § 12 (1) anzuwenden, wenn dieser in der Rechnung angegeben ist. § 35 (2) UStDV

Als Fahrausweise gelten	Als Fahrausweise gelten nicht
• Belege für die Beförderung im Personenverkehr (z. B. Fahrkarte u. Ä.) und Reisegepäckverkehr • Zuschlag-, Platz-, Bettkarten u. Ä. (Steuersatz gemäß Fahrausweis)	• Belege für die Benutzung von – Taxen – Mietwagen – Kraftomnibussen **im Gelegenheitsverkehr**

UStAE 15.5 (7)

Voraussetzungen für den VSt-Abzug aus Fahrausweisen:

		Luftverkehr	**Schienenbahnverkehr**	**Andere** z. B Straßenbahnen, Busse, Schiffe im Linienverkehr, Fährverkehr u. Ä.
§ 12 (2) Nr. 10 a) + b)		**Angabe des Steuersatzes von 19 % – zwingend –**	**Angabe des Steuersatzes von 7 %** bei Personenbeförderung im Schienenbahnverkehr	**Angabe des Steuersatzes von 19 %** (wenn – Beförderungsleistung nicht nur innerhalb einer Gemeinde oder – Beförderungsstrecke > 50 km)
	VSt-Abzug in Höhe von	19 %		19 %
		7 %	7 %	7 %
15.5 UStAE		nicht möglich		Angabe des Steuersatzes von 7 % bzw. ohne Steuersatz oder Angaben zur Beförderungsleistung innerhalb einer Gemeinde oder Angabe der Beförderungsstrecke ≤ 50 km
		Luftverkehr	**Eisenbahn § 12 (2) Nr. 10 a)**	**Andere § 12 (2) Nr. 10 b)**

UStAE 15.5 (1) S. 2+3 Werden durch den Unternehmer Fahrausweise an seine Arbeitnehmer für Fahrten zwischen Wohnung und Arbeitsstätte bereitgestellt, so können hieraus keine VSt-Abzüge vorgenommen werden, da diese keine Leistungen für das Unternehmen darstellen.

2.8.5 Vorsteuerabzug nach Durchschnittsätzen

Vorsteuerabzug nach einem Durchschnittsatz auf den Umsatz (§ 24) für	**Vorsteuerabzug nach einem Durchschnittsatz auf den Umsatz (§ 23 a) für**
Betriebe der Land- und Forstwirtschaft	Körperschaften, Personenvereinigungen und Vermögensmassen i. S. d. § 5 (1) Nr. 9 KStG,, die gemeinnützigen, mildtätigen oder kirchlichen Zwecken i. S. d. §§ 51 – 68 AO dienen
– deren Gesamtumsatz i.S.d. § 19 (3) UStG im vorangegangenen Kalenderjahr ≤ 600.000 € (Umsatzgrenze) betragen hat	– die nicht verpflichtet sind Bücher zu führen und auf Grund jährlicher Bestandsaufnahmen regelmäßige Abschlüsse zu machen und – deren steuerpflichtige Umsätze – ohne Einfuhr und ig-Erwerbe – im vorangegangenen Kalenderjahr **≤ 45.000 €**
Vorsteuerabzug 5,5 % bzw. 9,5 %	**Vorsteuerabzug = 7 %** ein weiterer VSt-Abzug ist ausgeschossen

§§ 23 a (1), 24 (1)

Ein Vorsteuerabzug nach Durchschnittsätzen muss beim zuständigen Finanzamt beantragt werden. Die Anwendung von Durchschnittsätzen in der Voranmeldung oder in der Jahreserklärung gilt als Antrag. Die Erklärung bindet die Unternehmer für mindestens 5 Kalenderjahre. §§ 23 a (3), 24 (4)

Beispiele:
Ein Landwirt, der die Durchschnittsatzbesteuerung anwendet, hat für 5.600 € Brotweizen an eine Mühle in Deutschland verkauft. Wie hoch ist die USt-Zahllast?
Lösung:

USt-Schuld	9,0 % v. 5.600 € =	504 €
– VSt	9,0 % v. 5.600 € =	504 €
USt-Zahllast		0 €

Ein Sportverein, der nach seiner Satzung unmittelbar gemeinnützigen Zwecken i. S. d. § 52 (2) Nr. 21 AO dient, hat in seiner selbstbewirtschafteten Vereinsgaststätte Einnahmen aus dem Verkauf von Getränken in Höhe von 6.840 € erzielt. Die USt wurde nicht getrennt ausgewiesen. Der VSt-Abzug erfolgt nach dem Durchschnittsteuersatz.
Wie hoch ist die USt-Zahllast aus diesem Vorgang?
Lösung:

USt-Schuld 19/119 v.	6.840 € =	1.092,10 €
– VSt 7 % v.	6.840 € =	478,80 €
USt-Zahllast		613,30 €

Maßgebliche Umsätze für die Anwendung der Durchschnittsätze

§ 23 a(2) UStG

Steuerpflichtiger Umsatz des Unternehmens im vorangegangenen Kalenderjahr
– Einfuhr und innergemeinschaftliche Erwerbe

45.000 €

§ 24 (1) UStG

Gesamtumsatz i.S.d. §19 (3) des Unternehmens im vorangegangenen Kalenderjahr

600.000 € (Umsatzgrenze)

Fall 29: Ein gemeinnütziger Sportverein erzielte im Jahr 2023 folgende Umsätze, bei denen die USt nicht gesondert ausgewiesen wurde.

– Einnahmen aus der selbstbewirtschafteten Vereinsgaststätte	30.000 €
– Einnahmen aus einer Tombola	2.500 €
– Einnahmen aus dem Verkauf von Sporttrikots	1.800 €
– Einnahmen aus Bandenwerbung	5.000 €
– Einnahmen aus Inseraten in der Vereinszeitschrift	2.000 €

a) Wie hoch ist die abziehbare VSt, wenn der Verein die Durchschnittbesteuerung erklärt hat?

b) Angenommen der Verein hätte außerdem noch 4.500 € Mitgliedsbeiträge eingenommen. Welche Auswirkungen hätte dies auf den VSt-Abzug?

Übungen

1 Eine gemeinnützige Körperschaft, deren Zweck nach ihrer Satzung der Förderung der Alten-, Kranken- und Behindertenhilfe sowie der Betreuung pflegebedürftiger Personen dient, betreibt auch eine Cafeteria. Die Einnahmen aus der selbstbewirtschafteten Cafeteria betrugen 2023 42.000 €. Die USt wurde nicht gesondert ausgewiesen.

Wie hoch sind die abziehbaren Vorsteuern, wenn diese nach dem Durchschnittsteuersatz berechnet werden?

2 Ein Landwirt aus Tettnang verkauft Hopfen für 6.200 € aus seiner Ernte an eine Brauerei in Ulm. Der Landwirt wendet die Durchschnittsätze nach § 24 UStG an. Die ordnungsgemäße Rechnung enthält folgende Beträge:

Brauhopfen

10 Doppelzentner á	620,00 €	=	6.200,00 €
+ Umsatzsteuer 9,0%		=	558,00 €
Rechnungsbetrag			6.758,00 €

Beurteilen Sie den Vorgang ausführlich und berechnen Sie die USt-Zahllast des Landwirts für diese Lieferung.

2.8.6 Ausschluss vom Vorsteuerabzug

Vom VSt-Abzug sind ausgeschlossen Steuern für

Aufwendungen, für die das Abzugsverbot des § 4 (5) S. 1 Nr. 1, 3, 4 + 7, oder § 12 Nr. 1 EStG gilt; der VSt-Abzug bleibt erhalten für die nach § 4 (5) S. 1 Nr. 2 EStG vom Abzug als Betriebsausgaben ausgeschlossenen angemessenen u. nachgewiesenen Bewirtungskosten	Grundstücke, die sowohl für unternehmerische als auch für private Zwecke verwendet werden, soweit die VSt auf die Verwendung des Grundstücks für private Zwecke entfällt	Lieferungen, Einfuhr und innergemeinschaftlicher Erwerb von Gegenständen sowie sonstige Leistungen zur Ausführung bestimmter Umsätze
§ 15 (1 a)	§ 15 (1b)	§ 15 (2)

2.8.6.1 Vorsteuerabzugsverbot für nichtabzugsfähige Betriebsausgaben und Lebenshaltungskosten

Aufwendungen	
Betriebsausgaben, die den Gewinn nicht mindern dürfen	keine Betriebsausgaben
gem. § 4 (5) Nr.1, 3, 4 + 7 EStG 1. Aufwendungen für Geschenke 3. Aufwendungen für Gästehäuser usw. 4. Aufwendungen für Jagd, Fischerei, Jachten usw. 7. Sonstige unangemessene Aufwendungen	gem. § 12 Nr. 1 EStG Aufwendungen der privaten Lebensführung, die sich aus der Stellung des Unternehmers ergeben bzw. zur Förderung seines Ansehens beitragen

§ 15 Nr. 1a

Beispiel

Der Unternehmer schenkt einem Geschäftsfreund zum Geburtstag eine Ware im Wert von 50 €.

Beispiel

Der Unternehmer hat einige Geschäftsfreunde zur Nachfeier seines 50. Geburtstages in eine Gaststätte eingeladen.

Die ertragsteuerliche Behandlung der Aufwendungen ist für die Umsatzsteuer nicht bindend. Der Vorsteuerabzug ist bei angemessenen und nachgewiesenen Bewirtungsaufwendungen auch dann möglich, wenn diese nicht einzeln und getrennt aufgezeichnet wurden, wie dies § 4 (7) EStG verlangt.

UStAE R 15.6 (2) S. 3+5

Für die konkrete Vorsteuerabzugsregelung müssen einige Aufwendungen spezieller betrachtet werden.

RW 270 f. RW 273	**Aufwendungen für Geschenke**		**Bewirtungsaufwendungen**			**Gästehäuser, Jagd, Jachten usw. und entspr. Bewirtung**
R 4.10 EStR UStAE 15.6	– nicht an Arbeitnehmer – **Wert** je Empfänger und Wirtschaftsjahr (für USt Kalenderjahr) einschließlich Geldgeschenke		**unangemessen oder nicht nachgewiesen**	**angemessen und nachgewiesen**		für Anschaffungs- bzw. Herstellungskosten und laufende Kosten
	≤ 35 €	> 35 €	> 100 € Person	30 %	70 %	
	=	=	=	=	=	=
	abzugsfähige Betriebsausgabe	nicht abzugsfähige Betriebsausgabe	nicht abzugsfähige Betriebsausgabe	nicht abzugsfähige Betriebsausgabe	abzugsfähige Betriebsausgabe	nicht abzugsfähige Betriebausgabe
§ 15 Nr. 1a UStAE 15.6 (4–8) UStAE 3.3 (11)	**VSt-Abzug möglich** (obwohl die Umsatzbesteuerung wg. Geringwertigkeit der unentgeltlichen Wertabgabe nicht erfolgt)	**VSt-Abzug nicht möglich** (ggf. erst nachträglich, wenn im Laufe des Jahres die Freigrenze überschritten wird)	**VSt-Abzug nicht möglich**	**VSt-Abzug auch auf den Teil der Aufwendungen, der nach § 4 (5) S. 1 Nr. 2 EStG vom Abzug als Betriebsausgabe ausgeschlossen ist**		**VSt-Abzug nicht möglich**

Nicht abzugsfähige Betriebsausgaben/Lebenshaltungskosten = kein VSt-Abzug

Übungen

Überprüfen Sie, ob in nachstehenden Fällen ein VSt-Abzug möglich ist!

1 Bäckermeister Kirsch (K) hat 200 guten Kunden zum Jahreswechsel als „Dankeschön" ein Brotmesser in den Einkaufskorb gelegt. Die Messer wurden von K für 850 € + 161,50 € USt erworben.

2 Die Geschäftsleitung eines namhaften Spielwarenherstellers in Nürnberg hat in ihrem Gästehaus im Bayerischen Wald eine 2-tägige Präsentation ihrer Neuentwicklungen für 14 Vertreter von Großabnehmern durchgeführt. Für S entstanden u. a. folgende Aufwendungen: Bewirtung der Gäste = 1.260 €; Übernachtung = 546 €; Präsente = 476 €.

2.8.6.2 › Vorsteuerabzugsverbot für bestimmte Reisekosten

› Reisekosten

RW 280 ff.

Reisekosten =	
verursacht durch	
Unternehmer	**Arbeitnehmer**
Geschäftsreisen	**beruflich veranlasste Auswärtstätigkeit = vorübergehende Tätigkeit außerhalb der ersten Tätigkeitsstätte**
Ortswechsel aus Anlass einer vorübergehenden geschäftlichen Auswärtstätigkeit	Eine **erste Tätigkeitsstätte** liegt vor, wenn der Arbeitnehmer (AN) dieser Tätigkeitsstätte dienst- oder arbeitsrechtlich vom Arbeitgeber **dauerhaft zugeordnet** ist. Unerheblich ist, in welchem Umfang der AN dort seine eigentliche berufliche Tätigkeit ausübt. Holt er dort beispielsweise nur sein Kundendienstfahrzeug, Material, Auftragsbestätigungen oder Stundenzettel ab, führt dies nicht zur Qualifizierung als erste Arbeitsstätte. Ein AN kann je Dienst- oder Arbeitsverhältnis nur **eine** erste Tätigkeitsstätte haben.

Der VSt-Abzug auf angemessene und nachgewiesene Bewirtungsaufwendungen für Geschäftspartner während einer Geschäftsreise beträgt 100 %. Er unterliegt nicht der Abzugsbeschränkung nach § 4 (5) S. 1 Nr. 2 EStG. UStAE 15.6 (6) S. 1

Fall 30: Gunnar Görner (G), Mitgesellschafter der Getriebe KG Freiburg, besuchte am 15. und 16. Mai 2023 mit Firmenfahrzeug eine Fachmesse in Stuttgart. Er begann seine Geschäftsreise am 15.05. um 8.00 Uhr und kehrte am 16.05. um 13.00 Uhr nach Freiburg in die Firma zurück. Die Abrechnung von G enthält folgende Belege/Angaben:

a)	Fahrkosten:	– Tankstellenquittung über 71,40 € einschl. 19 % USt
b)	Übernachtung ohne Frühstück (Beleg für KG):	– Hotel zur Glocke, Übernachtung Herr Görner 15./16.05., 90,00 € zuzüglich 6,30 € USt
c)	Messebesuch:	– Eintrittskarte 15 € einschl. 19 % USt – Parkgebühr Messegelände 15.05. = 8 € und 16.05. = 4 € (Belege ohne weitere Angaben)
d)	Verpflegungsaufwendungen[1]: (mit Einzelbelegen brutto für die KG)	– 15.05. = 22,40 € (Mittagessen) 3,80 € (Getränke) – 15.05. = 13,80 € (Abendessen) 7,60 € (Getränke) – 16.05. = 12,00 € (Frühstück: Kombi-Angebot)[2]
e)	Sonstiges:	– Ordnungsgeld wegen falschen Parkens am Hotel = 10 €

Die KG erstattet G die Fahr- und Übernachtungskosten sowie die Reisenebenkosten und zahlt für Verpflegungsaufwendungen die gültigen Pauschbeträge.

1. Welche VSt-Beträge kann die KG aus der Geschäftsreise von G abziehen?
2. In welcher Höhe entstehen der KG abzugsfähige Betriebsausgaben?

[1] Ermäßigter Steuersatz für Restaurant- und Verpflegungsleistungen 7 %, für Getränke 19 %.
[2] Kombi-Angebot: 30% des Entgelts entfallen auf Getränke; UStAE 10.1 (12)

BMF-Schreiben v. 21.11.2022

Für Aufwendungen im Zusammenhang mit einer Dienst- oder Geschäftsreise gilt:

UStAE 15.2 (2)

Übernachtungskosten[1]	Verpflegungskosten	Fahrkosten	Nebenkosten
VSt-Abzug ist möglich bei			
Übernachtungskosten anlässlich einer Geschäftsreise des Unternehmers/Gesellschafters oder einer Dienstreise des Arbeitnehmers, wenn der Unternehmer/die Gesellschaft als Empfänger der Übernachtungsleistung anzusehen ist und die **Rechnung** mit gesondertem Steuerausweis auf den **Namen des Unternehmers/der Gesellschaft** lautet	Verpflegungskosten anlässlich einer Geschäftsreise oder Dienstreise, wenn die Rechnung auf den Unternehmer, die Gesellschaft lautet	– Fahrausweisen öffentlicher Verkehrsmittel – Nutzung von Miet- bzw. Leasingfahrzeugen – Nutzung von unternehmenseigenen Fahrzeugen **VSt-Abzug ist nicht möglich bei** – Zahlung von Kilometergeld – Nutzung des privaten Fahrzeuges des Personals, wenn keine ordnungsmäßige Rechnung auf das Unternehmen oder eine Kleinbetragsrechnung, z. B. Tankquittung, vorliegt	– Telefonkosten – Taxifahrten – Parkgebühren – Garagenmiete – Nutzung von Konferenzräumen – Eintrittskarten u. Ä. während einer Dienst- oder Geschäftsreise
bei Ausstellung **der Rechnung auf den Arbeitnehmer/Gesellschafter ist ein VSt-Abzug nicht möglich**, ebenso nicht bei Erstattung der Aufwendungen nach Pauschbeträgen			

§ 35 UStDV Der Vorsteuer-Abzug auf **Kleinbetragsrechnungen** i.S.d. §33 UStDV ist möglich. Ebenso auf Geschenke bis 35 €, die im Rahmen einer Geschäfts- oder Dienstreise anfallen können, sowie für unselbstständige Nebenleistungen, z.B. Tischgetränke/-gebäck bei Tagungen oder Seminaren.

Gleiches gilt für Aufwendungen des Unternehmens für Dritte, wenn die entsprechenden Nachweise/Belege auf den Namen des Unternehmens als Leistungsempfänger lauten. Dies könnte z.B. bei Hotelrechnungen für dritte Personen (Dozenten, Geschäftspartner usw.) auftreten, die aus geschäftlichem Anlass an einer Beratung, Seminar o.ä. teilnehmen.

› Umzugskosten

Bezieht ein Unternehmer im Zusammenhang mit einem Umzug eine Lieferung oder sonstige Leistung für sein Unternehmen, z.B. anlässlich einer Betriebsverlagerung ist der Vorsteuerabzug nach den allgemeinen Voraussetzungen des § 15 UStG zu gewähren. Dies gilt auch bei einem Wohnungswechsel der Gesellschafter einer Personengesell-
BFH-Urteil v. 06.06.2019 schaft sowie bei einem Umzug eines Mitarbeiters, wenn betriebliche Gründe vorliegen und die Rechnungen auf das Unternehmen ausgestellt sind.

[1] Enthält die Übernachtungsrechnung auch das Frühstück, braucht der Frühstücksanteil nicht mehr herausgerechnet zu werden, da die gesamte in Rechnung gestellte Umsatzsteuer als Vorsteuer abgezogen werden kann. Das Aufteilungsgebot gemäß 12.16 (8) UStAE ist jedoch zu beachten.

2.8.6.3 › Vorsteuerabzugsverbot für bestimmte Umsätze

RW 282 ff.

Vom VSt-Abzug sind ausgeschlossen

Steuern für § 15 (2)

- Lieferungen, Einfuhr und innergemeinschaftlichen Erwerb von Gegenständen,
- sonstige Leistungen,

die zur Ausführung von … verwendet werden.

steuerfreien Umsätzen	nicht steuerbaren Umsätzen
	=
	Auslandsumsätze, die steuerfrei wären, wenn sie im Inland ausgeführt würden

Fall 31: Dr. Roßberger (R) betreibt in Bochum eine Tierarztpraxis. Für die Ausübung seiner unternehmerischen Tätigkeit wurden ihm im letzten Kalenderjahr aus Leistungen von anderen Unternehmen 21.287 € USt in Rechnung gestellt. In diesem Betrag sind u. a.

- 2.358 € USt aus Leistungen seines Steuerberaters für seine Praxis,
- 436 € USt aus einer Leistung seines Rechtsanwaltes aus einem Rechtsstreit mit dem Jurastudenten Kluge (Mieter seiner Einliegerwohnung) sowie
- 578 € USt aus einer Notarrechnung für den Erwerb eines Grundstückes zum Bau einer Tierklinik enthalten.

Welche VSt-Beträge kann R für das letzte Kalenderjahr geltend machen?

Der Gesetzgeber hat im § 15 (3) den Ausschluss vom Vorsteuerabzug nach § 15 (2) für bestimmte Umsätze aufgehoben.

§ 15 (3)

Steuerfreie Umsätze	
mit Vorsteuerabzug	**ohne Vorsteuerabzug**
• Umsätze gemäß § 4 Nr. 1–7, § 25 (2) und § 26 (5) z. B. Ausfuhrlieferungen, innergemeinschaftliche Lieferungen usw. • Umsätze gemäß § 4 Nr. 8 a–g und § 4 Nr. 10 + 11 (Finanz- und Versicherungsumsätze), die sich auf ausgeführte Gegenstände in das Drittland beziehen	übrige steuerfreie Umsätze

Der Ausschluss vom Vorsteuerabzug wird ebenfalls nicht wirksam bei Umsätzen im Ausland, die steuerfrei wären, wenn sie im Inland ausgeführt würden, in den Fällen des § 15 (3) Nr. 2.

2.8.7 Aufteilung der Vorsteuern

Vorsteuerabzug		
in voller Höhe	anteilig	nicht möglich
für **Abzugsumsätze** =	für **Mischumsätze** =	für **Ausschlussumsätze** =
Der Unternehmer führt nur Umsätze aus, die den Vorsteuerabzug nicht ausschließen.	Der Unternehmer führt sowohl Abzugsumsätze als auch Ausschlussumsätze aus.	Der Unternehmer führt nur Umsätze aus, die den Vorsteuerabzug ausschließen.

Beispiel

Peter Platt (P) ist Eigentümer eines Grundstücks in Meppen. P hat, soweit möglich, das Optionsrecht nach § 9 UStG wahrgenommen. Das Gebäude verfügt über drei Etagen mit je 90 qm und wurde 2023 wie folgt genutzt:

Erdgeschoss	Ladengeschäft von Peter Platt
1. OG	Büroräume eines Notars
2. OG	Wohnung Familie Kraus

An Umsatzsteuerbeträgen aus Instandhaltungsaufwendungen am Gebäude sind u. a. angefallen:

Sanitärinstallation im 1. OG	384 €
Reparatur Türschloss 2. OG	27 €
Dachrinnensäuberung	207 €

Lösung:
Grundlage für die Entscheidung zum Vorsteuerabzug ist, welche Art von Umsätzen der Unternehmer (hier P) ausführt.

Erdgeschoss:	Obwohl es sich um einen nicht steuerbaren Innenumsatz handelt, berechtigt dieser Teil des Gebäudes zum Vorsteuerabzug, da in diesen Räumlichkeiten steuerpflichtige Umsätze erzielt werden.
1. OG:	Es handelt sich unter Anwendung des § 9 um einen steuerpflichtigen Vermietungsumsatz, der einen entsprechenden VSt-Abzug ermöglicht.
2. OG:	Die Vermietung für Wohnzwecke ist ein steuerfreier Umsatz, der nicht optierbar ist und somit keinen VSt-Abzug ermöglicht.

VSt-Abzug

Sanitärinstallation:	Da die an P erbrachte Leistung im Zusammenhang mit der Ausführung steuerpflichtiger Umsätze (Abzugsumsätze) steht, ist nach § 15 (1) der VSt-Abzug in voller Höhe (384 €) möglich.
Türschloss:	Da die an P erbrachte Leistung im Zusammenhang mit der Ausführung steuerfreier Umsätze (Ausschlussumsätze) steht, ist nach § 15 (2) kein VSt-Abzug möglich.
Dachrinnen-säuberung:	Da sich die an P erbrachte Leistung sowohl auf Abzugs- als auch auf Ausschlussumsätze bezieht (Mischumsätze), ist nach § 15 (4) nur ein anteiliger VSt-Abzug in Höhe von 138 € (207 × 2/3) möglich.

Fall 32: Karl Kühn (K) ist Besitzer eines Mehrfamilienhauses (erbaut 1983) in München. Das ganze Gebäude wird **entgeltlich** wie folgt genutzt:

Erdgeschoß	(130 qm):	Sonnenstudio Braunemann
1. OG	(90 qm):	Praxis des Kinderarztes Rauser
2. OG	(80 qm):	Wohnung des Sohnes von Karl Kühn (ortsübliche Miete)
3. OG	(50 qm):	Atelier eines Künstlers

K hat auf mögliche Steuerbefreiungen generell verzichtet. Aufwendungen für das Mehrfamilienhaus im I. Quartal:

– Neue Hauseingangstür von der Firma T&F	6.250 €	+ 1.187,50 € USt
– Badeinbau im 2. OG durch H&S GmbH	16.890 €	+ 3.209,10 € USt
– Neue Dachfenster für 3. OG von Fa. Lang	6.520 €	+ 1.238,80 € USt
– Müllabfuhr I. Quartal durch Stadtwerke München	800 €	

Welche VSt-Beträge kann Kühn für das I. Quartal geltend machen?

Werden

Gegenstände
- aus inländischen Lieferungen,
- der Einfuhr oder
- des innergemeinschaftlichen Erwerbs

\+ **sonstige Leistungen**

im Unternehmen verwendet, die sowohl **Ausschluss- als auch Abzugsumsätzen** zuzurechen sind, erfolgt die § 15 (4)

Aufteilung der Vorsteuerbeträge in einen abziehbaren und in einen nicht abziehbaren Teil nach ihrer wirtschaftlichen Zurechnung. UStAE 15.17 (2)

Aufteilungsmaßstäbe		
bei der Anschaffung oder Herstellung von gemischtgenutzten Gebäuden	nach dem Verhältnis der Nutzflächen (objektbezogener Flächenschlüssel, § 15 (4) S. 3 UStG)[1]	UStAE 15.17 (5) BMF-Schreiben v. 20.10.2022
bei Wirtschaftsgütern des Anlagevermögens	nach der Verwendung des Gegenstandes	UStAE 15.16 (1) S.1
in Fällen, in denen kein anderer sachgerechter Aufteilungsschlüssel vorhanden ist	nach Umsatzschlüssel (Gesamtumsatz, netto)	UStAE 15.17 (3) BMF-Schreiben v. 18.11.2022

[1] gilt nicht, wenn die Nutzflächen wegen ihrer erheblich abweichenden Ausstattung nicht miteinander vergleichbar sind (objektiver Umsatzschlüssel), ggf. nach dem umbauten Raum, z. B. bei unterschiedlichen Geschosshöhen

Übungen

1 Welche VSt-Beträge können die nachstehenden Leistungsempfänger geltend machen?

a) Steuerberater Sandig aus Cottbus erwarb im März dieses Jahres beim ortsansässigen Vertragshändler einen neuen Pkw für sein Unternehmen (Kaufpreis 27.000 € + 5.130,00 € USt). Sandig rechnet mit einer Privatnutzung des Fahrzeuges von 25 %.

b) Das Jugendamt in Oldenburg erhielt von einer Druckerei aus Bremen diverse Vordrucke geliefert. In der Rechnung wird ein Betrag von 3.180 € + 604,20 € USt ausgewiesen.

c) Der Tischlereibetrieb Weigel & Co. aus Bernburg hat in der Buchhaltung der Zählgeräte GmbH ein neues Fenster eingebaut. Die Rechnung wurde wie folgt erstellt (Auszug):

„Lieferung und Einbau Fenster …	1.300,00 €
+ 19 % USt	742,00 €
Rechnungsbetrag	2.042,00 €

Bei Zahlung innerhalb von 8 Tagen gewähren wir 3 % Skonto."

Der Betrag von 2.042 € wurde durch die GmbH termingemäß – ohne Skontoabzug – beglichen.

d) Ein Bauunternehmer hat Anfang diesen Jahres im Auftrag der Handelskette „Mega-Polster" ein neues Geschäftshaus in Wittenberg fertiggestellt. Die Herstellungskosten des Gebäudes betrugen 3.290.000 € + 625.100 € USt.

Laut Mietverträge ist folgende Nutzung vorgesehen:

Erdgeschoß	(400 qm):	Verkaufsfiliale „Mega-Polster"
1. OG	(400 qm):	Sozialamt Wittenberg
2. OG rechts	(200 qm):	Arztpraxis
2. OG links	(200 qm):	Rechtsanwaltskanzlei

e) Die Uni-Bau-KG, Ingolstadt ist ein gutgehendes mittelständiges Bauunternehmen.
- Im März erwarb die KG einen neuen Kleinbagger für 58.800 € + 11.172 € USt. Das Wirtschaftsgut soll zur Errichtung bzw. Sanierung von Einfamilienhäusern für Privatkunden in der Region eingesetzt werden.
- Für den Verkauf von Reihenhäusern (einschließlich Grund und Boden) in der Wohnanlage „Sonnendach" werden wiederholt Inserate in der örtlichen Tagespresse veröffentlicht. Hierfür sind VSt-Beträge von 236,20 € angefallen.
- Zur Erweiterung der Finanzierungsbasis der KG wurde durch eine Annonce in der FAZ (März) ein weiterer Kommanditist gesucht. Die FAZ stellte der KG dafür 115 € USt in Rechnung. Auf dieser Grundlage konnte zum 01.06. ein neuer Gesellschafter mit einer beträchtlichen Einlage aufgenommen werden.

f) Ein Versicherungsvertreter erhielt 100 Ordner mit Werbeaufdruck der Versicherung, wofür VSt gemäß § 15 (1) Nr. 1 in Höhe von 35 € angefallen sind. Die Artikel wurden an langjährige Kunden als Werbegeschenke übergeben.

g) Malermeister Kluge aus Wolfsburg hat anlässlich des Räumungsverkaufes bei „Deko-City-Markt" acht Eimer Wandfarbe zum halben Preis für sein Unternehmen erworden. Der Verkaufsbeleg enthält:
„Deko-City-Markt
8 × 12,40 € 99,20 €
USt 19 % 18,85 €
15.04.2023; 17.38 Uhr"

h) Einzelhändler Schmidt unternimmt eine mehrtägige Geschäftsreise. Die Reise beginnt am 06.09.2023 um 12:00 Uhr in Stuttgart und endet am 08.09.2023 um 18:00 Uhr. Fahrtkosten: Fahrkarte der Deutsche Bahn AG, 99,80 € brutto (Strecke Stuttgart–München). Einzelbelege für Verpflegung ohne Getränke (Steuersatz 7 %, jeweils brutto): 06.09. 29,00 €; 07.09. 63,80 €, 08.09. 58,00 €. 2 Übernachtungen in einem Hotel in München ohne Frühstück lt. Einzelbeleg je 174,00 € brutto. Taxikosten für den 06. und 08.09. je 18,00 € brutto (Fahrten im Stadtgebiet München).

2 Siegfried Sommer (S) betreibt den Campingplatz „Am Waldsee".

Das ca. 7.000 qm umfassende Gelände wird von Dauercampern mit Zelten und Wohnwagen sowie von Kurzcampern jährlich von April bis Oktober genutzt. Auf dem Grundstück wurde vor Jahren ein Imbissstand errichtet, ausgestattet mit Geschirr, Tischen und Bänken. S erledigt alle anfallenden Arbeiten im Zusammenhang mit der Bewirtschaftung des Campingplatzes; Cornelia Waldmann ist als Angestellte von S für den Imbissstand und die Bewirtung der Gäste zuständig.

2023 wurden von S folgende Einnahmen (Brutto) erzielt:

– aus der Vermietung an Dauercamper	17.040 €
– aus der Vermietung an Kurzcamper	29.394 €
– aus der Nutzung der Tischtennisanlagen	1.024 €
– aus dem Verkauf von Speisen von April–Juni	21.400,00 €
Juli–Oktober	23.800,00 €
Getränken von April–Oktober	44.434,00 €
– aus dem Verkauf von Zeitungen und Zeitschriften	4.397 €

Von anderen Unternehmern wurden S im gleichen Besteuerungszeitraum für erbrachte Leistungen folgende VSt-Beträge in Rechnung gestellt:

– Anschaffung eines neuen Benzinrasenmähers	84,65 €
– Anschaffung von zwei Tischtennisplatten und Zubehör	144,00 €
– Dachinstandsetzung Imbißstand	316,20 €
– Lieferung von Getränken zu 19 %	2.244,30 €
– Lieferung von Lebensmitteln zu 7 %	2.270,52 €
– Lieferung von Zeitungen und Zeitschriften	217,42 €
– Kieslieferung zur Ausbesserung der Wege	126,35 €
– Sonstiges (z. B. Wasser, Energie, Kleinmaterial u. Ä.)	2.765,55 €

Ermitteln Sie die Zahllast für S im Besteuerungszeitraum 2023!

2.8.8 Berichtigung der Vorsteuer

§ 15 (4) ← **ergänzt** → **§ 15 a**

Maßgeblich für den VSt-Abzug sind die **Nutzungsverhältnisse** des Wirtschaftsgutes **im Zeitpunkt des Leistungsbezugs bzw. bei Voraus- oder Anzahlungen im Zeitpunkt der Zahlung.**	Berichtigung des VSt-Abzuges bei **Veränderung** der Nutzungsverhältnisse des Wirtschaftsgutes **ab dem Zeitpunkt der erstmaligen Verwendung**

§ 15 a (1)

Beispiel

Kalenderjahr 01	Kalenderjahr 02	Kalenderjahr 03
• Anschaffung einer Maschine (M) mit 3.000,00 € USt • Nutzung zu 80 % für Abzugsumsätze	Nutzung der Maschine zu 60 % für Abzugsumsätze	Nutzung der Maschine zu 40 % für Abzugsumsätze
VSt-Abzug = 2.400,00 € (3.000,00 € × 80 %)	**VSt-Berichtigung notwendig**	

Fall 33: Unternehmer Bautmann (B) hat von Juni 2020 bis März 2023 ein Geschäftshaus errichten lassen und zum 31.03.2023 schlüsselfertig übergeben bekommen.

Die Herstellungskosten haben 1.640.000 € + 311.600 € USt betragen. Ab dem 01.04.2023 wird das Gebäude je zur Hälfte an eine Rechtsanwaltskanzlei (R) sowie an einen Arzt (A) für dessen Praxis vermietet.
Zum 30.06.2023 wurde das Mietverhältnis von A bereits wieder gekündigt. Die Räumlichkeiten konnten ab dem 01.10.2023 an eine Steuerkanzlei (S) vermietet werden.

In welcher Höhe war 2023 ein VSt-Abzug für B möglich?
In welcher Höhe sind in den nachfolgenden Jahren durch B VSt-Berichtigungen durchzuführen, wenn sich die Nutzungsverhältnisse nicht mehr ändern?

› Voraussetzungen für die VSt-Berichtigung:

§ 44 (1) UStDV
- Für die Anschaffung oder Herstellung eines Wirtschaftsguts müssen insgesamt mehr als 1000 € VSt nach § 15 (1) angefallen sein.

§ 44 (2) UStDV
- Die in einem Kalenderjahr innerhalb des Berichtigungszeitraums eingetretene Nutzungsänderung beträgt mindestens 10 % oder der zu berichtigende VSt-Betrag übersteigt 1000 €.

Berichtigungszeitraum		
für Grundstücke für übrige **Wirtschaftsgüter** des **Anlagevermögens**	10 Jahre 5 Jahre (oder kürzere Verwendung nach § 15 a (5) S. 2)	§ 15 a (1)
Beginn Ende	mit dem Tag der erstmaligen tatsächlichen **Verwendung** nach Ablauf des maßgeblichen Berichtigungszeitraumes nach der erstmaligen Verwendung; endet der Berichtigungszeitraum innerhalb eines Monats, ist das für die Berichtigung maßgebliche Ende nach § 45 UStDV zu ermitteln	
für **Wirtschaftsgüter** des **Umlaufvermögens**	Vorsteuerberichtigung bei Änderung der Verhältnisse; in dem Voranmeldungszeitraum, in dem das WG abweichend von der ursprünglichen Verwendungsabsicht verwendet wird	§ 15 a (2) UStAE 15a.5 (1)

Bei einer **anfänglichen Nichtverwendung** des Wirtschaftsgutes verlängert sich der Berichtigungszeitraum um die entsprechende Anzahl der Monate der Nichtverwendung; **nicht** hingegen bei einer **zwischenzeitlichen** Nichtverwendung. Nachträglich entstandene Anschaffungs- oder Herstellungskosten führen nicht zu einer Verlängerung des Berichtigungszeitraumes.

Der Berichtigungszeitraum beginnt mit der erstmaligen tatsächlichen Verwendung und beträgt volle 5 bzw. 10 Jahre, sofern nicht eine kürzere betriebsgewöhnliche Nutzungsdauer nach ertragsteuerlichen Grundsätzen anzusetzen ist. UStAE 15a.3 (1)

Verändern sich die Nutzungsverhältnisse nach der erstmaligen Verwendung des Wirtschaftsgutes, ist eine Berichtigung des ursprünglichen VSt-Abzuges für den Voranmeldungszeitraum bzw. das Kalenderjahr, in dem sich die Verhältnisse geändert haben – verteilt auf den jeweiligen Berichtigungszeitraum – zeitanteilig vorzunehmen.

Beispiel

Unternehmer A, der bislang nur steuerpflichtige Umsätze ausführte, hat am 03.01.2019 ein bewegliches Wirtschaftsgut (WG) mit einer USt von 10.000 € erworben und für die Ausführung seiner Leistungen verwendet. Ab 01.07.2020 nutzte er das WG nur noch zu 50 % für Abzugsumsätze. Seit dem 01.07.2022 fand das WG nur noch für Ausschlussumsätze Verwedung.

Schematische Darstellung:

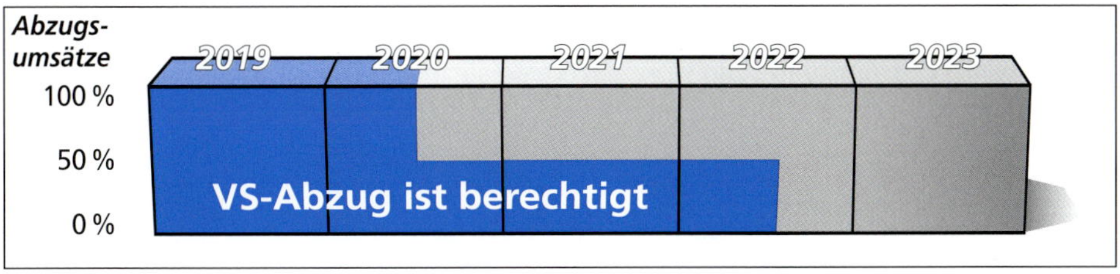

Berechnung VSt-Abzug und Berichtigung am Beispiel

Jahr	Berechnung/Erläuterung	Gegenüber dem FA Forderung/Verbindlichkeit VSt	USt
2019	**VSt-Abzug**: 100 % (nur Abzugsumsätze) × 10.000 € = Mit dem VSt-Abzug nach § 15 im Jahr der erstmaligen Verwendung wird unterstellt, dass das WG über den gesamten Berichtigungszeitraum (hier 5 Jahre) in gleicher Weise genutzt wird (hier 100 % für Abzugsumsätze). Damit wird ein VSt-Abzug von 2.000 €/Jahr angesetzt.	10.000 €	
2020	Nutzungsänderung von Juli bis Dezember auf 50 % Abzugsumsätze gegenüber 2019 = **Berichtigung:** $\frac{2.000\ € \times 6\ \text{Monate} \times (100\ \% - 50\ \%)}{12\ \text{Monate}} =$ Für das erste Halbjahr war der ursprüngliche VSt-Abzug berechtigt (100 % Abzugsumsätze).		500 €
2021	Die Nutzungsänderung (50 % Abzugsumsätze) bezieht sich jetzt auf das gesamte Jahr 2021 gegenüber 2019 = **Berichtigung:** $\frac{2.000\ € \times 12\ \text{Monate} \times (100\ \% - 50\ \%)}{12\ \text{Monate}} =$		1.000 €
2022	a) Nutzung von Januar bis Juni zu 50 % für Abzugsumsätze gegenüber 2019 = **Berichtigung:** $\frac{2.000\ € \times 6\ \text{Monate} \times (100\ \% - 50\ \%)}{12\ \text{Monate}} =$		500 €
	b) Nutzung von Juli bis Dezember auf 0 % Abzugsumsätze gegenüber 2019 = **Berichtigung:** $\frac{2.000\ € \times 6\ \text{Monate} \times (100\ \% - 0\ \%)}{12\ \text{Monate}} =$		1.000 €
2023	Die Nutzungsänderung (0 % Abzugsumsätze) bezieht sich jetzt auf das gesamte Jahr 2023 gegenüber 2019 = **Berichtigung:** $\frac{2.000\ € \times 12\ \text{Monate} \times (100\ \% - 0\ \%)}{12\ \text{Monate}} =$		2.000 €
	VSt gemäß Nutzung des WG über 5 Jahre	**5.000 €**	

Beginnt oder endet der Berichtigungszeitraum innerhalb eines Kalenderjahrs, sind nur die Verhältnisse zu berücksichtigen, die bis zum Ablauf des Zeitraums eingetreten sind. Dabei ist § 45 UStDV zu berücksichtigen. UStAE 15a.3 (5)

Beispiel

- Anschaffung und Verwendung eines WG mit einer USt von 6.000 € am 26.10.2019
- Nutzungsdauer 4 Jahre
- Nutzung des WG:

Jahr	2019	2020	2021	2022	2023
Nutzung für Abzugsumsätze	70 %	30 %	90 %	20 %	100 %

Jahr	Berechnung	VSt	USt
2019	**VSt-Abzug**: 6.000 € × 70 %	4.200 €	
2020	**VSt-Berichtigung**: 1.500 € × 1 Jahr × (70 % – 30 %) = + 600 €		600 €
2021	**VSt-Berichtigung**: 1.500 € × 1 Jahr × (70 % – 90 %) = ./. 300 €	300 €	
2022	**VSt-Berichtigung**: 1.500 € × 1 Jahr × (70 % – 20 %) = + 750 €		750 €
2023	**VSt-Berichtigung**: $\frac{1.500\text{ €} \times \textbf{10 Monate} \times (70\,\% - 100\,\%)}{\textbf{12 Monate}}$ = ./. 375 € (Berichtigungszeitraum: 01.11.19 bis 31.10.23 = 4 Jahre)	375 €	
ges.	**VSt -Abzug im Berichtigungszeitraum**	**3.525 €**	

Die allgemeine **Formel zur VSt-Berichtigung** nach Jahren lautet:

$$\frac{\text{JA VSt} \times \text{Mo. d. NÄ} \times (\text{Nutzung WG für AU i. J. der erstm. Verw.} - \text{Nutzung WG für AU im Bj})}{\text{Mo. d. Jahres}}$$

Jahresanteil VSt (JA VSt) = $\frac{\text{In Rechnung gestellte VSt}}{\text{Jahre des Berichtigungszeitraumes}}$

Mo. d. NÄ = Monate der Nutzungsänderung im Berichtigungsjahr

Nutzung WG für AU i. J. der erstm. Verw. = Nutzung des WG für Abzugsumsätze im Jahr der erstmaligen Verwendung in %

Nutzung WG für AU im Bj = Nutzung des WG für Abzugsumsätze im Berichtigungsjahr in %

Mo. d. Jahres = Monate des Jahres im Berichtigungsjahr

Durch dieses Berechnungsverfahren ist es möglich, dass ein zuviel oder zu wenig geltend gemachter VSt-Abzug durch den Unternehmer im Jahr der erstmaligen Verwendung – entsprechend der Nutzung für Abzugsumsätze – in den nachfolgenden Jahren (auch in ständig wechselnder Weise) korrigiert wird.

Fall 34: Ein Unternehmer errichtete in den Jahren 2018 und 2019 ein Bürogebäude, das er nach Fertigstellung in vollem Umfang umsatzsteuerpflichtig vermieten möchte.

Die abziehbaren Vorsteuerbeträge in der Investitionsphase beliefen sich auf insgesamt 400.000 €. Sie wurden entsprechend geltend gemacht.

Ab dem 01.01.2020 (Zeitpunkt der erstmaligen Verwendung) wird das Bürogebäude zu 100 % für zum Vorsteuerabzug berechtigende Umsätze verwendet.

Ab dem 01.01.2021 wird das Gebäude nur noch zu 60 % und ab 01.01.2023 nur noch zu 40 % für zum Vorsteuerabzug berechtigende Umsätze vermietet.

a) Über welchen Zeitraum erstreckt sich der Berichtigungszeitraum nach § 15 a UStG?

b) Wie hoch ist die zurückzuzahlende Vorsteuer in den Jahren 2020, 2021 und ab 2023?

Übungen

Prüfen Sie, ob und ggf. in welchem Umfang in den folgenden Fällen VSt-Berichtigungen durchzuführen sind.

1 Am 03.02.2020 wurde durch den Unternehmer Ulrich eine Maschine (betriebsgewöhnliche Nutzungsdauer 8 Jahre) für 48.000 € + 9.120 € USt angeschafft und ab 19.02.2020 erstmalig für die Ausführung von 80 % Abzugsumsätzen und 20 % Ausschlussumsätzen verwendet.
Ab dem 01.07.2023 werden mit der Maschine ausschließlich Abzugsumsätze getätigt.

2 Unternehmer Lehnert erwarb am 01.09.2020 eine PC-Anlage mit Zubehör zum Ladenverkaufspreis von 1.299 €. Die Computer wurden ausschließlich zur Erzielung steuerpflichtiger Umsätze eingesetzt.
Ab 01.01.2023 reduziert sich der Anteil der Abzugsumsätze auf 70 %.

3 Unternehmer Berger (B) ließ im Kalenderjahr 2016 ein Bürogebäude errichten. Für den Bau des Gebäudes wurde B Umsatzsteuer in Höhe von 120.000 € gesondert in Rechnung gestellt. B vermietete das Gebäude lt. Mietvertrag vom 01.01.2017 bis 31.12.2022 für 6 Jahre steuerpflichtig an einen anderen Unternehmer. Vom 01.01.2023 bis 31.08.2023 ließ B das Gebäude renovieren. Anschließend vermietete B das Gebäude ab 01.09.2023 50 % steuerfrei und 50 % steuerpflichtig.

4 Unternehmer Zech erwarb am 18.04.2019 eine Maschine für 57.520,00 € + 10.928,80 € USt. Die betriebsgewöhnliche Nutzungsdauer beträgt 4 Jahre.
Der Einsatz der Maschine erfolgte ab 21.04.2019 zur Ausführung von Ausschluss- und Abzugsumsätzen (je zur Hälfte). Ab dem 01.01.2023 beträgt der Anteil der Abzugsumsätze 58 %.

2.9 Besteuerungsverfahren

2.9.1 USt-Voranmeldung und USt-Erklärung

› USt-Voranmeldung

- **Der Unternehmer hat** § 18 (1)
- **bis zum 10. Tag nach Ablauf des Voranmeldungszeitraumes eine**
- **Voranmeldung nach amtlich vorgeschriebenen Vordruck abzugeben oder**
- **auf elektronischem Wege nach Maßgabe der Steuerdaten-Übermittlungs-VO zu übermitteln**
- **in der er die Steuer selbst zu berechnen hat (Selbstveranlagung).**
- **Die Vorauszahlungen sind bis zum 10. Tag nach Ablauf des Voranmeldungszeitraum fällig.**

Zur Vermeidung von Härten (fehlende technische Voraussetzungen zur elektronischen Übermittlung der Voranmeldung beim Unternehmer) kann das Finanzamt auf Antrag die Abgabe auf amtlich vorgeschriebenem Vordruck mit eigenhändiger Unterschrift gestatten.
Für die Ermittlung der Vorauszahlungen oder des Überschusses gelten die Grundsätze des § 16 (1 + 2).

Fall 35: Die STAWA-GmbH in Saarbrücken ist Monatszahler mit Dauerfristverlängerung. Für die USt-Voranmeldung Januar 2023 liegen folgende Angaben vor:

Umsätze	BMG
Innergemeinschaftliche Lieferungen	14.630,00 €
Umsätze nach § 4 Nr. 8 bis 28 UStG	3.108,00 €
Lieferungen und sonstige Leistungen (19 %)	204.106,00 €
Innergemeinschaftliche Erwerbe (19 %)	8.296,00 €
abziehbare Vorsteuerbeträge	**Steuern**
aus Rechnungen von anderen Unternehmern	21.786,85 €
aus innergemeinschaftlichem Erwerb	1.576,24 €

Ermitteln Sie die Höhe der USt-Vorauszahlung für Januar 2023!

USt-Voranmeldungen	Rechtsfolge
mit Zahllast	sind mit dem Eingang beim Finanzamt **Steuerfestsetzungen** unter Vorbehalt der Nachprüfung (§ 168 AO)
mit Vorsteuervergütung	sind **zustimmungsbedürftige Steuerfestsetzungen** unter Vorbehalt der Nachprüfung

USt-Voranmeldungen haben auch abzugeben:
- Unternehmer und juristische Personen, die ausschließlich USt für Umsätze nach den §§ 1 (1) Nr. 5, 13b (5) oder 25b (2) zu entrichten haben; § 18 (4a)
- Fahrzeuglieferer nach § 2a (Lieferung neuer Fahrzeuge in das übrige Gemeinschaftsgebiet durch Privatpersonen) sowie
- Steuerschuldner nach § 6a (4) S. 2 oder § 14c (2). § 18 (4b)

§ 18 (6)
§ 46 UStDV
Für die Abgabe der Voranmeldung und für die Entrichtung der Vorauszahlungen kann durch den Unternehmer eine **Dauerfristverlängerung** von **einem Monat** beim zuständigen Finanzamt beantragt werden.

Dauerfristverlängerung

§§ 46–48 UStDV

Allgemeine Aspekte	+	Besonderheiten für Monatszahler
• Die Antragstellung hat bis zu dem Zeitpunkt zu erfolgen, an dem die Voranmeldung, für die die Fristverlängerung erstmals gelten soll, nach § 18 (1 + 2) abzugeben ist. • Die Antragstellung hat nach amtlich vorgeschriebenem Datensatz durch Datenfernübertragung zu erfolgen. (UStAE 18.4) • Die Antragsgenehmigung bedarf nicht eines Bescheides des Finanzamtes. • Die Dauerfristverlängerung gilt auch für die nachfolgenden Kalenderjahre, wenn das Finanzamt diese nicht widerruft oder der Unternehmer den Antrag zurücknimmt. • Vierteljahreszahler müssen keine Sondervorauszahlungen leisten.		• Die Fristverlängerung ist mit der Auflage verbunden, dass eine Sondervorauszahlungen in Höhe von 1/11 der Vorauszahlungen des vorangegangenen Kalenderjahres zu entrichten sind. • Die Sondervorauszahlung muss für jedes Kalenderjahr bis zum 10. Februar berechnet, angemeldet und entrichtet werden. • Die festgesetzte Sondervorauszahlung ist bei der Festsetzung der USt-Vorauszahlung für den Monat Dezember anzurechnen.

Beispiel

a) Die Haustechnik-GmbH in Pirmasens entrichtete als Monatszahler 2022 USt-Vorauszahlungen in Höhe von 46.200 €. Mit Schreiben vom 03.01.2023 wird durch die GmbH beim zuständigen Finanzamt ein Antrag auf Dauerfristverlängerung für 2023 gestellt.

Der Antrag gilt ab dem Voranmeldungszeitraum Januar 2023 als gestellt (spätester Termin für das Kalenderjahr 2023 wäre der 10.02.2023). Damit kann die GmbH die USt-Voranmeldung jeweils einen Monat später als im § 18 (1) festgelegt; erstmals für Januar 2023 zum 10.03.2023 abgeben. Die Sondervorauszahlung in Höhe von 4.200 € (46.200 €: 11 Monate) ist am 10.02.2023 zu leisten.

b) Die Summe der USt-Vorauszahlungen der Haustechnik-GmbH für die Voranmeldungszeiträume Januar bis November 2023 betragen 46.200 €. Am 10.02.2024 muss die GmbH ihre USt-Voranmeldung für Dezember 2023 abgeben und die Sondervorauszahlungen für 2024 anmelden. Die USt-Vorauszahlung für Dezember 2023 betrug nach Abzug der für 2023 geleisteten Sondervorauszahlungen von 4.200 € nur noch 1.100 €.

Die zum 10.02.2024 anzumeldende Sondervorauszahlung für 2024 beträgt 1/11 der Vorauszahlungsschuld aus 2023 (46.200 € + 5.300 € = 51.500 €); folglich 4.681,82.

Für eine nicht oder nicht fristgemäß abgegebene USt-Voranmeldung kann das Finanzamt einen Verspätungszuschlag nach § 152 AO festsetzen.
Für nicht bis zum Ablauf des Fälligkeitstages entrichtete USt-Vorauszahlungen oder Sonderzahlungen sind Säumiszuschläge nach § 240 AO verwirkt.

› USt-Erklärung (Steueranmeldung)

- **Der Unternehmer (beratener Steuerpflichtiger) hat** § 18 (3)
- **für das Kalenderjahr oder einen kürzeren Besteuerungszeitraum eine**
- **Steueranmeldung nach amtlich vorgeschriebenem Vordruck elektronisch zu übermitteln oder abzugeben mit eigenhändiger Unterschrift des Unternehmers**
- **und zwar für**
  - **2022 bis zum 31.07.2024**
  - **2023 bis zum 02.07.2025**
  - **2024 bis zum 30.04.2026**[1)]
- **in der er die zu entrichtende Steuer oder den Überschuss selbst zu berechnen hat.**

USt-Jahreserklärungen haben grundsätzlich alle Unternehmer, die dem UStG unterliegen, bis spätestens sieben Monate nach Ablauf des Kalenderjahrs. § 149 (2) AO, für das die Jahreserklärung gilt, durch Datenfernübertragung elektronisch zu übermitteln, soweit es für den Stpfl. nicht wirtschaftlich und persönlich unzumutbar ist, § 150 (8) S. 1+2 AO.
Die Abgabefrist kann vom Finanzamt verlängert werden, § 109 (1) AO.

Fall 36: Das Sportwarengeschäft Lust & Laune in Fürth hat für 2022 USt-Vorauszahlungen in Höhe von 26.238 € geleistet.

Am 28.07.2023 ging beim örtlichen Finanzamt die USt-Erklärung der Firma für 2022 ein. Laut Anmeldung wurde eine Zahllast in Höhe von 26.941 € ermittelt. Nach einer Betriebsprüfung im September 2023 wurde, gemäß Bescheid des Finanzamtes Fürth vom 03.11.2023 (Aufgabe zur Post), eine Zahllast von 27.252 € festgesetzt.

Bis zu welchen Terminen hat die Firma die noch fälligen USt-Beträge zu entrichten?

Erfolgt die Ermittlung der USt-Zahllast/Vergütung in den einzelnen Voranmeldungszeiträumen ordnungsgemäß, ist in aller Regel die Summe aus den USt-Voranmeldungen mit dem Betrag der USt-Jahreserklärung identisch.

Zwischenzeitlich eingetretene Veränderungen, z.B. beim Umfang der unentgeltlichen Wertabgaben, Ausfall von Forderungen, Vorsteuerberichtigungen nach § 15a o.ä., können jedoch einen von der Summe der Vorauszahlungen abweichenden Steuerbetrag zur Folge haben. In diesem Falle ist der Unterschiedsbetrag zugunsten des Finanzamts einen Monat nach Eingang der Steueranmeldung fällig. § 18 (4)

1) Art. 97 § 36 (3) Nr. 1 EGAO

Summme USt-Vorauszahlungen ⟷ USt-Anmeldung/Erklärung

mögliches Ergebnis

	Beispiele		
Σ aus USt-VZ	7.200 €	7.200 €	./. 7.200 €
Σ aus USt-Erklärung	7.800 €	6.800 €	./. 7.800 €
	Erhöhung Steuerschuld	Herabsetzung Steuerschuld	Erhöhung Erstattungsanspruch
Finanzamt	nicht zustimmungsbedürftig	zustimmungsbedürftig	
		FA stimmt zu	oder FA stimmt nicht zu
	Anmeldung gilt als Festsetzung unter Vorbehalt der Nachprüfung (§ 164 (1) AO)		Bescheid über erstmalige Festsetzung (§ 167 (1) AO) (z. B. ./. 7.200 €
Fälligkeit	1 Monat nach Eingang der Steueranmeldung (§ 18 (4) S. 2) = 600 €		
		Erstattung: = 400 €	= + ./. 0 €

Finanzamt	erteilt gegebenenfalls Bescheid über geänderte Festsetzung (§ 167 (1) AO)		
	z. B. 8.000 €	z. B. 7.100 €	z. B. ./. 6.500 €
Fälligkeit	1 Monat nach Bekanntgabe des Steuerbescheides (§ 18 (4) S. 2 + 3)		
	= 200 €	= 300 €	= 700 €

2.9.2 Aufzeichnungs- und besondere Meldepflichten

› Aufzeichnungspflichten

Nach § 22 (1) S. 1 ist jeder Unternehmer verpflichtet, Aufzeichnungen zu machen, die § 22 (1)

- der Feststellung der Steuer und
- deren Berechnungsgrundlagen dienen.

Die Steuerberechnung beruht auf	
vom Unternehmer ausgeführten Leistungen	von anderen Unternehmern an das Unternehmen ausgeführten Leistungen

› Aufzeichnungen zur Berechnung der Umsatzsteuer

§ 22 (2) Nr. 1, 2, 3, 4, 7

§§ 63–67 UStDV

Vorgänge	**Aufzeichnungen über**		
	vereinbarte Entgelte für ausgeführte • steuerpflichtige Umsätze getrennt nach Steuersätzen • steuerfreie Umsätze	die nach § 9 steuerpflichtig behandelten Umsätze	geschuldete Steuerbeträge nach § 14 c (1+2)
Ausgeführte Lieferungen und sonstige Leistungen (§ 22 (2) Nr. 1 einschließlich: – innergemeinschaftliche Lieferungen sowie innergemeinschaftliche Lieferungen neuer Fahrzeuge; – den Lieferungen bzw. sonstigen Leistungen gleichgestellte Wertabgaben § 3 (1b+9a) sowie verbilligte Leistungen nach § 10 (5)	X	X	
Noch nicht ausgeführte Leistungen (§ 22 (2) Nr. 2	X vereinnahmte Entgelte bzw.	X Teilentgelte	
Innergemeinschaftlicher Erwerb und innergemeinschaftliche Verbringensfälle	X		
Unrichtiger/Unberechtigter Steuerausweis			X

Soweit die erforderlichen Angaben aus dem Rechnungswesen oder den Aufzeichnungen des Unternehmers für andere Zwecke eindeutig und leicht nachprüfbar hervorgehen, brauchen sie nicht noch gesondert aufgezeichnet werden. UStAE 22.2 (1)

Aufzeichnungen zur Feststellung der abziehbaren VSt

§ 22 (2) Nr. 5–7

Vorgänge	Aufzeichnungen über	
Steuerpflichtige Leistungen von anderen Unternehmern Gezahlte Entgelte/Teilentgelte vor der Ausführung o. g. Umsätze	Entgelte/Teilentgelte und darauf entfallende Steuerbeträge (einschließlich nachträglicher Entgeltsänderungen	bei voller oder anteiliger VSt-Abzugsberechtigung
Einfuhr	BMG und entstandene EUSt	§ 22 (3)
Innergemeinschaftlicher Erwerb	BMG und darauf entfallende Steuerbeträge	

Spezielle Aufzeichnungsvorschriften für besondere Tatbestände sind im § 22 (4; 4 a–g und 5) geregelt.

Die §§ 63-67 UStDV enthalten weitergehende Einzelfragen. Durch § 63 (2–5) UStDV werden die Aufzeichnungspflichten erleichtert. Danach ist es u. a. dem Unternehmer gestattet, das **Entgelt und die Steuer in einer Summe** zu erfassen und am Ende des Voranmeldungszeitraumes die Bruttobeträge in die Summe der Entgelte und in die Summe der VSt aufzuteilen (**Bruttomethode**).

› Meldepflichten

§ 18 (10)	§ 18 a	§ 18 c
Meldung über Fahrzeugzulassungen	**Zusammenfassende Meldung**	**Meldepflicht bei Lieferung neuer Fahrzeuge**
Zulassungsbehörden ▼ Finanzämter	Unternehmer nach § 2 ▼ Bundeszentralamt für Steuern	Unternehmer nach § 2 und Fahrzeuglieferer nach § 2 a ▼ Finanzämter
Angaben zur Zulassung neuer Fahrzeuge infolge innergemeinschaftlichen Erwerbs	Angaben über innergemeinschaftliche Warenlieferungen und ig-Dreiecksgeschäfte	Angaben über innergemeinschaftliche Lieferungen neuer Fahrzeuge an Abnehmer ohne USt-IdNr.
Ziel: Sicherung des Steueraufkommens im Land des Leistungsempfängers		

2.9.3 Besondere Besteuerungsverfahren

§ 16 (5)	**Beförderungseinzelbesteuerung**
§ 16 (5 a) i.V.m. § 18 (5 a)	**Fahrzeugeinzelbesteuerung**
§ 25	**Besteuerung von Reiseleistungen**
§ 25 a	**Differenzbesteuerung**

› Beförderungseinzelbesteuerung (Personenbeförderung)

Tatbestände	Besteuerung	
Personenbeförderung im Gelegenheitsverkehr Gelegenheitsfahrten = Ausflugsfahrten, Fernreisen	– Berechnung der Umsatzsteuer nach vereinnahmten Entgelten, § 16 (1)	
mit nicht im Inland zugelassenen Kraftomnibussen (Kfz, die für eine Beförderung von mehr als 9 Personen geeignet sind)	– Berechnung der Steuer für jeden steuerpflichtigen Umsatz (Fahrt) durch die Zolldienststellen (Eingangs- bzw. Ausgangszollstellen), wenn eine Grenze zum Drittland überschritten wird.	§ 16 (5)
bei Überschreitung einer Grenze zum Drittland	– Aufteilung des Gesamtentgelts in einen inländischen steuerbaren und steuerpflichtigen sowie einen ausländischen nichtsteuerbaren Teil nach dem Verhältnis der zurückgelegten Strecken (Vereinfachungsregeln §§ 2-7 UStDV beachten).	§ 3b (1) S. 1+2

› Fahrzeugeinzelbesteuerung

Tatbestand	Erläuterung	
innergemeinschaftlicher Erwerb neuer Fahrzeuge durch Privatpersonen oder Unternehmer, die das Fahrzeug für den privaten Bereich erwerben	Steuerberechnung für jeden einzelnen Erwerb durch den Erwerber auf amtlich vorgeschriebenem Vordruck (Steueranmeldung); eigenhändige Unterschrift des Erwerbers, nicht erforderlich bei Übermittlung nach amtlich vorgeschriebenem Datensatz durch Datenfernübertragung Erwerbstag = Entstehung der Steuer; Fälligkeit am 10. Tag nach dem Erwerb kein VSt-Abzug möglich	§ 16 (5 a) § 18 (5 a) UStAE 16.3 (1)

› Besteuerung von Reiseleistungen

§ 25 (1)	**Reiseleistungen** (= sonstige Leistung) **eines Unternehmers** z. B. – Pauschalreisen – Vermietung von Ferienwohnungen – Sprach- bzw. Studienreisen u. ä. **bei Inanspruchnahme von Reisevorleistungen**	an	**Privatpersonen** (**nicht** für das Unternehmen des Leistungsempfängers)

UStAE 25.1 (9)

= **Lieferungen und sonstige Leistungen von Dritten**, die dem Reisenden unmittelbar zugute kommen,
z. B. – Beförderung zum Reiseziel
– Unterbringung und Verpflegung
– Betreuung durch Reiseleiter o. ä.
– Durchführung von Veranstaltungen usw.

§ 25 (1) gilt nur bei Inanspruchnahme von Reisevorleistungen durch den Reiseunternehmer. Für Eigenleistungen, z.B. Beförderung mit eigenen Bussen des Reiseunternehmers, gelten die allgemeinen umsatzsteuerlichen Vorschriften, UStAE 25.1.(8).

Fall 37: Der in Erfurt ansässige Reiseveranstalter „EF-Tours" (E) hat im März eine 3-tägige Pauschalbusreise zur Tulpenblüte nach Holland durchgeführt. An der Reise haben 39 Personen teilgenommen, die jeweils 199 € bezahlt haben. Für Übernachtung, Verpflegung und Veranstaltungen in fremden Einrichtungen sind E 4.000 € Aufwendungen entstanden. Für die mit einem Bus von E durchgeführte Beförderung wurden 2.000 € veranschlagt. Auf die inländische Beförderungsstrecke entfallen 75 % der Fahrkilometer.

Ermitteln Sie die zu entrichtende USt aus der Pauschalreise!

	Besteuerung	
§ 25 (3)	**Bemessungsgrundlage:**	Aufwendungen des Leistungsempfängers ./. Vorleistungen = Differenz (Marge) ./. USt (19/119 der Marge) = Bemessungsgrundlage
§ 25 (2), 25.2(2) UStEA	**Steuerbarkeit und Steuerpflicht:**	• Für die Steuerbarkeit gilt die Ortsbestimmung nach § 3 a (1) • Steuerfrei sind Reisevorleistungen in Drittländern; steuerpflichtig sind diese sonstigen Leistungen, wenn sie ausschließlich im Gemeinschaftsgebiet bewirkt werden
§ 25 (4)	**Vorsteuerabzug:**	Der Unternehmer ist nicht berechtigt, die ihm für Reisevorleistungen gesondert in Rechnung gestellten Steuerbeträge als Vorsteuer abzuziehen.

› Differenzbesteuerung

Wer?	**Unternehmer als Wiederverkäufer** = • wer gewerbsmäßig mit gebrauchten beweglichen körperlichen Gegenständen handelt oder • solche Gegenstände im eigenem Namen versteigert	§ 25 a (1) Nr. 1
Was?	**alle beweglichen körperlichen Gegenstände** z. B. • Fahrzeuge, Kleidung, Möbel, **Option** für Kunstgegenstände Antiquitäten, Sammlerstücke möglich • **nicht:** Edelsteine oder Edelmetalle in unbearbeitetem Zustand	§ 25a (2) § 25a (1) Nr. 3
Wie?	• **Erwerb ohne VSt-Abzug** z. B. von Nichtunternehmern oder Kleinunternehmern • **Verkauf ohne gesonderten USt-Ausweis**	

BMG = Unterschiedsbetrag zwischen Verkaufspreis und Einkaufspreis ohne USt § 25 a (3 + 4)

Einzeldifferenzbesteuerung	Gesamtdifferenzbesteuerung (nur für Gegenstände mit einem Einkaufspreis ≤ 500 € je Umsatz)
Verkaufspreis bzw. Wert nach § 10 (4) Nr. 1 ./. Einkaufspreis = Differenz (brutto) = Marge ./. USt (19/119) = Differenz (netto) = BMG	Summe aller VKP im Best.zeitraum ./. Summe aller EKP im Best.zeitraum = Gesamtdifferenz (brutto) = Marge ./. USt (19/119) = Gesamtdifferenz (netto) = BMG

§ 25a (5)

Die Einzel- oder Gesamtdifferenz (Marge) muss positiv sein. Sie kann nicht mit einer negativen Einzeldifferenz aus einem anderen Umsatz oder einer negativen Gesamtdifferenz verrechnet werden.

Besonderheiten
Die Differenzbesteuerung ist in den Fällen des § 25a (7) ausgeschlossen z. B. bei der
– ig-Lieferung eines neuen Fahrzeugs
– Steuerbefreiung bei ig-Lieferungen
– Anwendung des § 3c

Verzicht auf Differenzbesteuerung bei jeder einzelnen Lieferung nach § 25 a (8) UStAE 25b.1 (21)
– nicht bei Anwendung der Gesamtdifferenzbesteuerung
– auch bei Option nach § 25 a (2)
– Folge: VSt-Abzug aus Einkauf und USt aus Verkaufspreis (mit entsprechendem Ausweis der USt)

2.10 Besteuerung von Kleinunternehmern

§ 19 (1)

Unternehmer mit Sitz im Inland oder in Freihäfen mit

Gesamtumsatz (brutto) im Vorjahr	+	**voraussichtlicher Gesamtumsatz (brutto) im lfd. Kalenderjahr**
≤ 22.000 €		**≤ 50.000 €**

=

Kleinunternehmer

Rechtsfolgen:

- **Keine Erhebung der USt**
  gilt nicht für Umsatzbesteuerung innergemeinschaftlicher Erwerbe, wenn die Erwerbsschwelle überschritten wurde oder auf deren Anwendung verzichtet wurde
- **Kein VSt-Abzug**
  gilt nicht für Lieferungen neuer Fahrzeuge
- **Keine Optionsmöglichkeit nach § 9**
- **Keine Steuerbefreiungen für innergemeinschaftliche Lieferungen**
  gilt nicht für USt-Beträge, die nach § 14 (3) oder § 25 b (2) geschuldet werden
- **Keine Angabe der USt-IdNr.**

Der **maßgebliche Vorjahresumsatz** (nach vereinnahmten Entgelten + USt) ergibt sich aus:

	Steuerbare Umsätze nach § 1 (1) Nr. 1
./.	Steuerfreie Umsätze nach § 4 Nr. 8 i, Nr. 9 b und Nr. 11 bis 28
./.	Steuerfreie Hilfsumsätze nach § 4 Nr. 8 a-h, Nr. 9 a und Nr. 10
=	Gesamtumsatz nach § 19 (3) S. 1
–	Hilfsgeschäfte (Verkauf von WG des AV)
=	Maßgeblicher Gesamtumsatz nach § 19 (1) S. 2

§ 19 (3) S. 3 Hat ein Unternehmer seine Tätigkeit nur in einem Teil des Kalenderjahres ausgeübt, so ist der tatsächliche Gesamtumsatz in einen Jahresgesamtumsatz umzurechnen. Angefangene Kalendermonate sind als volle Kalendermonate zu behandeln.

Die Umsätze aus dem Verkauf oder der Entnahme von Anlagevermögen sind nicht in einen Jahresumsatz umzurechnen. Diese Umsätze sind vor der Umrechnung aus dem Gesamtumsatz auszuschneiden und danach dem umgerechneten Betrag wieder hinzuzurechnen. UStAE 19.3. (3) Sätze 5+6

Beispiel

Sandra Sonnenschein hat am 25.09.2023 eine Gewerbetätigkeit aufgenommen. Ihre Umsätze bis zum 31.12. haben 13.894 € betragen. Darin enthalten ist die Entnahme eines Regals im Wert von 494 €.

$$\text{Umsatz im Jahr} = \frac{13.400\text{ €} \times 12\text{ Monate}}{4\text{ Monate}}$$

=	40.200 €
+	494 €
	40.694 €

Da S ihre Tätigkeit innerhalb des Jahres aufnimmt, gibt es keinen Vorjahresumsatz. In diesem Fall ist allein auf den voraussichtlichen Umsatz des laufenden Kalenderjahres abzustellen. Maßgebend ist hier die Grenze von 22.000 € und nicht die Grenze von 50.000 € (UStAE 19.1 (4). S ist daher **kein** Kleinunternehmer.

Ein Unternehmer, der die Voraussetzungen des § 19 (1) S. 1 erfüllt, kann auf die Anwendung dieser Regelung verzichten und für die Anwendung der allgemeinen Vorschriften des UStG **optieren**. § 19 (2)

Die Verzichtserklärung, für die keine besondere Form vorgeschrieben ist, ist dem Finanzamt spätestens bis zur Unanfechtbarkeit der Steuerfestsetzung zu erklären.

Diese Erklärung bindet den Unternehmer für mindestens 5 Kalenderjahre. Erst nach Ablauf dieser Frist hat der Unternehmer wieder ein Wahlrecht.

Fall 38: Kurt Klein betreibt am Fuße des Brockens einen kleinen Kiosk mit Souveniers und Reiseandenken. Sein Jahresumsatz 2022 betrug 15.919 €. K hatte bislang die Regelungen des § 19 (1) angewandt.

Für 2023 beabsichtigte K noch zusätzlich den Verkauf von Zeitungen und Zeitschriften zu übernehmen, um seinen Umsatz zu erhöhen (kalkulierte Umsatzerhöhung von ca. 10.000 €). Sein tatsächlicher Gesamtumsatz in 2023 betrug 26.397 €.

Welche Besteuerungsform ist für 2023 bzw. 2024 anzuwenden?

Übung

Herr Gering (G) aus Memmingen ist als Versicherungsvertreter und zugleich als Grundstücksmakler tätig. G hatte bisher die Regelungen für Kleinunternehmer wahrgenommen.

2023 hatte G folgende Einnahmen:

– aus seiner Tätigkeit als Versicherungsvertreter	29.240 €
– aus seiner Tätigkeit als Grundstücksmakler	15.730 €
– aus der Vermietung von 4 Wohnungen	52.800 €

Für die anteilige private Nutzung des betrieblichen Pkw sind Kosten in Höhe von 4.145,00 € (brutto) entstanden.

Für 2024 rechnet G mit ähnlichen Einnahmeverhältnissen. Für sein Grundstück ist 2024 eine umfassende Sanierung vorgesehen, voraussichtliche Kosten ca. 125.000 €.

Ermitteln Sie den maßgeblichen Umsatz für 2023 und entscheiden Sie, welche Besteuerungsform G 2024 wählen sollte!

Aufgaben zur Wiederholung und Vertiefung

1 Unternehmer

Welche der folgenden Personen, Gesellschaften, Institutionen sind Unternehmer?

a) Steuerberater Dr. Meister

b) Schulverwaltungsamt Chemnitz

c) Prokurist der Firma F

d) Städtischer Energieversorungsbetrieb

e) Haus- und Grundstücks-GmbH

f) Herr Müller als Vermieter einer Garage

g) Deutsche Bank AG

h) Röder-Metallbau-KG

i) AOK-Geschäftsstelle Berlin

j) Fan-Shop eines großen deutschen Fußballvereins

k) Kunstschmiede Pohl & Sohn

l) Handballverein Stahl Leipzig e. V.

m) Verlag Europa-Lehrmittel GmbH & Co.

n) Einkaufs- und Liefergenossenschaft Holz

o) Rockgruppe „Die toten Hosen"

2 Unternehmer / Unternehmen

Hugo Held und Ehefrau Erika besitzen gemeinschaftlich ein eigengenutztes Einfamilienhaus sowie eine vermietete Eigentumswohnung. Hugo Held betreibt seit über 20 Jahren einen Dachdeckerbetrieb und ist Eigentümer eines vermieteten Vierfamilienhauses. Erika Held ist beruflich als Anwältin in der „Rechtsanwaltskanzlei Held & Partner" tätig und Mitglied des Prüfungsausschusses der Rechtsanwaltskammer. Seit 3 Monaten ist Erika Held Alleinerbin einer Druckerei.

2.1 Welche Unternehmen mit welchen Unternehmern ergeben sich aus obigen Sachverhalt?

2.2 Um welche Umsatzarten handelt es sich, wenn

a) die Rechtsanwaltskanzlei in einer Mietstreitigkeit mit dem Nutzer der Eigentums-wohnung tätig wird?

b) vom Dachdeckerbetrieb Zinkbleche und Dachsteine für eine Reparatur am 4-Familienhaus bereitgestellt werden?

c) die Briefvordrucke der Rechtsanwaltskanzlei in der Druckerei erstellt werden?

d) in der Druckerei die Einladungskarten für die Silberhochzeit der Familie Held gefertigt werden?

e) die Rechtsanwaltskanzlei in der Erbangelegenheit Erwin Donner tätig ist?

3 Art und Ort der Lieferung

Bestimmen Sie für die nachstehenden Sachverhalte jeweils die Art der Lieferung, den Ort der Lieferung und die Steuerbarkeit. Belegen Sie alle Entscheidungen mit den entsprechenden §§! Die genannten Unternehmer benutzen jeweils die UStIdNr. ihres Landes.

a) Möbelhändler Laser (L) aus Leipzig hat vom Möbelfabrikanten Hörmer (H) in Halle den Verkauf der Schrankwand „Feuerstein" übernommen. Acht Schrankwände werden von H mit eigenem Lkw bei L im April angeliefert. L erhält für den Weiterverkauf eine Provision von 10 %. Im Mai und Juni können durch L alle Modelle an Kunden verkauft werden.

b) Die Kühn GmbH (K) aus Bremen ist Importeur von Haushaltgeräten. Die GmbH beauftragt einen Waschmaschinenfabrikanten aus Oslo 12 Maschinen direkt an den Besteller „Haushalttechnik Flensburg" zu liefern.

c) Der Abnehmer A, Basel, hat bei der MABA-GmbH (M) in Mainz eine Maschine gekauft. A beauftragt ein Basler Speditionsunternehmen (S), die Maschine mit einem Spezial-Lkw bei der M in Kaiserslautern (Auslieferungslager) abzuholen.

d) Fußballnationalspieler M aus München hat bei der Nasser & Co KG in Neu-Ulm die Lieferung einer neuen Poolanlage für sein Ferienhaus auf Lanzarote (Kanarische Inseln) vereinbart. Lieferung, Transport und Einbau wurden termingemäß durch die KG ausgeführt.

e) Der Sanitärhandel K & B (S) in Trier lässt mit der Bahn Waren von seinem Auslieferungslager in Aachen an dessen Zweigniederlassung (Z) nach Bonn transportieren.

f) Die „Druckerei Streubli" (S) aus Zürich (Schweiz) hat im Auftrag eines Koblenzer Weinhändlers (W) die Herstellung seiner Flaschenetiketten übernommen. Als Gegenleistung erhält S mehrere Kisten Wein.

g) Das Blumenhaus „Nelke" (N) in Hagen hat im Auftrag einer Reifenfirma (R) aus Unna die Zustellung eines Blumengebindes im Wert von 50 € zum 60. Geburtstag eines Mitarbeiters ausgeführt.

h) Ofensetzermeister Heizer (H) aus Gera bestellt bei der Keramikvertriebs-GmbH (K) in Jena antike Kacheln für die Errichtung eines historischen Kachelofens in einem Hotel in Eisenberg. Die GmbH muss ihrerseits die speziellen Kacheln beim Hersteller „LOBY" (L), Warschau, anfertigen lassen. L transportiert im Mai mit eigenem Lkw die bestellte Warenmenge an H. Im Juni errichtet H den Kachelofen für seinen Auftraggeber.

4 Ort der sonstigen Leistung

Bestimmen Sie unter Angabe der gesetzlichen Vorschriften den Ort der sonstigen Leistung!

a) Der Schweizer Kabarettist Emil S. trat bei einer privaten Galaveranstaltung in der Stadthalle Magdeburg auf.

b) Der Essener Nahverkehrsbetrieb vermietet langfristig an ein kleines Reisebüro in Wuppertal einen Kleinbus, der für Tagesfahrten nach Holland eingesetzt wird.

c) Ein Anwalt aus Göttingen vertritt den Hausbesitzer Klein aus Baunatal in einem Rechtsstreit mit dem Mieter seines Hauses in Minden vor dem Landgericht in Kassel.

d) Immobilienmakler Geier aus Stuttgart vermittelt Familie Taube aus Böblingen den Kauf einer Eigentumswohnung in Sindelfingen.

e) Ein Regensburger Heizungsfachbetrieb hat die turnusmäßige Überprüfung der Heizungsanlage in einer Firma in Wörth durchgeführt.

f) Die Werbeagentur „G & D-Dessin" in Konstanz (Bodensee) hat im Auftrag des Fremdenverkehrsamtes von Winterthur (Schweiz) Informationsmaterial gestaltet.

g) Handelsvertreter Eiler aus Bielefeld hat für ein Pharma-Unternehmen in Osnabrück den Vertrieb von Medikamenten an Apotheken im Großraum von Münster vermittelt.

h) Die Firma „Grandeconzept GmbH" in Leipzig organisiert Messen, Ausstellungen u. ä. Für die Durchführung einer Jugendmesse überlässt die Gesellschaft entgeltlich Ausstellungstafeln/-stände, Beleuchtung, Mobiliar u. ä. an verschiedene Aussteller, wie z. B.
   - Ausbildungsbetrieben aus Leipzig
   - dem Arbeitsamt Leipzig
   - der Universität von Leipzig

i) „Pannendienst Renner & Co." aus Passau hat im Auftrag von Herrn Pech aus Hamburg dessen beschädigtes Fahrzeug vom Autobahnkreuz Pocking in eine Werkstatt nach Passau abgeschleppt.

j) Die Firma „Rohrfrei-GmbH" in Anklam hat im Auftrag des privaten Vermieters aus Pasewalk die Verstopfung der Abwasserleitung in seinem Mehrfamilienhaus in Torgelow beseitigt.

k) Der selbstständige Dolmetscher Eichler aus Brandenburg hat für ein Maschinenbauunternehmen aus Berlin die in Moskau geführten Vertragsverhandlungen mit der Firma „Strojanik" simultan übersetzt.

l) Die Speditionsfirma „Eurotrans", Hamburg, hat im Auftag einer Supermarktkette mit Sitz in Kiel den Transport von Zitrusfrüchten aus Madrid nach Lübeck ausgeführt.

5 Art und Ort des Umsatzgeschäftes

Geben Sie in nachstehenden Fällen an:

a) die Art der Leistung,
b) den Ort,
c) die Steuerbarkeit mit den entsprechenden Rechtsvorschriften des UStG!

a) Der in Monaco lebende Tenor T gibt in einem Einkaufcenter (E) von Essen eine Autogrammstunde und erhält dafür vom Center 3.000 €.

b) Familie Rüdiger aus Ulm hat am 16.02. beim Möbelhaus (M) in Neu-Ulm einen Schwebetürenschrank für ihr Schlafzimmer bestellt. Vereinbarungsgemäß wird der Schrank am 27.03. durch ein Firmenfahrzeug des M geliefert und am 28.03. durch zwei Mitarbeiter der Firma M in der Wohnung der Familie Rüdiger aufgestellt.

c) Das Vermessungsbüro DATA-Plan (D) aus Görlitz hat im Auftrag einer Firmengruppe (F) aus Nancy (Frankreich) die Anfertigung eines Lage- und Höhenplanes von einem ehemaligen Tagebaugelände bei Lauchhammer zur möglichen Errichtung eines Freizeitparkes übernommen.

d) Der Taxiunternehmer Schnell (S) aus Bad Reichenhall fährt einen Fahrgast von Bad Reichenhall nach Kitzbühel (Österreich). Die Fahrstrecke beträgt insgesamt 65 km. Von Bad Reichenhall bis zur deutsch/österreichischen Grenze sind es 16 km.

e) August Armann (A) aus Freiburg ist Eigentümer eines Ferienhauses in Sankt Gallen in der Schweiz. Das bislang an Urlauber vermietete Ferienhaus möchte Armann aus finanziellen Gründen verkaufen. A lässt daher eine Verkaufsanzeige in einer Stuttgarter Zeitung (Z) veröffentlichen. Am 13.03. wird durch einen Notar (N) in Rottweil der notarielle Kaufvertrag mit einem Interessenten (I) aus Reutlingen abgeschlossen. Nutzen und Lasten gehen zum 01.04. auf den Erwerber über.

f) Bauunternehmer Sandig (S) aus Jena bestellte am 11.03. dringend benötigte Baumaterialien bei dem Erfurter Baustoffhändler Wille (W). Da dieser die entsprechende Menge nicht vorrätig hatte, beauftragte er noch am gleichen Tag den Hersteller in der Schweiz, die Ware binnen 3 Tagen mit Kurier an S zu übermitteln. Die Ware ging bei S am 14.03. ein.

g) Familie Kluge (K) aus Weimar hatte im Sommerurlaub auf Gran Canaria anlässlich einer Werbefahrt einen Vertrag über die Lieferung von zwei hochwertigen Matratzen von der deutschen Firma TITRAS aus Würzburg abgeschlossen. Die Lieferung erfolgte im September über eine Speditionsfirma (S).

6 Warenverkehr mit EU-Ländern

Beurteilen Sie unter Angabe der gesetzlichen Bestimmungen die umsatzsteuerliche Behandlung der jeweiligen Warenbewegung in Deutschland.

a) Der im Freihafen Bremen ansässige Unternehmer Rüth (R), UStIdNr. DE ..., hat von der belgischen Firma B aus Oostende, UStIdNr. BE ..., Kleincontainer im Wert von 76.000 € für sein Unternehmen erhalten. Die Ware wurde im Auftrag von R per Schiff transportiert.

b) Eine große deutsche Versicherungsgesellschaft (V) mit Sitz in Koblenz erhielt im Dezember des laufenden Jahres erstmals eine Lieferung aus dem übrigen Gemeinschaftsgebiet. Vertragspartner war eine schwedische Firmengruppe (S) mit Sitz in Göteborg, UStIdNr. SE ..., die Büromöbel im Wert von 11.400 € lieferte. Der Lieferumfang von S nach anderen EU-Ländern lag in den letzten Jahren ständig zwischen 60.000 und 70.000 €.

c) Ein Meppener Unternehmen der Textilindustrie (T), UStIdNr. DE ..., benötigt für die Herstellung von Landhausmoden verschiedene Hornknöpfe. Aus den vorliegenden in- und ausländischen Angeboten wird der Produktionsauftrag an einen in Almelo (NL) ansässigen Handwerksbetrieb (H), UStIdNr. NL ..., vergeben. Nach Fertigstellung wird die Ware im Wert von 8.420 € mit einem Firmenfahrzeug von T beim Hersteller abgeholt. Die Umsätze in andere EU-Länder von H betragen jährlich etwa 80.000 €.

d) Eine Speditionsfirma (S) aus Ingolstadt, UStIdNr. DE ..., hat im Mai diesen Jahres einen fabrikneuen Lastzug (Lkw) für Möbeltransporte von dem schwedischen Hersteller (H), UStIdNr. SE ..., für 187.500 € erhalten.

e) Ein großer deutscher Polstermöbelhersteller (P) mit UStIdNr. DE ... aus Tübingen hat in einigen EU-Ländern Auslieferungslager eingerichtet. Zur Sicherung der Lieferbereitschaft für dänische Kunden werden durch P diverse Stühle im Wert von 87.000 € zum Lager Sonderborg (S) in Dänemark transportiert.

f) Rechtsanwalt R aus Schaffhausen erhielt für seine private Silvesterparty zum Jahreswechsel die bestellte Lieferung von französischem Champagner für 1.495 € direkt vom Hersteller (H). Die Lieferungen von H nach Deutschland belaufen sich jährlich auf einen 7-stelligen €-Betrag.

g) S. Seltsam (S) aus Thale im Harz fertigt in Handarbeit seit einigen Jahren die „Brockenhexe". Der Einmannbetrieb von S ist beim zuständigen Finanzamt als Kleinunternehmer registriert. Im April diesen Jahres erhielt S erstmals einen Auftrag aus dem Ausland: Herstellung von 20 Exemplaren „Brockenhexe" – Größe 21 cm. Die Lieferung erfolgte zum Wert von 368 € für einen Souvenirshop in Luxemburg.

h) Das Standesamt der Stadt Kaiserslautern (K) erhielt vor wenigen Tagen eine Lieferung von „Dokumentenpapier" von einer finnischen Herstellerfirma (F), UStIdNr. FI ... Der Warenwert betrug 6.290 €. Die Warenbezüge durch K aus den EU-Ländern lagen in den letzten Jahren ständig über der Erwerbsschwelle. Der Lieferumfang von F nach EU-Ländern lag in den letzten Jahren immer zwischen 30.000 € und 40.000 €.

Steuerbefreiungen/Option

7 Die Robert Rat KG (R) in Bamberg ist Hersteller von elektronischen Geräten. Sie hat mit verschiedenen Kunden im letzten Monat u. a. folgende Umsatzgeschäfte ausgeführt:

a) Der Kunde A hat seinen Sitz in Ankara. Die Geräte wurden durch einen vom türkischen Abnehmer beauftragten Spediteur nach Ankara transportiert.

b) Der Kunde Lang hat seinen Sitz in Kiel. Laut Vertrag soll die Ware von R an die Zweigniederlassung des L nach Oslo per Schiff geliefert werden.

c) Der Kunde C ist regelbesteuerter Unternehmer aus Turin. Das bestellte Gerät im Wert von 1.699 € geht per Post dem italienischen Abnehmer zu.

Wie sind die vorstehenden Sachverhalte durch R zu behandeln? Geben Sie die gesetzlichen Bestimmungen an.

8 Der Grundstücksmakler Hilfreich (H) mit Sitz in Aachen veräußert an ortsansässige private Kunden Grundstücke (Grund und Boden), die sich

a) in Eupen (Belgien) und
b) in Aachen

befinden.

Sind die erzielten Einnahmen von H aus dem Verkauf der o.g. Grundstücke der USt zu unterwerfen? Wie wäre zu entscheiden, wenn der Verkauf an Unternehmer für deren Unternehmen erfolgen würde? Nennen Sie die jeweiligen Rechtsnormen.

9 Für die Erstellung der USt-Jahreserklärung der Steuerpflichtigen Sonnenschein (S) wurden folgende Daten festgestellt:

- Die Stpfl. S besitzt in der Innenstadt von Köln zwei bebaute Grundstücke. Optionen nach § 9 UStG wurden, soweit möglich, in Anspruch genommen.

Grundstück Köln: Weinberggasse 47

S hatte das 470 qm große, unbebaute Grundstück am 1. Februar 2020 erworben (Kaufpreis 380.000 €) und ab September 2020 darauf ein mehrstöckiges Geschäftshaus errichten lassen (Baukosten: 1.830.600 € + 347.814 € USt).
Seit 1. Januar 2023 wird es wie folgt vermietet bzw. überlassen:

- EG (135 qm) an ein Fotofachgeschäft
- 1. OG (130 qm) als Büroräume für das Umweltamt
- 2. OG (99 qm) an Herrn Dr. Zanbel für dessen Zahnarztpraxis
- 3. OG (86 qm) an ihren Sohn für dessen Rechtsanwaltskanzlei

Aus diesem Grundstück erzielt S je qm 12,00 € Mieteinnahmen (netto). Lediglich die Überlassung der Räumlichkeiten im 3. OG erfolgt unentgeltlich.
Für die laufende Bewirtschaftung des Grundstückes wurden im letzten Jahr durch S 29.719,28 € an Ausgaben getätigt, wovon 20.639,74 € mit 19 % USt belastet waren.

Grundstück: Köln, Gerberweg 11:

Im Juni 2022 kaufte S von ihrem Bruder das bislang als Lagerplatz für seine GmbH genutzte, 380 qm große Grundstück für 45.600 € + 8.664 € USt. 2022/2023 wurde im Auftrag von S auch dieses Grundstück bebaut. Die Bauabnahme erfolgte im Oktober 2023. Vom Bauträger erhielt S eine Rechnung über 550.000 € + 104.500 € USt.

Ab 1. November 2023 wird das Gebäude wie folgt genutzt:

- EG Praxis von Tierarzt Dr. Mahler
- 1. OG Arbeitsräume eines Lohnsteuerhilfevereins
- 2. OG Büroräume der Firma Baufix GmbH u. Co. KG

Die KG errichtet auf eigenem Grund und Boden im Umland von Köln Einfamilienhäuser und Geschäftsgrundstücke, die an Privatpersonen und Unternehmen veräußert werden.

Von jedem Mieter erhält S monatlich eine Nettomiete von 1.200 €.
Alle vermieteten Einheiten sind gleich groß.
An laufenden Ausgaben zur Bewirtschaftung des Grundstückes sind 11.506,25 € + USt angefallen.

a) Wie sind die Mieteinnahmen von S. zu behandeln?
b) Ermitteln Sie die Umsatzsteuerzahllast für S im letzten Jahr!

Belegen Sie alle Entscheidungen mit Angabe der gesetzlichen Bestimmungen!

10 Vorsteuerabzug / Vorsteueraufteilung

Ermitteln Sie in nachstehenden Sachverhalten den Vorsteuerabzug. Begründen Sie kurz Ihre Entscheidung!

a) Die deutsche Großhandelsgesellschaft „Leumex-GmbH" (L) in Bremen hat drei antike Kronleuchter im Wert von 36.490 € zur Ausstattung eines Museums in der Türkei geliefert. Von der Herstellerfirma wurden der Leumex-GmbH der Warenwert und 4.390 € USt in Rechnung gestellt.

b) Familie Albert (A) besitzt in Osterrode/Harz u. a. ein älteres, aber sehr modern eingerichtetes Zweifamilienhaus.

   Im Erdgeschoss befinden sich:
   - eine 54 qm große Ferienwohnung, die ganzjährig an Urlauber vermietet wird (Mieteinnahmen letztes Jahr = 12.620 €) sowie
   - zwei Garagen von je 18 qm, davon ist eine vermietet (Mieteinnahmen letztes Jahr = 480 €) und die andere wird von Familie Albert selbst genutzt.

Im 1. OG wohnt Familie Albert in der 81 qm großen Vierzimmerwohnung.

Im letzten Jahr wurde u. a. durch die
- Firma A das Dach des Gebäudes neu eingedeckt – Rechnungsbetrag 9.374,69 €,
- Firma B ein neuer textiler Fußbodenbelag in der Ferienwohnung verlegt – Rechnungsbetrag 1.092,72 €,
- Firma C die beiden Garagenschlösser erneuert – Rechnungsbetrag 420,21 €.

Familie Albert hat seit Jahren auf mögliche Steuerbefreiungen verzichtet.

c) Der „Fischhandel Klement & Co." (K) aus Neubrandenburg hat an die Gaststätte „Fischers Fritze" (F) in Neustrelitz 30 lebende Karpfen geliefert und nachstehende Rechnung erteilt:

„84 kg Karpfen	à 3,45 €	289,80 €
+ USt		22,86 €
Rechnungsbetrag		312,66 €

   Zahlbar innerhalb von 14 Tagen ohne Abzug"

   F hat den Betrag von 312,66 € termingemäß entrichtet.

d) Das Speditionsunternehmen Rohländer (R) aus Berlin ist fast ausschließlich im Güterverkehr von/nach osteuropäischen Staaten tätig. Der Anteil der steuerpflichtigen Umsätze beträgt nach § 3 b (1) jährlich etwa 20 %. Im Februar 2023 hat R ein neues Fahrzeug (Lkw) von der Firma M erworben und einen USt-Betrag von 29.384 € für das Fahrzeug gesondert in Rechnung gestellt bekommen.
   Im Mai 2023 kaufte R bei einem Berliner Vertragshändler einen Pkw für 35.400 € + 6.726 € USt. R wird den Pkw voraussichtlich zu 15 % für private Zwecke nutzen.

e) Der zoologische Garten der Stadt Hamburg hat im letzten Jahr durch eine örtliche Baufirma ein neues Tiergehege für seine Braunbären errichten lassen. Für die erbrachten Bau- und Nebenleistungen wurde ein Betrag von 74.396 € + 14.135,24 € USt berechnet.

f) Regina Reibig (R) betreibt in Cottbus den „Partyservice Regina". Für ihre Buchhaltung hat sie lt. ordnungsgemäßer Quittung vom 1. Februar „diverses Büromaterial; 114,56 € einschließlich 19 % USt" erworben.

g) Die „LOTUS-GH-GmbH" (L) in Frankfurt erhielt im Juni eine steuerfreie Lieferung von Bonsaigewächsen von einem holländischen Gartenbaubetrieb (G) für 26.480 €.

h) Der Geschäftsführer (G) eines Autohauses in Ulm war im Januar diesen Jahres zu einer Präsentation des Herstellers „Continental" nach Köln eingeladen. Für G entstanden folgende Aufwendungen, die durch ordnungsgemäße Belege nachgewiesen wurden:
- Fahrkarte DB, 560 km 151,20 €
- 2 Übernachtungen 140,00 €, Frühstück 17,85 €
- 2 × Taxifahrt Bahnhof/Hotel 24,30 €
- Telefongespräch mit der Firma 6,38 €

11 Fanny Fröhlich (F) betreibt in gemieteten Räumen ein Groß- und Einzelhandelsgeschäft. Sie besitzt daneben ein Grundstück, das seit Jahren wie folgt genutzt wird:

		mtl. Nettomietwert
Erdgeschoss	– Café „Teufelsblick" (eigengenutzt) " "	1.250 € (167 qm)
1. Etage re.	– Büro Versicherungsvertreter " "	350 € (40 qm)
1. Etage li.	– Atelier eines Kunstmalers " "	450 € (60 qm)
2. Etage	– Büroräume einer Holzhandlung " "	850 € (95 qm)
3. Etage	– Wohnung Dr. Berger (Arzt) " "	600 € (98 qm)

F hat soweit wie möglich auf Steuerbefreiungen verzichtet. Sie versteuert ihre Umsätze nach vereinbartem Entgelt und ist Monatszahler. Erforderliche Buch- bzw. Belegnachweise liegen vor. Die Beträge sind netto angegeben.

Für Juni ergibt sich aus den Unterlagen und Büchern:

a)	Lieferungen an Händler	Ladenverkäufe
– Tabakwaren	8.420 €	2.173 €
– Süßwaren	6.139 €	3.004 €
– Spirituosen	13.479 €	10.476 €
– Kaffee, Tee	19.367 €	11.908 €

b) abziehbare Vorsteuerbeträge aus Wareneingängen für den Handelsbetrieb – 6.124,46 €

In den Positionen a) und b) sind noch unberücksichtigt:

c) Lieferung von Kaffee, Tee und Süßwaren an ihr Café – 3.279,00 €

d) Lieferung von diversen Teemischungen an ein Hotel auf Helgoland – 2.389,00 €

e) Schenkung eines Präsentkorbes an ihren Bruder zum 50. Geburtstag mit firmeneigenen
- Süßwaren 60,00 €
- Spirituosen 80,00 €

f) Lieferung von Spirituosen an einen Händler in Tuplice (Polen) – 4.128,00 €

g) Mietzahlung von Fröhlich an den Vermieter für Juni, der Vermieter hat optiert – 2.100 €

h) Von Kunden des Handelsbetriebes in Anspruch genommene Skonti:
- zum Regelsteuersatz 614,94 €
- zum ermäßigten Steuersatz 238,47 €

i) Erwerb von 5 Flaschen Sekt durch einen Mitarbeiter des Handelsbetriebes (Einkaufspreis 6,49 €/Fl.; Ladenverkaufspreis 8,99 €/Fl.) gegen Bezahlung von insgesamt 38,00 € (= brutto)

j) verkaufte Konditoreiwaren vom Café „Teufelsblick“ über die Straße an verschiedene Endverbraucher/Kunden – 3.895,30 €

k) Umsatz im Café „Teufelsblick“ – 46.620,00 € davon entfallen auf Getränke 16.660,00 €.

l) abziehbare Vorsteuerbeträge aus Lieferungen an das Café – 1.145,68 €

m) Zahlung von Löhnen an Angestellte von Fröhlich – 4.265 €

n) Lieferungen von Bäckerei Liebig an das Café „Teufelsblick“ – 9.894,70 €

o) unentgeltliche Bewirtung einer alten Schulfreundin von F am Wochenende im Café (Bruttorechnungsbetrag 45,60 €; Einkaufspreis/Selbstkosten 28,90 €)

p) Kauf eines neuen Kaffeeautomaten für das Café – 810,00 €

q) Vorsteuerbeträge aus Rechnungen für die laufende Bewirtschaftung des eigenen Grundstückes – 184,80 €

r) Rechnung der Klempnerei Leicht: „Reparatur Kaltwasserleitung in der 2. Etage am 20.06.; 97,20 € (einschl. 19 % USt); zahlbar bis 04.07.“

Ermitteln Sie die USt-Vorauszahlung für das Unternehmen Fröhlich im Monat Juni!

12 Lothar Lang (L) ist Inhaber eines Maler- und Gerüstbaubetriebes und des Einzelhandelsgeschäftes „Farbenhaus Lang“ in Zwickau mit insgesamt 12 Beschäftigten. Außerdem besitzt L ein Mehrfamilienhaus in Zwickau, das er an verschiedene Privatpersonen vermietet hat. L versteuert seine Umsätze nach vereinbarten Entgelten. Seine Leistungen erbringt er unter Angabe seiner inländischen USt-IdNr. Die genannten ausländischen Unternehmer verwenden die USt-IdNr. ihres jeweiligen Landes. Ermitteln Sie die USt-Vorauszahlung für den Monat Mai 2023 und beurteilen Sie die nachfolgenden Geschäftsfälle unter Angabe der gesetzlichen Bestimmungen. Verwenden Sie für Ihre Lösung das untenstehende Schema.

a) An private Kunden im Inland erbrachte L im Mai Werklieferungen und Werkleistungen für insgesamt 180.508,18 € brutto.

b) Am 29.05. erstellte L die Rechnung des abgeschlossenen Auftrages für die Firma Geri-Tex-GmbH in Werdau.

„Für Malerarbeiten in der Zeit vom 15. bis 23.05.2023 berechnen wir Ihnen

– Farben (8 Eimer à 54,95 €)	439,60 €
– Tapeten (46 Rollen à 11,15 €)	512,90 €
– Hilfsstoffe (Leim, Gips)	146,90 €
– Arbeitsleistungen	7.644,00 €
– Transportkosten	140,00 €
Summe	8.883,40 €
+ USt (19 %)	1.687,85 €
Summe brutto	10.571,25 €
+ Kosten für Malergerüst	460,00 €
Rechnungsbetrag	11.031,25 €

Bei Zahlung innerhalb von 8 Tagen gewähre ich Ihnen 2% Skonto.“

Am 03.06. überwies die GmbH an L einen Betrag von 10.590,00 €.

c) Am 08.05. erwarb L für 34.450 € + 6.545,50 € USt von einem Dresdner Autohändler einen neuen Kleintransporter für sein Malergeschäft. L rechnet mit einer 90 %-igen unternehmerischen Nutzung des Fahrzeuges.

d) L hat im Mai für Tapezierarbeiten in der Wohnung seiner Mutter in Leubnitz 12 Rollen Tapete aus seinem Chemnitzer Lagerbestand entnommen, die er im März zum Einkaufspreis von 9,95 €/Rolle erworben hatte.

e) Im Mai war L zum 30-jährigen Firmenjubiläum seines Flöhaer Autohändlers eingeladen. L schenkte im Namen seiner Firma eine Bodenvase, die er für 99 € in einem Fachgeschäft in Zwickau erworben hatte.

f) Kauf von Farbzusätzen durch L bei einem Handelspartner in Belgien gem. Rechnung der belgischen Firma vom 06.05. über 8.735 €.

g) An einen befreundeten Unternehmer (B) wurde im Mai für 4 Tage ein Gerüst für dringende Sanierungsarbeiten am Bürogebäude in Greiz ausgeliehen.
L berechnet für die Nutzung eines Gerüstes dieser Größe einen Bruttotagessatz von 83,30 €.

h) Am 4. und 5. Mai stellte L zwei Gesellen zur Renovierung des Treppenhauses seines Mehrfamilienhauses in Zwickau ab. Die hierfür verwendete Farbe kostete im Einkauf 249 € + USt; Arbeitslöhne fielen für 640 € an. Einem Kunden hätte L dafür 1.155 € + USt berechnet.

i) An eine Firma in Karlsbad (Tschechien) verkaufte L ein gebrauchtes Gerüst für 7.500 € + 600 € Transportkosten.

j) Der Nichte von Lang wurden im Mai zum Preis von insgesamt 78,30 € 20 Dosen Seidenmalfarbe mit einem Rabatt von 20 % des Ladenverkaufspreises überlassen. Die Firma Lang hatte im Einkauf im Monat März 2,99 € je Dose bezahlt.

k) Im April hatte die Firma Lang den Aufbau und die 6-wöchige Überlassung eines Gerüstes für Außenarbeiten an einer Kirche in Franzensbad (Tschechien) übernommen. Dem auftraggebenden Unternehmer aus Tschechien wurde im Mai durch die Firma Lang ein Betrag von 6.322 € in Rechnung gestellt.

l) Am 21.05. gab Lang ein Geschäftsessen im Hotel „Schwan" in Chemnitz. Die vom Hotel ordnungsgemäß erstellte Rechnung für L betrug 265,30 €, davon entfallen auf Getränke 35,30 €.

m) Am 24. Mai besuchte Lang die Innungstagung in Dresden. Dabei entstanden folgende belegmäßig nachgewiesenen Aufwendungen für Lang:

– Rückfahrkarte DB, 188 km	49,70 €
– Taxifahrt vom Hauptbahnhof zum Tagungsort in Dresden	14,30 €
– Mittagessen	25,10 € davon entfallen auf Getränke 5,10 €

n) Ende Mai erwarb L einen Hochdruckreiniger für 299,00 € (brutto), den er sowohl in der Firma als auch in geringem Umfang für private Reinigungszwecke nutzen möchte.

o) Im Mai sind weitere abziehbare Vorsteuerbeträge in Höhe von 19.374,67 € angefallen.

Lösungsschema

Nr.	Art des Umsatzes §	Ort der Leistung §	steuerbar §	steuerfrei §	steuerpflichtig	Bemessungsgrundlage € §	USt € §	VorSt € §

13 Klaus Kemper (K) betreibt in Chemnitz ein Musikfachgeschäft. Seine Umsätze versteuert er nach vereinbarten Entgelten. Er gibt monatliche Umsatzsteuervoranmeldungen ab. K verwendet im Geschäftsverkehr mit Kunden und Lieferanten seine deutsche USt-IDNr.

Die folgenden Sachverhalte sind umsatzsteuerlich aus der Sicht von K zu beurteilen unter Angabe der jeweiligen Gesetze.

Alle notwendigen Nachweise gelten als erbracht, die Rechnungen sind ordnungsgemäß ausgestellt. Inländische Unternehmer verwenden ihre deutsche USt-IDNr., ausländische die USt-IDNr. ihres Herkunftslandes.

Benutzen Sie für Ihre Lösung das untenstehende Schema.

1. K lieferte an einen italienischen Unternehmer ein hochwertiges Klavier für 12.000 €.
2. Das Klavier wurde im Auftrag von K durch einen italienischen Spediteur für 420 € netto von Chemnitz nach Neapel transportiert und dort ausgeliefert.
3. An einen privaten Kunden in Flöha versandte K eine Gitarre zum Rechnungspreis von 595 €.
4. Ein bei K beschäftigter Mitarbeiter reparierte im privaten Einfamilienhaus des K in Niederwiesa dessen defektes Klavier. Die Selbstkosten betrugen 150 €, einem Kunden hätte K 238 € berechnet.
5. Aus seiner Filiale in Most (Tschechische Republik) brachte K mehrere Blechblasinstrumente nach Chemnitz. Die Instrumente haben einen Wert von 5.400 € netto und sollen im Chemnitzer Geschäft verkauft werden.
6. An eine gute Bekannte verkaufte K ein Schlagzeug. Die Bekannte zahlte 800,00 €. Im Einkauf kostete das Schlagzeug zum Zeitpunkt des Verkaufs 1.000 €, der Ladenverkaufspreis beträgt 1.599 €.
7. K baute bei einem Kunden in Freiberg eine Verstärkeranlage ein. Er berechnete für die Lieferung und den Einbau insgesamt 2.975 €.
8. Seiner Enkelin schenkte K zum Geburtstag eine Blockflöte; Einkaufspreis 30 €, Ladenpreis 57 €.
9. Dem Jugendblasorchester Chemnitz verkaufte K Noten zum Rechnungsbetrag von 640 €.
10. Von seiner betrieblichen Diebstahlversicherung erhielt K wegen eines Einbruchs in sein Geschäft eine Entschädigung von 3.000,00 €.

Lösungsschema

Nr.	Art des Umsatzes §	Ort der Leistung §	steuerbar §	steuerfrei §	steuerpflichtig	Bemessungsgrundlage € §	USt/ EUSt € §	VorSt € §

14 Klaus Bertram (B) betreibt in Konstanz eine Rechtsanwaltskanzlei in einem gemischt genutzten Grundstück, das er vor fünf Jahren erworben hat. Seine Umsätze versteuert B nach vereinnahmten Entgelten. Er hat, soweit möglich, nach § 9 optiert. Für die USt-Voranmeldung Mai sind noch folgende Sachverhalte unter Angabe der jeweiligen Rechtsnormen zu beurteilen:

1. B hat für die Beratung eines Ehepaars mit Wohnsitz in der Schweiz in seiner Kanzlei ein Honorar von 1.200 € berechnet.
2. Für 1.640 € übernahm B die Vertretung eines österreichischen Hoteliers mit Sitz in Bregenz (Österreich) vor dem Amtsgericht in Lindau wegen eines Rechtsstreits mit einem deutschen Gast.
3. Für die Beratung eines deutschen Unternehmers mit Sitz in Friedrichhafen berechnete B 800 €.
4. B nutzt einen zum Betriebsvermögen gehörenden PKW auch zu 30% für private Fahrten. Der Bruttolistenpreis zum Zeitpunkt der Erstzulassung betrug 65.450 €. B führt kein Fahrtenbuch.
5. Ende Mai überwies B 180 € an die Berufshaftpflichtversicherung.

   Das Grundstück in Konstanz wird wie folgt genutzt:

6. EG 140 m², vermietet an eine Apotheke, monatliche Mieteinnahme 1.785 €
7. 1. OG 140 m², Praxis eines Facharztes für Allgemeinmedizin, für monatlich 1.500 €
8. 2. OG 140 m², eigene Kanzlei, Mietwert 1.500 €
9. 3. OG 80 m², vermietet an Studenten, monatliche Miete 620 €
10. Für verschiedene Arbeiten im Zusammenhang mit dem Gebäude sind im Monat Mai ordnungsgemäße Rechnungen eingegangen für die:
    - Reparatur der Eingangstüre in der Apotheke 800 € + 152 € USt
    - Installation eines Waschbeckens in der Praxis des Facharztes 500 € + 95 € USt
    - Reparatur einer Dusche im 3. OG 200 € + 38 € USt
    - Reinigung der Fassade des Gebäudes 5.000 € + 950 € USt

Benutzen Sie für Ihre Lösung das folgende Schema:

Nr.	Art des Umsatzes §	Ort der Leistung §	steuerbar §	steuerfrei §	steuerpflichtig	Bemessungsgrundlage € §	USt/ EUSt € §	VorSt € §

3 Einkommensteuer

3.1 Bedeutung und Stellung in Steuersystem

Einkommensteuer

Gemeinschaftsteuer	Das Aufkommen der Einkommensteuer steht Bund (42,5 %), Ländern (42,5 %) und Gemeinden (15 %) gemeinsam zu.
Personensteuer	Mit der Einkommensteuer soll die Leistungsfähigkeit natürlicher Personen besteuert werden. Persönliche Verhältnisse des Steuerpflichtigen (Alter, Familienstand, Krankheit, etc.) werden deshalb berücksichtigt. Die ESt ist bei der Ermittlung der Einkünfte nicht abzugsfähig.
Ertragsteuer	Angeknüpft wird an das Vorhandensein wirtschaftlicher Erträge, d. h. die Erzielung eines Einkommens.
Direkte Steuer	Steuerträger und Steuerschuldner sind dieselbe Person.

3.1.1 Steueraufkommen

2023 ca. 345 Mrd. € [1]

▼

Wichtigste direkte Steuer

3.1.2 Rechtsgrundlagen

Einkommensteuergesetz[2] (EStG)	**Einkommensteuer-Durchführungsverordnung** (EStDV)

= Rechtsnormen, verbindlich für Bürger, Gerichte, Verwaltung

Einkommensteuerrichtlinien (EStR)
behandeln Zweifels- und Auslegungsfragen von allgemeiner Bedeutung und stellen eine einheitliche Rechtsanwendung durch die Finanzbehörden sicher

= Verwaltungsvorschriften, die nur die Finanzbehörden binden, nicht jedoch die Gerichte und Bürger

---

1) veranlagte ESt, LSt, AbgSt nach Abzug von Kindergeld und Altersvorsorgezulage (Steuerschätzung vom Oktober 2022)

2) Wenn im folgenden §§ ohne Gesetzesangabe zitiert werden, handelt es sich immer um Vorschriften aus dem EStG!

3.1.3 Ermittlung des zu versteuernden Einkommens

R 2 EStR *Schema (vereinfacht):*

Einkünfte aus Land- und Forstwirtschaft (§ 13)
+ Einkünfte aus Gewerbebetrieb (§ 15)
+ Einkünfte aus selbstständiger Arbeit (§ 18)
+ Einkünfte aus nichtselbstständiger Arbeit (§ 19)
+ Einkünfte aus Kapitalvermögen (§ 20)
+ Einkünfte aus Vermietung und Verpachtung (§ 21)
+ Sonstige Einkünfte im Sinne des § 22

Summe der Einkünfte
– Altersentlastungsbetrag (§ 24a)
– Entlastungsbetrag für Alleinerziehende (§ 24b)
– Abzug für Land- und Forstwirte (13 (3))

Gesamtbetrag der Einkünfte
– Verlustabzug nach § 10d
– Sonderausgaben (§ 10a–c)
– außergewöhnliche Belastungen (§§ 33–33b)
– Steuerabzug der zu Wohnzwecken genutzten Wohnungen und Gebäude (§§ 10e–i)

Einkommen
– Freibeträge für Kinder (§ 32 (6))
– Härteausgleich (§46 (3), § 70 EStDV)

Zu versteuerndes Einkommen

=

Bemessungsgrundlage für die tarifliche Einkommensteuer

▼

Anwendung der Steuertabelle (Grund- oder Splittingtabelle)

▼

Einkommensteuer

3.1.4 Erhebungsformen

Einkommensteuer

Lohnsteuer	**Kapitalertragsteuer**

Die Einkommensteuer entsteht nach Ablauf des Veranlagungszeitraums (Kalenderjahr). Sie wird durch eine **Veranlagung** erhoben. Bei der Lohn- und Kapitalertragsteuer handelt es sich nicht um eigene Steuern, sondern um besondere **Erhebungsformen** der Einkommensteuer. Die Lohnsteuer wird durch Abzug vom Arbeitslohn, die Kapitalertragsteuer durch Abzug vom Kapitalertrag erhoben. Man bezeichnet sie deshalb auch als Quellen- oder Abzugssteuern.

Übungen

1 Die Steuerpflichtige Clara Schmitt (S), Westerland/Sylt, erzielte neben Einkünften aus nichtselbstständiger Arbeit in Höhe von 44.000 € auch 7.250 € Einkünfte aus Vermietung und Verpachtung. Frau S kann 4.150 € Sonderausgaben und 1.000 € außergewöhnliche Belastungen geltend machen.
Ermitteln Sie für Frau S die Summe ihrer Einkünfte, den Gesamtbetrag der Einkünfte und das zu versteuernde Einkommen!

2 Die Einkünfte aus nichtselbstständiger Arbeit des Steuerpflichtigen Bruno Jasper (J) betrugen 44.200 €. J erzielte 7.500 € Einkünfte aus Gewerbebetrieb und 9.100 € Einkünfte aus Vermietung und Verpachtung. J hat Anspruch auf einen Altersentlastungsbetrag von 1.900 €. Seine Sonderausgaben betrugen 3.200 €, und es entstanden außergewöhnliche Belastungen in Höhe von 2.000 €.
Berechnen Sie für J die Summe seiner Einkünfte, den Gesamtbetrag der Einkünfte und das Einkommen!

3 Für einen Mandanten, den Einzelhändler Markus Winzer (W), wurden folgende Zahlen ermittelt:

Einkünfte aus Gewerbebetrieb	32.000 €
Einkünfte aus Vermietung und Verpachtung	14.200 €
Sonstige Einkünfte	4.450 €
Sonderausgaben	3.700 €
außergewöhnliche Belastungen	1.900 €
Verlustabzug	4.000 €

Ermitteln Sie für W die Summe seiner Einkünfte, den Gesamtbetrag der Einkünfte, das Einkommen und das zu versteuernde Einkommen!

4 Die angehende Steuerfachangestellte Ellen Walderode (W) erzielte 2023 (1. Ausbildungsjahr) Einkünfte aus nichtselbstständiger Arbeit in Höhe von 4.000 €. Ihre anzusetzenden Sonderausgaben betragen 468 €.
Wie hoch ist das Einkommen von Frau W im VZ 2023?
Wie hoch ist die zu zahlende Einkommensteuer lt. Grundtabelle?

3.1.5 Steuerpflicht

Unbeschränkte Steuerpflicht	Beschränkte Steuerpflicht
Der Einkommensteuer unterliegen **alle in- und ausländischen Einkünfte,** sofern nicht in DBA oder zwischenstaatlichen Vereinbarungen abweichende Regelungen bestehen.	Einkommensteuerpflichtig sind nur die **inländischen Einkünfte** i. S. d. § 49 EStG.
3 Arten Unbeschränkte Steuerpflicht gemäß **... § 1 (1) EStG** **... § 1 (2) EStG** **... § 1 (3) und § 1a EStG**	**§ 1 (4) EStG**

3.1.5.1 Unbeschränkte Steuerpflicht nach § 1 (1) EStG

Fall 1: Die österreichische Staatsangehörige Petra Haffner lebt mit ihrem vierjährigem Sohn Ludwig seit Jahren in München und arbeitet hier als Angestellte bei einem Automobilhersteller.
Sind Petra Haffner und ihr Sohn in Deutschland einkommensteuerpflichtig?

§ 1 (1) S. 1 Unbeschränkt einkommensteuerpflichtig sind **natürliche Personen,** die im **Inland** ihren **Wohnsitz** oder **gewöhnlichen Aufenthalt** haben.

Natürliche Personen sind alle lebenden Menschen unabhängig von Alter, Geschäftsfähigkeit oder Nationalität. Juristische Personen werden vom Einkommensteuergesetz nicht erfasst. Ihre Einkünfte unterliegen der Körperschaftsteuer. Bei Personengesellschaften ist nicht die Gesellschaft einkommensteuerpflichtig, sondern die Gesellschafter.

§ 1 (1) S. 2 **Inland** i. S. des Einkommensteuerrechts ist das Gebiet der Bundesrepublik Deutschland und der Deutschland zustehende Anteil an der ausschließlichen Wirtschaftszone und dem Festlandsockel, soweit dort Naturschätze des Meeresgrundes und des Meeresuntergrundes erforscht oder ausgebeutet werden.

§ 8 AO Einen **Wohnsitz** hat jemand dort, wo er eine Wohnung unter Umständen innehat, die darauf schließen lassen, dass er diese beibehalten und benutzen wird. Dabei muss es sich nicht um den Hauptwohnsitz handeln.

§ 9 AO Seinen **gewöhnlichen Aufenthalt** hat jemand dort, wo er sich unter Umständen aufhält, die erkennen lassen, dass er in diesem Ort oder Gebiet nicht nur vorübergehend verweilt. Als gewöhnlicher Aufenthalt ist stets und von Beginn an ein zeitlich zusammenhängender Aufenthalt von mehr als sechs Monaten Dauer anzusehen. Kurzfristige Unterbrechungen bleiben dabei unberücksichtigt.

§ 2 AO Eine **Ausnahme** besteht für ausländische Diplomaten und Konsularangehörige. Sie sind
§ 3 Nr. 29 in Deutschland nicht unbeschränkt steuerpflichtig.

3.1.5.2 › Unbeschränkte Steuerpflicht nach § 1 (2) EStG

Unbeschränkt einkommensteuerpflichtig sind auch deutsche Staatsangehörige, die

im Inland weder einen Wohnsitz noch ihren gewöhnlichen Aufenthalt haben	**und**	**in einem Dienstverhältnis bei einer inländischen juristischen Person des öffentlichen Rechts stehen und dafür Arbeitslohn aus einer inländischen öffentlichen Kasse beziehen**

\+

zu ihrem **Haushalt** gehörende **Angehörige** …

- **mit deutscher Staatsangehörigkeit** oder
- **ohne Einkünfte** oder
- nur mit **Einkünften,** die **ausschließlich im Inland ESt-pflichtig sind.**

3.1.5.3 › Unbeschränkte Steuerpflicht nach § 1 (3) EStG

Auf Antrag kann als unbeschränkt steuerpflichtig behandelt werden:

- **natürliche Person**
- **kein Wohnsitz/gewöhnlicher Aufenthalt im Inland**
- **inländische Einkünfte i. S. d. § 49 EStG**
- **Einkünfte der Person unterliegen zu mindestens 90 % deutscher ESt oder**
- **nicht deutscher ESt unterliegende Einkünfte sind ≤ 10.908 €**
  (Nachweis durch Bescheinigung der zuständigen ausländischen Behörde)
- **Antrag**

3.1.5.4 › Unbeschränkte Steuerpflicht nach § 1 a EStG

Diese Vorschrift regelt die „fiktive" unbeschränkte Steuerpflicht für EU- und EWR-Familienangehörige. Sie ist anzuwenden, wenn nur ein Ehegatte[1] in Deutschland unbeschränkt steuerpflichtig nach § 1 (1) oder § 1 (3) EStG ist und der andere Ehegatte in einem der EU-/EWR-Staaten wohnt (unabhängig von seiner Staatsangehörigkeit).

EU-Staaten	EWR-Staaten
Belgien Bulgarien Dänemark Estland Finnland Frankreich Griechenland Republik Irland Italien Kroatien Lettland Litauen Luxemburg Malta Niederlande Österreich Polen Portugal Rumänien Schweden Slowakei Slowenien Spanien Tschechien Ungarn Zypern	Island Liechtenstein Norwegen

[1] Die Aussagen zu Ehegatten und Ehen sind auch auf eingetragene Lebenspartner und Lebenspartnerschaften anzuwenden.

Voraussetzungen:

Staatsangehörigkeit eines **– Mitgliedslandes der EU oder** **– EWR-Staates**	**und**	Unbeschränkte Steuerpflicht nach § 1 (1) EStG oder § 1 (3) + **Einkünfte unterliegen zu mindestens 90 % deutscher ESt oder nicht deutscher ESt unterliegende Einkünfte sind ≤ 21.816 €** (Nachweis durch Bescheinigung der zuständigen ausländischen Behörde)

Vorteile § 1 a (1) Nr. 1–2 EStG, insbesondere

Anwendung des Splittingtarifs
Verdoppelung von Höchst- und Pauschbeträgen
(Sonderausgaben, außergewöhnliche Belastungen)

3.1.5.5 › Beschränkte Einkommensteuerpflicht

§ 1 (4) *Voraussetzungen:*

- **natürliche Person**
- **kein Wohnsitz/gewöhnlicher Aufenthalt im Inland**
- **keine unbeschränkte ESt-Pflicht nach § 1 (2) und (3) oder § 1a EStG**
- **inländische Einkünfte i. S. d. § 49 EStG**

Nur die inländischen Einkünfte i. S. d. § 49 EStG unterliegen der deutschen Einkommensteuer.

3.1.6 › Steuerbefreiungen

Freibetrag	Freigrenze
Dieser Betrag bleibt immer steuerfrei. Nur der darüber hinausgehende Betrag unterliegt der Besteuerung.	Liegt ein zu versteuernder Betrag unter der Freigrenze bleibt er steuerfrei. Wird sie erreicht, unterliegt der Gesamtbetrag der Besteuerung.

§ 3 und § 3b EStG nennen Einnahmen, die steuerfrei bleiben.

Beispiel

Leistungen aus einer **Krankenversicherung, Pflegeversicherung und der gesetzlichen Unfallversicherung**

Mutterschaftsgeld

Arbeitslosengeld, Kurzarbeitergeld, Schlechtwettergeld, Arbeitslosenhilfe

Leistungen, die auf Grund des Bundeskindergeldgesetzes gewährt werden

Zuschüsse eines Trägers der gesetzlichen Rentenversicherung zu den Aufwendungen eines Rentners für seine Krankenversicherung

Reisekosten und **Umzugskosten,** die von öffentlichen oder privaten Arbeitgebern gezahlt werden (innerhalb gewisser Grenzwerte)

Aufwandsentschädigungen für nebenberufliche Tätigkeiten als Übungsleiter, Ausbilder, Erzieher … im Dienst oder Auftrag einer inländischen juristischen Person des öffentlichen Rechts, bis zu einer Höhe von insgesamt 3.000 € (Freibetrag) und „Ehrenamtspauschale" von 840 € (Freibetrag) im Jahr

Entschädigungen für die betriebliche Benutzung von Werkzeugen eines Arbeitnehmers **(Werkzeuggeld)**

Typische Berufskleidung, die der Arbeitgeber seinem Arbeitnehmer unentgeltlich oder verbilligt überlässt

Unentgeltliche oder verbilligte Sammelbeförderung eines Arbeitnehmers zwischen Wohnung und Arbeitsstätte mit einem vom Arbeitgeber gestellten Kraftfahrzeug

Trinkgelder

Dienstfahrräder

Elterngeld/Betreuungsgeld/Baukindergeld

Übungen

1 Sind die folgenden Personen beschränkt oder unbeschränkt einkommensteuerpflichtig? Geben Sie auch jeweils den relevanten § an!

a) Brigitte Moser, 4 Jahre alt, wohnhaft in Zwickau

b) Lothar Paulig, 34 Jahre alt, Beamter, wohnhaft in Bremen

c) Petr Zatopek, 35-jähriger Ingenieur aus Prag, der in Hamburg wohnt und arbeitet

d) Collin Smith aus Irland arbeitet und lebt in München.

e) Annegret Moder, Berufssportlerin (Deutsche), lebt in Monaco und verdient als Tennisspielerin bei Turnierauftritten weltweit.

f) Ludwig Gegner, Wirtschaftsattaché der Republik Österreich an deren Botschaft in Berlin

g) Walter Schwager arbeitet seit zwei Jahren als Entwicklungshelfer in Windhuk, Namibia. Er unterhält keinen Wohnsitz in Deutschland, wird aber aus einer inländischen öffentlichen Kasse bezahlt.

h) Peter Zürli ist Schweizer Staatsangehöriger und lebt in Zürich. Er erzielt in Deutschland Einkünfte aus einem geerbten Mietshaus.

i) Marlies Müller ist beim deutschen Konsulat in Los Angeles, USA, beschäftigt. Sie bezieht ihr Gehalt aus einer öffentlichen Kasse aus Deutschland.

j) Pierre Duval lebt in Frankreich, arbeitet jedoch in Deutschland und erzielt nur hier Einkünfte.

k) Jurek Klimunda aus Tschechien arbeitet als Grenzpendler in Deutschland und erzielt nur hier Einkünfte.

l) Felix Neumann aus Vaduz, Liechtenstein, lebt und arbeitet seit 10 Jahren als Geschäftsführer in Lindau/Bodensee. Er bezieht sein Gehalt von einem deutschen Arbeitgeber.

m) Helmut Schmidt ist deutscher Staatsangehöriger. Er lebt seit 4 Jahren in New York, arbeitet für die Vereinten Nationen und wird von diesen auch bezahlt. Seine Wohnung in Deutschland hat er mit dem Umzug in die USA aufgegeben.

2 Maurinos Kostadinos ist griechischer Staatsangehöriger. Er wohnt und arbeitet in Wolfsburg. Seine Ehefrau ist in Athen/Griechenland und kümmert sich dort um den gemeinsamen Sohn und die kranken Eltern von Herrn Kostadinos. Sie hat keine eigenen Einkünfte. Beurteilen Sie die Steuerpflicht des Ehepaares Kostadinos.

3 Bleiben die folgenden Einnahmen steuerfrei? Falls ja, in welchem Umfang? Geben Sie jeweils den relevanten § an!

a) Eine Kellnerin erhält im Jahr 2.400 € Trinkgeld.

b) Ein Arbeitnehmer erhält Krankengeld von seiner Krankenversicherung.

c) Andrea Berger erhält Arbeitslosengeld.

d) Moritz Braun erzielt aus der PV-Anlage (< 30 kW peak) auf seinem Einfamilienhaus Einnahmen von 1.800 €/Jahr.

e) Ilse Klein bezieht für ihre beiden Kinder Kindergeld nach dem Bundeskindergeldgesetz.

f) Ludwig Gegner, Wirtschaftsattaché der Republik Österreich an deren Botschaft in Berlin bezieht ein Gehalt von 3.500 €/Monat.

g) Walter Ludewig erhält als Schichtarbeiter einen Zuschlag für Nachtarbeit in Höhe von 25 %.

h) Peter Jäger bezieht als Beamter ein Gehalt von monatlich 1.600 €.

i) Heinz Winter erhält 120 € Wohngeld/Monat.

k) Claudia Fleck erhielt von der Lufthansa Freimeilen gutgeschrieben und nutzte diese für einen innerdeutschen Freiflug im Wert von 298 €.

l) Ein Lehrer aus Erding hält für die Volkshochschule München Vorträge zum Thema „Steuern sparen im Alter". Er erhielt hierfür 820 €.

m) Marion Meyer erhält seit einem Unfall auf dem Weg zur Arbeit eine Rente der gesetzlichen Unfallversicherung in Höhe von 620 €/Monat.

n) Ein pensionierter Beamter erhält eine monatliche Pension von 1.480 €.

o) Martha Weilermann erhält nach der Geburt ihres Kindes 860 € Elterngeld vom Bund.

p) Arno Bader erhält vom Fußballverein seines Sohnes für seine Tätigkeit als Zeugwart 400 € jährlich.

3.1.7 › Arten der Gewinnermittlung

Betriebsvermögensvergleich	Überschussrechnung
– **Land- und Forstwirte,** die freiwillig Bücher führen oder zur Buchführung verpflichtet sind – **selbstständig Tätige,** die freiwillig Bücher führen – **Gewerbetreibende,** die Bücher führen	**Steuerpflichtige, die weder freiwillig Bücher führen noch gesetzlich buchführungspflichtig sind,** wie z. B. Freiberufler, kleine Gewerbetreibende
Betriebsvermögen am Schluss des Wirtschaftsjahres – Betriebsvermögen am Schluss des vorangegangenen Wirtschaftsjahres + Wert der Entnahmen – Wert der Einlagen = **Gewinn/Verlust**	Betriebseinnahmen – Betriebsausgaben = **Gewinn/Verlust**

3.1.7.1 › Gewinnermittlungszeitraum

§ 4a (1) EStG: Bei Land- und Forstwirten und bei Gewerbetreibenden ist der Gewinn nach dem Wirtschaftsjahr zu ermitteln.

Wirtschaftsjahr

Land- und Forstwirte	Gewerbetreibende, die im Handelsregister eingetragen sind	andere Gewerbetreibende
§ 4 a (1) Nr. 1 EStG	§ 4 a (1) Nr. 2 EStG	§ 4 a (1) Nr. 3 EStG
z. B. 01. Juli bis 30. Juni (siehe § 8c EStDV)	Zeitraum, für den sie regelmäßig Abschlüsse machen	Kalenderjahr

Zurechnung auf den Veranlagungszeitraum = Kalenderjahr

Aufteilung nach dem zeitlichen Anteil (z. B. 50 : 50) § 4a (2) Nr. 1 EStG	Gewinn gilt in dem Kalenderjahr als bezogen, in dem das **Wirtschaftsjahr endet.** § 4a (2) Nr. 2 EStG

§8b EStDV Das Wirtschaftsjahr umfasst 12 Monate. Ein kürzerer Zeitraum ist nur zulässig, wenn ein Betrieb eröffnet, erworben, aufgegeben oder veräußert wird und wenn das Wirtschaftsjahr umgestellt wird. Für nicht im Handelsregister eingetragene Gewerbetreibende sind das Wirtschaftsjahr und das Kalenderjahr identisch. Eine Umstellung auf
§4a (1) Nr. 2 einen abweichenden Zeitraum ist nur möglich, wenn das Finanzamt zustimmt. Eine
§8b Nr. 2 Änderung hin zu einem mit dem Kalenderjahr übereinstimmenden Wirtschaftsjahr ist
EStDV immer möglich.

3.1.7.2 › Abgrenzung zwischen Betriebsvermögen und Privatvermögen

R 4.2 (1) S. 4 EStR

Betriebsvermögen		**Privatvermögen**
Notwendiges Betriebsvermögen	**Gewillkürtes Betriebsvermögen**	**Notwendiges Privatvermögen**
betriebliche Nutzung > 50 %	50 % ≥ betriebliche Nutzung ≥ 10 %	betriebliche Nutzung < 10 %
Wirtschaftsgüter, die ihrer Art nach bestimmt und geeignet sind, *ausschließlich* bzw. *überwiegend* und unmittelbar dem Betrieb zu dienen	Wirtschaftsgüter, die in einem gewissen objektiven Zusammenhang mit dem Betrieb stehen, ihn zu fördern geeignet sind und die vom Steuerpflichtigen in der Bilanz (Buchführung) eindeutig als BV ausgewiesen werden R 4.2, H 4.2 (1) EStR	Wirtschaftsgüter, die ihrer Art nach *unauflöslich* zum *privaten* Bereich des Steuerpflichtigen gehören
Sie müssen in die Bilanz aufgenommen werden.	Sie **können** in die Bilanz aufgenommen werden (Gewinnermittlung nach §4 Abs. 1 oder §5 EStG).	Sie **dürfen nicht** in die Bilanz aufgenommen werden.
z. B. Stanzmaschine, Forderung an einen Kunden, Nutzung eines Pkw zu 60 % für betriebliche Zwecke	z. B. Erwerb von Wertpapieren mit betrieblichen Mitteln, betriebliche Nutzung eines Pkw zu 30 %	z.B. Wohnzimmereinrichtung, Kleidung, Anspruch auf ESt-Erstattung, betriebliche Nutzung eines Pkw zu 5 %

Beachte:
Immaterielle Wirtschaftsgüter dürfen nur bilanziert werden, wenn sie **entgeltlich erworben** wurden (§5 Abs. 2 EStG). Es können nur solche Wirtschaftsgüter als Betriebsvermögen bilanziert werden, die dem Steuerpflichtigen **wirtschaftlich gehören.**
Wirtschaftsgüter gehören **entweder ganz zum Betriebsvermögen oder ganz zum Privatvermögen,** auch wenn sie nur teilweise betrieblich oder privat genutzt werden (Ausnahme: Grundstücke/Gebäude).
R 4.2 (1) Steuerpflichtige, die ihren Gewinn durch Einnahmenüberschussrechnung (§4 Abs. 3
S. 3 EStR EStG) ermitteln, können ebenfalls gewillkürtes Betriebsvermögen bilden.

Zuordnung von Grundstücken und Gebäuden

Gebäudeteile, die nicht in einem einheitlichen Nutzungs- und Funktionszusammenhang mit dem Gebäude stehen, sind selbstständige Wirtschaftsgüter. Ein Gebäudeteil ist selbstständig, wenn er besonderen Zwecken dient, mithin in einem von der eigentlichen Gebäudenutzung verschiedenen Nutzungs- und Funktionszusammenhang steht. R 4.2 (3) EStR

Beispiel

Betriebsvorrichtungen, Ladeneinbauten etc.

Wird ein Gebäude teils eigenbetrieblich, teils fremdbetrieblich, teils zu eigenen und teils zu fremden Wohnzwecken genutzt, ist jeder der vier unterschiedlich genutzten Gebäudeteile ein besonderes Wirtschaftsgut, weil das Gebäude in verschiedenen Nutzungs- und Funktionszusammenhängen steht. R 4.2 (4) EStR

Nutzung des Grundstücks oder Grundstückteils	Zuordnung des Grundstücks oder Grundstückteils	
Ausschließliche und unmittelbare Nutzung für **eigenbetriebliche Zwecke**	**Notwendiges Betriebsvermögen** Ausnahme (R 4.2 (8) EStR): › kein notwendiges Betriebsvermögen bei Grundstücksteilen von untergeordneter Bedeutung, d. h. **gemeiner Wert ≤ 1/5** des Wertes des ganzen Grundstückes und **≤ 20.500 €** (können als gewillkürtes Betriebsvermögen behandelt werden)	R 4.2 (8) EStR
An **Dritte** zur gewerblichen Nutzung oder zu Wohnzwecken **vermietete** Grundstücke oder Grundstücksteile	**Gewillkürtes Betriebsvermögen** *Voraussetzungen:* – Gewinnermittlung durch Betriebsvermögensvergleich und Einnahmenüberschussrechnung – objektiver Zusammenhang mit dem Betrieb – eindeutiger Ausweis in Buchführung und Bilanz bzw. Anlageverzeichnis bei EÜR	R 4.2 (9) EStR
Eigenen Wohnzwecken dienende oder unentgeltlich zu Wohnzwecken überlassene Grundstücksteile	**Notwendiges Privatvermögen**	

3.1.7.3 › Betriebsvermögensvergleich nach § 4 (1) EStG

Personenkreis:

§ 141 AO
- **buchführungspflichtige Land- und Forstwirte deren**
  - **Umsatz > 600.000 €**
  oder
  - **Wirtschaftswert > 25.000 €**
  oder
  - **Gewinn aus Land- und Forstwirtschaft > 60.000 €**

- **freiwillig buchführende**
  - **Land- und Forstwirte**
  - **selbstständig Tätige i. S. d. § 18 EStG**

> **Fall 2:** Markus Maler ist selbstständig tätig und führt freiwillig Bücher. Er ermittelt seinen Gewinn zulässigerweise durch Betriebsvermögensvergleich nach § 4 (1) EStG. Sein Wirtschaftsjahr ist mit dem Kalenderjahr identisch. Das Vermögen von Markus Maler betrug am Ende des Wirtschaftsjahres 2023 90.000 €, die Summe seiner Schulden 50.000 €. Zu Beginn des Wirtschaftsjahres hatte sein Vermögen 85.000 € und seine Schulden 65.000 € betragen. Im Verlauf des Jahres hat Markus Maler 7.500 € entnommen.
>
> Wie hoch ist der Gewinn bzw. Verlust im Wirtschaftsjahr 2023?

Das **Betriebsvermögen** ist die Differenz zwischen Vermögen und Schulden (Eigenkapital) des Unternehmens.

§ 4 (1) S. 2 **Entnahmen** sind alle Wirtschaftsgüter (Barentnahmen, Waren, Erzeugnisse, Nutzungen und Leistungen), die der Steuerpflichtige dem Betrieb für sich, für seinen Haushalt oder für andere betriebsfremde Zwecke im Laufe des Wirtschaftsjahrs entnommen hat.

§ 4 (1) S. 5 **Einlagen** sind alle Wirtschaftsgüter (Bareinzahlungen und sonstige Wirtschaftsgüter), die der Steuerpflichtige dem Betrieb im Laufe des Wirtschaftsjahres zugeführt hat.

3.1.7.4 › Betriebsvermögensvergleich nach § 5 EStG

Personenkreis:

§ 141 AO
- **Kaufleute** (§§ 238, 241a HGB)
- **Gewerbetreibende,** die verpflichtet sind Bücher zu führen, weil
  - **Umsätze > 600.000 € im Kalenderjahr** oder
  - **Gewinn aus Gewerbebetrieb > 60.000 € im Wirtschaftsjahr**
- **Gewerbetreibende, die freiwillig Bücher führen**

3.1.7.5 › Unterschiede zwischen den Arten des Betriebsvermögensvergleichs

Betriebsvermögensvergleich nach § 4 (1) EStG	**Betriebsvermögensvergleich nach § 5 EStG**
Handelsrecht gilt nicht. Es werden nur steuerrechtliche Bewertungsvorschriften nach §§ 6, 7 EStG berücksichtigt.	Maßgeblichkeit der Handels- für die Steuerbilanz Es gelten sowohl handels- wie steuerrechtliche Bewertungsvorschriften.

Übungen

1 In welchem Kalenderjahr wurde in den folgenden Beispielen der Gewinn/Verlust jeweils bezogen?

a) Der Großhändler Otto Hartwig hat im letzten Wirtschaftsjahr, das den Zeitraum vom 01.04.2022 bis 31.03.2023 umfasst, einen Verlust von 30.000 € erzielt.
b) Der Landwirt Hans Haberl erzielte im Wirtschaftsjahr 2022/2023 einen Gewinn von 25.000 €. Das Wirtschaftsjahr läuft jeweils vom 01. Juli bis 30. Juni.
c) Die Einzelhändlerin Cornelia Waldner stellt ihr Wirtschaftsjahr auf das Kalenderjahr um. Im Wirtschaftsjahr, das vom 01.04.2022 bis 31.03.2023 reicht, erzielte sie einen Gewinn von 40.000 €. Im Rumpfwirtschaftsjahr vom 01.04.2023 bis 31.12.2023 betrug der Gewinn 35.000 €.

2 Welche Art der Gewinnermittlung (Betriebsvermögensvergleich oder Überschussrechnung) kommt für folgende Personen in Frage?

a) Steuerberaterin Heidi Tobler, die eine Kanzlei in Fürth betreibt.
b) Landwirt Fritz Moser (führt freiwillig Bücher).
c) Patricia von Auersfeld betreibt in Hamburg ein großes Im- und Exportgeschäft, ihr Umsatz betrug in den vergangenen Jahren immer mehr als 2 Millionen €.
d) Der Gewerbetreibende Norbert Vahlens führt freiwillig Bücher.
e) Markus Nordmann hat als Arzt eine eigene Praxis in Neu-Ulm.

3 Handelt es sich im folgenden um Wirtschaftsgüter des notwendigen Betriebsvermögens, des gewillkürten Betriebsvermögens oder um Privatvermögen? Die Gewerbetreibenden sind alle buchführungspflichtig.

a) Fräsmaschine eines metallverarbeitenden Betriebes
b) Ein Bürogebäude im Wert von 1 Million € (Erdgeschoss und fünf Stockwerke) wird vom Gewerbebetrieb bis einschließlich des dritten Stockwerks für eigenbetriebliche Zwecke genutzt. Das vierte Stockwerk ist an ein Handelsunternehmen vermietet und beherbergt deren örtliche Verwaltung. Das gesamte oberste Stockwerk nutzt der Eigentümer für eigene Wohnzwecke.
c) Pkw der Ehefrau, der vom Gewerbetreibenden für Geschäftsfahrten genutzt wird, wenn der eigene Wagen zur Inspektion ist (geschäftlicher Anteil ca. 5 %)
d) gemieteter Lkw, der ausschließlich für Warentransporte zu Kunden und zu innerbetrieblichen Transporten benutzt wird
e) Pkw, der zu 40 % für betriebliche Zwecke genutzt wird
f) Sammlung wertvoller Porzellanpuppen eines Bauunternehmers
g) Darlehensschuld, die zur Finanzierung einer Fertigungsmaschine aufgenommen wurde
h) auf Lager liegende Rohstoffe im Wert von 30.000 €

4 Der Rechtsanwalt Lorenz Neubert ermittelt seinen Gewinn zulässigerweise durch Überschussrechnung nach § 4 (3) EStG. Seine Betriebseinnahmen betrugen 60.000 €, seine Betriebsausgaben 35.000 €.
Wie hoch ist der erzielte Gewinn?

5 Ein buchführungspflichtiger Gewerbetreibender beendete das Wirtschaftsjahr 2022 mit einem Vermögen von 120.000 € und mit 85.000 € Schulden. Der Wert der Entnahmen im Laufe des Wirtschaftsjahres 2023 betrug 22.500 €, der Wert einer Einlage 7.500 €. Das Eigenkapital am Ende des Wirtschaftsjahres 2023 belief sich auf 45.000 €.

Ermitteln Sie den Gewinn des Gewerbetreibenden für 2023!

3.1.8 Gewinnermittlung durch Überschussrechnung nach § 4 (3) EStG

Der Steuerpflichtige ist weder gesetzlich verpflichtet Bücher zu führen noch tut er dies freiwillig (Kleingewerbetreibende, Angehörige der freien Berufe) [1]

Gewinn

=

Überschuss der Betriebseinnahmen über die Betriebsausgaben

3.1.8.1 Zufluss der Einnahmen und Abfluss der Ausgaben

	Betriebseinnahmen	Betriebsausgaben
§ 11 (1+2)	Sie sind innerhalb des Kalenderjahres bezogen, in dem sie dem Steuerpflichtigen **zugeflossen** sind.	Sie sind für das Kalenderjahr abzusetzen, in dem sie **geleistet** worden sind.
	Regelmäßig wiederkehrende Einnahmen, die **kurze Zeit** nach Ende des Jahres zufließen, in das sie wirtschaftlich gehören, gelten als in diesem Jahr bezogen.	**Regelmäßig wiederkehrende Ausgaben** die **kurze Zeit** nach Ende des Jahres geleistet werden, in das sie wirtschaftlich gehören, gelten als in diesem Jahr geleistet.

Fall 3: Ein Steuerberater ermittelt seinen Gewinn nach § 4 (3) EStG. Er hat die laut Mietvertrag am 31.12.2023 fällige Miete erst am 04.01.2024 überwiesen. Eine am 30.12.2023 fällige Honorarforderung wird vom Mandanten erst eine Woche später bar bezahlt.
Welchem Kalenderjahr sind die Mietzahlung und die Einnahme aus der Forderung an den Mandanten zuzuordnen?

H 11 EStR Bei einer Zahlung mit **Scheck** gilt der Zufluss mit der Entgegennahme als erfolgt, der Abfluss mit der Hingabe.

Bei einem **Wechsel** erfolgt der Zufluss mit Einlösung oder Diskontierung des zahlungshalber hingegebenen Wechsels. Entsprechendes gilt für den Abfluss.

Zinsen, als regelmäßig wiederkehrende Einnahmen, sind in dem Jahr zugeflossen, in das sie wirtschaftlich gehören, d. h. in dem sie fällig sind. Die Eintragung z. B. im Sparbuch ist unerheblich.

§ 11 H 11 EStH Das **Zufluss- und Abflussprinzip** über die Zuordnung von Einnahmen und Ausgaben werden für regelmäßig wiederkehrende Einnahmen und Ausgaben durchbrochen. Voraussetzung dafür, dass Einnahmen, die nach Ende eines Kalenderjahres vereinnahmt werden, noch dem Kalenderjahr zuzurechnen sind, in das sie wirtschaftlich gehören, ist die Vereinnahmung innerhalb kurzer Zeit, d. h. **bis zu 10 Tagen** nach Ende des Jahres. Bei regelmäßig wiederkehrenden Ausgaben ist analog zu verfahren.

§ 38a (1) Einnahmen aus **nichtselbstständiger Arbeit** sind im Gegensatz dazu in dem Jahr zugeflossen, in dem der Lohnzahlungszeitraum endet.

---

[1] Steuerpflichtige, die den Gewinn nach § 4 (3) EStG ermitteln, müssen der ESt-Erklärung die Anlage EÜR beifügen und elektronisch übermitteln.

3.1.8.2 › Abgrenzung zwischen Betriebseinnahmen und Betriebsausgaben

Betriebseinnahmen (BE)	Betriebsausgaben (BA)	
alle Güter in Geld oder Geldeswert, die dem Steuerpflichtigen aus betrieblichen Gründen zufließen	Aufwendungen, die durch den Betrieb veranlasst worden sind	§ 4 (4) H 4.7 EStH

Fall 4: Der Architekt Georg Bachmaier ermittelt seinen Gewinn durch Überschussrechnung nach § 4 (3) EStG. Dabei stellt sich die Frage, wie folgende Sachverhalte berücksichtigt werden: Einnahmen aus freiberuflicher Tätigkeit 70.000 €; Privatentnahme eines Kopierers, Restbuchwert 1.000 €, Teilwert 500 €; Kauf eines neuen Firmenwagens im Januar für brutto 35.700 € ND 6 Jahre; ein Kredit von 20.000 € wird dem Firmenkonto gutgeschrieben; Verkauf eines voll abgeschriebenen Schreibtisches für 2.300 € brutto?

Wichtige Betriebseinnahmen bei der Überschussrechnung nach § 4 (3) EStG sind:

- Einnahmen aus dem Verkauf von Grund und Boden (BE gleichzeitig BA in Höhe der Anschaffungskosten)
- Einnahmen aus dem Verkauf von abnutzbaren Wirtschaftsgütern des Anlagevermögens, z. B. Maschinen, Pkw (BE in Höhe des Entgelts, BA in Höhe des Restbuchwerts)
- Entgelt aus dem Verkauf von Umlaufvermögen (z. B. Waren)
- Vorschüsse, Teilzahlungen, Abschlagszahlungen beim Zufluss
- Einnahmen aus freiberuflicher Tätigkeit
- Privatentnahme von abnutzbaren Wirtschaftsgütern (BE zum Teilwert, gleichzeitig BA in Höhe des Restbuchwerts)
- Privatentnahme von Umlaufvermögen oder von Nutzungen oder Leistungen (BE zum Teilwert)
- Vereinnahmte Umsatzsteuer
- Erhaltene Schadensersatzleistungen (z. B. Versicherungszahlung nach Brand)

Keine Betriebseinnahmen bei der Überschussrechnung nach § 4 (3) EStG sind z. B.:

- Einnahmen aus der Hereinnahme von Darlehen
- Einnahmen für Rechnung eines anderen (durchlaufende Posten)
- Privateinlage von Geld (keine Aufzeichnung)
- Erstattung privater Steuern (z. B. ESt) auf betriebliche Konten
- Erlass von Kundenforderungen

Wichtige Betriebsausgaben bei der Überschussrechnung nach § 4 (3) EStG sind:

- Personalkosten (Löhne, Gehälter, Ausbildungsvergütung)
- laufende **AfA** nach § 7 EStG bei Anschaffung von betrieblichen Gebäuden oder anderen abnutzbaren Wirtschaftsgütern des Anlagevermögens
- Sonder-AfA nach § 7g (5)
- Anschaffungskosten von Waren bei Leistung des Entgelts (bei Anlieferung der Ware keine Aufzeichnung)
- Restwert bei abnutzbaren Anlagegütern nach Totalverlust, evtl. Entschädigung ist BE
- Kosten für Betriebsgrundstücke oder betrieblich genutzte Grundstücksteile
- Verlust betrieblich veranlasster Darlehensforderungen in dem Jahr, in dem der Verlust endgültig feststeht
- Darlehenszinsen, Telefonkosten, Umsatzsteuervorauszahlungen
- Damnum in voller Höhe soweit unter Berücksichtigung der jährlichen Zinsbelastung die marktüblichen Beträge nicht überschritten werden. Von der Marktüblichkeit ist auszugehen, wenn für ein Darlehen mit einem Zinsfestschreibungszeitraum von mindestens 5 Jahren ein Damnum bis zu 5 % vereinbart worden ist.
- Abziehbare Vorsteuer (soweit die Vorsteuer nicht abziehbar ist, gehört sie zu den Anschaffungskosten der Wirtschaftsgüter)
- Geldverluste durch Diebstahl bei eindeutigem betrieblichen Zusammenhang (z. B. Portokasse wird entwendet)

Keine Betriebsausgaben bei der Überschussrechnung nach § 4 (3) EStG sind z. B.:

- Ausgaben für die Anschaffung von betrieblichem Grund und Boden und anderen nichtabnutzbaren Anlagegütern (BA erst bei Verkauf oder Entnahme)
- Anschaffungs- oder Herstellungskosten für Anteile an Kapitalgesellschaften, für Wertpapiere und vergleichbare nicht verbriefte Forderungen und Rechte, für Grund und Boden sowie Gebäude des Umlaufvermögens (BA erst im Zeitpunkt der Veräußerung oder Entnahme)
- Verderb/Diebstahl von Waren und sonstige Werteinbußen an Umlaufvermögen und nichtabnutzbaren Anlagegegenständen (keine Teilwertabschreibung)
- Darlehenstilgung
- Forderungsverluste (z. B. wegen Insolvenz eines Mandanten)
- Zahlung privater Vorgänge über betriebliche Konten (z. B. private Versicherungen und Steuern)
- Privatentnahme von Geld (keine Aufzeichnung)
- Veräußerung, Entnahme, Wertminderung oder Verlust von Wirtschaftsgütern des GWG-Sammelpostens.

Auch **Tauschgeschäfte** sind in der Gewinnermittlung nach § 4 (3) EStG zu berücksichtigen. Beim Tausch stellt der gemeine Wert des hingegebenen Wirtschaftsgutes die Betriebsausgabe für das eingetauschte Wirtschaftsgut dar. Dabei ist „gemeiner" Wert der Betrag, der sich für das hingegebene Wirtschaftsgut als Preis bei einem Bargeschäft zwischen den Vertragspartnern ergeben hätte.

3.1.8.3 › Nichtabzugsfähige Betriebsausgaben

Gemäß § 4 (5) EStG dürfen folgende Betriebsausgaben den Gewinn nicht mindern:

- Aufwendungen für Geschenke an Personen, die nicht Arbeitnehmer sind, im Wert von mehr als 35 € (Freigrenze)
- 30 % der angemessenen und nachgewiesenen Bewirtungsaufwendungen, die aus geschäftlichem Anlass getätigt wurden (bezahlte USt = BA)
- Aufwendungen für Gästehäuser, für Jagd oder Fischerei, für Segel- und Motorjachten
- Mehraufwendungen für die Verpflegung des Steuerpflichtigen, sobald sie folgende Pauschbeträge übersteigen:

Eintägige Auswärtstätigkeit	
Abwesenheit > 8 Std.	14 €
Mehrtägige Auswärtstätigkeit	
An- und Abreisetag	14 €
ganze Tage	28 €

- Aufwendungen für Fahrten des Steuerpflichtigen mit einem betrieblichen Pkw zwischen Wohnung und Betriebsstätte, soweit bestimmte Pauschbeträge überschritten werden
- Gerichtlich verhängte Geldbußen, Ordnungsgelder und Verwarnungsgelder
- Zinsen auf hinterzogene Steuern
- Schmiergeldzahlungen
- Aufwendungen zur Förderung staatspolitischer Zwecke
- Gewerbesteuer und die darauf entfallenden Nebenleistungen, § 4 (5b) EStG

Übungen

1 In welchem Kalenderjahr sind die folgenden Betriebseinnahmen und Betriebsausgaben zu berücksichtigen, wenn der Steuerpflichtige seinen Gewinn durch Überschussrechnung nach § 4 (3) EStG ermittelt?

a) Ein Steuerpflichtiger erhält am 29.12.2023 zum Rechnungsausgleich von einem Kunden einen Scheck, den er am 03.01.2024 bei seiner Bank einreicht. Gutschrift auf seinem Konto am 05.01.2024.

b) Der Steuerpflichtige hat Räume in seinem Büro untervermietet. Die Miete für das Büro ist lt. Mietvertrag am Monatsende fällig. Wegen des Weihnachtsurlaubs wurde die Dezembermiete 2022 erst am 04.01.2023 überwiesen und am 05.01.2023 dem Konto des Steuerpflichtigen gutgeschrieben.

c) Die Rechnung eines Lieferanten, fällig am 26.12.2023, wurde am 29.12.2023 per Bank überwiesen.

d) Die Anfang Dezember eingegangene Rechnung des Steuerberaters hat der Steuerpflichtige erst am 04.01.2024 überwiesen.

2 Wie sind folgende Sachverhalte bei der Gewinnermittlung durch Überschussrechnung nach § 4 (3) EStG 2023 zu berücksichtigen? Der Steuerpflichtige ist als Gewerbetreibender zum Vorsteuerabzug berechtigt. § 6 Abs. 2a EStG ist nicht anzuwenden.

a) Anschaffung eines Schreibtisches für netto 350 € + USt am 29.12.2023, Zahlung am 04.01.2024 durch Banküberweisung

b) Ein Kunde begleicht Anfang Januar 2023 eine Rechnung über 11.500 € (Warenlieferung im Dezember 2022) durch Banküberweisung.

c) Ein Gewerbetreibender beabsichtigt im Jahr 2024, eine Maschine für 30.000 € anzuschaffen. Wie ist dies 2023 bei der Gewinnermittlung nach § 4 (3) EStG zu berücksichtigen?

d) Eine Forderung an einen Kunden über 3.726 € brutto wurde uneinbringlich.

e) Der Steuerpflichtige vereinnahmte für eine Warenlieferung, die Anfang 2024 erfolgen soll, im Dezember 2023 eine Anzahlung in Höhe von 200 € bar.

3 Der praktische Arzt Joachim Schmidt, Leipzig, ermittelt für das Jahr 2023 seinen Gewinn nach § 4 (3) EStG. 2023 ergaben sich bisher Betriebseinnahmen von 320.000 € und Betriebsausgaben von 180.000 €. Prüfen Sie die folgenden Sachverhalte. Falsch gebuchte Betriebseinnahmen und Betriebsausgaben sind in der Minusspalte zu korrigieren.
Verwenden Sie zur Lösung ein Schema nach folgendem Muster und ermitteln Sie den Gewinn / Verlust! Die Voraussetzungen für § 7g sind nicht erfüllt.

Nr.	Erklärung	Betriebseinnahmen		Betriebsausgaben	
		+	–	+	–

a) Herr Schmidt entnahm aus seinem Betriebsvermögen einen bereits voll abgeschriebenen PC (Teilwert 100 €) und schenkte ihn seinem Sohn. Der Vorgang wurde noch nicht erfasst.

b) Vom Finanzamt wurde 4.400 € Einkommensteuer erstattet und als Betriebseinnahme gebucht.

c) Herr Schmidt nahm im Januar ein Darlehen für die Beschaffung eines Praxisgerätes in Höhe von 30.000 € auf. Die Bank zahlte 29.400 € aus. Herr Schmidt erfasste 29.400 € als Betriebseinnahme. Das Damnum verteilte er auf 5 Jahre und buchte daher 120 € als Betriebsausgabe.

d) Unter den Betriebsausgaben befindet sich ein Betrag von 2.000 €, der sich aus einem Tilgungsanteil von 800 € und einem Zinsanteil von 1.200 € für ein betriebliches Darlehen zusammensetzt.

e) Die Abschreibung für das Praxisgerät aus Nr. c wurde noch nicht vorgenommen. Das Gerät wurde Anfang Januar angeschafft. Die Nutzungsdauer beträgt 8 Jahre, die Anschaffungskosten lagen bei 30.000 € brutto. Herr Schmidt möchte die höchstmögliche Abschreibung ansetzen.

f) Für den betrieblich genutzten Pkw wurde die Haftpflichtversicherungsprämie in Höhe von 600 € am 02.10.für ein Jahr im voraus gezahlt und voll als Betriebsausgabe gebucht.

g) Ein gebrauchter Computer, der nur für medizinische Zwecke benutzt wurde, wird gegen Barzahlung für 2.000 € verkauft. Der Buchwert betrug zum Zeitpunkt der Veräußerung 1.500 €. Schmidt buchte 2.000 € als Betriebseinnahme.

h) Eine Forderung in Höhe von 5.000 € an einen Patienten wurde uneinbringlich und als Betriebsausgabe erfasst.

4 Die Steuerpflichtige Daniela Hellberg betreibt seit vier Jahren in Altötting / Bayern einen Devotionalienhandel (Gewerbebetrieb) und ermittelt ihren Gewinn nach § 4 (3) EStG. Ihre Umsätze versteuert sie nach den allgemeinen Vorschriften des UStG. Im innergemeinschaftlichen Warenverkehr verwendet sie ihre USt-IdNummer. Ordnungsgemäße Rechnungen liegen in allen Fällen vor. Die Voraussetzungen nach § 7g EStG sind erfüllt. Für das Wirtschaftsjahr 2023 (= Kalenderjahr) belaufen sich die Betriebseinnahmen auf 134.800 € und die Betriebsausgaben auf 120.110 €. Die Steuerpflichtige möchte einen möglichst niedrigen steuerlichen Gewinn erzielen. Die folgenden Sachverhalte sind noch nicht berücksichtigt bzw. sind gegebenfalls zu berichtigen.

Nr.	Erklärung	Betriebseinnahmen		Betriebsausgaben	
		+	–	+	–

a) Die Steuerpflichtige kaufte von einem italienischen Lieferanten (italienische USt-IdNr.) Rosenkränze ein. Der Rechnungsbetrag in Höhe von 2.880 € wurde sofort per Banküberweisung bezahlt. Der Vorgang wurde noch nicht erfasst.

b) Von einem Lieferanten aus Passau bezog Frau Hellberg Ansichtskarten für 400 € + 7 % USt und bezahlte sofort bar.

c) Frau Hellberg hat Anfang Dezember ein kleines unbebautes Grundstück für insgesamt 28.600 € erworben, um dort im nächsten Jahr einen Kiosk zu errichten. Obwohl der Betrag sofort per Bank bezahlt wurde, ist er noch nicht erfasst.

d) Gleichfalls Anfang Dezember wurde ein für den Grundstückskauf aufgenommenes Darlehen in Höhe von 25.000 € dem Firmenkonto gutgeschrieben. Dieser Vorgang ist ebenfalls noch nicht gebucht.

e) Eine Angestellte erhielt zum 50. Geburtstag ein Geschenk im Wert von 30 € + 19 % USt. Das Geschenk wurde am 5. November gekauft, sofort bar bezahlt, am 8. November übergeben und in Höhe von 30 € als Betriebsausgabe erfasst.

f) Frau Hellberg hat im Juli eine neue Ladeneinrichtung für 8.000 € + USt erworben und bar bezahlt. Die Nutzungsdauer beträgt 10 Jahre. Der Gesamtbetrag wurde als BA gebucht. Im Vorjahr wurde hierfür ein Investitionsabzugsbetrag von 3.200 € geltend gemacht. Der gebildete IAB soll hinzugerechnet und die AK um den höchstmöglichen Betrag gekürzt werden.

g) Die fällige Umsatzsteuer-Vorauszahlung in Höhe von 2.280 € wurde vom Finanzamt mit Zustimmung der Steuerpflichtigen mit der ESt-Überzahlung verrechnet, so dass noch 980 € auf dem Bankkonto gutgeschrieben und von Frau Hellberg als Betriebseinnahme erfasst wurden.

h) Frau Hellberg spendete aus betrieblichen Mitteln 500 € an die „Aktion Mensch" (Banküberweisung vom Firmenkonto) und behandelte den Betrag als Betriebsausgabe.

i) Ein vor zwei Jahren für 400 € erworbener PC wurde im Jahr des Kaufs als GWG voll abgeschrieben. Dieser PC wird jetzt für 50 € + USt an einen Privatmann verkauft, der ihn bar bezahlt.

k) Bei einem Einbruch in den Laden wurden Anfang August Waren für 800 € (Einkaufswert) entwendet. Da die Versicherung nur 650 € erstattete, erfasste Frau Hellberg die Differenz als Betriebsausgabe.

l) Eine Geldeinlage in die Geschäftskasse in Höhe von 1.250 € wurde von der Steuerpflichtigen als Betriebseinnahme erfasst.

5 Der Gewerbetreibende Werner Flach, München, ermittelt 2023 seinen Gewinn nach § 4 (3) EStG. Die Umsatzsteuer beträgt 19 %. Flach ist zum Vorsteuerabzug berechtigt. § 7g EStG ist nicht anzuwenden.
Die angegebenen Fälle sind zu überprüfen, eventuell zu korrigieren bzw. neu zu erfassen. Verwenden Sie zur Lösung das nachfolgende Schema. Der Steuerpflichtige möchte einen möglichst niedrigen steuerlichen Gewinn ausweisen.

Nr.	Erklärung	Betriebseinnahmen		Betriebsausgaben	
		+	–	+	–

a) In den Betriebseinnahmen enthalten ist ein Scheck über 228 €, den Flach am 29.12.2023 erhielt, der jedoch erst am 05.01.2024 dem Firmenkonto gutgeschrieben wurde.

b) Vor vier Jahren hatte Flach ein unbebautes Grundstück für 22.000 € erworben und als Lagerplatz für seinen Betrieb genutzt. Am 01.07.2023 wurde es für 26.000 € verkauft. Der Betrag wurde als Betriebseinnahme erfasst.

c) Waren für 2.320 € brutto wurden gegen Barzahlung verkauft. Der gesamte Betrag wurde von Flach als Betriebseinnahme behandelt.

d) Die Büromiete für Januar 2024 (fällig 02.01.2024) in Höhe von 1.000 € + 190 € USt wurde bereits am 29.12.2023 vom betrieblichen Bankkonto an den Vermieter überwiesen. 1.190 € wurden als Betriebsausgabe erfasst.

e) Herr Flach hebt von seinem Firmenkonto 2.000 € ab und schenkt den Betrag seinem Sohn zum Abitur. Der Vorgang wurde bisher noch nicht berücksichtigt.

f) Mit dem Abschluss des Insolvenzverfahrens gegen den Kunden Bäumler ist eine Forderung über 1.740 € brutto endgültig verloren. Der Betrag wurde als Betriebsausgabe erfasst.

g) Eine Forderung aus dem Vorjahr über 1.160 € war als uneinbringlich eingestuft worden. Aus dieser Forderung gehen überraschend 400 € auf dem Bankkonto ein. Bisher keine Aufzeichnung.

h) Die Umsatzsteuerzahllast in Höhe von 3.200 € für die Voranmeldung Dezember 2023 hat Flach erst am 05. Januar 2024 an das Finanzamt überwiesen. Er erfasste den Betrag 2023 als Betriebsausgabe.

i) Am 01.08.2023 wird eine neue Maschine für 6.000 € + USt auf Ziel gekauft. Die Nutzungsdauer der Maschine beträgt sechs Jahre. Der Rechnungsbetrag wird am 28.08.2023 unter Abzug von 3 % Skonto vom betrieblichen Bankkonto überwiesen. Der Vorgang ist noch nicht erfasst.

k) Flach hat einen Geschäftsfreund zum Essen eingeladen. Die ordnungsgemäße Bewirtungsrechnung über 107,00 € für Speisen und 23,80 € für Getränke wurde noch nicht gebucht.

l) Ein Kunde erhielt zum Geburtstag eine Flasche Champagner. Der Kassenbon des Feinkosthändlers über 81,20 € einschl. USt wurde noch nicht erfasst.

m) Am 28.12.2023 wurde ein neues Multifunktionsgerät für das Büro von Herrn Flach geliefert. Das Gerät hat eine Nutzungsdauer von vier Jahren. Die Zahlung des Rechnungsbetrages in Höhe von 400 € + 76 € USt erfolgt erst im Januar 2024.

n) 2023 wurden für ein im Vorjahr aufgenommenes Darlehen 5.000 € Tilgungsleistung und 8.000 € Zinsen bezahlt. Beide Beträge sind in den Betriebsausgaben 2023 enthalten.

3.2 Bewertung von Wirtschaftsgütern des Betriebsvermögens

Durch die Bewertung sollen Wertansätze für Vermögensgegenstände und Schulden in der Bilanz ermittelt werden.

3.2.1 Bewertungsmaßstäbe

Bewertungsmaßstäbe sind Wertvorstellungen, an denen der Wert von Wirtschaftsgütern gemessen wird. Das Einkommensteuergesetz unterscheidet: §6 EStG

Anschaffungskosten	Herstellungskosten	Teilwert

3.2.1.1 Anschaffungskosten (Ak)

RW 237 ff.

Anschaffungskosten sind alle Aufwendungen, die geleistet werden, um ein Wirtschaftsgut (WG) zu erwerben und in einen betriebsbereiten Zustand zu versetzen, soweit sie dem WG *einzeln* zugerechnet werden können. §255 (1) HGB H 6.2 EStH

Anschaffungspreis (Einkaufspreis)
\+ Anschaffungsnebenkosten
− Anschaffungspreisminderungen

= **Anschaffungskosten**
(die abziehbare Vorsteuer gehört nicht zu den Ak, §9b(1) EStG)

RW 282 ff.

Anschaffungsnebenkosten beim Kauf von		
Grund und Boden	**beweglichen Wirtschaftsgütern**	**Wertpapieren**
z. B. – Grunderwerbsteuer – Notariatskosten – Grundbuchkosten (nicht für Finanzierung) – Maklergebühren – Gutachterkosten – Vermessungskosten	z. B. – Zölle – Fracht, Rollgeld – Wiegekosten, Verladung – Transportversicherung – Verpackung – Überführung – Montagekosten – Anschlüsse, Fundamente	z. B. – Bankprovisionen – Maklergebühren (Courtage) – Auslagen

Nebenkosten gehören nur zu den Ak, wenn sie dem WG einzeln zugeordnet werden können. H 6.2 EStH

Nachträgliche Anschaffungskosten sind Aufwendungen, die in sachlichem und zeitlichem Zusammenhang mit der Anschaffung eines WG stehen und dieses verändern, erheblich verbessern oder seine Nutzungsdauer deutlich verlängern (= anschaffungsnaher Aufwand), z. B. nachträgliche Aufbauten oder Umbauten bei Fahrzeugen und Maschinen.

H 6.2 EStH **Anschaffungspreisminderungen** können sein: Rabatte, Skonti, Boni oder Preisnachlässe aufgrund von Mängelrügen. Sie führen aber erst im **Zeitpunkt der tatsächlichen Inanspruchnahme zu einer Kürzung der Ak.**

H 6.3 EStH **Keine Anschaffungskosten** sind Geldbeschaffungskosten (Finanzierungskosten), wie Damnum, Spesen, Bearbeitungsgebühren, Zinsen, Wechseldiskont. Diese Kosten sind Anschaffungskosten des Kredits, mit dessen Hilfe das Wirtschaftsgut angeschafft wurde. Gemeinkosten gehören ebenfalls nicht zu den Anschaffungskosten.

Beispiel

Eine KG erwarb im September 2023 ein Grundstück mit Bürogebäude für 1.000.000,00 €. Vom Kaufpreis entfallen 12 % auf den Grund und Boden. Die KG übernahm vom Verkäufer eine Grundschuld in Höhe von 200.000,00 €, die auf den Kaufpreis angerechnet wurde. Im Zusammenhang mit dem Kauf sind weitere Aufwendungen angefallen:

Maklerprovision	25.600,00 €	+ 19 % USt
Notargebühren für den Kauftvertrag	8.000,00 €	+ 19 % USt
Grundbucheintragungen	1.600,00 €	
Grundschuldbestellung	1.000,00 €	
5 % Grunderwerbsteuer vom Kaufpreis.		

Berechnen Sie die Anschaffungskosten für den Grund und Boden und für das Bürogebäude.

Lösung:

	Zahlung	800.000,00 €
+	Übernahme Grundschuld	200.000,00 €
+	Kaufpreis	1.000.000,00 €
+	5 % Grunderwerbsteuer	50.000,00 €
+	Maklerprovision	25.600,00 €
+	Beurkundung KV	8.000,00 €
+	Grundbucheintragung	1.600,00 €
	Anschaffungskosten insgesamt	1.085.200,00 €

Davon entfallen auf den Grund und Boden 12 % = 130.224,00 €, auf das Bürogebäude 88 % = 954.976,00 €. Die Kosten für die Grundschuldbestellung sind Finanzierungskosten.

Fall 5: Ein Unternehmer erwarb im August 2023 ein unbebautes Grundstück für 90.000 €. An weiteren Aufwendungen sind angefallen:
Grunderwerbsteuer, 5 %; Maklergebühren 2.700 € + 19 % USt; Notariatskosten für Grundstückskaufvertrag 1.300 € + 19 % USt und 140 € für die Auflassung im Grundbuch.

Mit welchem Wert ist das Grundstück in der Bilanz anzusetzen?

Übungen

1 Eine Gewerbetreibende erwarb im März 2023 einen neuen Lkw für ihr Unternehmen. Die Rechnung des Händlers lautete:

Listenpreis	60.000,00 €
Anhängerkupplung	1.100,00 €
Firmenbeschriftung	900,00 €
Funkgerät, eingebaut	800,00 €
Überführung	50,00 €
Summe	62.850,00 €
+ 19 % USt	11.941,50 €
Rechnungsbetrag	74.791,50 €

Wie hoch sind die Anschaffungskosten, wenn die Gewerbetreibende für die Nummernschilder noch 60 € + 19 % USt und 70 € für die Zulassung bezahlen musste?

2 Ein Unternehmer erwarb im Juni 2023 einen neuen Pkw Kombi gegen Inzahlunggabe eines gebrauchten Fahrzeugs. Der Pkw-Händler erstellte folgende Rechnung:

	Pkw Kombi XL	36.000,00 €
–	10 % Rabatt	3.600,00 €
		32.400,00 €
+	Anhängerkupplung	460,00 €
+	Werbeaufschrift	1.200,00 €
+	Überführung	340,00 €
		34.400,00 €
+	19 % USt	6.536,00 €
+	1. Tankfüllung (brutto)	71,40 €
		41.007,40 €
–	Altfahrzeug (brutto)	9.520,00 €
	Aufpreis	31.487,40 €

Für die Zulassung des Fahrzeugs zahlte der Unternehmer 36,00 € an die Zulassungsstelle und für zwei Nummernschilder insgesamt 59,50 € (brutto) an eine Schilderwerkstatt.

Wie hoch sind die Anschaffungskosten des neuen Pkws, wenn dieser auch privat genutzt wird?

3 Eine GmbH kaufte im Oktober 2023 eine neue Fräsmaschine für 80.000 € + 19 % USt. Der Spediteur verlangte 800 € + 19 % USt für Fracht und 110 € für Transportversicherung. Der Rechnungsbetrag wurde am 31.10.2023 unter Abzug von 2 % Skonto von 80.000 € durch Banküberweisung beglichen.
Die Maschine wurde Anfang November aufgestellt. Die anfallenden Montagekosten betrugen laut Rechnung 2.618 € brutto.

Ermitteln Sie die Anschaffungskosten für die Maschine!

4 Im Februar 2023 kaufte eine OHG für 400.000 € ein Mietwohngrundstück, das zu 100 % Wohnzwecken dient. Dabei entstanden folgende Nebenkosten:

- 5 % Grunderwerbsteuer
- 10.000 € Maklerprovision + 19 % USt
- 4.000 € Notariatskosten + 19 % USt
- 400 € Grundbuchgebühren

Vom Kaufpreis entfallen 15 % auf den Grund und Boden.
Wie hoch sind die Anschaffungskosten für
a) das Gebäude und
b) den Grund und Boden?

5 Eine Unternehmerin erwarb bei ihrer Bank 500 Aktien zum Kurs von 280 €. Die Papiere dienen dem Unternehmen als kurzfristige Liquiditätsreserve.

Für den Kauf berechnete die Bank:
- 1 % Bankprovision
- 0,75‰ Courtage
- 20 € Auslagen

Mit welchem Betrag sind die Aktien beim Kauf anzusetzen?

RW 242 ff.

3.2.1.2 › Herstellungskosten (Hk)

§ 255 (2) HGB R 6.3 EStR Als Herstellungskosten werden alle Aufwendungen bezeichnet, die durch den Verbrauch von Gütern und die Inanspruchnahme von Diensten für die Herstellung eines Wirtschaftsgutes, seine Erweiterung oder über seinen ursprünglichen Zustand hinausgehende wesentliche Verbesserung entstehen.

RW 316 f.

Herstellungskosten nach Handelsrecht § 255 (2) HGB und Steuerrecht R 6.3 EStR	Ansatz in der Handels- und Steuerbilanz
Materialkosten Fertigungskosten Sonderkosten der Fertigung angemessene Teile der Materialkosten und der Fertigungsgemeinkosten Werteverzehr des Anlagevermögens (AfA) soweit dieser durch die Fertigung veranlasst ist	**Aktivierungspflicht**
(§ 6 (1) Nr. 1b EStG) angemessene Teile der allgemeinen Verwaltung Aufwendungen für soziale Einrichtungen freiwillige soziale Leistungen betriebliche Altersversorgung soweit sie auf den Zeitraum der Herstellung entfallen	**Aktivierungswahlrecht in der Handelsbilanz und in der Steuerbilanz**[1]
Forschungs- und Vertriebskosten	**Aktivierungsverbot**

Beispiel

Ein Industriebetrieb ermittelte für die Herstellung einer selbstgenutzten Maschine folgende Kosten bzw. Zuschlagssätze: Fertigungsmaterial 25.000 €, Fertigungslöhne 48.000 €, Materialgemeinkosten 25 %, Fertigungsgemeinkosten 125 %, Planungskosten 2.500 €, angemessene Verwaltungsgemeinkosten 8 %. Die Vertriebskosten würden 1.800 € betragen.

Mit welchem Wert sind die Herstellungskosten handels- und steuerrechtlich **mindestens** anzusetzen?

Lösung:

	mindestens anzusetzende Herstellungskosten		
+	Materialeinzelkosten	25.000 €	
+	Materialgemeinkosten (25 % von 25.000 €)	6.250 €	
	Materialkosten		31.250 €
	Fertigungseinzelkosten	48.000 €	
+	Fertigungsgemeinkosten (125 % von 48.000 €)	60.000 €	
	Fertigungskosten		108.000 €
+	Sondereinzelkosten der Fertigung		2.500 €
	Herstellungskosten in der Handelsbilanz und Steuerbilanz		141.750 €

Die allgemeinen **Verwaltungskosten können**, soweit sie auf den Zeitraum der Herstellung entfallen, in die Herstellungskosten eingerechnet werden (= 8 % der HK, Bewertungswahlrecht). Laut Aufgabe soll jedoch der niedrigst mögliche Ansatz gewählt werden. Sowohl in der HB als auch in der StB sind die Kosten daher nicht anzusetzen (= Übereinstimmungsvorbehalt). Die **Vertriebskosten gehören nicht** zu den Herstellungskosten.

[1] Übereinstimmungsvorbehalt bei Gewinnermittlung nach § 5 EStG beachten, § 6 (1) Nr. 1b S. 2 EStG

Fall 6: Eine Maschinenfabrik in Augsburg baute für eigene Zwecke eine Spezialmaschine. Dabei sind folgende Kosten angefallen:
Fertigungsmaterial 60.000 €; 20 % Materialgemeinkosten; 46.000 € Fertigungslöhne; 180 % Fertigungsgemeinkosten; Entwicklungskosten 40.000 €; Verwaltungsgemeinkosten 10 % der aktivierungspflichtigen Herstellungskosten.

Wie hoch sind die in der Handelsbilanz mindestens anzusetzenden Herstellungskosten?

Einzelkosten sind Kosten, die durch die Erstellung eines WGs tatsächlich anfallen und diesen direkt zugerechnet werden können, z. B. Roh-, Hilfs- und Betriebsstoffe, Fertigungslöhne, gesetzliche und tarifliche Lohnnebenkosten, Kosten für Entwicklung, Lizenzgebühren, Modelle, Spezialwerkzeuge. § 255 (2) HGB

Zu den **Material- und Fertigungsgemeinkosten** rechnen u. a. R 6.3 (2) EStR
- Lagerhaltung, Transport und Prüfung des Fertigungsmaterials
- Vorbereitung und Kontrolle der Fertigung
- Betriebsleitung, Raumkosten, Sachversicherungen

Als **Wertverzehr** des Anlagevermögens ist der Betrag als AfA anzusetzen, soweit er auf die Fertigung der Erzeugnisse entfällt. Der Werteverzehr nach den **§§ 6 (2) und 6 a EStG** sowie Teilwertabschreibungen auf das Anlagevermögen nach § 6 (1) Nr. 1 Satz 2 EStG sind **nicht** zu berücksichtigen. R 6.3 (4) EStR

Kosten der **allgemeinen Verwaltung** und Aufwendungen für soziale Einrichtungen des Betriebs, freiwillige soziale Leistungen und betriebliche Altersversorgung können in der Steuerbilanz in die Hk einbezogen werden, ebenso **Zinsen für Fremdkapital**, wenn dieses zur Finanzierung der Herstellung des WGs dient und **in der Handelsbilanz entsprechend verfahren** wird (= Maßgeblichkeit der HB für die StB und Übereinstimmungsvorbehalt, § 6 (1) Nr. 1b S. 2 EStG beachten). **Geldbeschaffungskosten** gehören nicht zu den Hk. **Kalkulatorische Kosten**, wie Zinsen für Eigenkapital oder der Wert der eigenen Arbeitsleistung des Unternehmers, sind keine Hk. R 6.3 (3) EStR § 255 (3), S. 2 HGB R 6.3 (5) EStR H 6.3 EStH

Übungen

1 Eine Werkzeugfabrik produzierte für die eigene Fertigung eine Drehbank.
Aus der Kalkulation ergaben sich folgende Kosten:

– Fertigungsmaterial	20.000 €
– Fertigungslöhne	36.000 €
– Entwürfe und Konstruktion	8.000 €

Nach dem BAB sind 12 % Materialgemeinkosten, 160 % Fertigungsgemeinkosten und 8 % Verwaltungsgemeinkosten, bezogen auf die Herstellkosten der Fertigung, anzusetzen. Bei einer solchen Maschine entstehen in der Regel 1.000 € Vertriebskosten.

Wie hoch sind die aktivierungspflichtigen bzw. aktivierungsfähigen Herstellungskosten der Maschine?

2 Ein Bauunternehmer erstellte eine Halle für seine Betriebsfahrzeuge. Dabei sind folgende Aufwendungen angefallen:

50.000 €	Baumaterial
10 %	Materialgemeinkosten
30.000 €	Löhne
12.000 €	Sozialversicherungsbeiträge
0,8 %	der Löhne freiwillige soziale Leistungen
6 %	Verwaltungsgemeinkosten bezogen auf die Herstellkosten der Fertigung.

Der von einem Architekt erstellte Bauplan kostete 5.355 € brutto.

Berechnen Sie die mindestens anzusetzenden Herstellungskosten in der Handelsbilanz.

3 Ein Fertighaushersteller errichtet auf betrieblichem Grund und Boden eine neue Fabrikationshalle mit eigenen Arbeitskräften. Zu diesem Zweck wird zunächst die alte Halle, die technisch und wirtschaftlich verbraucht war, abgebrochen. Die Abbruchkosten durch einen Fremdunternehmer belaufen sich auf 8.000 €. Für den Neubau werden folgende Aufwendungen getätigt:

– Fertigungsmaterial	80.000 €
– Fertigungslöhne	120.000 €
– Baupläne	12.000 €
– Anschlüsse an das öffentliche Versorgungsnetz	15.000 €
– Kosten für einen Maschendrahtzaun um das Grundstück	6.000 €
– Materialgemeinkosten	14.000 €
– Fertigungsgemeinkosten	90.000 €

Alle Beträge sind Nettobeträge.

Die Verwaltungsgemeinkosten betragen 10 % der Herstellkosten der Fertigung. Zur Finanzierung wurde ein Darlehen von 200.000 € aufgenommen. Auf die Bauzeit entfielen 8.000 € Zinsen.

a) Wie hoch sind die mindestens anzusetzenden Hk in der HB und in der StB?
b) Berechnen Sie die Wertobergrenze, ausgehend vom Ansatz unter a), mit denen die Hk anzusetzen sind.

§ 6 (1) Nr. 1 S. 3 EStG

3.2.1.3 › Teilwert

RW 319 ff.

Teilwert = Betrag, den ein Erwerber des ganzen Betriebs im Rahmen des Gesamtkaufpreises für das einzelne Wirtschaftsgut ansetzen würde. Es ist davon auszugehen, dass der Erwerber den Betrieb fortführt.

Fall 7: Eine AG erwarb im Juli 2023 einen neuen Lkw für 80.000 € + 19 % USt, betriebsgewöhnliche Nutzungsdauer 9 Jahre. Das Fahrzeug wird linear abgeschrieben. Am 29.12.2023 wurde das Fahrzeug durch einen Unfall schwer beschädigt.
Ein Gutachter schätzt den Wert des Lkws auf 10.000 € (dauerhafte Wertminderung).

a) Wie hoch ist die Teilwert-AfA?
b) Mit welchem Wert ist das Fahrzeug in der Bilanz zum 31.12.2023 anzusetzen?

R 6.7 H 6.7 EStR

Der *Teilwert* ist ein objektivierter Wert, der von der Marktlage am Bilanzstichtag abhängt und durch Schätzung nach den Verhältnissen des Einzelfalls ermittelt wird. Als **Obergrenze** gelten dabei die **Wiederbeschaffungs-, bzw. die Wiederherstellkosten**, die **Untergrenze** bildet der **Einzelveräußerungspreis**.

Zur Ermittlung des niedrigeren Teilwerts hat die Rechtsprechung bestimmte *Teilwertvermutungen* entwickelt.

H 6.7 EStH

Teilwertvermutungen		
TW = Ak/Hk	**TW = Ak/Hk – AfA**	**TW = Wiederbeschaffungskosten**
im Zeitpunkt der Anschaffung oder Herstellung eines WGs; bei nicht abnutzbaren WG gilt dies auch an späteren Bewertungsstichtagen	bei abnutzbaren WG des Anlagevermögens, dabei ist die lineare AfA anzusetzen	bei WG des Umlaufvermögens und zum Verkauf bestimmter Waren hängt der TW vom voraussichtlichen Verkaufserlös (Börsen- oder Marktpreis) ab

Die Teilwertvermutung kann widerlegt werden, wenn nachgewiesen wird, dass die Anschaffung oder Herstellung des Wirtschaftsguts von Anfang an eine **Fehlmaßnahme** war oder zwischenzeitlich Umstände eingetreten sind, die sie zu einer Fehlmaßnahme werden lassen. Das ist beispielsweise der Fall, wenn der wirtschaftliche Nutzen eines WGs weit hinter dem zur Anschaffung/Herstellung notwendigen Aufwand zurückbleibt. Eine **Teilwertabschreibung** kann nur zum Bilanzstichtag vorgenommen werden, wenn die **Wertminderung von Dauer** ist (H 6.7 EStH).

R 6.7 S. 3 + 4 EStR

RW 320

Beim abnutzbaren Anlagevermögen liegt eine **dauernde Wertminderung** vor, wenn der Wert des Anlagegutes am Bilanzstichtag **mindestens für die halbe Restnutzungsdauer unter dem planmäßigen Restbuchwert** liegt. Für Wirtschaftsgüter des nicht abnutzbaren Anlagevermögens wird darauf abgestellt, ob die **Gründe für die Teilwert-AfA voraussichtlich anhalten** werden. Bei Wirtschaftsgütern des Umlaufvermögens ist eine dauernde Wertminderung anzunehmen, wenn diese bis zum **Zeitpunkt der Bilanzerstellung** oder bis zu einem **kurz davor liegenden Verkaufstermin oder Verbrauchszeitpunkt** anhält.

Übungen

Im Jahr der Anschaffung wurden die WG jeweils zeitanteilig abgeschrieben.

1 Im Juli 2022 erwarb ein Gewerbetreibender eine Hochleistungspumpe für 21.000 € + USt, betriebsgewöhnliche Nutzungsdauer 3 Jahre. Die Pumpe wird linear abgeschrieben. Ende Dezember 2023 beträgt der Teilwert noch 5.000 €, da eine wesentlich leistungsfähigere Pumpe derselben Art auf den Markt kam.

Wie hoch ist die Teilwertabschreibung zum 31.12.2023?

2 Eine im April 2021 für 96.000 € angeschaffte Maschine, mit einer betriebsgewöhnlichen Nutzungsdauer von 8 Jahren, wird degressiv abgeschrieben. Ende 2023 sank der Wert wegen eines nicht behebbaren Schadens auf 8.000 €.

Wie hoch ist die Teilwertabschreibung?

3 Ein Gewerbetreibender kaufte im April 2023 einen neuen Lieferwagen für 90.000 € + USt. Die betriebsgewöhnliche Nutzungsdauer beträgt 9 Jahre. Das Fahrzeug wird linear abgeschrieben. Im Dezember 2023 wird der Lieferwagen auf einer betrieblichen Fahrt in einen Unfall verwickelt. Es entsteht Totalschaden. Ein amtlicher Sachverständiger schätzt den Schrottwert des Wagens auf 1.200 €. Der Gewerbetreibende verkauft den Lieferwagen am 04.01.2024 für 800 € + USt an einen Schrotthändler.

a) Mit welchem Wert ist das Fahrzeug in der Bilanz zum 31.12.2023 zu bewerten?
b) Wie hoch ist die Teilwert-AfA?

4 Ein Spediteur ließ im Jahr 2021 eine Lagerhalle für 1.200.000 € errichten. Die Halle wurde ab Januar 2022 mit 3 % abgeschrieben. Ein ursprünglich geplanter Gleisanschluss wurde jedoch nicht verlegt. Der Marktwert der Lagerhalle sank dadurch im Jahr 2023 auf 800.000 €. Wie hoch ist die Teilwertabschreibung im Jahr 2023, wenn es sich um eine **voraussichtlich dauerhafte Wertminderung** handelt?

3.2.2 Bewertungsvorschriften

Bewertungsvorschriften dienen der Ermittlung von Wertansätzen des Vermögens und der Schulden in der Bilanz.

RW 326 ff.

3.2.2.1 Bewertung des Anlagevermögens (AV)

§ 6 (1) EStG

abnutzbares Anlagevermögen	nicht abnutzbares Anlagevermögen
Bilanzansatz grundsätzlich: Ak/Hk – AfA Bei **voraussichtlich dauernder Wertminderung kann steuerrechtlich der niedrigere Teilwert** angesetzt werden. Dies ist der Fall, wenn der Wert des WG's am Bilanzstichtag für die halbe Restnutzungsdauer unter dem planmäßigen Restbuchwert liegt. **Handelsrechtlich ist** eine **außerplanmäßige Abschreibung** bei voraussichtlich dauernder Wertminderung **zwingend**.	**Bilanzansatz grundsätzlich: Ak/Hk** Bei **voraussichtlich dauernder Wertminderung kann steuerrechtlich der niedrigere Teilwert** angesetzt werden, wenn die Gründe für die niedrigere Bewertung voraussichtlich anhalten werden. **Handelsrechtlich ist der niedrigere beizulegende Wert** anzusetzen. Dieser Wert **kann** bei **Finanzanlagen** auch bei nicht dauernder Werminderung angesetzt werden.

§ 253 (3) Satz 1 HGB; R 6.8 (1) Sätze 3 + 4 EStR; § 253 (3) Satz 5 HGB

§ 6 (1) EStG; § 253 (5) HGB

Wenn der Grund für die dauernde Wertminderung nicht mehr besteht, darf der **niedrigere Wertansatz nicht beibehalten** werden. In diesem Fall ist sowohl **handels- als auch steuerrechtlich eine Wertaufholung** vorzunehmen auf die inzwischen bei normalem Abschreibungsverlauf geltende Wertobergrenze (Ak/Hk – AfA). Der **niedrigere Wert eines entgeltlich erworbenen Geschäfts- oder Firmenwerts ist** jedoch **beizubehalten.**

Beispiel

Ein Unternehmen erwarb Anfang Januar 2019 eine Maschine für 40.000 €, betriebsgewöhnliche Nutzungsdauer 8 Jahre. Die Maschine wurde in den Jahren 2019–2021 linear mit jeweils 5.000 € abgeschrieben. Im Jahr 2021 erfolgte außerdem eine Teilwertabschreibung von 11.000 € wegen eines voraussichtlich dauerhaften Einbruchs der Kapazitätsauslastung.
Die Abschreibung im Jahr 2022 betrug 2.800 € (40.000 € – 26.000 € : 5). Im Jahr 2023 wurde die Maschine wieder voll in Betrieb genommen.

Berechnen Sie den Zuschreibungsbetrag im Jahr 2023.

Lösung:

Anschaffungskosten	40.000 €		40.000 €
planmäßige AfA 2019–2023		tatsächliche AfA 2019–2022	28.800 €
5 × 5.000 € =	25.000 €	AfA 2023	5.000 €
Buchwert 31.12.2023	15.000 €		6.200 €
		Zuschreibung	8.800 €
		Buchwert 31.12.2023	15.000 €

Fall 8: Ein Gewerbetreibender, der seinen Gewinn nach § 5 EStG ermittelt, hat 2020 ein unbebautes Grundstück für 180.000 € erworben, um darauf eine Fabrikanlage zu errichten. Das Bauvorhaben wurde von der Gemeinde aus umweltrechtlichen Gründen nicht genehmigt. Im Jahr 2021 beträgt der voraussichtliche Wertverlust 30 % der Ak. 2023 entschließt sich der Unternehmer auf dem Grundstück ein Bürogebäude zu erstellen. Durch verschiedene Infrastrukturmaßnahmen steigt der Wert des Grundstücks auf 200.000 €.

Mit welchem Wert ist das Grundstück in den Jahren 2020, 2021 und 2023 jeweils in der Bilanz anzusetzen?

Übungen

1 Ein buchführungspflichtiger Einzelhändler beteiligte sich 2021 mit 80.000 € an einem Großhandelsunternehmen. Die Beteiligung gehört zum Anlagevermögen. Der Wert der Beteiligung entwickelte sich wie folgt:

31.12.2021 76.000,00 €
31.12.2022 74.000,00 €
31.12.2023 82.000,00 €

In der Handelsbilanz ging der Unternehmer von einer dauernden Wertminderung aus.

Mit welchem Wert ist die Beteiligung in der Steuerbilanz anzusetzen:

a) bei Anschaffung?
b) zu den einzelnen Bilanzstichtagen?

2 Eine GmbH kaufte im März des Wirtschaftsjahrs 2021 eine Maschine zur Ausführung eines Spezialauftrags für einen bestimmten Kunden. Die Maschine mit einer 10-jährigen Nutzungsdauer kostete 120.000 € netto. Sie wurde 2021 linear (p. r. t.) abgeschrieben. Im Dezember 2022 meldete der Kunde Insolvenz an. Die Maschine kann nicht mehr genutzt werden.

Welche Auswirkung hat dies auf den Bilanzansatz zum 31.12.2022?

3 Ende 2023 meldete sich ein Unternehmen, das die Produktion des in Insolvenz gegangenen Betriebs, siehe Nr. 2, ab dem Jahr 2024 fortführen möchte. Die Maschine der GmbH kann daher wieder in vollem Umfang genutzt werden.

Mit welchem Wert ist die Maschine zum 31.12.2023 in der

a) Handelsbilanz;
b) Steuerbilanz

der GmbH anzusetzen?

4 Eine AG erwarb im Jahr 2018 eine Beteiligung für 500.000 €. In der Bilanz zum 31.12.2018 wurde die Beteiligung mit den Ak ausgewiesen. Zum 31.12.2021 betrug der Wert der Beteiligung nur noch 300.000 €. Dies wurde durch eine außerplanmäßige Abschreibung in Höhe von 200.000 € berücksichtigt. Zum 31.12.2023 stieg der Wert auf 600.000 €.

a) Wie viel € darf die Wertaufholung höchstens betragen?
b) Wie würde sich die Wertaufholung auf den Gewinn der AG auswirken?

3.2.2.2 › Bewertung des Umlaufvermögens (UV)

§ 6 (1) Nr. 2 EStG § 253 (4) HGB

Bilanzsatz grundsätzlich: Ak/Hk

Steuerrechtlich kann der niedrigere **Teilwert** angesetzt werden, wenn **die Wertminderung von Dauer** ist d.h., wenn sie bis zum Zeitpunkt der Bilanzerstellung oder einem vorangegangenen Verkaufs- oder Verbrauchszeitpunkt anhält. Bei börsennotierten Wertpapieren ist ein Kursverlust nur zu berücksichtigen, wenn er die Bagatellgrenze von 5 % gegenüber den Ak überschreitet. Steuerpflichtige, die den Gewinn nach § 5 EStG ermitteln, **müssen** entsprechend den handelsrechtlichen Vorschriften (= **Niederstwertprinzip**) den niedrigeren Teilwert ansetzen.

§ 5 (1) Satz 1 EStG

§ 253 (4) HGB

Handelsrechtlich sind bei Vermögensgegenständen des Umlaufvermögens **Abschreibungen vorzunehmen**, um diese mit dem **niedrigeren Wert anzusetzen**, der sich aus einem **Börsen- oder Marktpreis am Abschlussstichtag** ergibt.
Für Wirtschaftsgüter, die bereits am Schluss des vorangegangenen Wirtschaftsjahrs zum UV gehört haben, sind **Wertaufholungen** vorzunehmen, wenn der Wert zwischenzeitlich wieder gestiegen ist, höchstens jedoch bis zu den Ak oder Hk.

Fall 9: Ein Baumarkt erwarb im Oktober 2022 einen Posten Profilhölzer für 30.000 € + USt. Aufgrund des gesunkenen Marktpreises wurden die Hölzer in der Bilanz zum 31.12.2022 mit 26.000 € bewertet. Im Laufe des Jahres 2023 zogen die Preise für die Profilhölzer infolge gestiegener Nachfrage an. Ein noch vorhandener Restposten von 10 % der ursprünglichen Menge würde bei Anschaffung zum 31.12.2023 4.200 € netto kosten.

Wie ist der Lagerbestand zum 31.12.2023 zu bewerten?

Übungen

1 Ein Einzelhändler, der seinen Gewinn nach § 5 EStG ermittelt, hat am 20.11.2022 einen Warenposten für 20.000 € + USt gekauft. Der Marktpreis betrug am Bilanzstichtag zum

a) 31.12.2022 18.000 €;
b) 31.12.2022 21.000 €.

Mit welchem Wert ist der Warenposten in den Fällen a) und b) zu bewerten?

c) Am 31.12.2023 sind noch 5 % der ursprünglichen Warenmenge vorhanden. Der Marktpreis ist gegenüber den Anschaffungskosten um 40 % gestiegen. Wie ist der Restposten in der Bilanz anzusetzen?

2 Eine AG kaufte im März 2022 1000 Aktien zum Kurs von 320 € zuzüglich Spesen von insgesamt 5.600 €. Die Aktien gehören zum Umlaufvermögen. Der Kurs fiel zum 31.12.2022 auf 260 €. Anfang des Jahres 2023 wurden 500 Aktien verkauft. Da der Kurs der Aktien zum 31.12.2023 wieder stieg, werden die restlichen 500 Aktien im Jahr 2024 zum Kurs von 290 € verkauft.

Wie sind die Aktien zum

a) 31.12.2022; b) 31.12.2023
zu bewerten?

3 Im Warenbestand eines Küchenherstellers befindet sich zum 31.12.2023 eine Küche, die bereits auf mehreren Ausstellungen gezeigt wurde. Die Herstellungskosten der Küche betrugen 17.000 €. Im Handel wurde die Küche ursprünglich für 29.440 € brutto angeboten. Ein Kunde ist bereit, die Küche Anfang Januar 2024 für 19.040 € inkl. USt zu kaufen und in seinem Einfamilienhaus einbauen zu lassen.

Mit welchem Wert ist die Küche in der Bilanz zum 31.12.2023 zu bilanzieren?

3.2.2.3 › Bewertung der Verbindlichkeiten

Für die Bewertung der Verbindlichkeiten gilt das **Höchstwertprinzip**. Als **Wertansätze** kommen **steuerrechtlich** in Betracht:

Anschaffungskosten	**höherer Teilwert**
= Nennwert bzw. Rückzahlungsbetrag	= Zeitwert bzw. gestiegener Kurswert

RW 378 ff.

Verbindlichkeiten sind **steuerrechtlich** mit den **Anschaffungskosten bzw. dem Rückzahlungsbetrag/Nennwert** anzusetzen. Das Abzinsungsgebot für Verbindlichkeiten mit einer Laufzeit von zwölf und mehr Monaten gilt ab 01.01.2023 nur noch für Rückstellungen.

§ 6 (1) Nr. 3a, Buchstabe e) EStG.

Fall 10: Ein buchführungspflichtiges Unternehmen bezog am 12.11.2023 aus den USA Waren für 80.000 $, Kurs 1 €= 1,08 USD, Zahlungsziel 90 Tage. In welcher Höhe ist die Verbindlichkeit in der Bilanz zum 31.12.2023 auszuweisen, wenn der Kurs des € zwischenzeitlich 1,10 bzw. 1,06 beträgt?

Handelsrechtlich sind **Verbindlichkeiten** mit ihrem **Erfüllungsbetrag** anzusetzen. Beträgt die Restlaufzeit von sonstigen Rückstellungen am Bilanzstichtag mehr als 12 Monate ist der Erfüllungsbetrag mit dem ihrer Restlaufzeit entsprechenden **durchschnittlichen Marktzinssatz der vergangenen sieben Geschäftsjahre abzuzinsen.** Auf fremde Währung lautende Verbindlichkeiten sind grundsätzlich mit dem Wechselkurs im Zeitpunkt ihres Entstehens anzusetzen.

§ 253 (1) § 256 a HGB

Bei gestiegenem Kurs zwischen Entstehung der Verbindlichkeit und Bilanzstichtag **muss handelsrechtlich der höhere Zeitwert angesetzt werden (nicht realisierter Verlust). Steuerrechtlich** ist dies nur bei **voraussichtlich dauernder Werterhöhung** möglich. Von einer dauernden Werterhöhung ist auszugehen, wenn die Erhöhung des Wechselkurses bis zur Bilanzaufstellung oder bis zu einem vorangegangenen Tilgungszeitpunkt andauert. Übliche Wechselkursschwankungen berechtigen nicht zu einem höheren Ansatz.

Bei einer **Restlaufzeit von einem Jahr oder weniger ist das Anschaffungskostenprinzip und das Realisationsprinzip handelsrechtlich nicht zu beachten.**

Darlehensschulden, bei denen der zugeflossene Betrag (Ausgabebetrag) niedriger ist als der Rückzahlungsbetrag, sind mit dem Rückzahlungsbetrag zu bewerten. Der Unterschiedsbetrag (Disagio, Damnum, Bearbeitungs- und Verwaltungsgebühren) ist als Rechnungsabgrenzungsposten auf die Laufzeit des Darlehens zu verteilen; bei Tilgungs- und Abzahlungsdarlehen nach der Zinsstaffelmethode, bei Endfälligkeitsdarlehen linear.

§ 256a HGB H 6.10 EStH

Beispiel

Am 30.09.2023 nahm eine Gewerbetreibende zur Erweiterung des Betriebs ein Darlehen in Höhe von 90.000 € zu folgenden Konditionen auf: Auszahlung 96 %, Zinssatz 3 %, Laufzeit 10 Jahre (Endfälligkeitsdarlehen). Die Zinsen sind vierteljährlich nachträglich zu entrichten. Sie werden am 04.01.2024 durch Banküberweisung beglichen.

Wie ist der gesamte Vorgang am 31.12.2023 zu bewerten?

Lösung:

Passivierung des Darlehens mit dem Rückzahlungsbetrag von 90.000 €

Passivierung der rückständigen Zinsen in Höhe von $\frac{90.000\text{ €} \times 3 \times 3}{100 \times 12} = 675\text{ €}$

Verminderung des Damnums (= aktiver Rechnungsabgrenzungsposten) von 3.600 € auf 3.510 €

$$\frac{3.600\text{ €} \times 3}{120} = 90\text{ €}$$

Übungen

1 Ein Autohändler bezog im Oktober 2023 10 Kleinwagen eines japanischen Herstellers für insgesamt 31.200.000 JPY, Kurs 130,0. Die Rechnung soll nach Ablauf von drei Monaten in Yen beglichen werden. Der Kurs des JPY betrug am 31.12.2023 132,5. Es ist auch im Jahr 2024 mit Kursschwankungen zu rechnen. Am 31.12.2023 sind noch 3 Fahrzeuge auf Lager.

a) Mit welchem Wert ist die Verbindlichkeit zum 31.12.2023 zu passivieren?
b) Wie sind die noch vorhandenen Fahrzeuge zu bewerten?

2 Zur Erstellung einer Montagehalle nahm ein Gewerbetreibender zum 31.03.2023 ein Darlehen von 240.000 € zu folgenden Konditionen auf: Auszahlung 94 %, Zinssatz 2 %, Laufzeit 5 Jahre. Das Darlehen soll am Ende der Laufzeit in einer Summe getilgt werden.

a) Mit welchem Betrag ist das Darlehen in der Bilanz zum 31.12.2023 anzusetzen?
b) Wie ist das Damnum zu behandeln?

3 Ein deutscher Importeur kaufte im Oktober 2023 bei einem Unternehmen in New York Handelswaren für 200.000 $ ein. Im Zeitpunkt der Lieferung hatte der US-Dollar einen Kurs von 1,10 für 1 €.

Wie ist die Dollarschuld zu bewerten, wenn am 31.12.2023 der Kurs beträgt:
a) 1,08
b) 1,12?

3.2.2.4 › Bewertung der Entnahmen

§ 6 (1) Nr. 4 EStG

RW 385 ff.

Art der Entnahme	Bewertung
Sachentnahme z. B. Waren Geld	Teilwert = Wiederbeschaffungskosten Nennwert
Nutzungsentnahme z. B. Verwendung des Betriebs-Pkw für Privatfahrten	Teilwert = anteilige Kosten bzw. Pauschalbetrag
Leistungsentnahme z. B. Arbeitnehmer repariert Zaun um das Privatgrundstück des AG's	Teilwert = anteilige Selbstkosten

Fall 11: Ein Unternehmer schenkt seiner Tochter einen Betriebs-Pkw. Im Zeitpunkt der Entnahme hat das Fahrzeug einen Buchwert von 4.000 €. Ein Gebrauchtwagenhändler würde für das Fahrzeug 6.000 € netto bezahlen.

Mit welchem Wert ist die Entnahme zu buchen?

R 4.3 (4) EStR Gegenstand einer Entnahme können alle WG sein, die zum notwendigen oder gewillkürten Betriebsvermögen gehören, sowie Nutzungen und Leistungen.
Bei Gewinnermittlung nach **§ 4 (3) EStG** bleiben jedoch **Geldentnahmen unberücksichtigt**.

§ 6 (1) Nr. 4 EStG Entnahmen von Waren, Erzeugnissen, Geld, Nutzungen und Leistungen aus dem Betrieb für private Zwecke sind grundsätzlich mit dem **Teilwert** anzusetzen.
Wird ein WG entnommen und unmittelbar für steuerbegünstigte Zwecke nach § 10 b (1) Satz 1 EStG gespendet, kann die Entnahme mit dem **Buchwert** angesetzt werden.

Bei der Entnahme von Gegenständen, die im Betrieb des Steuerpflichtigen hergestellt werden, rechnet auch die eigene Arbeitsleistung des Unternehmers zu der Entnahme, wenn der Gegenstand nicht von vornherein für private Zwecke hergestellt wurde.

Die private Nutzung eines zum **notwendigen Betriebsvermögen** gehörenden Fahrzeugs kann mit 1 % des inländischen Listenpreises zuzüglich Sonderausstattung – ohne Autotelefon – einschließlich Umsatzsteuer monatlich angesetzt werden. Der Betrag ist auf volle 100 € abzurunden. Wird ein **Fahrtenbuch** geführt, sind die auf die Privatfahrten entfallenden Aufwendungen anzusetzen. Zum Listenpreis gehören nicht die Überführungs- und Zulassungskosten.
Preisnachlässe, wie Rabatte und Skonti, sind nicht vom Listenpreis abzuziehen.

Bei der privaten Nutzung von Elektrofahrzeugen ist der Bruttolistenpreis bei Fahrzeugen, die ab 01.01.2019 und bis 31.12.2030 angeschafft werden mit Wirkung ab 01.01.2020 nur zur Hälfte anzusetzen, wenn der Bruttolistenpreis mehr als 60.000 € beträgt. Beträgt der Bruttolistenpreis nicht mehr als 60.000 €, ist nur ein Viertel des Bruttolistenpreises anzusetzen. §6(1) Nr.4 S.2–5 EStG

Beispiel

Ein Gewerbetreibender erwarb im Januar 2023 zwei Elektrofahrzeuge zum Bruttolistenpreis von 65.450 € bzw. 59.976 €. Die betriebliche Nutzung beträgt jeweils 80 %.
Berechnen Sie den privaten Nutzungsanteil nach der pauschalen Nutzungswertmethode für die Fahrzeuge.

Lösung:		Lösung:	
Bruttolistenpreis	65.450 €	Bruttolistenpreis	59.976 €
davon 50 %	32.725 €	davon 25 %	14.994 €
abgerundet	32.700 €	abgerundet	14.900 €
× 12 %	3.924 €	× 12 %	1.788 €

Nutzungen sind mit den tatsächlichen Selbstkosten zu bewerten. Dieser Betrag muss der Wertabgabe des Betriebs entsprechen. Bei der Beschäftigung eines Arbeitnehmers für private Zwecke ist das beispielsweise der Bruttoarbeitslohn zuzüglich der Sozialleistungen des Arbeitgebers. H 6.12 EStH

Ist der Entnahmewert eines WG höher als der Buchwert für das entnommene WG, führt dies zu einem **Entnahmegewinn** im Zeitpunkt der Entnahme. H 4.3 EStH

Übungen

1 Ein Gewerbetreibender nutzte im vergangenen Kalenderjahr seinen Betriebs-Pkw zu 30 % für Privatfahrten. Das Fahrzeug kostete einschließlich Sonderausstattung und Umsatzsteuer 46.600 €.

Aus der Buchführung lassen sich folgende Kosten entnehmen:

– Benzin, Reparaturen	2.200 €
– Kfz-Steuer, Kfz-Versicherung	800 €
– AfA	6.400 €

Mit welchem Wert ist die Nutzungsentnahme nach §6(1) Nr.4 EStG für das abgelaufene Jahr anzusetzen, wenn a) kein
b) ein Fahrtenbuch geführt wurde?

2 Ein Bürogerätehändler entnahm aus seinem Warenbestand einen neuen PC und schenkte ihn seinem Sohn zum bestandenen Abitur. Das Gerät wurde für 840 € zuzüglich 20 € Bezugskosten eingekauft. Beide Beträge sind Nettobeträge. Die Wiederbeschaffungskosten betragen zur Zeit 730 € netto ohne Bezugskosten. Im Laden des Händlers wird der PC für 1.547 € brutto angeboten.

a) Wie ist die Entnahme zu bewerten?
b) Welche Auswirkung hat die Entnahme auf den Gewinn des Unternehmens?

3 Ein Unternehmer übereignete seiner Tochter zum 18. Geburtstag 100 Aktien aus dem Anlagevermögen, die er für 18.315 € angeschafft hatte. Zur Zeit der Übertragung der Aktien auf die Tochter hatten die Aktien einen Kurswert von 25.000 €. Hätte man die Aktien bei einer Bank erworben, wären zusätzlich 1,6 % Spesen vom Kurswert angefallen.

Mit welchem Betrag ist die Entnahme anzusetzen?

4 Eine Gewerbetreibende schenkte einer als gemeinnützig anerkannten Organisation einen gebrauchten Lieferwagen, Buchwert im Zeitpunkt der Schenkung 1.200 €. Beim Kauf eines neuen Lieferwagens hätte der Kfz-Händler das Fahrzeug mit 1.800 € netto in Zahlung genommen.

Wie ist die Spende zu bewerten?

3.2.2.5 › Bewertung der Einlagen

RW 395 ff.

§ 6 (1) Nr. 5 EStG

§ 7 (1) Satz 4 EStG

Grundsatz	Ausnahmen	
Teilwert im Zeitpunkt der Zuführung zum Betriebsvermögen (Einlagewert)	höchstens Ak/Hk, wenn das WG innerhalb der letzten 3 Jahre vor dem Zuführungszeitpunkt angeschafft oder hergestellt wurde oder Einlage = 1 %iger Anteil an Kapitalgesellschaft oder WG i. S. d. § 20 (2)	bei abnutzbaren WG Ak/Hk – AfA für den Zeitraum zwischen Anschaffung und Einlage, R 6.12 (1) EStR

Fall 12: Eine Unternehmerin legte am 01.07.2023 einen Pkw, den sie im Januar 2021 für 34.500 € privat angeschafft hat, in das Betriebsvermögen ein. Die betriebsgewöhnliche Nutzungsdauer des Pkws beträgt 6 Jahre. Der Teilwert wird im Zeitpunkt der Einlage auf 18.000 €/21.000 € geschätzt.

Mit welchem Wert ist die Einlage jeweils zu buchen?

Bei der Einlage von abnutzbaren Wirtschaftsgütern in das Betriebsvermögen sind die **bisherigen AfA-Beträge** vom **Einlagewert (Teilwert)** abzusetzen, wenn dieser höher oder gleich den historischen Ak/Hk ist. Liegt der Einlagewert über den ursprünglichen Anschaffungs- oder Herstellungskosten, führt die Regelung zu einer Vergrößerung der AfA-Bemessungsgrundlage. Ist der Einlagewert geringer als die ursprünglichen Ak/Hk, aber nicht geringer als die fortgeführten Ak/Hk, wird die künftige AfA von den fortgeführten Ak/Hk berechnet, sonst vom Einlagewert.

Bei Einlage **nach Ablauf der drei Jahresfrist ist der Einlagewert stets der Teilwert**. Abnutzbare Wirtschaftsgüter, die bereits abgeschrieben sind, sind mit dem Teilwert bis zu Veräußerung/Entnahme anzusetzen. Eine weitere AfA ist nicht möglich.

Ist ein geringwertiges Wirtschaftsgut während dieser Zeit der Zugehörigkeit zum Privatvermögen in voller Höhe als Werbungkosten abgesetzt worden, beträgt der Einlagewert 0 €.
Wird ein WG aus dem Betriebsvermögen entnommen und später wieder eingelegt, ist die Einlage mit dem früheren Entnahmewert anzusetzen. § 6 (1) Nr. 5

Übungen

1. Ein Unternehmer kaufte im März 2020 ein Baugrundstück für 75.000 € um darauf ein Einfamilienhaus zu errichten. Da sich die Baupläne nicht verwirklichen ließen, legte er das Grundstück im Februar/Juni 2023 in das BV ein.

   Wie ist die Einlage zu bewerten, wenn der Marktpreis des Grundstücks mittlerweile auf
   a) 80.000 € gestiegen; b) 40.000 € gefallen ist?

2. Die Ehefrau eines Gewerbetreibenden erwarb im Mai 2021 einen neuen Kleinwagen für 12.495 € brutto bei einem Kfz-Händler, Nutzungsdauer 6 Jahre. Am 03.05.2023 kaufte sie das Nachfolgemodell. Daraufhin wurde der alte Kleinwagen in den Betrieb des Mannes eingelegt. Der Kfz-Händler hätte bei Inzahlungnahme 8.600 € netto angerechnet.

   Mit welchem Betrag ist die Einlage anzusetzen?

3.2.3 Geringwertige Wirtschaftsgüter (GWG) – Sammelposten

GWG § 6 (2) EStG

- abnutzbares bewegliches Wirtschaftsgut des Anlagevermögens RW 254 f.
- selbstständig nutzungsfähig
- Ak/Hk netto ≤ 800 € bei Anschaffung, Herstellung, Einlage seit dem 01.01.2018 RW 353

Besondere Aufzeichnungspflichten bestehen für GWG, deren Wert 250 € übersteigt. § 6 (2) S. 1 + 4 EStG

Fall 13: Eine Fachärztin in Ulm, die ihren Gewinn nach § 4 (3) EStG ermittelt und ausschließlich steuerfreie Umsätze ausführt, kaufte im März 2023 ein selbstständig nutzungsfähiges medizinisches Gerät einschließlich Zubehör für 952 € brutto.
Kann das Gerät als GWG behandelt werden?

Geringwertige Wirtschaftsgüter bis zu 250 € können **im Jahr der Anschaffung/Herstellung oder Einlage in voller Höhe als Betriebsausgaben abgesetzt werden.** Für einzelne WG > 250 € ≤ 800 € kommt ein Abzug nach § 6 (2) in Betracht. Es kann aber auch für alle WG > 250 € ≤ 1.000 € ein einheitlicher Sammelposten gebildet werden, § 6 (2a). In diesem Falle ist es nicht zulässig für WG ≤ 800 € die GWG-Regelung anzuwenden und für WG > 800 € ≤ 1.000 € einen Sammelposten zu bilden. Für WG ≤ 250 € kann kein Sammelposten gebildet werden. § 6 (2a) S. 4 § 6 (2a) S. 1 EStG
Für abnutzbare bewegliche WG des Anlagevermögens kommt der Ansatz als GWG nur in Frage, wenn sie **selbstständig nutzungsfähig** sind. Das ist beispielsweise **nicht** der Fall, wenn das WG R 6.13 (1) EStR

- nur zusammen mit anderen WG des AV genutzt werden kann,
- die WG technisch aufeinander abgestimmt sind und
- nach außen als einheitliches Ganzes in Erscheinung treten.

Beispiele für selbstständig und nicht selbstständig nutzungsfähige WG enthält H 6.13 EStH.

R 9b (2) EStR Ob bei einem WG die Grenze von **250 €** bzw. **800 €** überschritten ist, richtet sich nach dem **Nettowert** des WG. Dies gilt selbst dann, wenn die Vorsteuer umsatzsteuerrechtlich nicht abziehbar ist.

R 4.5 EStR Der Betriebsausgabenabzug für GWG kann auch bei Gewinnermittlung nach § 4 (3) EStG in Anspruch genommen werden.

§ 6 (2a) S. 2 EStG Für alle abnutzbare bewegliche WG des Anlagevermögens, die selbstständig nutzungsfähig sind und deren **Wert 250 € aber nicht 1.000 €** übersteigt, kann ein **Sammelposten** gebildet werden (**Poolbildung**). Dieser ist im Wirtschaftsjahr der Bildung und in den folgenden vier Wirtschaftsjahren mit jeweils einem Fünftel gewinnmindernd auf-
R 6.13 (5) EStR zulösen. **Für jedes Wirtschaftsjahr ist ein gesonderter Sammelposten zu bilden**. Nachträgliche Ak/Hk erhöhen den Sammelposten des Wj, in dem die Aufwendungen entstehen, auch wenn sie zusammen mit den ursprünglichen Ak/Hk 1.000 € übersteigen. Scheidet ein Wirtschaftsgut aus dem Betriebsvermögen aus, wird der Sammelposten (Pool) dadurch nicht vermindert.

Beispiel

Ein Unternehmer erwarb Anfang des Wirtschaftsjahrs 2023 verschiedene abnutzbare Wirtschaftsgüter des Anlagevermögens im Gesamtwert von 12.000 €, deren Wert netto jeweils > 250 € und < = 1.000 € betrug. Ein Wirtschaftsgut im Wert von 820 € wurde im Mai des Wirtschaftsjahrs 2023 bereits wieder verkauft. Ein anderes WG im Wert von 950 € konnte wegen eines technischen Defekts ab August 2023 nicht mehr genutzt werden.

Lösung:
Der Verkaufserlös ist 2023 zu buchen und zu versteuern. Das verkaufte WG darf jedoch den Sammelposten nicht mindern. Ebenso darf das nicht mehr genutzte WG nicht vorzeitig abgeschrieben werden. Die Höhe des Sammelpostens i. S. d. § 6 (2a) beträgt daher am 31.12.2023 12.000 €. Die gewinnmindernde Auflösung des Sammelpostens ist 2023 wie folgt zu berechnen: 20 % von 12.000 € = 2.400 €.

Übungen

1 Ein Gewerbetreibender, der zum Vorsteuerabzug berechtigt ist, kaufte Ende März 2023 vier neue Schreibtische, betriebsgewöhnliche Nutzungsdauer 13 Jahre. Der Rechnungsbetrag belief sich auf insgesamt 2.856 € brutto. Der Lieferer gewährte 4 % Mengenrabatt und 3 % Skonto. Der Rechnungsbetrag wurde Anfang April unter Inanspruchnahme der Abzüge durch Banküberweisung beglichen.
a) In welcher Höhe könnte ein Sammelposten i. S. d. § 6 (2a) EStG gebildet werden?
b) Könnten die Schreibtische auch als GWG i. S. d. § 6 (2) behandelt werden?
c) Wieviel € beträgt die Gewinnminderung in 2023 jeweils?

2 Ein Arzt, der seinen Gewinn nach § 4 (3) EStG ermittelt und ausschließlich steuerfreie Umsätze ausführt, ließ in seinem Behandlungszimmer eine neue Lampe installieren. Der Elektriker stellte folgende Rechnung:

Lampe	110,00 €
Kleinteile	5,00 €
Arbeitslohn	25,00 €
Fahrgeld	10,00 €
	150,00 €
+ 19 % USt	28,50 €
	178,50 €

Prüfen Sie, ob der Arzt den Rechnungsbetrag als Betriebsausgabe i.S.d. § 4 (4) EStG absetzen kann!

3 Ein Kinobesitzer tauschte im Jahr 2023 die gesamte Bestuhlung seines Kinos aus. Der Lieferant berechnete für 120 neue Sessel insgesamt 72.000 €. Für den Einbau der Sessel wurde eine Pauschale von 5 € je Sessel berechnet. Außerdem fielen noch 720 € Frachtkosten an. Alle Beträge sind Nettobeträge.

Kann der Kinobesitzer einen Sammelposten nach § 6 (2a) EStG bilden oder die Stühle als GWG i. S. d. § 6 (2) EStG behandeln?

4 Ein buchführungspflichtiger Gewerbetreibender kaufte im Januar 2023 einen neuen Schreibtisch für 810,00 € + USt. Den Schreibtisch schrieb er mit 10 % ab. Im Jahr 2024 will er den Schreibtisch voll als Betriebsausgabe absetzen, da der Buchwert nur noch 756 € beträgt. Beurteilen Sie dieses Vorgehen.

3.2.4 Maßgeblichkeit der Handelsbilanz für die Steuerbilanz

Handelsbilanz (HB)		Steuerbilanz (StB)
Bilanzansätze nach handelsrechtlichen Vorschriften ordnungsgemäßer Buchführung	Übernahme der Werte in die	soweit steuerrechtliche Vorschriften nicht entgegenstehen oder steuerliche Wahlrechte bestehen § 5 (1) EStG

RW 372 ff.

Fall 14: Ein Unternehmer, der nach handelsrechtlichen Vorschriften Bücher führt und Abschlüsse macht, will für eine neue Maschine die Sonderabschreibung nach § 7 g (5) EStG in Anspruch nehmen.

Unter welchen Voraussetzungen kann die Sonder-AfA in der Steuerbilanz angesetzt werden?

Steuerpflichtige, die nach handelsrechtlichen Vorschriften Bücher führen und regelmäßig Abschlüsse machen oder dies freiwillig tun, müssen für den Schluss des Wirtschaftsjahrs das Betriebsvermögen nach handelsrechtlichen Grundsätzen ordnungsmäßiger Buchführung ausweisen soweit kein steuerliches Wahlrecht besteht. Steuerliche Wahlrechte sind z. B. die Übertragung von stillen Reserven, R 6.6 EStR oder die Bildung einer Rücklage für Ersatzbeschaffung, R 6.6 (4) EStR. § 5 (1) S. 1 EStG

Handelsrechtliche Vorschriften sind insbesondere die §§ 238, 240–242, 264–264c, 336, 340a, 341a HGB. Die §§ 141–148 und 154 der Abgabenordnung sind ebenfalls zu beachten. H 5.1 + 2 EStH

Bei der Aufstellung einer Steuerbilanz sind die Wertansätze der Handelsbilanz in die Steuerbilanz zu übernehmen, wenn keine steuerrechtlichen Vorschriften ausdrücklich entgegenstehen **› Maßgeblichkeit der Handelsbilanz für die Steuerbilanz.** H 5.1 EStH

Enthält die HB, die einer Steuererklärung beizufügen ist, Ansätze oder Beträge, die den steuerlichen Bilanzierungs- und Bewertungsvorschriften nicht entsprechen, sind diese den steuerlichen Vorschriften anzupassen bzw. ist der Erklärung eine den Vorschriften entsprechende Steuerbilanz beizufügen, § 60 (2) EStDV.

Übungen

1 Eine AG bilanziert im Anlagevermögen eine Beteiligung (Finanzanlage) nach § 253 (3) S. 6 HGB, deren Anschaffungskosten 100.000 € betrugen mit 90.000 €. Es handelt sich um eine voraussichtlich nicht dauernde Wertminderung.
a) Welcher Wert ist in der Steuerbilanz anzusetzen?
b) Angenommen die AG hätte die Beteiligung mit 100.000 € bilanziert. Welche Ansätze wären in der Steuerbilanz möglich, wenn der Teilwert 90.000 € betragen und es sich um eine voraussichtlich dauernde Wertminderung handeln würde?

2 Ein buchführungspflichtiger Gewerbetreibender hat die Anschaffungskosten mehrerer abnutzbarer beweglicher Wirtschaftsgüter des Anlagevermögens, mit AK zwischen 810 € und 1.000 €, in Höhe von 30.000 € aktiviert und entsprechend der betriebsgewöhnlichen Nutzungsdauer von 10 Jahren linear abgeschrieben und mit 27.000 € in der Handelsbilanz angesetzt.

In der Steuerbilanz möchte er einen Sammelposten nach § 6 (2a) EStG bilden. Ist dies möglich? Begründen Sie Ihre Entscheidung!

3 Eine KG stellte im Januar 2023 eine Montagehalle für 240.000 € fertig. Der Bauantrag wurde am 10.02.2021 gestellt. In der Handelsbilanz wurde die Halle entsprechend der betriebsgewöhnlichen Nutzungsdauer von 25 Jahren mit 4 % = 9.600 € abgeschrieben und in der Bilanz zum 31.12.2023 mit 230.400 € angesetzt.
Ist dieser Wertansatz auch für die Steuerbilanz maßgeblich?

4 Eine GmbH bildete in der Handelsbilanz zum 31.12.2022 eine Rückstellung für unterlassene Instandhaltung in Höhe von 80.000 €. Die Instandhaltungsarbeiten werden im März 2023 durchgeführt.
R 5.7 (11) EStR Prüfen und begründen Sie, ob eine entsprechende Rückstellung in der Steuerbilanz gebildet werden kann.

3.2.5 Bewertungsgrundsätze

§ 252 HGB enthält allgemeine Grundsätze für die Bewertung von Vermögensgegenständen und Schulden beim Jahresabschluss.

RW 311

Grundsatz der	Erläuterung
Bilanzidentität	Die Eröffnungsbilanz eines Geschäftsjahres muss mit der Schlussbilanz des vorhergehenden Gj übereinstimmen, hinsichtlich der Wertansätze und des Bilanzinhalts (= formelle Bilanzkontinuität, Bilanzzusammenhang).
Fortführung der Unternehmertätigkeit	Bei der Bewertung der Vermögensgegenstände und Schulden ist von der Weiterführung des Unternehmens (= Going Concern-Prinzip) auszugehen, sofern nicht tatsächliche oder rechtliche Gründe dagegen sprechen z. B. Eröffnung des Insolvenzverfahrens.
Einzelbewertung	Vermögensgegenstände und Schulden sind grundsätzlich einzeln zu bewerten. *Ausnahmen:* Festbewertung § 240 (3) HGB, R 5.4 (3) EStR Gruppenbewertung § 240 (4) HGB, R 6.8 (4) EStR
Vorsicht	**Realisationsprinzip:** Gewinne dürfen erst ausgewiesen werden, wenn sie erzielt (realisiert) worden sind. **Imparitätsprinzip:** Verluste (Wertminderungen) sind bereits zu berücksichtigen, wenn sie erkennbar sind. **Wertaufhellungsprinzip:** Vorgänge und Tatsachen, die bis zum Bilanzstichtag eingetreten sind, müssen berücksichtigt werden, auch wenn sie erst nach dem Bilanzstichtag bis zum Tag der Bilanzaufstellung bekannt werden.
periodengerechte Abgrenzung von Aufwendungen und Erträgen	Aufwendungen und Erträge sind unabhängig vom Zeitpunkt der Bezahlung im Jahresabschluss zu berücksichtigen.
Stetigkeit der Bewertungsmethoden	Die auf den vorhergehenden Jahresabschluss angewandten Bewertungsmethoden **sind** beizubehalten.

Grundsätzlich ist jedes Wirtschaftsgut **einzeln** zu bewerten, § 252 (1) Nr. 3 HGB. § 240 (4) HGB
Zur Erleichterung der Bewertung können jedoch gleichartige WG des Vorratsvermögens sowie andere gleichartige oder annähernd gleichwertige bewegliche WG zu einer Gruppe zusammengefasst und mit dem gewogenen Durchschnittswert angesetzt werden (= **Gruppen-**, **Sammelbewertung**). Gleichartige WG brauchen für die Zusammenfassung zu einer Gruppe nicht gleichwertig zu sein. R 6.8 (3) + (4) EStR
Für den Wertansatz gleichartiger Vermögensgegenstände des Vorratsvermögens kann unterstellt werden, dass die zuletzt angeschafften WG zuerst verbraucht, bzw. veräußert worden sind (**Lifo-Methode**). Die Anwendung der Lifo-Methode in der Steuerbilanz setzt nicht voraus, dass die Methode auch in der Handelsbilanz angewandt wird. § 6 (1) Nr. 2 a EStG RW 358 ff.

Beispiel

Im Vorratsvermögen einer Glaserei befinden sich verschiedene Beschläge, die zum gewogenen Durchschnittswert bewertet werden sollen. Der Buchhaltung werden folgende Zahlen entnommen:

01.01.	Anfangsbestand	200 Stück à 5,20 €
15.03.	Zugang	120 Stück à 5,30 €
20.06.	Zugang	160 Stück à 4,80 €
15.09	Zugang	200 Stück à 5,10 €

Bestand 31.12. laut Inventur 100 Stück. Mit welchem Wert ist der Bestand anzusetzen?
Lösung:

	Anfangsbestand	200 Stück × 5,20 €	=	1.040 €
+	Zugang	120 Stück × 5,30 €	=	636 €
+	Zugang	160 Stück × 4,80 €	=	768 €
+	Zugang	200 Stück × 5,10 €	=	1.020 €
		680 Stück	=	3.464 €
		1 Stück	=	5,09 €
	Wert des Bestands	100 Stück × 5,09 €	=	509 €

Fall 15: Zum Warenbestand eines Textilgroßhändlers gehören am 31.12.2023 86 Hosen in unterschiedlichen Größen, Formen, Farben und Materialien. Der Bestand stammt aus folgenden Einkäufen des Jahres 2023:

05.01.	180 Stück zu je 56,00 €	31.03.	160 Stück zu je 64,00 €
28.01.	120 Stück zu je 38,00 €	01.07.	240 Stück zu je 72,00 €

Zu Beginn des Jahres waren 50 Hosen zum Anschaffungspreis von insgesamt 2.840 € am Lager.

Mit welchem Wert sind die 86 Hosen am 31.12.2023 insgesamt anzusetzen?

WG des Sachanlagevermögens sowie Roh-, Hilfs- und Betriebsstoffe können, wenn sie regelmäßig ersetzt werden und ihr Gesamtwert, gemessen an der Bilanzsumme, im Durchschnitt der letzten 5 Jahre 10 % nicht übersteigt, mit einer **gleichbleibenden Menge und einem gleichbleibenden Wert** (= **Festwert**) angesetzt werden. Der Bestand dieser WG darf in seiner Größe, seinem Wert und seiner Zusammensetzung nur geringen Veränderungen unterliegen. § 240 (3) HGB

Nach jedem dritten Bilanzstichtag, spätestens jedoch alle 5 Jahre, ist eine körperliche Bestandsaufnahme durchzuführen. Bei Abweichungen nach oben von mehr als 10 % vom bisherigen Festwert, ist ein neuer Festwert zu bilden. Dies wird durch Aufstockung aus den Zugängen der nach dem Bilanzstichtag des vorangegangenen Wirtschaftsjahrs angeschafften oder hergestellten Wirtschaftsgüter erreicht. Weicht der Wert nach unten ab, ist beim Umlaufvermögen der niedrigere Wert zwingend anzusetzen, beim Anlagevermögen nur bei einer Wertminderung von Dauer. R 5.4 (3) EStR

Beispiel

Ein Bauunternehmen hat für technisch aufeinander abgestimmte Gerüst- und Schalungsteile, deren Nutzungsdauer jeweils 5 Jahre beträgt, bisher einen Festwert von 20.000 € (= 40 % der Anschaffungskosten) angesetzt. Zum 31.12.2023 wird für diese Wirtschaftsgüter durch Bestandsaufnahme ein neuer Festwert von 25.000 € ermittelt. Im Jahr 2023 wurden Gerüst- und Schalungsteile im Wert von 6.000 € angeschafft.

Welche bewertungsrechtlichen Folgen ergeben sich hieraus?

Lösung:
Zum 31.12.2023 ist der Festwert für Gerüst- und Schalungsteile mit 25.000 € anzusetzen, da die Abweichung (= 5.000 €) vom letzten Festwert mehr als 10 % beträgt.
Der Zugang im Jahr 2023 ist in Höhe von 5.000 € zur Aufstockung des Festwerts zu verwenden. Die restlichen 1.000 € sind als Aufwand zu behandeln.

Übungen

1 Eine Holzhandlung, die den Gewinn nach § 5 EStG ermittelt, hat am 11.12.2023 mit einem Kunden die Lieferung von Bauholz zum Preis von 12.000 € + USt vertraglich vereinbart. Die Anschaffungskosten betrugen 8.600 €. Das Bauholz wird Anfang Januar 2024 geliefert und unter Abzug von 3 % Skonto bezahlt.

Welcher Wert ist in der Bilanz zum 31.12.2023 anzusetzen?

2 Ein buchführungspflichtiges Bekleidungsgeschäft hat im Laufe des Jahres 2023 mehrmals Herrensocken eingekauft:

40 Paar zu je 6,40 € im Januar
30 Paar zu je 5,30 € im März
50 Paar zu je 7,10 € im Mai
60 Paar zu je 7,70 € im August

Laut Inventur sind am 31.12.2023 noch 35 Paar Herrensocken aus den verschiedenen Lieferungen vorhanden. Zu Beginn des Jahres betrug der Bestand 20 Paar zum Gesamtpreis von 130 €.

a) Welcher Wert ist nach der Durchschnittsbewertung zu bilanzieren?
b) Wie wäre der Bestand in der Handelsbilanz zu bewerten, wenn das Lifo-Verfahren angewendet würde?

3 Für eine GmbH wurde am 20.03.2023 die Bilanz für 2022 erstellt. Dabei wurde bekannt, dass sich ein Kunde seit dem 21.12.2022 in erheblichen Zahlungsschwierigkeiten befand. Die GmbH hat an den Kunden seit November 2022 eine Warenforderung von 17.850 brutto, von der möglicherweise 60 % ausfallen.

a) Wie ist die Erkenntnis bei der Bilanzerstellung zu berücksichtigen?
b) Mit welchem Wert müsste die Forderung bilanziert werden, wenn der Kunde erst am 16.01.2023 in Zahlungsschwierigkeiten gekommen wäre?

4 Ein Gewerbetreibender hat bisher bei der Berechnung der Herstellungskosten die Kosten für allgemeine Verwaltung mit einbezogen. Um das laufende Ergebnis zu beeinflussen, sollen diese Kosten im laufenden Geschäftsjahr nicht berücksichtigt werden.

Verstößt dieses Verhalten gegen den Grundsatz der Bewertungsstetigkeit?

5 Ein Bauunternehmer hat für technisch aufeinander abgestimmte und genormte Gerüst- und Schalungsteile des Anlagevermögens zum 31.12.2019 einen zulässigen Festwert von 30.000 € gebildet.
Die Zugänge betrugen in den Jahren 2020 4.500 €, 2021 3.000 €, 2022 6.500 €, 2023 7.000 €.
Die körperliche Bestandsaufnahme zum 31.12.2023 ergab einen Bestand von 36.000 €.

Welcher Betrag ist als Festwert zum 31.12.2023 zu bilanzieren?

3.2.6 Bilanzberichtigung – Bilanzänderung

Bilanzberichtigung	Bilanzänderung
unrichtiger Bilanzansatz wird durch richtigen korrigiert	zulässiger Bilanzansatz wird durch anderen zulässigen ersetzt Bilanzänderungen sind zulässig, wenn sie in einem engen zeitlichen und sachlichen Zusammenhang stehen mit einer Bilanzberichtigung.
§ 4 (2) Satz 1 EStG	§ 4 (2) Satz 2 EStG

Fall 16: Eine OHG erwarb im Dezember 2023 eine Maschine für 78.000 € netto, betriebsgewöhnliche Nutzungsdauer 8 Jahre. Die Maschine wurde linear wie folgt abgeschrieben: 12,5 % von 78.000 € für 1 Monat = 812,50 € und mit 77.187,50 € in der Bilanz zum 31.12.2023 angesetzt.

Zwei Monate nach Einreichung der Bilanz beim Finanzamt beantragt die OHG den Ansatz der AfA nach Maßgabe der Leistung.

a) Handelt es sich hier um eine Bilanzberichtigung oder um eine Bilanzänderung?
b) Kann dem Antrag der OHG stattgegeben werden?

Ist ein Bilanzansatz unrichtig, kann der Steuerpflichtige den Fehler durch eine Mitteilung an das Finanzamt berichtigen. R 4.4 (1) EStR
Ein Bilanzsansatz ist unrichtig, wenn er gegen zwingende handels- oder steuerrechtliche Vorschriften oder gegen die GoB verstößt.

Die Bilanzberichtigung muss erfolgen, solange die Veranlagung noch nicht rechtskräftig ist. Nach Eintritt der Bestandskraft ist die Berichtigung einer Bilanz nur insoweit möglich, als die Veranlagung noch nach der AO geändert werden kann (§§ 173, 164 (1) AO) oder die Berichtigung sich nicht auf die Höhe der veranlagten Steuer auswirkt. H 4.4 EStH § 4 (2) S 2 EStG

Sind handels- oder steuerrechtlich verschiedene Wertansätze zulässig, trifft der Steuerpflichtige durch die Einreichung der Bilanz beim Finanzamt seine Entscheidung. R 4.4 (2) EStR
Eine **Änderung** der Bilanz ist nur zulässig, wenn sie in einem **engen zeitlichen und sachlichen Zusammenhang** mit einer vorhergehenden Bilanzberichtigung steht. Dies ist der Fall, wenn die Bilanzänderung **unverzüglich** nach einer Bilanzberichtigung erfolgt und sie sich **auf dieselbe Bilanz** bezieht, wie die Berichtigung. § 4 (2) S. 2 EStG
Gewinnmindernde Bilanzänderungen sind dabei **begrenzt auf die Gewinnerhöhung**, die durch die Bilanzberichtigung derselben Bilanz insgesamt eingetreten ist.

Beispiel

Ein Gastwirt erwarb im **Januar 2020** 10 neue Tische für je 980 € und 60 Stühle zu je 160 €, betriebsgewöhnliche Nutzungsdauer 10 Jahre. Die Anschaffungskosten von insgesamt 19.400 € wurden bisher linear mit 10 % abgeschrieben. Bei einer Außenprüfung ergaben sich für die Jahre 2020–2022 Mehrgewinne von 8.000 €, 4.000 € und 2.000 €. Der Gastwirt beantragte deshalb die Tische **von Anfang an** als Sammelposten und die Anschaffungskosten der Stühle als Betriebsausgaben zu behandeln.
Welche Auswirkungen hat dieser Antrag auf das jeweilige Mehrergebnis?

Lösung:
Dies ist ein **Antrag auf Änderung der Bilanz** § 4 (2) S. 2.
Da der Antrag in zeitlichem und sachlichem Zusammenhang mit einer Bilanzberichtigung durch die Außenprüfung steht, ist ihm stattzugeben.

Ak	9.800,00 €	bisherige AfA	Gewinnauswirkung
AfA 2020 20 %	1.960,00 €	1.940,00 €	– 9.620,00 € incl. BA für Stühle
BW 31.12.2020	7.840,00 €		
AfA 2021 20 %	1.960,00 €	1.940,00 €	– 20,00 €
BW 31.12.2021	5.880,00 €		
AfA 2022 20 %	1.960,00 €	1.940,00 €	– 20,00 €
BW 31.12.2022	3.920,00 €		

Auswirkungen auf das Mehrergebnis	2020	2021	2022
Mehrergebnis vor Änderung der Bilanz	8.000,00 €	4.000,00 €	2.000,00 €
– AfA auf Sammelposten + BA Stühle	max. 8.000,00 €	20,00 €	20,00 €
Mehrergebnis nach Bilanzänderung	0,00 €	3.980,00 €	1.980,00 €

Die Bilanzänderung ist durch den Ansatz des Sammelpostens zuzüglich der BA der Stühle im Jahr 2020 auf 8.000 € begrenzt, R 4.4 (1) EStR, H 4.4 EStH.

Übungen

1 Eine Gewerbetreibende, die den Gewinn nach § 5 EStG ermittelt, hat 2019 ein Grundstück für betriebliche Zwecke für 80.000 € einschließlich Nebenkosten gekauft und seither als Kundenparkplatz genutzt.

Nach verschiedenen Infrastrukturmaßnahmen der Gemeinde ist der Wert des Grundstücks auf 120.000 € gestiegen. Die Gewerbetreibende beantragt mit Einreichung der Bilanz 2023 das Grundstück von Anfang an als Privatvermögen zu behandeln.

Kann das Finanzamt dem Antrag stattgeben?

2 Ein Steuerpflichtiger reicht beim Finanzamt die Bilanz für 2023 ein. Das Finanzamt weicht vom erklärten Gewinn um 5.000 € nach oben ab. Der Steuerpflichtige will daher statt der linear angesetzten AfA bei verschiedenen Wirtschaftsgütern die Sofortabschreibung für GWG nach § 6 (2) EStG anwenden. Dadurch würde sich der erklärte Gewinn um 6.000 € verringern. Er stellt vor Bestandskraft der Veranlagung einen entsprechenden Antrag beim Finanzamt.

a) Handelt es sich um eine Bilanzberichtigung oder um eine Bilanzänderung?
b) Kann das Finanzamt dem Antrag entsprechen?

3.3 Absetzungen für Abnutzungen und Sonderabschreibungen

3.3.1 Abschreibungsverfahren bei beweglichen Wirtschaftsgütern

RW 340 ff.

§ 6 (1) Nr. 1 EStG: Wirtschaftsgüter des Anlagevermögens, die der Abnutzung unterliegen, sind mit den Anschaffungs- oder Herstellungskosten, vermindert um die Absetzungen für Abnutzung (AfA) anzusetzen.

Folgende Abschreibungsarten werden erläutert:

Lineare AfA | **Degressive AfA**[1] | **Leistungs-AfA** | **Sonder-AfA**

3.3.1.1 Bemessungsgrundlage für die AfA

Gekaufte Wirtschaftsgüter → **Anschaffungskosten**

Selbst hergestellte Wirtschaftsgüter → **Herstellungskosten**

3.3.1.2 Dauer der Abschreibung

R 7.4 (3) Die AfA ist grundsätzlich so zu bemessen, dass die Anschaffungs- oder Herstellungskosten nach Ablauf der **betriebsgewöhnlichen Nutzungsdauer** (ND) des Wirtschaftsguts voll abgesetzt sind.

↓

Festlegung durch die Finanzverwaltung in **AfA-Tabellen**

Auszug aus der **AfA-Tabelle für allgemein verwendbare Anlagegüter**:

Bohr- und Preßlufthämmer	7 Jahre
Personenkraft- und Kombiwagen	6 Jahre
Schleifmaschinen (stationär)	15 Jahre
Bauwagen	12 Jahre
Vervielfältigungsgeräte	7 Jahre
Autotelefone	5 Jahre
Kühlschränke	10 Jahre
Laderampen	25 Jahre
Lötgeräte	13 Jahre
Nietmaschinen	13 Jahre
Notebooks/PC	1 Jahr

[1] Siehe Tabelle Seite 223

3.3.1.3 › Beginn und Ende der Abschreibung

Beginn der Abschreibung	Ende der Abschreibung
=	=
Lieferung / Fertigstellung R 7.4 (1) EStR	**Veräußerung / Entnahme / Ende der ND** R 7.4 (8) EStR

3.3.2 › Lineare AfA

Abschreibungssatz in **Prozent:** $\frac{100}{\text{Nutzungsdauer}}$

Abschreibungsbetrag in **€/Jahr:** $\frac{\text{Anschaffungs-/Herstellungskosten}}{\text{Nutzungsdauer}}$

R 7.4 (2) EStR **Besonderheit bei einer Anschaffung/Herstellung im Laufe des Jahres:**

Zeitanteilig (pro rata temporis)
=
monatsweise genau

Beispiel

Anschaffungskosten (AK) 12.000 €; ND 4 Jahre, Anschaffung: 25.10.2023
Zeigen Sie den Abschreibungsverlauf über die gesamte Nutzungsdauer, wenn zeitanteilig abgeschrieben wird.

Lösung:

	Zeitanteilig
AK	12.000 €
AfA 2023 (zeitanteilig)	750 €
Restbuchwert Ende 2023	11.250 €
AfA 2024	3.000 €
Restbuchwert Ende 2024	8.250 €
AfA 2025	3.000 €
Restbuchwert Ende 2025	5.250 €
AfA 2026	3.000 €
Restbuchwert Ende 2026	2.250 €
AfA 2027	2.250 €
Restbuchwert Ende 2027	0 €

Fall 17: Ein Unternehmen erwirbt am 06.03.2023 eine Maschine, ND 5 Jahre, für netto 2.000 €.

Wie hoch ist die lineare Abschreibung im Jahr der Anschaffung und 2024?

Bei Wirtschaftsgütern, die über mehrere Jahre genutzt werden können, ist jeweils für ein Jahr der Teil der Anschaffungs- oder Herstellungskosten abzusetzen, der bei **gleichmäßiger Verteilung** dieser Kosten auf die Gesamtdauer der Verwendung/Nutzung auf ein Jahr entfällt (**Absetzung für Abnutzung in gleichen Jahresbeträgen**). Die Absetzung bemisst sich nach der betriebsgewöhnlichen Nutzungsdauer des Wirtschaftsguts. Wird ein Wirtschaftsgut im Laufe eines Monats angeschafft, kann dieser Monat voll abgeschrieben werden. § 7 (1)

3.3.3 Degressive AfA

RW 342

§ 7 (2) EStG: Bei beweglichen Wirtschaftsgütern des Anlagevermögens kann der Steuerpflichtige statt der Absetzung für Abnutzung in gleichen Jahresbeträgen die Absetzung für Abnutzung in fallenden Jahresbeträgen bemessen.

Anschaffungsjahr	Höhe der Abschreibung	
2001 bis 2005	2 × lineare AfA	maximal 20 %
2006 und 2007	3 × lineare AfA	maximal 30 %
2008	keine degressive Abschreibung möglich	
2009 und 2010	2,5 × lineare AfA	maximal 25 %
ab 2011	Abschaffung der degressiven Abschreibung	
2020 bis 2022 [1]	2,5 × lineare AfA	maximal 25 %

Beispiel

Anschaffungskosten (AK) einer Maschine 12.000 €; ND 10 Jahre, Anschaffung: 25.10.**2022**
Zeigen Sie den Abschreibungsverlauf in den ersten vier Jahren, wenn degressiv abgeschrieben wurde.

Lösung:

AK	12.000,00 €
AfA 2022 25 % zeitanteilig	750,00 €
Restbuchwert Ende 2022	11.250,00 €
AfA 2023	2.813,00 € [2]
Restbuchwert Ende 2023	8.437,00 €
AfA 2024	2.110,00 €
Restbuchwert Ende 2024	6.327,00 €
AfA 2025	1.582,00 €
Restbuchwert Ende 2025	4.745,00 €

[1] Viertes Corona-Steuerhilfegesetz

[2] Der AfA-Betrag kann auf volle € aufgerundet werden.

Fall 18: Ein Wirtschaftsgut, ND 8 Jahre, wurde am 07.03.**2022** für 50.000 € netto angeschafft. Es wird ausschließlich betrieblich genutzt. Berechnen Sie jeweils die Höhe der Abschreibung in den Jahren 2022 bis 2024, wenn degressiv abgeschrieben werden soll!

Die degressive Abschreibung (Anwendung bei Anschaffung/Herstellung 2020 bis 2022) führt i. d. R. **zunächst zu einem höheren Abschreibungsbetrag** als die lineare Abschreibung. Da jedoch hier am Ende der Nutzungsdauer nicht der Restbuchwert 0 € erreicht wird, empfiehlt sich, auch aus diesem Grund, ein Umstieg zur linearen Abschreibung.

RW 344 f.

3.3.4 Umstieg von degressiver AfA zu linearer AfA

Formel zur Berechnung des Umstiegszeitpunkts:

$$\text{Restnutzungsdauer in Jahren (RND)} < \frac{100}{\text{degressiver Abschreibungssatz in Prozent}}$$

Linearer Abschreibungsbetrag nach dem Umstieg: => $\dfrac{\textbf{Restbuchwert}}{\textbf{Rest-ND}}$

Beispiel

Ein Unternehmen kaufte Anfang Januar **2022** einen neuen Pkw für 20.000 € netto, der ausschließlich betrieblich genutzt wird. Die Nutzungsdauer des Fahrzeuges beträgt 6 Jahre. Die AfA wird degressiv vorgenommen.
Wann sollte der Umstieg zur linearen Abschreibung spätestens erfolgen?
Zeigen Sie den Abschreibungsverlauf über die gesamte Nutzungsdauer!

Lösung: $4 < \frac{100}{25}$

d. h. die letzten vier Jahre sollten linear abgeschrieben werden.

AK	20.000,00 €
Degressive AfA 2022	5.000,00 €
Restbuchwert Ende 2022	15.000,00 €
Degressive AfA 2023	3.750,00 €
Restbuchwert Ende 2023	11.250,00 €
Degressive AfA 2024[1]	2.812,50 €
Restbuchwert Ende 2024	8.437,50 €
Lineare AfA 2025	2.812,50 €
Restbuchwert Ende 2025	5.625,00 €
Lineare AfA 2026	2.812,50 €
Restbuchwert Ende 2026	2.812,50 €
Lineare AfA 2027	2.812,50 €
Restbuchwert Ende 2027	0 € (bzw. 1 € Erinnerungswert)

[1] In diesem Jahr sind lineare und degressive AfA gleich hoch.

Fall 19: Eine Fertigungsmaschine, Anschaffungskosten 90.000 €, Nutzungsdauer 10 Jahre, soll degressiv abgeschrieben werden. Berechnen Sie den Abschreibungsbetrag im ersten Jahr und den Termin für den Umstieg, wenn die Maschine Anfang Januar **2022** angeschafft wurde!

Der Wechsel von der degressiven zur linearen Abschreibung ist zulässig. Der Abschreibungsbetrag wird vom Übergangszeitpunkt an vom dann noch vorhandenen **Restwert** und der **Restnutzungsdauer** des Wirtschaftsguts berechnet. § 7 (3)
Der Übergang sollte dann erfolgen, wenn der ermittelte lineare Abschreibungsbetrag mindestens so hoch ist, wie der degressive Abschreibungsbetrag.
Ein Übergang von der linearen zur degressiven Abschreibung ist **nicht** zulässig.

3.3.5 Leistungs-AfA

RW 345

$$\text{Abschreibungsbetrag in €} = \frac{\text{Anschaffungs-/Herstellkosten} \times \text{Jahresleistung}}{\text{Gesamtleistung}}$$

Fall 20: Ein Unternehmen hat eine neue Stanzmaschine mit einer Nutzungsdauer von 8 Jahren und einer Gesamtleistung von 19.000 Stunden für 76.000 € netto erworben. Im Anschaffungsjahr wird die Maschine 4.200 Stunden genutzt.

Berechnen Sie den Abschreibungsbetrag im Anschaffungsjahr, wenn die Maschine nach Maßgabe der Leistung abgeschrieben werden soll!

Bei beweglichen Wirtschaftsgütern des Anlagevermögens, bei denen es wirtschaftlich begründet ist, die Absetzung für Abnutzung nach Maßgabe der Leistung des Wirtschaftsguts vorzunehmen, kann der Steuerpflichtige dieses Verfahren statt der Absetzung für Abnutzung in gleichen Jahresbeträgen anwenden, wenn er den auf das einzelne Jahr entfallenden Umfang der Leistung nachweist. Der Abschreibungsbetrag je Leistungseinheit (Maschinenstunde, km, etc.) bleibt hier gleich, die Jahresbeträge schwanken je nach Umfang der Leistung. § 7 (1) S. 6

Übungen

1 Wie hoch ist in den folgenden Beispielen jeweils der **lineare** Abschreibungsprozentsatz und der jeweilige Abschreibungsbetrag im ersten Jahr, wenn die Anschaffung Anfang Januar 2023 erfolgte?
a) Nutzungsdauer 4 Jahre; Anschaffungskosten 20.000 €
b) Nutzungsdauer 5 Jahre; Anschaffungskosten 8.000 €
c) Nutzungsdauer 8 Jahre; Anschaffungskosten 42.000 €
d) Nutzungsdauer 10 Jahre; Anschaffungskosten 17.500 €
e) Nutzungsdauer 12 Jahre; Anschaffungskosten 10.000 €
f) Nutzungsdauer 15 Jahre; Anschaffungskosten 34.800 €

2 Ein Chemieunternehmen hat am 25. März 2022 für seine Forschungsabteilung eine neue Maschine zum Preis von 8.400 € + USt erworben. Der Verkäufer gewährte auf diesen Preis einen Rabatt von 20 %. Gemäß der AfA-Tabelle für allgemein verwendbare Anlagegüter beträgt die Nutzungsdauer der Maschine 8 Jahre.
a) Wie hoch war der degressive Abschreibungsbetrag 2022?
b) Wie hoch ist der degressive Abschreibungsbetrag 2023?

3 Ein Gewerbetreibender erwirbt Mitte Juli 2022 eine neue Maschine, Nutzungsdauer 12 Jahre, für brutto 119.000 €.

Wie hoch ist der Abschreibungsbetrag in den ersten beiden Jahren, wenn der Gewerbetreibende einen möglichst niedrigen Gewinn ausweisen möchte?

4 Eine Unternehmerin betreibt eine Baumschule. Sie hat im Dezember 2022 einen Wasserspeicher aus Stahl für 1.200 € + USt angeschafft (ND 15 Jahre).

Wie hoch sind die Abschreibungsbeträge 2022 und 2023, wenn der Gewinn möglichst niedrig sein soll?

5 Eine Maschine mit einer Nutzungsdauer von 8 Jahren wurde für netto 40.000 € Anfang Februar 2023 erworben.

Stellen Sie den linearen Verlauf der Abschreibung über die gesamte Nutzungsdauer der Maschine dar.

6 Die Schleißheimer Metallwerke GmbH erwirbt am 15.09.2022 einen Bürocontainer, Nutzungsdauer 8 Jahre, für netto 15.000 €.

Ermitteln Sie den Abschreibungsbetrag im Jahr der Anschaffung und im Folgejahr, wenn ein möglichst niedriger Gewinn ausgewiesen werden soll.

7 Eine Unternehmerin aus Köln erwarb im Juni 2023 eine neue Maschine für die Fertigung zum Preis von 23.800 € brutto. Die Nutzungsdauer der Maschine beträgt 8 Jahre.

Ermitteln Sie den linearen Abschreibungsbetrag 2023 und 2024.

8 Zu Beginn des Jahres 2022 hat ein Unternehmen einen neuen Lkw angeschafft. Die Anschaffungskosten betrugen 125.000 €. Die geschätzte Gesamtfahrleistung des Lkw beträgt 300.000 km. 2022 wurden mit dem Lkw 45.000 km zurückgelegt, 2023 waren es 55.000 km.

Wie hoch ist die Abschreibung in den Jahren 2022 und 2023, wenn sie nach Maßgabe der Leistung vorgenommen werden soll?

9 Eine Brauerei kaufte im Oktober 2022 eine neue Maischepumpe (ND 8 Jahre) für netto 4.000 €.

Wie hoch sind die Abschreibungsbeträge 2022 und 2023, wenn linear/degressiv abgeschrieben wird?

3.3.6 Sonderabschreibung und Investitionsabzugsbetrag nach § 7 g EStG

RW 350 ff.

3.3.6.1 Sonderabschreibung nach § 7 g Abs. 5 EStG

Ziel:

Förderung **kleiner** und **mittlerer** Betriebe bei der Anschaffung/Herstellung abnutzbarer **beweglicher** und abnutzbarer immaterieller Wirtschaftsgüter des Anlagevermögens.

Fördervoraussetzungen:

– Gewinnermittlung nach § 4 oder 5 EStG
– Gewinngrenze im Wirtschaftsjahr der Inanspruchnahme der Abzugsbeträge (ohne IAB) ≤ 200.000 €

+

- das Wirtschaftsgut bleibt mindestens **ein Jahr** in einer inländischen Betriebsstätte
- das Wirtschaftsgut wird im Jahr der Inanspruchnahme der Sonderabschreibung und im Folgejahr **vermietet** oder **ausschließlich bzw. fast ausschließlich betrieblich genutzt**

Förderhöhe und Förderzeitraum:

20 % der Anschaffungs- oder Herstellungskosten
beliebig verteilt auf die ersten 5 Jahre

Fall 21: Ein Gewerbebetrieb hat im Februar 2023 eine neue Maschine, Nutzungsdauer 5 Jahre, für netto 50.000 € angeschafft. Der nach § 5 EStG ermittelte Gewinn des Gewerbebetriebs betrug Ende 2022 180.000 €.
Kann der Gewerbebetrieb die Sonderabschreibung nach § 7 g (5) EStG beanspruchen?
Wie hoch ist diese Sonderabschreibung 2023, wenn der Gewerbebetrieb einen möglichst niedrigen Gewinn ausweisen will?

Voraussetzung für die Inanspruchnahme der Sonderabschreibung nach § 7 g Abs. 5 EStG ist, dass der nach § 4 oder 5 EStG ermittelte Gewinn 200.000 € nicht übersteigt. Es ist nicht erforderlich, dass vorher ein Investitionsabzugsbetrag beansprucht wurde. § 7g (6)

Eine fast ausschließliche betriebliche Nutzung des Wirtschaftsgutes ist gegeben, wenn es der Steuerpflichtige zu **nicht mehr als 10 %** privat nutzt.
Die Sonderabschreibung nach § 7 g EStG kann **neben** der linearen/degressiven Abschreibung im Jahr der Anschaffung und in den folgenden 4 Jahren in Anspruch genommen werden. § 7g (5)

§ 7g Abs. 2 Bemessungsgrundlage für die Sonderabschreibung nach § 7 EStG und die reguläre Abschreibung sind die Anschaffungs- oder Herstellungskosten. Dieser Betrag ist im Jahr der Anschaffung um bis zu 50 % der Anschaffungskosten, höchstens um die vorgenommene Hinzurechnung zu mindern (Wahlrecht).

3.3.6.2 › Sonderabschreibung nach § 7g EStG und planmäßige Abschreibung

Sonderabschreibung und **lineare** Abschreibung ohne vorherigen Investitionsabzugsbetrag	Sonderabschreibung und **lineare** Abschreibung mit vorherigen Investitionsabzugsbetrag
Vorgehen: 1. Lineare AfA von den AHK 2. Sonderabschreibung von den AHK	Vorgehen: 1. Lineare AfA von der verminderten BMG 2. Sonder-AfA von der verminderten BMG

Beispiel

Sonderabschreibung und lineare AfA:
AHK 60.000 €; Anschaffung Anfang März 2023, Voraussetzungen gemäß § 7 g EStG sind erfüllt, volle Sonderabschreibung im Anschaffungsjahr, ND 8 Jahre, lineare AfA.

Zeigen Sie den Abschreibungsverlauf über die ersten fünf Jahre, wenn
a) 2022 kein Investitionsbetrug beansprucht wurde
b) 2022 ein Investitionsabzugsbetrag von 30.000 € beansprucht wurde und dieser Betrag außerbilanziell hinzugerechnet und die Ak im Jahr der Anschaffung entsprechend gekürzt werden (Wahlrecht).

	a)	b)
AK 2023	60.000,00 €	60.000,00 €
Herabsetzung § 7 g (2) S. 1		30.000,00 €
Bemessungsgrundlage	60.000,00 €	30.000,00 €
20 % Sonder-AfA	12.000,00 €	6.000,00 €
lineare AfA p.r.t.	6.250,00 €	3.125,00 €
Restbuchwert	41.750,00 €	20.875,00 €
2024:		
Lineare AfA	7.500,00 €	3.750,00 €
Restbuchwert	34.250,00 €	17.125,00 €
2025:		
Lineare AfA	7.500,00 €	3.750,00 €
Restbuchwert	26.750,00 €	13.375,00 €
2026:		
Lineare AfA	7.500,00 €	3.750,00 €
Restbuchwert	19.250,00 €	9.625,00 €
2027:		
Lineare AfA	7.500,00 €	3.750,00 €
Restbuchwert	11.750,00 €	5.875,00 €

Fall 22: Ein Gewerbetreibender, der 2022 einen Investitionsabzugsbetrag beanspruchte, erwirbt Ende Januar 2023 eine neue Maschine, Nutzungsdauer 12 Jahre. Die Anschaffungskosten betragen 80.000 €. Die Sonderabschreibung soll 2023 mit 10 % in Anspruch genommen werden. In den Jahren 2024 und 2025 werden jeweils 5 % beansprucht.

Zeigen Sie neben der Sonder-AfA auch den linearen Abschreibungsverlauf über die gesamte Nutzungsdauer der Maschine, wenn der beanspruchte Investitionsabzugsbetrag 30.000 € betrug. Er wurde 2022 in voller Höhe außerbilanziell hinzugerechnet und die Ak 2023 entsprechend gekürzt.

Die Sonderabschreibung nach § 7 g Abs. 5 EStG kann neben der linearen AfA in Anspruch genommen werden. § 7 g (1)
Ist die Nutzungsdauer **länger als sechs Jahre**, ist nach Ende des Begünstigungszeitraumes, also **nach 5 Jahren,** ein **neuer linearer Abschreibungssatz** in Prozent zu berechnen. Dieser richtet sich nach dem Restbuchwert und der Restnutzungsdauer. § 7 a (9)

3.3.6.3 › Investitionsabzugsbetrag nach § 7 g Abs. 1 EStG

RW 348 ff.

Fördervoraussetzungen:

- **Geplante Anschaffung** eines neuen oder gebrauchten abnutzbaren **beweglichen Wirtschaftsgutes** oder abnutzbaren immateriellen Wirtschaftsgut des Anlagevermögens bis zum Ende des dritten auf das Abzugsjahr folgenden Wirtschaftsjahres
- **Gewinnermittlung nach § 4 oder § 5 EStG**
- Erfüllung der in **§ 7 g (1) EStG genannten Gewinngrenze**

Förderhöhe:

Bildung eines gewinnmindernden Investitionsabzugsbetrages in Höhe von bis zu **50 %** der Anschaffungs- oder Herstellungskosten, maximal 200.000 €.

Fall 23: Ein buchführungspflichtiger Gewerbetreibender plant im nächsten Jahr die Anschaffung einer neuen Maschine, Anschaffungskosten 30.000 €. Der nach § 5 EStG ermittelte Gewinn des Gewerbetreibenden betrug zum Ende des Jahres 2023 150.000 €.
Kann der Gewerbetreibende einen Investitionsabzugsbetrag beanspruchen?
Falls ja, in welcher Höhe?

Der Unternehmer kann für die künftige Anschaffung oder Herstellung der oben genannten Wirtschaftsgüter des Anlagevermögens außerbilanziell einen gewinnmindernden Investitionsabzugsbetrag von bis zu 50 % der tatsächlichen Anschaffungs- oder Herstellungskosten abziehen. § 7g (1)

Ein Investitionsabzugsbetrag kann auch gebildet werden, wenn dadurch ein Verlust entsteht oder sich erhöht. Die Abzugsbeträge müssen nach amtlich vorgeschriebenen Datensätzen durch Datenfernübertragung übermittelt werden. § 7g (3) § 7g (1) S. 2 Nr. 2

Im Jahr der Anschaffung/Herstellung können bis zu 50 % der AHK, maximal der gebildete IAB, gewinnerhöhend hinzugerechnet werden. Die AHK sind dann um bis zu 50 %, maximal um die Hinzurechnung gewinnmindernd herabzusetzen (Wahlrecht). Die Bemessungsgrundlage für die planmäßige Abschreibung vermindert sich entsprechend. Wurden die in Anspruch genommenen Investitionsabzugsbeträge nicht bis zum Ende des dritten auf das Jahr des Abzugs folgenden Jahres hinzugerechnet, ist der Investitionsabzugsbetrag bei der Veranlagung, bei der der Abzug vorgenommen wurde, rückgängig zu machen.[1] Bereits ergangene Steuerbescheide sind zu ändern. § 233 a Abs. 2 a AO ist nicht anzuwenden. § 7g (2) § 7g (3)

[1] Die Investitionsfrist für Reinvestitionen die 2022 enden wurde um ein Jahr verlängert (Viertes Corona-Steuerhilfegesetz).

§ 7 g (6) Die Beanspruchung eines Investitionsabzugsbetrages ist keine Voraussetzung für die Vornahme einer Sonderabschreibung gem. § 7 g (5) EStG nach erfolgter Investition.

Übungen

1 Der Gewerbebetrieb des Steuerpflichtigen Egon Moser hatte zum Ende des Wirtschaftsjahrs 2022 einen nach § 5 EStG ermittelten Gewinn von 148.000 € ausgewiesen. Herr Moser hat Anfang Mai 2023 eine gebrauchte Büromaschine, Anschaffungskosten 25.000 € erworben.

Wie hoch ist der Abschreibungsbetrag einschließlich einer evtl. Sonderabschreibung 2023, wenn die Nutzungsdauer der Maschine 4 Jahre beträgt und Egon Moser einen möglichst niedrigen Gewinn ausweisen möchte?

2 Simone Burghalter hat Ende 2021 ein Einzelhandelsunternehmen („Simones PC-Laden") gegründet. Im Mai 2023 erwirbt sie für das Unternehmen einen Reißwolf zum Nettopreis von 920 €. Das Gerät hat eine Nutzungsdauer von 5 Jahren.

Wie hoch ist die Abschreibung nach § 7 g (5) EStG 2023, wenn der zulässige Satz voll ausgeschöpft werden soll und alle notwendigen Voraussetzungen gegeben sind?

3 Ein Gewerbetreibender hat Mitte Dezember 2023 eine neue Büromaschine für 30.000 € angeschafft, deren Nutzungsdauer 5 Jahre beträgt. Der Gewerbetreibende möchte ab dem Anschaffungsjahr und in den drei folgenden Jahren die Sonderabschreibung nach § 7g (5) in Höhe von jeweils 5 % sowie die lineare AfA beanspruchen.

a) Zeigen Sie den Abschreibungsverlauf über die gesamte Nutzungsdauer der Maschine.
b) Wie verläuft die Abschreibung, wenn ein Investitionsabzugsbetrag von 12.000 € beansprucht wurde und die Anschaffungskosten um den höchstmöglichen Betrag gekürzt werden?

4 Der Gewinn eines Gewerbetreibenden betrug zum Schluss des Wirtschaftsjahrs 2022 120.000 €. Der Gewerbetreibende hat Anfang Januar 2023 einen neuen Pkw für netto 40.000 € erworben, den er zu 70 % betrieblich nutzt. Der Pkw gehört zum notwendigen Betriebsvermögen des Gewerbetreibenden und wird in der Bilanz ausgewiesen.

Wie hoch ist die Abschreibung nach § 7 g (5) EStG 2023, wenn der Gewerbetreibende einen möglichst niedrigen Gewinn ausweisen möchte?

5 Der Rechtsanwalt Thomas Moritz ermittelt seinen Gewinn durch Überschussrechnung nach § 4 (3) EStG. Im Jahr 2021 betrug dieser 140.000 €. Herr Moritz hat im August 2022 eine neue Schrankwand (Anschaffungskosten: 20.000 €) für sein Büro erworben. Die Schrankwand hat eine Nutzungsdauer von 10 Jahren. Herr Moritz möchte 2022 und 2023 einen möglichst niedrigen Gewinn ausweisen und deshalb neben der degressiven AfA auch die Sonderabschreibung nach § 7 g (5) EStG in Anspruch nehmen. Ein Investitionsabzugsbetrag wurde nicht beansprucht.

Wie hoch sind die Abschreibungsbeträge 2022 und 2023?

6 Petra Schropp hat im Juli 2023 ein Einzelhandelsunternehmen eröffnet. Sie plant 2024 einen neuen Schreibtisch, Anschaffungskosten 2.500 €, anzuschaffen. Die Gewinngrenze wird nicht überschritten.

Kann Frau Schropp für diese geplante Anschaffung einen Investitionsabzugsbetrag beanspruchen? Falls ja, in welcher Höhe?

7 Ein Steuerpflichtiger hat 2022 in der Nähe von Passau einen Gewerbebetrieb eröffnet. Der Gewinn zum Ende des Wirtschaftsjahres 2023 beträgt 180.000 €. Der Steuerpflichtige plant im nächsten Jahr (2024) ein Grundstück für 25.000 € als Lagerfläche zu erwerben.

Wie hoch ist der IAB, den der Steuerpflichtige 2023 beanspruchen kann?

8 Ein Unternehmer, der die Voraussetzungen des § 7 g EStG erfüllt, plant 2022 die Anschaffung einer neuen Maschine für das Jahr 2023. Der voraussichtliche Kaufpreis wird 40.000 € + USt und die Nutzungsdauer 8 Jahre betragen. Am 02.05.2023 erfolgt die Anschaffung der Maschine zum geplanten Preis. Der Unternehmer möchte einen möglichst niedrigen Gewinn ausweisen.

a) Über welchen Betrag kann der Unternehmer 2022 höchstens einen Investitionsabzugsbetrag beanspruchen?
b) Wie hoch ist dann die lineare Abschreibung im Anschaffungsjahr, wenn die Anschaffungskosten um den gebildeten IAB gekürzt werden?
c) Wie hoch ist die maximale Sonderabschreibung nach § 7 g (5) EStG 2023?

9 Für die geplante Anschaffung eines Lkws 2023 wurde 2022 ein Investitionsabzugsbetrag in Höhe von 60.000 € angesetzt. Die Anschaffungskosten betragen 2023 insgesamt 150.000 €.

a) Um welchen Betrag können die AK 2023 herabgesetzt werden?
b) Wie hoch ist dann die Abschreibung nach § 7 g (5) 2023 maximal?

10 Ein Unternehmer hat im Jahr 2022 für den geplanten Kauf einer neuen Produktionsmaschine einen Investitionsabzugsbetrag in Höhe von 20.000 € beansprucht. Am 01.03. diesen Jahres wird die Maschine für brutto 71.400 € angeschafft. Die Nutzungsdauer der Maschine beträgt 7 Jahre. Das Unternehmen will im Anschaffungsjahr den gebildeten IAB hinzurechnen und die Ak entsprechend kürzen

Wie hoch ist die Sonderabschreibung nach § 7 g (5) EStG, die das Unternehmen vornehmen kann?

11 Jennifer Gärtner betreibt seit 2019 einen Gewerbebetrieb in Mannheim. Für eine geplante Investition beansprucht sie 2020 einen Investitionsabzugsbetrag in Höhe von 12.000 €. Da die Geschäftsentwicklung erheblich ungünstiger als geplant verläuft, kann die Investition bis 2023 nicht vorgenommen werden.

Muss eine Verzinsung der unterlassenen Investition erfolgen, wenn der ESt-Bescheid 2020 bereits bestandskräftig geworden ist?

12 Unternehmer Alt erwirbt im Mai 2023 ein selbstständig nutzbares Kombinationsgerät (ND 3 Jahre) zum Drucken, Faxen und Kopieren für 450 € + USt. 2021 hat er hierfür einen IAB in Höhe von 180 € gebildet.

Wie hoch ist die maximale Abschreibung 2023?

3.3.7 Abschreibungsverfahren bei Gebäuden

RW 336 f.

3.3.7.1 Lineare Abschreibung bei Gebäuden

Gehört das Gebäude zu einem Betriebsvermögen und dient nicht Wohnzwecken und wurde der Bauantrag nach dem 31.03.1985 gestellt?

Nein		Ja	
Fertigstellung nach dem 31.12.1924	2 %	bis 2000	4 %
Fertigstellung vor dem 01.01.1925	2,5 %	ab 2001	3 %
Fertigstellung nach dem 31.12.2022	3 %		

Fall 24: Ein Industrieunternehmen hat im Januar 2023 eine im Vorjahr fertiggestellte Lagerhalle erworben. Für die Anschaffung der Halle sind Aufwendungen von insgesamt 850.000 € (ohne Grund und Boden) entstanden.
Wie hoch ist die AfA, die 2023 und 2024 geltend gemacht werden kann?

H 7.3 EStH Bei Anschaffung eines bebauten Grundstückes ist der Kaufpreis nach dem Verhältnis der Verkehrs- oder Teilwerte auf Grundstück und Gebäude aufzuteilen. Nur der Wert des Gebäudes unterliegt der Abnutzung. Wird ein Gebäude **im Verlauf eines Jahres** angeschafft/hergestellt oder verkauft, ist die **lineare AfA in diesem Jahr zeitanteilig vorzunehmen**.

H 7.4 EStH Ein Gebäude ist **fertiggestellt**, sobald es seiner Zweckbestimmung entsprechend genutzt werden kann. Die wesentlichen Bauarbeiten müssen abgeschlossen und der Bau soweit errichtet sein, dass der Bezug der Wohnungen zumutbar oder das Gebäude für den Betrieb in all seinen wesentlichen Bereichen nutzbar ist. Wenn Türen, Böden und der Innenputz fehlen, ist das Gebäude noch nicht fertiggestellt.

§ 7 (4) Nr. 1 Bei **Wirtschaftsgebäuden** war bis 2000 ein jährlich gleichbleibender AfA-Satz von **4 %** der **Anschaffungs- bzw. Herstellungskosten** anzusetzen. Bei einer Anschaffung/Herstellung ab 2001 sind es 3 %.

§ 7 (4) Nr. 2 § Ausschlaggebend für die Höhe der linearen Gebäude-AfA bei anderen Gebäuden ist der **Zeitpunkt der Fertigstellung**. Das Datum des Kaufs ist unerheblich. Wurde das Gebäude **nach dem 31.12.1924** fertiggestellt, ist ein AfA-Satz von 2 % und bei Fertigstellung vor dem 01.01.1925 ein AfA-Satz von 2,5 % anzusetzen. Wird das Gebäude nach dem 31.12.2022 fertiggestellt, beträgt der lineare AfA-Satz 3 %.[1)]

R 7.2 (1) EStR Ein Gebäude dient **Wohnzwecken**, wenn es dazu bestimmt und geeignet ist, Menschen auf Dauer Aufenthalt und Unterkunft zu ermöglichen. Während das häusliche Arbeitszimmer eines Mieters zur Vereinfachung den Wohnzwecken dienenden Räumen zuzurechnen ist, dient das häusliche Arbeitszimmer eines Arbeitnehmers im eigenen Haus nicht Wohnzwecken. (H 7.2 EStH)

§ 7 (4) S. 2 Ist die tatsächliche Nutzungsdauer eines Gebäudes kürzer als die im EStG unterstellte Nutzungsdauer, so können anstelle der angegebenen Absetzungen die der tatsächlichen Nutzungsdauer entsprechenden Absetzungen vorgenommen werden.

H 7.4 EStH **Ein Wechsel der Abschreibungsmethode bei Gebäuden ist nicht zulässig.**

1) Jahressteuergesetz 2022

3.3.7.2 › Degressive Abschreibung bei Gebäuden

RW 337 f.

Hier kommen unterschiedliche **Abschreibungsstaffeln** zur Anwendung.[1]

Kriterien für die Wahl der AfA-Staffel	Abschreibungssätze	
Wirtschaftsgebäude, die vom Steuerpflichtigen auf Grund eines vor dem 01.01.1994 gestellten Bauantrags hergestellt bzw. die vor diesem Zeitpunkt angeschafft wurden	Anschaffungsjahr + 3 Folgejahre je 10 % in den darauffolgenden 3 Jahren je 5 % in den darauffolgenden 18 Jahren je 2,5 %	§ 7 (5) Nr. 1
übrige Gebäude, die vom Steuerpflichtigen auf Grund eines vor dem 01.01.1995 gestellten Bauantrags hergestellt bzw. die vor diesem Zeitpunkt angeschafft wurden	Anschaffungsjahr + 3 Folgejahre je 10 % in den darauffolgenden 3 Jahren je 5 % in den darauffolgenden 18 Jahren je 2,5 %	§ 7 (5) Nr. 2
übrige Gebäude, soweit sie Wohnzwecken dienen, die auf Grund eines nach dem 28.02.1989 und vor dem 01.01.1996 gestellten Bauantrags hergestellt oder die nach dem 28.02.1989 auf Grund eines nach dem 28.02.1989 und vor dem 01.01.1996 geschlossenen Vertrages angeschafft wurden	Anschaffungsjahr + 3 Folgejahre je 7 % in den darauffolgenden 6 Jahren je 5 % in den darauffolgenden 6 Jahren je 2 % in den darauffolgenden 24 Jahren je 1,25 %	§ 7 (5) Nr. 3 a
übrige Gebäude, soweit sie Wohnzwecken dienen, bei denen der Bauantrag nach dem 31.12.1995 und vor dem 01.01.2004 gestellt wurde bzw. die vor dem 01.01.2004 angeschafft wurden	Anschaffungsjahr + 7 Folgejahre je 5 % in den darauffolgenden 6 Jahren je 2,5 % in den darauffolgenden 36 Jahren je 1,25 %	§ 7 (5) Nr. 3 b
übrige Gebäude, soweit sie Wohnzwecken dienen, die aufgrund eines nach dem 31.12.2003 geschlossenen obligatorischen Vetrages angschafft/hergestellt wurden (letztmalige Anwendung: 2005)	Fertigstellungsjahr + 9 Folgejahre je 4 % in den darauffolgenden 8 Jahren je 2,5 % in den darauffolgenden 32 Jahren je 1,25 %	§ 7 (5) Nr. 3 c

Beispiel

Degressive Abschreibung bei Gebäuden
Jakob Fuller hat ein am 30.12.2004 fertiggestelltes Wohngebäude gekauft, Anschaffungskosten 340.000 €. Das Gebäude wurde ab 01.01.2005 für monatlich 1.200 € vermietet.
Zeigen Sie den Abschreibungsverlauf in den Jahren 2005, 2006, 2015 und 2023, wenn das Gebäude degressiv abgeschrieben wird!
Lösung:

Jahr	Abschreibungssatz in Prozent	Abschreibungsbetrag
2005	4	13.600 €
2006	4	13.600 €
:	:	:
2015	2,5	8.500 €
:	:	:
2023	1,25	4.250 €
:	:	:

[1] Bei Bauantrag, Anschaffung, Herstellung ab 01.01.2006 können Wohngebäude nur noch linear abgeschrieben werden. (Beachte auch Seite 274)

> **Fall 25:** Ein Industrieunternehmen erwarb im November 2023 eine neue, im gleichen Jahr fertiggestellte Lagerhalle zum Kaufpreis von 1.200.000 €. In diesem Preis (ohne Grund und Boden) sind aktivierungspflichtige Anschaffungsnebenkosten bereits enthalten. Das Unternehmen möchte die Lagerhalle degressiv abschreiben.
>
> Wie hoch sind Abschreibungssatz und Abschreibungsbetrag 2023 und 2024?

§ 7 (5) S. 1 Voraussetzung für die Anwendung der degressiven AfA ist, dass die Gebäude im Inland liegen und **vom Steuerpflichtigen hergestellt** oder **bis zum Ende des Jahres der Fertigstellung angeschafft** worden sind. Bei Wohngebäuden war sie letztmals möglich, wenn die Anschaffung/Herstellung bis **31.12.2005** erfolgte.
Berechnungsbasis für die degressive Gebäude-AfA sind jeweils die **Anschaffungs- bzw. Herstellungskosten**.

H 7.4 EStH Eine **zeitanteilige Kürzung** im Jahr der Fertigstellung/des Kaufs erfolgte bei der **degressiven Gebäude-AfA nicht**. Bei der **Veräußerung** eines Gebäudes kann die degressive AfA nach § 7 (5) EStG **nur zeitanteilig** abgezogen werden.

§ 7 (5a) Die Vorschriften sind auf Gebäudeteile, die selbstständige unbewegliche Wirtschaftsgüter sind, sowie auf Eigentumswohnungen und auf im Teileigentum stehende Räume entsprechend anzuwenden.

H 7.4 EStH Ein Gebäude gilt zu dem Zeitpunkt als **angeschafft**, zu dem Eigenbesitz, Gefahr, Nutzen und Lasten auf den Erwerber übergehen.

RW 327,330

3.3.8 Abschreibungsverfahren bei immateriellen Wirtschaftsgütern[1)]

entgeltlich erworbener Geschäfts- oder Firmenwert

=

abnutzbares Wirtschaftsgut des Anlagevermögens

▼

betriebsgewöhnliche Nutzungsdauer: 15 Jahre

> **Fall 26:** Im Rahmen des Erwerbs eines Zulieferunternehmens wendet ein Automobilhersteller für den Geschäfts- oder Firmenwert 250.000 € auf.
>
> Wie hoch ist die AfA für den Geschäfts- oder Firmenwert im Jahr des Kaufs?

§ 7 (1) S. 3 Der entgeltlich erworbene Geschäfts- oder Firmenwert ist zu aktivieren. Auf den Aktivposten sind Absetzungen für Abnutzung während der nach Steuerrecht gesetzlich festgelegten Nutzungsdauer von 15 Jahren vorzunehmen. Hier kommt **nur die lineare AfA** zur Anwendung. Ein selbstgeschaffener Firmenwert kann dagegen nicht aktiviert und abgeschrieben werden.

3.3.9 Absetzung für außergewöhnliche technische und wirtschaftliche Abnutzung

§ 7 (1) S. 5 Bei Vorliegen einer außergewöhnlichen technischen oder wirtschaftlichen Abnutzung kann zusätzlich **eine Absetzung für außergewöhnliche Abnutzung** vorgenommen
§ 7 (2) S. 4 werden. Dies gilt jedoch nicht für Wirtschaftsgüter, bei denen die Absetzung für Abnutzung **nach fallenden Jahresbeträgen** bemessen wird.

---

1) Die Kosten für Software zur Dateneingabe und -verarbeitung können im Jahr der Anschaffung/Herstellung seit dem 01.01.2021 in voller Höhe abgeschrieben werden.

Übungen

1 Zum BV der Maschinenfabrik Heinrich Kagerer gehört seit August 2023 eine Lagerhalle. Die Anschaffungskosten dieser Halle, die auf Grund eines 2021 gestellten Bauantrags in den Jahren 2022 und 2023 errichtet wurde, betrugen 1.750.000 €.
a) Wie hoch ist der Abschreibungsbetrag 2023 bei linearer AfA?
b) Welcher Abschreibungsbetrag ergäbe sich 2023 bei degressiver AfA?

2 Otto John erzielt aus einem Wohnhaus Einkünfte aus Vermietung und Verpachtung. Er hat dieses Gebäude mit notariellem Kaufvertrag vom 07.08.1997 für 4.600.000 € (einschließlich Nebenkosten, ohne Wert des Grund und Bodens) erworben.
a) Wie hoch ist der Abschreibungsbetrag 2023, wenn der Steuerpflichtige zulässigerweise die degressive AfA gewählt hat?
b) Wie hoch ist der Abschreibungsbetrag 2023, wenn der Steuerpflichtige die lineare AfA gewählt hat und das Gebäude im Juli 1997 fertiggestellt wurde?

3 Zum 03. April 2023 kaufte ein Ehepaar ein Haus in Dresden, in dem es sofort eine Wohnung vermietete. Die zweite Wohnung des Hauses konnte erst ab 01.09.2023 vermietet werden. Nachweise für die Vermietungsabsicht seit April liegen vor. Die Anschaffungskosten des 1984 gebauten Hauses betrugen 480.000 €, davon entfielen 80.000 € auf Grund und Boden.

Wie hoch ist die lineare Abschreibung in den Jahren 2023 und 2024?

4 Frau Bach ist Eigentümerin eines Mehrfamilienhauses, das sie 1982 für umgerechnet 600.000 € (davon 120.000 € Grund und Boden) erworben hat. Das Gebäude wurde 1972 fertig gestellt. Frau Bach vermietet das Gebäude seit dem Kaufdatum.

Wie hoch ist der lineare Abschreibungsbetrag 2023?

5 Gisela Laubmeier ist Eigentümerin eines Zweifamilienhauses in Aschaffenburg. Frau Laubmeier hat das Gebäude 2023 auf eigenem Grund und Boden hergestellt. Die Herstellungskosten des Zweifamilienhauses betragen 750.000 €. Der Bauantrag wurde im Oktober 2021 gestellt, die Fertigstellung war im August 2023. Das Gebäude wurde ab 01.09.2023 an zwei Familien zur ortsüblichen Miete vermietet.
Berechnen Sie die höchstmögliche Abschreibung, die Frau Laubmeier 2023 und 2024 in Anspruch nehmen kann!

6 Stefan Herbert ist Bauherr eines in Lindau gelegenen Zweifamilienhauses, das am 01.09.2022 bezugsfertig wurde. Der Bauantrag stammt vom 01.06.2020. Ab Fertigstellungstermin hat der Steuerpflichtige das Gebäude zu Wohnzwecken vermietet. Die Anschaffungskosten des Grund und Bodens betrugen 180.000 €, die Herstellungskosten des Zweifamililenhauses 492.000 €.
Stefan Herbert möchte die höchstmögliche Abschreibung ansetzen.
a) Berechnen Sie die Abschreibung für 2022 und 2023!
b) Wie würde sich das Ergebnis unter a) ändern, wenn Herr Herbert eine der Wohnungen (beide sind gleich groß) selbst beziehen würde?

7 Die Andreas Hummel GmbH stellt Büromöbel her. Das Unternehmen hat mit notariellem Kaufvertrag vom 20.07.2023 ein neues Verwaltungsgebäude für 8.400.000 € erworben. Dabei entstanden an Nebenkosten 3,5 % Grunderwerbsteuer, 240.000 € Maklerprovision + 19 % USt, 6.000 € Notariatskosten + 19 % USt und 2.800 € Grundbuchgebühren. Vom Kaufpreis entfallen 15 % auf den Grund und Boden.
a) Kann die Andreas Hummel GmbH das Verwaltungsgebäude degressiv abschreiben?
b) Welcher Abschreibungsbetrag würde sich bei linearer AfA für 2023 ergeben?

8 Beim Kauf eines Konkurrenzunternehmens zu Jahresbeginn hat ein Steuerpflichtiger für den Geschäftswert dieses Unternehmens 60.000 € aufgewendet.

Mit welchem Betrag kann der erworbene Geschäftswert abgeschrieben werden?

9 Ein Unternehmer möchte über einen Internetauftritt auf seine Produkte aufmerksam machen. Er wählt deshalb eine neue, prägnante Internetadresse. Für die Gestaltung dieser Internetadresse entstanden Anfang Januar für eigene Arbeitnehmer und eine eingeschaltete Werbeagentur Kosten von insgesamt 10.000 €.

a) In welchem Umfang kann dieses immaterielle Wirtschaftsgut abgeschrieben werden, wenn von einer Nutzungsdauer von fünf Jahren auszugehen ist?
b) Wie würde sich das Ergebnis unter a) ändern, wenn die gewünschte Domain bereits an eine andere Firma vergeben war, und der Unternehmer sie für 10.000 € erwerben musste?

10 Ein Unternehmer erwirbt Anfang August 2023 Computersoftware zur Dateneingabe und -verarbeitung. Der Kaufpreis beträgt einschließlich Nebenkosten 8.000 €.

Ermitteln Sie die höchstmögliche Abschreibung für 2023.

11 Die Karin Schmidt Anlagenbau GmbH besitzt ein Bürogebäude. Die Herstellungskosten des Gebäudes betrugen 500.000 €, der Buchwert zum 31.12.2022 beträgt 462.500 €. Bisher wurde die lineare Abschreibung nach §7(4) Nr.1 EStG gewählt (Bauantrag 2017, Fertigstellung Juli 2021).

Wie hoch ist die zum 31.12.2023 anzusetzende Abschreibung in Prozent und Euro?

12 Ein Steuerpflichtiger hat 2023 ein Gebäude auf eigenem Grundstück für 675.000 € selbst errichtet um es zu vermieten. Das Gebäude wurde im August 2023 fertiggestellt und wird seit dem 01. September 2023 vermietet. Der Bauantrag wurde im Oktober 2021 gestellt.

Wie hoch ist die 2023 und 2024 anzusetzende höchstmögliche Abschreibung?

13 Ein Großhändler hat auf eigenem Grundstück eine Lagerhalle errichtet. Das Betriebsgebäude, Bauantrag März 2022, wurde am 01. Oktober 2023 bezugsfertig. Die anzusetzenden Herstellungskosten betrugen 385.000 €.

Ermitteln Sie die Höhe der linearen Abschreibung 2023 und 2024!

14 Ein Steuerpflichtiger kaufte am 22.03.2023 ein Zweifamilienhaus, Baujahr 2020. Der Übergang von Nutzen und Lasten erfolgte am 01.04.2023. Eine Wohnung (50 qm) wird seit 01.04.2023 vermietet, die zweite Wohnung (150 qm) selbst genutzt. Die Monatsmiete beträgt 550 € + 100 € Nebenkosten. Folgende Belege liegen vor:

Kaufpreis einschl. 60.000 € für Grund und Boden	270.000 €
GrESt	3,5 %
Notarkosten für Kaufvertrag und Auflassung, brutto	1.624 €
Notarkosten für Grundschuldbestellung, brutto	765 €
Gerichtskosten für Eigentumsumschreibung	510 €
Gerichtskosten für Grundschuldbestellung	335 €

Wie hoch ist die AfA für 2023, die bei den Einkünften i.S.d. § 21 EStG angesetzt wird?

3.4 Einnahmen und Werbungskosten

3.4.1 Nicht steuerbare Einnahmen

Die Begriffe „steuerfreie Einnahmen" und „Betriebseinnahmen" wurden bereits erläutert (siehe Kapitel 3.1.6 und 3.1.8). Es gibt jedoch auch **Einnahmen, die nicht der Einkommensteuer unterliegen**.

nicht steuerbare Einnahmen

=

Einnahmen, die keiner der sieben Einkunftsarten zuzurechnen sind
Beispiele: Lottogewinne, Erbschaften, Schenkungen, Einnahmen aus Liebhaberei

3.4.2 Einnahmen i. S. d. § 8 EStG

Hier handelt es sich um **steuerpflichtige Einnahmen**.

§ 8 (1) EStG: Einnahmen sind alle Güter, die in **Geld** oder **Geldeswert** bestehen und dem Steuerpflichtigen im Rahmen einer der Einkunftsarten des § 2 (1) Nr. 4 bis 7 EStG (Überschusseinkünfte) zufließen.
Beispiele: Arbeitslohn, Pension, Zinsen, Mieten, Rente aus der gesetzlichen Sozialversicherung

§ 8 (2) S. 1 EStG	§ 8 (2) S. 11 EStG	§ 8 (3) S. 2 EStG
Einnahmen, die nicht in Geld bestehen (Wohnung, Kost, Waren etc.), sind mit den um übliche Preisnachlässe geminderten **üblichen Endpreisen** am Abgabeort anzusetzen.	**Sachbezüge** bleiben außer Ansatz, wenn sie **50 €** im Kalendermonat **nicht übersteigen**. (= Freigrenze)	Die **verbilligte Abgabe von Waren** an Arbeitnehmer bleibt bis zu einem Betrag von **1.080 €/Jahr** steuerfrei. (= Freibetrag)

3.4.3 Werbungskosten

3.4.3.1 Begriff und Umfang

Werbungskosten sind Aufwendungen zur § 9 (1)

Erwerbung	Sicherung	Erhaltung

der Einnahmen.

Werbungskosten sind beispielsweise

1. **Schuldzinsen** und auf besonderen Verpflichtungsgründen beruhende Renten und dauernde Lasten, soweit sie mit einer Einkunftsart in Verbindung stehen,
2. **Steuern vom Grundbesitz**, sonstige öffentliche Abgaben und Versicherungsbeiträge, soweit sie sich auf Gebäude oder Gegenstände beziehen, die dem Steuerpflichtigen zur Einnahmeerzielung dienen,
3. **Beiträge zu Berufsständen und sonstigen Berufsverbänden**, z. B. Gewerkschaftsbeiträge, deren Zweck nicht auf einen wirtschaftlichen Geschäftsbetrieb gerichtet ist,
4. Aufwendungen des Arbeitnehmers für **Fahrten zwischen Wohnung und erster Tätigkeitsstätte,**
5. Notwendige **Mehraufwendungen** eines Arbeitnehmers wegen einer aus beruflichem Anlass begründeten **doppelten Haushaltsführung,**
6. Aufwendungen für **Arbeitsmittel**, wie Werkzeuge und typische Berufskleidung,
7. Absetzung für Abnutzung (GWG bis 800 € netto),
8. Aufwendungen für **Fachbücher**, **Fachzeitschriften und Fortbildungen,**

Sie sind bei der Einkunftsart abzuziehen, bei der sie erwachsen sind.

3.4.3.2 › Werbungskostenpauschbeträge

Art der Einnahme	Pauschbetrag
§ 9a Einnahmen aus nichtselbstständiger Arbeit – aktive Tätigkeit – Versorgungsbezüge (Pensionen)	 1.230 € [1] 102 €
Einnahmen aus Kapitalvermögen – Einzelveranlagung – Zusammenveranlagung	 1.000 € [2] 2.000 €
Einnahmen i. S. d. § 22 Nr. 1 und Nr. 1 a	102 €

Fall 27: Manfred Buchner 37 Jahre, verheiratet, ist Angestellter bei einem Möbelhersteller. Seine Frau, mit der Herr Buchner zusammen zur ESt veranlagt wird, ist nicht berufstätig. Herr Buchner hat Zinserträge in Höhe von 4.600 € erhalten.
Welche Pauschbeträge kann Familie Buchner 2023 geltend machen?

§ 9a S. 1 Werbungskostenpauschbeträge sind bei der Ermittlung der Einkünfte **abzuziehen,**
§ 20 (9) **wenn nicht höhere Werbungskosten nachgewiesen werden**. Nur bei Einkünften aus Kapitalvermögen ist der Abzug tatsächlicher Werbungskosten ausgeschlossen.

§ 9a S. 2 Der Pauschbetrag bei Versorgungsbezügen einschließlich des Zuschlags zum Versorgungsfreibetrag darf nur bis zur Höhe der um den Versorgungsfreibetrag geminderten
§ 20 (9) Einnahmen abgezogen werden. Bei Einnahmen aus Kapitalvermögen wird ein Sparerpauschbetrag von 1.000 €/2.000 € angesetzt, der aber nicht zu negativen Einkünften führen darf.

R 9a EStR Die Pauschbeträge sind nicht zu ermäßigen, wenn die unbeschränkte Steuerpflicht nur während eines Teils des Kalenderjahrs bestanden hat.

[1+2] ab 01.01.2023 (Jahressteuergesetz 2022)

3.4.3.3 › Zeitliche Zuordnung der Einnahmen und Werbungskosten

Einnahmen	Werbungskosten
§ 11 (1) EStG	§ 11 (2) EStG
Sie sind innerhalb des Kalenderjahres bezogen, in dem sie dem Steuerpflichtigen zugeflossen sind.	Sie sind für das Kalenderjahr abzusetzen, in dem sie geleistet worden sind.

Die Ausführungen zum Zufluss der Betriebseinnahmen und Betriebsausgaben (siehe Kapitel 3.1.8.1) gelten analog für die zeitliche Zuordnung der Einnahmen und Werbungskosten.

3.4.4 › Abgrenzung zwischen Werbungskosten, Betriebsausgaben und Kosten der privaten Lebensführung

Überschusseinkünfte	Gewinneinkünfte	Kosten der privaten Lebensführung
Einnahmen – **Werbungskosten** = Einkünfte	Einnahmen – **Betriebsausgaben** = Einkünfte	**Nicht abzugsfähig**

Kosten der privaten Lebensführung
(z. B. Kosten für Ernährung, Bekleidung, Verpflegung, Unterkunft und Geldstrafen)

=

nicht abzugsfähige Ausgaben
§ 12 EStG

▼

Ausnahme:
Berücksichtigung bestimmter Kosten als
Sonderausgabe
oder
außergewöhnliche Belastung
ist vom Gesetzgeber **ausdrücklich** zugelassen.

Fall 28: Franz Bräutigam ist als Lehrer Beamter. Er bezahlt für seine eigene Pausenverpflegung täglich 4,20 €. Kann er diese Ausgabe steuerlich geltend machen?

Die Aufteilung gemischt veranlasster Aufwendungen hat nach einem an objektiven Kriterien orientierten Maßstab zu erfolgen. Ist eine verlässliche Aufteilung nur mit unverhältnismäßigem Aufwand möglich, erfolgt sie durch Schätzung. Fehlt es an einer geeigneten Schätzungsgrundlage oder sind die Veranlassungsbeiträge nicht trennbar, gelten die Aufwendungen als **insgesamt privat veranlasst**.

Übungen

1 Handelt es sich bei den folgenden Beispielen um **Werbungskosten, Betriebsausgaben** oder um **Kosten der privaten Lebensführung**?

a) Wohnungsmiete eines Lehrerehepaares (2 Kinder) in Höhe von 1.600 €/Monat

b) Ein Arbeitnehmer muss nach einer Krankheit auf Anraten seines Arztes auf seine Ernährung achten. Er kann Kosten für Diätverpflegung in Höhe von monatlich 290 € nachweisen.

c) Ausgaben eines Großhändlers für Büromaterial

d) Ein angehender Steuerfachangestellter hat kurz vor Ende seiner Ausbildung 115 € Aufwendungen für die Bewerbung um eine neue Stelle.

e) Margot Bauer bezahlt für ihre vermietete Eigentumswohnung Grundsteuer in Höhe von 159,12 € pro Jahr.

f) Der 25-jährige Verkäufer Hans Maurer arbeitet in einem Sportgeschäft und ist Mitglied eines Fitness-Centers. Er bezahlt hierfür monatlich 65 €. Nach seinen Angaben ist ein sportlich-durchtrainiertes Aussehen wichtig für seine Verkaufstätigkeit.

g) Ein Chemieunternehmen bezahlt für die Reparatur einer defekten Fertigungsmaschine 12.480 € netto.

h) Sabine Weinrich ist Angestellte bei einem Automobilhersteller und bezahlt 1 % ihres Einkommens als Mitgliedsbeitrag für ihre Gewerkschaft.

i) Eine Lehrerin (Beamtin), die an der Berufsschule für Steuerfachangestellte in München unterrichtet, hat die Zeitschrift „Bilanz und Buchhaltung" abonniert und bezahlt dafür 9 €/Monat.

k) Anna Klein (20 Jahre) studiert nach einer Ausbildung zur Steuerfachangestellten im zweiten Jahr Medizin. Für dieses Studium entstanden ihr Aufwendungen in Höhe von 5.000 €/Jahr.

2 Der 26-jährige Diplom-Kaufmann Martin Heller hat nach Abschluss seines Studiums im November 2023 seine erste Arbeitsstelle angetreten. Sein Bruttoeinkommen beträgt 2.800 €/Monat.

Wie hoch ist der Arbeitnehmer-Pauschbetrag, den Herr Heller geltend machen kann?

3 Walter Freiberg ist seit 4 Jahren geschieden. Er arbeitet als Prokurist bei einer Leasingfirma und erzielte im VZ 2023 neben Einnahmen aus nichtselbstständiger Arbeit auch Zinseinnahmen in Höhe von 4.580 € (ein Freistellungsauftrag wurde nicht gestellt).

Welche Pauschbeträge kann Walter Freiberg geltend machen. Geben Sie auch die jeweilige Höhe an!

4 Irmgard Sperber bezieht seit ihrem 63. Lebensjahr eine Altersrente aus der gesetzlichen Sozialversicherung (Einnahme i. S. d. § 22 Nr. 1 EStG).

Kann Frau Sperber einen Pauschbetrag geltend machen? Falls ja, in welcher Höhe?

5 Der ledige Alexander Fromm unterrichtet seit einem Jahr Deutsch an einem Gymnasium in München. Sein Bruttogehalt 2023 beträgt 34.200 €. Herr Fromm hat 2023 von einem Freund nach seiner Scheidung ein Darlehen über 5.000 € erhalten, für das er in diesem Jahr 100 € Zinsen bezahlt. Für eine Urlaubsreise in die Karibik entstanden Aufwendungen von 3.200 €.

Wie hoch sind die Einkünfte von Alexander Fromm 2023?

3.5 Einkunftsarten

Der Einkommensteuer unterliegen nach **§ 2 (1)** EStG die folgenden Einkunftsarten:

- Einkünfte aus **Land- und Forstwirtschaft**
- Einkünfte aus **Gewerbebetrieb**
- Einkünfte aus **selbstständiger Arbeit**

→ **Gewinneinkunftsarten**

- Einkünfte aus **nichtselbstständiger Arbeit**
- Einkünfte aus **Kapitalvermögen**
- Einkünfte aus **Vermietung und Verpachtung**
- **sonstige Einkünfte** i. S. d. § 22 EStG

→ **Überschusseinkunftsarten**

Betriebseinnahmen	Einnahmen
– Betriebsausgaben	– **Werbungskosten**
= **Gewinn**	= **Überschuss**

3.5.1 Begriff und Umfang der Einkünfte aus Land- und Forstwirtschaft

> R 15.5 (1) EStR: Land- und Forstwirtschaft ist die planmäßige Nutzung der natürlichen Kräfte des Bodens zur Erzeugung von Pflanzen und Tieren sowie die Verwertung der dadurch selbstgewonnenen Erzeugnisse. Als Boden gelten auch Substrate und Wasser. Ob eine land- oder forstwirtschaftliche Tätigkeit vorliegt ist jeweils nach dem Gesamtbild der Verhältnisse zu entscheiden.

Zu den Einkünften aus Land- und Forstwirtschaft gehören gem. § 13 (1) EStG:

- Einkünfte aus dem Betrieb von Landwirtschaft, Forstwirtschaft, Weinbau, Gartenbau, Obstbau, Gemusebau, Baumschulen,
- Einkünfte aus Betrieben, die Pflanzen und Pflanzenteile mit Hilfe der Naturkräfte gewinnen,
- Einkünfte aus der Tierzucht und Tierhaltung, wenn die Anzahl der Vieheinheiten die Größenvorgaben im § 13 (1) Nr. 1 S. 2 EStG nicht übersteigt,
- Einkünfte aus sonst. land- und forstwirtschaftlicher Nutzung (Binnenfischerei, Teichwirtschaft, Fischzucht für Binnenfischerei und Teichwirtschaft, Imkerei, Wanderschäferei, Saatzucht),
- Einkünfte aus Jagd, wenn diese mit dem Betrieb einer Land- und Forstwirtschaft in Zusammenhang steht.

> **Fall 29:** Alois Mai baut in Pfaffenhofen/Bayern in großem Umfang Spargel an. Daneben besitzt er 40 Hektar Wald und ein kleines Sägewerk zur Verarbeitung der eigenen Hölzer. Welche Einkünfte erzielt Herr Mai?

Zu den Einkünften i. S. d. § 13 (1) gehören auch die Einkünfte aus einem land- und forstwirtschaftlichen **Nebenbetrieb,** der dem Hauptbetrieb zu dienen bestimmt ist. § 13 (2) Nr. 1

Gewerbliche Tätigkeiten i. S. d. R 15.5 (3-8) EStR, die die Voraussetzungen für die Zurechnung zur Land- und Forstwirtschaft erfüllen, sind nur dann der Land- und Forstwirtschaft zuzurechnen, wenn die Umsätze aus diesen Tätigkeiten dauerhaft nicht mehr als ein Drittel des Gesamtumsatzes und auch nicht mehr als 51.500 € im Wirtschaftsjahr betragen. R 15.5 (11) EStR

§ 4 a (1) 1 Bei Land- und Forstwirten ist der Gewinn nach dem Wirtschaftsjahr zu ermitteln. Das Wirtschaftsjahr eines Land- und Forstwirts umfasst den Zeitraum vom **01. Juli bis 30.**
§ 4 a (2) 1 **Juni**[1]**.** Davon abweichende Zeiträume ergeben sich aus § 8c EStDV z. B. für Betriebe mit reiner Forstwirtschaft oder Weinbau. Der Gewinn bzw. Verlust eines Wirtschaftsjahrs ist entsprechend dem zeitlichen Anteil auf das Kalenderjahr in dem das Wirtschaftsjahr beginnt und auf das Kalenderjahr in dem das Wirtschaftsjahr endet zu verteilen.

Beispiel

Gewinnzurechnung bei einem Landwirt:
Ein Land- und Forstwirt erzielt im Wirtschaftsjahr 2022/2023 einen Gewinn von 30.000 € und im Wirtschaftsjahr 2023/2024 einen Gewinn von 35.000 €.
Wie hoch ist der Gewinn **im Kalenderjahr 2023**?

Lösung:
Aufteilung entsprechend dem zeitlichen Anteil.

Gewinn Wj 2022/2023 = 30.000 €	50 % (6 Monate)	=	15.000 €
Gewinn Wj 2023/2024 = 35.000 €	50 % (6 Monate)	=	17.500 €
Gewinn Kalenderjahr (VZ) 2023			32.500 €

3.5.2 Einkünfte aus Gewerbebetrieb

3.5.2.1 Kennzeichen eines Gewerbebetriebes

§ 15 (2)

- **Selbstständigkeit**
- **Nachhaltigkeit**
- **Gewinnerzielungsabsicht**
- **Beteiligung am allgemeinen wirtschaftlichen Verkehr**
- **keine Land- und Forstwirtschaft**
- **keine Ausübung eines freien Berufs oder andere selbstständige Arbeit**

Fall 30: Der Steuerpflichtige Dieter Eger ist als Anlageberater mit eigenem Büro in München tätig. Vor einigen Jahren entdeckte er seine Begabung, zukünftige Ereignisse zu erahnen. Er arbeitet deshalb seit zwei Jahren auch als Hellseher. Dieter Eger wirbt regelmäßig in Zeitschriften um Kunden und ist auch bereits im Fernsehen und im Rundfunk als Hellseher aufgetreten.
Welche Einkünfte erzielt Dieter Eger als Anlageberater und als Hellseher?

H 15.1 EStH Eine Voraussetzung für die Annahme eines Gewerbebetriebes ist die **Selbstständigkeit** der Tätigkeit, d. h. die Tätigkeit muss auf **eigene Rechnung** (Unternehmerrisiko) und auf **eigene Verantwortung** (Unternehmerinitiative) ausgeübt werden. Für die Frage, ob ein Steuerpflichtiger selbstständig oder nichtselbstständig tätig ist, kommt es nicht allein auf die vertragliche Bezeichnung, die Art der Tätigkeit oder die Entlohnungsform an, sondern entscheidend ist das **Gesamtbild der Verhältnisse**. Dabei müssen die für und gegen die Selbstständigkeit sprechenden Umstände abgewogen werden.

H 15.2 EStH Eine **einmalige Tätigkeit** stellt keine nachhaltige Betätigung dar und erfüllt nicht die Voraussetzung für einen Gewerbebetrieb. Bei **erkennbarer Wiederholungsabsicht** kann dagegen bereits eine einmalige Handlung den Beginn einer fortgesetzten Tätigkeit begründen.

[1] Seit 01.01.2020 können Land- und Forstwirte generell ein dem Kalenderjahr entsprechendes Wirtschaftsjahr wählen (vgl. § 8c Abs. 2 EStDV).

Durch das Merkmal **Gewinnerzielungsabsicht** wird eine Abgrenzung zur **Liebhaberei** vorgenommen. Dabei ist mit Gewinnerzielungsabsicht das Streben nach Totalgewinn (positives Gesamtergebnis des Betriebs von der Gründung bis zur Liquidation) gemeint. H 15.3 EStH

Eine **Beteiligung am allgemeinen wirtschaftlichen Verkehr** liegt vor, wenn ein Steuerpflichtiger mit Gewinnerzielungsabsicht **nachhaltig** am Leistungs- oder Güteraustausch teilnimmt. Der Steuerpflichtige muss mit seiner Tätigkeit nach außen in Erscheinung treten und sich zumindest an eine begrenzte Allgemeinheit wenden, dies kann auch bei einer Tätigkeit für nur einen bestimmten Vertragspartner angenommen werden. H 15.4 EStH

Die Frage, ob bei bestimmten Tätigkeiten Einnahmen aus Gewerbebetrieb oder Einnahmen aus selbstständiger Arbeit erzielt werden, wurde für zahlreiche Fälle vom **BFH** entschieden. Entsprechende Beispiele enthält **H 15.6 EStH**.
Kapitalgesellschaften i.S.d. § 1 (1) Nr. 1 KStG erzielen aufgrund ihrer Rechtsform immer Einkünfte aus Gewerbebetrieb, die jedoch nicht der ESt, sondern der **Körperschaftsteuer** unterliegen. § 8 (2) KStG

3.5.2.2 › Umfang der Einkünfte aus Gewerbebetrieb

In **§ 15 Abs. 1 bis 3 EStG** und § 16 EStG sind folgende Einkünfte aus Gewerbebetrieb genannt:

a) Einkünfte aus gewerblichen Unternehmen (Einzelunternehmen)

b) Gewinnanteile der Gesellschafter einer GbR, OHG, KG oder einer anderen Gesellschaft, bei der der Gesellschafter Mitunternehmer ist

c) Vergütungen der o. g. Gesellschafter für
   - ihre Tätigkeit für die Gesellschaft (Gehalt)
   - die Hingabe von Darlehen an die Gesellschaft (Zinsen)
   - die Überlassung von Wirtschaftsgütern an die Gesellschaft (Miete bzw. Pacht)

d) Einkünfte des Komplementärs einer KGaA

e) Gewinne aus der Veräußerung des ganzen Gewerbebetriebs oder eines Teilbetriebs

Fall 31: Dietmar Kern ist Gesellschafter der Kern & Severin OHG. Im VZ 2023 erhielt er aufgrund dieser Beteiligung einen Gewinnanteil von 80.000 €. Für seine Tätigkeit als Geschäftsführer des Unternehmens bezog er ein Gehalt von 55.000 €/Jahr. Herr Kern stellte der Gesellschaft 2020 aus seinem Privatvermögen ein Darlehen von 250.000 € zur Verfügung, das eine Laufzeit von 5 Jahren hat (Rückzahlung am Ende der Laufzeit in einem Betrag). Dieses Darlehen wird jährlich mit 4 % verzinst. Als typischer stiller Gesellschafter ist er zudem mit einer Einlage von 200.000 € an einem Einzelhandelsunternehmen beteiligt.
Vertragsgemäß erhält er 10 % des Gewinns des Unternehmens. 2023 erwirtschaftete das Einzelhandelsunternehmen einen Gewinn von 60.000 €.

Wie hoch sind Dietmar Kerns Einkünfte aus Gewerbebetrieb im VZ 2023?

Die Einkünfte einer gewerblich tätigen Personengesellschaft sind den **Gesellschaftern** – sofern sie als Mitunternehmer anzusehen sind – als gewerbliche Einkünfte zuzurechnen. **Die Gesellschafter sind folglich steuerpflichtig und damit Steuerschuldner** der Einkommensteuer.

Im Rahmen der Ermittlung der Einkünfte aus Gewerbebetrieb sind der typische (echte) und der atypische (unechte) stille Gesellschafter zu unterscheiden und beide vom partiarischen Darlehensgeber abzugrenzen.

[1] vgl. hierzu Kapitel 3.5.5

	atypischer stiller Gesellschafter	typischer stiller Gesellschafter	partiarischer Darlehensgeber
H 15.8 (1) EStH	Beteiligung am Gewinn/ Verlust und an den Vermögenswerten (stille Reserven, Firmenwert)	Beteiligung nur am Gewinn, evtl. auch am Verlust (mit Recht auf Einsicht in die Bücher)	am Gewinn beteiligter Darlehensgeber (Ohne Recht auf Einsicht in die Bücher)
	Einkünfte aus Gewerbebetrieb (§ 15 Abs. 1 Nr. 2 EStG)	Einkünfte aus Kapitalvermögen (§ 20 Abs. 1 Nr. 4 EStG)	Einkünfte aus Kapitalvermögen (§ 20 Abs. 1 Nr. 4 EStG)

§ 15 (1) Nr. 2 Nur der **atypische stille Gesellschafter** ist als **Mitunternehmer** anzusehen.

§ 4 a (2) Nr. 2 EStG Bei Gewerbetreibenden, die im Handelsregister eingetragen sind, kann das Wirtschaftsjahr vom Kalenderjahr abweichen. In diesem Fall gilt der Gewinn des Wirtschaftsjahrs als in dem Kalenderjahr bezogen, in dem das Wirtschaftsjahr **endet**.

Beispiel

Gewinnzurechnung bei einem Gewerbetreibenden:
Der Gewerbetreibende Manfred Buchner aus Wuppertal, dessen Wirtschaftsjahr vom Kalenderjahr abweicht, erzielt im Wirtschaftjahr 01.10.2022–30.09.2023 einen Gewinn von 68.000 € und im Wirtschaftsjahr 01.10.2023–30.09.2024 einen Gewinn von 75.000 €.
Wie hoch ist der Gewinn des Gewerbetreibenden **im Kalenderjahr 2023**?

Lösung:
Maßgeblich ist das Wirtschaftsjahr 2022/2023, es endet im Kalenderjahr 2023;
Gewinn 68.000 €.

§ 16 Zu den Einkünften aus Gewerbebetrieb gehören auch **Gewinne aus der Veräußerung eines Gewerbebetriebes**.

Ermittlung des Veräußerungsgewinns:

Veräußerungserlös
./. Veräußerungskosten
./. Buchwert des Betriebsvermögens im Veräußerungszeitpunkt
= Veräußerungsgewinn/-verlust

§ 16 (4) Ist der Steuerpflichtige älter als 55 Jahre oder dauernd berufsunfähig erhält er auf Antrag einen Freibetrag von 45.000 €. Der Freibetrag wird nur einmal im Leben gewährt. Er ermäßigt sich um den Betrag, um den der Veräußerungsgewinn 136.000 € übersteigt. Ab einem Gewinn von 181.000 € wird demnach kein Freibetrag mehr gewährt.

Veräußerungserlös ist alles, was der Veräußerer im Zusammenhang mit dem Verkauf vom Erwerber erhält. Veräußerungskosten sind alle Aufwendungen, die in unmittelbarer sachlicher Beziehung zum Veräußerungsvorgang stehen (Ausgaben für Makler, Notar, etc.).

§ 34 (1) Der Veräußerungsgewinn zählt zu den außerordentlichen Einkünften nach § 34 (2) Nr. 1 EStG.

Übungen

1 Welche Einkunftsart liegt bei folgenden Personen vor?

a) Florian Greete bestreitet seinen Lebensunterhalt als Fischer auf dem Chiemsee.

b) Dagmar Pöller züchtet Dalmatiner und verkauft die Tiere an Zoohandlungen und Privatpersonen.

c) Ein Steuerpflichtiger ist Kommanditist einer KG. Für den VZ ergibt sich für ihn ein Verlust von 5.000 €.

d) Fritz Norden ist als stiller Gesellschafter am Einzelunternehmen des Heinz Strauch beteiligt. Er ist nur am Gewinn beteiligt, nicht am Betriebsvermögen oder den stillen Reserven.

e) Georg Straaten ist selbstständiger Schiffsmakler.

f) Sebastian Schlegel arbeitet als Fotomodell.

g) Otto Lanzinger ist Inhaber einer großen Fahrschule in Saarbrücken. Er leitet den Betrieb seiner Fahrschule, hat aber selbst nie die Fahrlehrerprüfung abgelegt.

2 Als Kommanditistin einer Weingroßhandlung in Nürnberg erzielte Sabine Kluge im Wirtschaftsjahr 2022/2023 einen Gewinn von 16.000 €, und im Wirtschaftsjahr 2023/2024 einen Gewinn von 19.500 €. Das Wirtschaftsjahr der Weingroßhandlung geht jeweils vom 01.03. – 28.02.des Folgejahres.

a) Welche Einkunftsart liegt vor (genaue §-Angabe)

b) Wie hoch sind die Einkünfte von Frau Kluge im VZ 2023?

3 Frau Moser betreibt in Deggendorf eine Landwirtschaft. Der Gewinn im Wirtschaftsjahr 2022/2023 beträgt 27.000 €, der Verlust im Wirtschaftsjahr 2023/2024 28.000 €. Ermitteln Sie die Einkünfte i. S. d. § 13 EStG von Frau Moser im VZ 2023!

4 Marianne Gebauer betreibt einen Gemüsegroßhandel in Würzburg. Ihre Gewinne daraus betragen:

im Wirtschaftsjahr 01.03.2022 bis 28.02.2023	62.000 €
im Wirtschaftsjahr 01.03.2023 bis 28.02.2024	84.000 €

Frau Gebauer ist zudem noch als Kommanditistin an der Maschinenfabrik Hans Krahl KG beteiligt. Sie erhält daraus einen Gewinnanteil für das Wirtschaftsjahr 2023 (Wirtschaftsjahr = Kalenderjahr) von 6.400 €. Der Betrag wird Frau Gebauer am 14. März 2024 auf ihrem Bankkonto gutgeschrieben.

a) Welche Einkunftsart liegt jeweils vor?

b) Ermitteln Sie die Einkünfte von Frau Gebauer im VZ 2023!

5 Peter Kottinger ist an einer Kommanditgesellschaft in Aachen als Kommanditist beteiligt. Sein Gewinnanteil beträgt nach den vertraglichen Vereinbarungen 20 %.

Im Wirtschaftsjahr 2021/2022 (01.03.–28.02.) erzielte die KG einen Gewinn von 60.000 €. Im Wirtschaftsjahr 2022/2023 (01.03.–28.02.) werden 70.000 € erzielt.

Für das Wirtschaftsjahr 2023/2024 (01.03.–28.02.) erwartet die KG einen Gewinn von 75.000 €.

Herr Kottinger hat der KG seit 2020 einen Lagerplatz vermietet und dafür monatlich zusätzlich zu seinem Gewinnanteil eine Miete von 1.700 € erhalten. An Ausgaben in Zusammenhang mit dieser Vermietung (Grundsteuer, laufende Kosten, etc.) kann er insgesamt 600 € nachweisen.

a) Welche Einkunftsart liegt jeweils vor?

b) Berechnen Sie die Höhe der Einkünfte aus Gewerbebetrieb von Peter Kottinger im VZ 2023!

6 An einer OHG sind Richard Schwager und Ingrid Huber mit einem Anteil von je 50 % beteiligt. Im VZ 2023 erzielte die OHG einen Gewinn lt. Handelsbilanz von 120.000 €. Dieser Gewinn soll zu gleichen Teilen auf die Gesellschafter verteilt werden. Folgende Zahlungen haben den Handelsbilanzgewinn gemindert:
Schwager und Huber sind als Geschäftsführer der OHG tätig und beziehen ein Gehalt von je 98.000 €/Jahr.
Die Gesellschafterin Huber hat der OHG mehrere Räume für Unternehmenszwecke vermietet. Hierfür hat sie eine monatliche Miete von 4.500 € erhalten.
Ermitteln Sie die Einkünfte aus Gewerbebetrieb jedes Gesellschafters!

7 An der Elektrogroßhandlung Georg Pfuhl OHG sind Georg Pfuhl mit 80.000 €, Otto Maurer mit 70.000 € und Heinrich Monke mit 50.000 € beteiligt. Die OHG erwirtschaftete im VZ 2022 einen Gewinn von 125.000 €, der an die Gesellschafter verteilt werden soll.
Ermitteln Sie die Einkünfte aus Gewerbebetrieb jedes Gesellschafters, wenn der Gesellschaftsvertrag keine Regelung zur Gewinnverteilung vorsieht!

8 Martin Ohlsen ist Komplementär der Martin Ohlsen KG. Seine Einlage beträgt 250.000 €. Daneben sind an der KG noch die Kommanditisten Dr. Enzo Farmer (Einlage 50.000 €) und Lydia Schwager (Einlage 70.000 €) beteiligt. Der Gewinn der KG beträgt in diesem VZ 180.000 €.
Wie hoch sind die Einkünfte aus Gewerbebetrieb jedes Gesellschafters, wenn die Gewinnverteilung nach HGB vorgenommen werden soll?

9 Ein Steuerpflichtiger ist an zwei Einzelunternehmen als stiller Gesellschafter beteiligt. Während er beim ersten Unternehmen nur am Gewinn beteiligt ist (Gewinnanteil im VZ 2023: 30.000 €), ist er beim zweiten Unternehmen auch am Verlust beteiligt (Verlustanteil im VZ 2023:20.000 €). Eine Beteiligung am Vermögen und an den stillen Reserven ist in beiden Fällen nicht vorgesehen. Der Steuerpflichtige ist daneben noch geschäftsführender Gesellschafter einer OHG. Der Handelsbilanzgewinn der OHG belief sich im VZ 2023 auf 360.000 €. Dieser Gewinn soll zu gleichen Teilen auf den Steuerpflichtigen und seine Schwester (Mitgesellschafterin) aufgeteilt werden. Das Gehalt des Steuerpflichtigen als Geschäftsführer der OHG betrug 5.000 €/Monat und hat den Handelsbilanzgewinn gemindert.
Ermitteln Sie die Einkünfte aus Gewerbebetrieb des Steuerpflichtigen und seiner Schwester im VZ 2023!

10 Oswald Langwieder betreibt in Rheinland-Pfalz ein großes Weingut. Sein Wirtschaftsjahr umfasst den Zeitraum von 01.09. bis zum 31.08. Im Wirtschaftsjahr 2022/2023 hat Herr Langwieder einen Gewinn in Höhe von 60.000 € erwirtschaftet. Im Wirtschaftsjahr 2023/2024 erzielt er dagegen einen Verlust von 48.000 €. Herr Langwieder ist als atypischer stiller Gesellschafter an einer Möbelgroßhandlung in Mainz beteiligt. Das Wirtschaftsjahr der Großhandlung läuft vom 01.04. bis zum 31.03. Im Wirtschaftsjahr 2022/2023 erhielt Herr Langwieder einen Gewinnanteil von 35.000 €, im Wirtschaftsjahr 2023/2024 beträgt sein Gewinnanteil 55.800 €. Am gleichen Ort betreibt der Steuerpflichtige ein Einzelhandelsgeschäft. Sein nach § 5 EStG ermittelter Gewinn beträgt 80.000 €. Berechnen Sie die Summe der Einkünfte des Steuerpflichtigen für den VZ 2023!

11 Der 64-jährige Felix Steiner arbeitet als Beamter beim Finanzamt München. Er ist zudem seit Jahren als Fußballschiedsrichter tätig, u.a. auch mit Einsätzen in der 1. Bundesliga, der Europa League und der Champions League.
Welche Einkunftsarten liegen bei Felix Steiner vor?

12 Jürgen Klinger (K) und Melanie Neumann (N) sind Gesellschafter der Jürgen Klinger KG. K ist Komplementär, N ist Kommanditistin. Der Kapitalanteil von K zum 01.01.2022 betrug 180.000 €. N hatte von ihrem vertraglichen Kapitalanteil in Höhe von 70.000 € erst 55.000 € eingezahlt.
Der handelsrechtliche Gewinn der KG 2023 beträgt 225.000 €. Im Gesellschaftsvertrag haben die Gesellschafter folgende Regelungen vereinbart:

- K erhält für ein Darlehen, dass er der KG zur Verfügung gestellt hat, angemessene Zinsen in Höhe von 3.500 €/Jahr. Dieser Betrag wurde von der KG als Zinsaufwand gewinnmindernd gebucht.
- Die Kapitalanteile der beiden Gesellschafter werden mit 6 % verzinst (maßgeblich sind die Kapitalkonten zum 01.01. des jeweiligen Jahres), der restliche handelsrechtliche Gewinn wird zwischen K und N im Verhältnis 3 : 1 verteilt.

a) Nehmen Sie die handelsrechtliche Gewinnverteilung vor!
b) Ermitteln Sie die Einkünfte aus Gewerbebetrieb von K!

13 Dieter Schreiner (S), 62 Jahre, wohnt in Landshut. Er betreibt am Ort eine Fischzucht und hat daraus im Wirtschaftsjahr (WJ) 2022/2023 einen Gewinn von 38.000,00 € erzielt, im WJ 2023/2024 beträgt der Gewinn 40.000,00 €.
S ist an einer Sanitär-Großhandels KG in Freising als Kommanditist beteiligt. Sein Gewinnanteil beträgt nach vertraglichen Vereinbarungen 20 %. Im Wirtschaftsjahr 01.04.2022 – 31.03.2023 erzielt die KG einen Gewinn von 60.000,00 €, im Wirtschaftsjahr 01.04.2023 – 31.03.2024 wird ein Gewinn von 85.000 € erwartet.
S hat der KG seit Jahren einen Lagerplatz vermietet und zusätzlich zu seinem Gewinnanteil dafür monatlich 850,00 € erhalten. An Ausgaben für Grundsteuer und laufende Kosten kann er im Jahr 2023 insgesamt 1.100,00 € nachweisen.
Ermitteln Sie die Summe der Einkünfte von S für 2023!

14 Olaf Müller (M) ist zu 40 % an der Sebastian Jungwirth OHG beteiligt. Die OHG ermittelt ihren Gewinn gem. § 4 Abs. 1 i. V. m. § 5 Abs. 1 Satz 1 EStG. Die Gewinnanteile werden nach der Beteiligungsquote verteilt. Die Vorwegverzinsung gem. § 121 HGB ist ausgeschlossen. Die OHG hat für das Jahr 2023 einen Handelsbilanzgewinn in Höhe von 150.000 € ermittelt.
M hat der Gesellschaft ein unbebautes Grundstück, das er vor vier Jahren privat gekauft hatte, für 1.000 € monatlich als Lagerplatz vermietet. Die OHG hat die Miete als Aufwand berücksichtigt. Für das Grundstück hat M Grundsteuer in Höhe von 300 € bezahlt. Da er den Kaufpreis damals nicht vollständig aufbringen konnte, musste er einen Kredit aufnehmen, für den er jährlich 3.800 € Zinsen bezahlt.
Ermitteln Sie die Einkünfte i.S.d. § 15 EStG von M!

15 Erich Kuhn ist 63 Jahre alt und Inhaber eines Elektronikunternehmens in München. Da er keine Kinder hat, die den Betrieb weiterführen könnten, verkauft er sein Unternehmen. Der Käufer bezahlt an Kuhn 625.000 €. An Veräußerungskosten entstehen für Kuhn 12.900 €. Laut der Bilanz zum Zeitpunkt der Veräußerung betrug der Wert des Betriebsvermögens 431.700 € (bilanzierte Aktiva 1.215.000 €, Schulden 783.300 €). Mit dem Verkauf gab Kuhn seine gewerbliche Tätigkeit dauerhaft auf.
Ermitteln Sie den steuerpflichtigen Veräußerungsgewinn!

3.5.3 Einkünfte aus selbstständiger Arbeit

3.5.3.1 Merkmale des Begriffs „selbstständige Arbeit"

Die für einen Gewerbebetrieb geltenden positiven Voraussetzungen gelten auch für die **selbstständige Arbeit** (H 15.6 EStH).

Merkmale

- **Selbstständigkeit**
- **Nachhaltigkeit**
- **Gewinnerzielungsabsicht**
- **Beteiligung am allgemeinen wirtschaftlichen Verkehr**

3.5.3.2 Umfang der Einkünfte aus selbstständiger Arbeit

Einkünfte aus freiberuflicher Tätigkeit	Einkünfte der Einnehmer einer staatlichen Lotterie	Einkünfte aus sonstiger selbstständiger Arbeit
§ 18 (1) Nr. 1	§ 18 (1) Nr. 2	§ 18 (1) Nr. 3

Einkünfte aus **freiberuflicher Tätigkeit** i. S. d. § 18 (1) Nr. 1 EStG sind:

freiberuflich ausgeübte

- wissenschaftliche
- künstlerische
- schriftstellerische
- unterrichtende oder erzieherische Tätigkeit

Katalogberufe, wie z. B.

- Ärzte, Zahnärzte, Tierärzte
- Rechtsanwälte, Patentanwälte, Notare
- Steuerberater, Wirtschaftsprüfer
- Architekten
- vereidigte Buchprüfer, Steuerbevollmächtigte

ähnliche Berufe

- Hebamme
- Masseur
- Medizinischer Bademeister
- staatlich geprüfte Logopäden
- Ergotherapeuten

Voraussetzungen bei Beschäftigung anderer Personen:
der selbstständige Freiberufler muss seine Arbeit **persönlich** erbringen und aufgrund **eigener Fachkenntnisse leitend** und **eigenverantwortlich** tätig sein.

Fall 32: Die Geschwister Joachim und Moritz Sennefeld haben nach einem Studium der Betriebswirtschaft und der Tätigkeit in einer großen Wirtschaftsprüfungsgesellschaft die Steuerberaterprüfung abgelegt. Joachim Sennefeld ist weiter bei dieser Gesellschaft angestellt. Moritz Sennefeld hat gemeinsam mit zwei Steuerberatern die Steuerkanzlei Moritz Sennefeld & Partner (eingetragen im Partnerschaftsreg. München) gegründet.

Welche Einkünfte erzielen Joachim und Moritz Sennefeld?

Eine freiberufliche Tätigkeit kann auch **neben dem Hauptberuf** ausgeübt werden. Trotz der Eigenverantwortlichkeit des Freiberuflers ist eine Vertretung im Falle vorübergehender Verhinderung (Urlaub, Krankheit) nicht schädlich. Ein Angehöriger eines freien Berufes bleibt auch dann freiberuflich tätig, wenn er sich der Mithilfe fachlich vorgebildeter Arbeitskräfte bedient, z. B. der Steuerberater der mehrere Steuerfachangestellte beschäftigt. Auch beim Zusammenschluss mehrerer Freiberufler zu einer **Personengesellschaft** erzielen die Gesellschafter **freiberufliche Einkünfte**. Jeder Gesellschafter muss dann jedoch die Voraussetzungen des § 18 (1) Nr. 1 erfüllen. Schließen sich dagegen mehrere Freiberufler, z. B. Steuerberater, zu einer **GmbH** zusammen, so erzielen sie stets **gewerbliche Einkünfte**. § 18 (1) Nr. 1 S. 4 § 8 (2) KStG

Einkünfte der **Einnehmer einer staatlichen Lotterie** sind nur dann Einkünfte aus selbstständiger Arbeit, wenn sie nicht Einkünfte aus Gewerbebetrieb sind. Letzteres ist immer dann der Fall, wenn der Lotterieeinnehmer nicht ausschließlich dieser Tätigkeit nachgeht. Lotto- und Totoannahmestellen in Schreibwarengeschäften oder Tabakläden gehören damit zum stehenden Gewerbebetrieb, die erzielten Einnahmen sind Einnahmen aus Gewerbebetrieb. Das Gleiche gilt auch für Lotterieeinnehmer, wenn nach Art und Umfang der Betätigung ein in kaufmännischer Weise eingerichteter Gewerbebetrieb erforderlich ist. § 18 (1) Nr. 2

Zu den **Einkünften aus sonstiger selbstständiger Arbeit** gehören insbesondere Vergütungen für die Testamentsvollstreckung, für Vermögensverwaltung und für die Tätigkeit als Aufsichtsratsmitglied. § 18 (1) Nr. 3

Bei hauptberuflicher selbstständiger schriftstellerischer oder journalistischer Tätigkeit können pauschal 30 % der Betriebseinnahmen, höchstens 2.455 € jährlich als Betriebsausgaben angesetzt werden. Bei wissenschaftlicher, künstlerischer oder schriftstellerischer Nebentätigkeit 25 % der entsprechenden Betriebseinnahmen, maximal 614 € jährlich. Es bleibt den Steuerpflichtigen unbenommen, höhere Betriebsausgaben nachzuweisen. H 18.2 EStH

Der Gewinn aus der Veräußerung des Vermögens oder eines selbstständigen Teils des Vermögens, das der selbstständigen Arbeit dient, gehört ebenfalls zu den Einkünften aus selbstständiger Arbeit. H 18.3 EStH § 18 (3)

Übungen

1 Welche Einkünfte erzielen die folgenden Personen?

a) Zahnarzt Norbert Nehler, er beschäftigt drei Sprechstundenhilfen und eine Bürokraft.

b) Lehrer Peter Huber-Jilg (Beamter), der jährlich vom Europa-Verlag ein Honorar als Autor mehrerer Fachbücher (Steuerlehre, Rechnungswesen, Prüfungsvorbereitung Aktuell für Steuerfachangestellte) bezieht.

c) Diplom-Betriebswirt (Universität) Horst Hartung ist als Unternehmensberater tätig, er beschäftigt außer seiner Frau keine Angestellten.

d) Leitende Oberärztin Dr. Andrea Arnold ist im Universitätskrankenhaus in Ulm beschäftigt.

e) Anlageberater Eugen Söllner unterhält in Augsburg ein Büro mit 8 Mitarbeitern.

f) Otto Kraft ist in München als Klavierstimmer tätig. Angestellte beschäftigt er keine.

g) Biologielehrerin Beate Dessauer (Angestellte) hält auch wissenschaftliche Vorträge über ihr Spezialgebiet.

h) Horst Nothelfer ist Aufsichtsratsmitglied der Schleißheimer Maschinenfabrik AG und erhält für diese Tätigkeit 12.000 €/Jahr.

i) Drei Internisten betreiben in Zwickau eine Gemeinschaftspraxis in der Rechtsform einer GbR.

k) Schreibwarenhändler Schmitt betreibt in seinem Geschäft eine Lottoannahmestelle.

l) Studienreferendar Möller gibt nebenbei Nachhilfestunden.

m) Franz Kröger ist als atypischer stiller Gesellschafter an einem Einzelhandelsunternehmen beteiligt.

n) Andreas Petersen arbeitet als „freier" Journalist.

o) Julia Gaddum ist Heilpraktikerin in Magdeburg. Sie beschäftigt halbtags eine Angestellte.

2 Der ehemalige Fußballspieler K. Schwarzenberger betreibt in München mit sieben Angestellten und zwei Auszubildenden ein großes Schreibwarengeschäft mit Lotto- und Toto-Annahmestelle. Seine Einkünfte in Höhe von 97.800 € stammen zu 95 % aus dem Schreibwarengeschäft.
Welche Einkunftsart(en) liegen bei Herrn Schwarzenberger vor?

3 Die 52-jährige Unternehmerin Gabriele Leitner leitet seit 17 Jahren die Maschinenfabrik Gabriele Leitner e. Kfr. (380 Mitarbeiter) in Duisburg. Sie erzielte mit diesem Unternehmen im VZ 2023 Einkünfte in Höhe von 490.0 00 €. Aus mehreren Aufsichtsratsmandaten erhielt sie Vergütungen von insgesamt 28.000 €. Seit mehreren Jahren schreibt Frau Leitner Bücher über die Rolle der Frau in Führungspositionen sowie über moderne Managementtechniken. Im VZ 2023 erzielte sie damit Einkünfte von insgesamt 38.000 €.

a) Welche Einkunftsarten liegen bei Frau Leitner vor?

b) Ermitteln Sie die Summe der Einkünfte von Frau Leitner im VZ 2023!

4 Der Steuerberater und Wirtschaftsprüfer Andreas Poschner betreibt gemeinsam mit seinem Partner Rainer Salerner (gleichfalls Steuerberater) eine Steuerberatungs-GmbH in Berlin. Herr Poschner schreibt daneben noch Fachbeiträge für mehrere Fachzeitschriften.

a) Welche Einkünfte erzielt die Steuerberatungs-GmbH?

b) Welche Einkünfte erzielt Andreas Poschner mit seiner Nebentätigkeit?

5 Jürgen und Jennifer Neuberger werden zusammen zur Einkommensteuer veranlagt. Jürgen Neuberger besitzt eine Rechtsanwaltskanzlei in Hannover. Seine Betriebseinnahmen haben im VZ 2023 240.000 €, seine Betriebsausgaben 110.000 € betragen. Herr Neuberger schreibt in seiner Freizeit Kriminalromane. Aus dieser Tätigkeit bezog er Einkünfte in Höhe von 25.000 €. Jennifer Neuberger ist an einem Einzelhandelsunternehmen als stille Gesellschafterin beteiligt. Vertragsgemäß erhält sie nicht nur einen Anteil am Gewinn, sondern ist auch am Betriebsvermögen und den stillen Reserven beteiligt. Ihre Einkünfte aufgrund dieser Beteiligung betrugen 2023 35.000 €. Frau Neuberger ist als Architektin in einem Architekturbüro angestellt. Ihre Einkünfte aus dieser Tätigkeit betrugen 58.000 €.

a) Welche Einkunftsarten liegen beim Ehepaar Neuberger vor?

b) Ermitteln Sie die Summe der Einkünfte des Ehepaares Neuberger im VZ 2023!

3.5.4 › Einkünfte aus nichtselbstständiger Arbeit

Einnahmen aus einem gegenwärtigen Dienstverhältnis	Versorgungsbezüge
– Werbungskosten/WK-Pauschbetrag	– Versorgungsfreibetrag
= Einkünfte aus nichtselbstständiger Arbeit	– Zuschlag zum Versorgungsfreibetrag
	– Werbungskosten/WK-Pauschbetrag
	= Einkünfte aus nichtselbstständiger Arbeit

3.5.4.1 › Einnahmen aus nichtselbstständiger Arbeit

- **Gehälter, Löhne und ähnliche Vorteile,** die für eine gegenwärtige Beschäftigung im öffentlichen oder privaten Dienst gewährt werden
- **Versorgungsbezüge,** z. B. Pensionen aus einem früheren Dienstverhältnis

Fall 33: Die Familie Gattermann besteht aus vier Personen. Herr Gattermann ist als Beamter (Studienrat) bei der Stadt München beschäftigt. Seine Ehefrau arbeitet in der Konstruktionsabteilung eines Automobilherstellers. Der 17-jährige Sohn möchte Steuerfachangestellter werden. Er ist Auszubildender im ersten Ausbildungsjahr. Die 22-jährige Tochter hat im Elternhaus ein Büro als Bezirksvertreterin einer Versicherungsgesellschaft. Sie bezieht kein festes Gehalt, sondern arbeitet auf Provisionsbasis. Seit drei Jahren wohnt auch der 72-jährige Vater von Herrn Gattermann im Haushalt der Familie. Er bezieht als ehemaliger Geschäftsführer eine Rente aus der gesetzlichen Rentenversicherung und eine Betriebspension, die nicht auf früheren Beitragszahlungen beruht.

Handelt es sich bei den Mitgliedern der Familie Gattermann um Arbeitnehmer, die Einnahmen aus nichtselbstständiger Arbeit erzielen?

Arbeitslohn sind **alle Einnahmen**, die dem Arbeitnehmer aus dem Dienstverhältnis zufließen (Bruttoarbeitslohn). Es ist **unerheblich, unter welcher Bezeichnung oder in welcher Form die Einnahmen gewährt werden**. § 2 (1) LStDV

Einnahmen aus nichtselbstständiger Arbeit bezieht man aufgrund einer **gegenwärtigen oder früheren Tätigkeit als Arbeitnehmer**. Hierunter versteht man Personen, die in öffentlichen oder privaten Dienst angestellt sind oder waren und die aus diesem oder einem früheren Dienstverhältnis Arbeitslohn beziehen. Ein Dienstverhältnis liegt vor, wenn der Beschäftigte seinem Arbeitgeber seine Arbeitskraft schuldet und diesem gegenüber weisungsgebunden ist. Zu den Einnahmen aus nichtselbstständiger Arbeit gehören die bezogenen **Gehälter, Löhne, Gratifikationen, Tantiemen** oder **andere Bezüge und Vorteile, die aufgrund der Beschäftigung gewährt werden**. § 1 (1) LStDV § 1 (2) LStDV § 19 (1) Nr. 1

Unter **Gratifikationen** versteht man zusätzliche Vergütungen für Arbeitnehmer, die aus besonderem Anlass gezahlt werden, wie z. B. eine Weihnachtsgratifikation, Zuwendungen aufgrund der Eheschließung oder der Geburt eines Kindes.

Tantiemen sind einmalige, umsatz- oder gewinnbezogene Sondervergütungen.

Andere Bezüge und Vorteile sind z. B. die in der Gastronomie häufig vereinbarte „Freie Kost und Logis" oder auch unentgeltliche Warenzuwendungen und die Pkw-Gestellung.

RW 169 ff.

Als Arbeitslohn ist der **geldwerte Vorteil**, den sogenannte **Sachbezugswerte** darstellen, zu versteuern. Hierzu gehören u. a. die kostenlose/verbilligte Überlassung einer Unterkunft/ Wohnung, von Verpflegung, Waren, die Pkw-Gestellung und „Frei-Meilen" aus Dienstreisen. Dabei sind anzusetzen:

Wohnung:	ortsübliche Miete bzw. Unterschiedsbetrag zwischen ortsüblicher und verbilligter Miete	
§ **Kostenlose Unterkunft:**	Alte Bundesländer	265,00 €/Monat
	Neue Bundesländer	265,00 €/Monat

Eine Wohnung erfordert eine Küche/Kochgelegenheit und eine eigene Toilette.

§ **freie Vollverpflegung:**	Erwachsene	288,00 €/Monat
	Jugendliche /Auszubildende:	288,00 €/Monat
§ **freies Mittag- oder Abendessen:**	Erwachsene	3,80 €
	Jugendliche/Auszubildende:	3,80 €

Übernimmt der Arbeitgeber die Kosten der Mahlzeit teilweise, so errechnet sich der zu versteuernde geldwerte Vorteil für den Arbeitnehmer aus der Differenz zwischen Preis der Mahlzeit und dem Sachbezugswert sowie dem Eigenanteil des Arbeitnehmers.

verbilligte Abgabe von Waren: Steuerfrei bis zu einem Freibetrag von 1.080 €/Jahr

Berechnung gemäß § 8 (3) EStG:

	Endpreis im allgemeinen Geschäftsverkehr
–	4 % dieses Endpreises
	geminderter Endpreis
–	vom Arbeitnehmer gezahlter Preis
	geldwerter Vorteil
–	1.080 €
	steuerpflichtiger Arbeitslohn

Pkw-Gestellung
Der monatliche geldwerte Vorteil errechnet sich gemäß § 8 (2) S. 2 EStG entweder nach der 1 %-Regel (bezogen auf den ursprünglichen inländischen auf volle 100 € abgerundeten Bruttolistenpreis des Fahrzeuges) oder ergibt sich aus der Führung eines Fahrtenbuches. Für Fahrten zwischen Wohnung und Arbeitsstätte ist als geldwerter Vorteil ein monatlicher Zuschlag von 0,03 % des Bruttolistenpreises je Entfernungskilometer anzusetzen.

Beispiel: Kostenlose Überlassung eines Pkw an einen Arbeitnehmer

Bruttolistenpreis:	50.000 €
Entfernungskilometer Wohnung – Betrieb:	30 km
Fahrtage:	225 Tage/Jahr

Ermittlung des geldwerten Vorteils:

anteilige Privatnutzung	
1 % von 50.000 € × 12 Monate	= 6.000 €
Fahrten zwischen Wohnung und Arbeitsstätte	
0,03 % von 50.000 € × 30 km × 12 Monate	= 5.400 €
geldwerter Vorteil	11.400 €
davon können mit 15 % pauschal versteuert werden:	
225 Tage × 20/10 km × 0,30 €/0,38 €	= 2.205 €

Frei-Meilen aus Dienstreisen: Wer sogenannte Frei-Meilen aus Dienstreisen, die der Arbeitgeber bezahlt, für private Reisen nutzt, muss die Prämienflüge als geldwerte Vorteile angeben, wenn der Freibetrag von 1.080 € überschritten wird.[1]

[1] Der AG kann nach § 37a (1) EStG den übersteigenden Betrag mit 2,25 % pauschal versteuern.

Kein Arbeitslohn sind dagegen **Leistungen des Arbeitgebers zur Verbesserung der Arbeitsbedingungen**, wie die Bereitstellung von Umkleide- oder Aufenthaltsräumen, Duschanlagen etc. Gleiches gilt für **übliche Zuwendungen zu Betriebsveranstaltungen** bis zu einem Wert von 110 € je Person (= Freibetrag), **Aufmerksamkeiten für Mitarbeiter** (nur Sachzuwendungen) bis zu einer **Freigrenze von 50 €**, Zuwendungen zu einem besonderen persönlichen Ereignis bis zu 60 € brutto (Freigrenze) und für betriebliche Fort- oder Weiterbildungsleistungen. Werden Freigrenzen überschritten, ist die gesamte Zuwendung Arbeitslohn. R 19.3 LStR § 19 (1) S. 1 Nr. 1a EStG § 8 (2) S. 11 EStG R 19 (6) LStR

Bestimmte Einnahmen aus einem Arbeitsverhältnis sind ganz oder teilweise **steuerfrei**. Hierzu gehören z.B. aus öffentlichen Kassen gezahlte Reisekostenvergütungen, Umzugskostenvergütungen und Trennungsgelder, Zuwendungen zur Betreuung nichtschulpflichtiger Kinder, Aufwandsentschädigungen für nebenberufliche Tätigkeiten als Übungsleiter, Ausbilder oder Erzieher und Trinkgelder, Werkzeuggelder, unentgeltlich oder verbilligt überlassene typische Berufskleidung, Zuschläge für Sonntags-, Feiertags-, Nachtarbeit, Unterstützungen in Krankheits- und Unglücksfällen. § 3

Versorgungsbezüge, die ein Arbeitnehmer aufgrund **eines früheren Dienstverhältnisses** von seinem ehemaligen Arbeitgeber erhält sind in voller Höhe steuerpflichtiger Arbeitslohn. Sie sind von Bezügen zu unterscheiden, die aufgrund einer gesetzlichen oder privaten Rentenversicherung gezahlt werden (hier wurden vom Arbeitnehmer Beiträge gezahlt) und die zu den Einnahmen i. S. d. § 22 EStG gehören. § 2 (2) Nr. 2 LStDV

Versorgungsbezüge, die Einnahmen i. S. d. § 19 EStG darstellen sind Bezüge und Vorteile aus früheren Dienstleistungen, die

- als Ruhegehalt (Pension), Witwen- oder Waisengeld, Unterhaltsbeitrag oder als gleichartiger Bezug auf Grund beamtenrechtlicher oder entsprechender gesetzlicher Vorschriften, oder nach beamtenrechtlichen Grundsätzen von Körperschaften, Anstalten oder Stiftungen des öffentlichen Rechts oder öffentlich-rechtlichen Verbänden oder Körperschaften § 19 (2) Nr. 1

oder

- in anderen Fällen **wegen Erreichens einer Altersgrenze,** Berufsunfähigkeit, Erwerbsunfähigkeit oder als Hinterbliebenenbezüge gewährt werden. § 19 (2) Nr. 2

Bezüge aus einem früheren Dienstverhältnis des Arbeitnehmers, die aufgrund von **beamtenrechtlichen** oder entsprechenden gesetzlichen Vorschriften gezahlt werden, sind **unabhängig vom Alter** des Empfängers **immer Versorgungsbezüge**. § 19 (2) Nr. 1

Bezüge, die aus einem früheren **privatrechtlichen** Dienstverhältnis gewährt werden (Betriebspensionen) sind erst ab dem vollendeten **63. Lebensjahr** des Arbeitnehmers oder, wenn er **Schwerbehinderter** (Behinderungsgrad ≥ 50%) ist, ab der Vollendung des **60. Lebensjahres**, Versorgungsbezüge i. S. d. § 19 Abs. 2 EStG. § 19 (2) Nr. 2

Laufender Arbeitslohn (Lohn und Gehalt einschließlich Zuschlägen und Zulagen, Pensionen) gilt in dem Kalenderjahr als bezogen, **in dem der Lohnzahlungszeitraum endet**. Das bedeutet, dass das Gehalt eines Angestellten für den Monat Dezember 2023 auch dann 2023 zu versteuern ist, wenn die Überweisung erst am 4. Januar 2024 erfolgt. § 38 a (1) S. 2

Arbeitslohn dagegen, **der nicht als laufender Arbeitslohn gezahlt wird** (z. B. 13. und 14. Monatsgehälter, Urlaubsgeld, Jubiläumszahlungen etc.), wird in dem Kalenderjahr bezogen (und versteuert), in dem er dem Arbeitnehmer **zufließt**. § 38 a (1) S. 3

Übungen

1 Handelt es sich bei den folgenden Beispielen um **steuerpflichtigen** Arbeitslohn?

a) Monatsgehalt eines Beamten

b) Wochenlohn eines Arbeiters

c) 13. Gehalt eines Angestellten

d) Altersrente eines Angestellten

e) Pension eines Beamten

f) Ausbildungsvergütung eines angehenden Steuerfachangestellten

g) die vom Arbeitgeber übernommene Seminargebühr (320 €) für einen Kurs zur Vorbereitung auf die Abschlussprüfung seiner Auszubildenden

h) Blumenstrauß (Wert: 20 €) des Chefs zum 18. Geburtstag seines Auszubildenden

i) Ein Schreinermeister läßt neben der Werkstatt einen Duschraum errichten den die Gesellen und Auszubildenden nutzen dürfen.

k) Die Schleißheimer Metallwerke AG richten einen kostenlosen Buszubringer (Werksbusse) für Arbeitnehmer aus dem Nachbarort ein.

l) Eine Bedienung erhält im Jahr 2.400 € Trinkgeld.

m) Ein Arbeitnehmer erhält zu seiner Heirat eine Sonderzahlung von 300 €.

n) Die leitenden Angestellten der Schleißheimer Metallwerke AG erhalten einen Firmenwagen gestellt, den sie auch für Privatfahrten nutzen können.

o) Ein Auszubildender erhält für sein gutes Abschneiden in der Zwischenprüfung eine „Prämie" von 25 €.

2 Fritz Müller kauft von seinem Arbeitgeber einen neuen Pkw, Listenpreis 45.000 €, mit 20 % Nachlass. Wie hoch ist der geldwerte Vorteil?

3 Anita Popp, 67 Jahre, bezieht seit ihrem 63. Lebensjahr eine Rente aus der gesetzlichen Rentenversicherung in Höhe von 1.200 €/Monat und von ihrem Arbeitgeber eine Betriebspension von 250 €/Monat, die nicht auf früheren Beitragszahlungen beruht. Ermitteln Sie die Einnahmen aus nichtselbstständiger Arbeit von Anita Popp!

4 Ein Arbeitnehmer erhält einen Pkw (Bruttolistenpreis 40.000 €) gestellt, den er an 220 Tagen/Jahr für Fahrten zwischen Wohnung und Arbeitsstätte nutzt. Die Entfernung beträgt 20 km. Wie hoch ist der zu versteuernde geldwerte Vorteil?

5 Eine Angestellte erhält ihr Gehalt jeweils im Voraus. Das Gehalt für Januar 2024 geht bereits am 29.12.2023 auf ihrem Bankkonto ein. Das Weihnachtsgeld dagegen wird erst am 03.01.2024 überwiesen. Die Gutschrift auf ihrem Bankkonto erfolgt am 04.01.2024.
In welchem Kalenderjahr sind Gehalt und Weihnachtsgeld bezogen worden?

3.5.4.2 › Versorgungsfreibetrag und Werbungskosten

Versorgungsfreibetrag	**Werbungskosten (Wk)** bzw. **Werbungskosten-Pauschbetrag**	
2023: **13,6 %** der **Versorgungsbezüge**		
maximal **1.020 €** plus **306 € Zuschlag** zum Versorgungsfreibetrag	**aktives Dienstverhältnis** **1.230 €** [1]	**Versorgungsbezüge** **102 €**
	(falls keine höheren Wk nachgewiesen werden)	

Beispiel

Einkünfteermittlung bei einem Beamten:
Der Beamte Adolf Berber ist ledig. Er verdiente 2022 insgesamt 30.000 € brutto. Seit 01. Januar 2023 ist er in Pension. Er erhält in diesem Jahr eine Beamtenpension von 21.000 € jährlich, die 2024 auf insgesamt 21.210 € erhöht wird. Werbungskosten weist Herr Berber in keinem der drei Jahre nach.
Wie hoch sind seine Einkünfte i. S. d. § 19 EStG in den Jahren 2022, 2023 und 2024?

Lösung:
2022 (aktives Dienstverhältnis):

Einnahmen	30.000 €
– Werbungskosten-Pauschbetrag	1.200 €
Einkünfte i. S. d. § 19 EStG	28.800 €

2023 und 2024 (Versorgungsbezüge)

	2023	2024
Versorgungsbezüge	21.000 €	21.210 €
– Versorgungsfreibetrag		
13,6 % von 21.000 = maximal	1.020 €	1.020 €
Zuschlag zum Versorgungsfreibetrag	306 €	306 €
Werbungskostenpauschbetrag	102 €	102 €
Einkünfte i. S. d. § 19 EStG	19.572 €	19.782 €

Der Versorgungsfreibetrag und der Zuschlag aus dem Jahr 2023 in Höhe von insgesamt 1.326 € **wird** für Adolf Berber **lebenslang festgeschrieben**.

Fall 34: Ingrid Peters war bis Oktober 2023 als Beamtin bei der Stadt München beschäftigt. In dieser Zeit bezog sie ein Bruttogehalt von insgesamt 32.000 €. Seit November bezieht sie eine Pension von monatlich 1.950 €. 2024 beträgt die Pension insgesamt 24.336 €.

Ermitteln Sie für Ingrid Peters die Einkünfte aus nichtselbstständiger Arbeit für den VZ 2023 und den VZ 2024 (Berechnung jeweils ohne Sonderzahlungen).

Ein Versorgungsempfänger, der Versorgungsbezüge i. S. d. § 19 Abs. 2 EStG bezieht, kann sowohl den **Versorgungsfreibetrag**, den **Zuschlag zum Versorgungsfreibetrag** als auch den **Werbungskostenpauschbetrag** von 102 €, bzw. höhere nachgewiesene Werbungskosten geltend machen. Sofern das Ruhegehalt nicht aufgrund beamtenrechtlicher oder entsprechender Vorschriften gewährt wird, z. B. bei einer Werkspension, sind für den Abzug des Versorgungsfreibetrages und des Zuschlags hierauf jedoch die **Altersgrenzen** (63. Lebensjahr bzw. bei Schwerbehinderten das 60. Lebensjahr) zu beachten.

[1] ab 01.01.2023

Die Höhe des Versorgungsfreibetrages und des Zuschlags zum Versorgungsfreibetrag sind je nach Jahr des **Versorgungsbeginns** unterschiedlich hoch und der Tabelle in § 19 Abs. 2 S. 3 EStG zu entnehmen.

Auszug:

Jahr des Versorgungsbeginns	Versorgungsfreibetrag		Zuschlag zum Versorgungsfreibetrag in Euro
	in v. H. der Versorgungsbezüge	Höchstbetrag in Euro	
bis 2005	40,0	3.000	900
ab 2006	38,4	2.880	864
:	:	:	:
2022	14,4	1.080	324
2023	13,6	1.020	306
:	:	:	:
2039	0,8	60	18
2040	0	0	0

§ 19 (2) S. 4 **Bemessungsgrundlage** für den Versorgungsfreibetrag ist bei einem Versorgungsbeginn vor 2005 (also auch für alle „Altpensionäre") das Zwölffache des Versorgungsbezugs für Januar 2005. Bei einem späteren Versorgungsbeginn ist das Zwölffache des Versorgungsbezugs für den ersten vollen Monat die Bemessungsgrundlage. Sie erhöht sich jeweils um voraussichtliche Sonderzahlungen (Weihnachtsgeld), auf die zu diesem Zeitpunkt ein Rechtsanspruch besteht. Der Zuschlag zum Versorgungsfreibetrag darf nicht zu negativen Einkünften führen.

Der errechnete Versorgungsfreibetrag und der Zuschlag zum Versorgungsfreibetrag
§ 19 (2) S. 8 **bleiben für die gesamte Laufzeit des Versorgungsbezugs gleich**. Insbesondere regelmäßige Anpassungen des Versorgungsbezugs (Pensionserhöhungen) führen nicht zu einer Neuberechnung.

§ 19 (2) S. 12 Der Versorgungsfreibetrag und der Zuschlag zum Versorgungsfreibetrag sind zu **zwölfteln**, wenn der Pensionsanspruch nicht das ganze Jahr besteht.

§ 9 a Bleiben die nachgewiesenen Werbungskosten eines Arbeitnehmers unter dem **Werbungskosten-Pauschbetrag** (aktives Dienstverhältnis: 1.230 €; Versorgungsbezüge: 102 €) kann zumindest dieser Pauschbetrag geltend gemacht werden. Der Ansatz des Pauschbetrages darf jedoch nicht zu negativen Einkünften führen.

Werbungskosten in Zusammenhang mit der Erzielung von Einkünften aus nichtselbstständiger Arbeit sind alle Aufwendungen, die durch den Beruf veranlasst sind und in einem wirtschaftlichen Zusammenhang mit der auf die Erzielung von Einnahmen gerichteten Tätigkeit des Arbeitnehmers stehen.

Typische Werbungskosten bei einem Arbeitnehmer sind:

Beiträge des Arbeitnehmers zu Berufsständen und **Berufsverbänden**, z.B. Gewerkschaftsbeiträge. §9(1) Nr. 3

Entfernungspauschale zwischen Wohnung und erster Tätigkeitsstätte. Hier können für jeden vollen Kilometer der Entfernung pauschal 0,30 € und ab dem 21. Kilometer jeweils 0,38 € als Werbungskosten geltend gemacht werden.[1] Die Entfernungspauschale gilt nicht für Flugstrecken und Strecken mit steuerfreier Sammelbeförderung. Maßgebend ist die kürzeste Entfernung, unabhängig vom benutzten Verkehrsmittel. §9(1) S.9 Nr.4 S.3

Eine andere als die kürzeste Straßenverbindung ist nur anzusetzen, wenn sie offensichtlich verkehrsgünstiger ist und vom Arbeitnehmer regelmäßig benutzt wird. § 9 (1) Nr.4 S.4 EStG

Berücksichtigt werden nur volle Kilometer. Die anzusetzende Entfernungspauschale ist grundsätzlich auf **4.500 €/Jahr begrenzt**. Diese Beschränkung gilt, § 9 (1) Nr. 4 S. 2

- wenn der Weg zwischen Wohnung und Arbeitsstätte mit einem Motorrad, Motorroller, Moped, Fahrrad oder zu Fuß zurückgelegt wird
- bei Benutzung eines Pkw für die Teilnehmer an einer Fahrgemeinschaft und zwar für die Tage, an denen der Arbeitnehmer seinen eigenen oder zur Nutzung überlassenen Pkw nicht einsetzt
- bei Benutzung öffentlicher Verkehrsmittel, wenn keine höheren Aufwendungen glaubhaft gemacht oder nachgewiesen werden.

Ein höherer Betrag kann geltend gemacht werden, wenn nachweislich ein eigener oder zur Nutzung überlassener Pkw benutzt oder bei Benutzung öffentlicher Verkehrsmittel der im Jahr insgesamt als Entfernungspauschale anzusetzende Betrag überstiegen wird. § 9 (2) S. 2

Beispiel

Der Beamte Bernd Bremer (B) ist Lehrer. Sein Bruttoarbeitslohn beträgt 46.000 €/Jahr. Er fährt 2023 an 220 Arbeitstagen im Jahr mit dem eigenen Pkw 30 km zur nächsten Bahnstation und von dort 100 km mit der Bahn zu seinem Gymnasium (= erste Tätigkeitsstätte). Die kürzeste Straßenverbindung beträgt 100 km. Seine Aufwendungen für die Bahnfahrten betragen 4.144 € im Jahr.
Wie hoch sind die Werbungkosten, die B im Zusammenhang mit den Fahrten Wohnung – erste Tätigkeitsstätte geltend machen kann?

Lösung:

Pkw-Fahrten	20 km × 220 Tage × 0,30 €	1.320 €
	10 km × 220 Tage × 0,38 €	836 €
öffentliche Verkehrsmittel (100 km – 30 km)	70 km × 220 Tage × 0,38 € = 5.852 €, max.	4.500 €
Entfernungspauschale		= 6.656 €

Die tatsächlichen Aufwendungen für die Bahnfahrten (4.144 €) bleiben unberücksichtigt, da sie unter der Entfernungspauschale liegen.

Zuschüsse des Arbeitgebers für Fahrten zwischen Wohnung und Arbeitsstätte mit öffentlichen Verkehrsmitteln sind steuerpflichtiger Arbeitslohn.
Behinderte, deren Behinderungsgrad mindestens 70% beträgt, bzw. die bei einem Behinderungsgrad von mindestens 50% in ihrer Bewegungsfähigkeit im Straßenverkehr erheblich eingeschränkt sind können für Fahrten zwischen Wohnung und Arbeitsstätte die **tatsächlich angefallenen Aufwendungen** oder bei Benutzung des eigenen Kfz's für die ersten 20 km 0,30 € und für jeden weiteren vollen km 0,38 € ansetzen. §9 (2)

[1] Steuerentlastungsgesetz 2022

§ 4 (5) S. 1 Nr. 6b **Aufwendungen für ein häusliches Arbeitszimmer:** Ein Abzug kommt nur in Frage, wenn der Mittelpunkt der Tätigkeit im Arbeitszimmer liegt, auch wenn ein anderer Arbeitsplatz zur Verfügung steht. In diesem Fall können die Aufwendungen pauschal mit **1.260 €** abgezogen werden. Dies ist jedoch kein zusätzlicher Pauschbetrag neben dem AN-Pauschbetrag. Für jeden vollen Monat, in dem die Voraussetzungen nicht zutreffen, ist der Betrag um 1/12 zu kürzen. Ehepaare/Lebenspartner, die sich ein gemeinsames Arbeitszimmer teilen, können nur den Teil der Aufwendungen geltend machen, der ihrem Miteigentumsanteil entspricht. Bildet das Arbeitszimmer den Mittelpunkt der gesamten betrieblichen oder beruflichen Tätigkeit können die tatsächlichen Aufwendungen abgezogen werden.

H 9.14 LStH

Aufwendungen, die für ein anerkanntes Arbeitszimmer geltend gemacht werden können:	Aufwendungen, die zusätzlich oder auch ohne anerkanntes Arbeitszimmer geltend gemacht werden können:
Anteiligе Aufwendungen für – Miete (einschließlich Nebenkosten) – Abschreibung*) – Schuldzinsen*) – Reinigung, Renovierung – Heizung, Strom, Wasser für das Gebäude*) – Lampen, Teppiche, Vorhänge	**Arbeitsmittel**, die ausschließlich beruflich genutzt werden – Computer – Drucker – Schreibtisch und Schreibtischstuhl – Schränke und Regale

*) bei Arbeitszimmer im eigenen Gebäude

§ 4 (5) Nr. 6 c **Homeoffice-Pauschale:** Wird die berufliche Tätigkeit in der häuslichen Wohnung ausgeübt und keine erste Tätigkeitsstätte außerhalb der Wohnung aufgesucht, können täglich 6 €, max. für 210 Tage = 1.260 € im Jahr angesetzt werden (nicht zusätzlich zum WKP).

§ 9 (1) Nr. 6 BMF-Schreiben v. 22.02.2022 **Arbeitsmittel** können in voller Höhe als Werbungskosten geltend gemacht werden. Liegen die **Anschaffungskosten ohne Umsatzsteuer über 800 €**, z. B. für einen Schreibtisch der beruflich genutzt wird, sind die Anschaffungskosten einschl. USt auf die Jahre der Nutzung zu verteilen. Die Aufwendungen für Computerhardware sowie Software zur Dateneingabe und -verarbeitung können in voller Höhe im Jahr der Anschaffung abgeschrieben werden.

9 (1) Nr. 5 **Mehraufwendungen für eine aus beruflichem Anlass begründete doppelte Haushaltsführung** liegen vor, wenn der Arbeitnehmer außerhalb seines Wohnortes, an dem er weiterhin einen Hausstand unterhält, beschäftigt ist und auch am Beschäftigungsort bzw. in dessen Nähe wohnt. Am bisherigen Wohnort muss weiterhin der Mittelpunkt der Lebensinteressen liegen.

Folgende Aufwendungen können im Rahmen einer anerkannten doppelten Haushaltsführung (zeitlich unbegrenzt) als Werbungskosten geltend gemacht werden:

- Kosten für die erste Fahrt zum Beschäftigungsort und für die letzte Rückfahrt (Entfernungspauschale)
- Kosten für die Wohnungssuche, Kosten für den Umzug
- Kosten für Arbeitsmittel (siehe oben)
- angemessene Mietaufwendungen (max. 1.000 € mtl., § 9 (1) Nr. 5 S. 4 EStG)
- Finanzierungskosten beim Kauf der Zweitwohnung
- Verpflegungsmehraufwendungen für die ersten drei Monate (Pauschbeträge gem. § 4 (5) EStG)
- Kosten für eine wöchentliche Familienheimfahrt (Entfernungspauschale)

Beiträge zu freiwilligen Unfallversicherungen decken alle Unfallrisiken und damit auch das Risiko von Berufsunfällen ab. Die Beiträge hierfür können deshalb zu 50 % als Werbungskosten geltend gemacht werden. Die verbleibenden 50 % können als Sonderausgaben angesetzt werden, § 10 (1) Nr. 3 a EStG. Eine andere Aufteilung der Beiträge ist nur möglich, wenn das Versicherungsunternehmen Angaben über die Aufteilung der Risiken macht. H 10.5 EStH

Kontoführungsgebühren können pauschal mit **16 €** jährlich geltend gemacht werden. Ebenso **8 € Übernachtungskosten** pro Kalendertag für Berufskraftfahrer, wenn sie im Fahrzeug des Arbeitgebers übernachten (§ 9 Abs. 1 Nr. 5b EStG). H 9.1 LStH

Weitere Werbungskosten sind z. B. Steuerberatungskosten, soweit sie Einkünfte aus nichtselbstständiger Arbeit betreffen; Umzugskosten, wenn sie durch einen beruflich veranlassten Umzug entstehen; Fortbildungskosten; Bewerbungs- und Vorstellungskosten (unabhängig davon ob tatsächlich eine neue Stelle angetreten wird); Prozesskosten, wenn der Prozess mit der beruflichen Tätigkeit des Arbeitnehmers zusammenhängt; Unfallkosten auf dem Weg zur Arbeit; Beiträge zur Berufs-Haftpflichtversicherung; durch die berufliche Tätigkeit verursachte Reisekosten, soweit sie nicht vom Arbeitgeber getragen werden; beruflich veranlaßte Telefonkosten (Gesprächsgebühren und anteilige Grundgebühr wenn der Anschluss auch privat genutzt wird) sowie Kosten für Fachbücher, Spezial- und Fachzeitschriften, wenn sie sich überwiegend mit Themen befassen, die mit der beruflichen Tätigkeit des Steuerpflichtigen zusammenhängen.

Übungen

1 Die Steuerpflichtige Trixi Schubert beginnt nach dem erfolgreichen Studienabschluss zum 02.10.2023 eine Tätigkeit bei einem Steuerberater. Ihr monatliches Bruttogehalt beträgt 2.800 €. Für Bewerbungskosten (eigenes Inserat, Fahrtkosten zu Vorstellungsgesprächen, Porto) entstanden Aufwendungen von 240 €.
Wie hoch sind ihre Einkünfte aus nichtselbstständiger Arbeit im VZ 2023?

2 Margit Müller beginnt zum 1. November 2023 eine Ausbildung zur Speditionskauffrau. Ihre Ausbildungsvergütung beträgt monatlich 810 €.
Wie hoch sind ihre Einkünfte aus nichtselbstständiger Arbeit wenn keine weiteren Angaben vorliegen?

3 Gabriel Sailer ist als Packer bei einer Möbelspedition beschäftigt. Sein Bruttolohn 2023 betrug 25.280 €.
Wie hoch sind seine Einkünfte i. S. d. § 19 EStG, wenn keine weiteren Angaben vorliegen?

4 Lena Marxer, 84 Jahre, erhält 2023 eine Rente der Deutschen Rentenversicherung Bund in Höhe von 10.800 €. Von ihrem ehemaligen Arbeitgeber bezieht sie seit ihrem 65. Lebensjahr eine unveränderte jährliche Pension von 2.400 €, die nicht auf eigenen Beitragszahlungen beruht.
Ermitteln Sie die Einkünfte i. S. d. § 19 EStG von Lena Marxer!

5 Cora Brosig erhielt 2023 erstmals eine jährliche Beamtenpension von 21.200 €, die sich 2024 auf 21.420 € erhöht. Werbungskosten entstehen ihr nicht.
Wie hoch sind die Einkünfte i. S. d. § 19 EStG von Cora Brosig 2023 und 2024?

6 Der Beamte Richard Peterson wird mit Erreichen des 65. Lebensjahres zum 31.08.2023 pensioniert. Herr Peterson bezog 2023 ein Gehalt in Höhe von 24.000 € und eine Pension von 7.200 €. Seine nachgewiesenen Werbungskosten betrugen 800 €. 2024 erhält Peterson eine Pension in Höhe von 22.248 €.
Ermitteln Sie die Einkünfte i. S. d. 19 EStG des Steuerpflichtigen für 2023 und 2024!

7 Einem Piloten entstanden nach dem Abitur für seine Ausbildung zum Flugzeugführer in den Jahren 2019–2022 Aufwendungen in Höhe von 37.800 €.
Eine entsprechende Verlustfeststellung des Finanzamtes liegt nicht vor. Der Pilot erzielte 2023 erstmals nach seiner Ausbildung Einnahmen in Höhe von 55.000 €.
Wie werden diese Aufwendungen 2023 berücksichtigt?

8 Nikolaus Leimer, 83 Jahre, erhielt im VZ 2023 26.000 € Pension, die 2024 auf 26.260 € erhöht wird. Seit seiner Pensionierung im Jahr 2005 widmet sich Herr Leimer intensiv der Bildhauerei. Aus dem Verkauf seiner Skulpturen erzielte er 2023 Einkünfte in Höhe von 13.200 €, 2024 nur 9.400 €.
Berechnen Sie die Summe der Einkünfte des Steuerpflichtigen 2023 und 2024.

9 Doris Kaufmann ist als Angestellte bei einem Bauunternehmen beschäftigt. Im VZ 2023 fuhr sie an 220 Tagen mit dem Pkw von ihrer Wohnung zur 28 km entfernten Arbeitsstätte.
Ermitteln Sie die anzusetzende Entfernungspauschale!

10 Ein Steuerpflichtiger fährt an 60 Tagen im Jahr zu seiner 5,6 km entfernten Arbeitsstätte. 160 Tage arbeitet er in seinem Homoffice.
Wie hoch sind die Werbungskosten, die er in diesem Zusammenhang bei seinen Einkünften aus nichtselbstständiger Arbeit geltend machen kann?

11 Markus Ortmann hat nach seinem Studium eine Beschäftigung bei einem Maschinenbauunternehmen begonnen. Er fuhr im VZ 2023 an 140 Tagen mit dem Pkw zu seiner 26 km entfernten Arbeitstätte.
Wie hoch ist die Entfernungspauschale, die Herr Ortmann ansetzen kann?

12 Die Angestellte Stefanie Böhme fährt mit dem Pkw an 210 Tagen zum 24 km entfernten Beschäftigungsort. Jeden Tag bezahlt sie Parkgebühren von 4 €/Tag. Wegen des Überschreitens der zulässigen Höchstgeschwindigkeit auf der Fahrt zur Arbeit musste sie eine Geldstrafe von 120 € bezahlen.
Welche Werbungskosten kann Frau Böhme geltend machen?

13 Ein Arbeitnehmer fährt an 220 Tagen mit der U-Bahn zur Arbeit. Einschließlich der Fußwege und der U-Bahnfahrt beträgt die zurückgelegte Entfernung 24 km. Die kürzeste Straßenentfernung beträgt 21 km.
Wie hoch ist die anzusetzende Entfernungspauschale?

14 Eine Steuerfachangestellte fährt an 220 Arbeitstagen im Jahr mit dem eigenen Pkw 30 km zum nächsten Bahnhof und von dort 100 km mit der Bahn zur Arbeitsstätte. Die kürzeste maßgebende Entfernung (Straßenverbindung) zwischen Wohnung und Arbeitstätte beträgt 70 km. Die Aufwendungen der Steuerfachangestellten für die Bahnfahrten betragen 4.144 €/Jahr.
Ermitteln Sie die anzusetzenden Werbungskosten!

15 Eine Arbeitnehmerin wohnt in Konstanz und arbeitet in Meersburg. Für die Fahrt zur Arbeitstätte an 220 Arbeitstagen/Jahr benutzt sie ihren Pkw und die Fähre von Konstanz nach Meersburg. Die Fahrstrecke einschließlich der Fährstrecke von 4 km beträgt 16 km (einfache Entfernung). Die Monatskarte für die Fähre kostet 120 €. An einem Tag hatte die Arbeitnehmerin auf der Fahrt zur Arbeit einen selbst verschuldeten Unfall. Die Reparaturkosten in Höhe von 2.320 € (einschl. USt) musste sie selbst tragen.
Wie hoch sind die Werbungskosten, die die Arbeitnehmerin ansetzen kann?

16 Irmgard Franz (F) bezieht als Angestellte eines Möbelherstellers in Dingolfing ein Bruttogehalt von 2.400 €/Monat. Im Juli 2023 erhielt sie 300 € Urlaubsgeld von ihrem Arbeitgeber und Ende Dezember neben dem normalen Gehalt ein 13. Gehalt als Weihnachtsgeld. Frau F hat 2023 einen Schrank bei ihrem Arbeitgeber mit einem Nachlass von 28 % erworben. Der Bruttopreis dieses Schranks betrug 12.000 €. Zu ihrer Hochzeit im September erhielt sie eine Heiratsbeihilfe des Arbeitgebers von 400 €. Auch die Kosten für einen EDV-Kurs (340 €) wurden übernommen. Frau F fährt jährlich an 220 Tagen mit dem Pkw zur Arbeit und legt dabei eine Entfernung von 52 km (einfach) zurück.
Wie hoch sind die Einkünfte aus nichtselbstständiger Arbeit von Irmgard Franz im VZ 2023?

17 Andreas Kaufmann ist als Lehrer (Angestellter) bei der Stadt Augsburg beschäftigt. Er bezieht 2023 ein Bruttogehalt von insgesamt 52.000 €. Er fuhr an 195 Tagen mit dem Pkw von seiner Wohnung zur 33 km entfernten Schule. An vierzehn dieser 195 Tage musste er aufgrund von Konferenzen, Elternsprechtagen und anderen schulischen Veranstaltungen zweimal den Weg zwischen Wohnung und Schule zurücklegen. Für notwendiges Arbeitsmaterial wendete er 60 € auf.
Herr Kaufmann hält 2023 bei der Volkshochschule Vorträge und Seminare über „Wohnungsbau und Steuersparmöglichkeiten". Sein Honorar beträgt insgesamt 3.200 €; seine Ausgaben für diese Tätigkeit 300 €.
Wie hoch ist die Summe der Einkünfte von Herrn Kaufmann 2023, wenn keine weiteren Angaben vorliegen?

18 Antonia Fröhlich (F) war bis Oktober 2023 als Angestellte beschäftigt und erhielt in dieser Zeit einen Bruttoarbeitslohn von 19.420 €. Ab diesem Zeitraum bezog sie eine Altersrente aus der gesetzlichen Sozialversicherung von insgesamt 1.740 €. Frau F benutzte für die Fahrt zur Arbeit an 180 Tagen (Entfernung 30 km) den kostenlosen Werksbus ihres Arbeitgebers. Als Gewerkschaftsmitglied bezahlte sie einen Beitrag von insgesamt 194,20 €. Sie hatte bis zum Ausscheiden aus dem Unternehmen eine Fachzeitschrift abonniert und hierfür 60 € bezahlt.
Berechnen Sie die Einkünfte aus nichtselbstständiger Arbeit von Frau F im VZ 2023!

19 Hubert Altmann (A) war bis zum August 2023 als Beamter bei der Stadt München beschäftigt (150 Arbeitstage, Entfernung: 60 km). Sein Arbeitslohn in diesem Zeitraum betrug insgesamt 25.220 €. Ab September 2023 bezog er eine Pension von insgesamt 9.680 €. A bezahlte als Mitglied des Deutschen Beamtenbundes einen Beitrag von 452 €. Weitere Werbungskosten entstanden nicht.

a) Ermitteln Sie die Einkünfte aus nichtselbstständiger Arbeit des Steuerpflichtigen für den VZ 2023!
b) Wie hoch wären die Einkünfte im Jahr 2024, wenn sich alle Angaben auf das Jahr 2024 bezögen?

20 Klaus Loose (L), 42 Jahre und ledig, ist als Lehrer (Beamter) beschäftigt und bezog im VZ 2023 ein Bruttogehalt von 36.280 €, das auf sein Konto bei der Stadtsparkasse München überwiesen wird, Kontoführungsgebühr 16 €. Herr Loose wohnt zur Miete und hat in seiner Mietwohnung ein Arbeitszimmer. Die Miete beträgt 800 € je Monat (Gesamtfläche 80 qm, davon entfallen 18 qm auf das Arbeitszimmer). Anfang des Jahres hat L einen neuen Computer angeschafft, den er ausschließlich beruflich nutzt. Die Anschaffungskosten (Nutzungsdauer 3 Jahre) betrugen brutto 1.560 €.
L ist Mitglied eines Berufsverbandes und bezahlt hierfür einen Beitrag von 210 €/Jahr. Für mehrere abonnierte Fachzeitschriften wendet L monatlich 19€ auf. Zur Unterrichtsvorbereitung hat er im VZ 2023 Fachbücher zum Gesamtpreis von 140 € angeschafft. Daneben hat er noch eine regionale Tageszeitung abonniert für die er 198 €/Jahr bezahlt. L geht an 200 Tagen zu Fuß zur Schule (Entfernung: 3,2 km). Für die Betreuung seiner sieben Jahre alten Tochter entstanden 2.400 € Aufwendungen, die per Bank überwiesen wurden und die L durch Rechnungen belegen kann.
Wie hoch sind seine Einkünfte aus nichtselbstständiger Arbeit im VZ 2023?

21 Der Steuerpflichtige Peter Klein ist zum 01.09.2022 in Pension gegangen. Die Pension beträgt 2023 (einschließlich Sonderzahlung) 24.000 €.

a) Ermitteln Sie die Einkünfte i. S. d. § 19 EStG für 2023!
b) Wie hoch sind die Einkünfte 2024, wenn die Pension auf insgesamt 24.240 € ansteigt?

3.5.5 Einkünfte aus Kapitalvermögen

	Einnahmen aus Kapitalvermögen
–	Sparer-Pauschbetrag, § 20 (9)
=	**Einkünfte aus Kapitalvermögen**

3.5.5.1 Abgeltungsteuer bei laufenden Kapitalerträgen

Wichtige Beispiele (§ 20 Abs. 1 EStG):

- Gewinnanteile und sonstige Bezüge aus der Beteiligung an Kapitalgesellschaften (Dividenden)
- Einnahmen aus der Beteiligung als typischer stiller Gesellschafter oder partiarischer Darlehensgeber
- Zinsen und sonst. Erträge aus Kapitalforderungen

Fall 35: Anna Lohse ist Prokuristin in einem Bauunternehmen. Sie erhielt im VZ 2023 aus drei Sparbüchern insgesamt Zinsen in Höhe von 108,75 €. Aus Aktienanlagen erzielte sie Kursgewinne in Höhe von 4.500 € (Kauf und Verkauf 2023) und erhielt 320 € Dividende gutgeschrieben. Eine Beteiligung als Kommanditistin brachte einen Gewinnanteil von 15.000 €. Daneben ist Frau Lohse als typische stille Gesellschafterin an einem Unternehmen beteiligt und erhielt einen Gewinnanteil von 8.200 €.

Bei welchen Beträgen handelt es sich um Einnahmen aus Kapitalvermögen i. S. d. § 20 EStG, die der Abgeltungsteuer unterliegen?

Der ESt unterliegen Einnahmen aus Kapitalvermögen, das sind **Entgelte für die Nutzungsüberlassung von im Privatvermögen befindlichem Kapital**. Diese Einnahmen sind aber nur dann den Einnahmen aus Kapitalvermögen zuzurechnen, wenn sie nicht zu den Einkunftsarten i. S. d. §§ 13, 15, 18 oder 21 EStG gehören (Subsidiaritätsprinzip).

§ 44 (2) S. 1 Einnahmen aus Kapitalvermögen sind **zugeflossen**, sobald der Steuerpflichtige wirtschaftlich über sie verfügen kann (**Zuflussprinzip**). Ausschüttungen einer Kapitalgesellschaft fließen dem Gläubiger an dem Tag zu, der im Beschluss als Tag der Ausschüttung bestimmt worden ist. Wird über den Zeitpunkt der Auszahlung kein Beschluss gefasst, gilt der Tag nach Beschlussfassung als Zuflusszeitpunkt.

§ 20 (1) Nr. 1 Zu den Gewinnanteilen aus einer Beteiligung an Kapitalgesellschaften gehören insbesondere die **Dividenden**, die ein Aktionär aufgrund seiner Beteiligung an einer Aktiengesellschaft erhält. Hierunter fallen auch **Gewinnanteile** aus Genussrechten, der Beteiligung an einer GmbH oder einer Erwerbs- und Wirtschaftsgenossenschaft. Daneben werden auch verdeckte Gewinnausschüttungen, wie z. B. ein unangemessen hohes Gehalt oder die Gewährung eines Darlehens zu besonders günstigen Bedingungen erfasst.

§ 2 (5b) Kapitalerträge, die der Abgeltungsteuer unterliegen, sind grundsätzlich nicht in die Veranlagung einzubeziehen.

Beispiel

Dividende
Ein lediger Steuerpflichtiger besitzt 600 Aktien. Die Hauptversammlung der AG beschließt eine Dividendenausschüttung von 2 € je Aktie. Der Steuerpflichtige gehört keiner Religionsgemeinschaft an.

Ohne Freistellungsauftrag		Mit Freistellungsauftrag	
Bardividende	1.200,00 €	Bardividende	1.200,00 €
Freistellungsauftrag	0,00 €	Freistellungsauftrag	1.000,00 € [1]
Steuerpflichtig	1.200,00 €	Steuerpflichtig	200,00 €
25% Abgeltungsteuer	300,00 €	25% Abgeltungsteuer	50,00 €
5,5% Solidaritätszuschlag	16,50 €	5,5% Solidaritätszuschlag	2,75 €
Gutschrift der Bank	883,50 €	Gutschrift der Bank	1.147,25 €

Ein Abzug von Kapitalertragsteuer (Abgeltungsteuer) erfolgt nicht, wenn eine **Nichtveranlagungsbescheinigung** oder soweit ein **Freistellungsauftrag** bis zu **1.000 €/2.000 € (Sparer-Pauschbetrag)** vorliegt. § 44a (2) § 20 (9)

Die Kapitalertragsteuer beträgt 25%. Mit dem Einbehalt der Abgeltungsteuer ist die Einkommensteuer auf Kapitalerträge abgegolten und die erfassten Erträge sind in der Einkommensteuererklärung **nicht** anzugeben (§§ 32d (1), 43 (5) EStG). § 32d (1) § 2 (5b)

Der **Abzug von tatsächlichen Werbungskosten** (Finanzierungskosten, Fahrtkosten zur Hauptversammlung, etc.) **ist ausgeschlossen**. § 20 (9)

Neben der Abgeltungsteuer fallen noch 5,5% Solidaritätszuschlag und gegebenenfalls Kirchensteuer (jeweils berechnet von der Abgeltungsteuer) an. Die auf die Abgeltungsteuer entfallende Kirchensteuer hat die auszahlende Stelle (Bank, Bausparkasse, etc.) automatisch einzubehalten. § 4 SolZG § 51a (2c) S. 1
Um den Kirchensteuerabzug pauschal zu berücksichtigen wird die einzubehaltende Kapitalertragsteuer ermäßigt.

Formel: $\frac{e}{4 + k}$ § 32d (1)

e = die nach den Vorschriften des § 20 ermittelten Einkünfte
k = maßgebender Kirchensteuersatz im jeweiligen Bundesland

Bei 8% Kirchensteuer (Bayern und Baden-Württemberg) ist die Berechnungsgrundlage 24,51%. Bei 9% Kirchensteuer (übrige Bundesländer) ergibt dies die Berechnungsgrundlage von 24,45%. § 43 a (1) S. 2

Mit dieser Berechnung ist die Abzugsfähigkeit der Kirchensteuer auf die Abgeltungsteuer abgegolten und kann nicht zusätzlich als Sonderausgabe geltend gemacht werden. § 10 (1) Nr. 4

Das vorherige Beispiel (ohne Freistellungsauftrag) ändert sich wie folgt, wenn der Steuerpflichtige einen Antrag auf Abführung der Kirchensteuer an sein Kreditinstitut stellt:

[1] ab 01.01.2023, Jahressteuergesetz 2022

ohne Freistellungsauftrag 8% Kirchensteuer (Bayern, Baden-Württemberg)	
Bardividende	1.200,00 €
Freistellungsauftrag	0,00 €
Steuerpflichtig	1.200,00 €
24,51% Abgeltungsteuer [1]	294,12 €
8% Kirchensteuer	23,53 €
5,5% SoliZ	16,18 €
Gutschrift	866,17 €

ohne Freistellungsauftrag 9% Kirchensteuer (übrige Bundesländer)	
Bardividende	1.200,00 €
Freistellungsauftrag	0,00 €
Steuerpflichtig	1.200,00 €
24,45% Abgeltungsteuer[1]	293,40 €
9% Kirchensteuer	26,41 €
5,5% SoliZ	16,14 €
Gutschrift	864,05 €

§ 51 a (2 b) S. 2 Die Kirchensteuer und die Kapitalertragsteuer werden ab 2023 nicht erhoben, wenn die Kapitalerträge zu den Einkünften i.S.d. §§ 13, 15, 18 und 21 EStG gehören.

H 15.8 EStH Der **typische (echte) stille Gesellschafter** ist im Gegensatz zum atypischen stillen Gesellschafter (= Mitunternehmer) nicht am Betriebsvermögen und den stillen Reserven beteiligt. **Ein partiarisches Darlehen** beruht nicht auf einem Gesellschaftsverhältnis. Im Unterschied zum normalen Darlehen überwiegt die gewinnabhängige Verzinsung.
20 (1) 4 Häufig wird eine Mindestverzinsung vereinbart. Steuerlich wird der partiarische Darlehensgeber wie der echte stille Gesellschafter behandelt, wenn die Beteiligung zum Privatvermögen des stillen Gesellschafters gehört. Beide erzielen Einkünfte aus Kapitalvermögen, die im VZ des Zuflusses der Abgeltungsteuer unterliegen.

§ 20 (1) 7 **Zinsen aus Kapitalforderungen** gehören, unabhängig davon ob die Zinsen dem Steuerpflichtigen einmalig oder laufend zufließen, zu den Einnahmen aus Kapitalvermögen. Hierzu zählen z. B. Zinsen aus sonstigen Kapitalforderungen (Sparguthaben, Darlehen bei Kreditinstituten, Pfandbriefen, Schuldverschreibungen, Obligationen, Bausparguthaben) und Zinsen aus Hypotheken und Grundschulden. 25% Kapitalertragsteuer werden an der Quelle einbehalten.

Fall 36: Karl Hausner, verheiratet, konfessionslos, hat seinem Schwager für den Bau eines selbstgenutzten Einfamilienhauses 50.000 € geliehen, die jährlich mit 4,25% zu verzinsen sind.

Wie werden diese Zinsen steuerlich behandelt?

§ 32 d (2) Nr. 1 S. 1 a Eine Besonderheit besteht, wenn Gläubiger und Schuldner einander nahe stehende Personen sind oder es sich um Zinseinnahmen aus einem Darlehensvertrag einer Privatperson mit einem Unternehmen handelt. Bei Verwandtendarlehen wird der Abgeltungsteuersatz bei Entgelten (Zinsen) angewandt, die beim Schuldner weder Betriebsausgaben noch Werbungskosten sind. In allen anderen Fällen erfolgt eine Besteuerung der Kapitalerträge mit dem individuellen Steuersatz.

Eine weitere **Pflichtveranlagung zum individuellen Steuersatz** ist gegeben bei Zinsen aus Gesellschafterdarlehen, wenn der Anteilseigner zu mindestens 10% an der Gesellschaft beteiligt ist oder wenn ein Dritter die Kapitalerträge schuldet, der seinerseits Kapital an einen Betrieb des Gläubigers überlassen hat (Back-to-back-Finanzierung). Ein Ansatz von tatsächlichen Werbungskosten ist auch hier nicht möglich.

[1] Ermäßigung wegen Kirchensteuerpflicht, § 32 d (1) i. V. m. § 51 a (2 c)

3.5.5.2 › Antragsveranlagung

Der Steuerpflichtige kann die Einbeziehung in die Veranlagung beantragen, wenn beispielsweise der Sparer-Pauschbetrag nicht ausgenutzt wurde oder Verluste aus anderen Depots oder ausländische Steuern noch nicht berücksichtigt wurden. § 32 d (4)
Außerdem ist eine Einbeziehung in die Veranlagung sinnvoll, wenn der persönliche ESt-Satz des Stpfl. unter 25% liegt („Rentnerfälle"). Ergibt die Prüfung durch das Finanzamt, dass die Veranlagung zur tariflichen Einkommensteuer für den Steuerpflichtigen nachteilig ist, gilt der Antrag als nicht gestellt. § 32 d (6)

Bei einer Antragsveranlagung prüft das Finanzamt von Amts wegen, ob Abgeltungsteuersatz oder persönlicher Steuersatz günstiger sind. Ein entsprechender Antrag ist bei Zusammenveranlagung nur für beide Ehepartner/Lebenspartner gemeinsam zu stellen. Alle Kapitalerträge sind anzugeben. Ein Abzug tatsächlicher Werbungskosten ist nicht möglich.

Beispiel

Antragsveranlagung mit Günstigerprüfung
Ein 84 Jahre alter lediger Rentner aus Münster erhält 2023 insgesamt 15.000 € Rente. Der Rentenfreibetrag beträgt 6.400 €. Aus einer Festgeldanlage hat er einen Zinsanspruch von 2.000 €. Der Rentner hat einen Freistellungsauftrag abgegeben und ist katholisch.
Ist eine Antragsveranlagung sinnvoll?

Lösung:
Keine Antragsveranlagung

Ermittlung der Einkünfte i. S. d. § 22 EStG	
Einnahmen	15.000,00 €
Rentenfreibetrag	6.400,00 €
Besteuerungsanteil	8.600,00 €
Wk-Pauschbetrag	102,00 €
Einkünfte	8.498,00 €

Die Einkünfte (und das zu versteuernde Einkommen) liegen unter dem Grundfreibetrag

Abgeltungsteuer	
Zinsanpsruch	2.000,00 €
Freistellungsauftrag	1.000,00 €
=	1.000,00 €
24,51% Abgeltungsteuer	245,10 €
5,5% Solidaritätszuschlag	13,48 €
8% Kirchensteuer	19,61 €
Auszahlungsbetrag	1.721,81 €

Antragsveranlagung

Einkünfte i. S. d. § 22 EStG	8.498,00 €
Einkünfte i. S. d. § 20 EStG	1.000,00 €
Summe der Einkünfte	9.498,00 €

Auch ohne Berücksichtigung weiterer Freibeträge ergibt sich ein zu versteuerndes Einkommen unter dem Grundfreibetrag. Die Antragsveranlagung ist somit günstiger, der Steuerpflichtige erhält die einbehaltene Abgeltungsteuer (sowie Solidaritätszuschlag und Kirchensteuer) zurück.

Nach § 2 (5b) Satz 2 sind die mit der Abgeltungsteuer belasteten Beträge bei der Ermittlung der Einkünfte, der Summe der Einkünfte, des Gesamtbetrags der Einkünfte, des Einkommens und des zu versteuernden Einkommens nicht einzubeziehen. Kapitalerträge, die dem **individuellen Steuersatz** unterliegen, werden für die Ermittlung der außergewöhnlichen Belastung und die Berechnung des Spendenabzugs herangezogen.

3.5.5.3 › Abgeltungsteuer bei privaten Veräußerungsgeschäften

§ 20 (2) Zu den Einkünften aus Kapitalvermögen zählen auch Gewinne aus

- der Veräußerung von Anteilen an einer Kapitalgesellschaft (insbesondere Aktien) unterhalb einer Beteiligung von 1 %; ab einer Beteiligung von 1 % gehört der Veräußerungsgewinn zu den Einkünften aus Gewerbebetrieb, § 17 EStG
- der Veräußerung von Dividendenscheinen und Zinsscheinen
- Termingeschäften
- der Veräußerung von typisch stillen Beteiligungen und partiarischen Darlehen
- der Veräußerung von Hypotheken, Grundschulden und Rentenschulden
- der Veräußerung von Ansprüchen an eine Versicherungsleistung
- der Veräußerung von sonstigen Kapitalforderungen

Voraussetzung ist, dass die Wertpapiere, Beteiligungen, usw. nach dem 01.01.2009 angeschafft wurden. Eine Spekulationsfrist oder eine Freigrenze für erzielte Gewinne gibt es nicht mehr.

§ 20 (4) **Ermittlung des steuerpflichtigen Veräußerungsgewinns/-verlustes**

	Veräußerungserlös
–	Anschaffungskosten
–	Transaktionskosten
=	Gewinn/Verlust aus Veräußerung
–	Sparer-Pauschbetrag (1.000 €/2.000 €) [1]
=	Einkünfte aus Kapitalvermögen

Beispiel

Nicola Frentzen hat am 17.02.2023 200 Aktien zum Kurswert von 57,00 € je Aktie erworben. Am 05.06.2023 verkauft sie diese Aktien für 69 €/Aktie. Ihr ansonsten kostenlos geführtes Online-Konto wird je Trade mit 4,95 € belastet.
Ermittlung des Gewinns nach Steuern für die ledige Steuerpflichtige (keine Berücksichtigung der Kirchensteuer).

Ohne Freistellungsauftrag		**mit Freistellungsauftrag**	
Veräußerungserlös	13.800,00 €	13.800,00 €	
– Anschaffungskosten	11.404,95 €	11.404,95 €	
– Transaktionskosten	4,95 €	4,95 €	
= Gewinn	2.390,10 €	2.390,10 €	2.390,10 €
– Freistellungsauftrag	–	1.000,00 €	
steuerpflichtig	2.390,10 €	1.390,10 €	
– 25 % Abgeltungsteuer	597,53 €	347,53 €	
– 5,5 % SoliZ	32,86 €	19,11 €	– 366,64 €
= Gewinn nach Steuern	1.759,71 €		2.023,46 €

[1] Jahressteuergesetz 2022

Veräußerungsgewinne aus Wertpapieren zählen unabhängig von einer Haltedauer zu den Einkünften aus Kapitalvermögen und sind damit steuerpflichtig (Abgeltungsteuer). Voraussetzung ist, dass die Wertpapiere nach dem 31.12.2008 angeschafft wurden.

Bei **Zertifikaten** zählen Veräußerungsgewinne bereits bei einem Kauf ab dem 15.03.2007 und einem Verkauf nach dem 30.06.2009 zu den Einkünften aus Kapitalvermögen. Zertifikate, die ab dem 30.06.2008 angeschafft werden, unterliegen bei einer Veräußerung immer der Besteuerung.

Mit dem Einbehalt der Abgeltungsteuer sind die Einkünfte aus Kapitalvermögen in der Steuererklärung seit 2009 nicht mehr zu erfassen. Wurde jedoch kein Freistellungsauftrag gestellt, empfiehlt sich eine Antragsveranlagung (zum Abgeltungsteuersatz). Gleiches gilt, wenn der persönliche Steuersatz niedriger als die einbehaltene Abgeltungsteuer sein sollte. Die bezahlte Abgeltungsteuer wird dann auf die individuelle Steuerschuld angerechnet.

Befinden sich die Aktien im Sammeldepot, gelten die zuerst erworbenen Aktien als zuerst verkauft (Fifo – First in first out). Wenn der Bank die Anschaffungskosten der ab dem 01.01.2009 angeschafften Wertpapiere nicht bekannt sind, beträgt die Bemessungsgrundlage für die Abgeltungsteuer 30% des Veräußerungserlöses. Die Banken sind jedoch bei einem Depotwechsel verpflichtet die Anschaffungskosten einander mitzuteilen. §43a(2) S.7 §43a(2) S.5

Die Möglichkeit, tatsächlich angefallene Werbungskosten (z.B. Depot- und Verwaltungsgebühren, Fremdkapitalzinsen, etc.) abzuziehen, entfällt. §20(9) S.1

Behandlung von Verlusten

Negative Einkünfte (Verluste) aus Kapitalvermögen, die **nach dem 31.12.2008** realisiert werden, sind steuerlich zu berücksichtigen. Sie werden durch die auszahlende Stelle mit positiven Einkünften aus Kapitalvermögen verrechnet. Die Bank trägt am Jahresende bestehende Verlustüberhänge – getrennt nach Verlustverrechnungstöpfen – auf das nächste Jahr vor. §43a(3)
Verluste aus Aktienverkäufen können jedoch nur mit Gewinnen aus der Veräußerung von Aktien ausgeglichen werden. §20(6) S.4
Realisierte **Verluste aus allen übrigen Quellen** (z.B. Anleihen, Fonds, Zertifikaten, Termingeschäfte) dürfen unbeschränkt mit entsprechenden Gewinnen, aber auch mit Zinsen und Dividenden verrechnet werden, die im gleichen Jahr oder in Zukunft anfallen. Erzielt der Steuerpflichtige zunächst Verluste, sind anschließend alle anrechenbaren Erträge bis zu dieser Höhe steuerfrei. Erst wenn die Verluste getilgt sind und der Freistellungsauftrag ausgeschöpft ist, führt die Bank auf nachfolgende Erträge Abgeltungsteuer ab.
Verluste aus Kapitalvermögen dürfen nicht mit anderen Einkunftsarten ausgeglichen werden. Ebenso ist ein Verlustrücktrag nach § 10 d EStG ausgeschlossen. §20(6) S.3 und S.4
Werden Ehegatten/Lebenspartner zusammen veranlagt, erfolgt ein gemeinsamer Verlustausgleich vor der Verlustfeststellung (ehegattenübergreifende Verlustverrechnung in der Veranlagung). §

Übungen

1 Handelt es sich bei den folgenden Beispielen um Einnahmen aus Kapitalvermögen?

a) Eva Klein, 7 Jahre, erhält 2,80 € Zinsen auf ihrem Sparbuch gutgeschrieben.
b) Grete Häberle besitzt Aktien. Die Hauptversammlung der AG beschließt für 2021 eine Dividende von 3 € je Aktie, die im VZ 2023 ausgezahlt wird.
c) Der Einzelunternehmer Egon Stahl ist als echter stiller Gesellschafter an einem Handelsunternehmen beteiligt. Die Beteiligung gehört zu seinem Betriebsvermögen. Er erhält einen Gewinnanteil von 24.000 €.
d) Petra Keller ist als atypische stille Gesellschafterin an einem Handelsunternehmen beteiligt. Ihr Gewinnanteil beträgt 6.300 €.
e) Walter Hofer besitzt Pfandbriefe. Er erhält 1.900 € Zinsen.
f) Heinz Herz erhält für Guthaben auf seinem Gehaltskonto bei der A-Bank 0,5 % Zinsen. Im VZ 2023 werden 24 € Zinsen gutgeschrieben.
g) Claudia Heimann ist Gesellschafterin der Andreas Fritze GmbH. Ihr Gewinnanteil beträgt im VZ 2023 85.000 €.
h) Ellen Gilg hat im VZ 2023 Aktien, die sie vor drei Jahren erworben hat, mit einem Gewinn von 8.280 € verkauft.

2 Dagmar Schneider (S) ist 45 Jahre alt und Abteilungsleiterin in einem Chemieunternehmen. Sie ist ledig und konfessionslos. S hat aus einer Tagesgeldanlage 2023 einen Zinsanspruch in Höhe von 1.960 €.

a) Welcher Betrag wird ihr gutgeschrieben, wenn sie keinen Freistellungsauftrag gestellt hat?
b) Was würden Sie S aus steuerlicher Sicht empfehlen?
c) Welcher Betrag wird S gutgeschrieben, wenn sie einen Freistellungsauftrag in maximaler Höhe bei ihrer Bank abgegeben hat?

3 Ein lediger konfessionsloser Steuerpflichtiger hat im VZ 2023 Zinsen für festverzinsliche Wertpapiere in Höhe von 3.480 € auf seinem Konto gutgeschrieben bekommen. Er hat keinen Freistellungsauftrag abgegeben. Wie hoch sind seine Einnahmen aus Kapitalvermögen im VZ 2023?

4 Die folgenden Ehepaare können im VZ 2023 die angegebenen Werbungskosten nachweisen. Wie hoch sind jeweils maximal die Werbungskosten bzw. der Sparer-Pauschbetrag, die bei der Ermittlung der Einkünfte aus Kapitalvermögen beim Ehemann und bei der Ehefrau anzusetzen sind, wenn die entsprechenden Einnahmen jeweils 12.000 € betragen?

Name	Nachgewiesene Werbungskosten	
	Ehefrau	Ehemann
Jürgens	300 €	200 €
Schmidt	0 €	0 €
Paulig	400 €	0 €
Göbele	1.800 €	0 €
Pfister	2.000 €	2.000 €
Lindenmaier	4.000 €	0 €

5 Werner Metzger besitzt ein Sparbuch mit einem Guthaben von 25.000 €. Für 2023 stehen ihm Zinsen in Höhe von 2,5 % zu. Herr Metzger lässt sich diese Zinsen erst Mitte Januar 2024 gutschreiben. Ein Freistellungsauftrag wurde nicht gestellt.
Hat Werner Metzger im VZ 2023 Einnahmen aus Kapitalvermögen? Falls ja, geben Sie die Höhe dieser Einnahmen an!

6 Paul Neumann, ledig, konfessionslos, hat im VZ 2023 aus mehreren Sparbüchern einen Zinsanspruch von insgesamt 8.480 €. Wie hoch sind seine Einkünfte aus Kapitalvermögen, wenn er keinen Freistellungsauftrag gestellt hat?

7 Eine unbeschränkt steuerpflichtige, ledige Privatperson erhält eine Zinsgutschrift aus einem Sparguthaben in Höhe von 3.671,02 €. Ein höchstmöglicher Freistellungsauftrag wurde erteilt. Wie hoch sind die Einnahmen i. S. d. § 20 EStG des Steuerpflichtigen (ohne Berücksichtigung der Kirchensteuer)?

8 Das Ehepaar Danner unterhält ein Festgeldkonto bei der örtlichen Raiffeisenbank. Für die Anlage von € 200.000 erfolgte am 30. Juni 2023 die Gutschrift der Jahreszinsen (4 % p. a.). Der Raiffeisenbank liegt ein Freistellungsauftrag des Ehepaares Danner in der maximal zulässigen Höhe vor. Weitere Zinseinnahmen hat das Ehepaar nicht.
Ermitteln Sie die Einkünfte aus Kapitalvermögen des Ehepaares!

9 Bruno Zenker, ledig, erhielt im VZ 2023 von seiner Bank eine Dividende in Höhe von 7.362,50 € nach Abzug der KapESt und des SolZ gutgeschrieben. Ein Freistellungsauftrag wurde nicht erteilt, Herr Zenker ist konfessionslos.

a) Wie hoch sind seine Einkünfte aus Kapitalvermögen?
b) Wie würde sich das Ergebnis ändern, wenn Herr Zenker verheiratet wäre und mit seiner Ehefrau zusammen zur ESt veranlagt wird?

10 Bernd Wechselberger (W), ledig, besitzt Pfandbriefe im Nominalwert von 100.000 €, die mit 6 % verzinst werden. Für die Verwahrung dieser Pfandbriefe berechnet die A-Bank W 240 € Depotgebühren. W hat seiner Bank einen Freistellungsauftrag erteilt.

a) In welcher Höhe erzielt W im VZ Einkünfte aus Kapitalvermögen?
b) Wie wirkt sich das Ergebnis aus a) auf die Summe der Einkünfte von W aus, wenn er ansonsten noch Einkünfte i. S. d. § 19 EStG in Höhe von 80.000 € erzielt?

11 Beate Adam (A) hat Anfang 2023 Aktien der A-AG zum Kurswert von 28.000 € erworben. Im Zusammenhang mit dem Aktienkauf fielen Bankgebühren in Höhe von 295 € an. Die Depotgebühr im VZ 2023 betrug 25 €. Frau A erhielt im VZ 2023 eine Bardividende von 1.052 €. Ende 2023 verkaufte Frau A diese Aktien für 35.250 €. Dabei fielen Verkaufskosten von 360 € an.

a) Wie hoch sind die Einkünfte aus Kapitalvermögen von Frau A im VZ 2023?
b) Wie würde sich das Ergebnis ändern, wenn Frau A verheiratet wäre und mit ihrem Ehemann zusammen zur ESt veranlagt wird?

12 Das Ehepaar Schneider wird zusammen zur Einkommensteuer veranlagt. Herr Schneider ist als stiller Gesellschafter an einer OHG beteiligt. Laut Vertrag ist Herr Schneider nur am Gewinn beteiligt. Sein Anteil im VZ 2023 betrug nach Abzug von Kapitalertragsteuer und Solidaritätszuschlag 5.890,60 €. Daneben erhielt er aus Bundesschatzbriefen Zinsen in Höhe von 1.472,50 € (gleichfalls nach Abzug von Kapitalertragsteuer und SolZ). An Depotgebühren zahlte er 90 €. Ein Freistellungsauftrag liegt nicht vor. Berechnung ohne Berücksichtigung der KiSt.

a) Wie hoch sind die Einkünfte i. S. d. § 20 EStG des Ehepaares Schneider im VZ 2023?
b) Wie würde sich das Ergebnis ändern, wenn Herr Schneider ledig wäre?

13 Friedrich Klein (verheiratet) ist Gesellschafter einer GmbH und bezieht 2023 einen Gewinnanteil in Höhe von 60.000 €. Die GmbH behält Abgeltungsteuer ein. Mit Aktienspekulationen macht er im gleichen Jahr 25.000 € Verlust.

a) Wie werden die Aktienverluste berücksichtigt?
b) Wie kann Friedrich Klein 2023 seine Belastung mit Abgeltungsteuer noch mindern?

14 Otto und Hedwig Zimmerer, Rostock, sind beide 40 Jahre alt und werden zusammen zur Einkommensteuer veranlagt. Herr Zimmerer bezog im VZ 2023 Arbeitslohn in Höhe von 78.000 €. Seine Ehefrau arbeitet an drei Tagen in der Woche in der Gastronomie. Sie erzielte im gleichen Zeitraum ein Bruttoeinkommen von 28.800 € und erhielt Trinkgelder in Höhe von insgesamt 4.300 €. Die Ehefrau unterhält bei ihrer Bank ein Wertpapierdepot. Aus festverzinslichen Bundesanleihen erhielt sie im VZ 2023 nach Abzug von Kapitalertragsteuer und Solidaritätszuschlag Zinsen von 2.208,75 €. Anfang August 2023 erwarb das Ehepaar Aktien der X-AG zum Kurs von 24.200 €. Die Bank berechnete hierfür 268 € Spesen und Gebühren. Die Depotgebühr 2023 betrug 350 €. Herr Zimmerer ist als echter stiller Gesellschafter am Einzelhandelsunternehmen eines Freundes beteiligt. Nach Abzug von Kapitalertragsteuer und SolZ erhielt er einen Gewinnanteil von 3.681,25 € gutgeschrieben. Ein Freistellungsauftrag wurde nicht gestellt.

a) Wie hoch ist die einbehaltene Abgeltungsteuer?
b) Wie hoch ist die Summe der Einkünfte des Ehepaares Zimmerer?
c) Wie würde sich die Lösung ändern, wenn das Ehepaar 2023 für den Klavierunterricht der 12 Jahre alten Tochter insgesamt 3.600 € aufgewendet hätte und die Zahlung durch Rechnung und Bankbelege nachweisen kann?
d) Warum ist eine Antragsveranlagung sinnvoll?

15 Das unbeschränkt steuerpflichtige Ehepaar Schilling wird zusammen zur ESt veranlagt. Herr Schilling erzielte 2023 ein Bruttoeinkommen von 45.100 €, Frau Schilling 47.200 €. Beide sind als Angestellte bei der gleichen Firma beschäftigt. Die kürzeste Entfernung zwischen Wohnung und Arbeitsplatz beträgt 37 km (220 Arbeitstage/Jahr). Das Ehepaar nutzt öffentliche Verkehrsmittel, ein Auto besitzen sie nicht. Sie bezahlen für die Fahrkarte 48 €/Person und Monat. Weitere Angaben zu Werbungskosten liegen nicht vor. Herr Schilling ist für die IHK für München und Oberbayern als Dozent tätig (Lehrgang Bilanzbuchhalter). Im Jahr 2023 erhielt er hierfür eine Vergütung von 1.700 €. Seine nachgewiesenen Aufwendungen betrugen 220 €.

Das Ehepaar Schilling hat vor Jahren Aktien erworben. Hieraus wurde ihnen 2023 eine Nettodividende nach Abzug von KapESt und SolZ von 3.681,25 € gutgeschrieben. Ein Freistellungsauftrag wurde nicht erteilt.

a) Wie hoch sind die Einkünfte aus nichtselbstständiger Arbeit des Ehepaares?
b) Ermitteln Sie die einbehaltene Abgeltungsteuer.
c) Wie wird die Zahlung der IHK steuerlich behandelt?
d) Berechnen Sie die Summe der Einkünfte des Ehepaares Schilling.

16 Das Ehepaar Detlef und Helga Seifert wird zusammen zur Einkommensteuer veranlagt. Herr Seifert betreibt als Einzelunternehmer ein Schreibwarengeschäft in Weimar. Das Geschäftsjahr stimmt mit dem Kalenderjahr überein. Sein Gewinn nach § 5 EStG beträgt im Jahr 2023 44.800,00 €. Herr Seifert ist als Kommanditist an einer KG in Erfurt beteiligt. Sein Gewinnanteil hat für das Wirtschaftsjahr 01.04.2022 – 31.03.2023 25.000 € und für das Wirtschaftsjahr 2023/2024 30.000,00 € betragen. Frau Seifert ist am Schreibwarengeschäft ihres Ehemannes als stille Gesellschafterin beteiligt. Laut Vertrag ist sie ausschließlich am Gewinn beteiligt. Ihr Gewinnanteil für 2023 beträgt 4.500,00 € und wird vertragsmäßig drei Monate nach Geschäftsjahresende ausbezahlt. Frau Seifert hat aus einer Aktienanlage Anfang Mai 2023 eine Dividende in Höhe von 500,00 € auf ihrem Bankkonto gutgeschrieben erhalten. Sie hatte bei ihrer Bank einen Freistellungsauftrag in maximal zulässiger Höhe gestellt. Als Angestellte bezog Frau Seifert ein Bruttogehalt von 36.600,00 €. Frau Seifert wohnt nur 600 Meter von ihrem Arbeitsplatz entfernt, den sie an 220 Tagen aufgesucht hat. Für Fachliteratur kann sie Belege über 86,20 € nachweisen.

Ermitteln Sie in einer übersichtlichen Darstellung die Summe der Einkünfte des Ehepaares Seifert im VZ 2023.

3.5.6 Einkünfte aus Vermietung und Verpachtung

3.5.6.1 Umfang der Einkünfte aus Vermietung und Verpachtung

Hierzu gehören Einkünfte aus …

- Vermietung und Verpachtung von **unbeweglichem Vermögen**
- Vermietung und Verpachtung von **Sachinbegriffen**
- der zeitlich begrenzten Überlassung von **Rechten**
- Einkünfte aus der Veräußerung von **Miet- und Pachtzinsforderungen**

Fall 37: Der Steuerpflichtige Hans-Georg Kretschner aus Deggendorf ist Inhaber eines Großhandelsunternehmens. Herr Kretschner hat einen zu seinem Betriebsvermögen gehörenden Lagerplatz, der vorübergehend nicht benötigt wird, an einen ortsansässigen Unternehmer vermietet. Daneben hat Herr Kretschner bereits vor Jahren privat eine Eigentumswohnung in München erworben, die sein Sohn während des Studiums beziehen soll. Gegenwärtig ist diese Wohnung vermietet.

Welche Einkunftsart(en) liegen in diesen beiden Fällen vor? Begründen Sie Ihre Antwort!

Einkünfte aus Vermietung und Verpachtung i.S.d. § 21 (1) EStG sind Einkünften aus anderen Einkunftsarten zuzurechnen, soweit sie zu diesen gehören. Vermietet z.B. ein Gewerbetreibender ein zum Betriebsvermögen gehörendes Grundstück an einen anderen Unternehmer, so liegen Einkünfte aus Gewerbebetrieb i.S.d. § 15 EStG vor; verpachtet ein Landwirt einen vorübergehend nicht mehr benötigten Acker an einen anderen Landwirt, so handelt es sich bei der vereinnahmten Pacht um Einkünfte aus Land- und Forstwirtschaft i.S.d. § 13 EStG. Daraus folgt, dass Einkünfte aus Vermietung und Verpachtung nur im privaten Bereich vorliegen können. § 21 (3)

Typische Beispiele für **unbewegliches Vermögen**, aus dessen Vermietung und Verpachtung Einkünfte i.S.d. § 21 EStG erzielt werden sind Grundstücke, Gebäude, Gebäudeteile (Wohnungen), Schiffe und Erbbaurechte. § 21 (1) Nr. 1

Zu **Sachinbegriffen** (= Vielzahl von beweglichen Sachen, die wirtschaftlich eine Einheit bilden) gehört z.B. die Praxiseinrichtung eines Freiberuflers oder landwirtschaftliches Inventar. § 21 (1) Nr. 2

Einkünfte aus der **zeitlich begrenzten Überlassung von Rechten** (z.B. Patente, schriftstellerische Urheberrechte etc.) gehören nur selten zu den Einkünften i.S.d. § 21 EStG. In der Regel handelt es sich hierbei um Einkünfte aus Gewerbebetrieb (§ 15 EStG) oder um Einkünfte aus selbstständiger Tätigkeit (§ 18 EStG). Macht dagegen z.B. ein Lehrer (Beamter) in seiner **Freizeit eine Erfindung**, die er einem Unternehmen gegen Zahlung von Lizenzgebühren zur Verwertung überlässt, dann würden Einkünfte i.S.d. § 21 (1) Nr. 3 EStG vorliegen. § 21 (1) Nr. 3

Einkünfte aus der **Veräußerung von Miet- und Pachtzinsforderungen** gehören immer dann zu den Einkünften aus Vermietung und Verpachtung, wenn die Miet- und Pachtzinsforderungen sich auf einen Gegenstand i.S.d. § 21 (1) Nr. 1 bis 3 EStG beziehen. § 21 (1) Nr. 4

3.5.6.2 › Ermittlung der Einkünfte aus Vermietung und Verpachtung

	Einnahmen aus Vermietung und Verpachtung
–	Werbungskosten
=	**Einkünfte aus Vermietung und Verpachtung**

Einnahmen	Werbungskosten
– Miet-/Pachteinnahmen – Einnahmen aus Umlagen – sonstige Einnahmen	– Erhaltungsaufwendungen – Schuldzinsen – Abschreibungen – Sonstiges

Fall 38: Der Steuerpflichtige Hans Grimm hat ein vor 7 Jahren von seinen Eltern geerbtes Grundstück als Lagerfläche für montlich 2.400 € vermietet. Laut Vertrag sollte die Miete jeweils zu Monatsbeginn eingehen. Der Mieter hat jedoch die Miete für November und Dezember 2023 erst Ende Januar 2024 gezahlt. Die übrigen Mietzahlungen gingen pünktlich zu Monatsbeginn ein. Herrn Grimm sind durch die Vermietung Werbungskosten von 2.960 € entstanden.

Wie hoch sind seine Einkünfte aus Vermietung und Verpachtung im VZ 2023?

§ 21 (1) Zu den Einnahmen aus Vermietung und Verpachtung gehören alle Einnahmen, die dem Vermieter in Zusammenhang mit dem Miet- oder Pachtverhältnis zufließen, in erster Linie natürlich die eigentlichen **Miet- bzw. Pachtzahlungen**. Hierzu zählen auch Nachzahlungen aus früheren Jahren oder künftige Jahre betreffende Vorauszahlungen. § 11 Hier gilt das **Zuflussprinzip**, Mieteinnahmen sind jedoch regelmäßig wiederkehrende Einnahmen, so dass die 10-Tage-Regelung zur Anwendung kommt.
Einnahmen aus Umlagen umfassen Zahlungen des Mieters für **Nebenleistungen** wie z. B. für Wasser, Strom, Müllabfuhr, etc. an den Vermieter. Auch für diese Umlagen gilt das Zuflussprinzip.

Sonstige Einnahmen im Zusammenhang mit einer Vermietung und Verpachtung können entstehen, wenn z. B. für das Anbringen einer Mobilfunkantenne auf dem Dach des Gebäudes oder das Anbringen von Werbetafeln **zusätzliche Mieteinnahmen** zufließen. H 21.2 EStH Auch Schadenersatzleistungen des Mieters (z. B. wegen einer Vernachlässigung der R 21.5 (2) EStR Miet- oder Pachtsache) und erhaltene Zuschüsse (z. B. aus öffentlichen Mitteln zur Minderung der Miete mit der Auflage an einen bestimmten Personenkreis zu vermieten) stellen beim Vermieter Einnahmen i. S. d. § 21 EStG dar.

Wie bei allen Überschusseinkunftsarten werden auch bei den Einkünften aus Vermietung und Verpachtung die Einkünfte als **Überschuss der Einnahmen über die Werbungskosten** ermittelt. § 9 (1) Hier sind Werbungskosten alle Aufwendungen die zur Erwerbung, Sicherung und Erhaltung der Einnahmen aus Vermietung und Verpachtung entstehen. Sie können von den Einnahmen abgezogen werden. Eine Ausnahme gilt § 21 (2) jedoch, wenn die **Miete** für die Überlassung einer Wohnung zu Wohnzwecken **weniger als 50 %**[1] **der ortsüblichen Marktmiete** beträgt. In diesem Fall ist die Nutzungsüberlassung in einen entgeltlichen und einen unentgeltlichen Teil aufzuteilen. Die entstandenen Werbungskosten dürfen dann nur anteilig angesetzt werden.

---

[1] Vermietet ein Arbeitgeber im Rahmen eines Ausbildungsverhältnisses eine Wohnung, gilt die Vermietung als voll entgeltlich.

3.5.6.3 › Erhaltungsaufwendungen

Erhaltungsaufwendungen	Herstellungsaufwendungen
Kennzeichen: – Wesensart des Gebäudes bleibt unverändert – ordnungsgemäßer Zustand des Gebäudes bleibt erhalten	**Kennzeichen:** Etwas Neues, bisher nicht Vorhandenes wird geschaffen.
Beispiele: – Austausch von Fenstern (Einfach- in Doppelglas) – Einbau einer Zentralheizung statt einer Ofenheizung – Anschluss einer Zentralheizung an eine Fernwärmeversorgung – Einbau messtechnischer Anlagen zur verbrauchsabhängigen Abrechnung von Heiz- und Wasserkosten	**Beispiele:** – Das Gebäude wird in seiner Substanz vermehrt (Anbau). – Das Gebäude wird in seinem Wesen erheblich verändert (Umbau). – Das Gebäude wird über seinen bisherigen Zustand hinaus deutlich verbessert und auf einen höheren Standard gebracht (etwa durch Einbau eines Fahrstuhls).
Sie sind Werbungskosten in dem Jahr, in dem sie geleistet werden.	Sie sind mit dem Restwert des Gebäudes auf die restliche Nutzungsdauer zu verteilen und werden im Wege der Abschreibung berücksichtigt.

Fall 39: Ein Steuerpflichtiger lässt das Dach seines vor fünf Jahren für 800.000 € erworbenen, vermieteten Gebäudes für 40.000 € neu decken.

Wie sind diese Aufwendungen steuerlich zu behandeln?

Erhaltungsaufwendungen stellen **sofort abzugsfähige Werbungskosten** dar. Sie sind von den Herstellungskosten abzugrenzen, die nur über die AfA zeitanteilig abgesetzt werden können. Aus Vereinfachungsgründen sind **Aufwendungen nach Fertigstellung eines Gebäudes bis 4.000 € netto für die einzelne Baumaßnahme** stets Werbungskosten. Größerer Erhaltungsaufwand kann auf zwei bis fünf Jahre verteilt werden. §9(1) i.V.m. R 21.1 EStR §82b EStDV

Aufwendungen für die Instandsetzung und Modernisierung eines Wohngebäudes, um es in einen betriebsbereiten Zustand zu versetzen, sind Anschaffungskosten. Das umfasst auch Kosten für Baumaßnahmen nach dem Erwerb und vor der erstmaligen Nutzung eines Gebäudes, wenn funktionsuntüchtige Teile wieder hergestellt werden, die für seine Nutzung unerlässlich sind, z.B. bei einer defekten Heizung, bei die Bewohnbarkeit ausschließenden Wasser- oder Brandschäden. BFH vom 12.06.2002

Aufwendungen für ein bereits genutztes Gebäude nach dem Erwerb sind entweder **Werbungskosten oder Herstellungskosten.** Instandsetzungs- und Modernisierungsmaßnahmen, die zu einer w**esentlichen Verbesserung** führen sind Herstellungskosten. Dies ist der Fall, wenn durch die Modernisierung drei der vier Bereiche **Heizungs-, Sanitär-, Elektroinstallationen und Fenster** eines Wohngebäudes auf einen höheren Standard gebracht werden. Generell ist von Herstellungskosten auszugehen, wenn die Instandsetzungs- und Modernisierungsaufwendungen (netto) innerhalb von drei Jahren nach der Anschaffung 15% der Gebäudeanschaffungskosten übersteigen. §6 (1) 1a

3.5.6.4 › Weitere Werbungskosten

Schuldzinsen	Abschreibung	Sonstige
Sie müssen in Zusammenhang mit Einkünften aus Vermietung und Verpachtung stehen. Hierzu zählen auch Bereitstellungsgebühren, Kreditprovisionen, Damnum, Notariatsgebühren für Kreditsicherung usw.	Absetzungen für Abnutzung und erhöhte Absetzungen vgl. Kapitel 3.3.7 Sonder-AfA § 7b	Typische Beispiele: – Grundsteuer – Beiträge an Hausbesitzerverein – Beiträge für Gebäudeversicherung – Gebühren für Müllabfuhr, Straßenreinigung, Wasser etc.

> **Fall 40:** Die Steuerpflichtige Anna Krause hat im Januar 2023 eine 2020 errichtete Eigentumswohnung in München für 500.000 € (ohne Grundstücksanteil) gekauft. Die Wohnung ist für monatlich 1.600 € vermietet (Kaltmiete). Der Mieter bezahlt für Nebenkosten (Heizung, Wasser etc.) pro Monat 380 €. Frau Krause musste für den Kauf einen Kredit von 300.000 € aufnehmen, der mit 3,4% verzinst wird.
>
> Welche Werbungskosten kann Frau Krause geltend machen, wenn keine weiteren Angaben vorliegen? Wie hoch sind die Einkünfte aus Vermietung und Verpachtung im VZ 2023?

§ 7 (4) Nr. 2 §
R 7.4 EStR

Im Falle der **linearen Abschreibung** können jährlich **2%** (Fertigstellung des Gebäudes vor dem 01.07.2023 und nach dem 31.12.1924) bzw. **2,5%** (Fertigstellung des Gebäudes vor dem 01.01.1925) und 3% (Fertigstellung nach dem 31.12.2022)[1] der Anschaffungs- oder Herstellungskosten abgezogen werden. Dieser Abschreibungsbetrag ist im Jahr der Anschaffung/Herstellung zu zwölfteln.

§ 7b (1)

Zusätzlich zur linearen AfA kann für **Mietwohnungsneubauten eine Sonder-AfA** in Höhe von 5% der Ak/Hk im Jahr der Anschaffung/Herstellung und in den folgenden 3 Jahren in Anspruch genommen werden, wenn der **Bauantrag nach dem 31.08.2018 und vor dem 01.01.2022 bzw. nach dem 31.12.2022 und vor dem 01.01.2027 gestellt** wird. Es erfolgt keine zeitanteilige Aufteilung des AfA-Betrags. Nach Ablauf des Begünstigungszeitraums von 4 Jahren, bemisst sich die reguläre AfA nach § 7a (9) EStG.

§
§ 7b (2) + (3)
BMF-Schreiben v. 7.7.2020

Voraussetzung für die Sonderabschreibung ist, dass die Anschaffungs- oder Herstellungskosten 3.000 € bzw. 4.800 € je qm Wohnfläche nicht übersteigen und die Wohnung im Jahr der Herstellung und den folgenden neun Jahren vermietet wird. Die Bemessungsgrundlage für die Sonderabschreibung ist jedoch auf 2.000 € bzw. 2.500 € je qm begrenzt. Bei Bauantrag nach dem 31.12.2022 muss das Gebäude die Kriterien für ein „Effizienzhaus 40" erfüllen. Die Sonderabschreibung ist eine Jahresabschreibung, d.h. sie wird ohne zeitliche Aufteilung für jedes Jahr des Begünstigungszeitraumes vorgenommen.

§ 7 (5) Nr. 3b

Bei der **degressiven Abschreibung** kamen je nach Bauantrag/Kaufvertrag unterschiedliche Abschreibungsstaffeln zur Anwendung (siehe Seite 233). Seit 2006 können neue Wohngebäude nur noch linear abgeschrieben werden.

H 21.2 EStH

Beiträge zur Erhaltungsrücklage, § 9 (2)s Nr. 4 WEG, vormals Instandhaltungsrücklage, können erst mit der tatsächlichen Verausgabung als Werbungskosten angesetzt werden.

[1] Jahressteuergesetz 2022

Übungen

1 Ein Steuerpflichtiger vermietet seit Jahren eine große Eigentumswohnung in Traunstein/Obb. Die Kaltmiete beträgt 800 € je Monat. An Nebenkosten für Strom, Wasser etc. zahlt der Mieter monatlich weitere 190 €. Die Miete für die Garage (Tiefgaragenstellplatz) beträgt 250 € pro Jahr.
Wie hoch sind die jährlichen Einnahmen aus Vermietung und Verpachtung des Steuerpflichtigen?

2 Entscheiden Sie, ob es sich bei den folgenden Maßnahmen um Erhaltungsaufwendungen oder um Herstellungsaufwendungen handelt!

- Einbau eines Fahrstuhls in ein fünfgeschossiges Mietshaus
- Einbau einer modernen Alarmanlage in eine Villa
- Ersatz von Holzfenstern durch Aluminiumfenster
- Erneuerung des Außenanstrichs
- Ausbau des Dachgeschosses für Wohnzwecke
- Erneuerung eines schadhaften Treppengeländers in einem Zweifamilienhaus
- Reinigung und Reparatur der Wasserleitung
- Nachträglicher Einbau einer Solaranlage

3 Die Steuerpflichtige Anna Oberländer hat vor zwei Jahren ein Einfamilienhaus in Niederbayern für 305.000 € (= AK Gebäude) gekauft, das sie seitdem vermietet. In diesem Jahr sind für dringend notwendige Instandhaltungsarbeiten (Austausch schadhafter Türen und Fenster) 42.000 € netto aufgewendet worden.
Wie sind diese Aufwendungen steuerlich zu behandeln?

4 Ellen Jäger hat ihre Eigentumswohnung in Hamburg an ihren dort studierenden Neffen vermietet. Statt der ortsüblichen Miete von 700 €/Monat berechnet sie ihm nur 300 €. Werbungskosten entstanden Frau Jäger insgesamt 7.000 €.

a) Wie hoch sind die Einkünfte i. S. d. § 21 EStG von Frau Jäger?
b) Wie wäre das Ergebnis, wenn Frau Jäger ihrem Neffen eine Monatsmiete von 500 € berechnen würde?

5 Hannes Bohlen, leitender Angestellter, hat 2022 eine im selben Jahr fertiggestellte Eigentumswohnung in Nürnberg für 300.000 € gekauft (Grundstücksanteil 20 %), die er seitdem vermietet.
Wie hoch ist die Abschreibung 2022 und 2023, wenn der Übergang von Nutzen und Lasten zum 01.12.2022 erfolgte

a) bei linearer Abschreibung;
b) bei degressiver Abschreibung?

6 Der Steuerpflichtige Peter Pelunka (P) hat 2016 zum Kauf einer neuen Wohnung, Wohnfläche 75 qm (Kaufpreis ohne Grund und Boden 400.000 €), ein Darlehen aufgenommen, für das er im VZ 2023 monatlich 1.000 € Zinsen und 500 € Tilgung zahlt. P erzielt jährliche Mieteinnahmen von 15.000 € (ortsübliche Kaltmiete). Die Wohnung wird linear abgeschrieben. Dem Mieter werden monatlich 300 € Nebenkosten berechnet. Die nicht umlagefähigen Nebenkosten (voll als Werbungskosten ansetzbar) betrugen 180 € je Monat.
Ermitteln Sie die Einkünfte aus Vermietung und Verpachtung des Steuerpflichtigen im VZ 2023!

7 Elvira Heinrich (H) hat aus einer vermieteten Eigentumswohnung in Dingolfing/Bayern (65 qm Wohnfläche, Anschaffungskosten 180.000 € ohne Grund und Boden) Mieteinnahmen/Kaltmiete in Höhe von 7.200 €/Jahr erzielt. Frau H bezahlt für die Wohnung 85 € Grundsteuer pro Jahr. Der Mieter bezahlte an umlagefähigen Nebenkosten 160 €/Monat. Nicht umlagefähig waren Nebenkosten in Höhe von monatlich 140 € (voll als Werbungskosten ansetzbar).

Frau H zahlte 2023 eine Sonderumlage in Höhe von 1.600 € an die Hausverwaltung für einen neuen Außenanstrich. Die Wohnung ist fünf Jahre alt und wurde linear abgeschrieben.
Ermitteln Sie für Frau H die Einkünfte aus Vermietung und Verpachtung im VZ 2023!

8 Ein Steuerpflichtiger erwirbt Mitte Mai 2023 in Kempten eine neu fertiggestellte Eigentumswohnung (61 qm), die er ab 01. Juni 2023 dauerhaft vermietet. Der Kaufpreis (ohne Grundstücksanteil) betrug einschließlich Nebenkosten 260.000 €.
Berechnen Sie die im VZ 2023 maximal zulässige Abschreibung!

9 Der Beamte Stefan Nagel (N), 42 Jahre, ledig, erwarb am 1. Juni 2023 (Übergang von Nutzen und Lasten) ein Einfamilienhaus. Das Haus (Baujahr 1988) wurde von N ab dem 01.06.2023 für 1.400 €/Monat vermietet. N legt folgende Belege/Unterlagen vor:

– Kaufpreis des Hauses (einschließlich Grundstücksanteil 20 %)	540.000 €
– Steuerbescheid über 3,5 % GrESt	18.900 €
– bezahlte Notarkosten (Bruttobetrag)	5.800 €
– Gebühren für den Kauf	300 €
– 2 % Damnum von einer Grundschuld	6.200 €
– Notargebühren für Grundschuldaufnahme (Bruttobetrag)	2.380 €
– Gebühren für Grundschuldaufnahme	200 €
– in 2023 bezahlte Schuldzinsen	15.300 €
– laufende Kosten (als Werbungskosten ansetzbar)	800 €

Ermitteln Sie die Einkünfte aus Vermietung und Verpachtung von N für den VZ 2023!

10 Gerhild Kaindl hat Anfang 2016 eine im Vorjahr errichtete Eigentumswohnung in Lindau/Bodensee für 300.000 € (ohne Grundstücksanteil) gekauft und sofort vermietet. Im gesamten VZ 2023 erzielte Frau Kaindl eine monatliche Kaltmiete von 800 € + 280 €/Monat Nebenkosten. Frau Kaindl finanzierte den Kauf der Wohnung teilweise mit einem Darlehen in Höhe von 200.000 €. Im Jahr 2023 zahlte sie 8.000 € Schuldzinsen. Die Wohnung wird linear abgeschrieben.
Wie hoch sind die Einkünfte aus Vermietung und Verpachtung im VZ 2023?

11 Elisabeth Winkler ist Eigentümerin eines Zweifamilienhauses in Stuttgart, das zum 01.06.2023 fertiggestellt wurde (Bauantrag vom Februar 2021). Die Herstellungskosten des Gebäudes betrugen 620.000,00 €. Frau Winkler bewohnt das Erdgeschoss des Gebäudes selbst, der 1. Stock ist seit Fertigstellung für monatlich 1.250,00 € (einschließlich Nebenkosten) vermietet. Beide Wohnungen sind gleich groß. Frau Winkler kann für die vermietete Wohnung anteilige Schuldzinsen in Höhe von 2.800,00 € und laufende Kosten (ohne Abschreibung) von 4.400,00 € belegen.
Ermitteln Sie die Einkünfte aus Vermietung und Verpachtung, wenn die Wohnung höchstmöglich abgeschrieben wird.

12 Marion Schmidt hat im März 2023 ein Dreifamilienhaus in München erworben, in dem sie seither gemeinsam mit ihrer Tochter eine Wohnung (Erdgeschoss) selbst bewohnt. Die beiden anderen Wohnungen sind seit April vermietet. Die drei Wohnungen sind gleich groß. Die Wohnfläche insgesamt beträgt 360 qm. Der Kaufpreis betrug 900.000 €. Hierin sind 140.000 € für den Grund und Boden enthalten. Die Miete beträgt 12 €/qm + 360 € Nebenkosten/Monat für jeden Mieter. Frau Schmidt hat zur Finanzierung des Kaufs ein Darlehen über 350.000 € aufgenommen, für das sie im VZ 2023 insgesamt 12.000 € Schuldzinsen bezahlte. Das vereinbarte Damnum beträgt 3 %. Frau Schmidt kann neben der linearen Abschreibung noch 5.000 € nicht umlagefähige Nebenkosten (voll als Werbungskosten anzusetzen) durch Belege nachweisen.
Ermitteln Sie die Einkünfte im Sinne des § 21 EStG von Frau Schmidt für den VZ 2023.

13 Monika und Ewald Schwarz werden zusammen zur Einkommensteuer veranlagt. Herr Schwarz war 2023 als Angestellter bei der Stadt Lübeck beschäftigt und bezog ein Gehalt von € 41.500. Er fuhr an 220 Tagen mit seinem Schwager in dessen Wagen 32 km zur Arbeit, Kosten entstanden ihm hierfür nicht. Für Büromaterial und Fachliteratur kann er insgesamt 460 € nachweisen. An die Gewerkschaft hat er 415 € Mitgliedsbeitrag überwiesen. Das Ehepaar kaufte 2023 ein Zweifamilienhaus, Baujahr 1996. Der Kaufpreis betrug 820.000 €, davon entfielen 25 % auf den Grund und Boden. Der Übergang von Nutzen und Lasten war am 14.02.2023. Die Grunderwerbsteuer von 3,5 % wurde 2023 überwiesen. Eine Wohnung des Hauses ist seit März 2023 vermietet, die zweite Wohnung wird seit 15.03.2022 von der Familie Schwarz bewohnt. Beide Wohnungen sind gleich groß. Die Miete beträgt 940 € + 230 € Nebenkosten je Monat. Die Miete für Januar 2024 ging bereits am 19.12.2023 auf dem Bankkonto des Ehepaares Schwarz ein. Folgende Zahlungen können für 2023 nachgewiesen werden:

– Notargebühr für den Kaufvertrag brutto	3.480 €
– Maklergebühr incl. USt	29.520 €
– Notargebühr für eine Grundschuldbestellung einschl. USt	1.740 €
– Grundbuchgebühr für die Umschreibung	340 €
– Grundbuchgebühr für die Grundschuldeintragung	130 €
– Laufende Kosten (Öl, Wasser, Strom, Vers., etc.)	4.420 €
– Schuldzinsen	22.000 €
– lineare Abschreibung (keine Sonder-AfA)	? €

a) Berechnen Sie die Einkünfte aus nichtselbstständiger Arbeit von Herrn Schwarz.
b) Wie hoch sind die Einkünfte aus Vermietung und Verpachtung im VZ 2023?

14 Konrad Möller ist Eigentümer eines Zweifamilienhauses in Darmstadt. Herr Möller hat das Gebäude auf eigenem Grund und Boden (Anschaffungskosten 300.000 €) hergestellt. Die vorläufigen Herstellungskosten des Zweifamilienhauses betragen 800.000 €. Der Bauantrag wurde im Mai 2020 gestellt, die Fertigstellung war im August 2023. Das Zweifamilienhaus ist zur ortsüblichen Miete an zwei Familien ab 1. Oktober 2023 zu Wohnzwecken vermietet (Vermietungsabsicht bestand nachweislich ab Fertigstellung). Die beiden Wohnungen sind gleich groß.
Jede Familie zahlt monatlich 1.400 € Miete und 200 € Umlagen.
Herr Möller macht für den Veranlagungszeitraum 2023 noch folgende Aufwendungen geltend (ordnungsgemäße Belege liegen vor):

Grundsteuer, Gebäudeversicherung, Müllabfuhr, Schornsteinfeger usw (diese Kosten wurden teilweise auf die Mieter umgelegt)	1.425 €
Notarkosten für die Grundschuld brutto	1.508 €
Gebühren (Eintragung der Grundschuld)	250 €
Darlehenszinsen bis Fertigstellung im August	20.000 €
Darlehenszinsen ab Fertigstellung	10.000 €

Der Steuerpflichtige möchte die höchstmögliche Abschreibung in Anspruch nehmen.
Ermitteln Sie die Einkünfte aus Vermietung und Verpachtung von Herrn M. für das Jahr 2023, wenn die Voraussetzungen für eine Sonder-AfA nicht gegeben sind!

15 Dr. Hans Bucher besitzt seit 2007 eine Wohnung in Nördlingen, die er für 1.200 €/Monat einschließlich Nebenkosten vermietet. Die abzugsfähigen Werbungskosten im Zeitraum Januar bis November 2023 betragen insgesamt 3.000 €. Zusätzlich zahlt Dr. Bucher im Oktober 2023 auf Beschluss der Eigentümergemeinschaft der Wohnanlage eine Sonderumlage in Höhe von 2.200 € an den Verwalter für eine 2024 geplante Dachsanierung, die der Instandhaltungsrücklage zugeführt wird. Am 01.12.2023 (Übergang von Nutzen und Lasten) verkauft Dr. Bucher die Wohnung, die er für (umgerechnet) 280.000 € eingekauft hatte, für 275.000 €.
Ermitteln Sie die Einkünfte aus Vermietung und Verpachtung, die sich aus diesem Sachverhalt für Dr. Bucher für den Veranlagungszeitraum 2023 ergeben.

3.5.7 Sonstige Einkünfte

§ 22 Sonstige Einkünfte sind:
- Einkünfte aus wiederkehrenden Bezügen
- Einkünfte aus Unterhaltsleistungen
- Einkünfte aus privaten Veräußerungsgeschäften
- Einkünfte aus Leistungen
- Einkünfte auf Grund des Abgeordnetengesetzes[1]
- Leistungen aus Altersvorsorgeverträgen[1]

3.5.7.1 Einkünfte aus wiederkehrenden Bezügen

Renten aus der gesetzlichen Rentenversicherung

	Besteuerungsanteil der Leibrente
–	Werbungskosten
=	**Sonstige Einkünfte**

Beispiel

Berechnung der Einkünfte bei einem Rentner
Der heute 84-jährige ledige Olaf Kunze erhält seit 2005 eine Altersrente der gesetzlichen Rentenversicherung in Höhe von gegenwärtig 13.920 €/Jahr.
Wie hoch sind seine Einkünfte i. S. d. § 22 EStG im Veranlagungszeitraum 2023, wenn der steuerfreie Teil der Rente 5.120,00 € beträgt?

Lösung:
Keine Antragsveranlagung

Auszug aus § 22 EStG

Jahr des Rentenbeginns	Besteuerungsanteil in v. H.
bis 2005	50
ab 2006	52
:	:
2023	83
:	:
2040	100

Ermittlung der Einkünfte

Jahresrente:	13.920 €
Einnahmen	13.920 €
steuerfrei	5.120 €
Besteuerungsanteil	8.800 €
– Wk-Pauschbetrag	102 €
Einkünfte	**8.698 €**

Fall 41: Ludwig Ammer, ledig, bezieht seit dem 01.08.2022 als ehemaliger Angestellter eines Maschinenherstellers in Augsburg eine Rente aus der gesetzlichen Rentenversicherung in Höhe von 1.250 € monatlich. Die Rente wird zum 01.07.2023 auf 1.300,00 € monatlich erhöht.

Ermitteln Sie die sonstigen Einkünfte von Ludwig Ammer im VZ 2023!
Wie hoch ist der endgültige Rentenfreibetrag von Ludwig Ammer?

[1] Sie werden im Folgenden nicht erläutert.

Unter sonstigen Einkünften i. S. d. § 22 EStG sind nur die hier aufgeführten Bezüge zu verstehen. Die Aufzählung ist also abschließend.

Einkünfte aus wiederkehrenden Bezügen umfassen Bezüge, die mit einer **gewissen Regelmäßigkeit** wiederkehren und die auf einem **einheitlichen Entschluss** oder einem einheitlichen Rechtsgrund beruhen. Die Leistung muss nicht in gleicher Höhe erfolgen. Hierzu gehören insbesondere **Renten** (Zeitrenten, Leibrenten) und dauernde Lasten. R 22 (1) EStR

Zu den Leibrenten i.S. d. § 22 Nr. 1 S. 3a EStG zählen in erster Linie die Altersrenten der gesetzlichen Sozialversicherungsträger und lebenslängliche Renten aus betrieblichen Alterskassen, wenn die Zahlungen auf Beitragsleistungen beruhen. Die Energiepreispauschale gehört ebenfalls zu den sonstigen Einkünften, § 22 Nr. 1, Satz 3, Buchstabe c). Das Ruhegehalt des pensionierten Beamten gehört **nicht** zu den sonstigen Einkünften sondern stellt Arbeitslohn dar, der nach § 19 (1) Nr. 2 EStG als Einkünfte aus nichtselbstständiger Arbeit zu versteuern ist. H 22.4 EStH

Beim Empfänger einer Rente, die aus den gesetzlichen Rentenversicherungen, den landwirtschaftlichen Alterskassen, den berufsständischen Versorgungseinrichtungen und aus Rentenversicherungen im Sinne des § 10 Abs. 1 Nr. 2b erbracht werden, unterliegt nicht die gesamte Rente der Besteuerung, sondern nur ein während des ganzen Rentenbezugs gleichbleibender **Besteuerungsanteil**. Dieser steuerpflichtige Rentenanteil wird für jeden neuen Rentenjahrgang schrittweise bis zum Jahr 2040 auf 100 Prozent erhöht (Übergang zur nachgelagerten Besteuerung). Der übrige Anteil der Rente ist steuerfrei. Der steuerfreie Teil der Rente beträgt für 2005 50 %, bei einem Renteneintritt 2023 dagegen 17 %.

Der **Besteuerungsanteil** (angegeben als Prozentwert der erhaltenen Bruttorente) hängt ausschließlich vom **Jahr des Rentenbeginns** ab. Er ist aus der in § 22 EStG angegebenen Tabelle zu ersehen. Unter Beginn der Rente ist der Zeitpunkt zu verstehen, von dem an versicherungsrechtlich die Rente zu laufen beginnt. Auf den Zeitpunkt des Rentenantrags oder der Zahlung kommt es nicht an. Für Bestandsrentner, deren Rentenbeginn vor 2005 lag, beträgt der **gleichbleibende Rentenfreibetrag** 50 % der Jahresrente. Der endgültige Rentenfreibetrag für Neurentner (Rentenbeginn ab 2005) wird erst im Jahr nach dem Rentenbeginn ermittelt (Jahresrente im Jahr nach Rentenbeginn x steuerfreier Anteil in Prozent = Rentenfreibetrag). Der so ermittelte **Rentenfreibetrag bleibt für die gesamte Laufzeit des Rentenbezugs gleich**. Regelmäßige Rentenanpassungen führen nicht zu einer Neuberechnung, sie werden in voller Höhe besteuert. H 22.4 EStH § 22 Nr. 1 S. 4 + 5

Der Besteuerungsanteil der Rente vermindert um die zu berücksichtigenden **Werbungskosten** ergibt die zu versteuernden sonstigen Einkünfte. In der Regel ist der Werbungskosten-Pauschbetrag von insgesamt **102 €** abzuziehen, wenn keine höheren Werbungskosten nachgewiesen werden. Zu den tatsächlichen Werbungskosten gehören z. B. Kosten für einen Rentenberater, Prozesskosten in Zusammenhang mit der Beantragung der Rente, Steuerberatungskosten für die Ermittlung der Renteneinkünfte und Gewerkschaftsbeiträge eines Rentners. § 9a Nr. 3

Die Träger der Rentenversicherung (gesetzliche Rentenversicherung, Landwirtschaftliche Alterskassen, berufsständische Versorgungseinrichtungen, Pensionsfonds, etc.) haben eine **Rentenbezugsmitteilung** an die zentrale Stelle (§ 81 EStG) zu übermitteln, in der u. a. die Identifikationsnummer, der Familienname und der Betrag der Rente angegeben werden. Von dieser werden sie an die Finanzämter weitergeleitet. Zentrale Stelle ist die Deutsche Rentenversicherung Bund. § 22a

Renten aus privaten Versicherungen

Die Beiträge zu einer privaten Rentenversicherung werden aus versteuertem Einkommen bezahlt. Die Leistungen dieser Versicherungen werden deshalb **nicht** nachgelagert besteuert sondern unterliegen weiterhin der Besteuerung mit dem **Ertragsanteil**.

Hier handelt es sich z. B. um Rentenzahlungen aus einer zusätzlichen **privaten**

- Rentenversicherungen (nicht „Riester-" oder „Rürup-Renten")
- Unfallversicherung
- Berufsunfähigkeitsversicherung

In allen drei Fällen handelt es sich um Leibrenten, die entweder lebenslang oder im Falle der privaten Berufsunfähigkeitsversicherung bis zum Erreichen eines bestimmten Lebensalters (abgekürzte Leibrenten) ausbezahlt werden.
Die lebenslange Leibrente wird nur mit dem Ertragsanteil besteuert, der folgender Tabelle zu entnehmen ist.[1)]

§ 22 S. 3 Nr. 1 a) bb EStG (Auszug):

Bei Beginn der Rente vollendetes Lebensjahr des Rentenberechtigten	Ertragsanteil in v. H.
60 – 61	22
62	21
63	20
64	19
65 – 66	18
67	17

Der steuerpflichtige Ertragsanteil ist umso höher, je früher die Rentenzahlung beginnt. Diese durch das Alterseinkünftegesetz gesenkten Ertragsanteile gelten auch für bereits bestehende Renten aus privaten Versicherungen.

Beispiel

Einkünfteermittlung beim Bezug einer privaten Rentenversicherung:

Ein pensionierter Beamter erhält seit seinem 65. Geburtstag am 07.02.2006 eine Rente aus einer privaten Rentenversicherung. 2023 betrug die monatliche Rente 400 €.
Wie hoch sind seine Einkünfte i. S. d. § 22 EStG 2023?

Lösung:

Einnahmen 12 Monate × 400 €/Monat =	4.800 €
Steuerpflichtiger Ertragsanteil: 18 % =	864 €
– Werbungskostenpauschbetrag	102 €
Einkünfte i. S. d. § 22 EStG	762 €

§ 9a Nr. 3 Auch bei einer Rente aus einer privaten Versicherung mindern sich die Einnahmen um die anzusetzenden Werbungskosten bzw. den Werbungskosten-Pauschbetrag in Höhe von 102 €. Handelt es sich beim Empfänger der privaten Rentenversicherungsleistungen um einen Altersrentner, kann der Werbungskosten-Pauschbetrag nur einmal angesetzt werden.

---

1) Für abgekürzte Leibrenten gilt ein besonderer Ertragsanteil; vgl. § 55 EStDV. Die Tabelle gilt sowohl für Altrenten als auch für Neurenten.

3.5.7.2 › Unterhaltsleistungen

	Erhaltene Unterhaltsleistungen
–	Werbungskosten
=	**Sonstige Einkünfte**

Fall 42: Lydia Stabler erhält von ihrem geschiedenen Mann monatliche Unterhaltszahlungen in Höhe von 1.500 €.

Wie hoch sind die sonstigen Einkünfte von Lydia Stabler im VZ 2023?

Zu den sonstigen Einkünften gehören auch Einkünfte aus **erhaltenen Unterhaltszahlungen** eines geschiedenen bzw. dauernd getrennt lebenden Ehegatten, soweit diese nach **§ 10 (1a) Nr. 1 EStG vom Geber als Sonderausgaben abgezogen** werden können (vgl. hierzu Kapitel 3.7.2.1). Der Unterhaltsempfänger muss demnach **13.805 €** der Einkommensteuer unterwerfen, da auch der Sonderausgabenabzug auf diesen Betrag beschränkt ist. Leistet jemand für mehrere geschiedene Ehegatten Unterhalt, gilt der Höchstbetrag je Empfänger. **Beiträge für die Kranken-/Pflegeversicherung** (Grundversorgung), die ein Steuerpflichtiger als Versicherungsnehmer für seinen geschiedenen/dauernd getrennt lebenden Ehepartner aufwendet, hat der Unterhaltsberechtigte ggf. **über den Höchstbetrag** hinaus nach § 22 Nr. 1a EStG zu versteuern. § 22 Nr. 1a

Der Unterhaltsempfänger kann seine Zustimmung zum Sonderausgabenabzug des Unterhaltzahlers davon abhängig machen, dass ihm der Unterhaltspflichtige die finanziellen Nachteile durch die Besteuerung ausgleicht, die durch seine Zustimmung zum Realsplitting erwachsen.

Von den erhaltenen Unterhaltszahlungen kann der Empfänger einen **Werbungskostenpauschbetrag** von **102 €** abziehen. § 9a Nr. 3

Übungen zu 3.5.7.1 und 3.5.7.2

1. Der am 31.12.1958 geborene Heinrich Maurer (M) bezieht ab 01.01.2023 eine Altersrente aus der gesetzlichen Rentenversicherung. Die Bruttorente beträgt 980 €/Monat.
   Ermitteln Sie die sonstigen Einkünfte von M im VZ 2023!

2. Inge Maier (M), 90, bezieht seit ihrem 64. Lebensjahr eine Altersrente aus der gesetzlichen Rentenversicherung. Im VZ 2023 bezog sie hieraus insgesamt 10.920 €.
   Wie hoch sind die sonstigen Einkünfte von Frau M im VZ 2023, wenn der steuerfreie Teil ihrer Rente 4.820 € beträgt?

3. Der jetzt 83-jährige Ludwig Krackl (K) bezieht seit der Vollendung seines 65. Lebensjahres neben einer Altersrente von gegenwärtig 1.360 € je Monat (steuerfreier Teil: 7.320 €) auch eine sogenannte „Werksrente" seines ehemaligen Arbeitgebers von monatlich 350 €.
   Die Zahlung seines früheren Arbeitgebers beruht **nicht** auf Beitragsleistungen des Steuerpflichtigen. Werbungskosten werden nicht nachgewiesen.
   Wie hoch ist die Summe der Einkünfte von K im VZ 2023?

4. Peter Fichtl (F), geb. 04.09.1958 verdiente im VZ 2023 monatlich brutto 2.300 €. Ab 01.10.2023 bezieht F Altersrente. Seine Bruttorente beträgt 1.180 €/Monat. Ab Rentenbeginn erhält F von einer betrieblichen Pensionskasse eine Rente von 280 € monatlich, die auf seinen früheren Beitragszahlungen beruht. F weist keine Werbungskosten nach.
   Ermitteln Sie die Summe der Einkünfte von F!

5 Anne Klein (K) erhält seit der Scheidung vor 3 Jahren monatlich einen Unterhalt von 1.000 €. Ihr geschiedener Mann hat mit Zustimmung von Frau K beantragt, diese Zahlungen als Sonderausgaben abziehen zu dürfen.
Wie hoch sind die Einkünfte i. S. d. § 22 EStG von Frau K?

6 Die Steuerpflichtige Hanne Tremmel (T) lebt seit 01.10.2023 von ihrem Mann getrennt und erhält von diesem monatlich einen Unterhalt von 2.400 €.
Wie hoch sind die sonstigen Einkünfte von Hanne T im VZ 2023, wenn die Voraussetzungen für einen Sonderausgabenabzug der Unterhaltszahlungen gegeben sind?

7 Roman Konrad war als Sachbearbeiter für eine Spedition in Wiesbaden tätig. Er bezieht seit Vollendung seines 65. Lebensjahres vor 18 Jahren eine Altersrente aus der gesetzlichen Rentenversicherung. Die Rente beträgt im Jahr 2023 monatlich 1.280 €, der steuerfreie Teil der Rente beträgt 5.730 €. Zusätzlich erhält er aufgrund eines Arbeitsunfalls eine Unfallrente von der Berufsgenossenschaft in Höhe von 205 €/Monat. Aus einer Erbschaft ist Herr Konrad als Kommanditist an einem Unternehmen beteiligt, das sein Bruder betreibt. Sein Gewinnanteil hieraus beträgt 2023 8.000 €.
a) Welche Einkunftsarten liegen jeweils vor?
b) Ermitteln Sie die Summe der Einkünfte des Steuerpflichtigen!

8 Gerlinde Fischer erhält seit dem 01.01.2023 eine Altersrente von 720 € je Monat.
a) Berechnen Sie die Einkünfte i. S. d. § 22 EStG von Frau Fischer im VZ 2023!
b) Wie würde sich die Lösung ändern, wenn Frau Fischer erst zum 01.01.2024 in Rente gehen würde und die Rentenhöhe gleich bleibt?
c) Wie hoch ist in beiden Fällen der steuerfreie Anteil der Rente, der für die gesamte Laufzeit des Rentenbezugs festgeschrieben wird, wenn es im Folgejahr zu keiner Rentenerhöhung kommt?

9 Hans Neumann, verheiratet, bezieht seit dem 01.09.2023 eine Altersrente (Rentenbeginn mit 66 Jahren). Die Rente beträgt 2023 1.000 € je Monat. Zum 01.07.2024 wird die Rente auf 1.030 € im Monat erhöht.
Ermitteln Sie die Einkünfte i. S. d. § 22 des Steuerpflichtigen in den Jahren 2023 und 2024.

10 Franziska Müller, 73 Jahre und unverheiratet, erhält seit ihrem 65. Lebensjahr eine Altersrente aus der gesetzlichen Sozialversicherung. 2023 bekommt sie eine Jahresrente von 8.160 €, steuerfreier Teil 2.300 €. Um ihre Rente aufzubessern arbeitet Frau Müller in einem Privathaushalt als Putzfrau und verdient monatlich 480,00 € (Minijob). Im November 2023 hat Frau Müller mit einem Einsatz von 11,50 € einen Lottogewinn von 4.860 € ausgezahlt bekommen.
Berechnen Sie für Frau Müller die Einkünfte i. S. d. § 22 EStG und die Summe der Einkünfte für das Jahr 2023.

11 Lena Bommer verdient brutto 13.600 €/Jahr. Von ihrem geschiedenen Mann erhält sie jährlich 7.200 € Unterhalt für sich und 5.040 € für ihren 7-jährigen Sohn. Die Anlage U wurde unterschrieben. Für die Betreuung des Sohnes entstanden Aufwendungen in Höhe von 2.100 €. Entsprechende Rechnungen und Kontoauszüge liegen vor. Frau Bommer fährt gelegentlich Mitglieder der Jugendfußballmannschaft ihres Sohnes zu Auswärtsspielen. 2023 erhielt sie hierfür 450 € vom Fußballverein.
Wie hoch ist die Summe der Einkünfte von Frau Bommer?

3.5.7.3 › Private Veräußerungsgeschäfte

Voraussetzungen:

1 Verkauf innerhalb der **Veräußerungsfrist**

Grundstücke:	**10 Jahre**
Andere Wirtschaftsgüter :	**1 Jahr**

2 **Gewinn ≥ 600 €** (Freigrenze) wurde erzielt

Veräußerungspreis
– Anschaffungs-/Herstellungskosten abzüglich Abschreibungen
Werbungskosten

= **Gewinn/Verlust**

Beispiel

Spekulationsgewinn beim Grundstücksverkauf
Eine Steuerpflichtige hat im Januar 2014 ein Grundstück für 80.000 € erworben und seither an einen kleinen Gewerbebetrieb als Lagerfläche vermietet. Im Oktober 2023 verkauft sie das Grundstück für 85.000 €. Im Zusammenhang mit dem Verkauf entstanden unstrittige Werbungskosten in Höhe von 280 €.
Wie ist der erzielte Gewinn steuerlich zu behandeln?

Lösung:

Der Verkauf erfolgte innerhalb der Spekulationsfrist.

	Veräußerungspreis	85.000 €
–	Anschaffungskosten	80.000 €
–	Werbungskosten	280 €
	Gewinn	4.720 €

Der erzielte Gewinn von 4.720 € liegt über der Freigrenze von 600 €. Er ist voll steuerpflichtig.

Fall 43: Der Steuerpflichtige Walter Hufer aus Düsseldorf erwarb am 02.04.2014 ein unbebautes Grundstück für 1.200.000 € und verkaufte es am 10.06.2023 für 1.600.000 €. An Werbungskosten entstanden ihm 50.000 €. Herr Hufer kaufte am 23.02.2022 Aktien zum Kurswert von insgesamt 35.000 €, die er am 10.02.2023 nur für 30.000 € wieder verkaufen konnte. Hierbei entstanden Werbungskosten von 920 €.

Ermitteln Sie den Spekulationsgewinn bzw. -verlust des Steuerpflichtigen im VZ 2023!

Für die Berechnung der Veräußerungsfrist ist das **schuldrechtliche Verpflichtungsgeschäft** (der Kaufvertrag) maßgebend (nicht etwa die Eintragung ins Grundbuch oder eine dingliche Übereignung). Bei der Berechnung der Veräußerungsfrist ist bei Wirtschaftsgütern, die im Wege der Gesamtrechtsnachfolge erworben wurden, vom Zeitpunkt des entgeltlichen Erwerbs durch den Rechtsvorgänger auszugehen.

§ 23 (3) S. 5 Innerhalb eines Kalenderjahres können Gewinne und Verluste miteinander verrechnet werden. Gewinne unter der Freigrenze von 600 € bleiben steuerfrei. Höhere Einkünfte sind voll zu versteuern. Haben beide zusammenveranlagten Ehegatten/Lebenspartner Gewinne erzielt, so steht diese Freigrenze jedem Ehegatten/Lebenspartner getrennt
§ 23 (3) S. 7+8 zu. Eine Verrechnung mit dem Gewinn/Verlust des anderen Ehegatten/Lebenspartners ist nicht erlaubt. Verluste mindern nach Maßgabe des § 10d entsprechende positive Einkünfte des Vorjahrs bzw. der nachfolgenden Veranlagungszeiträume.

§ 23 (3) S. 4 Zur Ermittlung des Gewinns/Verlusts sind vom Veräußerungspreis die Anschaffungs- bzw. Herstellungskosten abzuziehen. Die AK/Hk mindern sich um **Absetzungen für Abnutzung, erhöhte Absetzungen und Sonderabschreibungen** soweit diese bei der Ermittlung der Einkünfte i. S. d. § 2 (1) S. 1 Nr. 4–7 abgezogen worden sind. Daneben sind alle Aufwendungen abzuziehen, die dem Steuerpflichtigen durch den Verkauf entstehen, wie z. B. Maklergebühren, Kosten für Inserate, Schuldzinsen des für die Anschaf-
§ 52 (31) fung des Wirtschaftsgutes aufgenommenen Kredits (**= Werbungskosten**). Die AfA nach § 23 (3) S. 4 ist nur zu berücksichtigen, wenn der Steuerpflichtige das veräußerte Wirtschaftsgut nach dem 31.12.2008 angeschafft oder fertiggestellt hat.

Beispiel

Spekulationsgewinn beim Wohnungsverkauf
Ulrich Hartmann erwarb 2018 eine vermietete Eigentumswohnung (Baujahr 1995) in Freiburg. Der Übergang von Besitz, Nutzen und Lasten erfolgte zum 01. Oktober 2018.
Die Anschaffungskosten der Eigentumswohnung betrugen einschließlich eines Anteils von 20.000 € für den Grund und Boden 200.000 €. Herr Hartmann verkauft diese Wohnung mit notariellem Vertrag vom 31.08.2023 (Übergang von Besitz, Nutzen und Lasten am gleichen Tag) für 215.000 €. Bei der Ermittlung der Einkünfte aus Vermietung und Verpachtung von Herrn Hartmann wurde die AfA in zulässiger Höhe abgezogen.
Berechnen Sie den steuerpflichtigen Gewinn!

Lösung:

Es handelt sich um ein steuerpflichtiges privates Veräußerungsgeschäft, da der Zeitraum zwischen Kauf und Verkauf weniger als 10 Jahre beträgt und die Freigrenze überschritten wird.

Einkunftsermittlung:

Verkaufspreispreis		215.000 €
Anschaffungskosten	200.000 €	
– Abschreibung § 7 (4) 2a EStG		
2018 (2% von 180.000 € für 3 Monate)	900 €	
2019 (2% von 180.000 €)	3.600 €	
2020 (2% von 180.000 €)	3.600 €	
2021 (2% von 180.000 €)	3.600 €	
2022 (2% von 180.000 €)	3.600 €	
2023 (2% von 180.000 € für 8 Monate)	2.400 €	182.300 €
Steuerpflichtiger Gewinn § 22 Nr. 2 i. V. m. § 23 (1) Nr. 1 + (3) EStG		32.700 €

§ 23 (1) Nr. 1 S. 3 Wurde eine Wohnung zunächst vermietet, bleibt der Veräußerungsgewinn steuerlich unbeachtlich, wenn sie im Veräußerungsjahr und in den beiden Vorjahren eigenen Wohnzwecken diente.[1)]

§ 23 (1) Nr. 2 S. 2 Die Veräußerung von Gegenständen des täglichen Gebrauchs (z. B. PKW) fällt nicht unter § 23 EStG.

BMF-Schreiben v. 17.06.2020

[1)] Die Nutzung zu eigenen Wohnzwecken muss sich dabei über einen zusammenhängenden Zeitraum von drei Kalenderjahren erstrecken, z. B. vom 31.12.2021–02.01.2023.

3.5.7.4 › Einkünfte aus Leistungen

Typische Beispiele:

Einkünfte aus gelegentlichen Vermittlungen
Einkünfte aus der Vermietung beweglicher Gegenstände
Mitfahrvergütung für die Mitnahme von Kollegen

aber

Keine Zugehörigkeit zu einer anderen Einkunftsart
und
Einkünfte ≥ 256 €

Beispiel

Gewinn aus privater Pkw-Vermietung
Lutz Streicher arbeitet als Angestellter bei einem Elektrizitätsunternehmen. Auf Bitten seines Schwagers überlässt er diesem sein privates Wohnmobil für eine Urlaubsreise (2 Wochen) nach Spanien. Herr Streicher berechnet seinem Schwager hierfür einen „Freundschaftspreis“ von 250 €.
Wie hoch sind die steuerpflichtigen Einkünfte von Herrn Streicher in diesem Fall?

Lösung:

Einnahmen	250 €
Nachgewiesene Werbungskosten	40 €
Einkünfte	210 €

Die Einkünfte liegen unter der Freigrenze von 256 € und bleiben damit steuerfrei.

Fall 44: Das Ehepaar Christa und Peter Hess wird zusammen zur ESt veranlagt. Christa Hess hat ihren privaten Pkw für eine Woche an einen Freund vermietet, der dafür 160 € bezahlte. Peter Hess hat einem Bekannten den Abschluss eines Versicherungsvertrages vermittelt und dafür 300 € erhalten.

Wie hoch sind die sonstigen Einkünfte des Ehepaares Hess?

Unter einer Leistung i.S.d. §22 Nr.3 EStG versteht man **jedes Tun, Dulden oder Unterlassen**, das Gegenstand eines entgeltlichen Vertrags sein kann und das um des Entgelts willen erbracht wird. §22 Nr.3 H 22.8 EStH

Zur Ermittlung der Einkünfte aus Leistungen sind von den Einnahmen die nachgewiesenen Werbungskosten abzuziehen. Bei einmaligen (sonstigen) Leistungen sind Werbungskosten auch dann im Jahre des Zuflusses der Einnahme abziehbar, wenn sie vor diesem Jahr angefallen sind oder nach diesem Jahr mit Sicherheit anfallen werden. Einen Werbungskosten-Pauschbetrag gibt es hier nicht.

Haben beide zusammenveranlagten Ehegatten/Lebenspartner Einkünfte aus Leistungen bezogen, so ist die **Freigrenze** von 256 € (höchstens jedoch bis zur Höhe dieser Einkünfte) bei jedem Ehegatten/Lebenspartner zu berücksichtigen. Sind die bezogenen Einkünfte höher, so ist der ganze Betrag zu versteuern. R 22.8 EStR §22 Nr.3 S.2

Verluste mindern nach Maßgabe des §10d entsprechende positive Einkünfte des Vorjahrs bzw. der nachfolgenden Veranlagungszeiträume. §22 Nr.3 S.4

Übungen

1 Ein Steuerpflichtiger kaufte mit notariellem Vertrag vom 01.07.2013 ein Grundstück. Die Eintragung ins Grundbuch erfolgte am 26.08.2013. Am 29.06.2023 wurde das Grundstück wieder verkauft (Datum des notariellen Vertrages). Die Eintragung des Verkaufs ins Grundbuch erfolgte am 28.07.2023.
Erklären Sie, ob ein Spekulationsgeschäft vorliegt!

2 Der Steuerpflichtige Georg Lohr (L) hat im VZ 2023 von einem Bekannten für die Vermittlung eines Bausparvertrages 200 € erhalten. Kosten sind ihm hierfür nicht entstanden.
Wie hoch sind die sonstigen Einkünfte von L im VZ 2023?

3 Felicitas Freiwald (F) hat im März 2023 500 Aktien zum Kurswert von 125 €/Stück gekauft und 6 Wochen später für 140 €/Stück wieder verkauft. Mit den Aktien einer anderen Firma, die sie im VZ 2023 4 Monate nach dem Kauf wieder verkaufte, machte sie einen Verlust von 2.500 €. Die nachgewiesenen Werbungskosten betragen 950 €. Aus der Vermietung ihres Pkw an einen Freund erhielt sie im gleichen VZ 200 €.
Wie hoch sind die sonstigen Einkünfte von Felicitas F?

4 Der 35jährige Steuerfachangestellte Manfred Beimer verbringt seinen Sommerurlaub auf einem Bauerhof in Oberbayern. In seinem Zimmer gefällt ihm ein altes Bild so sehr, dass er seinen Vermieter überredet es ihm für 400 € zu verkaufen. Als er vier Wochen nach Urlaubsende seine Urlaubsdias Freunden vorführt, bietet ihm der anwesende Antiquitätenhändler Moser 2.000 € für das Bild.

a) Wie hoch sind die steuerpflichtigen Einkünfte von Manfred Beimer hieraus?
b) Was würde sich an der Lösung ändern, wenn Manfred Beimer das Bild (bzw. den Rahmen) selbst in 20 Arbeitsstunden restauriert hätte und dabei Materialkosten von 100 € angefallen wären?

5 Ulli Knopp hat im April 2023 einen Sportwagen (2 Jahre alt, 24.000 km) für 55.800 € erworben. Im November verkauft er diesen Wagen für 42.800 € wieder, um sich für den Erlös einen Geländewagen zu kaufen. Beim Verkauf entstanden Kosten in Höhe von 29 € (Inserat). Aus einer Aktienspekulation hatte Herr Knopp einen Gewinn von 2.500 €.
Wie sind diese Vorgänge steuerlich zu behandeln?

6 Nora Baumgardt verkaufte im Juli 2023 eine kleine Eigentumswohnung in Magdeburg, die sie 2014 gekauft hatte. Sie erzielt beim Verkauf einen Gewinn von 5.000 €. Die Wohnung war bis November 2021 vermietet und wurde ab 01.12.2021 von Frau Baumgardt und ihrer Tochter bewohnt.
Wie ist der Sachverhalt einkommensteuerlich zu beurteilen?

7 Eine Steuerpflichtige aus Bochum verkauft im Juni 2023 insgesamt 400 Aktien der Westfälischen Maschinenbau AG, die sie im Dezember 2013 erworben hatte, mit einem Gewinn von 4 € je Aktie. Die zu berücksichtigenden Werbungskosten betragen 80 €.

a) Handelt es sich um ein steuerpflichtiges privates Veräußerungsgeschäft? Falls ja, wie hoch ist der zu versteuernde Gewinn?
b) Wie würde sich die Lösung ändern, wenn der Kauf im Juli 2022 erfolgt wäre?

8 Das Ehepaar Walter und Sabine Kirchner aus Düsseldorf wird zusammen veranlagt. Herr Kirchner ist Angestellter mit einem Bruttogehalt von 2.800 €/Monat. Weihnachts- oder Urlaubsgeld erhält er nicht. Seine unstrittigen Werbungskosten betragen 2.600 €. Mit Aktienspekulationen erzielte er 2023 einen steuerpflichtigen Gewinn von 4.000 €. Er ist als atypischer stiller Gesellschafter am Einzelhandelsgeschäft seines Bruders beteiligt. 2023 erhielt er einen Gewinnanteil von 5.000 €. Das Bruttogehalt von Frau Kirchner aus einer Halbtagsbeschäftigung bei einem Steuerberater betrug 2023 14.200 €. Der Steuerberater betreibt seine Kanzlei im Nebenhaus. Angaben zu Werbungskosten liegen für Frau

Kirchner nicht vor. Sie erhält seit 3 Jahren auf Grund eines Autounfalls auf dem Weg zu ihrer damaligen Arbeitsstelle eine Rente der Berufsgenossenschaft von monatlich 160 €. Geben Sie die Einkunftsarten an. Steuerfreie Einnahmen sind als solche aufzuführen und der entsprechende Paragraf ist anzugeben. Berechnen Sie die Summe der Einkünfte des Ehepaars Kirchner im VZ 2023!

9 Marion Görlach hat als Werksangehörige eines Automobilherstellers einen Pkw mit 18 % Nachlass erworben und nur noch 24.800 € bezahlt. Dieses neue Modell entwickelte sich zu einem „Kultauto". Frau Görlach konnte den Wagen nach einem Jahr und nur 3.000 gefahrenen km für 27.980 € wieder verkaufen. In Zusammenhang mit der Veräußerung entstanden Kosten in Höhe von 24 €.

Wie ist der Vorgang steuerlich zu behandeln?

10 Ein Lehrer kauft am 06. Januar 2023 Aktien. Wie wird ein Verkaufsgewinn in Höhe von 2.000 € steuerlich behandelt (Einkunftsart), wenn der Verkauf

a) am 05.01.2024

b) am 08.01.2024 erfolgt?

11 Ein Steuerpflichtiger erzielt mit einem Spekulationsgeschäft mit Aktien einen Gewinn in Höhe von 5.000,00 €. Wie wird dieser Gewinn steuerlich behandelt, wenn Kauf bzw. Verkauf zu folgenden Terminen erfolgten:

a) Kauf am 11.01.2008; Verkauf am 06.01.2023

b) Kauf am 11.01.2017; Verkauf am 16.01.2023

c) Kauf am 11.01.2018; Verkauf am 18.01.2023

d) Kauf am 04.02.2021; Verkauf am 02.02.2023

e) Kauf am 04.02.2022; Verkauf am 05.02.2023

12 Eine Angestellte erwirbt am 05.06.2023 500 Aktien zum Kurswert von 20,00 €/Aktie. Die Bank berechnet Kaufgebühren in Höhe von 100,00 €. Beim Verkauf dieser Aktien am 02.12.2023 zum Kurs von 24,00 € je Aktie werden 120,00 € Gebühren berechnet. Die Depotgebühren der Bank betrugen 40,00 €.

a) Ermitteln Sie den steuerpflichtigen Veräußerungsgewinn und die Höhe der einbehaltenen Steuer (ohne Solidaritätszuschlag und Kirchensteuer), wenn kein Freistellungsauftrag vorliegt.

b) Wie würde sich das Ergebnis ändern, wenn der Verkauf am 07.06.2024 erfolgt?

13 Ein Ehepaar hat im Sommer 2023 für den Urlaub in Südafrika bei seiner deutschen Hausbank 300,00 € in Rand umgetauscht und insgesamt 9.600,00 Rand erhalten. Nach der Rückkehr nach Deutschland werden die verbliebenen 2.400,00 Rand in € zurückgetauscht. Das Ehepaar erhält 130,00 €.
Wie wird dieser Sachverhalt einkommensteuerrechtlich behandelt?

3.6 Von der Summe der Einkünfte zum Gesamtbetrag der Einkünfte

	Einkünfte aus Land- und Forstwirtschaft
+	Einkünfte aus Gewerbebetrieb
+	Einkünfte aus selbstständiger Arbeit
+	Einkünfte aus nichtselbstständiger Arbeit
+	Einkünfte aus Kapitalvermögen
+	Einkünfte aus Vermietung und Verpachtung
+	Sonstige Einkünfte i. S. d. § 22 EStG
=	**Summe der Einkünfte**

3.6.1 Verlustausgleich

Horizontaler Verlustausgleich	Vertikaler Verlustausgleich	Nichtausgleichbare Verluste
Verrechnung von positiven und negativen Einkünften innerhalb einer Einkunftsart	Verrechnung von positiven und negativen Einkünften verschiedener Einkunftsarten	Verluste, bei denen eine Verrechnung mit positiven anderen Einkünften ausgeschlossen ist

Fall 45: Fritz Orth ist an zwei Gewerbebetrieben beteiligt. Während er mit seiner ersten Beteiligung einen Gewinn von 55.000 € erzielte, führte die zweite Beteiligung zu einem Verlust von 25.000 €. Herr Orth erzielte im VZ 2023 noch 74.000 € Einkünfte aus nichtselbstständiger Arbeit.

Ermitteln Sie die Summe der Einkünfte von Fritz Orth!

Bei der Berechnung der Summe der Einkünfte ist zunächst die Summe der Einkünfte für jede Einkunftsart zu ermitteln. Dabei erfolgt eine Verrechnung von positiven und negativen Einkünften innerhalb der gleichen Einkunftsart **(horizontaler Verlustausgleich)**. Diese Verlustverrechnung innerhalb der gleichen Einkunftsart ist der Höhe nach nicht begrenzt. Eine Ausnahme besteht für Verluste aus der Veräußerung von Aktien (§ 20 EStG), die nur mit Gewinnen aus der Veräußerung von Aktien verrechnet werden dürfen.
Im Gegensatz dazu werden beim **vertikalen Verlustausgleich** positive und negative Einkünfte **unterschiedlicher Einkunftsarten** miteinander verrechnet, um die **Summe der Einkünfte** zu ermitteln. Verluste aus privaten Veräußerungsgeschäften dürfen nicht mit Gewinnen anderer Einkunftsarten verrechnet werden.

Einkünfte aus Kapitalvermögen sind gemäß § 2 (5b) EStG bei der Ermittlung der Summe der Einkünfte nicht einzubeziehen. Der Steuerpflichtige kann jedoch nach § 32d (6) EStG deren Hinzurechnung beantragen (Günstigerprüfung).

Fall 46: Wolfgang Martin hat mit einem Restaurant einen Gewinn in Höhe von 62.000 € erwirtschaftet. Mit einem Fitness-Center machte er dagegen einen Verlust von 6.000 €. Bei Spekulationen mit Aktien entstanden ebenfalls Verluste in Höhe von 6.000 €. Aus schriftstellerischer Tätigkeit erzielte er Einkünfte in Höhe von 28.000 €, aus der Vermietung eines Appartements einen Verlust von 3.000 €.

Ermitteln Sie die Summe der Einkünfte von Wolfgang Martin.

Bestimmte Verluste sind per Gesetz von der Verrechnung mit positiven Einkünften anderer Einkunftsarten ausgeschlossen, Hierbei handelt es sich um **Verluste aus bestimmten Leistungen** (vgl. Kap. 3.5.7.4) um **Verluste aus privaten Veräußerungsgeschäften** (vgl. Kap. 3.5.7.3) und um **Verluste aus Kapitalvermögen.**

Verluste aus **Leistungen** mindern jedoch die Einkünfte, die der Steuerpflichtige in dem unmittelbar vorangegangenen oder in späteren Veranlagungszeiträumen aus Leistungen erzielt. Gleiches gilt bei Verlusten aus **Spekulationsgeschäften,** die der Steuerpflichtige analog mit Einkünften aus solchen Geschäften verrechnen darf. § 23 (3) S. 8

Übungen

1 Udo Ley (L) erzielte im VZ als Einzelunternehmer einen Gewinn von 60.000 € und aus seiner Beteiligung als Kommanditist einen Verlust von 15.000 €.
Ermitteln Sie die Einkünfte aus Gewerbebetrieb des Steuerpflichtigen L!

2 Leopold Hahn erzielte negative Einkünfte aus Gewerbebetrieb von 20.000 €, Einkünfte aus nichtselbstständiger Arbeit von 80.000 € und Einkünfte aus Vermietung und Verpachtung von 15.000 €. Ermitteln Sie die Summe seiner Einkünfte!

3 Ein Steuerpflichtiger bezog einen Bruttoarbeitslohn von 45.000 €. Mit Spekulationsgeschäften erwirtschaftete er einen Verlust von 8.000 €.
Wie hoch ist die Summe seiner Einkünfte?

4 Die ledige Steuerpflichtige Mandy Koller (K) erzielt folgende Einkünfte:

Einkünfte aus der Beteiligung als Kommanditistin:	– 30.000 €
Einkünfte aus der Beteiligung als atypische stille Gesellschafterin an einem Einzelhandelsgeschäft:	+ 20.000 €
Einkünfte aus nichtselbstständiger Arbeit	+ 62.000 €
Einkünfte aus Kapitalvermögen	+ 4.000 €

Berechnen Sie für Frau K die Summe ihrer Einkünfte!

5 Andreas Neumann (N) erzielte im VZ 2023 ein Bruttogehalt von 61.000 €. Aus einer Beteiligung als atypischer stiller Gesellschafter erhielt er einen Gewinnanteil von 7.500 €. In diesem Jahr hat er sich zudem als Kommanditist mit einer Einlage von 50.000 € an einer neu gegründeten Flugzeug-Leasing KG beteiligt. Im VZ 2023 erhält N eine Verlustzuweisung von 85 %. Bei der Beteiligung an der Flugzeug-Leasing KG handelt es sich um ein Steuerstundungsmodell.

a) Wie hoch ist die Summe der Einkünfte von N im VZ 2023?
b) Erläutern Sie die Behandlung der Verlustzuweisung!

6 Anton Krause, ledig, erzielte im VZ 2023 folgende Einkünfte:

Positive Einkünfte		Negative Einkünfte	
Einkünfte i. S. d. § 19 EStG	100.000 €	Einkünfte i. S. d. § 15 EStG	9.000 €
Einkünfte i. S. d. § 18 EStG	25.000 €	Einkünfte i. S. d. § 21 EStG	81.000 €

Wie hoch ist die Summe der Einkünfte von Anton Krause im VZ 2022?

7 Der ledige Steuerpflichtige Manfred Baum (B) aus Berlin, 35 Jahre, erzielt im VZ 2023 aus einer Beteiligung als Kommanditist einen Gewinn von 12.500 € und aus der Beteiligung als OHG-Gesellschafter einen Verlust von 87.500 €. Des weiteren wurden von Herrn Baum folgende Einkünfte erzielt:

Einkünfte aus selbstständiger Arbeit	+ 45.000 €
Einkünfte aus Kapitalvermögen	+ 3.000 €
Einkünfte aus Vermietung und Verpachtung	– 50.000 €

Ermitteln Sie den Verlustabzug nach § 10d EStG sowie den Gesamtbetrag der Einkünfte von B im VZ 2023. Die Einkünfte aus Kapitalvermögen unterliegen nicht der Abgeltungsteuer.

8 Das Bruttogehalt der Angestellten Ingrid Baader aus Saarbrücken beträgt 2023 insgesamt 31.190 €. Frau Baader hat sich im Lauf des Jahres 2023 neben ihrer Angestelltentätigkeit selbstständig gemacht und „Ingrid's Second-Hand-Laden für Babybekleidung" in gemieteten Räumen eröffnet. Im ersten Jahr ihrer Selbstständigkeit betrugen die Einnahmen 12.400 €, die Betriebsausgaben 21.600 €. Mit einem geerbten Mietshaus erzielte sie negative Einkünfte in Höhe von 28.600 €.

Berechnen Sie die Summe der Einkünfte der Steuerpflichtigen im VZ 2023.

9 Moritz Schreiber (S) bezieht im VZ 2023 Einkünfte aus nichtselbstständiger Arbeit in Höhe von 36.840,00 €. Mit Aktienspekulationen (Kauf und Verkauf 2023) erwirtschaftete er Verluste von 6.400 €. Aus der Beteiligung am Verlag seines Bruders (Moritz Schreiber ist Mitgesellschafter an der GmbH) erzielte er Einkünfte von 35.000 €.

Wie hoch ist die Summe der Einkünfte von S?

10 Claudia Woller (W) ist Angestellte mit einem Bruttogehalt von 28.480 €. Auf Bitten ihres Bruders hilft W in dessen kleinem Verlag in der Buchhaltung aus. Sie erhält hierfür 400 € im Monat (Minijob). W hat nach dem Tod ihrer Mutter im Januar 2023 ein unbebautes Grundstück geerbt. Dieses Grundstück war seit 24 Jahren im Besitz der Mutter. W verkauft es für 48.000 € (die Anschaffungskosten betrugen umgerechnet 8.000 €). Als Kommanditistin einer KG erhielt sie einen Verlustanteil von 15.000 €.

Ermitteln Sie die Summe der Einkünfte von W im VZ 2023.

11 Paul Oller (O) verheiratet, betreibt eine Metzgerei und ein Restaurant in Hamburg. Mit der Metzgerei erwirtschaftete er einen Gewinn von 48.000 €, mit dem Restaurant einen Verlust von 20.000 €. O besitzt 1.000 Aktien der X-AG. Er erhielt 2023 eine Dividende von 1,25 € je Aktie (maximaler Freistellungsauftrag liegt vor). Aus der Beteiligung als atypischer stiller Gesellschafter resultiert ein Verlust von 8.000 €.

Berechnen Sie die Summe der Einkünfte des Steuerpflichtigen im VZ 2023.

3.6.2 Altersentlastungsbetrag und Abzug für Land- und Forstwirte

Schema zur Ermittlung des Gesamtbetrags der Einkünfte gem. § 2 (3) EStG:

	Summe der Einkünfte
–	**Altersentlastungsbetrag** i. S. d. § 24 a EStG (2023: maximal 646 €)
–	**Abzug für Land- und Forstwirte** i. S. d. § 13 (3) EStG (900/1.800 €)
–	**Entlastungsbetrag für Alleinerziehende** i. S. d. § 24 b EStG
=	Gesamtbetrag der Einkünfte

Beispiel

Ewald Langer, Witwer, 65 Jahre alt, bezog im Jahr 2023 ein Bruttogehalt (kein Versorgungsbezug) von 12.600 € sowie eine Altersrente aus der gesetzlichen Sozialversicherung von 8.400 € (steuerfreier Teil: 1.428 €). Außerdem hatte er Einkünfte aus einer kleinen Landwirtschaft in Höhe von 1.900 €.

Wie hoch ist der Gesamtbetrag der Einkünfte?

Lösung:

Einkünfte i. S. d. § 13 EStG		1.900,00 €
Einkünfte i. S. d. § 19 EStG		
Bruttogehalt	12.600,00 €	
– AN-Pauschbetrag	1.230,00 €	11.370,00 €
Einkünfte i. S. d. § 22 EStG		
Rente	8.400,00 €	
– steuerfreier Teil	1.428,00 €	
– Wk-Pauschbetrag	102,00 €	6.870,00 €
Summe der Einkünfte		20.140,00 €
– AEB 13,6% von 14.400,00 max.		646,00 €
– Abzug für Land- und Forstwirte		900,00 €
Gesamtbetrag der Einkünfte		18.594,00 €

Fall 47: Der verheiratete Steuerpflichtige Martin Reitmeier, geb. am 05.06.1958, erzielte im VZ 2023 einen Bruttoarbeitslohn in Höhe von 47.000 €. Daneben erwirtschaftete er aus einer kleinen Landwirtschaft noch Einkünfte von 1.600 €.

Ermitteln Sie den Gesamtbetrag der Einkünfte der Ehegatten Reitmeier für den VZ 2023, wenn die Ehefrau keine Einkünfte bezog.

Die Summe der Einkünfte, vermindert um den **Altersentlastungsbetrag,** den **Abzug** für Land- und Forstwirtschaft und den Entlastungsbetrag für Alleinerziehende, ist der Gesamtbetrag der Einkünfte. § 2 (3) S. 1

Ein **Altersentlastungsbetrag** steht dem Steuerpflichtigen zu, wenn er **vor** Beginn des Kalenderjahres, in dem er sein Einkommen bezogen hat, das **64. Lebensjahr** vollendet hat. Er beträgt 2023 **13,6 % des Bruttoarbeitslohns und der positiven Summe der übrigen Einkünfte** (ohne Versorgungsbezüge und Leibrenten), darf jedoch **646 €** nicht überschreiten (2024: 12,8 %, maximal 608 €; 2040: 0). Höchstbetrag und Prozentsatz des Altersentlastungsbetrages bleiben lebenslang gleich (Kohortenprinzip). § 24 a
Maßgeblich für die Gewährung des Altersentlastungsbetrages sind die Verhältnisse beim einzelnen Steuerpflichtigen. Auch bei zusammen veranlagten Ehegatten/Lebenspartnern sind deshalb die Voraussetzungen für die Gewährung des Altersentlastungsbetrages für **jeden Ehegatten/Lebenspartner gesondert zu prüfen.**

§ 13(3) Einkünfte des Steuerpflichtigen aus Land- und Forstwirtschaft werden bei der Ermittlung des Gesamtbetrags der Einkünfte nur berücksichtigt, soweit sie **900 €** bzw. im Falle der Zusammenveranlagung von Ehegatten/Lebenspartnern **1.800 €** übersteigen. Eine Verdoppelung des Abzugsbetrages erfolgt auch dann, wenn nur ein Ehegatte/Lebenspartner Einkünfte aus Land- und Forstwirtschaft erzielt. Der Abzug wird jedoch nur gewährt, wenn die Summe der Einkünfte **30.700 €** bzw. im Falle der Zusammenveranlagung **61.400 €** nicht übersteigt.

Übungen

1 Ein 65-jähriger lediger Steuerpflichtiger erhielt im VZ 2023 einen Bruttoarbeitslohn von 42.000 € und Versorgungsbezüge in Höhe von 3.100 €/Jahr (seit Januar 2023).
Ermitteln Sie den Gesamtbetrag der Einkünfte des Steuerpflichtigen!

2 Georg Mey wurde am 02.01.1959 geboren. Sein Bruttoarbeitslohn betrug im VZ 2023 insgesamt 34.000 € (einschließlich 3.000 € Versorgungsbezüge i. S. d. § 19 Abs. 2 EStG, die 2023 erstmals in Monatsbeträgen zu je 250 € ausbezahlt werden).
a) Wie hoch ist der Gesamtbetrag der Einkünfte von Georg Mey im VZ 2023?
b) Würde sich das Ergebnis ändern, wenn Herr Mey am 01.01.1959 geboren wäre?

3 Der Nebenerwerbslandwirt Paul Kühn (K), geboren 07.06.1958, erzielte im VZ 2023 Einkünfte aus Land- und Forstwirtschaft in Höhe von 12.000 €. Als Arbeiter in einem Sägewerk verdiente K brutto 35.000 €. K wird mit seiner nicht berufstätigen Ehefrau, 57 Jahre, zusammen zur Einkommensteuer veranlagt. Weitere Einkünfte erzielte das Ehepaar nicht.
a) Berechnen Sie den Gesamtbetrag der Einkünfte des Ehepaares K!
b) Wie würde sich das Ergebnis ändern, wenn K ledig wäre?

4 Der ledige Steuerpflichtige Martin Bieneck (56 Jahre) hat im VZ 2023 folgende Einkünfte erzielt:

Einkünfte aus Land- und Forstwirtschaft	700 €
Einkünfte aus nichtselbstständiger Arbeit	25.500 €
Einkünfte aus Vermietung und Verpachtung	650 €

a) Wie hoch ist der Gesamtbetrag der Einkünfte von Martin Bieneck im VZ 2023?

b) Wie würde sich das Ergebnis ändern, wenn Bieneck verheiratet wäre?

5 Ein 65-jähriger Steuerpflichtiger erhielt im VZ 2023 eine Rente aus der gesetzlichen Sozialversicherung von 950 € monatlich (Rentenbeginn im Januar 2023). Daneben bezog er, ebenfalls seit Januar 2023, Versorgungsbezüge i. S. d. § 19 EStG von 250 € je Monat, die nicht auf eigenen Beitragsleistungen beruhen. Seine Einkünfte aus einer Beteiligung als Kommanditist betrugen 2.500 €. Mit Aktienspekulationen erwirtschaftete er Verluste von 1.500 €.
Ermitteln Sie den Gesamtbetrag der Einkünfte des Steuerpflichtigen!

6 Andrea Pelzig (P) vollendet am 15. Oktober 2023 ihr 84. Lebensjahr. Frau P ist nicht verheiratet.
Frau P erhält 2023 eine Beamtenpension von 16.800 € pro Jahr (Versorgungsfreibetrag: 3.000 €).
Frau P ist als atypische stille Gesellschafterin am Einzelunternehmen des Anton Faber beteiligt. Ihr steuerlicher Gewinnanteil für 2023 betrug 18.000 €. Als Kommanditist der Moritz Leicht KG betrug ihr steuerlicher Gewinnanteil für 2023 20.000 €.v
Aus einem Mietwohngrundstück in München erzielte Frau P Mieteinnahmen von 66.000 €. Die unstrittigen Werbungskosten für dieses Mietwohngrundstück betrugen 71.200 €.
Ermitteln Sie den Gesamtbetrag der Einkünfte von Frau P für den VZ 2023!

3.6.3 Entlastungsbetrag für Alleinerziehende

Steuerlich begünstigt wird die **Haushaltsgemeinschaft** von **Alleinerziehenden mit Kindern i.S.d. EStG**. Der Entlastungsbetrag für Alleinerziehende mindert ebenso wie der Altersentlastungsbetrag und der Abzug für Land- und Forstwirte die Summe der Einkünfte des Steuerpflichtigen. § 24 b EStG

Unbeschränkt steuerpflichtige Alleinstehende mit einem Kind können einen Entlastungsbetrag in Höhe von **4.260 €** [1] im Kalenderjahr von der **Summe der Einkünfte** abziehen. Für jedes weitere Kind steigt der Freibetrag um 240 €, wenn §

- das Kind/die Kinder zum Haushalt des/der Alleinstehenden gehört/gehören
- der /die Alleinstehende für das Kind/die Kinder jeweils einen KFB oder Kindergeld bezieht
- das Kind/die Kinder in der gemeinsamen Wohnung des/der Alleinstehenden gemeldet ist/sind und dauerhaft in dessen/deren Wohnung lebt/leben

Fall 48: Jasmin Strasser lebt seit zwei Jahren von ihrem Ehemann getrennt. Frau Strasser wohnt seit der Trennung mit der 14 Jahre alten Tochter Naomi und ihrem neuen Lebensgefährten in einer gemeinsamen Wohnung in München. Herr Strasser lebt in Hamburg. Der gemeinsame Sohn des Ehepaares Strasser, Thomas (21 Jahre, keine eigenen Einkünfte), studiert in Hamburg Informatik und bewohnt weiterhin ein Zimmer im Haus des Vaters. Alle Personen sind an den genannten Orten auch mit Wohnsitz gemeldet.
Wer hat Anspruch auf einen Entlastungsbetrag für Alleinerziehende?
Begründen Sie Ihre Ansicht!

Als Alleinerziehende gelten nur solche Personen, die nicht verheiratet/verpartnert, verwitwet sind oder die dauernd getrennt leben und keine Haushaltsgemeinschaft mit einer anderen volljährigen Person bilden, die sich tatsächlich und finanziell an der Haushaltsführung beteiligt. Unschädlich ist dies nur, wenn dem/der Alleinstehenden für diese Person ein Freibetrag nach § 32 (6) EStG bzw. Kindergeld zusteht. § 24 b (3) BMF vom 23.11.2022

Eine Haushaltsgemeinschaft mit einer anderen volljährigen Person wird immer dann unterstellt, wenn diese mit Haupt- oder Nebenwohnsitz in der Wohnung des Steuerpflichtigen gemeldet ist (nicht jedoch bei Untermietern oder Au-pair-Personen) und diese tatsächlich und finanziell einen Beitrag zur Haushalts- und Lebensführung leistet. Die Fähigkeit, sich an der Haushaltsführung zu beteiligen, fehlt z.B. bei Personen mit dem Pflegegrad 1–5 und bei Personen, die blind oder hilflos sind i.S.d. § 33 b (3) S. 4 EStG.

Verheiratete/verpartnerte Steuerpflichtige mit Kind, die dauernd getrennt leben, erhalten den Entlastungsbetrag für Alleinerziehende ab dem Monat der Trennung zeitanteilig, wenn die übrigen Voraussetzungen des § 24 b erfüllt sind; verwitwete Steuerpflichtige ab dem Todesmonat des Ehegatten/Lebenspartners. Der Entlastungsbetrag ist ein Jahresbetrag. Eine Aufteilung zwischen den Haushalten alleinerziehender Elternteile ist nicht möglich.

Für jeden vollen Monat, in dem die Voraussetzungen nicht vorgelegen haben, ermäßigt sich der Entlastungsbetrag um ein Zwölftel. § 24 b (4)

Bei der Berechnung der Lohnsteuer wird der Entlastungsbetrag für Alleinerziehende über die Einreihung in Steuerklasse II berücksichtigt. § 38 b (1) Nr. 2 EStG

---

[1] ab 01.01.2023, Jahressteuergesetz 2022

Übungen

1 Der Angestellte Friedrich Beck (B) ist mit Vollendung des 65. Lebensjahres 2023 in den Ruhestand getreten. Für den VZ liegen folgende Angaben des Steuerpflichtigen vor:

– Gehalt Januar–Juli 2023	12.000 €
– Betriebspension des bisherigen Arbeitgebers August–Dezember 2023	1.250 €
– Gesetzliche Altersrente August–Dezember 2023	4.500 €

Bei der Betriebspension handelt es sich um Versorgungsbezüge i. S. d. § 19 EStG.
B hat zum 01.08.2023 seine bisher selbst genutzte Eigentumswohnung verkauft, um seinen Lebensabend im Fichtelgebirge zu verbringen. Diese Wohnung wurde von B zum 01.01.2014 für 165.000 € erworben und jetzt für 200.000 € verkauft.

Ermitteln Sie den Gesamtbetrag der Einkünfte von B für den VZ 2023!

2 Die Eltern der 9-jährigen Zwillinge Arne und Jan wurden 2018 geschieden. Die Kinder leben seit der Scheidung bei ihrem Vater in Hamburg, sind dort auch gemeldet.

Besteht 2023 Anspruch auf den Entlastungsbetrag für Alleinerziehende?
Falls ja, wer erhält ihn und wie hoch ist er?

3 Das Ehepaar Peter Jäger und Annemarie Jäger-Lützow wird zusammen veranlagt. Sie leben gemeinsam mit ihrer 5-jährigen Tochter in Landshut.

Hat das Ehepaar bzw. einer der Ehepartner im VZ 2023 Anspruch auf den Entlastungsbetrag für Alleinerziehende?

4 Der 5-jährige Andreas lebt im Haushalt seiner unverheirateten Eltern (beide berufstätig) in Dresden.

Besteht 2023 Anspruch auf den Entlastungsbetrag für Alleinerziehende?
Falls ja, wer erhält ihn?

5 Karl Leder, 34 Jahre alt, ist ledig und Vater einer 8-jährigen Tochter, für die er Kindergeld erhält. Das Kind war im Kalenderjahr 2023 sowohl bei Karl Leder in Mannheim als auch in Freiburg gemeldet, wo sie ein Internat besucht.

Wer hat 2023 Anspruch auf den Entlastungsbetrag für Alleinerziehende?

6 Anna Bauer lebt mit ihrer vierjährigen Tochter seit ihrer Scheidung vor zwei Jahren wieder bei ihrer verwitweten Mutter in einer Haushaltsgemeinschaft.
Hat Anna Bauer 2023 Anspruch auf den Entlastungsbetrag für Alleinerziehende?

7 Karin und Walter Neumaier wohnen mit der gemeinsamen Tochter Anna (7 Jahre) in München. Am 10. Mai 2023 stirbt Walter Neumaier. Hat Karin Neumaier 2023 und 2024 Anspruch auf den Entlastungsbetrag für Alleinerziehende? Falls ja, in welcher Höhe?

8 Eine alleinerziehende Mutter lebt mit ihren zwei minderjährigen Kindern in einem gemeinsamen Haushalt. Ende September 2023 zieht ein neuer Partner in die Wohnung der Mutter mit ein. Die Mutter und ihr neuer Partner heiraten am 30.12.2023 und wählen die Zusammenveranlagung.

Kann die Mutter den Entlastungsbetrag für Alleinerziehende geltend machen? Wie hoch ist dieser ggf.?

3.7 Verlustabzug nach § 10 d EStG

Negative Einkünfte, die bei der Ermittlung des **Gesamtbetrags der Einkünfte** nicht ausgeglichen werden, sind bis zu einem Betrag von **10.000.000 €** bei Ledigen und **20.000.000 €** [1] bei Zusammenveranlagung, auf den unmittelbar vorangegangenen VZ bzw. auf den zweiten vorangegangenen VZ **zurückzutragen**. Sie werden vom Gesamtbetrag der Einkünfte vorrangig vor den Sonderausgaben, außergewöhnlichen Belastungen und sonstigen Abzugsbeträgen abgezogen (Verlustrücktrag). Nicht ausgeglichene negative Einkünfte, die nicht beim Verlustrücktrag abgezogen worden sind, sind in den folgenden VZs bis zu einem Gesamtbetrag von 1 Million € bei Zusammenveranlagung 2 Millionen € unbeschränkt, darüber hinaus bis zu 60 % des 1 Million €
bei Zusammenveranlagung des 2 Millionen € übersteigenden Gesamtbetrags der Einkünfte abzuziehen (Verlustvortrag).

1) 2022 + 2023 (Viertes Corona-Steuerhilfegesetz)

Arten

Verlustrücktrag	Verlustvortrag
Verlustrücktrag auf den dem VZ vorangegangenen VZ bzw. zweiten vorangegangenen VZ	Verlustvortrag auf die **folgenden** VZ und dort Abzug wie Sonderausgaben vom Gesamtbetrag der Einkünfte
▼	▼
wird von **Amts wegen** durchgeführt Ledige: maximal 10.000.000 € Zusammenveranlagung: maximal 20.000.000 €	für bisher **unberücksichtigte** Verluste unbeschränkt: bis 1 Mio. € (Ledige) höhere Verluste: 60 %

Fall 49: Der verheiratete, 40-jährige Steuerpflichtige Peter Hubert, München, erzielte 2021 bis 2023 folgende Einkünfte (in €):

	2021	**2022**	**2023**
Einkünfte aus Gewerbebetrieb	+ 50.000	+ 80.000	– 80.000
Einkünfte aus V + V	+ 2.000	+ 7.500	+ 7.000
Summe der Einkünfte	+ 52.000	+ 87.500	– 73.000
(= GbE bzw. **nicht ausgeglichener Verlust**)			
abzugsfähige Sonderausgaben	6.000	6.500	6.500
Einkommen	+ 46.000	81.000	0

Wie erfolgt die Verteilung des nicht ausgeglichenen Verlustes des Jahres 2023 (73.000 €) von Amtes wegen?

Der Verlustrücktrag wird **von Amts wegen** vorgenommen. Bereits ergangene Steuerbescheide werden auch geändert, wenn der Bescheid schon unanfechtbar geworden ist. Auf Antrag des Steuerpflichtigen ist von der Anwendung des Verlustrücktrags nach § 10d (1) Sätze 1 + 2 EStG insgesamt abzusehen.

Verluste aus **Spekulationsgeschäften** und aus **Leistungen** können nach Maßgabe des § 10 d EStG mit entsprechenden Gewinnen des unmittelbar vorangehenden VZ oder folgender VZ verrechnet werden.

Übungen

1 Von einem Steuerpflichtigen liegen folgende Angaben vor:

Jahr Gesamtbetrag der Einkünfte bzw. Verlust

Jahr	Gesamtbetrag der Einkünfte bzw. Verlust
2021	0 €
2022	+ 50.000 €
2023	– 90.000 €

Wie erfolgt die Verteilung, wenn der Verlustausgleich von Amts wegen durchgeführt wird?

2 Berechnen Sie die Verteilung des nicht ausgeglichenen Verlustes des VZ 2023 (von Amts wegen)!

	VZ 2021	**VZ 2022**	**VZ 2023**
Einkünfte aus Gewerbebetrieb	+ 50.000	+ 70.000	– 64.000
Einkünfte aus V + V	+ 3.000	+ 4.000	+ 2.000
Summe der Einkünfte (= GbE bzw. **nicht ausgeglichener Verlust)**	+ 53.000	+ 74.000	**– 62.000**
abzugsfähige Sonderausgaben	7.000	7.500	6.000
Einkommen	+ 46.000	+ 66.500	0

3

	VZ 2021	**VZ 2022**	**VZ 2023**	**VZ 2024**
Einkünfte aus Gewerbebetrieb	– 25.000	+ 10.000	– 80.000	+ 40.000
Einkünfte aus selbst. Arbeit	+ 5.000	0	+ 4.000	+ 5.000
Einkünfte aus Vermietung und Verpachtung	+ 20.000	+ 20.000	+ 15.000	+ 15.000
Summe der Einkünfte (= GbE bzw. nicht ausgeglichener Verlust)	0	+ 30.000	– 61.000	+ 60.000
abzugsfähige Sonderausgaben	10.000	10.000	9.000	12.000
außergewöhnliche Belastungen	2.000	3.500	3.000	0
Einkommen	0	+ 16.500	0	+ 48.000

Wie wird der nicht ausgeglichene Verlust des VZ 2023 von Amts wegen verteilt?

4 Der 40-jährige Steuerpflichtige Martin Hinrichs (H), Hannover, erzielte im VZ 2023 Einkünfte aus selbstständiger Arbeit in Höhe von 135.000 € und 45.000 € Einkünfte aus Gewerbebetrieb aufgrund einer Beteiligung als atypischer stiller Gesellschafter. Um seinen Bruder in einer finanziellen Notlage zu unterstützen, verkaufte H im Juni 2023 Aktien, die er Anfang August 2021 erworben hatte. Durch diesen Verkauf entstand ein Verlust von 7.800 €.

Wie hoch sind der Gesamtbetrag der Einkünfte und das Einkommen von H im VZ 2023, wenn er Sonderausgaben in Höhe von 12.500 € geltend machen kann?

3.8 Sonderausgaben

= Kosten der **privaten Lebensführung**, die **weder Betriebsausgaben noch Werbungskosten** sind. Sie dürfen nur dann vom Gesamtbetrag der Einkünfte abgezogen werden, wenn dies ausdrücklich zugelassen ist. § 10

	Gesamtbetrag der Einkünfte
–	Verlustabzug
–	**Sonderausgaben**
–	außergewöhnliche Belastungen
=	Einkommen

Einteilung der Sonderausgaben

unbeschränkt abzugsfähige Sonderausgaben	**beschränkt abzugsfähige Sonderausgaben**	
	keine Vorsorgeaufwendungen	Vorsorgeaufwendungen
a) Lebenslange und wiederkehrende Versorgungsleistungen, denen eine Gegenleistung gegenüber steht, § 10 (1a) Nr. 2	a) Unterhaltsleistungen an den Ehegatten	a) Altersvorsorgeaufwendungen und
b) gezahlte Kirchensteuer	b) Aufwendungen für die eigene Berufsausbildung oder Weiterbildung c) Schulgeld d) Spenden e) Kinderbetreuungskosten	b) Sonstige Vorsorgeaufwendungen **immer** Günstigerprüfung (= Vergleich mit altem Recht)

Für Sonderausgaben, die keine Vorsorgeaufwendungen sind, kann ein **Sonderausgaben-Pauschbetrag** von **36 €/72 €** ohne Nachweis abgezogen werden! § 10c

3.8.1 Unbeschränkt abzugsfähige Sonderausgaben

Lebenslange Versorgungsleistungen	**gezahlte Kirchensteuer**
› voll abzugsfähig	im VZ 2023 **gezahlte** Kirchensteuer – im VZ 2023 **erstattete** Kirchensteuer
› Sonstige Einkünfte beim Empfänger	= im VZ 2023 **abzugsfähige** Kirchensteuer

Fall 50: Der 37-jährige Markus Loibl aus der Nähe von München bezahlt an seinen Vater seit der Übergabe des elterlichen Bauernhofes im Jahr 2021 eine Leibrente in Höhe von monatlich 1.000 €.

Der Vater hatte zu Beginn der Rentenzahlung das 60. Lebensjahr vollendet.
Wie hoch sind die 2023 zu berücksichtigenden Sonderausgaben von Markus Loibl?

3.8.1.1 Versorgungsleistungen im Rahmen vorweggenommener Erbfolge

§ 52 (18) S. 1 Abziehbar sind auf besonderen Verpflichtungsgründen beruhende, lebenslange und wiederkehrende Versorgungsleistungen, die nicht mit Einkünften in wirtschaftlichem Zusammenhang stehen, die bei der Veranlagung außer Betracht bleiben, wenn der Empfänger unbeschränkt einkommensteuerpflichtig ist. Dies gilt nur für Versorgungsleistungen im Zusammenhang mit der Übertragung eines Mitunternehmeranteils an einer Personengesellschaft, die eine Tätigkeit im Sinne der §§ 13, 15 Abs. 1 Satz 1 Nr. 1 oder des § 18 Abs. 1 ausübt, sowie für Versorgungsleistungen im Zusammenhang mit der Übertragung eines Betriebs oder Teilbetriebs. Wiederkehrende Leistungen aufgrund der Übertragung von Privatvermögen sind nicht mehr abzugsfähig.
Der Leistungsempfänger muss die Leistungen nach § 22 Nr. 1b versteuern.

3.8.1.2 Kirchensteuer

§ 10 (1) Nr. 4 **Kirchensteuer** i. S. d. Einkommensteuerrechts sind Geldleistungen, die an die als **Körperschaften des öffentlichen Rechts anerkannten Religionsgemeinschaften** (z. B. katholische Kirche, evangelische Kirche) von ihren Mitgliedern aufgrund gesetzlicher Vorschriften entrichtet werden.

H 10.7 EStH Die gezahlte Kirchensteuer stellt Sonderausgaben dar. Sie kann in voller Höhe abgezogen werden, soweit es sich nicht um willkürliche, die voraussichtliche Steuerschuld weit überschreitende Zahlungen handelt. Dieser Betrag ist jedoch um die im VZ erstattete Kirchensteuer vorangegangener VZ zu vermindern. Wie generell bei Sonderausgaben gilt auch hier das Zu- bzw. Abflussprinzip. Die im Rahmen der Abgeltungsteuer erhobene Kirchensteuer ist nicht als Sonderausgabe abzugsfähig. Sie wird bereits über den verminderten Abgeltungssatz unmittelbar bzw. bei der Veranlagung berücksichtigt.

Fall 51: Die Ehegatten Franz und Vroni Bauer, Ulm, haben im VZ 2023 folgende Kirchensteuerbeträge entrichtet:

Vorauszahlungen für 2023	1.920 €
Nachzahlungen für 2021	480 €

Im November 2023 wurde der geänderte ESt-Bescheid für 2020 bekannt gegeben. Das Finanzamt erstattete danach im Dezember 2023 Kirchensteuern in Höhe von 240 €.

Welchen Betrag können die Ehegatten im VZ 2023 als Sonderausgaben geltend machen?

3.8.2 Beschränkt abzugsfähige Sonderausgaben

3.8.2.1 Unterhaltsleistungen an den Ehegatten (Realsplitting)

Ehemann ⟷ Ehefrau

▼

dauernd getrennt lebend oder geschieden

Unterhalt wird tatsächlich gezahlt

Unterhaltsempfänger ist unbeschränkt steuerpflichtig

Geber und Empfänger wollen den Sonderausgabenabzug

maximal **13.805 €** je Kalenderjahr und Empfänger

▼

Sonderausgabenabzug beim zahlenden Ehegatten

Besteuerung als sonstige Einkünfte beim empfangenden Ehegatten

---

Fall 52: Andreas Alban aus Hagen lebt seit zwei Jahren von seiner zweiten Ehefrau Anne, Ulm, getrennt. Herr Alban bezahlt an seine Frau seit der Trennung Unterhalt in Höhe von monatlich 900 €. An seine geschiedene erste Ehefrau Eva, die in Bremen wohnt (Scheidung vor 9 Jahren), bezahlt er 15.000 € jährlichen Unterhalt.

In welcher Höhe kann er diese Zahlungen als Sonderausgaben geltend machen?

Unterhaltsleistungen an den geschiedenen/dauernd getrennt lebenden Ehegatten/ § 10 (1a) Nr. 1
Lebenspartner, die über **13.805 €** je Empfänger hinausgehen, können weder als R 10.2
Sonderausgaben noch als außergewöhnliche Belastung abgezogen werden. Beiträge EStR
für die **Basiskranken-/Pflegeversicherung,** die der Steuerpflichtige für seinen geschiedenen/dauernd getrennt lebenden Ehegatten/Lebenspartner aufwendet **erhöhen jedoch den Höchstbetrag.** Der Unterhaltsempfänger muss erhaltene Zahlungen, maximal jedoch 13.805 €, zuzüglich erhaltene Leistungen für Kranken- und Pflegeversicherung (Grundversorgung), als **sonstige Einkünfte** versteuern (vgl. 3.5.7.2).

Ein Sonderausgabenabzug ist **nur möglich**, wenn der Unterhaltsempfänger unbe- H 10.2
schränkt steuerpflichtig ist oder die Voraussetzungen des § 1a (1) Nr. 1 EStG vorliegen EStH
und er dem Sonderausgabenabzug **zustimmt**. Er ist jedoch zivilrechtlich zur Zustimmung verpflichtet, wenn der Unterhaltszahler dessen steuerliche Nachteile finanziell
ausgleicht. Der Antrag auf Sonderausgabenabzug kann immer nur für **ein Kalender-** R 10.2
jahr gestellt werden. Er ist unwiderruflich. EStR

3.8.2.2 › Aufwendungen für die eigene Berufsausbildung

Aufwendungen für eine Erstausbildung oder ein Erststudium

im Rahmen eines Dienstverhältnisses
(z. B. Ausbildung zur Steuerfachangestellten; Studium an einer Universität der Bundeswehr)

Ja	Nein
Werbungskosten	Sonderausgaben

Aufwendungen für die Zweitausbildung oder ein Zweitstudium

konkreter, objektiver Zusammenhang mit späteren inländischen steuerpflichtigen Einkünften?

Ja	Nein
Werbungskosten/Betriebsausgaben	Nicht abzugsfähige Ausgaben

Fall 53: Die Familie Kranz, München, besteht aus dem Ehepaar Ewald und Petra, der Tochter Sonja und dem Sohn Jürgen, sowie dem verwitweten Vater von Frau Kranz, Max Bauer. Herr Kranz arbeitet nach einem abgeschlossenen Studium der Elektrotechnik bei einem Flugzeughersteller. Nebenbei hat er sich für ein MBA-Studium an der Fernuniversität Haagen eingeschrieben. Sonja besucht ein Gymnasium in München, Jürgen hat mit einer Ausbildung zum Steuerfachangestellten begonnen. Petra Kranz hat eine Ausbildung als Bürokauffrau und bis zur Geburt der Kinder auch in diesem Beruf gearbeitet. Um auf dem Arbeitsmarkt bessere Chancen zu haben, besucht sie seit letztem Jahr eine Berufsfachschule für Ergotherapie. Nach Abschluss der dreijährigen schulischen Vollzeitausbildung will sie als Ergotherapeutin arbeiten. Max Bauer, 66 Jahre, hat sich für ein Seniorenstudium (Philosophie) an der Ludwig-Maximilians-Universität eingeschrieben.
Wie werden die Aufwendungen der einzelnen Familienmitglieder behandelt?

§ 10 (1) Nr. 7 Unter **Berufsausbildung** ist eine berufliche Ausbildung von mindestens **12 Monaten**
§ 9 (6) unter Ausschluss eines Studiums zu verstehen. Voraussetzung ist, dass die Ausbildung im Rahmen eines öffentlichrechtlichen geordneten Ausbildungsgangs absolviert und durch eine Prüfung abgeschlossen wird. Der erfolgreiche Abschluss muss Voraussetzung für die Aufnahme der beruflichen Betätigung sein. Aufwendungen für den Besuch allgemeinbildender Schulen können als Sonderausgaben angesetzt werden.

Ein **Studium** liegt vor, wenn es sich um ein Studium an einer Hochschule i.S.d. § 1 Hochschulrahmengesetz handelt. Hierzu gehören z. B. Universitäten, Pädagogische Hochschulen, Kunsthochschulen, Fachhochschulen. Ist einem Studium eine berufliche Ausbildung vorangegangen, so sind die durch das Studium veranlassten Kosten Werbungskosten.

H 10.9 EStH Zu den abziehbaren Aufwendungen gehören beispielsweise:
- Lehrgangs-, Schul- oder Studiengebühren, Arbeitsmittel, Fachliteratur
- Fahrten zwischen Wohnung und Ausbildungsort
- Mehraufwendungen für Verpflegung und auswärtige Unterbringung

Der **Sonderausgabenabzug** ist auf **6.000 €**/Jahr begrenzt.

3.8.2.3 › Schulgeld

Ein Sonderausgabenabzug des Schulgeldes ist nur möglich, wenn der Steuerpflichtige § 10 (1) 9

- für das Kind einen Kinderfreibetrag bzw. Kindergeld erhält und
- das Kind eine staatlich genehmigte bzw. erlaubte Privatschule besucht.
- die Schule zu einem allgemeinbildenden Schul- oder Jahrgangsabschluss führt, der von einem Kultusministerium oder der Kultusministerkonferenz in Deutschland anerkannt wird und
- die Schule innerhalb der EU/des Europäischen Wirtschaftsraums liegt.

Schulgeldzahlungen an **Deutsche Schulen** im Ausland können ebenfalls angesetzt werden. Der Sonderausgabenabzug ist begrenzt auf **30% des Schulgeldes** (ohne Kosten für Unterkunft, Betreuung, Verpflegung), **maximal 5.000 €**.
Der Höchstbetrag kann für jedes zu berücksichtigende Kind je Elternpaar nur einmal im VZ geltend gemacht werden.

Übungen zu 3.8.2

1 Sandra Popp lebt seit mehr als einem Jahr getrennt von ihrem Ehemann Wolfgang. Im VZ 2023 hat sie von diesem Unterhaltszahlungen von monatlich 600 € erhalten.
Wie werden diese Zahlungen steuerlich behandelt?

2 Fred Waldau (W) ist seit 2012 von seiner Ehefrau Anne geschieden. Er hat einen monatlichen Unterhaltsanspruch von 1.800 € gegenüber seiner Frau. W lebt in Lindau/Bodensee und hat keine weiteren Einkünfte. Er hat einem Sonderausgabenabzug seiner Frau zugestimmt.
Wie werden die Unterhaltszahlungen von Anne W steuerlich behandelt?

3 Die 35-jährige Prokuristin Andrea Kaulbach (K) ist seit drei Jahren geschieden. Sie bezahlte monatlich 900 € Unterhalt an ihren geschiedenen Mann, der in Norwegen lebt und dort Kunstgeschichte studiert.
In welchem Umfang kann Andrea K einen Sonderausgabenabzug geltend machen?

4 Martin Meyer, 20 Jahre, besucht während des ganzen VZ 2023 ein Internat in Frankreich. Seine Eltern bezahlen ein monatliches Schulgeld in Höhe von 2.820 €. Daneben fallen noch Kosten für Unterbringung und Verpflegung (6.000 €/Jahr) an.
Ist ein Sonderausgabenabzug möglich?

5 Peter Kunze (K) arbeitet als Angestellter bei einer Versicherung in München. Er besuchte im VZ 2023 mehrere Datenverarbeitungskurse der Volkshochschule München und eines privaten Computer-Lehrinstitutes (Samstags-Lehrgang). Die Kursgebühren betrugen insgesamt 625 €. Für Lehrgangsmaterial (2 Bücher und ein Skriptum) bezahlte K 39 €. Daneben absolvierte er einen Übungsleiter-Lehrgang der Wasserwacht Starnberg, den er erfolgreich beendete. K musste hierfür einen Eigenbeitrag von 60 € selbst tragen. Die Fahrtkosten nach Starnberg (insgesamt 8 € mit öffentlichen Verkehrsmitteln) wurden von der Wasserwacht nicht übernommen.
Wie hoch sind die abzugsfähigen Sonderausgaben von Peter K im VZ 2023?

6 Der 39-jährige Fritz Bachleitner aus Dortmund arbeitet als angestellter Wertpapierberater. Im VZ 2022 absolvierte er einen 14-tägigen Management-Kurs in St. Gallen/ Schweiz. Von den Kursgebühren in Höhe von 3.000 € mußte er 15% selbst übernehmen. Die restliche Kursgebühr und die Unterkunftskosten übernahm sein Arbeitgeber. Frau Bachleitner arbeitet seit 10 Jahren als angestellte Steuerberaterin (das Ehepaar wird zusammen veranlagt). Sie absolvierte im VZ 2023 ein Promotionsstudium an der Universität Münster. Hierfür entstanden ihr Aufwendungen in Höhe von 2.100 €.
In welchem Umfang kann das Ehepaar Bachleitner den Sonderausgabenabzug nach § 10 (1) Nr. 7 EStG beanspruchen?

3.8.3 Spenden als Sonderausgaben

Prüfschema zur Berücksichtigung von Spenden als Sonderausgaben:

- Wurden Zuwendungen getätigt?
- Handelt es sich um einen steuerbegünstigten Zweck?
- Ist der Empfänger begünstigt?
- Kann der Spender die Spendenzahlung nachweisen?

Maximale Höhe des Sonderausgabenabzugs:

§ 10b (1)

Methode 1	Methode 2
20% des Gesamtbetrags der Einkünfte (GdE)	**4 von Tausend** der Summe aus Umsätzen, Löhnen und Gehältern
Voraussetzung für den Spendenabzug: **Zuwendungsbestätigung** nach amtlichem Muster	

Der Steuerpflichtige kann die für ihn günstigere Methode wählen!

Beispiel

Die Angestellte Maria Wallner ist 50 Jahre alt, ledig, und wohnt in Landshut. Frau Wallner spendet im VZ 2023 einen Betrag von 2.600 € an die Katholische Kirche für die Ausschmückung der örtlichen Kirche und weitere 10.000 € an die Stadt München mit der Auflage sie für das Deutsche Museum in München zu verwenden. Beide Spenden sind durch ordnungsgemäße Zuwendungsbestätigungen nachgewiesen.
Der Gesamtbetrag der Einkünfte von Maria Wallner im VZ beträgt 55.000 €.
Wie hoch sind ihre als Sonderausgaben abzugsfähigen Spenden im VZ 2023?

Lösung:

Spende an die katholische Kirche	2.600 €
Spende an das Deutsche Museum	10.000 €
Gesamtspende	12.600 €
Maximal abzugsfähig (20% von 55.000 €)	**11.000 €**
Unberücksichtigt	1.600 €

1.600 € können auf 2024 vorgetragen und im Rahmen der Höchstbeträge als Sonderausgaben abgesetzt werden (vgl. § 10 b Abs. 1 S. 9 und 10 EStG).

§ 2 (5 b) EStG Kapitalerträge, die der Abgeltungsteuer unterliegen, werden bei der Ermittlung des Gesamtbetrags der Einkünfte nicht berücksichtigt.

Als Sonderausgaben abzugsfähig ist maximal die tatsächlich geleistete Spende!

Fall 54: Der ledige Gewerbetreibende Felix Jäger aus Unterschleißheim spendete 2.000 € an die Ludwig-Maximilians-Universität München (wissenschaftliche Zwecke), 1.500 € an das Deutsche Rote Kreuz und 500 € an einen Sportverein im Nachbarort.

Alle drei Einrichtungen bestätigen Felix Jäger die erhaltenen Beträge. Der Gesamtbetrag der Einkünfte von Felix Jäger beträgt 40.000 €, die Summe seiner Umsätze, Löhne und Gehälter 900.000 €.

Wie hoch sind die als Sonderausgaben abzugsfähigen Spenden?

Nur **tatsächlich geleistete Zuwendungen** (Geld- oder Sachspenden, Mitgliedsbeiträge), die freiwillig und **ohne Gegenleistung** gegeben wurden, können als Spenden angesetzt werden. Sachspenden aus dem Betriebsvermögen können mit dem Buchwert zuzüglich USt angesetzt werden, § 10 b (3) S. 2. § 10 b (1)
Ein Aufwandsverzicht gilt nur als Spende, wenn der Erstattungsanspruch durch Vertrag oder Satzung eingeräumt wird. § 10 b (3) EStG

Keine Spenden liegen vor, wenn Wohlfahrtsmarken oder Lotterielose (Gewinnaussicht) gekauft, Eintrittskarten für Wohltätigkeitsveranstaltungen bezahlt bzw. wenn auf Versteigerungen Gegenstände (= Gegenleistung) erworben werden. Die Tatsache, dass die geleisteten Zahlungen ganz oder teilweise begünstigten Zwecken zukommen, ist unerheblich. H 10 b (1) EStH

Um abzugsfähig zu sein, muss die Zuwendung zur Förderung steuerbegünstigter Zwecke i. S. d. §§ 52 bis 54 AO an eine inländische Person des öffentlichen Rechts, eine inländische öffentliche Dienststelle oder eine nach § 5 Abs. 1 Nr. 9 KStG steuerbefreite Körperschaft erfolgen.

Solche Zwecke sind

- **Gemeinnützige** Zwecke § 52 AO
- **Mildtätige** Zwecke § 53 AO
- **Kirchliche** Zwecke § 54 (2) AO
- **Wissenschaftliche** Zwecke § 52 (2) AO

Nicht abzugsfähig sind Mitgliedsbeiträge an Körperschaften, die § 10 b (1) S. 8

- den **Sport** § 52 (2) Nr. 21 AO
- **kulturelle Betätigungen** zur Freizeitgestaltung
- **Heimatpflege** und **Heimatkunde** § 52 (2) Nr. 22 AO
- Zwecke i. S. d. **§ 52 Abs. 2 S. 1 Nr. 23 AO** fördern

Mitgliedsbeiträge an Körperschaften, die freizeitnahe Zwecke (Sportverein), die eigene kulturelle Betätigung ihrer Mitglieder (Laienchor, Laientheater, Laienorchester), Tierzucht, Kleingärtnerei oder traditionelles Brauchtum (Karneval) fördern sind nicht abzugsfähig. Beiträge an Körperschaften zur Förderung kultureller Einrichtungen sind dagegen Sonderausgaben, da diese grundsätzlich Kunst und Kultur fördern, auch wenn die Mitglieder Vergünstigungen, wie z. B. verbilligten Eintritt erhalten.

§ 10b (1) S. 9 Abziehbare Zuwendungen, die die Höchstbeträge nach § 10 b Abs. 1 Satz 1 überschreiten oder im Veranlagungszeitraum der Zuwendung nicht berücksichtigt werden können sind im Rahmen der Höchstbeträge in künftige Voranmeldungszeiträume vorzutragen und als Sonderausgaben abzuziehen.

10 b (1 a) Spenden in den Vermögensstock einer Stiftung des öffentlichen Rechts oder einer steuerbefreiten Stiftung des privaten Rechts können auf Antrag im Veranlagungszeitraum der Zuwendung und in den folgenden neun VZ bis zu einem Gesamtbetrag von 1.000.000 €/bei Zusammenveranlagung 2.000.000 € zusätzlich zu den Höchstbeträgen nach § 10 b Abs. 1 Satz 1 abgezogen werden.

§ 50 (4) Nr. 2 EStDV Der Steuerpflichtige kann den geforderten **Nachweis einer Spende** durch eine **Bescheinigung des Empfängers** führen. Bei Kleinbetragsspenden bis **300 €** genügt ein Bareinzahlungsbeleg oder die Buchungsbestätigung einer Bank.

§ 50 (4) Nr. 1 EStDV Gleiches gilt bei Zuwendungen (unabhängig von der Höhe) zur Hilfe in Katastrophenfällen innerhalb eines vom BMF festgelegten Zeitraumes auf ein für diesen Zweck eingerichtetes Sonderkonto einer juristischen Person des öffentlichen Rechts, einer öffentlichen Dienststelle oder eines Spitzenverbandes der freien Wohlfahrtspflege einschließlich seiner Mitgliedsorganisationen.

Übungen

1 Der 40-jährige Schlosser Hans Haberle (H) spendete 200 € an die Gemeindeverwaltung mit der Auflage, diesen Betrag an den örtlichen Sportverein weiterzuleiten. Eine entsprechende Bestätigung liegt vor. Der Gesamtbetrag der Einkünfte von H beträgt 49.000 €.
Wie wird diese Spende steuerlich berücksichtigt?

2 Cordula Dietrich (D) spendete 3.000 € für wissenschaftliche Zwecke und 5.000 € für kirchliche Zwecke. Entsprechende Belege liegen vor. Der Gesamtbetrag ihrer Einkünfte beträgt 55.000 €, die Summe ihrer Umsätze, Löhne und Gehälter 1.980.000 €.
Wie hoch sind die abzugsfähigen Spenden von Cordula D?

3 Franz Huber ist ein großer Sportfan. Er kauft 2023 Sondermarken, deren Zuschlag der Deutschen Sporthilfe zu Gute kommt. Die Briefmarken haben einen Wert von insgesamt 120 €, die gezahlten Zuschläge betragen 12 €. Ein Beleg der Deutschen Post AG liegt vor.
Ist ein Sonderausgabenabzug möglich?

4 Das Ehepaar Heinrich spendete an den Deutschen Alpenverein e.V., München 2.000 €. Daneben wendeten sie 10.000 € für kirchliche Zwecke auf. Spendenbescheinigungen auf einem amtlich vorgeschriebenen Vordruck liegen vor.
Ermitteln Sie die Höhe der abzugsfähigen Spenden des Ehepaares Heinrich, wenn der Gesamtbetrag ihrer Einkünfte 85.000 € beträgt!

5 Der ledige Steuerpflichtige Franz Müller (M), Starnberg, weist folgende Spenden nach:

– Technische Universität München	8.000 €
– Deutsches Rotes Kreuz	1.000 €
– Kirchliche Zwecke	1.000 €

Der Gesamtbetrag der Einkünfte von M beträgt 105.000 €, die Summe seiner Umsätze, Löhne und Gehälter 2.300.000 €.
Welche Berechnungsmethode führt für den Steuerpflichtigen zum günstigeren Ergebnis?
Wie hoch sind die abzugsfähigen Spenden?

6 Gesine Berger ist Mitglied im Tierschutzverein Halle. Sie bezahlte im VZ einen Mitgliedsbeitrag von 31 €/Jahr. Zusätzlich spendete sie dem Tierschutzverein noch 820 €. Der Gesamtbetrag der Einkünfte von Frau Berger beträgt 16.800 €.
Wie werden diese Spenden steuerlich berücksichtigt?

7 Die Staatsanwaltschaft Stuttgart hat mit Zustimmung des Gerichts und des Beschuldigten Justus Bäcker am 20.03.2023 von der Erhebung der öffentlichen Klage wegen Untreue abgesehen. Dies geschah jedoch u. a. nur mit der Auflage, einen Betrag von 50.000 € zu Gunsten einer noch vom Gericht zu bestimmenden, gemeinnützigen Einrichtung zu zahlen (§ 153 a StPO). Die Zahlung erfolgte Anfang Juni 2023.
In welchem Umfang kann Justus Bäcker diesen Betrag als Sonderausgabe geltend machen, wenn der Gesamtbetrag seiner Einkünfte 2023 480.000 € betrug?

8 Der Gesamtbetrag der Einkünfte von Marina Männer beträgt 100.000 €. Frau Männer ist ledig und spendet 2023 3.000 € für wissenschaftliche Zwecke an die Universität Regensburg, 5.000 € an das Nationaltheater München (besonders förderungswürdig) und 4.000 € an die „Pinakothek der Moderne" (gleichfalls besonders förderungswürdig).
Wie werden diese Spenden steuerlich berücksichtigt?

9 Sigmar Bartholdy wird von einem Spendensammler von „amnesty international" um eine Spende gebeten. Herr Bartholdy legt einen 20 € Schein in die Sammelbüchse.
Wie wird diese Spende steuerlich berücksichtig, wenn der Gesamtbetrag der Einkünfte von Herrn Bartholdy 48.600 € beträgt?

10 Nena Braun spendet an den örtlichen Handballverein Bälle, die sie unmittelbar vorher zum Preis von 140 € gekauft hat.
Darf der Sportverein Frau Braun eine Zuwendungsbestätigung ausstellen?

11 Felix Blehle ist Mitglied des Fußballvereins in seinem Heimatort. Er bezahlt als Mitglied einen jährlichen Beitrag von 60 € im Jahr und spendete dem Verein 2023 zusätzlich noch 400 €. Herr Blehle ist ehrenamtlich „Abteilungsleiter Jugend-Damen" seines Fußballvereins und fungiert in dieser Funktion gelegentlich auch als Fahrer für die Mannschaftsmitglieder. Laut Satzung haben die Vereinsmitglieder bei Fahrten für den Verein Anspruch auf einen Kostenersatz in Höhe von 0,30 €/km. Felix Blehle ist im VZ 2023 insgesamt 650 km für den Verein gefahren. Er hat auf die Erstattung der Aufwendungen verzichtet. Der Gesamtbetrag der Einkünfte des Steuerpflichtigen beträgt 38.940 €.
In welchem Umfang ist bei den angeführten Sachverhalten ein Spendenabzug möglich, wenn die erforderlichen Bestätigungen vorliegen?

12 Ein Steuerpflichtiger bezahlt für die Eintrittskarte zu einem Benefiz-Konzert einer Rockgruppe 65 €. Der Gesamtbetrag seiner Einkünfte im VZ 2023 beträgt 48.238 €.
Wie hoch ist der Sonderausgabenabzug, den er geltend machen kann, wenn er einen Bankbeleg über die Zahlung der Karte und die Eintrittskarte vorlegen kann?

13 Richard Rüttger bezahlte im VZ einen Mitgliedsbeitrag in Höhe von 250 € an den als gemeinnützig anerkannten Kleingartenverein Dresden West e.V.
Wie kann dieser Mitgliedsbeitrag steuerlich berücksichtigt werden, wenn der Gesamtbetrag der Einkünfte von Rüttger 68.290 € beträgt?

3.8.4 Mitgliedsbeiträge und Spenden an politische Parteien und Wählervereinigungen

Steuerermäßigung nach § 34 g EStG:

Wichtig: Die Berücksichtigung von Mitgliedsbeiträgen/Spenden an eine unabhängige Wählergemeinschaft oder Partei nach § 34 g EStG vermindert die **tarifliche Einkommensteuer**!

Einzelveranlagung		Zusammenveranlagung	
Berücksichtigungsfähig sind maximal	**1.650 €**	Berücksichtigungsfähig sind maximal	**3.300 €**
Steuerermäßigung **50%**, maximal	**825 €**	Steuerermäßigung **50%**, maximal	**1.650 €**

höhere Spende?

Abzugsfähigkeit des Mehrbetrages als Sonderausgabe nach § 10 b (2) EStG:

Einzelveranlagung	Zusammenveranlagung
(Spende > 1.650 €)	(Spende > 3.300 €)
maximal weitere **1.650 €** als SA abzugsfähig	maximal weitere **3.300 €** als SA abzugsfähig

› **Reihenfolge beachten:** Erst § 34 g EStG, dann § 10 b EStG prüfen!

aber: Mitgliedsbeiträge und Spenden an **unabhängige Wählervereinigungen** sind **nicht** nach § 10 b EStG als Sonderausgaben berücksichtigungsfähig!

Beispiel

Spenden an Parteien und unabhängige Wählergemeinschaften

Hannelore Seifert aus Düsseldorf spendet an eine Unabhängige Wählergemeinschaft und an eine politische Partei jeweils 6.000 €.

Wie werden die Spenden berücksichtigt, wenn die Steuerpflichtige ledig/verheiratet ist?

Lösung:

Parteispende:

	Die Steuerpflichtige ist ledig		Die Steuerpflichtige wird mit dem Ehemann veranlagt	
Parteispende:	6.000 €		6.000 €	
Berücksichtigungsfähig nach § 34 g EStG	1.650 €		3.300 €	
50% Steuerermäßigung		*825 €*		*1.650 €*
Unberücksichtigter Betrag	4.350 €		2.700 €	
Sonderausgabenabzug nach§ 10b (2) EStG	*1.650 €*		*2.700 €*	

Spende an die Unabhängige Wählergemeinschaft:

	Die Steuerpflichtige ist ledig		Die Steuerpflichtige wird mit dem Ehemann veranlagt	
Spende Wählervereinigung:	6.000 €		6.000 €	
Berücksichtigungsfähig nach § 34 g EStG	1.650 €		3.300 €	
50% Steuerermäßigung		*825 €*		*1.650 €*
Unberücksichtigter Betrag	4.350 €		2.700 €	

Kein weiterer Abzug des unberücksichtigten Betrages nach § 10 b EStG

Fall 55: Der ledige Steuerpflichtige Anton Neumann bezahlt als Mitglied der A-Partei einen monatlichen Mitgliedsbeitrag von 60 €.

Im Veranlagungszeitraum 2023 spendete Neumann der A-Partei zusätzlich 2.000 € und an eine unabhängige Wählervereinigung in seinem Heimatort weitere 2.500 €.

Wie werden diese Zahlungen steuerlich berücksichtigt?

Mitgliedsbeiträge und Spenden an politische Parteien (i. S. d. § 2 des Parteiengesetzes) und unabhängige Wählervereinigungen werden steuerlich begünstigt. Als Nachweis für die Zahlung von Parteispenden genügt bis zu einem Betrag von **300 €** ein Kontoauszug eines Kreditinstituts, wenn der Verwendungszweck aufgedruckt ist. Die Zahlung von Mitgliedsbeiträgen kann durch die Vorlage von Einzahlungsbelegen oder Beitragsquittungen nachgewiesen werden. § 34 g R 10 b 1+2 EStR § 50 (4) 2 EStDV

Sowohl Zuwendungen an Parteien als auch an Wählervereinigungen sind in Höhe von jeweils maximal 1.650 € (Ledige) bzw. 3.300 € (Zusammenveranlagung) **berücksichtigungsfähig**. Sie **vermindern die tarifliche Einkommensteuer um 50 % der geleisteten Zahlung**, maximal um 50 % des berücksichtigungsfähigen Betrages. Bei Ledigen sind dies maximal 50 % von 1.650 € = 825 €, bei Verheirateten/Verpartnerten (Zusammenveranlagung) maximal 50 % von 3.300 € = 1.650 €. Bei Steuerpflichtigen, die sowohl an Parteien als auch an unabhängige Wählervereinigungen spenden, beträgt die **Steuerermäßigung** also insgesamt höchstens 1.650 € (Ledige) bzw. 3.300 € (Zusammenveranlagung). § 34 g

Diese Ermäßigung kann **sowohl** für Parteispenden bzw. Mitgliedsbeiträge beansprucht werden **als auch** für Mitgliedsbeiträge und Spenden an unabhängige Wählervereinigungen!

§ 10 b (2) Mitgliedsbeiträge und Spenden an **politische Parteien**, die über die nach § 34 g maximal berücksichtigungsfähigen 1.650 € (Ledige) bzw. 3.300 € (Zusammenveranlagung) hinausgehen, können als **Sonderausgaben** berücksichtigt werden.

Der Sonderausgabenabzug ist dabei jedoch auf 1.650 € für Ledige und 3.300 € bei Zusammenveranlagung begrenzt.

Die Reihenfolge der Berücksichtigung (zuerst § 34 g EStG, dann § 10 b EStG) ist zwingend. Es gibt kein Wahlrecht!

H 34 g EStH Eine Berücksichtigung von Mitgliedsbeiträgen und Spenden an unabhängige Wählergemeinschaften als Sonderausgaben ist **nicht möglich!**

§ 10 c (1) Weist der Steuerpflichtige weder Spenden noch andere Sonderausgaben (mit Ausnahme von Vorsorgeaufwendungen) nach, so wird ein Pauschbetrag von 36 € abgezogen. Dieser Sonderausgaben-Pauschbetrag verdoppelt sich im Falle der Zusammenveranlagung auf 72 €.

zu 3.8.4

Übungen

1 Ferdinand Gärtner ist Mitglied der X-Partei und bezahlte einen Mitgliedsbeitrag von 360 €. Herr Gärtner ist 46 Jahre alt und ledig.
Wie kann dieser Beitrag steuerlich berücksichtigt werden?

2 Annegret Bader ist unverheiratet und verdient als Angestellte 2023 brutto 35.000 €. Sie spendete 2023 einer unabhängigen Wählergemeinschaft 1.200 €. Eine Spendenbescheinigung nach amtlichem Muster liegt vor.
Wie wird diese Spende steuerlich behandelt?

3 Das Ehepaar Mahler spendet an eine unabhängige Wählergemeinschaft. Der Spendenbetrag in Höhe von 3.400 € wird ordnungsgemäß bescheinigt.
Wie hoch ist die Steuerermäßigung nach § 34 g EStG?
Wie hoch ist die abzugsfähige Spende nach § 10 b EStG?

4 Die neugegründete „Unabhängige Wählergemeinschaft (UWG) Mutterstadt" teilt der zuständigen Wahlbehörde im Jahr 2023 mit, dass sie an der nächsten Kommunalwahl 2024 teilnehmen will. Ulla Sperber spendet der UWG Mutterstadt 2023 500 €. Der Gesamtbetrag der Einkünfte von Frau Sperber im VZ 2023 beträgt 52.480 €.
a) Wie hoch ist die Steuerermäßigung nach § 34 g EStG?
b) Wie hoch ist die abzugsfähige Spende nach § 10 b EStG?
c) Was würde sich an den Ergebnissen unter a) und b) ändern, wenn die UWG an der Kommunalwahl 2024 nicht teilnimmt, sondern erst 2030 mit eigenen Kandidaten antritt?

5 Das zusammen veranlagte Ehepaar Felix und Claudia Burgmüller, Freiburg, spendete im VZ 4.000 € an die B-Partei. Eine Spendenbestätigung liegt vor.
Wie hoch ist die Steuerermäßigung nach § 34 g EStG?
Wie hoch ist der Sonderausgabenabzug nach § 10 b EStG?

6 Der Gesamtbetrag der Einkünfte von Walter Lembke (ledig, 42 Jahre) beträgt 40.000 €. Herr Lembke spendete 2023 jeweils 3.100 € an die C-Partei und an eine Unabhängige Wählergemeinschaft. Die formalen Voraussetzungen für einen Spendenabzug sind erfüllt.
Erläutern Sie, wie diese Spenden steuerlich behandelt werden!

7 Der ledige Steuerpflichtige Günther Vogt, geb. am 30.12.1960, bezahlte im VZ 2023 1.220 € Kirchensteuer. Er spendete 4.500 € für wissenschaftliche Zwecke und erwarb auf einer Versteigerung zugunsten der UNICEF das Trikot eines Sportlers zum Preis von 2.000 €. Entsprechende Belege liegen jeweils vor. Am 20.12.2023 spendete Herr Vogt der A-Partei 10.000 € für den Wahlkampf anlässlich der bevorstehenden Landtagswahl. Auch hierüber liegt ein ordnungsgemäßer Beleg vor. Seine Bruttoeinnahmen aus nicht selbstständiger Arbeit betrugen im VZ 2023 75.000 €.
Ermitteln Sie die Höhe der abzugsfähigen Spenden!

8 Jakob Fuller, 35 Jahre, verheiratet, 2 Kinder, ist Abteilungsleiter der Erich Braun Süßwaren KG in Fürth. Sein Bruttoarbeitslohn 2023 betrug 81.000 €. Weitere Einkünfte hat die Familie nicht, da die Ehefrau nicht berufstätig ist. Herr Fuller spendete in diesem Jahr der A-Partei 3.500 € und an die Lebenshilfe Fürth e.V. (mildtätiger Zweck) 8.000 €.
Zeigen Sie, wie diese Spenden steuerlich behandelt werden.

9 Die 60-jährige ledige Hannelore Klein (angestellte Verlagskauffrau) aus Kaufbeuren ist Mitglied der A-Partei. Im VZ 2023 zahlte sie an ihre Partei Mitgliedsbeiträge und Spenden in Höhe von insgesamt 2.500 €. Daneben unterstützte sie die unabhängige Wählergemeinschaft im Nachbarort mit einer Spende von 1.800 €. Da der örtliche Tierschutzverein in diesem Jahr sein 20-jähriges Bestehen feierte, wurde auch er mit einer Spende von 2.500 € bedacht.
Wie werden diese Mitgliedsbeiträge/Spenden steuerlich berücksichtigt, wenn die formalen Erfordernisse (Spendenquittungen) erfüllt sind und der Gesamtbetrag der Einkünfte der Steuerpflichtigen 50.000 € beträgt?

10 Der Gesamtbetrag der Einkünfte des ledigen Gewerbetreibenden Leo Heimann beträgt im VZ 2023 insgesamt 124.800 €. Herr Heimann spendete an eine politische Partei 2.500 € und an eine Unabhängige Wählergemeinschaft 3.000 €.
a) Wie werden diese Spenden steuerlich behandelt?
b) Wie würde sich die Lösung ändern, wenn Herr Heimann verheiratet wäre und mit seiner Ehefrau zusammen zur ESt veranlagt wird?

11 Walter Schmitt wird mit seiner Ehefrau Diana zusammen veranlagt. Er bezahlte an eine politische Partei Mitgliedsbeiträge in Höhe von 2.400 € und spendete dieser Partei weitere 1.000 €. Seine Ehefrau unterstützte eine unabhängige Wählergemeinschaft mit einer Spende von 1.200 €.
Zeigen Sie, wie diese Beiträge und Spenden steuerlich behandelt werden.

12 Uschi Strasser ist leitende Angestellte und ledig. Der Gesamtbetrag ihrer Einkünfte 2023 beträgt 70.000 €. Sie beabsichtigt in diesem Jahr einer politischen Partei Geld zuzuwenden. Wie viel müsste sie der Partei zuwenden, um die einkommensteuerlichen Berücksichtigungsmöglichkeiten in diesem Jahr voll auszuschöpfen?

3.8.5 Kinderbetreuungskosten als Sonderausgaben

Den Sonderausgabenabzug von Kinderbetreuungskosten regelt **§ 10 (1) Nr. 5** EStG für **Kinder bis 14 Jahre**.

Kind i. S. d. § 32 (1) EStG **bis 14 Jahre** oder ohne Altersgrenze bei behinderten Kindern (wenn die Behinderung vor dem 25. Lebensjahr eingetreten ist und das Kind nicht imstande ist, sich selbst zu unterhalten)

\+

Betreuungsaufwendungen sind entstanden

\+

Rechnung und **Überweisung**

10 (1) Nr. 5 **Abziehbar sind zwei Drittel der Aufwendungen, maximal 4.000 € pro Jahr und Kind als Sonderausgaben nach § 10 (1) Nr. 5 EStG**

Fall 56: Peter und Gerlinde Bader haben zwei Kinder. Die Tochter (5 Jahre) besucht den Kindergarten, der Sohn (8 Jahre) geht zur Schule. Herr Bader ist Angestellter, seine Frau studiert Wirtschaftspädagogik an der Universität Nürnberg. Für den Kindergartenbesuch der Tochter entstehen Aufwendungen in Höhe von 1.800 €/Jahr, die übrigen Betreuungskosten betragen pro Kind 1.500 €/Jahr. Die Nachweise genügen den gesetzlichen Vorschriften.
Wie und in welchem Umfang können die Kinderbetreuungskosten steuerlich geltend gemacht werden?

§ 10 (1) 5 Aufwendungen für Unterricht, die Vermittlung besonderer Fähigkeiten, sowie für sportliche und andere Freizeitbetätigungen können nicht angesetzt werden. Der Sonderausgabenabzug ist auf **zwei Drittel der Aufwendungen** zur Betreuung eines zum Haushalt des Steuerpflichtigen gehörenden Kindes im Sinne des § 32 Abs. 1 EStG, maximal **4.000 € je Kind und Jahr** begrenzt.Voraussetzung für den Abzug ist, dass der Steuerpflichtige die Aufwendungen durch Vorlage einer **Rechnung** (bzw. Bescheid über die Höhe der Kindergartenkosten) und die **Zahlung auf das Konto** des Erbringers der Leistung nachweist. Sofern Ehegatten/Lebenspartner eine getrennte Veranlagung beantragen, muss eine einvernehmliche Zuordnung der Kinderbetreuungskosten erfolgen, sonst werden sie diesen jeweils zur Hälfte zugerechnet.

Ist das Kind nicht unbeschränkt einkommensteuerpflichtig, ist der Höchstbetrag für den Sonderausgabenabzug nach den Verhältnissen des Wohnsitzstaates zu kürzen.

Kinderbetreuungskosten für ältere Kinder sind bei Vorliegen der gesetzlichen Voraussetzungen ggf. als Haushaltsnahe Dienstleistung abziehbar (vgl. Kap. 3.12.5).

Übungen

1 Fritz Zehentner ist berufstätig und wohnt in Mannheim. Er ist verheiratet und hat zwei Kinder. Ihm entstehen durch den Kindergartenbesuch seines Sohnes Heinz, vier Jahre, 2023 Aufwendungen in Höhe von 540 €, davon 60 € für Verpflegung. Die Mutter ist seit der Geburt der Tochter Ina, die am 01. Mai 2023 ein Jahr alt wurde, nicht mehr berufstätig.
Wie werden die Kindergartenkosten steuerlich berücksichtigt?

2 Regina Bachmeier ist angestellte Steuerberaterin. Ihr Mann Tom kümmert sich um die beiden Kinder Lisa (2 Jahre) und Sandra (5 Jahre). Für den Kindergartenbesuch von Sandra bezahlt Familie Bachmeier 60 €/Monat. Für einen von der örtlichen Wasserwacht organisierten Schwimmkurs für Kindergartenkinder, der von Sandra besucht wurde, überwiesen die Eltern einen Eigenbeitrag von 25 €. Lisa besucht stundenweise eine „Krabbelgruppe" in privater Trägerschaft. Hierfür entstehen jährliche Kosten von 1.020 €.
In welchem Umfang ist ein Sonderausgabenabzug der Kinderbetreuungskosten möglich?

3 Tina und Mark Krause sind Studenten. Sie arbeiten beide neben dem Studium in einem Minijob für jeweils 504 € monatlich. Die gemeinsame Tochter Anna-Lena ist zwei Jahre alt. Für die Betreuung durch eine vom Jugendamt vermittelte Tagesmutter mussten sie einen Eigenbeitrag von 200 €/Monat leisten.
Ist eine steuerliche Berücksichtigung dieser Kosten möglich?

4 Ein Alleinverdiener-Ehepaar hat Zwillinge (5 Jahre), die beide den Kindergarten besuchen. Der Ehemann ist Rechtsanwalt mit eigener Kanzlei, die Ehefrau ist nicht berufstätig. Die Kindergartenkosten betragen 120 € je Monat und Kind.
In welcher Höhe kann das Ehepaar für die Kinderbetreuung einen Sonderausgabenabzug geltend machen?

5 Otmar Klaus, 13 Jahre, besucht ein privates Gymnasium in Nürnberg. Seine Eltern (beide Arbeitnehmer) bezahlen ein monatliches Schulgeld von 600 € einschließlich Verpflegung von 160 €. Für ein Nachhilfeinstitut bezahlen die Eltern von Februar bis Mai insgesamt 320 €.
Welchen Betrag können die Eltern als Sonderausgaben geltend machen?

6 Friedrich Lingert, geb. 30.09.2017, besucht während des ganzen Jahres 2023 den Kindergarten, da er erst 2024 eingeschult werden soll. Den Eltern entstehen Kindergartenkosten in Höhe von 600 €. Der Vater von Friedrich ist berufstätig, die Mutter Hausfrau.
Wie werden die Kindergartenkosten steuerlich berücksichtigt?

7 Hajo Müller (Angestellter) und seine Ehefrau Martina (Hausfrau) haben eine gemeinsame Tochter (Lea, geb. 02.05.2019), die den Kindergarten besucht. Die Eltern bezahlten 2023 hierfür insgesamt 1.440 € (ohne Verpflegung).
Wie werden diese Ausgaben steuerlich berücksichtigt?

8 Sebastian Franke ist bei einer Bank beschäftigt. Seine Freundin, mit der er zusammenlebt, studiert Kunstgeschichte. Die gemeinsame Tochter (Sarah-Marie, 1 Jahr) lebt ebenfalls in diesem Haushalt. Für die Ganztagsbetreuung von Sarah-Marie in einer Kinderkrippe fallen monatlich 350 € (einschließlich 50 € Verpflegung) an, die von Sebastian Franke getragen und durch Überweisung beglichen werden.
Wie werden diese Kosten steuerlich berücksichtigt?

3.8.6 Vorsorgeaufwendungen

3.8.6.1 Abzugsfähige Aufwendungen zur Altersvorsorge (Grundversorgung)

Zu den **abzugsfähigen Aufwendungen zur Altersvorsorge** (i.S.d. §§ 10 Abs. 1 Nr. 2a und b EStG) gehören die Beiträge

- zur gesetzlichen Rentenversicherung (Pflichtbeiträge und freiwillige Beiträge)
- zu landwirtschaftlichen Alterskassen
- zu berufsständischen Versorgungseinrichtungen, die der gesetzlichen Rentenversicherung vergleichbare Leistungen erbringen
- zum Aufbau einer eigenen kapitalgedeckten Altersversorgung (Rürup-Rente) wenn bestimmte Förderkriterien erfüllt sind (u.a. **keine** Übertragbarkeit/Beleihbarkeit, Veräußerbarkeit, Kapitalisierbarkeit, Vererbbarkeit).

§ 10 (1) Nr. 2 S. 6 Diesen Beiträgen ist noch der nach § 3 Nr. 62 EStG steuerfreie Arbeitgeberanteil zur gesetzlichen Rentenversicherung hinzuzurechnen.

§ Die in § 10 Abs. 1 Nr. 2 EStG genannten Vorsorgeaufwendungen sind gemäß § 10 Abs. 3 EStG bis zum Höchstbeitrag zur knappschaftlichen Rentenversicherung in Höhe von 26.528 € (2023) als Sonderausgaben zu berücksichtigen (Verdoppelung bei Ehegatten/Lebenspartnern auf 53.056 €). Von den ermittelten Vorsorgeaufwendungen bzw. vom Höchstbetrag sind ab 2023 **100 %** anzusetzen, abzüglich des nach § 3 Nr. 62 EStG steuerfreien Arbeitgeberanteils zur Rentenversicherung, § 10 (3) S. 5 EStG..

Beispiel

Lediger Arbeitnehmer:
Der ledige Angestellte Felix Müller bezieht 2023 einen Bruttoarbeitslohn von 36.000 €. Bei einem Beitragssatz von 18,6% zur gesetzlichen Rentenversicherung beträgt der Gesamtbeitrag hierzu 6.696 €, der zu 50% vom Arbeitgeber (= 3.348 €) und zu 50% vom Arbeitnehmer (= 3.348 €) getragen wird.

Lösung:
Berechnung der als Sonderausgaben abzugsfähigen Aufwendungen zur Altersvorsorge:

Gesamtbeitrag zur gesetzl. RV	6.696,00 €	Höchstbetrag zur knappschaftl. Rentenversicherung:	26.528,00 €
– steuerfr. Arbeitgeberbeitrag	3.348,00 €	– Arbeitgeberbeitrag	3.348,00 €
abzugsf. Vorsorgeaufwend.	3.348,00 €	maximal abzugsfähig	23.180,00 €

2023 anzusetzende Sonderausgaben: 3.348,00 €

Der Höchstbetrag ist nach § 10 Abs. 3 S. 3 EStG bei Arbeitnehmern, die ganz oder teilweise Anspruch auf eine Altersversorgung ohne eigene Beitragsleistung haben um den Betrag zu **kürzen**, der dem fiktiven **Gesamtbeitrag** (Arbeitgeber- und Arbeitnehmerbeitrag) **zur gesetzlichen Rentenversicherung** entspricht.

Zu diesem Personenkreis des § 10 Abs. 3 Nr. 1 und 2 EStG gehören Beamte, rentenversicherungsfrei Beschäftigte, Vorstandsmitglieder einer AG, beherrschende GmbH-Geschäftsführer, Abgeordnete (Einkünfte i.S.d. § 22 Nr. 4 EStG)

Dieser Höchstbetrag ist mit den tatsächlich geleisteten Aufwendungen zur Altersvorsorge zu vergleichen, der niedrigere Betrag ist anzusetzen.

Beispiel

Lediger Beamter:
Der ledige Beamte Peter Schmidt bezieht 2023 einen Bruttoarbeitslohn von 36.000 €. Arbeitgeber- und Arbeitnehmerbeitrag zur gesetzlichen Rentenversicherung betragen 0 € (fiktiver Beitrag: 18,6% von 36.000 € = 6.696 €). Der Beamte bezahlt jedoch Beiträge in Höhe von 2.400 €/Jahr zum Aufbau einer eigenen kapitalgedeckten Altersversorgung. Die gesetzlichen Voraussetzungen des § 10 Abs. 1 Nr. 2 a und b EStG sind erfüllt.

Lösung:

Berechnung der als Sonderausgaben abzugsfähigen Aufwendungen zur Altersvorsorge:
Gesamtbeitrag zu abzugsfähigen Vorsorgeaufwendungen 2.400,00 €

Höchstbetrag:	
maximal	26.528,00 €
– fiktiver Gesamtbeitrag zur gesetzlichen RV 18,6% von 36.000,00 €	6.696,00 €
= gekürzter Höchstbetrag	19.832,00 €

2023 anzusetzende Sonderausgaben: 2.400,00 €

Im Gegensatz zu Beamten und Arbeitern/Angestellten müssen Selbstständige und Unternehmer ihre Aufwendungen für die Altersvorsorge selbst tragen. Neben der Möglichkeit eine private Rente abzuschließen bezahlen sie teilweise Pflichtbeiträge an berufsständische Versorgungswerke.

Beispiel

Lediger Selbstständiger:
Der ledige Rechtsanwalt Markus Bauer hat in Mannheim eine eigene kleine Kanzlei. Da er alleine für seine Alterssicherung sorgen muss, bezahlt er 2023 zum Aufbau einer kapitalgedeckten Altersversorgung i. S. d. § 10 Abs. 1 Nr. 2b EStG Beiträge in Höhe von 14.000€/Jahr und zu einer berufsständischen Versorgungseinrichtung i. S. d. § 10 Abs. 1 Nr. 2a EStG einen Jahresbeitrag von 12.000 €.

Lösung:
Berechnung der als Sonderausgaben abzugsfähigen Aufwendungen zur Altersvorsorge:

Gesamtbeiträge zu abzugsfähigen Vorsorgeaufwendungen: 26.000 €

Höchstbetrag: maximal 26.528,00 €

2023 anzusetzende Sonderausgaben: 26.000,00 €

Bei zusammen veranlagten Ehegatten/Lebenspartnern verdoppelt sich auch hier der Höchstbetrag auf 53.056 €. § 10 (3) S. 2

Fall 57: Alisa Bauer und Wolfgang Bauer sind beide rentenversicherungspflichtige Angestellte und seit 8 Jahren verheiratet. Frau Bauer verdient brutto 40.000 €, Herr Bauer 35.000 €. Beide haben eine private „Rürup-Rente" abgeschlossen, für die sie jeweils einen Beitrag in Höhe von 300 €/Monat bezahlen.

Wie hoch sind 2023 die als Sonderausgaben zu berücksichtigenden Aufwendungen zur Altersvorsorge des Ehepaares Bauer?

Übungen

1 Ein selbstständiger Unternehmensberater (ledig) aus Hamburg bezahlt 2023 für eine private Leibrentenversicherung (Rürup-Rente) und eine berufsständische Versorgungseinrichtung jeweils 10.000 €. Wie hoch ist der Sonderausgabenabzug, den er daraus 2023 geltend machen kann?

2 Der Arbeitnehmerbeitrag zur gesetzlichen Rentenversicherung eines sozialversicherungspflichtig Beschäftigten beträgt 4.000 €.

a) Wie hoch sind 2023 die als Sonderausgaben abzugsfähigen Aufwendungen zur Altersvorsorge des Arbeitnehmers?

b) Was würde sich an der Lösung ändern, wenn der Arbeitnehmer für eine private Leibrentenversicherung 1.000 €/Jahr aufwendet?

3 Der ledige Beamte Paul Bürger (B) bezieht 2023 ein Bruttogehalt in Höhe von 28.000 €.

a) Berechnen Sie die als Sonderausgaben abziehbaren Aufwendungen zur Altersvorsorge des Beamten (Basisversorgung).

b) In welchem Umfang müsste B 2023 Beiträge in eine private Leibrentenversicherung bezahlen, um den maximalen Abzugsbetrag ausnutzen zu können?

4 Klaus Bremer (40 Jahre, ledig) ist als Hauptabteilungsleiter bei einem großen Industrieunternehmen in München beschäftigt. Sein Bruttogehalt 2023 beträgt 60.000 €.

a) Berechnen sie die 2023 als Sonderausgaben abzugsfähigen Aufwendungen zur Altersvorsorge von Klaus Bremer.

b) In welchem Umfang müsste Herr Bremer 2023 Beiträge in eine private Leibrentenversicherung bezahlen, um den Höchstbetrag ausnutzen zu können?

5 Der selbstständige Anlageberater Justus Grüner ist verheiratet. Er wird mit seiner Ehefrau Lisa (Hausfrau) zusammen veranlagt. Herr Grüner bezahlt 2023 zum Aufbau einer eigenen kapitalgedeckten Altersversorgung (Rürup-Rente) einen Gesamtbeitrag in Höhe von 24.000 €.

Berechnen Sie die als Sonderausgaben abziehbaren Aufwendungen zur Altersvorsorge 2023!

6 Ein Lehrerehepaar aus Berchtesgaden (beide Beamte) bezieht 2023 ein Gehalt von jeweils 36.810 € brutto. Jeder Ehepartner bezahlt zum Aufbau einer eigenen kapitalgedeckten Altersversorgung einen Jahresbeitrag in Höhe von 3.000 €.

Wie hoch sind die abziehbaren Aufwendungen zur Altersvorsorge des Ehepaares 2023?

7 Eine ledige Angestellte aus Leipzig erhält 2023 ein Bruttogehalt von 50.000 €.

a) Berechnen Sie die als Sonderausgaben abziehbaren Aufwendungen zur Altersvorsorge der Angestellten im Jahr 2023, wenn der Beitragssatz zur gesetzlichen Rentenversicherung 18,6 % beträgt.

b) Wie würde sich die Lösung a) ändern, wenn die Angestellte verheiratet wäre (Ehemann = Hausmann)?

8 Ein lediger Beamter aus Emden mit einem Bruttogehalt von 52.000 € bezahlt 2023 einen Beitrag in Höhe von 1.000 € im Monat für eine zusätzliche private kapitalgedeckte Altersversorgung (Rürup-Rente).
Wie hoch sind seine als Sonderausgaben anzusetzenden Altersvorsorgeaufwendungen?

9 Das Ehepaar Susi und Frank Erdmann wird zusammen zur Einkommensteuer veranlagt. Frau Erdmann ist selbstständige Augenärztin und bezahlt 2023 insgesamt 24.000 € an eine berufsständische Versorgungseinrichtung. Herr Erdmann ist Beamter und verdient brutto 48.000 €.

a) Wie hoch sind die 2023 anzusetzenden Altersvorsorgeaufwendungen des Ehepaares?
b) Was würde sich an der Lösung ändern, wenn Herr Erdmann 3.000 € in eine private Rürup-Rente einbezahlt?

10 Ein lediger Unternehmer bezahlt 2023 für eine private Rürup-Rente 12.000 € Jahresbeitrag. Für eine bereits 2004 abgeschlossene Versicherung i. S. d. § 10 (1) Nr. 2b bezahlt er einen Jahresbeitrag von 6.000 €. Seine Einkünfte i. S. d. § 15 EStG betrugen 2023 insgesamt 85.000 €.
Ermitteln Sie die anzusetzenden Aufwendungen zur Altersvorsorge (Grundversorgung) des Unternehmers im Jahr 2023.

11 Bettina von Bramerhof ist als Arbeitnehmerin in der gesetzlichen Renten- und Krankenversicherung (Beitragssatz der Krankenkasse: 16,2 %) pflichtversichert. Ihr Bruttoarbeitslohn 2023 beträgt 30.000 €.
Berechnen Sie die als Sonderausgaben abzugsfähigen Aufwendungen zur Altersvorsorge für 2023!

12 Eine sozialversicherungspflichtig beschäftigte Arbeitnehmerin aus Reutlingen bezog 2023 ein Bruttogehalt von 46.000 €. Zusätzlich erhielt sie ein Weihnachtsgeld in Höhe von 4.000 €.

a) Berechnen Sie die als Sonderausgaben abziehbaren Aufwendungen zur Altersvorsorge 2023!
b) Wie würde sich die Lösung ändern, wenn die Arbeitnehmerin 2023 zusätzlich 6.000 € für den Aufbau einer eigenen kapitalgedeckten Altersversorgung bezahlt?

13 Boris Lauer, ledig, arbeitet als leitender Angestellter für einen Automobilhersteller in Leipzig. Sein steuer- und sozialversicherungspflichtiges Bruttogehalt 2023 betrug insgesamt 51.000 €.

a) Wie hoch sind die 2023 anzusetzenden Altersvorsorgeaufwendungen (Grundversorgung) des Steuerpflichtigen?
b) Wäre es unter steuerlichen Aspekten sinnvoll für den Aufbau einer eigenen kapitalgedeckten Altersversorgung 2023 einen Monatsbeitrag von 500 € zu bezahlen?

14 Eine gesetzlich krankenversicherte Steuerpflichtige (Mitversicherung beim Ehegatten) übt während des ganzen Jahres 2023 eine geringfügige Beschäftigung in Ravensburg aus. Sie säubert abends zwei Stunden lang an 20 Arbeitstagen im Monat das Büro einer Steuerkanzlei. Der Arbeitslohn je Stunde beträgt 12 € (RV-befreit). Er wird jeweils zum Monatsende bar gezahlt. Der Arbeitgeber übernimmt die zu zahlenden Abgaben.
In welchem Umfang kann die Steuerpflichtige Aufwendungen zur Altersvorsorge (Grundversorgung) steuerlich geltend machen?

3.8.6.2 › Sonstige Vorsorgeaufwendungen

§ 10 (1) Nr. 3a + b

Beiträge zur Kranken (KV)- oder Pflegeversicherung

Leistungen der KV entsprechen einem Basistarif	**Anspruch auf Krankengeld**
unbeschränkt abziehbar	**Kürzung um 4 %**

Nicht abziehbar sind Beiträge für Wahltarife (Chefarztbehandlung, Einzelzimmer, etc.)

> **Fall 58:** Werner Bossert (B) ist Angestellter und hat eine private Krankenversicherung abgeschlossen, für die er monatlich 400 € bezahlt. Er hat keinen Anspruch auf Krankengeld. Für seine Pflegeversicherung wendet er 200 €/Monat auf. Von seinem Krankenversicherungsbeitrag entfallen 10 % auf Komfortleistungen. Er erhält keinen steuerfreien Zuschuss zu seiner Krankenversicherung.
>
> Wie hoch sind die sonstigen Vorsorgeaufwendungen von B?

§ 10 (4) S. 4; § 10 (1) Nr. 3 Buchstabe a S. 4

Die Beiträge eines Steuerpflichtigen zu einer gesetzlichen oder privaten **Basis-Krankenversicherung** und zur gesetzlichen oder privaten **Pflege-Pflichtversicherung** können als **sonstige Vorsorgeaufwendungen unbeschränkt abgesetzt** werden. Dies gilt auch für einen eventuell von der Krankenkasse erhobenen Zusatzbeitrag. Sollte der Versicherte in der Krankenversicherung einen Anspruch auf Krankengeld haben ist sein Krankenversicherungsbeitrag um **4 % zu kürzen.** Der kassenindividuelle Zusatzbeitrag ist Bestandteil des Krankenversicherungsbeitrages und deshalb in die Bemessungsgrundlage für die Ermittlung des vierprozentigen Kürzungsbetrages mit einzubeziehen. Für gesetzlich krankenversicherte Rentner und bei Beamten erfolgt keine Kürzung, da sie keinen Anspruch auf Krankengeld haben. Private Krankenversicherungsbeiträge sind nur in der Höhe zu berücksichtigen, der einem **Basistarif** entspricht. Wahltarife in der gesetzlichen Krankenversicherung bleiben außer Ansatz, wenn der Höchstbetrag überschritten wird.

§ 10 (1) Nr. 3 S. 2

Als sonstige Vorsorgeaufwendungen sind die Beiträge anzusetzen, die der Steuerpflichtige als Versicherungsnehmer für sich selbst, für seinen Ehegatten oder eingetragenen Lebenspartner und für seine Kinder leistet. Ist ein steuerlich zu berücksichtigendes Kind Versicherungsnehmer und übernimmt der Steuerpflichtige dessen Beiträge, können sie ebenfalls bei ihm angesetzt werden (z. B. studentische Krankenversicherung). Eine weitere Berücksichtigung bei seinem Kind ist dann jedoch nicht mehr möglich.

BMF-Schreiben v. 16.12.2021

Von den Beiträgen, die steuerlich geltend gemacht werden können, sind im gleichen Jahr erhaltene Beitragsrückerstattungen der Versicherung, Prämienzahlungen, Bonusleistungen, Sachprämien, die auf den Basiskrankenversicherungsschutz entfallen und 150 € übersteigen sowie steuerfrei erhaltene Arbeitgeberzuschüsse abzuziehen.

Weitere sonstige Vorsorgeaufwendungen

In § 10 Abs. 1 Nr. 3 a EStG sind die Beiträge genannt, die ebenfalls als „sonstige Vorsorgeaufwendungen" geltend gemacht werden können. Hierzu gehören Beiträge zu

- Versicherungen gegen Arbeitslosigkeit
- Erwerbs- und Berufsunfähigkeitsversicherungen
- Beiträge zu einer Kranken- und Pflegeversicherung, soweit sie über eine Basisabsicherung hinausgehen
- Unfall- und Haftpflichtversicherungen
- Risikolebensversicherungen, die nur für den Todesfall eine Leistung vorsehen
- Kapitallebensversicherungen und Rentenversicherungen mit Laufzeitbeginn und erster Beitragszahlung vor dem 01.01.2005 mit 88 %

Höchstgrenzen § 10 (4)

1.900 €	2.800 €
Arbeitnehmer und Beihilfeberechtigte	Selbstständige

Bei zusammen veranlagten Ehegatten wird der gemeinsame Höchstbetrag aus der Summe des jedem Ehegatten zustehenden Höchsbetrags gebildet; § 10 (4) S. 3 EStG. Die genannten **Beiträge sind nur anzusetzen**, wenn die **Höchstbeträge nicht** schon durch **Zahlungen für Kranken- und Pflegeversicherung nach § 10 (1) Nr. 3 ausgeschöpft** bzw. überschritten sind.

Beispiel

Ein Angestellter und ein Beamter verdienen brutto jeweils 36.000 €, ein Selbstständiger erwirtschaftet einen Gewinn von 60.000 €. Nur der Beamte und der Selbstständige bezahlen Beiträge i. S. d. § 10 Abs. 1 Nr. 2b EStG (Beitrag 1.200 € bzw. 20.000 €).
Die Kranken- und Pflegeversicherungsbeiträge betragen beim Beamten 380 € und beim Selbstständigen 500 € monatlich (jeweils ohne Komfortleistungen. Der Angestellte bezahlt für die gesetzliche Krankenversicherung 2.916 €/Jahr (mit Anspruch auf Krankengeld) und für die Pflegeversicherung 549 €/Jahr.
Wie hoch sind die abziehbaren Vorsorgeaufwendungen insgesamt?

Lösung:

	Angestellter	**Beamter**	**Selbstständiger**
Abzugsfähige Aufwendungen zur Altersvorsorge		**1.200,00 €**	**20.000,00 €**
18,6 % von 36.000 €	6.696,00 €		
– Arbeitgeberanteil RV	3.348,00 €		
	3.348,00€		
Sonstige abziehbare Vorsorgeaufwendungen			
Kranken-/Pflegeversicherung	**~ 3.349,00 €**	**4.560,00 €**	**6.000,00 €**
Insgesamt abzugsfähige Vorsorgeaufwendungen	**6.697,00 €**	**5.760,00 €**	**26.000,00 €**

> **Fall 59:** Hannelore Schindler (S) ist Angestellte und hat eine private Krankenversicherung ohne Anspruch auf Krankengeld abgeschlossen, für die sie monatlich 350 € bezahlt. Für ihre Pflegeversicherung wendet sie 200 €/Monat auf. Von ihrem Krankenversicherungsbeitrag entfallen 10% auf Komfortleistungen. Daneben bezahlt sie noch folgende Jahresbeiträge: Rentenversicherung 6.725,70 €; Arbeitslosenversicherung 1.015,20 €; Beiträge zu Unfall- und Haftpflichtversicherungen 360,00 €; Beitrag zu einer Risikolebensversicherung 480,00 €.
>
> Wie hoch sind die sonstigen Vorsorgeaufwendungen von S?

§ 10 (4) S. 2 Wenn der Steuerpflichtige ganz oder teilweise ohne eigene Aufwendungen Anspruch auf eine Übernahme von Krankheitskosten hat, wird dieser Höchstbetrag allerdings auf **1.900 €** im Jahr begrenzt. Zu den hiervon betroffenen Personengruppen gehören

- Beamte (Anspruch auf Beihilfe im Krankheitsfall) und beihilferechtlich berücksichtigungsfähige Ehegatten oder Lebenspartner
- Arbeitnehmer (Anspruch auf steuerfreie Arbeitgeberleistungen i. S. d. § 3 Nr. 62 EStG) und
- Rentner (Anspruch auf steuerfreie Zuschüsse zur Krankenversicherung i.S.d. § 3 Nr. 14 EStG)

Der Höchstbetrag von **2.800 €** gilt für **Selbstständige** (kein Arbeitgeberzuschuss).

§ 10 (4) S.3 Bei Zusammenveranlagung ergibt sich der gemeinsame Höchstbetrag aus der Summe der jedem Ehegatten/Lebenspartner zustehenden Höchstbeträge.

3.8.6.3 › Vorsorgepauschale

§ 39b (2) Eine **Vorsorgepauschale** wird nur noch im **Lohnsteuerabzugsverfahren** berücksichtigt.
S. 5 Nr. 3 **Bemessungsgrundlage** für die Berechnung der Vorsorgepauschale sind die folgenden Teilbeträge
a) für die Rentenversicherung
b) für die gesetzliche Kranken- und Pflegeversicherung
c) für die private **Basis**kranken- und Pflegepflichtversicherung des nicht um den Versorgungsfreibetrag und den Altersentlastungsbetrag verminderten **Arbeitslohns**.
Kranken- und Pflegeversicherungsbeiträge werden als Vorsorgeaufwendungen mit ei-
§ 39 b (2) ner **Mindestpauschale von 12% des steuerpflichtigen Arbeitslohns,** höchstens mit
S.2 **1.900 €** in den Steuerklassen I, II, IV, V und VI und mit **3.000 €** in der Steuerklasse III jährlich berücksichtigt.
Beiträge zur gesetzlichen Krankenversicherung werden um 4% gekürzt, wenn ein Anspruch auf Krankengeld besteht.
Übersteigen die **Basisbeiträge** einer **privaten** Kranken- und Pflegeversicherung die Mindestpauschale, können die darüber hinausgehenden Beiträge berücksichtigt werden, wenn sie durch eine Bescheinigung der privaten Krankenversicherung nachgewiesen werden. Beiträge für Zusatzleistungen wie Chefarztbehandlung, Einbettzimmer können nicht angesetzt werden.

Übungen

zu 3.8.6.2 und 3.8.6.3

1 Ein selbstständiger Architekt bezahlt für seine private Kranken- und Pflegeversicherung 2023 einen Jahresbeitrag von 6.000 € (Basisversicherung).
a) Wie und in welchem Umfang kann er diese Zahlung als Vorsorgeaufwendungen geltend machen?
b) Wie ändert sich dieses Ergebnis 2024, wenn die Beiträge auf insgesamt 6.300 € steigen?

2 Der Beamte Manfred Baader hat 2003 eine Risikolebensversicherung abgeschlossen, um seinen unehelichen Sohn im Falle seines Todes abzusichern. Er bezahlte dafür 2023 einen Jahresbeitrag in Höhe von 480 €. Wie kann er diesen Beitrag steuerlich geltend machen?

3 Die ledige Beamtin Anna Mader bezahlt 2023 einen Monatsbeitrag von 250 € für ihre Kranken- und 50 € für ihre Pflegeversicherung (keine Komfortleistungen) sowie 200 € je Monat für eine Kapitallebensversicherung, die 2004 abgeschlossen wurde.
a) Wie hoch sind die sonstigen Vorsorgeaufwendungen, die die Beamtin geltend machen kann?
b) Wie würde sich die Lösung bei gleich hohen Beiträgen ändern, wenn Frau Mader als Angestellte beschäftigt und gesetzlich krankenversichert wäre?

4 Ein Lehrerehepaar (beide Beamte) verdient brutto jeweils 40.000 €. Wie hoch sind die anzusetzenden sonstigen Vorsorgeaufwendungen, wenn er 220 €/Monat und sie 265 €/Monat für Kranken- und Pflegeversicherung bezahlen und jeweils 10 % auf Komfortleistungen entfallen?

5 Manuel Reiter, 36 Jahre (kinderlos) verdient als Küchenhelfer 16.000 € brutto/Jahr. Die Beitragssätze betragen für die Krankenversicherung 16,2 %, für die Pflegeversicherung 3,40 % und für die Arbeitslosenversicherung 2,6%. Herr Reiter hat 2004 eine Kapitallebensversicherung abgeschlossen, für die er monatlich 60 € bezahlt.
Wie hoch sind 2023 seine abziehbaren Vorsorgeaufwendungen insgesamt?

6 Der Bruttoarbeitslohn des verheirateten Angestellten Ingo Arnold (2 Kinder) beträgt 50.000 €. Frau Arnold ist nicht berufstätig, sie erzielt keine Einkünfte.
a) Wie hoch sind die sonstigen Vorsorgeaufwendungen i.S.d. § 10 (1) Nr. 3 a+b EStG von Herrn Arnold; Beitragssatz der Krankenversicherung: 16,2 %?
b) Was würde sich an den Lösungen zu a) ändern, wenn Herr Arnold Beamter wäre und sein Gesamtaufwand für Kranken- und Pflegegversicherung (Basisversorgung) 380 €/Monat beträgt?

7 Die Beamtenanwärterin Sophie Möller bezieht ein Bruttogehalt von 15.600 €.
Wie hoch sind ihre 2023 anzusetzenden sonstigen Vorsorgeaufwendungen, wenn sie für ihre private Kranken- und Pflegeversicherung 152 €/Monat bezahlt (Basisversorgung)?

8 Richard Huber ist selbstständiger Steuerberater, seine Frau Angestellte mit einem Bruttogehalt von 14.800 €/Jahr. Herr Huber bezahlt 2023 für seine private Kranken- und Pflegeversicherung 3.800 € (Basisversorgung). Der Beitragssatz der Krankenkasse von Frau Huber liegt bei 16,2 %. Der Beitragssatz zur Pflegeversicherung beträgt 3,05 % zuzüglich 0,35 % für Kinderlose und 2,6 % zur Arbeitslosenversicherung.
Wie hoch sind die sonstigen Vorsorgeaufwendungen i.S.d. § 10 (1) Nr. 3 a+b und Nr. 3a, die das kinderlose Ehepaar geltend machen kann?

9 Der selbstständige Handelsvertreter Egon Greifenberg (G) ist 45 Jahre alt und ledig. Er erzielte im VZ 2023 einen Gewinn in Höhe von 60.380 €. G bezahlte im VZ 2022 Beiträge für folgende Versicherungen (Jahresbeträge):

Freiwillige private Pflegeversicherung	240 €
Private Krankenversicherung (Basisversorgung)	5.360 €
Haftpflichtversicherung für den Privat-Pkw	475 €
Kaskoversicherung für den Privat-Pkw	375 €
Lebensversicherung (88 %)	2.400 €

Wie hoch sind die abzugsfähigen Vorsorgeaufwendungen insgesamt?

10 Egon Hausmann (H), 34 Jahre, ledig, kinderlos, ist als Steuerfachangestellter in einer Münchner Steuerkanzlei beschäftigt. Sein Bruttogehalt beträgt 24.840 €. H bezahlte Beiträge für folgende Versicherungen (pro Jahr):

Freiwillige private Pflegeversicherung	210 €
Gesetzliche Pflegeversicherung	465,75 €
Gesetzliche Krankenversicherung (mit Zusatzbeitrag)	2.012,04 €
Lebensversicherung, Abschluss 2004, 88 %	1.000 €
Arbeitslosenversicherung	322,92 €
Haftpflichtversicherung	130 €
Hausratversicherung	160 €
Rechtschutzversicherung	145 €
Hundehaftpflichtversicherung (Bernhardiner)	90 €

Ermitteln Sie die Vorsorgeaufwendungen für 2023!

11 Erna und Karl Orterer sind seit 40 Jahren verheiratet. Herr Orterer, 75 Jahre, bezieht eine Pension von jährlich 38.000 €. Frau Orterer, 76 Jahre, erhält eine Pension von 39.400 €/Jahr. Beide sind mit 65 Jahren aus dem aktiven Arbeitsleben ausgeschieden und beziehen keine weiteren Einkünfte. Herr Orterer bezahlt für seine private Krankenversicherung einen Jahresbeitrag von 3.200 €, Frau Orterer 3.500 € (jeweils Basisversorgung). Sonstige Versicherungen i. S. d. § 10 EStG bestehen nicht mehr.

Wie hoch sind die abziehbaren Sonderausgaben des Ehepaares 2023?

12 Die Eheleute Hans Bauer (Gewerbetreibender) und Rita Bauer (Hausfrau) werden zusammen zur Einkommensteuer veranlagt. Sie bezahlen 2023 folgende Versicherungsbeiträge:

Leibrentenversicherung i. S. d. § 10 (1) Nr. 2b EStG	2.000,00 €
Private Kranken- und Pflegeversicherung	6.000,00 €
Haftpflichtversicherungen	1.200,00 €
Kapitallebensversicherungen (Versicherungsbeginn 1998, Laufzeit 25 Jahre)	3.600,00 €
Kapitallebensversicherung (Versicherungsbeginn 2004, Laufzeit 20 Jahre)	3.000,00 €

Wie hoch sind die Vorsorgeaufwendungen insgesamt (Grundversorgung und sonstige Vorsorgeaufwendungen), die das Ehepaar Bauer 2023 steuerlich geltend machen kann?

3.8.7 Altersvorsorgesparleistungen

Altersvorsorgesparleistungen, die den gesetzlichen Anforderungen genügen (zugunsten eines zertifizierten Vertrages), können unabhängig vom Einkommen als **Sonderausgaben** berücksichtigt werden. Die Sparbeiträge (Summe aus Eigenbetrag und Anspruch auf staatliche Zulage) können bis zu den folgenden Höchstbeträgen angesetzt werden: §10 a (1) EStG

Veranlagungszeitraum	Höchstbetrag
ab 2008	2.100 €

Das Finanzamt prüft,ob der Steuervorteil, der sich aus dem Sonderausgabenabzug ergibt oder die Zulage für den Steuerpflichtigen günstiger ist **(Günstigkeitsprüfung)**. Der Anleger muss lediglich in der Einkommensteuererklärung die **Anlage AV-Altersvorsorge** ausfüllen: §10 a (2) EStG

Fall 1	**Fall 2**
Steuervorteil aus Sonderausgabenabzug < Zulage	Steuervorteil aus Sonderausgabenabzug > Zulage
Zulage	**Sonderausgaben-Abzug**

Im Fall 2 wird der sich aus dem zusätzlichen Sonderausgabenabzug ergebende Steuervorteil gesondert festgestellt und die tarifliche Einkommensteuer um den Anspruch auf Zulage erhöht. §10 a (4) EStG

Gehören bei einem Ehepaar beide Ehegatten zum begünstigten Personenkreis, kann jeder Ehegatte Altersvorsorgesparleistungen als Sonderausgaben geltend machen. Nicht ausgeschöpfte Abzugsbeträge können jedoch nicht von einem Ehegatten auf den anderen übertragen werden.

Die Mindest-Eigenleistung für die Beanspruchung der vollen Förderung beträgt

seit 2008 = 4 %

der in der gesetzlichen Rentenversicherung beitragspflichtigen Einnahmen des Vorjahres, abzüglich der Zulagen. Seit 2005 muss für die volle Altersvorsorge ein Mindestbeitrag von 60 € geleistet werden.

Die Zulagen betragen:

Jahr	Grundzulage	Kinderzulage	
		bis 2007 geboren	ab 2008 geboren
bis 2017	154 €		
2022	175 €	185 €	300 €

Berufseinsteiger bis 25 Jahre erhalten zusätzlich eine einmalige Zulage von 200 €.

Beispiel

Eine Steuerpflichtige mit einem zu berücksichtigenden Kind, 4 Jahre alt, hat im Jahr 2023 ein beitragspflichtiges Jahreseinkommen von 53.000 €.
Der Mindest-Eigenbetrag beträgt 4 % von 53.000 € = 2.120 €, **max. 2.100 €**, abzüglich Grundzulage 175 € und Kinderzulage 300 €, also 1.625 €.

3.9 Außergewöhnliche Belastungen

= Einem Steuerpflichtigen erwachsen zwangsläufig größere Aufwendungen als der überwiegenden Mehrzahl der Steuerpflichtigen gleicher Einkommens- und Vermögensverhältnisse und gleichen Familienstands.

	Gesamtbetrag der Einkünfte
–	Verlustabzug
–	Sonderausgaben
–	**außergewöhnliche Belastungen**
=	Einkommen

Außergewöhnliche Belastungen (agB)		
allgemeiner Art	**in besonderen Fällen**	
§ 33	**§ 33 a**	**§ 33 b**
z. B. – **Krankheitskosten** – **Aufwendungen für existentiell notwendige Gegenstände (Wohnung, Hausrat, Kleidung)** – **Fahrtkostenpauschale behinderter Menschen** – **Kurkosten** – **Bestattungskosten**	– **Unterhaltsaufwendungen** – **Aufwendungen für Berufsausbildung** – **Aufwendungen für Haushaltshilfe** – **Aufwendungen für Heimunterbringung/ Pflege**	**Pauschbeträge** für – **Behinderte** – **Hinterbliebene** – **Pflegepersonen**
▼	▼	▼
keine Obergrenzen aber **Kürzung um zumutbare Belastung**	**Höchstbeträge** bzw. **Freibeträge** aber **Anrechnung eigener Einkünfte und Bezüge**	**Pauschbeträge**

Einschränkung: Aufwendungen, die zu den **Betriebsausgaben, Werbungskosten** oder **Sonderausgaben** gehören, können nicht als außergewöhnliche Belastungen angesetzt werden.

3.9.1 Außergewöhnliche Belastungen allgemeiner Art

Voraussetzungen:

- **Außergewöhnlichkeit**
- **Zwangsläufigkeit**

	Berücksichtigungsfähige Aufwendungen
–	Ersatz von dritter Stelle (z. B. Versicherung)
	außergewöhnliche Belastungen
–	zumutbare Belastung gemäß § 33 (3) EStG
=	**abziehbare außergewöhnliche Belastung**

Typische Beispiele:	**Keine agB:**
– Krankheitskosten – Fahrtkosten zu Ärzten und Therapien – Schäden durch Unwetter – Bestattungskosten (soweit > Nachlasswert) – Kurkosten (ärztlich verordnet)	– Kosten für Diätverpflegung – Aussteuer – Privatschulen behinderter Kinder – Umzugskosten – Trauerkleidung – Scheidungskosten

Beispiel

Berechnung der abziehbaren außergewöhnlichen Belastung
Nobert Stahl wohnt in Passau in einem hochwassergefährdeten Bereich. Der Abschluss einer entsprechenden Versicherung ist nicht möglich. Bei einer Überschwemmung der Donau entstand 2023 nachweislich ein Schaden von 18.000 €. Stadt Passau und der Freistaat Bayern zahlten eine „Überbrückungshilfe" an die am schlimmsten Betroffenen, aus der Herr Stahl 2.500 € erhielt. Weitere Entschädigungsleistungen hat er nicht erhalten. Norbert Stahl ist 58 Jahre alt und ledig. Der Gesamtbetrag seiner Einkünfte im VZ 2023 beträgt 56.800 €. Ermitteln Sie die abziehbare außergewöhnliche Belastung!

Lösung:

Berücksichtigungsfähiger Aufwand:	18.000 €	
– Ersatz von Stadt / Staat	2.500 €	
außergewöhnliche Belastung	15.500 €	
– zumutbare Belastung (stufenweise Berechnung) 5 % v. 15.340 + 6 % v. 35.790 + 7 % von 5.670	3.311 €	(abgerundet)
abziehbare außergewöhnliche Belastung	12.189 €	

Fall 60: Die 28-jährige Angestellte Lydia Karg ist ledig, ohne Kinder. Der Gesamtbetrag ihrer Einkünfte betrug im VZ 2023 24.000 €.
Im VZ möchte Frau Karg Zahlungen für Zahnersatz und Zahnbehandlungen in Höhe von 3.480 € als außergewöhnliche Belastungen geltend machen. Von ihrer Krankenkasse wurden Frau Karg nur 1.310 € erstattet.

In welcher Höhe sind die Aufwendungen von Frau Karg als agB abziehbar?

§ 33 (1) Belastungen allgemeiner Art sind nur abzugsfähig, wenn sie **außergewöhnlich** sind,
R 33 (1) EStR d. h. in den besonderen Verhältnissen des einzelnen Steuerpflichtigen oder einer kleinen Minderheit von Steuerpflichtigen begründet sind.

R 33 (1) EStR **Zwangsläufig** erwachsen Aufwendungen dem Steuerpflichtigen, wenn er sich ihnen aus rechtlichen (z. B. Unterhaltspflicht gegenüber Verwandten in gerader Linie), tatsächlichen (z. B. Unfall, Krankheit) oder sittlichen Gründen (z. B. Unterstützung von Lebenspartnern) nicht entziehen kann.

Die im Veranlagungszeitraum tatsächlich geleisteten Aufwendungen, **gekürzt um Ersatzleistungen Dritter** (auch wenn sie erst in Folgejahren erstattet werden), wie z. B. Leistungen der Krankenversicherung, Sterbegeldversicherung oder Krankenhaustagegeldversicherung, ergeben die außergewöhnliche Belastung.

Zur Ermittlung der **abziehbaren außergewöhnlichen Belastung** ist hiervon noch die
§ 33 (3) **zumutbare Belastung** abzuziehen. Diese zumutbare Belastung ist vom Gesamtbetrag der Einkünfte, vom Einkommensteuertarif (Grund- oder Splittingtabelle) und von der Zahl der Kinder des/der Steuerpflichtigen, für die er/sie einen Kinderfreibetrag oder Kindergeld erhält, abhängig. Die zumutbare Belastung wird **stufenweise** berechnet mit einem Prozentsatz (zwischen 1 % und 7 %) vom Gesamtbetrag der Einkünfte. Bei der Ermittlung des Gesamtbetrags der Einkünfte werden Kapitalerträge, die der Abgeltungsteuer unterliegen, nicht berücksichtigt.

zu 3.10.1

Übungen

1 Erwin Baldwin (B), 40 Jahre alt, ledig und kinderlos hatte 2023 infolge eines Unfalles Arzt- und Krankenhauskosten in Höhe von 22.500 € zu tragen. Seine Krankenversicherung erstattete ihm 19.000 €. B hatte im VZ 2023 folgende Einkünfte:

Einkünfte aus nichtselbstständiger Arbeit	41.000 €
Einkünfte aus Vermietung und Verpachtung	– 7.000 €

Ermitteln Sie die abziehbare außergewöhnliche Belastung von B!

2 Während einer Urlaubsreise in den USA hatte Franziska Stadler einen Autounfall. Ihre Verletzungen mussten in einem Krankenhaus behandelt werden. Von den entstandenen Kosten in Höhe von umgerechnet 18.400 € bezahlte ihre Krankenversicherung nur 4.400 €. Seit dem Unfall ist Frau Stadler bindert, Grad der Behinderung 70 %, Merkzeichen «G». Für behinderungsbedingte Fahrten sind 960 € angefallen. Ihr Bruttoarbeitslohn beträgt 86.000 €, die nachgewiesenen Werbungskosten 6.000 €. Frau Stadler ist ledig und kinderlos. Wie hoch sind die abziehbaren außergewöhnlichen Belastungen im Jahr 2023?

3 Der Vater von Konrad Gebert ist 2023 mittellos verstorben. Sein Sohn, verheiratet, drei Kinder, hat die Beerdigungskosten in Höhe von 6.200 € übernommen. Für die Bewirtung der Beerdigungsteilnehmer (Leichenschmaus) entstanden Aufwendungen in Höhe von 1.600 €. Der Gesamtbetrag der Einkünfte von Herrn Gebert beträgt 55.000 €.
Berechnen Sie die abziehbare außergewöhnliche Belastung des Steuerpflichtigen!

4 Nadine Kleiber leidet an schwerer Neurodermitis. Die Kosten für einen amtsärztlich verordneten Kuraufenthalt 2023 am Roten Meer betrugen 3.800 €. Ihre Krankenkasse hat nach Prüfung durch den medizinischen Dienst vor Kurantritt eine Erstattung von 2.000 € zugesagt. Frau Kleiber ist ledig, der Gesamtbetrag ihrer Einkünfte 2023 beträgt 41.000 €.
Ermitteln Sie die abziehbare außergewöhnliche Belastung!

5 Das Ehepaar Möller hat einen 2-jährigen Jungen aus Turkmenistan adoptiert. Im Zusammenhang mit der Adoption entstanden Kosten in Höhe von 8.200 €. Der Gesamtbetrag der Einkünfte des Ehepaares Möller ist 86.000 €.
Wie hoch ist der Betrag, der als außergewöhliche Belastung geltend gemacht werden kann?

3.9.2 Unterhaltsaufwendungen

Voraussetzungen:

- **Gesetzliche Unterhaltspflicht**
- **Kein Anspruch auf Kindergeld/-freibetrag für die unterhaltene Person**
- **Unterhaltene Person hat kein/nur geringes Vermögen**

Beispiel

Ermittlung der abziehbaren Unterhaltsaufwendungen
Mona Folger unterstützt während des gesamten Jahres 2023 ihre verwitwete Großmutter Anna Naumann mit monatlich 600 €. Frau Naumann bezieht eine monatliche Rente von 443,52 € (Rentenfreibetrag: 2.580 €). Für die gesetzliche Krankenversicherung wurden 423,12 €, für die Pflegeversicherung 162,33 € einbehalten. Zusätzlich hat Frau Naumann 10.000 € aus einer Erbschaft, die sie vor drei Jahren gemacht hat, in festverzinslichen Wertpapieren zu einem Zinssatz von 5,5 % angelegt. Da Frau Naumann einen Freistellungsauftrag gestellt hat, wurden die Zinsen ohne Steuerabzug ausgezahlt.
Wie hoch sind die abziehbaren Unterhaltsaufwendungen von Frau Folger?

Lösung:

Höchstbetrag:			**10.908,00 €**[1]
+ Erhöhungsbetrag Krankenversicherung			423,12 €
+ Erhöhungsbetrag Pflegeversicherung			162,33 €
Höchstbetrag insgesamt			11.493,45 €
Ermittlung der Einkünfte der Großmutter:			
Einnahmen 443,52 € × 12 Monate = 5.322,24 €			
davon steuerpflichtig	2.742,24 €		
– Betriebsausgaben/Werbungskosten	102,00 €		
Einkünfte	2.640,24 € ›	2.640,24 €	
Ermittlung der Bezüge der Großmutter:			
Bezüge:			
Rente (steuerfreier Anteil)	2.580,00 €		
+ Zinsen	550,00 €		
– **Kostenpauschale**	**180,00 €**		
= Bezüge	2.950,00 € ›	+ 2.950,00 €	
Summe der Einkünfte und Bezüge		5.590,24 €	
– **Karenzbetrag**		**624,00 €**	
= Summe der anzurechnenden Einkünfte und Bezüge		4.966,24 € ›	– 4.966,24 €
= abziehbare Unterhaltsaufwendungen max. (höchstens tatsächlicher Aufwand, wenn dieser kleiner ist als 6.527,21)			6.527,21 €

§

Unterhaltsleistungen an den geschiedenen oder dauernd getrennt lebenden Ehegatten/Lebenspartner sind nur als außergewöhnliche Belastung abziehbar, wenn dafür kein Sonderausgabenabzug beantragt wird (Höchstbetrag 10.908 €). H 10.2 R 33a.1 (1)

[1] Anhebung auf 10.908 € ab 01.01.2023 Inflationsausgleichsgesetz 2022

Fall 61: Der Steuerpflichtige Ewald Heinrich, Deggendorf, unterstützt im VZ 2023 seine Tochter Julia (27 Jahre), die in München studiert mit 600 €/Monat.
Julia hat im VZ einen Arbeitslohn von 6.000 € bezogen. Ihr Anteil zur Krankenversicherung betrug 486 €, zur Pflegeversicherung 112,50 €.

Ermitteln Sie die abziehbaren Unterhaltsaufwendungen von Ewald Heinrich!

R 33 a.1 EStR — Eine gesetzliche Unterhaltsverpflichtung besteht gegenüber **Verwandten in gerader Linie** z. B. Eltern gegenüber den Kindern und umgekehrt sowie bei Partnern einer eingetragenen Lebensgemeinschaft. Die unterhaltene Person darf nur geringes eigenes Vermögen besitzen. Unschädlich sind ein angemessenes Haus, eigener Hausrat und weiteres Vermögen bis zu einem Verkehrswert von **15.500 €.**

§ 33 a (1), R 33 a.1 (3) EStR — Unter **Einkünften** sind Einkünfte i. S. d. § 2 (1) EStG zu verstehen. Einkünfte aus Kapitalvermögen sind nicht zu berücksichtigen. **Bezüge** sind Einnahmen, die nicht schon bei der Einkunftsermittlung erfasst werden, jedoch zur Bestreitung des Unterhalts bestimmt und geeignet sind. Dazu gehören beispielsweise Arbeitslosengeld, Wohngeld, der **steuerfreie Teil** der Leibrenten, der Zuschuss zur Krankenversicherung der Rentner sowie Versorgungsfreibetrag und Zuschlag zum Versorgungsfreibetrag, soweit sie beansprucht wurden. Zu den Bezügen gehören auch Kapitalerträge i. S. d. § 32 d (1) ohne Abzug des Sparer-Pauschbetrags.

R 33 a.1 (3) S.5 EStR — Die anzurechnenden Bezüge einschließlich der Ausbildungshilfen aus öffentlichen Mitteln können um eine **Kostenpauschale** von **180 €** gekürzt werden, wenn nicht höhere Aufwendungen glaubhaft gemacht werden. Einbehaltene Sozialversicherungsbeiträge mindern die Einkünfte und Bezüge der unterhaltenen Person.

§ 33 a (1) S.2 — Über den Höchstbetrag hinaus gezahlte Beträge für die Kranken- und Pflegeversicherung (Grundversorgung) sind ebenfalls absetzbar.

§ 33 a (3) — In jedem **vollen** Kalendermonat, in dem die Voraussetzungen für den Abzug der Unterhaltsaufwendungen nicht vorlagen ermäßigen sich der Höchstbetrag, der Karenzbetrag und die Kostenpauschale um je **1/12.** Eigene Einkünfte und Bezüge der unterhaltenen Person, die **in diesen Monaten** anfallen, mindern den Höchstbetrag nicht.

Hinweis: Zur Aufteilung der Einkünfte und Bezüge auf Zeiten innerhalb und außerhalb des Unterstützungszeitraums siehe R 33 a.3 Abs. 2 EStR.

3.9.3 Aufwendungen für Berufsausbildung

Kind über 18 Jahre	in Ausbildung + Sonderbedarf	auswärtige Unterbringung

↓

§ **Ausbildungsfreibetrag 1.200 €/Jahr[1)]**

↓

Keine Kürzung um eigene Einkünfte und Bezüge des Kindes

[1)] Anhebung ab 01.01.2023 (Jahressteuergesetz 2022)

Beispiel

Aufwendungen für ein studierendes Kind
Kind, 19 Jahre; auswärtige Unterbringung ab Oktober 2023 (Beginn des Wintersemesters)

Arbeitslohn (Ferienjob im August/September)	3.000 €	
BAFÖG (50% als Darlehen)		400 €/Monat

Den Eltern entstehen Aufwendungen für das Studium des Kindes.

Lösung:

Ausbildungsfreibetrag	**1.200 €**
Zwölfteln (1.200 € : 12 Monate × 3 Monate)	300 €

Die Eltern haben Anspruch auf einen **Ausbildungsfreibetrag von 300 €.**

Fall 62: Bea Hummel (geb. 03.07.2003) studiert seit einem Jahr in München. Ihre Eltern, denen für das Studium Aufwendungen entstanden, leben in Hamburg. Bea war in den Semesterferien 6 Wochen in einem Supermarkt beschäftigt. Ihre Einnahmen betrugen in diesem Zeitraum 3.000 € brutto.

Wie hoch ist der Ausbildungsfreibetrag, den ihre Eltern beanspruchen können?

Für Aufwendungen eines Steuerpflichtigen für die Berufsausbildung seines volljährigen Kindes, für das er Kindergeld/Kinderfreibetrag erhält, wird auf Antrag ein **Ausbildungsfreibetrag** gewährt. Das Kind muss jedoch auswärts untergebracht sein. Dieser Freibetrag wird zusätzlich zum Freibetrag für den Betreuungs- und Erziehungs- oder Ausbildungsbedarf gewährt. § 33 a (2)

Zur **Berufsausbildung** gehört die Berufsausbildung im engeren Sinne, z. B. als Steuerfachangestellte/r, aber auch der Besuch von Allgemeinwissen vermittelnden Schulen (z. B. Realschulen, Gymnasien) und Hochschulen. Eine **auswärtige Unterbringung** liegt vor, wenn das Kind außerhalb des Haushalts der Eltern wohnt. R 33a.2 (2)

Einkünfte und Bezüge des Kindes während des Ausbildungszeitraumes vermindern den Ausbildungsfreibetrag nicht. R 33a (3)

Erfüllen mehrere Steuerpflichtige für dasselbe Kind die Voraussetzungen für einen Ausbildungsfreibetrag, kann der Freibetrag insgesamt nur einmal abgezogen werden. Dabei steht jedem Elternteil grundsätzlich ein halber Freibetrag zu. Eine andere Aufteilung ist jedoch auf gemeinsamen Antrag der Eltern möglich.

Für in Ausbildung befindliche, nicht unbeschränkt steuerpflichtige Kinder, ist der Ausbildungsfreibetrag entsprechend den Verhältnissen des Wohnsitzstaates um 1/4, 1/2 oder 3/4 zu mindern. § 33 a (2) S. 2

Für jeden vollen Kalendermonat, für den die Voraussetzungen für einen Ausbildungsfreibetrag nicht vorgelegen haben, ermäßigt sich der Höchstbetrag von 1.200 € um ein Zwölftel. § 33 a (3) R 33a.3 EStR

3.9.4 Pauschbeträge für Behinderte, Hinterbliebene und Pflegepersonen

§ 33 (2a) *Behinderungsbedingter Fahrtkosten-Pauschbetrag:*

Voraussetzungen	Pauschbetrag
Geh- und Sehbehinderte mit einem Behinderungsgrad von mindestens 80 % oder mit mindestens 70 % und dem Merkzeichen „G"	900 €
Außergewöhnlich gehbehinderte Menschen mit dem Merkzeichen „aG", Blinde oder behinderte Menschen mit dem Merkzeichen „H" bzw. „TBl"	4.500 €

Beispiel

Pauschbetrag für Menschen mit Behinderung
Der ledige Steuerpflichtige Michael Kunze ist seit einem Arbeitsunfall im Februar letzten Jahres zu 80% behindert. Trotz dieser nachgewiesenen Behinderung konnte er seinen Beruf als Sachbearbeiter im Referat für Bildung und Sport der Stadt München weiter ausüben. Der Gesamtbetrag seiner Einkünfte 2023 beträgt 30.000 €.
Welche Pauschbeträge kann der Steuerpflichtige nach § 33b EStG geltend machen?

Lösung:

Der Pauschbetrag nach § 33b (3) S. 2 EStG (vgl. folgende Tabelle) beträgt 2.120 €.
Der behinderungsbedingte Fahrtkostenpauschbetrag nach § 33b (2a) EStG beträgt 900 € (allerdings ist hier die zumutbare Belastung zu berücksichtigen).

Über den Fahrtkosten-Pauschbetrag hinaus sind keine weiteren behinderungsbedingten Fahrtkosten als außergewöhnliche Belastungen berücksichtigungsfähig. Der behinderungsbedingte Fahrtkosten-Pauschbetrag ist bei der Ermittlung des Teils der Aufwendungen, der die zumutbare Belastung übersteigt, einzubeziehen.

§ 33 b (1) Ein **Mensch mit Behinderung** kann wegen der behinderungsbedingten außergewöhn-
§ 33 b (2) lichen Belastungen statt einer Steuerermäßigung nach § 33 EStG einen **Pauschbetrag**
u. (3) (abhängig vom Grad der Behinderung) in Anspruch nehmen.

Mit dem Behinderten-Pauschbetrag sind die außergewöhnlichen Belastungen abgegolten, die infolge der Behinderung als typische Mehraufwendungen entstehen (Rollstuhl, Prothesen, Mehraufwand an Wäsche, Kosten für behinderungsbedingte Heilbehandlungen, Arzneimittel, etc.).
Einen Behinderten-Pauschbetrag erhalten Behinderte, deren Behinderungsgrad amtlich auf mindestens 20% festgelegt wurde.
Die Voraussetzungen für die Inanspruchnahme des Pauschbetrages sind nachzuweisen (Rentenbescheid, Schwerbehindertenausweis des Versorgungsamtes).

Höhe des Pauschbetrags:

Behinderungsgrad in Prozent	Pauschbetrag in €/Jahr
20	**384 €**
30	**620 €**
40	**860 €**
50	**1.140 €**
60	**1.440 €**
70	**1.780 €**
80	**2.120 €**
90	**2.460 €**
100	**2.840 €**

§ 33b (3) S. 2

› **Hilflose/Blinde/Taubblinde: 7.400 €/Jahr** § 33b (3) S. 3

Hinterbliebenen-Pauschbetrag 370 €/Jahr	Pflege-Pauschbeträge 600 €/1.100€/1.800 €/Jahr Die Pflege-Pauschbeträge werden gewährt für Pflegegrad 2/Pflegegrad 3/ Pflegegrade 4+5

§ 33 b (4+6)

Voraussetzung für einen **Hinterbliebenen-Pauschbetrag** ist, dass die Hinterbliebenenbezüge aufgrund der Vorschriften des § 33 b (4) Nr. 1 bis 4 EStG geleistet werden. § 33 b (4)

> **Fall 63:** Die Eheleute Hans und Gertrud Braun haben eine 13-jährige Tochter, die von Geburt an schwerbehindert ist (Merkzeichen H). Die Tochter hat keine steuerpflichtigen Einkünfte.
>
> Besteht ein Anspruch auf einen Pauschbetrag nach § 33 b EStG?

Stehen Behinderten-Pauschbetrag, behinderungsbedingter Fahrtkosten-Pauschbetrag oder Hinterbliebenen-Pauschbetrag einem Kind des Steuerpflichtigen zu, für das er einen Freibetrag nach § 32 (6) EStG (Kinderfreibetrag/Betreuungsfreibetrag) oder Kindergeld erhält, kann der **Pauschbetrag** auf ihn **übertragen** werden. § 33 b (5) R 33 b

Der betreuende Elternteil, der (überwiegend) alleine für den Unterhalt des behinderten Kindes aufkommt, kann sich dessen Behinderten- und/oder Hinterbliebenen-Pauschbetrag übertragen lassen, wenn er auch den Kinderfreibetrag erhält.

Die in § 33 b EStG angeführten Pauschbeträge sind **nicht** zu zwölfteln. Außerordentliche Krankheitskosten können nach § 33 EStG zusätzlich angesetzt werden. R 33 b EStR H 33 b EStH

Hierzu gehören z. B. behinderungsbedingte Heilkuraufwendungen. Ebenso können Behinderte Aufwendungen wegen Pflegebedürftigkeit und für die Beschäftigung einer Haushaltshilfe im Rahmen der gesetzlichen Vorschriften steuerlich geltend machen.

Übungen

1 Die 48-jährige Hannelore Richter unterstützt ihren vermögenslosen verwitweten Vater mit 300 € im Monat. Zusätzlich bezahlt sie die Beiträge ihres Vaters zur privaten Kranken- und Pflegeversicherung in Höhe von 480 €/Monat. Der Vater erhält eine Rente aus einer privaten Lebensversicherung in Höhe von 250 €/Monat (Ertragsanteil 18 %) und außerdem 200 € Wohngeld im Monat.
Ermitteln Sie die als außergewöhnliche Belastung abziehbaren Aufwendungen!

2 Das Ehepaar Fröhlich, München, hat drei Kinder. Die Tochter Cornelia, geb. am 08.03.2009, besucht in München eine staatlich anerkannte Waldorfschule für die monatlich 140 € Schulgeld bezahlt werden. Der ältere Sohn Robert, geb. am 17.10.1999, studiert an der Universität Passau Betriebswirtschaft und wohnt dort in einem Studentenwohnheim, der jüngere Sohn Karl, geb. am 04.07.2005, besucht in München ein städtisches Gymnasium. Alle drei Kinder haben keine eigenen Einkünfte und Bezüge.
Wie wirken sich die drei Kinder bei den außergewöhnlichen Belastungen des Ehepaares Fröhlich im VZ 2023 aus?

3 Jennifer Bartels, 19 Jahre, hat im September letzten Jahres eine Ausbildung begonnen. Ihre Ausbildungsvergütung betrug 2023 insgesamt 4.820 € (Arbeitnehmeranteil zur Sozialversicherung: 974,85 €). Sie wohnt nicht mehr bei ihren Eltern, denen für die Berufsausbildung der Tochter Aufwendungen erwachsen. Sie erhalten Kindergeld für Jennifer.
Berechnen Sie die Höhe des Ausbildungsfreibetrages, den Jennifers Eltern für den VZ 2023 beanspruchen können!

4 Herribert Grüner (G) ist ledig und kinderlos. Sein Grad der Behinderung beträgt 60 %. Herrn Grüner entstanden 2023 behinderungsbedingte Aufwendungen in Höhe von 1.480 €. Entsprechende Nachweise liegen vor. Der Gesamtbetrag der Einkünfte von G beträgt 15.000 €.

a) Wie hoch ist der Behinderten-Pauschbetrag?

b) Führt der Ansatz des Pauschbetrages oder der Nachweis der tatsächlichen Kosten zu einem höheren Steuervorteil für G?

c) Würde sich an der Lösung zu b) etwas ändern, wenn der Behinderungsgrad von G erst zum 01.10.2023 festgestellt wurde?

5 Nena Günther, 40 Jahre, ist nach einem Autounfall zu 40 % behindert und durch diesen Unfall in ihrer Beweglichkeit eingeschränkt.
Wie hoch ist der Behinderten-Pauschbetrag, den Frau Günther geltend machen kann?

6 Ein Steuerpflichtiger hat im Februar 2023 einen Schlaganfall erlitten. Im November 2023 wird ein Behinderungsgrad von 80 % festgestellt.
Wie hoch ist der Behinderten-Pauschbetrag, den der Steuerpflichtige geltend machen kann?

7 Das Ehepaar Nierlich (beide 40 Jahre alt) hat eine 15-jährige Tochter, die das Gymnasium besucht und einen 5-jährigen Sohn, der seit seiner Geburt blind ist (Pflegegrad 4). Da Frau Nierlich nach einem Unfall vor zwei Jahren selbst zu 70 % behindert ist (ohne Rentenanspruch) beschäftigt das Ehepaar stundenweise einen Gärtner. Hierfür wendete Familie Nierlich im VZ 2023 insgesamt 3.200 € auf. Der Sohn besucht halbtags einen Kindergarten, der monatliche Kosten von 340 € verursacht. Familie Nierlich musste nach einem Skiunfall der Tochter Operationskosten in Höhe von 2.500 € selbst tragen. Herr Nierlich hatte im VZ 2023 ein Bruttoeinkommen von 51.100 €.
Ermitteln Sie die abziehbaren außergewöhnlichen Belastungen des Ehepaares Nierlich!

3.10 Ermittlung des zu versteuernden Einkommens

	Einkommen
–	Freibeträge für Kinder
–	Härteausgleich
=	**zu versteuerndes Einkommen**

3.10.1 Berücksichtigungsfähige Kinder

Kinder sind ... §32(1)

... im ersten Grad mit dem Steuerpflichtigen verwandte Kinder

... Pflegekinder

BEISPIEL:

31.01.2023 – Geburt → **Beginn** der steuerlichen Berücksichtigung: **Januar 2023**

30.01.2041 – Vollendung des 18. Lebensjahres → **Ende** der steuerlichen Berücksichtigung: **Januar 2041** § 32 (3)

Ausnahmen:

18 < Kinder < 21 §32(4) Nr. 1 EStG	**18 < Kinder < 25** §32(4) Nr. 2 EStG	**Kinder unabhängig vom Alter** §32(4) Nr. 3 EStG	**Kinder > 21/25** §32(5) EStG
Voraussetzung: Das Kind ist arbeitslos und bei einer Agentur für Arbeit im Inland als Arbeitsuchender gemeldet.	Voraussetzung: – Ausbildung für einen Beruf – Übergangszeit zwischen zwei Ausbildungsabschnitten (maximal 4 Monate) – Berufsausbildung kann mangels Ausbildungsplatz nicht begonnen/fortgesetzt werden – Ableistung eines freiwilligen sozialen/ökologischen Jahres ... § 32 (4) S. 1 Nr. 2d	Voraussetzung: Das Kind kann sich wegen körperlicher, geistiger oder seelischer Behinderung nicht selbst unterhalten und die Behinderung ist vor Vollendung des 25. Lebensjahres eingetreten.	Voraussetzung: Das Kind ist arbeitslos oder in Ausbildung **und** hat ... – gesetzlichen Grundwehr- oder Zivildienst geleistet; – freiwilligen Wehrdienst bis zu 3 Jahren geleistet; – Entwicklungshelferdienste geleistet.

Keine altersmäßige Beschränkung für die Berücksichtigungsfähigkeit des Kindes gibt es, wenn es schwerbehindert bzw. einem Schwerbehinderten gleichgestellt ist und aufgrund der körperlichen, geistigen oder seelischen Behinderung außerstande ist, sich selbst zu unterhalten. Die Behinderung muss vor Vollendung des 25. Lebensjahres eingetreten sein. R 32.9 EStR §32(4) Nr. 3

Fall 64: Das Ehepaar Löw hat drei Kinder. Das Nesthäkchen Klaus, geboren am 17.02.2017, die 17-jährige Sabine, die eine Ausbildung zur Steuerfachangestellten absolviert und den 19-jährigen Jürgen, der nach dem Abitur im Juni 2023 ab 01.07.2023 ein freiwilliges soziales Jahr ableistet.

Handelt es sich hier um berücksichtigungsfähige Kinder i. S. d. EStG?

§ 32 (1) Im ersten Grad mit dem Steuerpflichtigen verwandte Kinder sind

H 32.1 EStH
- eheliche Kinder,
- angenommene Kinder (Adoptivkinder),
- für ehelich erklärte und
- nichteheliche Kinder.

In diesen Fällen ist es unerheblich, ob das Kind unbeschränkt einkommensteuerpflichtig ist oder nicht.

R 32.2 EStR, § 32 (2) **Pflegekinder** sind nur dann steuerlich zu berücksichtigen, wenn sie im Haushalt des Steuerpflichtigen leben und er sie zu einem wesentlichen Teil unterhält. Ist ein leibliches Kind zugleich Pflegekind, so ist es nur als Pflegekind bei den Pflegeeltern zu berücksichtigen und nicht mehr bei den leiblichen Eltern.

§ 32 (3) Grundsätzlich wird ein Kind in dem Monat steuerlich berücksichtigt, in dem es lebend geboren wurde und in jedem folgenden, zu dessen Beginn es das 18. Lebensjahr noch nicht vollendet hat. Eine Prüfung der Einkommensverhältnisse des Kindes findet hier nicht statt.

§ 32 (4) Die steuerliche Berücksichtigung eines Kindes verlängert sich jedoch in den o. g. Fällen bis zum 21. oder 25. Lebensjahr.

Auf eine Einkommensprüfung wird bei volljährigen Kindern bis zum Abschluss der ersten Berufsausbildung bzw. eines Erststudiums bis zum 25. Lebensjahr, verzichtet. Nach Abschluss einer erstmaligen Berufsausbildung und eines Erststudiums wird ein Kind unter 25 Jahren in den Fällen des § 32 (4) S. 1 Nr. 2 EStG nur berücksichtigt, wenn es keiner Erwerbstätigkeit nachgeht. Dabei gilt eine Erwerbstätigkeit mit bis zu 20 Stunden regelmäßiger wöchentlicher Arbeitszeit, ein Ausbildungsverhältnis (für die 2. Berufsausbildung) oder ein geringfügiges Beschäftigungsverhältnis als unschädlich.

3.10.2 Kinderfreibetrag und Kindergeld[1]

§ 32 (6) §

Höhe des Kinderfreibetrages		Höhe des Kindergeldes
Ledige: 3.012 : 12 =	251,00 € je Monat	je Kind 250 €/Monat
zusammen veranlagte Ehegatten/ Lebenspartner 6.024 : 12 =	502,00 € je Monat	

aber

- Zwölftelung, wenn der Anspruch nicht das ganze Jahr besteht
- angefangene Monate zählen zugunsten des Berechtigten voll

Fall 65: Das zusammenveranlagte Ehepaar Alois und Jennifer Liebl, Magdeburg, hat eine gemeinsame Tochter, die während des ganzen VZ berücksichtigungsfähig war. Das zu versteuernde Einkommen des Ehepaares vor Berücksichtigung des Kinderfreibetrages betrug 43.700 €.

Wie hoch sind 2023 Kindergeld bzw. Kinderfreibetrag?

[1] Inflationsausgleichsgesetz

Kindergeld und Kinderfreibetrag (plus Freibetrag für den Betreuungs- und Erziehungs- oder Ausbildungsbedarf) können nur **alternativ** in Anspruch genommen werden. Während des Jahres wird monatlich Kindergeld ausgezahlt. Bei der Veranlagung zur ESt wird vom Amts wegen geprüft, ob die gebotene steuerliche Freistellung dadurch erreicht wurde (Günstigerprüfung). Ist dies nicht der Fall, werden der Kinderfreibetrag und der Betreuungsfreibetrag abgezogen, und zum Ausgleich wird das erhaltene Kindergeld zur festzusetzenden Einkommensteuer hinzugezählt (vgl. Kap. 3.10.3). § 31 § 31 S. 3 § 31 S. 4 und S. 5 § 36 (2) S. 1

Der **Kinderfreibetrag** wird bei jedem nach § 32 (2–5) zu berücksichtigenden Kind des Steuerpflichtigen für jeden Monat, in dem die Voraussetzungen vorgelegen haben, bei der ESt-Veranlagung vom Einkommen abgezogen. Die Verdoppelung des Kinderfreibetrages gilt nicht nur für Ehegatten/Lebenspartner, die zusammen zur Einkommensteuer veranlagt werden, sondern auch, wenn der andere Elternteil verstorben oder nicht unbeschränkt einkommensteuerpflichtig ist sowie wenn der Steuerpflichtige allein das Kind angenommen hat oder das Kind nur zu ihm in einem Pflegekindschaftsverhältnis steht. Für **nicht unbeschränkt einkommensteuerpflichtige Kinder** kann der Kinderfreibetrag nur abgezogen werden, soweit er nach den Verhältnissen des Wohnsitzstaates notwendig und angemessen ist (z. B. Türkei: 1/2). § 32 (6) § 32 (6) S. 3

Kommt bei geschiedenen oder dauernd getrennt lebenden Eltern ein Elternteil **seiner Unterhaltspflicht** im Wesentlichen (mindestens 75%) **nicht** nach, so kann auf Antrag des anderen Elternteils der Kinderfreibetrag auf ihn **übertragen** werden. Eine Übertragung des Kinderfreibetrages bei einem unverheirateten Paar auf gemeinsamen Antrag auf den anderen Elternteil ist dagegen nicht möglich. Auch eine Übertragung auf die **Stief-** oder **Großeltern** des Kindes ist möglich, wenn diese das Kind in ihren Haushalt aufgenommen haben, oder wenn das Kind mangels Leistungsfähigkeit des Elternteils einen Unterhaltsanspruch gegenüber den Stief-/Großeltern hat. § 32 (6) S. 6 R 32.13 EStR § 32 (6) S. 10

3.10.3 Betreuungsfreibetrag

Voraussetzung für den Freibetrag	Höhe des Freibetrags
Kind i. S. d. EStG	1.464 €/2.928 €/Jahr

Fall 66: Das Ehepaar Gerber wird zusammen zur Einkommensteuer veranlagt. Die gemeinsame Tochter Corinna ist am 07.08.2006 geboren und besucht ein örtliches Gymnasium.

Wie hoch ist der Anspruch des Ehepaars Gerber auf den Kinderfreibetrag und den Freibetrag für den Betreuungs-, Erziehungs- und Ausbildungsbetrag 2023?

Für **jedes Kind, für das Anspruch auf Kindergeld / Kinderfreibetrag** besteht, wird ein Freibetrag für den Betreuungs-, Erziehungs- bzw. Ausbildungsbedarf von **1.464 €** vom Einkommen abgezogen. Er verdoppelt sich auf **2.928 €**, wenn die Eltern verheiratet/verpartnert sind bzw. wenn ein Elternteil verstorben oder nicht unbeschränkt einkommensteuerpflichtig ist, oder wenn der Steuerpflichtige allein das Kind angenommen hat. § 32 (6) EStG

Der Freibetrag für den Betreuungs-, Erziehungs- bzw. Ausbildungsbedarf kann bei minderjährigen Kindern von einem Elternteil auf den anderen übertragen werden, wenn ein Elternteil seiner Unterhaltspflicht gegenüber dem Kind nicht nachkommt. Analog zum Kinderfreibetrag ist auch dieser Freibetrag ggf. zu **zwölfteln**. Angefangene Monate zählen zugunsten des Berechtigten voll.

Voraussetzung für die Brücksichtigung des KFB und des Betreuungs-FB ist die Identifizierung des Kindes durch die Identifikationsnummer.

Beispiel

Beispielhafte Vergleichsrechnung (Günstigerprüfung):

Corinna und Mario Hopf werden zusammen zur Einkommensteuer veranlagt. Das Ehepaar hat eine achtjährige Tochter, für die sie im Jahr 2023 Kindergeld erhalten. Das zu **versteuernde Einkommen** des Ehepaares in diesem Jahr beträgt ohne Anrechnung eines kinderbedingten Freibetrages 114.000 €.

zu versteuerndes Einkommen	114.000 €	
Einkommensteuer hierauf		28.064 €
– Kinderfreibetrag	6.024 €	
– Freibetrag für den Betreuungs-, Erziehungs- bzw. Ausbildungsbedarf	2.928 €	
zu versteuerndes Einkommen	105.048 €	
Einkommensteuer hierauf		24.580 €
Unterschiedsbetrag		3.484 €
– erhaltenes Kindergeld		3.000 €
Entlastungsbetrag		484 €

Bei der ESt-Veranlagung 2023 werden kinderbedingte Freibeträge abgezogen und das erhaltene Kindergeld der Einkommensteuer hinzugerechnet. Für die Eltern ergibt sich so ein zusätzlicher Entlastungsbetrag von 484 €.

zu 3.10. **Übungen**

1 Handelt es sich in den folgenden Beispielen im VZ 2023 um steuerlich zu berücksichtigende Kinder?

a) Elke Stamm, geb. 01.05.2023, Tochter von Elfriede Stamm, Bonn

b) Johann, 4 Jahre alt, wurde im Mai 2022 vom Ehepaar Alt, München, adoptiert.

c) Andreas Fenske, Gymnasiast, geb. am 01.01.2005

d) Fritz Maiwald, geb. 05.06.1984, seit einem Unfall mit zwei Jahren zu 100% schwerbehindert (ohne eigene Einkünfte). Herr Maiwald lebt bei seinen Eltern in Stuttgart.

e) Hans Jellinek, 17 Jahre, Auszubildender (Bankkaufmann), Ausbildungsvergütung/Monat: 980 €

f) Peter Bach (19 Jahre) beginnt nach seinem Abitur im Juni am 01.10.2023 ein freiwilliges ökologisches Jahr. Er möchte im Anschluss daran in Stuttgart ein Studium (Betriebswirtschaft) beginnen.

g) Das Ehepaar Koufou, Mühldorf/Inn, hat eine 4-jährige Tochter, die bei einer Tante in Heraklion/Griechenland lebt.

h) Antonia Wallner aus Ingolstadt hat eine 19-jährige Tochter, die als Sekretärin bei einem Automobilunternehmen arbeitet. Das monatliche Bruttoeinkommen der Tochter beträgt 1.900 €.

i) Der Sohn der Familie Bader, geb. am 05.10.1997, studiert nach Abschluss einer Ausbildung zum Steuerfachangestellten und Ableistung des Zivildienstes in Hamburg Volkswirtschaft. Er hat keine eigenen Einkünfte.

k) Dagmar Hahn, geb. am 09.07.1996, studiert in Aachen an der Technischen Universität Physik und wird das Studium im Frühjahr 2024 beenden. Sie hat keine eigenen Einkünfte und wohnt bei ihren Eltern.

2 Das Ehepaar Braun hat einen Sohn (Ewald), geb. 18.09.2003, der während des ganzen VZ 2022 arbeitslos gemeldet war und der Arbeitsvermittlung im Inland zur Verfügung stand. Der Sohn erzielte im VZ 2023 Arbeitslosengeld und Einkünfte aus Kapitalvermögen in Höhe von insgesamt 15.920 €.
Handelt es sich bei Ewald Braun um ein steuerlich zu berücksichtigendes Kind?

3 Astrid Neuwald ist Auszubildende und vollendet am 09.07.2023 ihr 18. Lebensjahr. Bis August 2023 beträgt ihre Ausbildungsvergütung brutto 750 €, ab 1. September (Beginn des 2. Ausbildungsjahres) steigt diese auf 840 €. (Arbeitnehmerbeitrag zur Sozialversicherung: 20%)
Ist Astrid Neuwald im VZ 2023 ein berücksichtigungsfähiges Kind?

4 Elke Richter ist seit vier Jahren geschieden. Ihr geschiedener Mann zahlt seit 2 Jahren für die gemeinsame Tochter Petra (17 Jahre), die bei der Mutter lebt, keinen Unterhalt. Die Tochter besucht das örtliche Gymnasium.
Wer hat im VZ 2023 Anspruch auf den Kinder- und Betreuungsfreibetrag?

5 Elfriede Möller ist seit Oktober 2019 Witwe. Sie hat eine 5-jährige Tochter, die in ihrem Haushalt lebt.
Hat Frau Möller im VZ 2023 Anspruch auf den Kinder- bzw. Betreuungsfreibetrag? In welcher Höhe?

6 Harald Popp ist geschäftsführender Gesellschafter der Harald Popp GmbH, seine Frau Ulrike ist als Architektin freiberuflich tätig. Das Einkommen des zusammenveranlagten Ehepaares betrug im VZ 2023 240.000 €. Die gemeinsame Tochter Sarah, 4 Jahre alt, wohnt bei den Eltern in Feldafing bei München. Am 31.01.2023 kam das zweite Kind (Oliver) zur Welt.

a) Hat das Ehepaar im VZ 2023 für die Tochter Sarah Anspruch auf den Kinder- und Betreuungsfreibetrag? In welcher Höhe?

b) Besteht im VZ 2023 für den Sohn Oliver Anspruch auf den Kinder- und Betreuungsfreibetrag? Wie hoch sind die Freibeträge?

7 Harald Freese, geb. am 30. Juni 2006, lebt bei seinen Eltern in Köln. Er bricht im Juli 2023 das Gymnasium ab, um zum 01.09.2023 eine Berufsausbildung zu beginnen. Seine Ausbildungsvergütung beträgt im ersten Ausbildungsjahr 880 €/Monat.
Haben seine Eltern im VZ 2023 Anspruch auf den Kinderfreibetrag?
Wie hoch ist er?

8 Im Rahmen eines geringfügigen Beschäftigungsverhältnisses nach § 8 a SGB IV betreut eine Tagesmutter den dreijährigen Sohn eines erwerbstätigen Ehepaares stundenweise in deren Haushalt in Saarbrücken. Im Jahr 2023 betragen die Aufwendungen hierfür insgesamt 4.000 €. Das zu versteuernde Einkommen des Ehepaares beträgt 49.600 €.

a) In welchem Umfang kann das Ehepaar Kinderbetreuungskosten steuerlich geltend machen?

b) Hat das Ehepaar Anspruch auf den Kinderfreibetrag?

c) Besteht ein Anspruch auf einen Freibetrag für den Betreuungs-, Erziehungs- bzw. Ausbildungsbedarf des Kindes?

d) Wird das Ehepaar die unter b und c genannten Freibeträge tatsächlich beanspruchen? Begründen Sie ihre Ansicht.

9 Sophie Berkner, 20 Jahre, hat nach dem Abitur im letzten Jahr mit einem Studium begonnen. Wegen des hohen Einkommens ihrer Eltern erhält sie kein BAFÖG. Sie übt während des ganzen Jahres einen steuerfreien Minijob aus und erhält hieraus ein monatliches Entgelt in Höhe von 400 €.
Haben die Eltern von Sophie Berkner Anspruch auf den Kinder- und Betreuungsfreibetrag? Wie hoch sind diese insgesamt?

3.11 Härteausgleich

Der Steuerpflichtige wird nach § 46 (2) Nr. 1 bis 7 EStG **von Amts wegen** veranlagt.

Zwei Formen des Härteausgleichs

§ 46 (3) EStG	**§ 46 (5) EStG i. V. m. § 70 EStDV**
Voraussetzung: Einkünfte ohne Lohnsteuerabzug – Abzug für Land- und Forstwirte (§ 13 Abs. 3 EStG) – Altersentlastungsbetrag (§ 24 a EStG)	Voraussetzung: Einkünfte ohne Lohnsteuerabzug – Abzug für Land- und Forstwirte (§ 13 Abs. 3 EStG) – Altersentlastungsbetrag (§ 24 a EStG)
Σ ≤ 410 €	**410 € < Σ ≤ 820 €**
Σ = Härteausgleich, der vom Einkommen abgezogen wird	820 € – Σ = Härteausgleich, der vom Einkommen abgezogen wird

Fall 67: Der 65-jährige Steuerpflichtige Armin Schmidt, Hannover, wird nach § 46 (2) EStG veranlagt und hat im VZ 2023 Einkünfte aus nichtselbstständiger Arbeit in Höhe von 27.500 € (keine Versorgungsbezüge), 350 € Einkünfte aus selbstständiger Arbeit und 400 € sonstige Einkünfte bezogen.

Berechnen Sie den Härteausgleich, der vom Einkommen abgezogen werden kann!

§ 46 (2) Eine Veranlagung zur ESt gemäß **§ 46 (2)** EStG ist Voraussetzung für die Gewährung eines Härteausgleichs. Eine solche Veranlagung kommt u. a. in Frage, wenn der Steuerpflichtige von mehreren Arbeitgebern Arbeitslohn bezogen hat , wenn bei Ehegatten/Lebenspartnern ein Partner nach Steuerklasse V oder VI besteuert wurde, bei Nebeneinkünften ohne Lohnsteuerabzug von mehr als 410 € oder wenn für den Stpfl. ein Freibetrag i. S. d. § 39a (1) ermittelt worden ist.

§ 46 (3) Ein **Härteausgleich** nach § 46 (3) EStG ist vorzunehmen, wenn die Einkünfte des Steuerpflichtigen, von denen **keine** Lohnsteuer abzuziehen ist, **nicht** über **410 €** liegen.
Ist dies der Fall, wird dieser Betrag **vom Einkommen abgezogen**. Um unter die 410 €-Grenze zu fallen, darf von diesen „Nebeneinkünften" (bei Vorliegen der entsprechenden Voraussetzungen) ein **Abzug für Land- und Forstwirte** und ein **Altersentlastungsbetrag** abgezogen werden.

§ 46 (5) EStG i. V. m. § 70 EStDV Durch die Gewährung des erweiterten Härteausgleichs nach § 46 (5) EStG i. V. m. § 70 EStDV soll auf die volle Besteuerung dieser Einkünfte **stufenweise** übergeleitet werden. Er kommt in den Fällen des § 46 (2) Nr. 1 bis 7 EStG in Frage, wenn die einkommensteuerpflichtigen Einkünfte, von denen kein Lohnsteuerabzug vorgenommen wurde (vermindert um einen eventuellen Altersentlastungsbetrag), **410 € übersteigen** aber noch **unter 820 €** liegen. Der Härteausgleichsbetrag ist die Differenz zwischen **820 €** und den nicht dem Lohnsteuerabzug unterliegenden Einkünften. Der so ermittelte Härteausgleichsbetrag wird vom Einkommen abgezogen.

3.12 Ermittlung der tariflichen und festzusetzenden ESt

3.12.1 Veranlagungsarten

- Einzelveranlagung mit Grundtarif § 26 a EStG
- Zusammenveranlagung mit Splitting-Verfahren § 26 b EStG
- Witwensplitting § 32 a (6) Nr. 1 EStG
- Sondersplitting im Trennungsjahr § 32 a (6) Nr. 2 EStG

Ehegatten/eingetragene Lebenspartner können zwischen **Einzelveranlagung** und **Zusammenveranlagung** wählen, wenn § 26 (1)

1. beide unbeschränkt einkommenssteuerpflichtig im Sinne des § 1 Absatz 1 oder 2 oder des § 1 a sind,

2. sie nicht dauernd getrennt leben und

3. bei ihnen die Voraussetzungen aus den Nummern 1 und 2 zu Beginn des Veranlagungszeitraums vorgelegen haben oder im Laufe des Veranlagungszeitraums eingetreten sind.

Die Regelungen des Einkommensteuergesetzes zu Ehegatten und Ehe sind auch auf Lebenspartner und eingetragene Lebenspartnerschaften anzuwenden. § 2 (8) EStG H2 EStH

Wahlrecht zwischen

H 3.26a H 3.26b EStH

Einzelveranlagung § 26 a	**Zusammenveranlagung** § 26 b
Jedem Ehegatten/Lebenspartner sind die von ihm bezogenen Einkünfte zuzurechnen. Sonderausgaben, außergewöhnliche Belastungen und die Steuerermäßigung nach § 35 a werden demjenigen Ehegatten/Lebenspartner zugerechnet, der die Aufwendungen wirtschaftlich getragen hat. Auf übereinstimmenden Antrag der Ehegatten/Lebenspartner werden sie jeweils zur Hälfte abgezogen.	Bei der Zusammenveranlagung von Ehegatten/Lebenspartnern werden die Einkünfte, die die Ehegatten/Lebenspartner erzielt haben, zusammengerechnet, den Ehegatten/Lebenspartner gemeinsam zugerechnet und, soweit nichts anderes vorgeschrieben ist, die Ehegatten/Lebenspartner sodann gemeinsam als Steuerpflichtiger behandelt.

§ 26a **Einzelveranlagung** nach der Grundtabelle ist zwingend, wenn sie einer der Ehegatten wählt. Jedem Ehegatten sind bei der Einzelveranlagung die von ihm bezogenen Einkünfte zuzurechnen. Sonderausgaben außergewöhnliche Belastungen und Steuerermäßigungen nach § 35a und 35c EStG werden dem Ehegatten zugerechnet, der sie wirtschaftlich getragen hat. Auf gemeinsamen Antrag können sie auch jeweils zur Hälfte abgezogen werden. Die zumutbare Belastung (§ 33 EStG) wird bei einzeln veranlagten Ehegatten nach dem Gesamtbetrag der Einkünfte des einzelnen Ehegatten bestimmt.

§ 26b Wählen beide Ehegatten die **Zusammenveranlagung** durch die entsprechende Angabe in der Steuererklärung, werden die Einkünfte, die sie erzielt haben, addiert. Die Ehegatten werden sodann gemeinsam als Steuerpflichtiger behandelt, und die Besteuerung erfolgt nach der Splittingtabelle.

§ 32a (6) Stirbt ein Ehepartner im Veranlagungszeitraum und haben die Voraussetzungen für die Veranlagungswahl zeitweise vorgelegen, kann der überlebende Ehegatte / Lebenspartner im Todesjahr zwischen der Zusammenveranlagung und der Einzelveranlagung wählen. Im Jahr, dass auf das Sterbejahr des Ehepartners folgt, wird der überlebende Ehegatte dann einzeln mit dem Splittingtarif veranlagt (**Gnadensplitting**).

Heiratet ein Steuerpfichtiger in dem Jahr, in dem seine Ehe aufgelöst wurde, erneut, besteht ein Veranlagungswahlrecht nur für die neue Ehe. Wird die Einzelveranlagung gewählt, wird der neue Partner nach dem Grundtarif besteuert, der verwitwete Ehepartner im Todesjahr des ersten Ehepartners und im folgenden Jahr nach der Splittingtabelle. Der geschiedene Ehepartner wird einzeln veranlagt und mit dem Splittingtarif besteuert. Dies gilt jedoch nur, wenn die geschiedenen Ehegatten im Scheidungsjahr zumindest einen Tag die Voraussetzungen für die Zusammenveranlagung erfüllten.

§ 32 a (5) Die Splittingtabelle ist aus der Grundtabelle abgeleitet. Würde man das gemeinsame zu versteuernde Einkommen halbieren und für jede Hälfte des gemeinsam zu versteuernden Einkommens die Einkommensteuer aus der Grundtabelle ermitteln und diesen Steuerbetrag wieder verdoppeln, so ist er mit dem Betrag der Splittingtabelle identisch. Aufgrund der Progression des Einkommensteuertarifs ist dieses Verfahren jedoch günstiger, als wenn für jeden Ehepartner der Einkommensteuerbetrag ermittelt und danach die Steuerbeträge addiert würden.

Beispiel

Berthold und Ramona Handke sind verheiratet und werden zusammen veranlagt.
Im August 2023 stirbt Ramona Handke.
Welche Veranlagungsart ist für Berthold Handke 2023 und 2024 anzuwenden?

Lösung:

Berthold Handke kann 2023 mit seiner Frau zusammen veranlagt (§ 26b EStG) werden oder die Einzelveranlagung wählen. 2024 ist die Einzelveranlagung nach § 26a EStG mit Anwendung der Splittingtabelle (Gnadensplitting) durchzuführen.

3.12.2 Der Einkommensteuertarif

§ 32 a

Der Einkommensteuertarif für das Jahr 2023 ist zweistufig-linear-progressiv gestaltet.

Zonen	Zu versteuerndes Einkommen
Grundfreibetrag	10.908 € [1]
erste linear-progressive Zone	10.909 € – 15.999 €
zweite linear-progressive Zone	16.000 € – 62.809 €
erste Proportionalzone	62.810 € – 277.825 €
zweite Proportionalzone	ab 277.826 €

Fall 68: Claudia Lohse (ledig, 42 Jahre alt) hatte im VZ 2023 ein zu versteuerndes Einkommen in Höhe von 39.500 €.

Wie hoch ist die tarifliche Einkommensteuer von Claudia Lohse im VZ 2023?

Die tarifliche ESt bemisst sich nach dem zu versteuernden Einkommen. Dieses ist auf den nächsten vollen €-Betrag abzurunden. § 32 a (1)

Der steuerfreie **Grundfreibetrag** beträgt **10.908 €**. Nach den zwei Zonen mit linear-progressivem Verlauf beginnt ab einem zu versteuernden Einkommen von **62.810 €** die Belastung mit einem Steuersatz von 42 %, ab 277.826 € mit 45 %. § 32 a (1)

Für ein zu versteuerndes Einkommen bis 62.809 € ist die tarifliche Einkommensteuer aus der ESt-Grundtabelle zu entnehmen. Sie kann jedoch auch formelmäßig errechnet werden. In der **ersten** linear-progressiven Zone von 10.909 € bis 15.999 € gilt:

$$(979{,}18 \cdot y + 1.400) \cdot y$$

y ist ein Zehntausendstel des 10.908 € übersteigenden Teils des auf einen vollen Euro-Betrag abgerundeten zu versteuernden Einkommens.

In der **zweiten** linear-progressiven Zone von 16.000 € bis 62.809 € lautet die Formel zur Errechnung der ESt:

$$(192{,}59 \cdot z + 2.397) \cdot z + 966{,}53$$

z ist ein Zehntausendstel des 15.999 € übersteigenden Teils des auf einen vollen Euro-Betrag abgerundeten zu versteuernden Einkommens.

Von 62.810 € bis 277.825 € lautet die Formel:

$$0{,}42 \cdot x - 9.927{,}98$$

Ab 277.826 € gilt: $$0{,}45 \cdot x - 18.307{,}73$$

x ist das auf einen vollen Euro-Betrag abgerundete, zu versteuernde Einkommen. Der sich ergebende Steuerbetrag ist auf den nächsten vollen €-Betrag abzurunden.

Ist die **Splittingtabelle** zur Ermittlung der tariflichen Einkommensteuer anzuwenden (hauptsächlich bei Ehegatten, die zusammen zur ESt veranlagt werden), so beträgt diese das **Zweifache** des Steuerbetrags, der sich für die Hälfte ihres gemeinsam zu versteuernden Einkommens ergibt. § 32 a (5)

[1] ab 01.01.2023 (Inflationsausgleichsgesetz)

§ 32 b

3.12.3 Progressionsvorbehalt

Ziel: Gleichstellung der Bezieher eigentlich steuerfreier Lohnersatzleistungen mit ganzjährig Beschäftigten durch Einbeziehung solcher Leistungen in die Steuerberechnung

Berechnungsschema

H 32b EStH

	Zu versteuerndes Einkommen
+	Leistungen nach § 32 b (1) EStG
=	für den Steuersatz maßgebliches Einkommen

Steuer nach der anzuwendenden Tabelle (Grund- oder Splittingtabelle)

Steuersatz in Prozent berechnen

Anwendung dieses Steuersatzes auf das oben angeführte zu versteuernde Einkommen

= Steuer

Fall 69: Karl Huber, Arbeitnehmer aus Altötting, ist 46 Jahre alt und nicht verheiratet. Im VZ 2023 beträgt das zu versteuernde Einkommen von K. Huber 34.380 €. Herr Huber hat im VZ Arbeitslosengeld in Höhe von 2.628 € bezogen.

Berechnen Sie die Einkommensteuer unter Berücksichtigung des § 32 b EStG!

Hat ein **unbeschränkt Steuerpflichtiger** zeitweise oder während des gesamten Veranlagungszeitraums die in §32b (1) S. 1 Nr. 1–5 EStG aufgeführten **steuerfreien Lohnersatzleistungen,** z.B.

- Arbeitslosengeld, Kurzarbeitergeld, Insolvenzgeld, Arbeitslosenhilfe, Elterngeld
- Krankengeld, Mutterschaftsgeld, Zuschüsse zum Mutterschaftsgeld oder
- **ausländische Einkünfte,** die im Veranlagungszeitraum **nicht der deutschen Einkommensteuer** unterlegen haben oder
- Einkünfte, die nach einem **Doppelbesteuerungsabkommen steuerfrei** sind,

bezogen, ist auf das zu versteuernde Einkommen i.S.d. §32a (1) EStG ein besonderer Steuersatz anzuwenden (**Progressionsvorbehalt**).

Im Gegensatz zum Elterngeld unterliegt das Betreuungsgeld nicht dem Progressionsvorbehalt, da es sich nicht um eine Lohnersatzleistung handelt.

Zum zu versteuernden Einkommen werden die vom Steuerpflichtigen bezogenen und gemäß § 32 b (1) EStG dem Progressionsvorbehalt unterliegenden Einnahmen addiert. Das Ergebnis ist das für den Steuersatz maßgebliche Einkommen. Die für diesen Betrag anzusetzende Steuer ist aus der anzuwendenden Tabelle zu entnehmen. Dann ist der Steuersatz auf vier Kommastellen genau zu errechnen (Für den Steuersatz maßgebliches Einkommen = 100 %; aus der Tabelle entnommene Steuer = x %). Dieser Steuersatz ist auf das zu versteuernde Einkommen anzuwenden und die zu entrichtende Steuer zu errechnen. § 32 b (2)

Beispiel

Das zu versteuernde Einkommen eines ledigen steuerpflichtigen Arbeitsnehmers hat im Veranlagungszeitraum (2023) 24.000,00 € betragen. Der Stpfl. hat im VZ steuerfreies Arbeitslosengeld von 4.800,00 € bezogen.
Berechnen Sie die Einkommensteuer unter Berücksichtigung des Progressionsvorbehalts.

Lösung:

zu versteuerndes Einkommen	24.000,00 €
+ Arbeitslosengeld	4.800,00 €
fiktives zu versteuerndes Einkommen	28.800,00 €

Einkommensteuer auf fiktives zu versteuerndes Einkommen 4.350,00 € (Grundtarif)

Progressionssteuersatz $\frac{4.350,00 \times 100}{28.800,00} = 15,1041\,\%$

zu versteuerndes Einkommen ohne Progressionseinkünfte 24.000,00 € × 15,1041 %

Einkommensteuer mit Progressionsvorbehalt 3.624,00 €

3.12.4 Anrechnung der Gewerbesteuer auf die Einkommensteuer

Ziel
Verminderung der Gewerbesteuerbelastung

Gewerbesteuer

keine Betriebsausgabe (§ 4 Abs. 5 b EStG)	Anrechnung auf die ESt (§ 35 EStG)

Schema:

	Tarifliche Einkommensteuer
–	Steuerermäßigung wegen gewerblicher Einkünfte
=	Verminderte tarifliche Einkommensteuer

Fall 70: Die (vorläufige) tarifliche Einkommensteuer der Einzelunternehmerin Thea Zauner beträgt 7.140 €. Der festgesetzte Gewerbesteuermessbetrag beträgt 490 €.

Berechnen Sie die verminderte tarifliche Einkommensteuer von Thea Zauner.

§ 35 Abs. 1 S. 1 Nr. 1 u. 2 Seit dem VZ 2022 kann ein Teil der Gewerbesteuer auf die Einkommensteuerschuld angerechnet werden. Voraussetzung ist, dass im VZ positive Einkünfte aus Gewerbebetrieb im zu versteuernden Einkommen enthalten sind. Gewinne und Verluste aus der Beteiligung an verschiedenen Gewerbebetrieben werden verrechnet.
Die Gewerbesteuer aus folgenden Einkünften aus Gewerbebetrieb kann auf die persönliche tarifliche Einkommensteuerschuld des Einzel- oder Mitunternehmers angerechnet werden, soweit sie anteilig auf im zu versteuernden Einkommen enthaltene gewerbliche Einkünfte entfällt:

- Einkünfte aus gewerblichen Einzelunternehmen
- Einkünfte aus Beteiligungen an Mitunternehmerschaften, z. B. an offenen Handelsgesellschaften und Kommanditgesellschaften oder als persönlich haftender Gesellschafter einer KGaA

Durch die Gewerbesteueranrechnung mindert sich auch die Bemessungsgrundlage für den Solidaritätszuschlag, nicht jedoch die Bemessungsgrundlage für die Kirchensteuer. Anrechenbar ist das **4-fache** des für das Unternehmen in dem Erhebungszeitraum festgesetzten **Gewerbesteuermessbetrags.** Dieser geht bei Einzelunternehmern aus dem Gewerbesteuerbescheid hervor. Bei Mitunternehmerfällen ist der anteilige Gewerbesteuermessbetrag in Prozent vom zuständigen Betriebsfinanzamt zu bestimmen und gesondert festzustellen.

Der abziehbare Steuerermäßigungsbetrag darf nicht höher sein als die tatsächlich zu zahlende Gewerbesteuer, § 35 (1) S. 5 EStG.

BMF vom 03.11.2016 Besitzt der Steuerpflichtige mehrere Gewerbebetriebe bzw. ist er an mehreren Gewerbebetrieben beteiligt, so wird die Ermäßigung für jeden Gewerbebetrieb getrennt ermittelt und anschließend für die Einkommensteuer zusammengefasst.

3.12.5 › Steuerermäßigung bei haushaltsnahen Dienstleistungen

§ 35a

Geringfügiges Beschäftigungsverhältnis	Sozialversicherungspflichtiges Beschäftigungsverhältnis Dienstleistung durch selbstständige Dienstleister	für Renovierung, Erhaltung, Modernisierung
Höhe der Steuerermäßigung		
20 % der Aufwendungen, maximal 510 €	20 % der Aufwendungen, maximal 4.000 €	je 20 % der Aufwendungen, maximal 1.200 €

Die im § 35 a EStG geregelte Steuerermäßigung bei Aufwendungen für haushaltsnahe Beschäftigungsverhältnisse und für die Inanspruchnahme haushaltsnaher Dienstleistungen führt zu einer **Ermäßigung der tariflichen Einkommensteuer** und damit in vollem Umfang zu einer Steuerersparnis.

Eine Steuerermäßigung nach § 35a EStG kommt nur in Betracht, soweit die Aufwendungen nicht als Werbungskosten, Betriebsausgaben, Sonderausgaben oder als außergewöhnliche Belastungen berücksichtigt werden können. § 35a (5)

Fall 71: Herr und Frau Möller aus Dortmund sind beide 40 Jahre alt und berufstätig. Sie beschäftigen das ganze Jahr an 20 Stunden im Monat eine Haushaltshilfe, die 20 €/Stunde verdient. Die Haushaltshilfe bekommt diesen Betrag netto ausbezahlt. Das Ehepaar Möller meldete die Tätigkeit der Haushaltshilfe bei der Minijob-Zentrale als geringfügiges Beschäftigungsverhältnis an und nimmt am Haushaltsscheckverfahren teil. An weiteren Aufwendungen entstehen insgesamt 59,76 € monatlich an die Deutsche Rentenversicherung Knappschaft-Bahn-See.

Wie wirkt sich die Beschäftigung der Haushaltshilfe für das Ehepaar Möller steuerlich aus?

› Geringfügiges Beschäftigungsverhältnis

Haushaltsnah ist das Beschäftigungsverhältnis, wenn es eine haushaltsnahe Tätigkeit zum Gegenstand hat. Zu den haushaltsnahen Tätigkeiten gehören u. a. die Zubereitung von Mahlzeiten im Haushalt, die Reinigung der Wohnung des Steuerpflichtigen, die Gartenpflege und die Pflege, Versorgung und Betreuung von Kindern, kranken, alten oder pflegebedürftigen Personen. Die Erteilung von Unterricht (z. B. Sprachunterricht), die Vermittlung besonderer Fähigkeiten, sportliche und andere Freizeitbetätigungen fallen nicht darunter. Es muss sich bei dem haushaltsnahen Beschäftigungsverhältnis um eine geringfügige Beschäftigung im Sinne des § 8a SGB IV handeln **(Minijob)**, die **in einem in der EU oder dem EWR liegenden privaten Haushalt** ausgeübt wird und der Steuerpflichtige muss am **Haushaltsscheckverfahren** teilnehmen. § 35a (1) BMF v. 09.11.16

› Sozialversicherungspflichtiges Beschäftigungsverhältnis/ selbstständige Dienstleister

Hier sind analog zu den obigen Voraussetzungen haushaltsnahe Beschäftigungsver hältnisse begünstigt, für die **Pflichtbeiträge zur gesetzlichen Sozialversicherung** entrichtet werden und die **keine geringfügige Beschäftigung** sind. Für haushaltsnahe § 35a (2)

Dienstleistungen im Rahmen eines sozialversicherungspflichtigen Beschäftigungsverhältnisses durch einen selbstständigen Dienstleister ermäßigt sich die tarifliche Einkommensteuer um 20 %, höchstens um 4.000 € der Aufwendungen.
Zu den begünstigten Aufwendungen gehört in beiden Fällen der Bruttoarbeitslohn oder das Arbeitsentgelt (bei Anwendung des Haushaltsscheckverfahrens und geringfügiger Beschäftigung im Sinne des § 8a SGB IV) sowie die vom Steuerpflichtigen getragenen Sozialversicherungsbeiträge, die Lohnsteuer und Kirchensteuer, Umlagen nach dem Aufwendungsausgleichsgesetz und die Unfallversicherungsbeiträge, die vom privaten Haushalt als Arbeitgeber getragen werden.
Die Steuerermäßigung kann auch für die Inanspruchnahme von Pflege- und Betreuungsleistungen sowie für Aufwendungen, die einem Steuerpflichtigen wegen Heimunterbringung oder zur dauernden Pflege erwachsen, soweit darin Kosten für Dienstleistungen enthalten sind, die mit denen einer Hilfe im Haushalt vergleichbar sind, beansprucht werden.

› Haushaltsnahe Dienstleistungen in Form von Handwerkerleistungen

§ 35a (3) Steuerlich begünstigt sind Erhaltungsarbeiten, Renovierungs- und Modernisierungsmaßnahmen an der in der EU oder dem EWR liegenden eigenen Wohnung oder Mietwohnung. Dazu zählen beispielsweise auch

- Anstreichen, Kalken und Tapezieren von Wänden,
- Beseitigen kleinerer Löcher in den Wänden/Decken
- Streichen oder Lackieren von Türen, Fenstern und Heizkörpern,
- Reinigen des Teppichbodens
- Modernisierung des Badezimmers, Austausch von Fenstern
- Anbringen einer Sonnenmarkise
- Einbau einer neuen Küche
- Maßnahmen der Gartengestaltung
- Schornsteinfegergebühren

Welche Nachweise sind notwendig?
- Aussagekräftige Rechnung mit genauer Bezeichnung der Tätigkeit
- Nachweis der **unbaren** Zahlung, z. B. durch Kontoauszug

BMF vom 09.11.16 Abzugsfähig sind nur die Arbeitskosten einschließlich der in Rechnung gestellten Maschinen- und Fahrtkosten, nicht die Materialkosten. Zahlungen für den Hausmeisterservice, der sich um das Rasenmähen oder Blumengießen in der Ferienwohnung auf Mallorca kümmert, sind nach § 35a EStG auch zu berücksichtigen.

§ 35a (3) Satz 1 EStG Eine Steuerermäßigung ist ausgeschlossen, wenn die Maßnahme nach dem CO_2-Gebäude-Sanierungsprogramm der KfW, durch ein zinsverbilligtes Darlehen oder einen Zuschuss gefördert wurde, bzw. wenn eine Neu-/Umbaumaßnahme zu einer Erweiterung der Nutz- oder Wohnfläche führt (Dachgeschossausbau).

Maximal werden für Handwerkerleistungen 20 % der anzusetzenden Aufwendungen des Steuerpflichtigen, jedoch nicht mehr als 1.200 € (= Höchstbetrag) steuermindernd angesetzt. Dieser Beitrag erhöht sich für die Inanspruchnahme von Dienstleistungen zur Betreuung einer pflegebedürftigen Person im Haushalt des Steuerpflichtigen oder im Haushalt der gepflegten oder betreuten Person auf 20 % der Aufwendungen, höchstens 4.000 €.

§ 35a (5) EStG Leben zwei Alleinstehende in einem Haushalt zusammen, können sie die Höchstbeträge nach den Absätzen 1 und 2 insgesamt jeweils nur einmal in Anspruch nehmen.

› Kinderbetreuungskosten als haushaltsnahe Dienstleistung

Eine Steuerermäßigung nach § 35a EStG für die Aufwendungen zur Betreuung von Kindern ist nur möglich, wenn sie nicht bereits als Sonderausgaben berücksichtigt wurden.

Die Abzugsmöglichkeit beschränkt sich damit auf Kinderbetreuungskosten für Kinder über 14 Jahre. Die Kinderbetreuung muss **im inländischen Haushalt** des Steuerpflichtigen erfolgen. Die Höchstbeträge des § 35a EStG sind **nicht zu zwölfteln**, wenn die Voraussetzungen nicht das ganze Jahr über vorliegen.

› Steuerermäßigung für energetische Maßnahmen bei zu eignen Wohnzwecken genutzten Gebäuden

Von der Steuerschuld können 20 % der Aufwendungen, max. 40.000 € abgezogen werden. Nach Abschluss der energetischen Maßnahme im ersten und zweiten Jahr jeweils 7 %, höchstens 14.000 € je Jahr, im dritten Jahr 6 %, höchstens 12.000 €, z.B. für die Wärmedämmung von Dachflächen, Außenwänden, Geschossflächen, Erneuerung von Fenstern, Außentüren, Heizungsanlagen. § 35c

3.12.6 › Abrechnung der Einkommensteuer

Zur Einkommensteuer wird hinzugerechnet:

Kindergeld
falls Kinderfreibetrag/Betreuungsfreibetrag abgezogen wurden

Auf die Einkommensteuer werden angerechnet:

- **Einkommensteuer-Vorauszahlungen**
- **Lohnsteuer**
- **Kapitalertragsteuer**
- **Körperschaftsteuer**

Steuerentrichtung:

Einkommensteuer-Vorauszahlungen	Bemessungsgrundlage
10. März 10. Juni 10. September 10. Dezember	Einkommensteuer bei der letzten Veranlagung

§ 37

Fälligkeit der Abschlusszahlung: **1 Monat** nach Bekanntgabe des Steuerbescheids § 36 (4)

Um eine doppelte Inanspruchnahme sowohl von Kindergeld als auch der Freibeträge nach § 32 (6) EStG zu verhindern, muss – falls das Einkommen um die Freibeträge nach § 32 (6) EStG vermindert wurde – das zuvor gewährte **Kindergeld der Einkommensteuer hinzugerechnet** werden. § 31

Beispiel

Ein zusammen veranlagtes Ehepaar mit einer 10-jährigen Tochter hat im Jahr 2023 ein **Einkommen von 114.000 €**. Für ihre Tochter haben die Ehegatten 3.000 € Kindergeld bezogen. Wie hoch ist die festzusetzende Einkommensteuer unter Berücksichtigung der Freibeträge nach § 36 (6) EStG?

Lösung:

Einkommen	114.000 €
– Freibeträge für Kinder	**8.952 €**
zu versteuerndes Einkommen	105.048 €
tarifliche Einkommensteuer	24.580 €
+ erhaltenes Kindergeld	**3.000 €**
festzusetzende Einkommensteuer	27.580 €

§ 36 (2) Nr. 1 Auf die Einkommensteuer wird die für den Veranlagungszeitraum entrichtete **Einkommensteuer-Vorauszahlung** angerechnet. Die Einkommensteuer-Vorauszahlung entsteht mit Beginn des Kalendervierteljahres, in dem die Vorauszahlungen zu entrichten sind, und wird durch Vorauszahlungsbescheid festgesetzt. Die Höhe der Vorauszahlungen bemisst sich nach der Höhe der Einkommensteuer, die sich bei der letzten Veranlagung ergeben hat.

§ 36 (2) Nr. 2 Gleichfalls angerechnet werden die durch Steuerabzug erhobene Einkommensteuer **(Lohnsteuer**, **Kapitalertragsteuer)**, soweit sie auf die bei der Veranlagung erfassten Einkünfte entfällt und die Erstattung weder beantragt noch durchgeführt wurde.

Die Einkommensteuer ist innerhalb eines Monats nach Bekanntgabe des Bescheids zu entrichten, ein Überschuss zugunsten des Steuerpflichtigen wird ihm nach Bekanntgabe des Steuerbescheids ausgezahlt.

Übungen

1 Ein 26-jähriger lediger Steuerpflichtiger, der nach § 46 (2) EStG veranlagt wird, hat neben Einkünften aus nichtselbstständiger Arbeit auch Einkünfte aus Vermietung und Verpachtung (Garagenplatz) in Höhe von 300 € erzielt. Ermitteln Sie den Härteausgleichsbetrag!

2 Die Steuerpflichtige Evelyn Hartmann (H), 24 Jahre, wird nach § 46 (2) EStG zur Einkommensteuer veranlagt. Frau H erzielte im VZ 2023 Einkünfte i. S. d. § 19 EStG und sonstige Einkünfte in Höhe von 1.000 € sowie negative Einkünfte aus Vermietung und Verpachtung von 250 €. Ermitteln Sie den Härteausgleichsbetrag!

3 Bei den folgenden Beispielen sind jeweils die Veranlagungsart (Einzelveranlagung/Zusammenveranlagung) und die anzuwendende Einkommensteuer-Tabelle (Grundtabelle/Splittingtabelle) anzugeben:

a) Egon Müller, ledig, 38 Jahre alt und Angestellter
b) Das Ehepaar Elke und Egon Reich hat vor 10 Jahren geheiratet. Der Ehemann ist Arbeitnehmer, die Ehefrau freiberuflich tätig.
c) Die Ehe des Arbeitnehmers Fritz Fink wurde Anfang 2023 geschieden, nachdem die Eheleute 2 Jahre getrennt lebten. Die geschiedene Ehefrau hat im Dezember 2023 wieder geheiratet und erfüllt mit dem neuen Ehegatten die Voraussetzungen für die Ehegattenbesteuerung.
d) Emil Alt, 49-jähriger Beamter lebt seit Anfang Februar von seiner Ehefrau getrennt. Die Ehefrau ist als Angestellte tätig. Das Ehepaar wurde bisher zusammenveranlagt.
e) Felicitas Jäger, ledig, 30 Jahre alt, wohnt in München mit ihrer 9-jährigen Tochter in einem Haushalt.

f) Dagmar Keller, 20 Jahre alt, Steuerfachangestellte in einer Augsburger Kanzlei, ist seit Anfang Februar verheiratet. Der Ehemann ist Gymnasiast ohne Einkünfte.
g) Antonia Müller, Bäckereifachverkäuferin in Kassel, 35 Jahre alt, hat ein Kind im Alter von 4 Jahren. Seit dem letzten Jahr ist sie verwitwet.
h) Christian Funkel, 40 Jahre, Angestellter, lebt seit drei Jahren von seiner Ehefrau getrennt.
i) Peter und Ellen Springer sind seit 14 Jahren verheiratet und leben nicht dauernd getrennt. Beide sind bei der Stadt Nürnberg als Beamte beschäftigt.

4 Das zu versteuernde Einkommen von Petra Friedrichs (F), ledig, 27 Jahre, betrug im VZ 2023 28.364 €. Frau F bezog im VZ ein steuerfreies Krankengeld in Höhe von 3.420 €. Berechnen Sie die Einkommensteuer von Frau F unter Berücksichtigung des Progressionsvorbehalts!

5 Die ledige Einzelunternehmerin Maria Rosner erzielte im VZ 2023 Einkünfte aus einem Gewerbebetrieb in Höhe von 42.000 €. Der Gewerbesteuermessbetrag beträgt 260 €. Mit einem anderen Gewerbebetrieb erwirtschaftete sie einen Verlust von 48.000 €. Ihre Einkünfte i. S. d. § 21 EStG betrugen 49.000 €. Wie hoch ist der Anrechnungsbetrag nach § 35 EStG im VZ 2023?

6 Die berufstätigen Eheleute Monika und Franz Schneider beschäftigen im ganzen Jahr 2023 eine Tagesmutter im Rahmen eines Minijobs mit einem monatlichen Arbeitslohn in Höhe von 450 € (zzgl. Pauschale Abgaben, Umlagen und Beiträgen zur Unfallversicherung in Höhe von 798,72 €/Jahr) zur Betreuung ihres 2-jährigen Sohnes. Frau Schneider brachte das Kind morgens auf dem Weg zur Arbeit zur Tagesmutter und holte es abends auf dem Rückweg wieder ab. Wie werden diese Aufwendungen berücksichtigt?

7 Der Steuerpflichtige A. Yildirimkaya hat im Jahr 2023 mit der Gartenpflege einen selbstständigen Gärtner beauftragt. Die Aufwendungen hierfür betragen 1.160 €. Die erforderlichen Belege (Rechnung, Zahlungsbeleg des Kreditinstituts) liegen vor.
Wie wirkt sich dieser Sachverhalt steuerlich aus?

8 Marlies Wengert hat nach Ende ihres Referendariats im September 2023 eine Stelle als Lehrerin in Stuttgart angetreten. Sie hat bereits zum 01.08.2023 eine Mietwohnung in der Stadt bezogen. Frau Wengert beauftragte noch im August 2023 einen Malerbetrieb den Flur ihrer Wohnung neu zu streichen. Gleichzeitig wurde auch das Wohnzimmer neu tapeziert. Der Malermeister berechnete in einer detaillierten Rechnung, in der er die Arbeiten genau bezeichnete, für die Arbeitszeit 460 € und für das verwendete Material (Farbe, Tapeten, Kleister) 370 €. Zusätzlich stellte er 157,70 € Umsatzsteuer in Rechnung. Marlies Wengert überwies 987,70 von ihrem Bankkonto an den Malermeister.
Wie wirkt sich dieser Sachverhalt steuerlich aus?

9 Ein leitender Angestellter, (63 Jahre, Witwer) beschäftigt im Rahmen eines geringfügigen Beschäftigungsverhältnisses im Sinne des § 8a SGB IV eine Rentnerin als Reinigungskraft und für einfache Gartenarbeiten. Das Arbeitsentgelt beträgt 400,00 €/Monat, die Aufwendungen des Angestellten für die Reinigungskraft betragen 2023 insgesamt 5.510 €. Kann der Angestellte diese Ausgaben steuerlich geltend machen? Falls ja, wie und in welcher Höhe.

10 Im Rahmen eines geringfügigen Beschäftigungsverhältnisses nach § 8a SGB IV betreut eine Tagesmutter den zweijährigen Sohn eines erwerbstätigen Ehepaares stundenweise in deren Haushalt. Im Jahr 2023 betragen die Aufwendungen hierfür insgesamt 3.600 €.
a) Erläutern Sie, wie sich diese Zahlung für das Ehepaar steuerlich auswirkt.
b) Wie würde sich die Lösung ändern, wenn der Sohn 15 Jahre alt wäre?

11 Nora Wallner ist 52 Jahre alt und verwitwet. Sie führt auch nach dem Tod ihres Mannes ein großes Haus und beschäftigt seit 01.07.2023 eine Haushaltshilfe. Es handelt sich um ein sozialversicherungspflichtiges Beschäftigungsverhältnis, für das monatliche Aufwendungen in Höhe von 1.820 € entstehen.
Kann Frau Wallner diese Zahlungen steuerlich geltend machen? Falls ja, wie und in welcher Höhe?

12 In der Wohnung von Klaus Breiter musste die undichte Heizung im Wohnzimmer repariert werden. Der Heizungsbauer berechnete für die Arbeitsleistung 1.260 € einschl. USt. Herr Bauer hat den Betrag von seinem Bankkonto überwiesen.
a) Wirkt sich diese Zahlung für Herrn Breiter steuerlich aus?
b) Wie ändert sich die Lösung, wenn die Reparatur in der Ferienwohnung auf Ibiza erfolgt?

13 Naomi Sporer, 12 Jahre, nimmt seit 2 Jahren in einem Reitstall in Landshut Reitstunden. Ihren Eltern entstehen dafür 2023 monatliche Kosten in Höhe von 260 €, die durch Banküberweisung bezahlt werden. Die Eltern von Naomi werden zusammen veranlagt und arbeiten als Beamte bei der Regierung von Sachsen.
a) In welchem Umfang können die Zahlungen steuerlich berücksichtigt werden?
b) Wie würde sich die Lösung ändern, wenn die Kosten für eine stundenweise Betreuung von Naomi durch eine Dienstleistungsagentur im elterlichen Haushalt entstünden?

14 Ludmilla Bader hat ihren 40. Geburtstag mit 80 Gästen in ihrem Haus in Hannover gefeiert. Mit der Bewirtung wurde ein Partyservice beauftragt, der in einer detaillierten Rechnung 6.820 € berechnete, die von Frau Bader durch Banküberweisung bezahlt wurden.
Kann Frau Bader eine Steuerermäßigung nach § 35a EStG erhalten? Falls ja, in welcher Höhe?

15 Enno Bader und seine Frau Julia haben zwei Kinder. Für den Kindergartenbesuch von Klaus, vier Jahre, entstehen jährliche Aufwendungen von 960 €. Nora, zwei Jahre, wird in der Wohnung der Eltern stundenweise durch das Personal einer Dienstleistungsagentur betreut, die 2023 hierfür 1.920 € in Rechnung gestellt hat. Herr Bader ist Beamter, seine Frau Julia Hausfrau.
Wie werden die Kinderbetreuungskosten steuerlich berücksichtigt? Geben Sie auch die Höhe des berücksichtigten Betrages an.

16 Die erwerbstätigen Eltern Thomas und Svetlana Raabe aus Berlin (beide Angestellte) haben zwei Kinder. Christoph, zwei Jahre, besucht einen Kinderhort (jährliche Aufwendungen 1.200 €). Sebastian, sieben Jahre, wird von einer Tagesmutter gemeinsam mit zwei weiteren Kindern in deren Wohnung betreut. Die Tagesmutter hat eine Betreuungserlaubnis der Stadt Berlin und berechnete 4.800 €/Jahr.
Wie werden die Kinderbetreuungskosten steuerlich berücksichtigt?

17 Richard Hartmann ist erfolgreicher Unternehmer, seine Frau Kerstin ist Hausfrau. Die sieben Jahre alte gemeinsame Tochter wird im Haushalt des Ehepaares nachmittags stundenweise durch das Personal einer Dienstleistungsagentur betreut. Ordnungsgemäße Belege liegen vor, die entstandenen Kosten betragen 2023 insgesamt 6.800 €.
a) Wie werden diese Kosten steuerlich berücksichtigt?
b) Wie würde sich die Lösung ändern, wenn die Tochter 16 Jahre alt wäre?

18 Irina und Peter Richter, Magdeburg, haben einen 10 Jahre alten Sohn und eine achtjährige Tochter. Herr Richter ist Arbeitnehmer, seine Frau ist ebenfalls berufstätig. Die Betreuung der beiden Kinder im elterlichen Haushalt übernimmt die Mutter von Herrn Richter. Sie stellt Rechnungen für die Kinderbetreuung, die per Bank bezahlt werden, in Höhe von insgesamt 4.320 €.
Wie werden diese Kosten steuerlich berücksichtigt?

19 Der neun Jahre alte Sohn Markus des Ehepaares Saller ist seit seiner Geburt schwerbehindert, seine 12 Jahre alte Schwester besucht ein örtliches Gymnasium. Herr Saller ist Gewerbetreibender, seine Frau nicht erwerbstätig. Zur Betreuung des Sohnes Markus im elterlichen Haushalt wurde stundenweise eine Haushaltshilfe eingestellt, die sozialversicherungspflichtig beschäftigt wird. Die Aufwendungen für die Haushaltshilfe betragen 9.660 €/Jahr.
a) Erläutern Sie, wie diese Kosten steuerlich berücksichtigt werden.
b) Würde sich die Lösung ändern, wenn Markus 16 Jahre alt wäre?

20 Zur Betreuung seiner zwei Jahre alten Zwillinge in ihrem Haushalt beschäftigt das Ehepaar Grothe seit 01.07.2023 eine Erzieherin im Rahmen eines geringfügigen Beschäftigungsverhältnisses im Sinne des § 8a des Vierten Sozialgesetzbuches. 2023 sind hierfür Aufwendungen von insgesamt 3.099,36 € entstanden.
a) Wie werden diese Zahlungen steuerlich berücksichtigt, wenn nur Herr Grothe berufstätig ist?
b) Welche Auswirkungen hätte es, wenn die Kinderbetreuung durch die Großmutter erfolgt und diese hierfür 960 € bar erhält?

21 Falk Lehmann (L) ist 34 Jahre alt und ledig. Sein Bruttoeinkommen beträgt 88.620 €/Jahr. Herr Lehmann beschäftigt während des ganzes Jahres stundenweise eine Haushaltshilfe für die Reinigung seiner Privatwohnung in Düsseldorf. Das monatliche Arbeitsentgelt beträgt 380,00 €. An Abgaben hat er insgesamt 56,77 €/Monat bezahlt. Die Abgaben werden im sogenannten Haushaltsscheckverfahren per Einzugsermächtigung vom Konto des L von der Minijob-Zentrale eingezogen.
Wie hoch ist die jährliche Steuerermäßigung?

22 Bastian Baumer hat seit 01.09.2023 eine Haushaltshilfe für die Reinigung seiner Wohnung angestellt. Das monatliche Entgelt der Haushaltshilfe beträgt 360,00 €, die pauschalen Abgaben 53,78 €/Monat.
Ermitteln Sie die Steuervergünstigungen für 2023!

23 Ingrid Maler (M) beschäftigt in den Monaten September und Oktober 2023 einen Nachbarn im Rahmen des geringfügigen Beschäftigungsverhältnisses, der stundenweise die Pflege ihres Gartens übernimmt. Die monatlichen Aufwendungen hierfür betragen insgesamt 521,16 €.
Wie hoch ist die Steuerermäßigung, die M 2023 beanspruchen kann?

24 Harald Kerber, Bremen, hat ab dem 01.07.2023 eine Reinigungskraft im Rahmen eines sozialversicherungspflichtigen Beschäftigungsverhältnisses angestellt, die die Reinigung seiner Privatwohnung übernimmt. Seine Aufwendungen hierfür betragen insgesamt 5.615 €.
a) Berechnen Sie die Steuerermäßigung für 2023.
b) Wie hoch wäre die Steuerermäßigung, wenn das Beschäftigungsverhältnis seit Januar besteht und die Aufwendungen 11.230 € betragen?

25 Ludmilla From (F) lässt die Fassade ihres Einfamilienhauses neu streichen. Die Malerfirma stellt ihr für die Arbeitskosten 1.094,80 € brutto in Rechnung.
Ermitteln Sie die Steuerermäßigung für F aus diesem Sachverhalt.

Aufgaben zur Wiederholung und Vertiefung

1 Einkunftsarten/Gesamtbetrag der Einkünfte

Emil Lindner, ledig, vollendete am 31.12.2022 sein 65. Lebensjahr und trat zum 01.01.2023 in den Ruhestand. Er bezieht 2023 von seinem früheren Arbeitgeber eine Werkspension von 500 € im Monat (Ek i. S. d. § 19 EStG). Von der gesetzlichen Rentenversicherung erhält Herr Lindner eine Rente von 1.180 € monatlich. Aus einem Sparguthaben hatte er 2023 einen Zinsanspruch von 1.850 €, einen Freistellungsauftrag hatte er nicht abgegeben. Von einem Onkel hat Herr Lindner vor 14 Jahren ein Appartement geerbt, das seither vermietet ist. Seine Einkünfte hieraus betrugen 2023 4.100 €. Seit 01.04.2023 arbeitet Herr Lindner als Zeitungsausträger für 440 € im Monat (Minijob).

Geben Sie die jeweilige Einkunftsart an und ermitteln Sie den Gesamtbetrag der Einkünfte von Emil Lindner im VZ 2023!

2 Gesamtbetrag der Einkünfte

Andreas Schmidt (S) ist am 01.01.1959 geboren, ledig und kinderlos. S bezog 2023 Einnahmen aus nichtselbstständiger Arbeit in Höhe von 46.000 €. Seine nachgewiesenen Werbungskosten in diesem Jahr betrugen 2.575 €. S hatte in Aktien in seinem Privatvermögen, die er im April 2023 gekauft und im gleichen Jahr wieder verkauft hat:

24. April 2023:	Kauf der Aktien zum Kurswert von	6.400 €
	Kaufspesen	74 €
04. Sept. 2023:	Verkauf der Aktien zum Kurswert von	7.450 €
	Verkaufsspesen	86 €

Auf einem Sparkonto hat S einen Zinsanspruch in Höhe von 1.450 €. S besitzt am Chiemsee ein Segelboot mit Liegeplatz. Er „vermietet" dieses Segelboot gelegentlich für eine Aufwandsentschädigung an Freunde und Bekannte. Im Jahr 2023 hat er hieraus 420 € eingenommen. Im Zusammenhang mit der gelegentlichen Vermietung entstanden ihm Aufwendungen von 80 €. Der Steuerpflichtige wohnt in Prien/Chiemsee in einem eigenen Einfamilienhaus, das er vor 10 Jahren erworben hat. Für den Kauf nahm er eine Grundschuld auf und bezahlte im VZ 1.500 € Zinsen und 3.000 € Tilgung.

Berechnen Sie den Gesamtbetrag der Einkünfte des Steuerpflichtigen S für den VZ 2023!

3 Einkunftsarten/Gesamtbetrag der Einkünfte

Der 84-jährige, kinderlose Steuerpflichtige Anton Leber (L), Lindau, ist seit 16 Jahren Witwer. Er bezog im VZ 2023 eine Monatsrente aus der gesetzlichen Sozialversicherung in Höhe von 1.200 € (Rentenfreibetrag: 5.040 €). Von seinem ehemaligen Arbeitgeber erhielt er eine Werkspension, die nicht auf früheren Beitragsleistungen beruht, in Höhe von 250 €/Monat (seit 2005 in gleicher Höhe).

L ist als atypischer stiller Gesellschafter am Einzelunternehmen seines Neffen beteiligt. Für den VZ 2023 floss ihm aus dieser Beteiligung einen Gewinnanteil von 5.200 € zu.

Der Steuerpflichtige besitzt 3.000 Aktien der ARIV AG. 2023 erhielt er hierfür eine Bar-Dividende von 2 € pro Stück. Ein Freistellungsauftrag wurde nicht gestellt.
Im März 2023 hat L seine 4-Zimmer-Eigentumswohnung in Lindau verkauft, die er seit 9 Jahren selbst bewohnte. Die Anschaffungskosten der Wohnung betrugen 320.000 €. L erzielte aus dem Verkauf einen Gewinn in Höhe von 35.000 €.

Seit 1. April 2023 wohnt der Steuerpflichtige in einem Haus in Lindau, Herstellungskosten 340.000 € (Bauantrag 2018).

Seit 30 Jahren leitet L ehrenamtlich den Männerchor „Harmonie" in Lindau, der als gemeinnützig anerkannt ist. Für die Tätigkeit als Chorleiter erhielt Anton L im Jahr 2023 eine Aufwandsentschädigung in Höhe von 1.400 €.

1. Bestimmen Sie jede Einkunftsart und deren Höhe!
2. Ermitteln Sie den Gesamtbetrag der Einkünfte von Anton L, wenn dieser die Günstigerprüfung nach § 32 d (6) beantragt.
3. Welchen Einfluss hätte die Abgabe eines Freistellungsauftrags in maximal zulässiger Höhe auf dem GbE von L gehabt?
4. Wie hoch ist der Betrag, den L aus seiner Beteiligung an der ARIV AG gutgeschrieben bekommt (ohne Kirchensteuer)?
5. Zum 01.07.2023 wurde die Rente aus der gesetzlichen Sozialversicherung um 5,35 % erhöht. Welche Auswirkungen hat dies auf den steuerfreien Teil der Rente?

4 Gesamtbetrag der Einkünfte

Berechnen Sie in einem übersichtlichen Schema den Gesamtbetrag der Einkünfte für die Steuerpflichtige Andrea Marten (M), Freiburg, für das Kalenderjahr 2023! Geben Sie dabei auch die entsprechenden Paragraphen an!

Frau M ist am 15.12.1958 in Stuttgart geboren und ledig. Sie hat eine 41-jährige Tochter, die in Bremen lebt und arbeitet. Folgende Informationen/Unterlagen liegen vor:

Frau M war bis Dezember 2023 als Abteilungsleiterin in einem großen Kaufhaus in Freiburg tätig. Ihr Bruttogehalt betrug insgesamt 46.900 €. Sie kauft Waren des täglichen Bedarfs bei ihrem Arbeitgeber ein und erhält für diese Einkäufe einen Belegschaftsrabatt von 20 %. Im Kalenderjahr 2023 hat sie Einkäufe für 7.000 € brutto (Ladenverkaufspreis) getätigt.

Frau M möchte folgende Sachverhalte/Beträge als Werbungskosten im VZ 2023 steuermindernd geltend machen:

- Sie fuhr an 210 Tagen mit dem eigenen Pkw zur Arbeitsstätte. Die einfache Entfernung zwischen Wohnung und Arbeitsstätte beträgt 35 km.
- Die Kontoführungsgebühren ihrer Bank werden im einzelnen nicht nachgewiesen.
- Ihre Ausgaben für Fachliteratur betrugen insgesamt 100 €.
- Zur Vorbereitung auf den Ruhestand (Frau M plant noch mehrere große Reisen) besuchte sie einen Spanisch-Grundkurs der Volkshochschule. Dafür zahlte sie 120 € Kursgebühren.

Frau M ist Gesellschafterin der Anton Schwab GmbH in Lahr. Neben Frau M und Herrn Schwab ist auch Herr Lange an der GmbH als Gesellschafter beteiligt. Aufgrund des Ergebnisverwendungsbeschlusses vom Dezember 2022 erhielt Frau M Mitte Februar 2023 eine Überweisung von 8.284,50 € (Steuerbescheinigung gem. § 44 KStG liegt vor).

Abrechnung:	Bruttodividende	11.252,29 €
	– 25 % KESt	2.813,07 €
	– 5,5 % SoliZu	154,72 €
	Bardividende	8.284,50 €

Frau Marten erhält seit 01. Januar 2024 eine Rente der Deutschen Rentenversicherung Bund:

Rentenbescheid:	Altersrente	1.700,00 €
	– Beiträge zu KV/PV	128,35 €
	Nettorente	1.571,65 €

Die Steuerpflichtige hat im November 2023 Aktien im Wert von 8.500 € verkauft, die sie im Januar 2008 für 6.200 € erworben hatte. Den Erlös verwendete sie für eine Weihnachtskreuzfahrt in die Karibik.

5 Einkunftsarten/Gesamtbetrag der Einkünfte

Die Eheleute Schreiber sind beide 43 Jahre alt. Sie beantragen Zusammenveranlagung und erklären folgende Einnahmen für das Jahr 2023.

a) Frau Schreiber arbeitet als kaufmännische Angestellte. Sie erhielt 13 Monatsgehälter zu je 3.200 € brutto. Frau Schreiber fuhr an 210 Tagen zur 29 km entfernten Arbeitsstätte. Für Fachbücher kann sie Belege von insgesamt 172,60 € brutto vorweisen. Als Gewerkschaftsmitglied bezahlte sie einen Jahresbeitrag von 1 % ihres Bruttoeinkommens. Kontoführungsgebühren weist das Ehepaar nicht nach.
b) Herr Schreiber betreibt eine Landwirtschaft. Er hat daraus im Wirtschaftsjahr 2022/2023 einen Gewinn von 30.000 € und im Wirtschaftsjahr 2023/2024 einen Gewinn von 40.000 € erzielt.
c) Herr Schreiber schreibt regelmäßig Beiträge für die Zeitschriften „Der Landwirt" und „Das Deutsche Bauernblatt". Außerdem ist er Autor des im Jahr 2023 in vierter Auflage erscheinenden Buches „Die Bullenzucht". Er hat aus diesen Tätigkeiten im VZ 3.800 € vereinnahmt. Die abzugsfähigen Betriebsausgaben haben 1.400 € betragen.
d) Frau Schreiber ist an einer KG als Kommanditistin beteiligt. Ihr Gewinnanteil betrug für das Wirtschaftsjahr 2022/2023 15.000 €, für das Wirtschaftsjahr 2023/2024 12.000 €. Das Wirtschaftsjahr der KG läuft vom 01.04. – 31.03.
e) Frau Schreiber hat im VZ ihr Wohnmobil an eine befreundete Familie vermietet. Sie hat dafür 350 € eingenommen, an Werbungskosten kann sie 95 € nachweisen.
f) Das Ehepaar ist seit 2000 Eigentümer eines vermieteten Mehrfamilienhauses (Bauantrag 1998). Das Haus wurde zu einem Kaufpreis von 400.000 € erworben, der darin enthaltene Anteil des Grund- und Bodens beträgt 100.000 €.

Die Steuerpflichtigen möchten folgende Aufwendungen für das Mehrfamilienhaus steuermindernd geltend machen:

– Kleinreparaturen insgesamt	1.000 €
– Darlehenszinsen	10.000 €
– Müllabfuhr, Straßenreinigung	250 €
– Brandversicherung	200 €
– Haushaftpflichtversicherung	350 €
– Grundsteuer, Gebäudeversicherungen	900 €
– Rechnung Schornsteinfeger	300 €
– Heizung, Strom etc.	3.200 €
– die AfA wurde degressiv vorgenommen	

Den angeführten Ausgaben stehen folgende Einnahmen gegenüber:
Mieteinnahmen (ortsüblich), einschl. vereinnahmte Umlagen 31.200 €.

Ermitteln Sie die jeweiligen Einkünfte für den VZ 2023 und berechnen Sie den Gesamtbetrag der Einkünfte der Eheleute Schreiber!

6 Zu versteuerndes Einkommen/Veranlagungsart

Friedrich Sänger (S) ist 65 Jahre alt und ledig. Er war bis 31.10.2023 als Beamter im Baureferat der Stadt Mainz beschäftigt. Sein Bruttogehalt betrug 35.000 €. Seit November 2023 bezieht S eine Pension von monatlich 1.900 € (keine Sonderzahlung). Für seine Kranken- und Pflegeversicherung bezahlt er 4.900 €/Jahr (keine Komfortleistungen).
S fuhr im Jahr 2023 an 170 Tagen mit dem eigenen Pkw zur Dienststelle und legte dabei täglich 24 km (Hin- und Rückfahrt) zurück. Für die Kontoführung legt er keine Belege vor. Aus einer Aktienanlage hat S im Mai 2023 einen Dividendenanspruch in Höhe von 800 €. Ein Freistellungsauftrag in maximal zulässiger Höhe wurde gestellt.

Aus einer umfangreichen Zahnbehandlung entstanden S Kosten in Höhe von 4.200 €, von denen die Krankenversicherung nur 1.700 € erstattet hat. Die Erstattung der Krankenkasse ging 2023 ein, die Zahlung an den Zahnarzt wurde ebenfalls in 2023 geleistet.
Der Steuerpflichtige hat Anfang 2009 eine 2007 errichtete und vermietete Eigentumswohnung in seinem Wohnort gekauft. Der Kaufpreis betrug 325.000 € einschließlich 20 % Grundstücksanteil. Zu dieser Wohnung liegen folgende Angaben vor:

– Kaltmiete	780 € /Monat
– Umlagefähige Nebenkosten	200 € /Monat
– Schuldzinsen	9.600 € /Jahr
– Tilgung	2.000 € /Jahr
– Abschreibung	5.200 € /Jahr

S wohnt seit 1985 in einem Einfamilienhaus, das er von seiner verstorbenen Tante geerbt hat. Im VZ 2023 baute er das Dachgeschoss zu Wohnzwecken aus (Antrag auf Baugenehmigung vom Januar 2021) und nutzte die entstandenen beiden Räume zunächst selbst. S möchte im nächsten Jahr seine Eltern zu sich nehmen, die nur eine geringe Rente beziehen. Eine Miete wird er ihnen nicht berechnen. Da S erhebliche Eigenleistungen erbringen konnte, betrugen die Ausbaukosten nur 28.000 €, davon entfielen 18.000 € auf Arbeitsleistungen und 10.000 € auf Material.

a) Ermitteln Sie das zu versteuernde Einkommen von S für den VZ 2023, wenn Vorsorgeaufwendungen in Höhe von 4.900 € zu berücksichtigen sind.

b) Nennen Sie die Veranlagungsart und die anzuwendende Einkommensteuer-Tabelle!

c) Welche Auswirkung hat der Dachgeschossausbau auf die ESt von S, wenn eine ordnungsgemäße Rechnung vorliegt, die per Bank überwiesen wurde.

7 Zu versteuerndes Einkommen

Anton Schneider ist zu Beginn des VZ 64 Jahre alt, verheiratet und als rentenversicherungspflichtiger Angestellter bei einem großen Automobilhersteller in Wolfsburg beschäftigt. Sein Arbeitslohn 2023 betrug 30.000 €. Darin ist eine erstmals gezahlte Werkspension (Versorgungsbezüge i. S. d. § 19 Abs. 2 Nr. 2 EStG) von 4.800 € enthalten (400 €/Monat). Herr Schneider nutzt für die Fahrten zwischen Wohnung und Arbeitsstätte seinen eigenen PKW, 220 Arbeitstage, einfache Entfernung 10 km.
Seine Ehefrau Maria, 60 Jahre, ist ebenfalls rentenversicherungspflichtig beschäftigt. Ihr Arbeitslohn im Jahr 2023 betrug 9.000 €. Frau Schneider hat außerdem Trinkgelder in Höhe von 1.100 € erhalten. Dieser Betrag ist nicht im Arbeitslohn enthalten.
Das Ehepaar Schneider besitzt ein gemeinsames Sparbuch über 20.000 €, das mit 3 % verzinst wird.

Seit 10 Jahren verfügt das Ehepaar Schneider über 1000 Aktien einer großen deutschen Bank. Nach dem Beschluss der Hauptversammlung der Bank wurde 2023 eine Dividende von 1,50 € je Aktie ausbezahlt.
Das Ehepaar unterhält nur bei einer Bank ein Konto bzw. Depot. Ein Freistellungsauftrag über den maximal zulässigen Betrag wurde gestellt.
Herr Schneider erzielte 2023 einen Gewinn aus Spekulationsgeschäften von 3.380 € und aus einem anderen Spekulationsgeschäft einen Spekulationsverlust von 2.380 € (in beiden Fällen mit Aktien, die 2023 erworben wurden).
Dem Ehepaar gehört seit 4 Jahren eine Eigentumswohnung (Altbau). In dieser Wohnung mussten im VZ die Fenster ausgetauscht werden. Die Steuerpflichtigen haben hierfür 11.000 € + USt bezahlt, davon entfielen 3.500 € + USt auf die Arbeitsleistung.
Frau Schneider entstanden für Krankheitskosten während des gemeinsamen Urlaubs in den USA umgerechnet 2.600 €. Von diesen Kosten wurden von der Versicherung 700 € erstattet.

a) Berechnen Sie den Gesamtbetrag der Einkünfte des Ehepaares Schneider!
b) Wie hoch sind die abzugsfähigen Vorsorgeaufwendungen (Grundversorgung)?
c) Ermitteln Sie das zu versteuernde Einkommen des Ehepaares Schneider, wenn als Vorsorgeaufwendungen insgesamt bei Herrn Schneider 4.500 € und bei seiner Frau 4.400 € anzusetzen sind?
d) Welche Einkommensteuer-Tabelle ist im Jahr 2023 anzuwenden, wenn vom Wahlrecht nach § 26 (2) EStG kein Gebrauch gemacht wird?
e) Wie können die Aufwendungen für den Austausch der Fenster steuerlich berücksichtigt werden?
f) Wie hoch ist die einbehaltene Abgeltungsteuer?

8 Sonderausgaben/außergewöhnliche Belastungen

Monika Reiter (R) ist 41 Jahre alt, ledig und wohnt in einem Dorf in der Nähe von Aschaffenburg. Sie hat einen Sohn, der am 04.01.2023 seinen 17. Geburtstag feierte. Frau R ist zu 40% behindert und dadurch dauerhaft in ihrer körperlichen Beweglichkeit eingeschränkt.
Die Steuerpflichtige ist seit zwei Jahren als Teilhafterin an einer Kommanditgesellschaft beteiligt. Für den VZ 2023 erhielt sie hieraus einen Gewinnanteil von 2.000 €. Im VZ 2022 entstand aus dieser Beteiligung ein Verlust von 5.000 €.

Frau R arbeitet freiberuflich als Journalistin für verschiedene deutsche Fachzeitschriften. Ihre Einnahmen betrugen im VZ 49.100 €, ihre nachgewiesenen Ausgaben 4.100 €. Über folgende Ausgaben liegen für 2023 ebenfalls Belege vor:

– Beitrag für eine Pflegeversicherung	450 €
– Beiträge private Krankenversicherung (einschl. Sohn, Basisversorgung)	6.000 €
– Vorsorgeaufwendungen (Lebensversicherungen 88 %)	4.940 €
– Krankheitskosten (hiervon wurden 1.625 € erstattet)	4.400 €
– Spende an eine örtliche unabhängige Wählervereinigung	1.600 €

Der Sohn Manfred besucht das Gymnasium in Aschaffenburg und wohnt bei der Mutter. Er hat keine eigenen Einkünfte.

Frau R hat Anfang 2023 ein Einfamilienhaus gebaut (Bauantrag 2020) und sofort mit ihrem Sohn bezogen. Die Herstellungskosten des Hauses betrugen 400.000 € (einschließlich 40.000 € Grund und Boden). 2023 bezahlte Frau R 10.000 € Zinsen und 2.200 € Tilgung.

1. Geben Sie die Veranlagungsart und die anzuwendende ESt-Tabelle für den VZ 2023 an!
2. Berechnen Sie den Gesamtbetrag der Einkünfte von Frau R im VZ 2023!
3. Wie hoch sind die Sonderausgaben, die Frau R im VZ 2023 geltend machen kann?
4. Welche außergewöhnlichen Belastungen kann die Steuerpflichtige geltend machen?
5. Wie wird die Spende an die Wählervereinigung berücksichtigt?
6. Wie werden die Aufwendungen für das Haus steuerlich berücksichtigt?

9 Zu versteuerndes Einkommen

Martin Schröder (S) ist 50 Jahre alt und seit vier Jahren geschieden (keine Unterhaltsverpflichtung). Er arbeitet als Lehrer (Beamter) und verdient 3.400 € brutto (13 Gehälter). Herr S gibt abends gelegentlich Kurse für die Industrie- und Handelskammer. Aus dieser Tätigkeit hat er im VZ 2023 Einnahmen in Höhe von 1.200 € erzielt.

Auf Empfehlung seines Bruders, eines selbstständigen Versicherungsmaklers, hat er sich 2021 an einem Unternehmen als Kommanditist beteiligt. Die Beteiligung entwickelte sich sehr ungünstig. Nach kleineren Gewinnen 2021 und 2022 erhielt er für 2023 eine Verlustzuweisung von 20.000 €.

Mitte Mai 2023 verkaufte S Aktien, die er im November des Vorjahres erworben hatte mit einem Gewinn von 1.200 €.

Von seinem Bruder erhielt er im Mai 2023 eine „Vermittlungsprovision" von 200 €, da er einem Kollegen den Abschluss einer Lebensversicherung empfohlen hatte.
Der Steuerpflichtige bewohnt seit Februar 2022 eine 3-Zimmer-Wohnung, die er neu für 220.000 €, einschl. 20 % Grund- und Bodenanteil, gekauft hat. Das Arbeitszimmer hat eine Fläche von 20 qm, auf die übrigen Räume entfallen insgesamt 80 qm. S hat den Kaufpreis teilweise mit Kredit finanziert. Die auf das Arbeitszimmer im Jahr 2023 entfallenen Kreditkosten betragen 1.200 €, die anteiligen Heiz- und Stromkosten 210 €. Für folgende Einrichtungsgegenstände liegen Belege (jeweils Bruttobeträge) vor:

– Schreibtischstuhl	160 €
– Bücherregal	410 €
– Drucker	130 €
– Stereoanlage	299 €

Der Steuerpflichtige hat im VZ 2023 an 190 Tagen die einfache Entfernung von 42 km zu seinem Arbeitsplatz mit dem Pkw zurückgelegt.

– Über weitere Ausgaben liegen Belege vor:	
– Private Krankenversicherung,	2.296 €/Jahr
davon Komfortleistungen	196 €/Jahr
– Lebensversicherung (Abschluss 1988)	100 €/Monat
– Hausratversicherung	140 €/Jahr
– Rechtschutzversicherung	200 €/Jahr
– Kontoführungsgebühren	16 €/Jahr
– Private Unfallversicherung	160 €/Jahr
– Beitrag Lehrerverband	120 €/Jahr
– Fachliteratur	180 €
– Parteispende	1.000 €

Anlässlich seines 50. Geburtstages hat S 12 Kollegen zu einer Feier in ein Lokal in der Nähe der Schule eingeladen. Hierfür sind ihm Kosten von insgesamt 360 € entstanden. Für einen Klassenausflug sind eigene Fahrtkosten in Höhe von 60 € angefallen. Seit einem Jahr besucht S einen Kurs über die Grundlagen der chinesischen Küche. Die Kursgebühr 2023 betrug 80 €.

a) Berechnen Sie in einer übersichtlichen Darstellung das zu versteuernde Einkommen von S. Setzen Sie dabei als Vorsorgeaufwendungen 4.000 € an.

b) Welche steuerliche Auswirkung hat die Parteispende?

10 Gewinnermittlung nach § 4 (3) EStG

Der Gewerbetreibende Ludwig Rieger (R) aus Landshut ermittelt seinen Gewinn nach § 4 (3) EStG. Herr Rieger versteuert seine Umsätze nach vereinnahmten Entgelten. Die Voraussetzungen des § 7 g EStG sind erfüllt. Der Gewinn im **VZ 2023** soll möglichst niedrig gehalten werden.

Folgende Vorgänge sind noch zu berücksichtigen bzw. zu korrigieren. Begründen Sie Änderungen oder Nichtansatz kurz und verwenden Sie zur Lösung das unten stehende Schema!

1. R eröffnete im November 2023 ein Konto bei der örtlichen Raiffeisenbank. Er übernahm einen Genossenschaftsanteil von 1.000 €, der seinem Bankkonto belastet wurde. Der Betrag wurde als Betriebsausgabe erfasst.
2. Am 24.11.2023 wurde für 2.400 € + USt ein neues Kopiergerät angeschafft, dessen Nutzungsdauer 5 Jahre beträgt. Das Gerät ist am Jahresende noch nicht bezahlt. Bisher erfolgte noch keine Buchung. Ein Investitionsabzugsbetrag wurde nicht beansprucht.
3. Ein Kunde begleicht am 05.12.2023 eine offene Rechnung aus einer Warenlieferung vom Dezember 2022 über brutto 2.320 €. Der Betrag wurde als BE erfasst.
4. Folgende Vorgänge auf dem betrieblichen Bankkonto aus dem Dezember 2023 wurden bereits gebucht:

Spende an eine politische Partei	400 €	erfasst als BA
Spende an Brot für die Welt	200 €	erfasst als BA
Einkommensteuererstattung	2.100 €	erfasst als BE

5. Wegen der überraschend guten Auftragslage wurde Anfang Dezember 2023 eine neue Maschine für 15.000 € netto bestellt, die Ende Januar 2024 ausgeliefert wird. Hierfür musste eine Anzahlung von 5.000 € + USt geleistet werden, die noch im Dezember 2023 per Bank überwiesen wurde. In der Anzahlungsrechnung ist die USt gesondert ausgewiesen.
6. Durch einen Brand im Lager entstand im November ein Schaden am Warenbestand von 4.500 €. Die Versicherung hat Mitte Dezember 3.500 € erstattet. Der Vorgang wurde noch nicht erfasst.
7. Die Anfang Dezember 2023 eingegangene Rechnung seines Steuerberaters in Höhe von 3.200 € überwies R erst am 05.01.2024. Eine Buchung erfolgte noch nicht.
8. Am 28.12.2023 wurde ein Telefax-Gerät (Nutzungsdauer 5 Jahre) für 400 € + USt angeschafft. Die Auslieferung erfolgte noch am gleichen Tag. Herr Rieger bezahlte am 03.01.2024 durch Banküberweisung. Der Vorgang wurde bisher noch nicht berücksichtigt.
9. Eine Forderung aus 2020 in Höhe von 1.190 € wurde uneinbringlich und als Betriebsausgabe erfasst.
10. Ein Beleg über 39 € für den Kauf von Büromaterial vom 04.12.2023 wurde noch nicht berücksichtigt.
11. R bezahlte am 29.12.2023 die Eingangsrechnung (Warenlieferung vom 15.12.2023) eines Lieferanten in Höhe von 2.320 € mit einem Verrechnungsscheck. Die Belastung auf dem betrieblichen Bankkonto von R erfolgte am 03.01.2024. Der Vorgang wurde bisher noch nicht berücksichtigt.

Nr.	Erläuterung/ Berechnung	Betriebseinnahmen € +	Betriebseinnahmen € –	Betriebsausgaben € +	Betriebsausgaben € –

11 Gewinnermittlung nach § 4 (3) EStG

Erstellen Sie für den Gewerbetreibenden Markus Schott (S) die Überschussrechnung nach § 4 (3) EStG entsprechend dem unten stehenden Schema! Die Voraussetzungen für die Inanspruchnahme des § 7 g EStG liegen vor. Seine Umsätze versteuert er nach den allgemeinen Vorschriften des UStG. Der Gewinn 2023 soll möglichst niedrig gehalten werden. Das Konto GWG-Sammelposten wird nicht geführt.
Begründen Sie Ihre Entscheidungen jeweils kurz!
Bisher wurden erfasst:

Betriebseinnahmen	106.200 €	Betriebsausgaben	94.600 €

Folgende Vorgänge sind noch zu berücksichtigen bzw. zu korrigieren.

1. Herr Schott hat am 03.11.2023 eine gebrauchte Maschine für 1.400 € netto von einem Unternehmer erworben und bar bezahlt. Die Restnutzungsdauer der Maschine beträgt 2 Jahre. Dieser Vorgang wurde noch nicht berücksichtigt.
2. Anfang Mai kaufte S ein kleines, unbebautes Grundstück, das er als Kundenparkplatz nutzt, für 9.500 €. Der Kaufpreis wurde 2023 bezahlt und der Vorgang deshalb als Betriebsausgabe erfasst.
3. Vom Finanzamt wurden Ende November 1.100 € Umsatzsteuerguthaben erstattet. Der Betrag wurde noch nicht erfasst.
4. Am 22.12.2023 erwarb S für 476 € brutto einen neuen Schreibtischstuhl für sein Büro, der am gleichen Tag ausgeliefert wurde. Die betriebsgewöhnliche Nutzungsdauer des Schreibtischstuhles beträgt 10 Jahre. Die Zahlung erfolgte am 03.01.2024 per Banküberweisung. Im Jahr 2023 wurde noch keine Buchung durchgeführt. Der Steuerpflichtige hatte hierfür im Vorjahr einen Investitionsabzugsbetrag von 160 € beansprucht.
5. Am 27.12.2023 hat S die Miete für die Büroräume für Januar 2024 in Höhe von 1.400 € überwiesen und den Betrag als Betriebsausgabe erfasst.
6. Am 07.02.2023 bezahlte ein Kunde die Ausgangsrechnung S-110/21 über brutto 3.480 € für eine im November 2022 erfolgte Warenlieferung erst nach mehreren schriftlichen Zahlungserinnerungen. Da die Zahlung 2023 erfolgte, wurde der Betrag als Betriebseinnahme erfasst.
7. S hat 2019 ein Darlehen für betriebliche Zwecke aufgenommen. Am 24. Juli 2023 wurden in Zusammenhang mit dieser Darlehensaufnahme 2.100 € vom betrieblichen Girokonto abgebucht. Der Betrag setzt sich aus 1.500 € Tilgung und 600 € Zinsen zusammen. Der Vorgang ist noch nicht berücksichtigt.
8. Für ein 2022 erworbenes neues Firmenfahrzeug fielen im Jahr 2022 Kosten einschließlich Abschreibung von 8.000 € an. Diese Kosten wurden als Betriebsausgaben gebucht. In dem Betrag sind 1.400 € für Kfz-Steuer und Kfz-Versicherung enthalten. S hat laut Fahrtenbuch seinen betrieblichen Pkw zu 30% für Privatfahrten genutzt.
9. Am 27.12.2023 erwarb S einen neuen Büroschreibtisch (passend zum Stuhl aus Nr. 4, jedoch von einem anderen Hersteller) zum Ladenverkaufspreis von 1.200 € + 19 % USt. Die betriebsgewöhnliche Nutzungsdauer wird mit 10 Jahren angesetzt. Da S noch im Laden einen Kratzer entdeckte erhielt er einen Nachlass von 15% und bezahlte den reduzierten Kaufpreis bar. Der Kauf ist noch nicht berücksichtigt. Im Vorjahr wurde hierfür ein Investitionsabzugsbetrag von 400 € beansprucht. S entscheidet sich dafür den höchstmöglichen Betrag des gebildeten IAB hinzuzurechnen und die Ak entsprechend zu kürzen.

Nr.	Erläuterung/ Berechnung	Betriebseinnahmen		Betriebsausgaben	
		€ +	€ −	€ +	€ −

12 Gewinnermittlung nach § 4 (3) EStG

Die Gewerbetreibende Gerda Reich (R) aus Nürnberg ermittelt ihren Gewinn nach § 4 (3) EStG. Im Kalenderjahr 2023 betrug ihr Betriebsvermögen 170.000 €. Die Steuerpflichtige versteuert ihre Umsätze nach den allgemeinen Vorschriften des UStG. Die Unternehmerin möchte 2023 einen möglichst niedrigen Gewinn erzielen. Die Voraussetzungen nach § 7 g EStG sind erfüllt.

Folgende Vorgänge sind noch zu berücksichtigen bzw. zu korrigieren. Begründen Sie Ihre Entscheidungen jeweils kurz! Ein berichtigter Gewinn für das Jahr 2023 ist nicht zu ermitteln.

1. Die Unternehmerin plant im nächsten Jahr 5 neue Bürostühle, Kaufpreis netto 450 €/Stück, anzuschaffen.
2. Frau R hat nach dem Tod ihres Onkels eine größere Erbschaft gemacht. Aus diesem Erbe zahlte sie 50.000 € auf das betriebliche Bankkonto ein. Der Betrag wurde als Betriebseinnahme erfasst.
3. Am 29.12.2022 wurde beim Warenbestand eine Inventurdifferenz (Fehlbestand) in Höhe von 725 € ermittelt. Der Betrag wurde als Betriebsausgabe gebucht.
4. Zu Jahresbeginn wurden zwei neue Schreibtische für je 2.400 € netto angeschafft und Anfang Februar durch Banküberweisung bezahlt. Die Nutzungsdauer der Schreibtische beträgt 10 Jahre. Ein Investitionsabzugsbetrag für diese Anschaffung wurde nicht beansprucht.
5. Ein Kunde ist seit einiger Zeit in Zahlungsschwierigkeiten. Frau R rechnet damit, mindestens 50% ihrer Forderung in Höhe von 1.200 € netto zu verlieren. Als Vorsichtsmaßnahme setzt sie deshalb 50% der Nettoforderung als Betriebsausgabe an.
6. Anfang Dezember 2023 wurden Waren im Wert von 5.800 € einschließlich 19% Umsatzsteuer bestellt. Die Lieferung erfolgte am 27.12.2023. Frau R hat die Ware bei Lieferung mit einem Verrechnungsscheck bezahlt. Die Belastung auf dem betrieblichen Bankkonto erfolgte am 05.01.2024. Da zum 31.12.2023 noch keine Belastung vorlag, wurde der Vorgang 2023 nicht als Betriebsausgabe erfasst.
7. Frau R hat Mitte Januar ein Standardprogramm für die Buchhaltung zum Bruttopreis von 2.142 € erworben und bar bezahlt. Der Kauf wurde noch nicht erfasst.
8. Ein Kunde bestellte Anfang Dezember 2023 Waren im Wert von netto 5.000 €. Die Lieferung soll im Januar 2024 erfolgen, eine Buchung wurde deshalb noch nicht vorgenommen.
9. Die Steuerpflichtige hat Ende Dezember Büromaterial für brutto 86,50 € gekauft und bar bezahlt. Der Betrag wurde als Betriebsausgabe erfasst.
10. Frau R hat bei ihrer Hausbank ein Darlehen aufgenommen. Der Darlehensbetrag in Höhe von 40.000 € wurde dem betrieblichen Bankkonto im Dezember gutgeschrieben. Da die Gutschrift noch im Jahr 2023 erfolgte wurde sie als Betriebseinnahme gebucht.

Nr.	Erläuterung/ Berechnung	Betriebseinnahmen € +	Betriebseinnahmen € −	Betriebsausgaben € +	Betriebsausgaben € −

3.13 Die Lohnsteuer

Die Lohnsteuer ist keine selbstständige Steuer. Sie wird bei Einkünften aus nicht selbstständiger Arbeit vom Arbeitslohn einbehalten. Die Lohnsteuer (LSt) ist damit nur eine besondere Erhebungsform der Einkommensteuer. § 38 (1) EStG

3.13.1 Erhebung der Lohnsteuer

§ 39 b (2)

Bemessungsgrundlage bei laufendem Arbeitslohn	
	Jahresarbeitslohn (ggf. hochgerechnet)
–	Vorsorgungsfreibetrag, § 19 (2)
–	Altersentlastungsbetrag, § 24a
–	Freibetrag, § 39a (1)
+	Hinzurechnungsbetrag, § 39a (1) S. 1 Nr. 7
	verminderter/erhöhter Jahresarbeitslohn
–	Arbeitnehmer-Pauschbetrag, § 9 a S. 1 Nr. 1 a/b
–	Zuschlag zum Versorgungsfreibetrag, § 19 (2)
–	Sonderausgaben-Pauschbetrag, § 10 c S. 1
–	Vorsorgepauschale, § 39 b (2) Nr. 3
–	Entlastungsbetrag für Alleinerziehende, § 24 b (2) S. 1
=	zu versteuernder Jahresbetrag

Beispiel

Eine ledige Steuerfachangestellte, 30 Jahre alt, kinderlos, bezieht einen Monatslohn von 1.820 €. Wegen erhöhter Werbungskosten ist in den ELSTAM ein Monats-Freibetrag von 100 € enthalten. Wie hoch ist die einzubehaltende LSt in Steuerklasse I?

Lösung:
Die Jahreslohnsteuer entspricht der ESt, die zu erheben wäre, wenn der/die Arbeitnehmer*in nur Einkünfte aus nichtselbstständiger Arbeit erzielt. § 38 a (2) EStG

	12 × 1.820 € =	21.840 €
–	Arbeitnehmer-Pauschbetrag	1.230 €
–	Sonderausgaben-Pauschbetrag	36 €
–	Vorsorgepauschale[1]	~ 3.979 €
–	Freibetrag auf der LSt-Karte	1.200 €
	zu versteuerndes Einkommen	15.395 €
	Einkommensteuer lt. Grundtabelle 2023	825 € : 12 = 68,75 € LSt/Monat

Fall 1: Ein verheirateter AN, der zusammen mit seiner Ehefrau veranlagt wird, bezieht einen Monatslohn von 3.640 €. Die ELStAM enthalten einen monatlichen Freibetrag von 200 €. Das Ehepaar hat zwei berücksichtigungsfähige Kinder.

Wie hoch ist die monatlich einzubehaltende LSt in der Steuerklasse III/2, wenn der Zusatzbeitrag zur gesetzlichen Krankenversicherung 1,6 % beträgt?

---

[1] Berechnung der Vorsorgepauschale § 39b (2) S. 5 Nr. 3 + (4)

9,30% von 20.640 € (21.840 € – 1.200 €) × 100 % ~	1.919,52 €
+ 9,975% von 20.640 € =	
gezahlte Beiträge zur KV (8,1% incl. Zusatzbeitrag) + PV (1,875%) =	2.058,84 €
	3.978,36 €

§ 38 (2) EStG Die Lohnsteuer entsteht mit **Zufluss des Arbeitslohns**.

laufender Arbeitslohn	sonstige Bezüge
gilt in dem Kalenderjahr als bezogen, in dem der Lohnzahlungszeitraum endet, § 38 a (1) EStG, z. B. Monatsgehälter, Wochen-, Tagelöhne, Mehrarbeitsvergütung, Zuschläge und Zulagen	gelten im Kalenderjahr des Zuflusses als bezogen, § 38 a (1) EStG, z. B. dreizehntes Monatsgehalt, Abfindungen, Entschädigungen, Gratifikationen, Jubiläumszuwendungen, Urlaubsgeld, Weihnachtszuwendungen

R 39 b.2 (1 + 2)

RW 159ff.

Fall 2: Ein Arbeitnehmer erhält seinen Arbeitslohn monatlich ausbezahlt. Der Arbeitslohn für Dezember 2022 wird ihm erst am 02.01.2023 gezahlt. Außerdem erhält er an diesem Tag Weihnachtsgeld in Höhe eines Monatsgehalts.

Wann gelten der Arbeitslohn und das Weihnachtsgeld als bezogen?

R 39 b.5 (4) LStR Nachzahlungen oder Vorauszahlungen von laufendem Arbeitslohn sind für die Berechnung der LSt dem Lohnzahlungszeitraum zuzurechnen, für den sie geleistet werden.

R 39 b.2 (1) LStR Laufender Arbeitslohn und Nachzahlungen von laufendem Arbeitslohn für das abgelaufene Kalenderjahr, die **innerhalb der ersten drei Wochen** des nachfolgenden Kalenderjahrs zufließen, sind dem abgelaufenen Kalenderjahr zuzurechnen.

R 39 b.2 (2) LStR Nachzahlungen, die **später als drei Wochen** nach Ablauf des Jahres zufließen, gelten als sonstige Bezüge.

§ 38 (2) **Steuerschuldner** der Lohnsteuer ist der Arbeitnehmer.

§ 40 (3) EStG Wird der **Arbeitslohn pauschal besteuert, schuldet der Arbeitgeber** die pauschale Lohnsteuer.

§ 42 d (1) EStG Für die Einbehaltung und Abführung der Lohnsteuer **haftet** der **Arbeitgeber**.

Übungen

Stellen Sie fest, ob es sich bei den folgenden Zahlungen um **laufenden Arbeitslohn** oder um **sonstige Bezüge** handelt! Wann sind die Beträge zugeflossen?

1 Ein Arbeitnehmer (AN) mit monatlichem Lohnzahlungszeitraum erhält im Juni 2023 Urlaubsgeld in Höhe von 600 €.

2 Auf dem Bankkonto eines AN werden am 02.01.2023 3.000 € Gehalt und 2.000 € Weihnachtsgeld für den Lohnzahlungszeitraum Dezember 2022 gutgeschrieben.

3 Am 15.12.2023 erhält ein AN auf einer Betriebsfeier 1.200 € Jubiläumszuwendung für 25-jährige Betriebszugehörigkeit. Das Jubiläum war bereits am 31.07.2023.

4 Zusammen mit dem Monatsgehalt für Mai von 2.400 € wird einer Arbeitnehmerin am 01.06.2023 eine Nachzahlung von 600 € für die Monate Januar bis April 2023 ausgezahlt.

5 Ein AN erhält für den Lohnabrechnungszeitraum Dezember 2023 am 11.12.2023 eine Abschlagszahlung von 2.500 €. Die Lohnabrechnung über insgesamt 3.600 € erfolgt am 02.01.2024.

6 Eine Arbeitnehmerin erhält ihren Arbeitslohn wöchentlich ausbezahlt. Für den Lohnabrechnungszeitraum 25.12.2023 bis 30.12.2023 wird der Lohn am 02.01.2024 ausbezahlt.

7 Anlässlich seines 60. Geburtstags erhält ein Arbeitnehmer am 30.12.2023 von seinem Arbeitgeber einen Geschenkkorb im Wert von 100 €.

3.13.2 Lohnsteuerklassen

Unbeschränkt steuerpflichtige Arbeitnehmer werden für die Besteuerung in Lohnsteuerklassen eingeteilt. Beschränkt steuerpflichtige Arbeitnehmer werden für das erste Dienstverhältnis in die Steuerklasse I eingereiht. Die Regelungen des EStG zu Ehegatten und Ehen, sind auch für Lebenspartner und eingetragene Lebenspartnerschaften i.S.d. § 1 (1) LPartG anzuwenden, § 2 (8) EStG, H 2 EStH.

Lohnsteuerklassen		
Steuerklasse	**Arbeitnehmer*in**	§ 38 b EStG
I	ledige; geschiedene; verheiratete, dauernd getrennt lebende AN; verheiratete/verpartnerte AN, deren Ehegatte/Lebenspartner nicht unbeschränkt steuerpflichtig ist; verwitwete AN, deren Ehegatte/Lebenspartner im vorletzten Jahr verstorben ist; **beschränkt steuerpflichtige AN, § 38 b (1) Nr. 1 b EStG**	
II	AN der Steuerklasse I, wenn bei ihnen ein Entlastungsbetrag für Alleinerziehende zu berücksichtigen ist (nicht bei beschränkt stpfl. AN)	§ 24 b EStG
III	verheiratete/verpartnerte, unbeschränkt einkommensteuerpflichtige, nicht dauernd getrennt lebende AN, wenn ein Ehegatte/Lebenspartner keinen Arbeitslohn bezieht oder in Steuerklasse V eingereiht ist; verwitwete AN, die im Zeitpunkt des Todes des Ehegatten/Lebenspartners nicht dauernd getrennt gelebt haben, für das dem Sterbejahr folgende Kalenderjahr; unbeschränkt einkommensteuerpflichtige AN, deren Ehe/Lebenspartnerschaft aufgelöst worden ist, wenn der andere wieder geheiratet/sich verpartnert hat und die Voraussetzungen der Zusammenveranlagung vorliegen, für das Kalenderjahr, in dem die Ehe/Lebenspartnerschaft aufgelöst worden ist	
IV	verheiratete/verpartnerte, unbeschränkt einkommensteuerpflichtige AN, die nicht dauernd getrennt leben und beide Arbeitslohn beziehen	
V	verheiratete/verpartnerte, unbeschränkt einkommensteuerpflichtige AN, die nicht dauernd getrennt leben und beide Arbeitslohn beziehen, wenn ein Ehegatte/Lebenspartner auf Antrag beider in Steuerklasse III eingereiht wird	
VI	AN, die nebeneinander von mehreren Arbeitgebern Arbeitslohn beziehen, für das zweite und weitere Dienstverhältnisse oder AN, die schuldhaft ihre Steuer-Identifikationsnummer und ihr Geburtsdatum nicht mitteilen; § 39c (1) EStG	

§ 39 f EStG

Faktorverfahren

Ehegatten/Lebenspartner, die beide unbeschränkt steuerpflichtig sind, nicht dauernd getrennt leben und beide Arbeitslohn beziehen, können statt der Steuerklassenkombination III/V auf gemeinsamen Antrag als Lohnsteuerabzugsmerkmal die Steuerklasse IV/IV mit einem Faktor (kleiner 1) zur Ermittlung der Lohnsteuer bilden (Faktorverfahren).

Dieses Verfahren führt zu einem genaueren Lohnsteuerabzug. Eine Nachzahlung ist i. d. R. nicht zu erwarten.

Gegenüber der Steuerklassenkombination IV/IV tritt beim **Faktorverfahren** zusätzlich die steuermindernde Wirkung des Splittingverfahrens ein. Der **Faktor Y:X** wird vom Finanzamt mit drei Nachkommastellen berechnet.

Y ist die voraussichtliche Einkommensteuer nach dem Splittingverfahren, X ist die Summe der Lohnsteuer bei Anwendung jeweils der Steuerklasse IV.

Wird das Faktorverfahren angewendet, ist eine Pflichtveranlagung nach § 46 (2) Nr. 3a EStG vorzunehmen, da die genaue Steuerbelastung nur durch die Veranlagung zu ermitteln ist.

Beispiel

Zahlen bezogen auf **2023**

Jahresarbeitslohn Ehemann 48.000 €, Jahres-LSt in StKl IV ohne Faktor	7.115,00 €
Jahresarbeitslohn Ehefrau 32.000 €, Jahres-LSt in StKl IV ohne Faktor	3.226,00 €
Summe	10.341,00 €
Gemeinsamer Jahresarbeitslohn 80.000 €	
ESt nach dem Splittingverfahren	10.178,00 €
Erstattung im Veranlagungsverfahren	163,00 €

Berechnung des **Faktors**: 10.178 : 10.341 = **0,984**

Ermittlung der einzubehaltenden Lohnsteuer durch den Arbeitgeber:

Monatslohnsteuer EM bei 4.000 € in LStKl IV = 592,92 € × **0,984** =	583,43 €
Monatslohnsteuer EF bei 2.667 € in LStKl IV = 268,83 € × **0,984** =	264,53 €
Summe (abgerundet auf volle €)	847,96 € × 12 = 10.175,00 €

Die gezahlte LSt entspricht bis auf 3,00 € der ESt nach der Splittingtabelle. Es ergibt sich keine Nachzahlung, weil der Betrag 25,00 €[1] nicht übersteigt.

Der Antrag für das Faktorverfahren ist von beiden Ehegatten/Lebenspartnern an das Wohnsitzfinanzamt zu richten. Das für 2022 beantragte Faktorverfahren gilt auch wegen der zweijährigen Geltungsdauer für 2023, es sei denn, die Jahresarbeitslöhne für die Ermittllung des Faktors ändern sich.

Ehegatten/Lebenspartnern wird für den Lohnsteuerabzug automatisch die für das Kalenderjahr 2022 geltende Steuerklasse auch für 2023 zugewiesen. Soll von der Zuordnung abgewichen werden, kann bis zum Ablauf des Kalenderjahrs 2022 eine andere Steuerklassenkombination beim Wohnsitzfinanzamt mit dem Vordruck „Antrag auf Steuerklassenwechsel bei Ehegatten/Lebenspartnern" beantragt werden.

[1] Änderung der Kleinbetragsverordung ab 2017: Abweichung zugunsten des Stpfl. mind. 10 €, zuungunsten mind. 25 €

Übungen

1 Entscheiden Sie, in welche **Steuerklasse** die unbeschränkt steuerpflichtigen Arbeitnehmer für das Jahr **2023** jeweils einzureihen sind:

a) Die Ehegatten Berger sind beide sozialversicherungspflichtig beschäftigt. Frau Berger verdient monatlich 1.720 €, Herr Berger 2.450 €.

b) Die Arbeitnehmerin Paula Ruppert ist seit 2022 verwitwet. Sie lebt zusammen mit ihrer Tochter Angelika, 15, in einem gemeinsamen Haushalt.

c) Der Pizzabäcker Trappatoni wohnt zusammen mit seinem 16-jährigen Sohn seit zwei Jahren in einem gemeinsamen Haushalt in Ulm. Seine Frau und die dreijährige Tochter leben noch in Italien, wollen aber in zwei Jahren nach Deutschland nachkommen.

d) Die seit Mai 2022 geschiedenen Ehegatten Üllner sind beide berufstätig. Herr Üllner wohnt mit seinem Sohn, der noch zur Schule geht, in Freiburg. Frau Üllner lebt, zusammen mit der 12-jährigen Tochter, bei ihren Eltern in Halle, mit denen sie eine Haushaltsgemeinschaft bildet.

e) Die seit Juli 2022 dauernd getrennt lebenden Ehegatten Paulsen haben eine gemeinsame Tochter im Alter von 16 Jahren. Das Kind war bis April 2023 in der Wohnung des Vaters in Lübeck gemeldet, der auch das Kindergeld bezieht. Im Mai 2023 zog die Tochter zu ihrer Mutter nach Köln um, wo sie mit Wohnsitz gemeldet wird. Beide Eltern bildeten jeweils zeitanteilig eine Haushaltsgemeinschaft mit der Tochter.

2 Prüfen Sie, welche Steuerklassenkombination im Jahr **2023** für die genannten Arbeitnehmer insgesamt zum geringsten Steuerabzug führt:

	Ehegatten/ Lebenspartner	monatlicher Arbeitslohn geringer verdienender Ehegatte/ Lebenspartner*in	monatlicher Arbeitslohn höher verdienender Ehegatte/ Lebenspartner*in
a)	beide sind sozialversicherungspflichtig beschäftigt	1.800 €	2.300 €
b)	höher verdienender Ehegatte/Lebenspartner*in ist sozialversicherungspflichtig beschäftigt, der andere im Beamtenverhältnis	1.600 €	2.600 €
c)	beide Ehegatten/Lebenspartner sind nicht sozialversicherungspflichtig beschäftigt	2.000 €	2.500 €

3 Die Lohnsteuerabzugsmerkmale der kinderlosen Ehegatten Pauli weisen für **2023** u. a. die Steuerklassen III/V aus. Herr Pauli bezieht einen Monatslohn von 3.600 € Frau Pauli erhält monatlich 1.400 €. Beide Ehegatten sind sozialversicherungspflichtig beschäftigt. Der Zusatzbeitrag zur KV beträgt jeweils 1,6 %.

a) Ermitteln Sie die zu zahlende Monatslohnsteuer für 2023.

b) Wie hoch wäre die zu zahlende Monatslohnsteuer bei der Steuerklassenkombination IV/IV?

c) Welche Lohnsteuer würde bei der Steuerklassenkombination IV-Faktor Y:X/IV-Faktor Y:X anfallen?

d) Welche Folge hätte die Anwendung der Steuerklassenkombination in c)?

3.13.3 Lohnsteuertabellen

Zur manuellen Berechnung des Lohnsteuerabzugs gibt das Bundesfinanzministerium jährlich Programmablaufpläne zur Erstellung von Lohnsteuertabellen bekannt. Diese weisen je nach Höhe des Arbeitslohns für die einzelnen Steuerklassen die Lohnsteuerbeträge sowie die Kirchensteuer und den Solidaritätszuschlag aus.

Auszüge aus Lohnsteuertabellen[1)]

Allgemeine **Jahreslohnsteuertabelle 2023**

Arbeitslohn	Stkl.	LohnSt	kein Kinderfreibetrag Kirchensteuer 8 %
36.000,00			
	I	4.137,00	330,96
	III	1.064,00	85,12
	V	8.030,00	642,40

Allgemeine **Monatslohnsteuertabelle 2023**

Arbeitslohn	Stkl.	LohnSt	kein Kinderfreibetrag Kirchensteuer 8 %
3.000,00			
	I	344,75	27,58
	III	88,66	7,09
	V	669,16	53,53

Allgemeine **Wochenlohnsteuertabelle 2023**

Arbeitslohn	Stkl.	LohnSt	kein Kinderfreibetrag Kirchensteuer 8 %
800,00			
	I	104,37	8,35
	III	38,69	3,10
	V	189,42	15,15

Allgemeine **Tageslohnsteuertabelle 2023**

Arbeitslohn	Stkl.	LohnSt	kein Kinderfreibetrag Kirchensteuer 8 %
150,00			
	I	24,28	1,94
	III	12,81	1,02
	V	39,27	3,14

1) Zusatzbeitrag zur gesetzlichen Krankenversicherung 1,6 %, kein Zuschlag von 0,35 % bei Pflegeversicherung

Fall 3: Ein verheirateter AN mit zwei Kindern unter 18 Jahren hat einen Monatslohn von 3.260 €. Die Ehefrau ist nicht berufstätig. Die ELStAM enthalten einen Monatsfreibetrag von 220 € wegen erhöhter Werbungskosten und einen Pauschbetrag für Behinderte von 720 € im Jahr.
Wieviel € beträgt die einzubehaltende Lohnsteuer? Wie hoch ist die Kirchensteuer?

in die Lohnsteuertabelle 2023 eingearbeitete Beträge

Beträge in €	Steuerklassen					
	I	II	III	IV	V	VI
Grundfreibetrag	10.908	10.908	21.816	10.908[1]		
Arbeitnehmer-Pauschbetrag bei Versorgungsbezügen	1.230 102	1.230 102	1.230 102	1.230 102	1.230 102	
Sonderausgaben-Pauschbetrag	36	36	72	36	36	
Vorsorgepauschale	§ 39b (2) Nr. 3 EStG Berücksichtigung der Vorsorgepauschale max. 1.900 € in den StKl I, II, IV, V, VI und 3.000 € in StKl III					
Entlastungsbetrag für Alleinerziehende		4.260[2]				

nicht eingearbeitete Beträge: z. B. Versorgungs-Freibetrag § 19 (2), Altersentlastungsbetrag § 24a, Entlastungsbetrag für Alleinerziehende, § 24b, die nicht in Steuerklasse II gehören und Erhöhungsbetrag nach § 24b (2) S.2, Pauschbetrag für Behinderte § 33b; diese Beträge sind beim Lohnsteuerabzug zusätzlich zu berücksichtigen, wenn die Voraussetzungen zutreffen.

Übungen

1 Wie hoch sind jeweils die LSt, KiSt (8%) bei einem rentenversicherungspflichtig beschäftigten Arbeitnehmer mit

	Steuerklasse	Zahl der KFB	monatl. Freibetrag auf der LSt-Karte	Monatslohn
a)	III	2,0	190 €	2.630 €;
b)	I	–	–	920 €;
c)	V	–	120 €	1.105 €;
d)	IV	1,5	–	1.735 €;
e)	VI	–	–	325 €;
f)	II	1,0	90 €	1.170 €?

2 Ermitteln Sie mit Hilfe der Jahreslohnsteuertabelle die Höhe der Jahreslohnsteuer bei einem Jahresarbeitslohn von 29.320 € eines sozialversicherungspflichtig beschäftigten Arbeitnehmers in Steuerklasse I bzw. III. Berechnen Sie die ESt für diesen Arbeitnehmer anhand der Grund- bzw. Splittingtabelle! Der KV-Beitrag incl. Zusatzbeitrag beträgt 16,2 % (AG- u. AN-Anteil).

[1] Anhebung ab 01.01.2023 auf 10.908 €/ 21.816 €, Inflationsausgleichsgesetz 2022

[2] Das 2. und jedes weitere Kind kann nur im LSt-Ermäßigungsverfahren berücksichtigt werden, § 39b (2) Nr. 4 EStG. Die Anhebung auf 4.260 gilt ab 2023, Jahressteuergesetz 2022.

3.13.4 Elektronische Lohnsteuerabzugsmerkmale (ELStAM)

§ 39 EStG Das Bundeszentralamt für Steuern und das Finanzamt können für jeden Arbeitnehmer **elektronische Lohnsteuerabzugsmerkmale (ELStAM)** bilden. Alle Daten, die für die Ermittlung der Lohnsteuer relevant sind, kann der Arbeitgeber von einer Datenbank beim Bundeszentralamt unter Angabe seiner Wirtschafts-Identifikationsnummer bzw. Steuernummer abrufen. Dazu müssen die Arbeitnehmer dem Arbeitgeber zu Beginn ihres Arbeitsverhältnisses nur noch ihre steuerliche Identifikationsnummer, das Geburtstdatum und ob es sich um das Haupt- oder Nebenarbeitsverhältnis handelt, mitteilen.

Das Bundeszentralamt für Steuern speichert für die automatisiert abrufbaren Lohnsteuerabzugsmerkmale folgende Daten:

§ 139 b (3) AO

- Familienname
- frühere Namen
- Vornamen
- Doktorgrad
- Tag und Ort der Geburt
- Geschlecht
- Gegenwärtige Anschrift der alleinigen Wohnung oder Hauptwohnung
- Tag des Ein- und Auszugs
- zuständige Finanzbehörde
- Sterbetag

§ 39 e (2) EStG zuzüglich:

- Zugehörigkeit zu einer steuererhebenden Religionsgemeinschaft
- melderechtlicher Familienstand
- Tag der Begründung oder Auslösung des Familienstandes
- bei Verheirateten Identifikationsnummer des Ehegatten
- Kinder mit ihrer Identifikationsnummer
- Steuerklassen
- Kinderfreibeträge
- Freibetrag und Hinzurechnungsbetrag
- Faktor nach § 39 f
- Gemeindeschlüssel der Wohnsitzgemeinde
- auf Antrag des Steuerpflichtigen: Höhe der Beiträge für die private Krankenversicherung und private Pflege-Pflichtversicherung

§ 39 e (3) EStG Zum unentgeltlichen automatisierten Abruf durch den Arbeitgeber hält das Bundeszentralamt für Steuern folgende Daten bereit:

- Identifikationsnummer
- Tag der Geburt
- Merkmale für den Kirchensteuerabzug
- Steuerklasse in Zahlen
- Zahl der Kinderfreibeträge
- Freibetrag und Hinzurechnungsbetrag
- Faktor nach § 39 f EStG
- Teilbetrag der Vorsorgepauschale für die Krankenversicherung und die private Pflege-Pflichtversicherung

Bezieht der Arbeitnehmer gleichzeitig von mehreren Arbeitgebern Arbeitslohn, sind für jedes weitere Dienstverhältnis ELStAM zu bilden.

Der Arbeitgeber hat zu Beginn des Dienstverhältnisses die ELStAM abzurufen und in das Lohnkonto des Arbeitnehmers zu übernehmen. Die Beendigung des Dienstverhältnisses ist dem Bundeszentralamt für Steuern mitzuteilen.

Fall 4: Ein Arbeitnehmer, Steuerklasse I, heiratet im März 2023 eine alleinerziehende Steuerpflichtige mit der Steuerklasse II und Zahl der KFB 0,5. Beide haben ihren Wohnsitz in Ulm. Nach der Heirat ziehen die Stpfl. um in eine gemeinsame Wohnung nach Neu-Ulm. Im Oktober wird dem Ehepaar ein weiteres Kind geboren. Die Ehefrau arbeitet danach nicht mehr.

Welche Änderungen der ELStAM sind dem Bundeszentralamt für Steuern von welcher Behörde mitzuteilen?

Die melderechtlichen Daten, wie

- Wohnsitzwechsel
- Heirat, Scheidung, Tod § 39e (2) EStG
- Geburt/Tod eines Kindes
- Kirchenein- und Austritt

sind von der jeweiligen Meldebehörde (Stadt, Gemeinde) dem Bundeszentralamt für Steuern mitzuteilen.

Daten wie

- Steuerklasse
- Kinderfreibeträge
- Freibetrag und Hinzurechnungsbetrag
- Faktor nach § 39 f EStG

übermittelt das Wohnsitzfinanzamt dem Bundeszentralamt für Steuern.

Übungen

Welche LSt-Klasse und Zahl der KFB sind beim Lohnsteuerabzug zu berücksichtigen?

1 Frau Baldauf, Kempten, ist seit drei Jahren verwitwet. Sie lebt mit ihrer Tochter, 17, in einem gemeinsamen Haushalt.

2 Daniel Voss und Stefanie Wilder leben in nichtehelicher Gemeinschaft mit ihren zwei Kindern, Jörg 8 und Martina 12, in einer Wohngemeinschaft in Hannover. Beide Eltern sind berufstätig und erfüllen ihre Unterhaltspflicht.

3 Der Zimmermeister Özdemir wohnt mit seinem Sohn Mehmet, 16, in einer gemeinsamen Wohnung in Ulm. Mehmet besucht das Wirtschaftsgymnasium. Die Ehefrau lebt zusammen mit zwei weiteren Kindern unter 18 Jahren in der Türkei.

4 Die Ehegatten Alberti leben mit vier Kindern unter 16 in einem gemeinsamen Haushalt in Marburg. Zwei Kinder stammen aus der früheren Ehe der Frau, ein Kind aus der früheren Ehe des Mannes.Diese Kinder sind bei den Ehegatten Alberti mit Wohnung gemeldet. Das vierte Kind ist aus der jetzigen Ehe hervorgegangen. Herr Alberti ist Gewerbetreibender. Seine Frau arbeitet bei ihm als Sekretärin. Der leibliche Vater der zwei Kinder aus der früheren Ehe und die Mutter des einen Kindes aus der früheren Ehe mit Alberti sind nicht wieder verheiratet. Beide sind Arbeitnehmer und tragen zum Unterhalt ihrer Kinder bei.

5 Ein unbeschränkt steuerpflichtiges, nicht dauernd getrennt lebendes Ehepaar, beide Arbeitnehmer mit gleich hohem Verdienst, hat zwei Kinder; die Tochter Eva, 22, studiert in Tübingen Rechtswissenschaft und Gerd, 17, der noch das ganze Jahr über die Realschule besucht. Beide Kinder haben keine Einkünfte und Bezüge.

Änderungen und Ergänzungen der ELSTAM

Für die Bildung der Lohnsteuerabzugsmerkmale sind die **Verhältnisse zu Beginn des Kalenderjahrs (01.01.)** maßgebend.

> **Fall 5:** Einem Arbeitnehmer in Saarbrücken wurde bisher zu Recht die Steuerklasse III, Zahl der KFB 4,0 bescheinigt. Am 28.12.2022 kommt ein Kind durch einen Unfall ums Leben.
>
> Muss der Steuerpflichtige die ELStAM für 2023 ändern lassen?

§ 39 (5) EStG — **Ändern sich die Lohnsteuerabzugsmerkmale zum Nachteil** des Arbeitnehmers, ist dieser verpflichtet, die Eintragungen umgehend ändern zu lassen.

§ 39 (6) EStG — Ändern sich die Voraussetzungen für die Steuerklasse oder die Zahl der Kinderfreibeträge **zugunsten** des Arbeitnehmers, kann er die Änderung mit Wirkung vom ersten Tag des Monats an vornehmen lassen, in dem die Änderung eingetreten ist.

§ 39 (6) S.3 EStG R 39.2 (1+2) LStR — Nach Beginn des Kalenderjahrs können Ehegatten/Lebenspartner[1], die beide Arbeitslohn beziehen, auf gemeinsamen Antrag die Lohnsteuerklassen beliebig wechseln, z. B. von IV/IV in III/V, von III/V in IV/IV oder von III/V in V/III. Ein Wechsel ist außerdem möglich, wenn,

- ein Ehegatte/Lebenspartner*in keinen steuerpflichtigen Arbeitslohn mehr bezieht oder
- nach der Arbeitslosigkeit/Elternzeit wieder ein Dienstverhältnis aufnimmt,
- ein Ehegatte/Lebenspartner*in verstorben ist,
- die Ehegatten/Lebenspartner sich auf Dauer getrennt haben.

Die Wirkung tritt mit Beginn des auf die Antragstellung folgenden Monats ein.

§ 39e (3) S. 3/ § 38b (1) S. 2 Nr. 4 EStG — Die Änderung der Steuerklasse aus Anlass der Eheschließung in Steuerklasse vier/vier gilt nicht als Steuerklassenwechsel. Sie wird automatisiert gebildet und gilt ab dem Beginn des Monats der Eheschließung, auch wenn einer der Ehegatten keinen AL bezieht.

Änderungspflicht § 39 (5) EStG	wenn die gebildeten Lohnsteuerabzugsmerkmale günstiger sind als es den tatsächlichen **Verhältnissen** entspricht beispielsweise ist – eine günstigere Steuerklasse – eine höhere Zahl der Kinderfreibeträge (KFB) – ein Entlastungsbetrag für Alleinerziehende eingetragen, obwohl sich die Verhältnisse zum Nachteil des Arbeitnehmers verändert haben.
Änderungsrecht § 39 (6) EStG	wenn Änderungen eintreten zugunsten des Arbeitnehmers/der Arbeitnehmerin, z. B. – günstigere Steuerklasse – höhere Zahl der KFB – höhere Werbungskosten
Antragsfrist § 39 (5+6)	bis **spätestens 30.11.** des laufenden Kalenderjahrs Wird aufgrund unterbliebener Änderungen zu wenig LSt erhoben, hat das Finanzamt den Betrag nachzuerheben, wenn dieser 10 € übersteigt.

---

[1] Lebenspartner nach dem Lebenspartnerschaftsgesetz

Übungen

1 Markus Fröhlich und Regina Böck, beide Steuerklasse I, heiraten im Februar 2023. Beide Ehegatten sind weiterhin berufstätig. Ihr monatlicher Arbeitslohn ist in etwa gleich hoch. Am 30.11.2023 wird ihr Sohn Stefan geboren. Frau Böck arbeitet danach nicht mehr

a) Welche Änderungen der ELStAM sind im Laufe des Jahres 2023 vorzunehmen?
b) Bei welcher Behörde sind die Änderungen der Eintragungen zu beantragen?
c) Ab welchem Zeitpunkt sind die Änderungen beim LSt-Abzug zu berücksichtigen?

2 Bei einem Ehepaar mit zwei Kindern über 18, die sich noch in Berufsausbildung befinden, hat der Ehemann die Lohnsteuerklasse III, Zahl der KFB „–". Sein Monatslohn beträgt 4.800 €.

a) Bei welcher Behörde ist die Änderung der ELStAM wegen Berücksichtigung der zwei Kinder zu beantragen?
b) Die Ehefrau möchte ab Januar des kommenden Jahres wöchentlich 10 Stunden in ihrem alten Beruf arbeiten. Ihr künftiges Gehalt beträgt 720 € monatlich.

Welche Steuerklasse und Zahl der KFB ist in den ELStAM zu bilden?

3 Eine ledige Arbeitnehmerin mit der Steuerklasse I bekommt am 30.12.2022 ein Kind. Ist die Arbeitnehmerin verpflichtet ihre ELStAM 2023 ändern zu lassen? Welche Änderungen wären ggf. vorzunehmen, wenn die Arbeitnehmerin zusammen mit ihrem Kind im eigenen Haushalt wohnt?

3.13.5 Lohnsteuerermäßigungsverfahren

Die in die LSt-Tabelle eingearbeiteten Freibeträge und Pauschbeträge führen nur dann zu einer exakten Einbehaltung der LSt, wenn nicht höhere Aufwendungen geltend gemacht werden können. Durch die Bildung eines Freibetrags in den ELStAM für weitere berücksichtigungsfähige Aufwendungen wird die LSt bereits während des Kalenderjahres in zutreffender Höhe einbehalten.

Die nach § 39 a (1) Nr. 1–3 und 4a–8 ermittelten Beträge gelten auf Antrag längstens für **zwei** Kalenderjahre. Innerhalb dieses Zeitraums kann eine Änderung beantragt werden, wenn sich die Verhältnisse zu Gunsten ändern. Bei Änderungen zu Ungunsten, ist dies dem Finanzamt anzuzeigen. Wurde zu wenig Lohnsteuer erhoben, muss das Finanzamt diese nachfordern, wenn der Fehlbetrag 10 € übersteigt. § 39a (1) Satz 3 EStG § 39a (5) EStG

Verfahren	
Antrag	auf amtlich vorgeschriebenem Vordruck „Antrag auf Lohnsteuerermäßigung" Der Antrag besteht aus einem Hauptvordruck für allgemeine Angaben und Anlagevordrucken für – Kinder – Sonderausgaben u. außergewöhnliche Belastungen – Werbungskosten die Anlagen müssen nur ausgefüllt werden, wenn sie tatsächlich benötigt werden.
Antragsfrist	frühestens ab 01.10. des Vorjahrs, spätestens am 30.11. des Kalenderjahrs, für das der Freibetrag gilt
zuständiges Finanzamt	Wohnsitzfinanzamt, § 19 AO

§ 39 a (1) Nr. 1–3 EStG

Beschränkt eintragungsfähige Beträge		
Werbungskosten	**Sonderausgaben**	**außergewöhnliche Belastungen**
bei Einkünften aus nichtselbstständiger Arbeit, soweit > 1.230 € bzw. > 102 €, § 9a S.1 Nr. 1a+b	i. S. d. § 10 Abs. 1 Nr. 4, 5, 7, 9 sowie Abs. 1a und § 10 b, soweit > 36 €/72 €	die nach den §§ 33, 33 a, 33 b Abs. 6 abziehbaren Beträge

§ 39 a (2) Ein Antrag auf Eintragung eines Freibetrags ist nur zulässig, wenn die Werbungskosten abzüglich des Arbeitnehmer-Pauschbetrags und die **Aufwendungen** nach § 10 Abs. 1 Nr. 4, 5, 7, 9 und Abs. 1 a, §§ 10 b, 33, sowie die **abziehbaren Beträge** nach den §§ 24 b, 33 a und 33 b Abs. 6 insgesamt **600 €** übersteigen. Die Antragsgrenze gilt auch bei verheirateten/verpartnerten AN, deren Aufwendungen bzw. abziehbare Beträge **zusammen mehr als 600 €** betragen. **Verwitwete Arbeitnehmer mit Steuerklasse III** im Todesjahr des Ehegatten/Lebenspartners und im Folgejahr können sich bei Überschreiten der Antragsgrenze den **Entlastungsbetrag für Alleinerziehende** als Freibetrag eintragen lassen, wenn die Voraussetzungen vorliegen; § 39 a (1) Nr. 8 EStG. Die Summe der Beträge wird für längstens zwei Jahre berücksichtigt. Änderungen zu Ungunsten des/der Stpfl. sind umgehend anzuzeigen; § 39a (1) S. 3+5.

Beispiel

Prüfung der Zulässigkeit des Antrags

	Werbungskosten	€	
–	ANP	1.230 € [1]	
	verminderte Aufwendungen	€	
+	Sonderausgaben/außergewöhnl. Belastungen	€	
	berücksichtigungsfähige Aufwendungen > 600 €	€	**Antrag ist zulässig!**
	≤ 600 €	€	**Antrag ist nicht zulässig!**

Beispiel

Berechnung des Freibetrags bei ledigen AN

	Werbungskosten	€
–	ANP	1.230 €
	erhöhte Werbungskosten	€
	Sonderausgaben	
–	Sonderausgaben-Pauschbetrag	36 €
	erhöhte Sonderausgaben	€
+	abziehbare außergewöhnl. Belastungen	
	Summe WK + SA + agBel (= Jahresfreibetrag)	€
	Monatsfreibetrag	

[1] ab 01.01.2023

Der Freibetrag wird in Monatsfreibeträge ggf. Wochen- und Tagesfreibeträge aufgeteilt, beginnend mit dem auf die Antragstellung folgenden Monat. Ein Freibetrag, der im Januar beantragt wird, darf rückwirkend auf den 1. Januar eingetragen werden. § 39 a (2) S. 6+7 EStG

Der Monats-Freibetrag ist zeitanteilig zu berechnen. Er beträgt ab Januar 1/12 des Jahresfreibetrags, aufgerundet auf den nächsten vollen €-Betrag. R 39 a.1 (7) LStR

Der Wochenfreibetrag beträgt 7/30 des Monatsfreibetrags, aufgerundet auf den nächsten durch 10 teilbaren Centbetrag. Tagesfreibeträge betragen 1/30 des Monatsfreibetrags aufgerundet auf volle 5 Cent.

Beispiel

Eine alleinstehende Arbeitnehmerin beantragt am 03.03.2023 die Eintragung eines Freibetrags. Dazu weist sie folgende Aufwendungen nach:

- 120 Fahrten zwischen Wohnung und erster Tätigkeitsstätte mit dem eigenen Motorrad
- 100 Fahrten mit dem eigenen Pkw
  Die einfache Entfernung Wohnung – erste Tätigkeitsstätte beträgt 20 km.
- Arbeitskleidung 254 €.
- Kirchensteuer 360 €.
- Beiträge zu einer Lebensversicherung 1.200 €.

Lösung:

Prüfung der Zulässigkeit

Werbungskosten	1.574 €
– ANP	1.230 €
	344 €
+ KiSt	360 €
Aufwendungen	704 €

> 600 € ➔ **Antrag ist zulässig**

Berechnung der Freibetrages

erhöhte Werbungskosten		344 €
+ Sonderausgaben (KiSt)	360 €	
– Sonderausg.- Pauschbetrg.	36 €	324 €
Jahresfreibetrag		668 €: 9 =
Monatsfreibetrag ab 01.04.2023		~ 75 €

Fall 6: Ein lediger AN beantragt im Januar 2023 die Eintragung eines Freibetrags. Folgende Aufwendungen sollen berücksichtigt werden:

- 230 Fahrten mit dem eigenen Pkw zur 25 km entfernten ersten Tätigkeitsstätte
- Beiträge zu Berufsverbänden 180 €
- Fachliteratur 90 €
- typische Arbeitskleidung 120 €
- Kirchensteuer 310 €

Prüfen Sie, ob ein Antrag auf Eintragung eines Freibetrags zulässig ist!
Berechnen Sie den Freibetrag!

Werden **während des Kalenderjahrs weitere Aufwendungen geltend gemacht**, wird der Freibetrag unter Berücksichtigung der gesamten Aufwendungen neu festgestellt. Dabei wird der neue Freibetrag um die beim Lohnsteuerabzug bereits berücksichtigten Freibeträge gekürzt. Der verbleibende Betrag ist vom Beginn des auf die Antragstellung folgenden Kalendermonats bis zum Schluss des Kalenderjahrs gleichmäßig zu verteilen. R 39 a.1 (8) LStR H 39 a.1 LStH

Die Antragsgrenze von 600 € muss nicht noch einmal überschritten werden.

Beispiel

Ein Arbeitnehmer mit einem Jahresfreibetrag von 1.800 € und einem Monatsfreibetrag von 150 € macht im April 2023 weitere berücksichtigungsfähige Aufwendungen in Höhe von 1.200 € geltend.
Wie hoch ist der Monatsfreibetrag, ab Mai 2023?

Lösung:	bisheriger Jahresfreibetrag	1.800 €	: 12 = 150 € (Monatsfreibetrag ab Jan.)
	+ zusätzl. Aufwendungen	1.200 €	
	neuer Jahresfreibetrag	3.000 €	
	– berücksichtigte Monatsfreibeträge (4 x 150 €)	600 €	
	verbleiben	2.400 €	: 8 = 300 € (Monatsfreibetrag ab Mai)

Fall 7: Ein AN mit einem Jahresfreibetrag von 2.400 €, wegen erhöhter Werbungskosten, macht am 10.05.2023 weitere 700 € Werbungskosten geltend.

Wie hoch ist der Monatsfreibetrag ab 01.06.2023?

R 39 a.3 (5) LStR § 39 a (3) EStG

Bei **zusammen veranlagten Ehegatten/Lebenspartnern, für die jeweils ELStAM gebildet wurden,** ist, wenn nichts anderes beantragt wird, die Summe der Freibeträge, ohne die Werbungskosten nach § 9, je zur Hälfte aufzuteilen. Werbungskosten, die den Arbeitnehmer-Pauschbetrag übersteigen, dürfen nur bei dem Ehegatten/Lebenspartner berücksichtigt werden, bei dem sie entstanden sind.

Berechnungsschema bei Ehegatten:

				Ehemann	Ehefrau
	Werbungskosten			€	€
–	Arbeitnehmer-Pauschbetrag			1.230 €	1.230 €
	Erhöhte Werbungskosten			€	€
	Sonderausgaben				
	EM	€			
	EF	€			
		€			
–	Sonderausgaben-Pauschbetrag	72 €			
	Erhöhte Sonderausgaben	€	je $\frac{1}{2}$ =	€	€
	Außergewöhnliche Belastungen	€	je $\frac{1}{2}$ =	€	€
	Jahresfreibetrag			€	€
	Monatsfreibetrag ab ( )			: =	: =
	aufgerundet			€	€

Fall 8: Die in einer eingetragenen Lebenspartnerschaft lebenden Bernd und Martin Baumann, Worms, beantragen am 04.05.2023 beim Finanzamt die Eintragung von Freibeträgen. Die Freibeträge sollen, soweit möglich, gleichmäßig auf die Lebenspartner aufgeteilt werden. Sie machen folgende Aufwendungen geltend:

	Bernd	Martin
Bernd:		
– 210 Fahrten zwischen Wohnung und erster Tätigkeitsstätte einfache Entfernung 20 km	?	–
Martin:		
– 180 Fahrten mit dem öffentlichen Verkehrsmittel zur 8 km entfernten ersten Tätigkeitsstätte	–	?
– Fachliteratur	40 €	110 €
– Kirchensteuern	330 €	270 €
– Lebensversicherungsbeiträge	1.800 €	1.200 €
– Bernd unterstützt seine Mutter mit monatlich, die Mutter bezieht eine Rente aus der Sozialversicherung von monatlich 500 €, Besteuerungsanteil 50%	400 €	–

Berechnen Sie die Höhe der jeweils einzutragenden Freibeträge!

unbeschränkt eintragungsfähige Beträge

§ 39 a (1) Nr. 4, 4a + 5 EStG

Pauschbeträge für Behinderte und Hinterbliebene § 33 b (1–5) Erhöhungsbetrag für Alleinerziehende § 24b (2) S. 1	Beträge, die nach den §§ 10 d Abs. 2, 10 e, 10 f, 10 g, 10 h, 10 i, abziehbar sind	negative Summe der Einkünfte i. S. d. § 2 Abs. 1 Nr. 1, 2, 3, 6, 7 und § 2 Abs. 1 Satz 1 Nr. 5	vierfache Steuerermäßigung nach den §§ 34 f., 35 a, 35 c

Beispiel

Ein seit Jahren geh- und stehbehinderter Arbeitnehmer mit einem Grad der Behinderung von 70 % erzielt neben Einkünften aus nichtselbstständiger Arbeit im Kalenderjahr 2023 negative Einkünfte aus Vermietung und Verpachtung in Höhe von 3.600 €.

a) Wie hoch ist der Jahres- bzw. Monatsfreibetrag auf Grund der Behinderung?
b) Wie wirkt sich die Eintragung eines Freibetrages wegen der negativen Einkünfte aus V & V ab 01.03.2023 aus?

Lösung:

Jahresfreibetrag auf Grund der Behinderung	1.780 € : 12 = 149 €	(Monatsfreibetrag ab Jan.)
Erhöhung des Jahresfreibetrags um	3.600 € : 10 = 360 €	
	509 €	(Monatsfreibetrag ab März)

Freibeträge für Kinder, für die kein Anspruch auf Kindergeld besteht

Freibetrag von 3.012 €/6.024 €	**Freibetrag von 1.464 €/2.928 €**
für das sächliche Existenzminimum des Kindes (Kinderfreibetrag)	für den Betreuungs- und Erziehung- oder Ausbildungsbedarf des Kindes

§ § 32 (6) EStG

Die Freibeträge nach § 32 (6) EStG werden für Kinder i.S.d. § 32 (1-4) EStG nur berücksichtigt, wenn für diese nicht bereits Lohnsteuerabzugsmerkmale nach § 38b (2) EStG gebildet worden sind.

39a (1) Nr. 6 EStG

Beispiel

Ein verheirateter leitender Angestellter, Steuerklasse III, Anzahl der KFB 0, beantragt nach § 39a (1) Nr. 6 EStG die Eintragung des Kinder- und Betreuungsfreibetrags für seine 23-jährige Tochter, die das ganze Jahr 2023 über studiert. Die Tochter bezieht keine Einkünfte und Bezüge.

Das Finanzamt teilt dem Bundeszentralamt für Steuern bei Zahl der Kinder den Zähler „1" mit, da die Voraussetzungen für den KFB erfüllt sind.

Fall 9: Die dauernd getrennt lebenden Ehegatten Borchert haben einen 22-jährigen Sohn, der seit 2020 in Mannheim studiert und bei der Mutter mit Hauptwohnsitz gemeldet ist. Er hat keine Einkünfte und Bezüge. Die ELStAM der Eltern enthalten jeweils die Steuerklasse I, ohne Berücksichtigung eines Kindes.

Welche Änderung nimmt das Finanzamt vor, wenn die Eltern ab 01.01.2023 die Berücksichtigung des Sohnes beantragen?

Freibetrag und Hinzurechnungsbetrag nach § 39 a Abs. 1 Nr. 7

Der in einem ersten Dienstverhältnis nicht ausgeschöpfte Betrag zwischen Verdienst und Eingangsbetrag der Jahreslohnsteuertabelle kann als **Freibetrag** für das zweite und jedes weitere Dienstverhältnis des Arbeitnehmers übertragen werden. Für das erste Dienstverhältnis wird dann ein entsprechender **Hinzurechnungsbetrag** eingetragen.

Der voraussichtliche Jahresarbeitslohn aus dem ersten Dienstverhältnis darf die folgenden Beträge 2023 nicht überschreiten:

§

Arbeitnehmer	Steuerklasse I bzw. IV	Steuerklasse II	Steuerklasse III	Steuerklasse V
sozialversicherungspflichtig	14.179 €	18.808 €	26.887 €	1.308 €
nicht sozialversicherungspflichtig	16.292 €	20.300 €	27.747 €	2.179 €

Beispiel

Ein Arbeitnehmer mit der Steuerklasse III verdient im ersten Dienstverhältnis monatlich 1.850 € brutto. Durch eine zusätzliche Beschäftigung möchte er seinen Verdienst aufbessern. Er beantragt die Bildung weiterer ELStAM für das zweite Dienstverhältnis (DV), Steuerklasse VI.

	Eingangsbetrag nach der Jahreslohnsteuertabelle:	26.887,00 €	
–	voraussichtlicher Jahresarbeitslohn 12 × 1.850 €	22.200,00 €	
	Freibetrag beim zweiten DV	4.687,00 €	mtl. 390,58 €
Hinzurechnungsbetrag beim ersten DV		4.687,00 €	

Erstes Dienstverhältnis:

	Monatsverdienst	1.850,00 €	(nach LSt-Tabelle fällt keine LSt an)
+	Hinzurechnungsbetrag	390,58 €	
		2.240,58 €	(nach LSt-Tabelle fällt keine LSt an)

Zweites Dienstverhältnis:
Bei einem Monatsverdienst bis 390,58 € fällt in Steuerklasse VI durch den Abzug des Freibetrags in Höhe von 390,58 € keine LSt an.

Übungen

1 Ein lediger Arbeitnehmer stellt Anfang März 2023 einen Antrag auf Lohnsteuer-Ermäßigung beim zuständigen Finanzamt. Er macht folgende Aufwendungen geltend:

– Werbungskosten	1.410 €
– Sozialversicherungs-Beiträge	6.240 €
– KiSt	480 €
– Spende an eine politische Partei	300 €
– Kosten für Krankenhausaufenthalt im Februar 23	6.244 €
– Ersatz der Krankenkasse	2.244 €
– zumutbare Belastung	2.100 €

a) Prüfen Sie, ob der Antrag zulässig ist!
b) Wie hoch ist der Monatsfreibetrag?

2 Eine Arbeitnehmerin hat im Januar 2023 einen Antrag auf LSt-Ermäßigung gestellt. Das Finanzamt hat daraufhin einen Jahresfreibetrag von 4.800 € ermittelt. Im Mai 2023 macht die Arbeitnehmerin weitere berücksichtigungsfähige Aufwendungen von 1.200 € geltend. Wie hoch ist der Monatsfreibetrag ab Juni 2023?

3 Ein unbeschränkt steuerpflichtiges, nicht dauernd getrennt lebendes Ehepaar mit zwei Kindern unter 18 Jahren, stellt am 30.12.2022 einen Antrag auf LSt-Ermäßigung für 2023. Die Ehegatten sind beide berufstätig und beantragen, soweit möglich, die Freibeträge zu gleichen Teilen aufzuteilen. Die glaubhaft gemachten Aufwendungen setzen sich wie folgt zusammen:

Aufwendungen	Ehemann	Ehefrau
– 230 Fahrten mit eigenem Pkw zur 30 km entfernten ersten Tätigkeitsstätte	?	
– 200 Fahrten mit öffentlichem Verkehrsmittel zur 10 km entfernten ersten Tätigkeitsstätte		?
– typische Arbeitskleidung	140 €	0 €
– Fachliteratur		86 €
– Kirchensteuern	360 €	240 €
– Lebensversicherungsbeiträge	1.800 €	1.200 €
– Unterhalt der Mutter der Ehefrau mit monatlich (Die Mutter hat eine monatliche Rente von 600 €; Besteuerungsanteil 50 %)		300 €

3.13.6 Lohnsteuer-Jahresausgleich durch den Arbeitgeber

§ 42 b EStG

Der Lohnsteuerjahresausgleich durch den AG dient der richtigen Einbehaltung und Abführung der Lohnsteuer für das betreffende Kalenderjahr (Ausgleichsjahr). Der Arbeitgeber ist berechtigt, den Arbeitnehmer*innen die für das Ausgleichsjahr einbehaltene Lohnsteuer zu erstatten, soweit diese höher ist als die auf den Jahresarbeitslohn entfallende Jahreslohnsteuer. Dazu müssen vom AG die ELStAM für den letzten Lohnzahlungszeitraum des Ausgleichsjahrs abgerufen werden, § 42b (2) S. 4 EStG.

Fall 10: Ein Arbeitgeber beschäftigt am 31.12.2023 14 unbeschränkt einkommensteuerpflichtige Arbeitnehmer*innen, die während des Kalenderjahrs ständig in einem Dienstverhältnis standen. Zwei Arbeitnehmer haben im Januar 2023 Kurzarbeitergeld bezogen. Die Lohnsteuer eines Arbeitnehmers wird nach § 40 a EStG pauschal berechnet.

Prüfen Sie, inwieweit der AG zur Durchführung des Lohnsteuer-Jahresausgleichs bei seinen AN berechtigt ist!

Lohnsteuerjahresausgleich durch den Arbeitgeber	
Berechtigung zur Durchführung §42 b (1) Satz 1	– ständiges Beschäftigungsverhältnis der Arbeitnehmer*innen beim selben Arbeitgeber während des Ausgleichsjahrs – am 31.12. im Dienst des Arbeitgebers oder zu diesem Zeitpunkt Bezug von Arbeitslohn aus einem früheren Dienstverhältnis bei diesem Arbeitgeber
Pflicht zur Durchführung §42 b (1) Satz 2	wenn am 31.12. des Ausgleichsjahrs mindestens 10 Arbeitnehmer*innen beschäftigt werden; AN, die nach 40 a EStG pauschaliert besteuert werden, sind mitzurechnen
keine Berechtigung zur Durchführung §42 b (1) Satz 3	– auf Antrag der Arbeitnehmer*innen – Arbeitnehmer*in wurde im Ausgleichsjahr ganz oder teilweise nach den Steuerklassen V oder VI oder zum Teil nach den Steuerklassen II, III oder IV oder nach der allgemeinen und besonderen Lohnsteuertabelle besteuert. – Arbeitnehmer*in hat im Ausgleichsjahr Kurzarbeitergeld, Schlechtwettergeld, Winterausfallgeld u. a. bezogen. – Großbuchstabe „U" im Lohnkonto oder auf Lohnsteuerkarte – in den ELStAM des AN ein Freibetrag oder Hinzurechnungsbetrag eingetragen ist – wenn ein Freibetrag oder Hinzurechnungsbetrag berücksichtigt wurde – wenn das Faktorverfahren angewandt wurde
Durchführungszeitraum §42 b (3)	frühestens im letzten Lohnzahlungszeitraum des Ausgleichsjahrs, spätestens im letzten Lohnzahlungszeitraum, der im Februar des folgenden Kalenderjahrs endet

§42 b (2) EStG

Verfahren
Jahresarbeitslohn – Versorgungs-Freibetrag + Zuschlag – Altersentlastungsbetrag
= maßgebender Jahresarbeitslohn dient als Bemessungsgrundlage für die Ermittlung der Jahreslohnsteuer nach §39 b (2) Sätze 6+7 EStG
Jahreslohnsteuer < einbehaltene LSt = Erstattungsbetrag

Fall 11: Einem ledigen kinderlosen Arbeitnehmer, Steuerklasse I, mit einem monatlichen Brutto-Arbeitslohn von 1.740 € wurden 2022 insgesamt 1.212,92 € Lohnsteuern und 97,03 € Kirchensteuern abgezogen. Der Arbeitgeber führt im Januar 2023 einen Lohnsteuerjahresausgleich für den Arbeitnehmer durch.

Wie hoch ist die zu erstattende LSt nach der Jahreslohnsteuer-Tabelle?

Übung

Stefanie Maurer, Ravensburg, schloss im Juli 2022 ihre Ausbildung zur Steuerfachangestellten ab. Von Januar bis einschließlich Juli verdiente sie 5.600 €. Im August wechselte sie die Kanzlei. Das Gehalt bei ihrem neuen Arbeitgeber betrug von August bis Dezember 2022 9.000 €.
Laut der Lohnsteuerbescheinigung wurden für das Kalenderjahr 2022 folgende Beträge einbehalten:

– Lohnsteuer	532,90 €
– Kirchensteuer	42,60 €

Der Arbeitgeber führt im Januar 2023 den Lohnsteuerjahresausgleich für die Steuerfachangestellte durch. Wie hoch sind ihr zu erstattende Beträge?

3.13.7 Pauschalierung der Lohnsteuer

RW 177 ff.

Der Arbeitgeber kann in besonderen Fällen, bei kurzfristiger Beschäftigung, Teilzeitbeschäftigten und bei bestimmten Zukunftssicherungsleistungen, die Lohnsteuer mit einem Pauschsteuersatz erheben. Der Arbeitgeber hat die pauschale Lohnsteuer zu übernehmen. Er ist Schuldner der pauschalen Lohnsteuer. Der pauschale Arbeitslohn und die darauf entfallende Lohnsteuer sind bei der Veranlagung zur Einkommensteuer nicht zu berücksichtigen. § 40 EStG § 40 (3) EStG

Fall 12: Ein Arbeitnehmer nimmt sein Mittagessen in der zum Betrieb gehörenden Kantine ein. Der Wert der Mahlzeit beträgt 5 €. Der Arbeitnehmer zahlt 1,50 €.

Wie hoch ist die pauschale Lohnsteuer?

§ 40 (2) Nr. 1–7 EStG

Pauschalierung	Fälle
Pauschsteuersatz **25 %** + 7,0 % KiSt[1)] + 5,5 % SolZu	– unentgeltliche oder verbilligte Abgabe von Mahlzeiten durch den Arbeitgeber oder Barzuschüsse an Unternehmer, die solche Mahlzeiten abgeben – Arbeitslohn aus Anlass von Betriebsveranstaltungen – Erholungsbeihilfen an Arbeitnehmer*innen ≤ 156 €, dessen Ehegatten ≤ 104 €, Kinder ≤ 52 € im Kalenderjahr – Vergütungen für Verpflegungsmehraufwendungen soweit sie die nach § 9 (4a) S. 3,5,6 EStG zustehenden Pauschbeträge um nicht mehr als 100 % übersteigen – unentgeltliche oder verbilligte Übereignung eines PCs und Zubehörs/Zuschüsse für die Internetnutzung (R 40.2 (5) LStR) – kurzfristige Beschäftigung, § 40 a (1)

Bemessungsgrundlage für den Pauschsteuersatz ist bei Mahlzeiten der Unterschiedsbetrag zwischen dem amtlichen Sachbezugswert und dem niedrigeren Entgelt, das der Arbeitnehmer für die Mahlzeit entrichtet. R 8.1 (7) LStR
Bei der Ausgabe von Essenmarken ist der geldwerte Vorteil zu versteuern, soweit nach Verrechnung der Essenmarke das entrichtete Entgelt den Sachbezugswert unterschreitet.

[1)] Der pauschale Kirchensteuersatz beträgt in den Bundesländern:

– Bayern, Bremen, Hessen, Nordrhein-Westfalen, Rheinland-Pfalz, Saarland	7 %
– Baden-Württemberg	5 %
– Niedersachsen, Schleswig-Holstein	6 %
– Berlin, Brandenburg, Mecklenburg-Vorpommern, Sachsen, Sachsen-Anhalt, Thüringen	5 %
– Hamburg	4 %

Beispiel

1.) Ein Rechtsanwalt gibt seinen Beschäftigten monatlich 15 Essenmarken im Wert von je 3 €. Wie hoch ist der Sachbezugswert je Mitarbeiter/in, wenn der Preis einer Mahlzeit 5,50 € beträgt? Berechnen Sie die abzuführende pauschale Lohnsteuer und Kirchensteuer für jeden/jede Mitarbeiter*in.

Lösung:	Preis einer Mahlzeit	5,50 €		
	– Wert der Essenmarke	3,00 €		
	Zahlung je Arbeitnehmer*in	2,50 €		
	Sachbezugwert der Mahlzeit	3,80 €		
	– Zahlung je Arbeitnehmer*in	2,50 €		
	zu versteuernder Sachbezugswert	1,30 €	× 15 =	19,50 €
	Lohnsteuer 25 %		=	4,88 €
	Kirchensteuer 7 %		=	0,34 €
	Solidaritätszuschlag 5,5 %[1]		=	1,07 €

2.) Ein Multimedia Unternehmen zahlt seinen Arbeitnehmern zusätzlich zum Arbeitslohn einen Zuschuss von 40 € monatlich für die Internetbenutzung (Grundgebühren und laufende Gebühren). Der Zuschuss kann pauschal mit 25 % versteuert werden.

§ 40 (2) S. 1 Nr. 2 + 3 EStG **Arbeitslohn** aus Anlass von Betriebsveranstaltungen, z. B. bei Betriebsausflügen, Weihnachts- und Jubiläumsfeiern und Erholungsbeihilfen, die die in § 40 (2) Satz 1 Nr. 3 EStG genannten Grenzen nicht überschreiten, können pauschal mit 25% besteuert werden.

§ 40 (2) S. 1 Nr. 4 EStG Übersteigen die von einem Arbeitgeber gezahlten **Verpflegungsmehraufwendungen** die in 9 (4a) S. 3,5,6 EStG genannten Pauschbeträge um nicht mehr als 100 %, können die Vergütungen ebenfalls mit 25 % pauschal versteuert werden. Eine über diese Grenze hinausgehende Erstattung wird nach allgemeinen Grundsätzen versteuert.

§ 40 (2) Satz 2 Nr. 1b EStG R 40.2 (6) LStR

Pauschalierung	Fälle
Pauschsteuersatz **15 %** + 7,0 % KiSt[2] + 5,5 % SolZu	Fahrtkostenzuschüsse für Wege zwischen Wohnung und erster Tätigkeitsstätte können pauschal versteuert werden bei – **behinderten AN** (GdB mind. 70 % oder Merkzeichen „G") in voller Höhe – anderen AN, die das eigene Kfz oder öffentliche VkM benutzen, in Höhe der Entfernungspauschale

Beispiel

Die Arbeitnehmer*innen eines Industrieunternehmens erhalten für Fahrten zwischen Wohnung und erster Tätigkeitsstätte für 15 Tage im Monat einen Zuschuss von 0,30 € bzw. 0,38 € für jeden Entfernungskilometer. Welcher Betrag kann bei einem Arbeitnehmer/einer Arbeitnehmerin pauschal versteuert werden, wenn die einfache Entfernung Wohnung – Betrieb 28 km beträgt?

Lösung:	15 × 20 km × 0,30 €	90,00 €	Lohnsteuer 15 %	= 20,34 €
	15 × 8 km × 0,38 €	45,60 €	Kirchensteuer 7 %	= 1,42 €
	Sachbezugswert	135,60 €	Solidaritätszuschlag 5,5 %[3]	= 1,12 €

[1+3] Der Solidaritätszuschlag zur pauschalen Lohnsteuer wird weiterhin erhoben.

[2] siehe Seite 377

Fall 13: Ein Arbeitnehmer, der 25 km von seiner ersten Tätigkeitsstätte entfernt wohnt, erhält von seinem Arbeitgeber für Fahrten zwischen Wohnung und erster Tätigkeitsstätte einen Zuschuss von 180 €. Im Lohnabrechnungszeitraum fuhr der Arbeitnehmer die Strecke an 20 Tagen. Der vom Arbeitgeber ausgezahlte Betrag soll, soweit möglich, pauschal versteuert werden.

Berechnen Sie die pauschale LSt, KiSt und den Solidaritätszuschlag.

§ 40 a (2) EStG

RW 180 ff.

Pauschalierung des Arbeitslohns im Niedriglohnsektor		
Art der Beschäftigung	**Steuern und Sozialbeiträge Arbeitnehmer*in**	**Steuern und Sozialbeiträge Arbeitgeber*in**
Geringfügige Beschäftigung bis 520 €/Monat[2] § 8 (1) Nr. 1 SGB IV	keine Steuern, 3,6 % Rentenversicherung[1]	Pauschalabgabe 30 %, davon: 15 % Rentenversicherung 13 % Krankenversicherung 2 % Lohnsteuern incl. KiSt + SolZ zuzüglich Umlagen
Geringfügige Beschäftigung in Privathaushalten (haushaltsnahe Beschäftigung) bis 520 €/Monat § 8 a SGB IV	keine Steuern, 3,6 % Beitrag zur Renteversicherung, wenn befreit[1]	Pauschalabgabe 12 %, davon: 5 % Rentenversicherung 5 % Krankenversicherung 2 % Lohnsteuern incl. KiSt + SolZ zuzüglich Umlagen (Haushaltsscheckverfahren)
Übergangsbereich 520,01–2.000 €/Monat[3]	Steuern nach LSt-Karte, reduzierte Sozialversicherungsbeiträge	Beiträge zur KV, PV, AV aus dem verminderten Entgelt, Beiträge zur RV aus dem tatsächlichen Entgelt

Die Pauschalabgaben sind an die Deutsche Rentenversicherung Knappschaft-Bahn-See (Minijobzentrale) abzuführen, § 40 a (6) EStG. Bei Beschäftigung in Privathaushalten ist der Haushaltsscheck zu verwenden. **Die Minijobs bis 520 € bleiben auch neben einer Hauptbeschäftigung steuer- und sozialabgabenfrei.** Bei mehreren Minijobs darf insgesamt die Monatsverdienstgrenze von 520 € nicht überschritten werden, sonst entsteht Steuer- und Beitragspflicht. Neben einer versicherungspflichtigen Hauptbeschäftigung (Entgelt > 2.000 €) ist eine Beschäftigung im Übergangsbereich **nicht begünstigt**, d. h. es entsteht volle Steuer- und Beitragspflicht. Sind keine oder **keine pauschalen Beiträge zur Rentenversicherung zu entrichten** (bei versicherungsfrei geringfügig Beschäftigten nach § 172 (3) oder (3 a) SGB VI) kann der AG die LSt bis **zu einem AL von 520 € monatlich mit einem Pauschbetrag von 20% zuzüglich KiSt** erheben, § 40 a (2 a) EStG, und an das zuständige Betriebsfinanzamt bzw. bei Privathaushalten an das für die Veranlagung zuständige Wohnsitzfinanzamt abführen.

Privathaushalte, die eine Haushaltshilfe, nicht Ehegatte, Kinder, Partner einer nichtehelichen Lebensgemeinschaft beschäftigen, können als Arbeitgeber von den Kosten **eines** haushaltsnahen Minijobs 20% von der tariflichen Einkommensteuer abziehen, maximal 510 € im Kalenderjahr. § 35 a (1)

Für **haushaltsnahe Beschäftigungsverhältnisse**, bei denen es sich nicht um eine Beschäftigung i. S. d. § 8a IV. Sozialgesetzbuch (Minijob) handelt oder für die Inanspruchnahme von **haushaltsnahen Dienstleistungen** ermäßigt sich die Einkommensteuer um **20% der Aufwendungen, höchstens um 4.000 €**. Werden **Handwerkerleistungen** für Renovierungs-, Erhaltungs- oder Modernisierungsmaßnahmen in Anspruch genommen, können **20% der Arbeitskosten, maximal 1.200 €** von der tariflichen Einkommensteuer abgezogen werden. § 35 a (2) EStG § 35 a (3)

[1] Geringfügige Beschäftigungsverhältnisse sind für die Beschäftigten rentenversicherungspflichtig, wenn sie sich nicht ausdrücklich davon befreien lassen. (sog. „Opting-out"-Regelung)

[2] Anhebung auf 520 € ab 01.10.2022

[3] Anhebung auf 520,01 €–1.600 € ab 01.10.2022 bzw. 520,01 €–2.000 € ab 01.01.2023

Die Aufwendungen dürfen weder als Werbungskosten noch als Betriebsausgaben oder außergewöhnliche Belastungen berücksichtigt werden und auch nicht unter § 10 (1) Nr. 5 EStG (Kinderbetreuungskosten) fallen.

Beispiel

Ein selbstständiger Arzt beschäftigt in seinem privaten Haushalt seit Jahren eine Haushaltshilfe in einem haushaltsnahen Beschäftigungsverhältnis i. S. d. § 8a SGB IV. Die Haushaltshilfe erhält einen Monatslohn von 500 € bar. Der Arzt nimmt am Haushaltsscheckverfahren teil. Berechnen Sie die monatlichen Pauschalabgaben zur RV, KV sowie zur LSt. Wie hoch ist die Minderung der tariflichen ESt nach § 35a (1) EStG im Jahr 2023 **ohne Berücksichtigung von Umlagen und Unfallversicherungsbeiträgen?**

Lösung:
Der private Arbeitgeber zahlt vom Monatsverdienst in Höhe von 500 € an die Bundesknappschaft:

5 % Rentenversicherungsbeiträge	25,00 €
5 % Krankenversicherungsbeiträge	25,00 €
2 % Lohnsteuern	10,00 €
Summe	60,00 €

Die tarifliche Einkommensteuer des Arztes verringert sich um 20 % von 6.720,00 € (12 x 560,00 €), maximal um 510 €.

§ 40 b (1)–(3) EStG

Pauschalierung der Lohnsteuer bei bestimmten Zukunftssicherungsleistungen

Pauschsteuersatz	
20 %	Zuwendungen des AG zum Aufbau einer betrieblichen nicht kapitalgedeckten Altersversorgung an eine Pensionskasse bis zu **1.752 € je AN im Jahr** (in die Durchschnittsberechnung sind AN, an die mehr als 2.148 € geleistet werden, nicht einzubeziehen) aus einem ersten Dienstverhältnis können **pauschal versteuert** werden. Die LSt auf Beiträge des AG zu einer Gruppenunfallversicherung des AN können ebenfalls pauschaliert werden, wenn der Durchschnittsbetrag (ohne Versicherungssteuer) im Kj je AN **100 €** nicht übersteigt. Leistungen, welche die Grenzwerte überschreiten, sind dem normalen Lohnsteuerabzug zu unterwerfen.

Übungen

1. Die Hofmann OHG, Mannheim, gibt an ihre Mitarbeiter*innen Essenmarken im Wert von 3 € aus, die in einem nahegelegenen Gasthaus beim Bezug von Mittagessen eingelöst werden können. Der Preis einer Mahlzeit beträgt 5 €. Die AN zahlen 2 € zu.
Liegt steuerpflichtiger Arbeitslohn vor? Wie hoch ist ggf. die pauschale LSt?

2. Ein Arbeitnehmer erhält von seinem Arbeitgeber für Fahrten zwischen Wohnung und Arbeitsstätte zusätzlich zum ohnehin geschuldeten AL einen Fahrtkostenzuschuss von 60 €. Im Lohnabrechnungszeitraum März 2023 fuhr der AN an 20 Tagen zu der 8 km entfernten Arbeitsstätte.
Wie hoch ist die vom AG übernommene pauschale LSt?

3. Ein Rechtsanwalt beschäftigt zur Reinigung seiner Privatwohnung seit Jahren eine Dame aus der Nachbarschaft. Für diese Tätigkeit (Minijob) zahlt er monatlich 480 €. In den Monaten April und Mai sowie im September und Oktober hilft ihm ein 66-jähriger Rentner bei Gartenarbeiten.
Der vereinbarte Arbeitslohn beträgt hierfür monatlich 270 €.
   a) Berechnen Sie die im **Monat April 2023 insgesamt** abzuführenden Pauschalabgaben für die o. g. Tätigkeiten ohne Umlagen und Unfallversicherungsbeiträgen.
   b) Wie hoch ist die Minderung der tariflichen Einkommensteuer, die sich aus den beiden Tätigkeiten **insgesamt** ergibt?

3.13.8 Anmeldung und Abführung der Lohnsteuer

Der Arbeitgeber hat spätestens am 10. Tag nach Ablauf eines LSt-Anmeldungszeitraums eine LSt-Anmeldung (= Steuererklärung) beim Betriebsfinanzamt einzureichen und die einbehaltene LSt abzuführen. Die LSt-Anmeldung ist grundsätzlich auf elektronischem Wege zu übermitteln. §41 a EStG

§41 a (2) EStG

Lohnsteuer-Anmeldungszeitraum			
	Kalendermonat	Kalendervierteljahr	Kalenderjahr
abzuführende LSt für Vorjahr	> 5.000 €	> 1.080 ≤ 5.000 €	≤ 1.080 €
Umrechnung der für das vorausgegangene Kj abzuführenden LSt auf einen Jahresbetrag	wenn die Betriebsstätte nicht das ganze vorige Kalenderjahr bestanden hat **Beispiel:** Eröffnung 01.10.2023, LSt bis 31.12.2023 1.800 € 1.800 € : 3 = 600 € × 12 = 7.200 € ab 2024 monatliche LSt-Anmeldung		
Umrechnung der für den ersten vollen Monat nach Eröffnung abzuführenden LSt auf einen Jahresbetrag	wenn die Betriebsstätte im vorigen Kalenderjahr nicht bestanden hat **Beispiel:** Eröffnung 25.02.2023, LSt für März 2023 200 € 200 € × 12 = 2.400 € vierteljährliche LSt-Anmeldung in 2023		

Übungen

1 Ein Unternehmer eröffnet am 01.09.2023 einen Gewerbebetrieb. Die abzuführende LSt hat für September 240 €, für Oktober 360 €, für November 320 € und für Dezember 410 € betragen.
Bestimmen Sie die Lohnsteuer-Anmeldungszeiträume für 2023 und 2024!

2 Ein Unternehmer beschäftigt vier sozialversicherungspflichtige Arbeitnehmer*innen:

Name	Steuerklasse		KiSt-Abzug		Monatslohn
Huber	III,	2,0	ev rk	8 %	3.205 €
Maier	I,	0,5	rk	8 %	4.445 €
Willig	II,	1,0	ev	8 %	1.835 €
Zorn	VI	0,0	–		600 €

Wieviel € LSt und KiSt sind an das Betriebsfinanzamt abzuführen?

4 Körperschaftsteuer

4.1 Bedeutung und Stellung im Steuersystem

Körperschaftsteuer	
Personensteuer	Die Körperschaftsteuer (KSt) ist die Einkommensteuer der nicht natürlichen Personen; die KSt ist bei der Ermittlung des Einkommens nicht abziehbar.
Besitzsteuer	Die KSt knüpft an das Vorhandensein von Einkommen an.
direkte Steuer	Steuerschuldner und Steuerträger sind identisch.
Gemeinschaft-steuer	Das Aufkommen aus der KSt steht Bund und Ländern zu je 50% zu. Im Jahr 2021 betrug es 42,124 Mrd. €.

4.2 Rechtsgrundlagen

Körperschaftsteuergesetz (KStG)	Körperschaftsteuer-Durchführungsverordnung (KStDV)

= Rechtsnormen, verbindlich für Bürger, Gerichte, Verwaltung

Körperschaftsteuerrichtlinien (KStR)

= Verwaltungsvorschriften, die nur die Finanzbehörden binden; sie behandeln Zweifels- und Auslegungsfragen von allgemeiner Bedeutung und stellen eine einheitliche Anwendung des Körperschaftsteuerrechts durch die Behörden sicher.

4.3 Steuerpflicht

unbeschränkte Steuerpflicht	beschränkte Steuerpflicht
Körperschaften mit Geschäftsleitung oder Sitz im Inland, § 1 (1) KStG	Körperschaften ohne Geschäftsleitung oder Sitz im Inland, § 2 Nr. 1 KStG

Fall 1: Eine AG mit Sitz in Karlsruhe unterhält Betriebsstätten in Deutschland, Frankreich, Japan und den USA. In allen Betriebsstätten werden gewerbliche Einkünfte erzielt.

Ist die AG in Deutschland unbeschränkt steuerpflichtig?
In welchem Umfang werden die von der AG erzielten Einkünfte zur Besteuerung herangezogen?

Bei unbeschränkt steuerpflichtigen Körperschaften, Personenvereinigungen und Vermögensmassen unterliegen sämtliche in- und ausländischen Einkünfte der KSt, soweit sie nicht durch ein DBA oder andere zwischenstaatliche Vereinbarungen von der Besteuerung ausgenommen sind. § 1 (2) KStG

Beschränkt steuerpflichtige Körperschaften unterliegen nur mit ihren inländischen Einkünften i. S. d. § 49 EStG der Körperschaftsteuer. § 2 Nr. 1 KStG

Die KSt wird durch Veranlagung erhoben, § 31 (1) KStG. Bei steuerabzugspflichtigen Einkünften ist die KSt durch den Steuerabzug abgegolten, § 32 (1) KStG.

Inland ist das Gebiet der Bundesrepublik Deutschland und der Deutschland zustehende Anteil an der ausschließlichen Wirtschaftszone und am Festlandsockel, soweit dort Naturschätze des Meeresgrundes und des Meeresuntergrundes erforscht und ausgebeutet werden oder dieser der Energieerzeugung unter Nutzung erneuerbarer Energien dient. § 1 (3) KStG § 10 AO

Der **Ort der Geschäftleitung** ist dort, wo sich der Mittelpunkt der geschäftlichen Oberleitung befindet. § 11 AO

Den **Sitz** hat eine Körperschaft an dem Ort, der durch Gesetz, Gesellschaftsvertrag oder Satzung bestimmt worden ist.

4.3.1 Unbeschränkte Steuerpflicht

Nach § 1 (1) KStG sind die folgenden Körperschaften, Personenvereinigungen und Vermögensmassen, die ihre **Geschäftsleitung oder ihren Sitz im Inland** haben, unbeschränkt körperschaftsteuerpflichtig: § 1 (1) Nr. 1–6 KStG

Kapitalgesellschaften[1]	z. B. AG, GmbH, KGaA
Genossenschaften	z. B. Kreditgenossenschaften, Ein- und Verkaufsgenossenschaften, landwirtschaftliche Genossenschaften, Wohnungsbaugenossenschaften
Versicherungsvereine auf Gegenseitigkeit	z. B. kleinere Versicherungsgesellschaften, bei denen die Mitglieder das Geschäftsrisiko tragen
sonstige juristische Personen des privaten Rechts	z. B. rechtsfähige Vereine (e. V.)
nicht rechtsfähige Vereine, Stiftungen, andere Zweckvermögen	z. B. „Tennis-Club Grün-Weiss", Sammelvermögen zur Unterstützung bedürftiger Personen
Betriebe gewerblicher Art von jur. Personen des öffentlichen Rechts	z. B. städtische Gas-, Wasser-, Elektrizitätswerke, Verkehrsbetriebe, öffentliche Badebetriebe, Hafenbetriebe

[1] Personengesellschaften (OHG, KG) und Partnerschaftsgesellschaften sowie deren Gesellschafter können zur Besteuerung als Kapitalgesellschaften optieren. Sie werden dann ertragsteuerlich und verfahrensrechtlich, nicht zivilrechtlich, wie eine Kapitalgesellschaft und deren nicht persönlich haftende Gesellschafter behandelt. Die Einnahmen der Gesellschafter aus der Tätigkeit für die Gesellschaft gehören zu den Einkünften i.S.d. § 19 EStG, für die Hingabe von Darlehen zu den Einkünften i.S.d. § 20 EStG und für die Überlassung von Wirtschaftsgütern zu den Einkünften i.S.d. § 21 EStG. § 1a KStG

Fall 2: Eine GmbH & Co. KG mit Geschäftsleitung in Krefeld betreibt in mehreren deutschen Großstädten Möbelhäuser.

Ist die GmbH & Co. KG körperschaftsteuerpflichtig?

R 1.1 (1) KStR Die Aufzählung in § 1 (1) KStG ist abschließend und kann nicht erweitert werden. Nichtrechtsfähige Personenvereinigungen, Anstalten, Stiftungen oder andere Zweckvermögen sind nur kst-pflichtig, wenn ihr Einkommen weder nach dem KStG noch nach dem EStG bei anderen Steuerpflichtigen zu versteuern ist.

H 1.1 KStH Damit fallen alle Mitunternehmerschaften i.S.d. § 15 (1) Nr. 2 EStG nicht unter das Körperschaftsteuergesetz. Eine GmbH & Co. KG ist daher nicht als Körperschaft nach § 1 (1) Nr. 1 KStG anzusehen.

4.3.2 Beschränkte Steuerpflicht

§ 2 Nr. 1 KStG R 2 (1) KStR Beschränkt kst-pflichtig sind **alle** Körperschaften, Personenvereinigungen, Vermögensmassen, die **weder ihre Geschäftsleitung noch ihren Sitz im Inland** haben, sobald **inländische Einkünfte i. S. d. § 49 EStG** vorliegen. Das sind insbesondere:

- Einkünfte aus Land- und Forstwirtschaft
- Einkünfte aus Gewerbebetrieb
- Einkünfte aus Kapitalvermögen
- Einkünfte aus Vermietung und Verpachtung

Fall 3: Eine französische AG mit Sitz in Paris unterhält in Leuna ein Chemie-Werk und in Bitterfeld eine Raffinerie. Die AG ist außerdem an einem landwirtschaftlichen Betrieb in Greifswald beteiligt.

Ist die AG in Deutschland körperschaftsteuerpflichtig?

§ 2 Nr. 2, § 5 (2) Nr. 1 KStG Beschränkt kst-pflichtig sind auch Personen i.S.d. § 2 Nr. 2 KStG mit ihren inländischen Einkünften, von denen der Steuerabzug nach § 43 (1) EStG vorzunehmen ist. Für diese Einkünfte gilt eine eventuelle Steuerbefreiung nicht **(= partielle Steuerpflicht)**.

Beispiel

Eine Stadt ist an einem Wasserwerk, das in der Rechtsform einer GmbH betrieben wird, beteiligt. Von den Gewinnausschüttungen der GmbH ist der Kapitalertragsteuerabzug vorzunehmen. Die beschränkte Körperschaftsteuerpflicht der Stadt ist durch den Steuerabzug abgegolten, § 32 (1) KStG.

4.4 Beginn und Ende der Steuerpflicht

Der Beginn der unbeschränkten KSt-Pflicht ist in R 1.1 KStR und H 1.1 KStH geregelt. Körperschaften werden zivilrechtlich mit Eintragung ins Handels-, Genossenschafts- oder Vereinsregister rechtsfähig. Die körperschaftsteuerliche Rechtsfähigkeit wird aber vor diesen Zeitpunkt gelegt.

4.4.1 Beginn bei Kapitalgesellschaften

Bei Kapitalgesellschaften i. S. d. § 1 (1) Nr. 1 KStG erstreckt sich die Steuerpflicht bereits H 1.1
auf die Kapitalgesellschaft im Gründungsstadium. Die Vorgründungsgesellschaft ist KStH
i. d. R. nicht körperschaftsteuerpflichtig.

Vorgründungsgesellschaft

= Gesellschaft vor Beurkundung des notariellen Gesellschaftsvertrags bzw. Feststellung der Satzung ist i. d. R. **nicht kst-pflichtig,** z. B. als BGB-Gesellschaft

↓

Vorgesellschaft

= Kapitalgesellschaft im Gründungsstadium nach Abschluss des notariellen Gesellschaftsvertrags bzw. notarieller Feststellung der Satzung ist **kst-pflichtig**
z. B. als BGB-Gesellschaft oder OHG

↓

Kapitalgesellschaft

mit Eintragung ins Handelsregister ist die Gesellschaft auch zivilrechtlich entstanden
z. B. GmbH (§ 11 GmbHG),
AG (§ 41 AktG)

Die Vorgründungsgesellschaft kann als nichtrechtsfähiger Verein oder Personenverei- H 1.1
nigung kst-pflichtig sein, wenn ein größerer Personenkreis, eine Verfassung und be- KStH
sondere Organe vorhanden sind. Die Vorgründungsgesellschaft ist weder mit der Vorgesellschaft noch mit der Kapitalgesellschaft identisch.

Die Vorgesellschaft und die durch Eintragung ins Handelsregister entstandene Körperschaft werden als einheitliches Rechtssubjekt betrachtet.

Fall 4: Zwei Handwerker wollen eine Gerüstbaufirma in Form einer GmbH eröffnen. Am 15.02.2022 erwarben sie gemeinsam ein Grundstück, um darauf eine Lagerhalle zu errichten. Nach Fertigstellung der Halle im Oktober 2022 wurden Gerüstteile angeschafft. Am 10.08.2023 entnehmen Sie der örtlichen Presse: „Neueintragung HRB 04.08.2023 Gerüstbau GmbH, Kassel, … Die Satzung wurde am 20.01.2023 notariell festgestellt …"

Ab welchem Zeitpunkt beginnt die Körperschaftsteuer-Pflicht?

4.4.2 Ende der Steuerpflicht

R 11 (2) KStR Die KSt-Pflicht endet mit Abschluss der Liquidation und nach Ablauf des gesetzlich vorgeschriebenen Sperrjahrs.

weitere Beendigungsgründe:
- Umwandlung in eine Personengesellschaft oder ein Einzelunternehmen
- Umwandlung in eine andere Kapitalgesellschaft
  ausgenommen: Rechtsformwechsel
- Verlagerung von Geschäftsleitung und/oder Sitz ins Ausland
  (bei Einkünften im Inland besteht eventuell beschränkte Steuerpflicht)

keine Beendigungsgründe:
- Löschung im Handelsregister
- Eröffnung des Insolvenzverfahrens

4.5 Steuerbefreiungen

§ 5 (1) KStG enthält persönliche Steuerbefreiungen. Diese Steuerbefreiungen gelten nur bei Körperschaften i. S. d. § 1 (1) KStG.

Beispiele für Steuerbefreiungen:

- Deutsche Bundesbank
- Kreditanstalt für Wiederaufbau
- Pensions-, Sterbe-, Krankenkassen
- kleinere Versicherungsvereine auf Gegenseitigkeit
- Berufsverbände ohne öffentlich-rechtlichen Charakter
- politische Parteien
- Körperschaften, die gemeinnützigen, mildtätigen, kirchlichen Zwecken dienen
- gemeinnützige Siedlungsunternehmen
- landwirtschaftliche Nutzungs- und Verwertungsgenossenschaften
- Wirtschaftsförderungsgesellschaften

§ 5 (2) KStG **Die Steuerbefreiungen gelten nicht:**
- für inländische Einkünfte, die dem Steuerabzug unterliegen
- für beschränkt Steuerpflichtige nach § 2 Nr. 1 KStG
  (ausländische Körperschaften, die weder ihre Geschäftsleitung noch ihren Sitz im Inland haben)

§ 67 a (1) AO Die Steuerbefreiung umfasst nicht in jedem Fall die gesamten Einkünfte einer Körperschaft. So sind beispielsweise Körperschaften, die gemeinnützigen, mildtätigen und kirchlichen Zwecken dienen, nach § 5 (1) Nr. 9 KStG von der KSt befreit. Steuerfrei sind auch Zweckbetriebe i. S. d. §§ 65/68 AO. Sportliche Veranstaltungen eines Sportvereins sind **Zweckbetriebe**, wenn die Einnahmen einschließlich Umsatzsteuer insgesamt **45.000 €** (= Zweckbetriebsgrenze) im Jahr nicht übersteigen.

§ 64 (3) AO Wird ein **wirtschaftlicher Geschäftsbetrieb** unterhalten, z. B. eine Gaststätte, ist die Steuerfreiheit insoweit ausgeschlossen. Übersteigen die Einnahmen einschließlich USt **aller wirtschaftlichen Geschäftsbetriebe insgesamt** nicht den Betrag von **45.000 € (= Besteuerungsgrenze)** unterliegen sie nicht der KSt und GewSt. Der Überschuss der wirtschaftlichen Geschäftsbetriebe muss dann nicht mehr ermittelt werden und es entfällt die Aufteilung der Einnahmen und Ausgaben auf die steuerpflichtigen und steuerfreien Sektoren wie im Beispiel auf Seite 387.

Typische wirtschaftliche Geschäftsbetriebe von Vereinen sind beispielsweise:
- alle geselligen Veranstaltungen, z. B. Basare, Straßenfeste
- Unterhaltung von Vereinsgaststätten
- Sammlung und Verwertung von Altpapier
- Geräte- und Trikotwerbung, entgeltliche Überlassung von Werbeflächen
- Vermietung von Sportanlagen und -geräten an Nichtmitglieder

Beispiel

Ein als gemeinnützig anerkannter Sportverein e. V. hat im Jahr 2023 folgende Einnahmen erzielt bzw. Ausgaben getätigt:

	Einnahmen (brutto)	Ausgaben
Mitgliedsbeiträge	22.000 €	
Spenden	5.000 €	
Trikotwerbung	6.000 €	
Bandenwerbung	15.000 €	
selbstbewirtschaftete Vereinsgaststätte	28.600 €	18.400 €
Sportveranstaltungen	18.000 €	16.000 €

Prüfen Sie, ob der Verein körperschaftsteuerpfllichtig ist.

Lösung:
Die Einnahmen aus dem **ideellen Bereich sind steuerfrei**. Hierzu gehören die Mitgliedsbeiträge und Spenden in Höhe von 27.000 €.
Die Einnahmen aus **Sportveranstaltungen** sind ebenfalls steuerfrei, weil sie die **Zweckbetriebsgrenze von 45.000** €, § 67a (1) AO, nicht überschreiten.
Die Bruttoeinnahmen aller **wirtschaftlichen Geschäftsbetriebe**

Trikotwerbung	6.000 €
Bandenwerbung	15.000 €
Vereinsgaststätte	28.600 €
	49.600 €

übersteigen die **Besteuerungsgrenze von 45.000 €**; 64 (3) AO. Damit unterliegen die diesen Geschäftsbetrieben zuzuordnenden Besteuerungsgrundlagen der Körperschaftsteuer und auch der Gewerbesteuer.

Einnahmen aus wirtschaftlichen Geschäftsbetrieben	49.600 €
– Ausgaben aus wirtschaftlichen Geschäftsbetrieben	18.400 €
Einkommen	31.200 €

Das Einkommen, abzüglich eines **Freibetrages von 5.000 €** (§ 24 KStG), unterliegt der Besteuerung.
Bei verlustbringenden Sportveranstaltungen könnte der Sportverein auf die Anwendung der Zweckbetriebsgrenze nach § 67 a (2) AO verzichten (Option). Die Verluste können dann mit Überschüssen aus den anderen sportlichen Veranstaltungen, die wirtschaftliche Geschäftsbetriebe sind, verrechnet werden.
Der Verein wäre aber fünf Veranlagungszeiträume an diese Regelung gebunden und müsste auch eventuelle Gewinne ansetzen.

Fall 5: Ein Verein, der nach seiner Satzung unmittelbar gemeinnützigen Zwecken dient, erzielte im Jahr 2023 folgende Einnahmen:
Mitgliedsbeiträge 12.000 €, Spenden 3.000 €, Umsatz bei einem Sommerfest 38.200 €, Einnahmen aus Anzeigen 6.000 €, Erlöse aus einer Tombola 2.500 €.

An Ausgaben sind angefallen:
für das Sommerfest 8.600 €, für die Anzeigen 1.200 € und im Zusammenhang mit der Tombola 800 €.

In welchem Umfang ist der Verein körperschaftsteuerpflichtig?
Wie hoch ist das Einkommen des Vereins?

4.6 Grundlagen der Besteuerung

§ 7 (1) KStG Die KSt wird vom zu versteuernden Einkommen berechnet, das die Körperschaft im Kalenderjahr bezogen hat.

§ 7 (3) KStG Das Kalenderjahr (Kj) ist sowohl Veranlagungszeitraum als auch Ermittlungszeitraum für die KSt.

Gewinnermittlungszeitraum ist das		
Wirtschaftsjahr		Kalenderjahr
bei buchführungspflichtigen Körperschaften; weicht das Wj vom Kj ab, gilt der Gewinn als in dem Kj bezogen, in dem das Wj endet, § 7 (4) KStG	bei Körperschaften, die Land- und Forstwirtschaft betreiben, gelten als Wj die in § 4a (1) EStG und § 8c EStG genannten Zeiträume	bei nicht buchführungspflichtigen Körperschaften

§ 7 (3) KStG Das Kj gilt nicht als Ermittlungszeitraum, wenn die unbeschränkte oder beschränkte Steuerpflicht nicht während des ganzen Kj bestanden hat, z. B. bei Gründung oder Auflösung einer Körperschaft oder bei Beginn/Ende der unbeschränkten/beschränkten Steuerpflicht.

Fall 6: Eine GmbH in Halle, deren Wirtschaftsjahr (Wj) vom 01.04.–31.03. läuft, erzielte im Wj 2021/2022 einen Gewinn aus Gewerbebetrieb von 128.000 €. Im Wj 2022/2023 stieg der Gewinn auf 145.000 €.

Welcher Betrag ist bei der Veranlagung für das Kj 2023 der Besteuerung zu unterwerfen?

4.6.1 Ermittlung des Einkommens

Das Einkommen der Körperschaften ist zu ermitteln nach:

§ 8 (1) KStG

Einkommensteuergesetz	Körperschaftsteuergesetz
R 8.1 KStR nennt die einkommensteuerlichen Vorschriften, die bei der KSt anzuwenden sind.	Sonderbestimmungen zur Ermittlung des Einkommens enthalten die §§ 8–22 KStG.

Fall 7: Ermitteln Sie fünf wichtige einkommensteuerliche Vorschriften, die bei Körperschaften keine Anwendung finden.

Begründen Sie, worauf dies zurückzuführen ist!

R 8.1 (2) KStR Körperschaften i. S. d. § 1 (1) Nr. 4 + 5 KStG, die nach Handelsrecht **nicht** zur Buchführung verpflichtet sind, können grundsätzlich **alle Einkunftsarten** des EStG beziehen. Praktisch scheiden aber Einkünfte aus nichtselbstständiger Arbeit aus, weil diese eine
§ 8 (2) KStG natürliche Person (Arbeitnehmer) als Bezieher der Einkünfte voraussetzen, ebenso Einkünfte aus selbstständiger Arbeit.

§ 8 (2) KStG Bei Körperschaften, i. S. d. § 1 (1) Nr. 1–3 KStG, **sind alle Einkünfte als Einkünfte aus Gewerbebetrieb** zu behandeln.

4.6.2 Schema zur Ermittlung des zu versteuernden Einkommens (vereinfacht)

R 7 (1) KStR

	Jahresüberschuss/Jahresfehlbetrag nach Handelsbilanz
+/–	steuerlich notwendige Korrekturen, z. B. zu hohe AfA, unzulässige Rückstellungen (KSt, GewSt) § 60 (2) EStDV
+	nicht abziehbare Aufwendungen, § 4 (5–7) EStG
+	nicht abziehbare Betriebsausgaben, § 3 c EStG
–	steuerfreie Einnahmen, § 3 EStG
+	verdeckte Gewinnausschüttungen, § 8 (3) Sätze 3–6 KStG
–	verdeckte Einlagen, § 8 (3) Satz 4 KStG
+	nichtabziehbare Steuern und Nebenleistungen, § 10 Nr. 2 KStG
+	Geldstrafen, Geldbußen, § 10 Nr. 3 KStG, § 4 (5) Nr. 8 EStG
+	Hälfte der Aufsichtsratsvergütungen, § 10 Nr. 4 KStG
+	tatsächlich geleistete Spenden i. S. d. §§ 52–54 AO
–	steuerfrei bleibende Dividenden und Veräußerungsgewinne, § 8 b (1+2) KStG, § 8 b (5) Satz 1 KStG beachten
–	nach DBA steuerfreie ausländische Einkünfte
–	Investitionszulagen nach § 13 InvZulG
=	Gewinn/Verlust laut Steuerbilanz
–	abzugsfähige Spenden § 9 (1) Nr. 2 KStG
=	Gesamtbetrag der Einkünfte
–	Verlustabzug, § 10 d EStG
=	Einkommen
–	Freibetrag nach §§ 24/25 KStG
=	zu versteuerndes Einkommen § 7 (1) KStG

Beispiel

Eine GmbH in Heilbronn weist in der Handelsbilanz einen Jahresüberschuss von 316.000 € aus. Als Erträge wurden u. a. gebucht:

eine Körperschaftsteuer-Erstattung einschließlich Solidaritätszuschlag 2.110 € sowie eine erhaltene steuerfreie Investitionszulage nach dem InvZulG in Höhe von 30.000 €.
In den **Aufwendungen** sind erhalten:

- gezahlte Aufsichtsratsvergütung 40.000 €
- Körperschaftsteuer-Vorauszahlung 48.000 €
- gezahlter Solidaritätszuschlag 2.640 €
- Körperschaftsteuer-Rückstellung 10.000 €
- Werbegeschenke < 35 € insgesamt 2.000 € (netto)
- Werbegeschenke > 35 € insgesamt 2.975 € (brutto)
- unangemessene und nicht nachgewiesene Bewirtungskosten von 1.071 € brutto

Berechnen Sie das zu versteuernde Einkommen der GmbH.

Lösung:	Jahresüberschuss	316.000 €
	+ **nicht abziehbareAufwendungen**	
	KSt-Vorauszahlung	48.000 €
	Solidaritätszuschlag	2.640 €
	KSt-Rückstellung	10.000 €
	1/2 gezahlte Aufsichtsratsvergütung	20.000 €
	Werbegeschenke > 35 € (brutto)	2.975 €
	Bewirtungskosten	900 €
	nicht abziehbare VSt 19%	171 €
	Zwischensumme	400.686 €
	– steuerfreie Investitionszulage	30.000 €
	– KSt-Erstattung	2.110 €
	Gesamtbetrag der Einkünfte	368.576 €
	= Einkommen	
	= **zu versteuerndes Einkommen**	

Übungen

1 Eine GmbH in Ingolstadt weist einen nach handelsrechtlichen Vorschriften ermittelten Gewinn aus Gewerbebetrieb von 280.000 € aus.

Als Aufwendungen wurden gebucht:		Als Erträge wurden behandelt:	
KSt-Vorauszahlung	30.000 €	KSt-Erstattung	
Solidaritätszuschlag	1.650 €	aus dem VZ 2020	18.000 €
KSt-Rückstellung	10.000 €	Solidaritätszuschlag	990 €
nachträgliche Gehaltserhöhung für den		Investitionszulage	
Gesellschafter- Geschäftsführer	24.000 €	nach dem InvZulG	84.000 €
abzugsfähige Spenden 15.000 € (mildtätige Zwecke)			

Berechnen Sie das zu versteuernde Einkommen!

2 Eine AG in Essen erzielte einen Bilanzgewinn von 460.000 €. Folgende Beträge wurden als Aufwand gebucht:

KSt-Vorauszahlung	160.000 €
Solidaritätszuschlag	8.800 €
KSt-Rückstellung	8.000 €
Aufsichtsratsvergütung	40.000 €
Spenden für wissenschaftliche Zwecke	20.000 €
Spenden an politische Parteien	5.000 €

Wie hoch ist das zu versteuernde Einkommen?

4.6.3 Abziehbare Aufwendungen

Die Abziehbarkeit von Aufwendungen richtet sich nach den Vorschriften des EStG. Darüberhinaus gelten die Sonderbestimmungen des § 9 KStG.
Abzugsfähig sind beispielsweise nach

§ 9 (1) Nr. 2 KStG

EStG	KStG
– Betriebsausgaben § 4 (4) EStG, – Werbungskosten § 9 EStG, – Verlustabzug § 10 d EStG.	Zuwendungen (Spenden und Mitgliedsbeiträge) zur Förderung steuerbegünstigter Zwecke i. S. d. §§ 52–54 AO an eine inländische juristische Person des öffentlichen Rechts oder an eine inländische öffentliche Dienststelle oder steuerbefreite Körperschaft, Personenvereinigung oder Vermögensmasse

› Abziehbare Spenden i. S. d. § 9 (1) Nr. 2 KStG

Methode 1	Methode 2
20 % vom Einkommen i. S. d. § 9 (2) KStG	4‰ der Summe aus gesamten Umsätzen und aufgewendeten Löhnen und Gehältern

Die Spenden sind abziehbar, wenn sie an eine juristische Person des öffentlichen Rechts, eine öffentliche Dienststelle oder an eine nach § 5 (1) Nr. 9 steuerbefreite Körperschaft geleistet werden, die in der EU oder in einem EWR-Staat belegen ist.

Als Spenden kommen neben Geldleistungen auch Zuwendungen von Wirtschaftsgütern, **ausgenommen Nutzungen und Leistungen**, in Betracht. **Sachspenden** aus dem Betriebsvermögen sind mit dem Teilwert oder mit dem letzten Buchwert anzusetzen. Die auf die Entnahme entfallende Umsatzsteuer darf zuzüglich zum Entnahmewert abgezogen werden, R 10 b.1 (1) Satz 4 EStR. § 9 (2) S. 2 KStG

Bemessungsgrundlage für den Spendenabzug ist das **Einkommen vor Abzug der Spenden und Mitgliedsbeiträge i. S. d. §§ 52–54 AO** und vor dem Verlustabzug nach § 10 d EStG. § 9 (2) S. 1 KStG

Beispiel

Eine GmbH in Dresden spendete im Veranlagungszeitraum 2023 (Wj = Kj) für

mildtätige Zwecke	4.000 €
kirchliche Zwecke	6.000 €
wissenschaftliche Zwecke	10.000 €
und an politische Parteien	5.000 €

Alle Spenden wurden als Aufwendungen gebucht. Danach betrug das Einkommen der GmbH 235.000 €.

Berechnen Sie die abzugsfähigen Spenden für den Veranlagungszeitraum 2023 nach den beiden Methoden.
Die Summe der Umsätze, Löhne und Gehälter betrug 8.480.000 €.

Lösung: Spendenabzug nach **Methode 1**:

Spenden für mildtätige Zwecke	4.000 €
kirchliche Zwecke	6.000 €
wissenschaftliche Zwecke	10.000 €
	20.000 €

abzugsfähig **20 % von 260.000** € = 52.000 €
maximal gespendete Beträge **20.000** €

Spendenabzug nach **Methode 2**:

Summe der abziehbaren Spenden	20.000 €
abzugsfähig 4‰ von 8.480.000 €	= 33.920 €
maximal gespendete Beträge	**20.000 €**

Die Spenden an politische Parteien sind keine Betriebsausgaben, § 4 (6) EStG.

Einkommen nach Abzug der Spenden	235.000 €
+ Summe **aller** Spenden	25.000 €
Einkommen vor Abzug der Spenden	260.000 €
– **abzugsfähige Spenden nach Methode 1/2**	**20.000 €**
zu versteuerndes Einkommen	240.000 €

Fall 8: Eine AG in Freiburg buchte im VZ folgende Spenden als Betriebsausgaben:
20.000 € für wissenschaftliche Zwecke, 5.000 € für kichliche Zwecke.
Das **Einkommen nach Abzug der Spenden** betrug 300.000 €, die Summe aus Umsätzen, aufgewendeten Löhnen und Gehältern belief sich auf 9.300.000 €.
Berechnen Sie die Höhe der abziehbaren Spenden nach den Methoden des § 9 (1) Nr. 2 KStG!

§ 9 S. 8 KStG

Nicht abziehbar sind Mitgliedsbeiträge an Körperschaften,
- die den Sport fördern
- für kulturelle Betätigungen, die in erster Linie der Freizeitgestaltung dienen
- die Heimatpflege und Heimatkunde fördern
- die Zwecken i. S. d., § 52 (2) Nr. 23 AO (Tierzucht, Pflanzenzucht ...) dienen

Abziehbare Zuwendungen, welche die **Höchstbeträge überschreiten**, sind im **Rahmen der Höchstbeträge in den folgenden Veranlagungszeiträumen** abzuziehen.

Übungen

1 Eine GmbH in Cottbus erzielte nach Abzug von Spenden ein Einkommen in Höhe von 320.000 €. Die GmbH spendete an die Universität Magdeburg 20.000 € an die Deutsche Nationalstiftung, Weimar 10.000 € sowie für kirchliche Zwecke 8.000 €.
Wie hoch sind die abzugsfähigen Spenden?

2 Eine AG in München, deren Einkommen nach § 9 (2) KStG 430.000 € betrug, spendete folgende Beträge:

– kirchliche Zwecke	6.000 €
– mildtätige Zwecke	9.000 €
– wissenschaftliche Zwecke	25.000 €
– politische Parteien	5.000 €

Die Summe der Umsätze, Löhne und Gehälter betrug 18.000.000 €.
Berechnen Sie den höchstmöglichen Spendenabzug!

4.6.4 Nichtabziehbare Aufwendungen

Nicht abgezogen werden können beispielsweise nach

EStG	KStG
– Ausgaben, die mit steuerfreien Einnahmen in wirtschaftlichem Zusammenhang stehen, § 3 c EStG, – nicht abziehbare Betriebsausgaben, § 4 (5) EStG, – Aufwendungen zur Förderung staatspolitischer Zwecke, § 4 (6) EStG, – Aufwendungen nach § 4 (5) Nr. 1–4, 6 b, 7, die nicht gesondert aufgezeichnet sind, wenn ihre Abzugsfähigkeit nicht bereits nach § 4 (5) EStG ausgeschlossen ist, § 4 (7) EStG. – § 4 (5 b) Gewerbesteuer + Nebenleistungen – § 4 h bestimmte Zinsaufwendungen (Zinsschranke)	§ 10 Nr. 1–4 KStG – Aufwendungen für satzungsmäßige Zwecke, – Körperschaftsteuer + SolZ; sonstige Personensteuern; USt für unentgeltliche Wertabgaben oder verdeckte Gewinnausschüttungen, – steuerliche Nebenleistungen für nichtabziehbare Steuern, Hinterziehungszinsen, R 10.1 KStR – Vorsteuerbeträge für Aufwendungen, die unter das Abzugsverbot des § 4 Abs. 5 Nr. 1–4, 7 und (7) EStG fallen, – Geldstrafen, Geldbußen, Ordnungs- und Verwarnungsgelder, R 10.2 KStR – Hälfte der Aufsichtsratsvergütungen, R 10.3 KStR

Soweit die nichtabziehbaren Aufwendungen den **Gewinn gemindert** haben, z.B. KSt-Vorauszahlungen, KSt-Rückstellungen, GewSt-Vorauszahlungen und -rückstellungen sind sie bei der Ermittlung des Einkommens wieder **hinzuzurechnen.** Erstattungen nichtabziehbarer Aufwendungen dürfen das Einkommen nicht erhöhen. Wurden sie **gewinnerhöhend** behandelt, sind sie bei der Einkommensermittlung wieder **abzuziehen,** z.B. erstattete KSt aus früheren VZ.

Beispiel

Eine GmbH hat einen handelsrechtlichen Jahresüberschuss von 108.600 € ermittelt. Als Aufwendungen wurden u.a. gebucht:

KSt-Vorauszahlung	24.000 €
gezahlte Solidaritätszuschläge zur KSt	1.320 €
GewSt-Vorauszahlung	16.000 €
Säumniszuschläge auf die GewSt-Vz	40 €
angemessene Bewirtungskosten (100%), netto	2.000 €
Spenden an politische Parteien	3.000 €
Spenden f.wissenschaftl. Zwecke	5.000 €
Geschenke über 35 € brutto	1.190 €
Aufsichtsratsvergütung	30.000 €

Berechnen Sie das zu versteuernde Einkommen der GmbH.

Lösung:

Jahresüberschuss	108.600 €
+ nicht abziehbare Aufwendungen	
KSt-Vorauszahlung	24.000 €
gezahlte Solidaritätszuschläge	1.320 €
GewSt-Vorauszahlung	16.000 €
Sz auf GewSt-VZ	40 €
30% der Bewirtungskosten	600 €
Geschenke > 35 €	1.190 €
1/2 der Aufsichtsratsvergütungen	15.000 €
Spenden	8.000 €
Einkommen i.S.d.§9(2) KStG	174.750 €
– Spenden f.wissenschaftl. Zwecke	5.000 €
zu versteuerndes Einkommen	169.750 €

Übungen

1 Ermitteln Sie, welche der folgenden Aufwendungen **nicht abziehbar** sind:

a) Geschenke < 35 € netto	1.500 €
b) Säumniszuschläge zur KSt	60 €
c) Verspätungszuschläge zur USt-Erklärung	80 €
d) KSt-Vorauszahlung	12.000 €
e) Solidaritätszuschlag zur KSt	660 €
f) angemessene und nachgewiesene Bewirtungskosten (100%), netto	2.400 €
g) nicht nachgewiesene Bewirtungskosten (100%), brutto	1.190 €
h) Spenden an politische Parteien	2.000 €
i) Aufwendungen für ein Gästehaus, brutto	7.140 €
j) GewSt-Vorauszahlung	4.000 €
k) Säumniszuschäge zur GewSt-Vz	20 €
l) Aufsichtsratsvergütung	40.000 €
m) Stundungszinsen für KSt-Abschlusszahlung	120 €
n) GewSt-Rückstellung	12.000 €
o) KSt-Rückstellung	18.000 €

2 Eine GmbH hat einen Handelsbilanzgewinn von 458.000 € ausgewiesen. Als Aufwendungen wurden gebucht: KSt-VZ 160.000 €, Solidaritätszuschlag 8.800 €, GewSt-Rückstellung 22.000 €, Aufwendungen für ein Gästehaus im Allgäu, das ausschließlich Geschäftsfreunden zur Verfügung steht, 47.600 €, einschließlich VSt.

Wie hoch ist das körperschaftsteuerliche Einkommen?

3 Eine AG in Worms buchte folgende Beträge nach handelsrechtlichen Vorschriften als Aufwendungen:

– KSt-VZ	280.000 €
– Solidaritätszuschlag	15.400 €
– Aufsichtsratsvergütungen	60.000 €
– Aufwendungen für ein Gästehaus im Schwarzwald	43.000 €
und die darauf entfallende VSt	8.170 €

Als Erträge wurden 36.550 € KSt-Erstattungen inklusive Solidaritätszuschlag sowie eine steuerfreie Investitionszulage nach dem InvZulG von 45.000 € gebucht. Die AG wies einen Bilanzgewinn von 970.000 € aus.
Wie hoch ist das Einkommen nach § 8 (1)KStG?

4.6.5 Verdeckte Gewinnausschüttungen

Verdeckte Gewinnausschüttungen dürfen das Einkommen der Körperschaft nicht mindern. Erscheinungsformen der verdeckten Gewinnausschüttung (vGA) sind insbesondere:

vGA durch **Vorteilgewährungen** H 8.5 KStH	vGA durch **Verletzung des Rückwirkungs- und Nachzahlungsverbots bei beherrschenden Gesellschaftern** H 8.5 KStH

Beispiel

Ein beherrschender Gesellschafter

- bezieht von der Gesellschaft für seine Geschäftsführertätigkeit ein überhöhtes Gehalt;
- erhält von der Gesellschaft ein ungewöhnlich zinsgünstiges oder zinsloses Darlehen;
- gibt der Gesellschaft ein Darlehen zu einem sehr hohen Zinssatz;
- liefert an die Gesellschaft oder erwirbt von dieser Waren zu ungewöhnlichen Preisen/Preisnachlässen;
- vermietet an die Gesellschaft oder mietet von der Gesellschaft Gegenstände zu einem unangemessenen Preis;
- erhält ein Entgelt ohne eine zivilrechtlich, im Voraus abgeschlossene klare und eindeutige Vereinbarung.

Fall 10: Ein beherrschender Gesellschafter einer GmbH, der zugleich Geschäftsführer ist, erhielt zum 30.09.2023 rückwirkend ab 01.01.2023 eine Gehaltsnachzahlung von insgesamt 18.000 €. Sein Gehalt wurde damit den üblichen Bedingungen bei Unternehmen gleicher Art und Größe angepasst.
Liegt eine verdeckte Gewinnausschüttung vor?

R 8.5 (1) KStR

Eine vGA ist eine Vermögensminderung (Gewinnminderung) oder verhinderte Vermögensmehrung (Verzicht auf einen bestehenden Anspruch), die sich auf die Höhe des Einkommens der Körperschaft auswirkt und die nicht auf einem den gesellschaftlichen Vorschriften entsprechenden Gewinnverteilungsbeschluss beruht oder unangemessen ist. Die Einkommensminderung kann sich sowohl durch überhöhte Aufwendungen als auch durch Verzicht auf Erträge ergeben.

Hat sich durch eine vGA das Einkommen (Gewinn) der Körperschaft gemindert, muss der entsprechende Betrag **außerhalb der Bilanz** bei der Einkommensermittlung **hinzugerechnet** werden.

Die Annahme einer vGA setzt voraus, dass der Empfänger der Ausschüttung ein mitgliedschaftliches Verhältnis zur Körperschaft hat und der Vermögensvorteil einem Nichtgesellschafter nicht gewährt worden wäre.

Verdeckte Gewinnausschüttungen sind nicht nur an Gesellschafter möglich, sondern auch an Personen, die dem Gesellschafter nahestehen, z.B. Angehörige gem. § 15 AO. Voraussetzung ist, dass für den Gesellschafter selbst ein Vorteil damit verbunden ist.

Zum Kreis der nahestehenden Personen können auch juristische Personen oder Personenhandelsgesellschaften zählen.

4.6.6 Verdeckte Einlagen

Eine verdeckte Einlage liegt vor, wenn ein Gesellschafter oder eine ihm nahestehende Person der Körperschaft einen einlagefähigen Vermögensvorteil zuwendet. Die Zuwendung muss durch das Gesellschaftsverhältnis veranlasst sein. R 8.9 (1) KStR

Einlagefähige (bilanzierungsfähige) Vermögensvorteile (Geld-, Sachwerte, immaterielle Wirtschaftsgüter), müssen in der steuerlichen Gewinnermittlung entweder zum Ansatz bzw. zur Erhöhung eines Aktivpostens oder zum Wegfall bzw. zur Minderung eines Passivpostens geführt haben. Die Überlassung von Wirtschaftsgütern zum Gebrauch oder zur Nutzung können nicht Gegenstand einer Einlage sein. Die Bewertung der verdeckten Einlage erfolgt grundsätzlich mit dem Teilwert. H 8.9 KStH

Beispiele für verdeckte Einlagen (vE)

- Schenkung materieller Gegenstände, z.B. Grundstück, Fahrzeug, Maschinen
- Einlage eines nicht entgeltlich erworbenen Firmenwerts
- Verzicht auf Rückzahlung eines der Körperschaft gegebenen Darlehens
- Zahlung von Verbindlichkeiten der Körperschaft

Übungen

1 Prüfen Sie, in welchen Fällen eine vGA/vE vorliegt!

a) Ein Gesellschafter-Geschäftsführer erhält nach Ablauf des Geschäftsjahrs wegen des guten Geschäftsverlaufs eine Tantieme von 60 % entsprechend seiner Beteiligung.
b) Eine GmbH überlässt einem Gesellschafter ein Darlehen über 100.000 € zu 0,5 % Zinsen, banküblich wären 2,5 %.
c) Die Ehefrau eines beherrschenden Gesellschafters mietet von der Gesellschaft Büroräume für ihre Arztpraxis, die Miete liegt 50 % unter dem ortsüblichen Marktpreis.
d) Ein Gesellschafter übereignet einer GmbH unentgeltlich seinen Privatwagen.
e) Ein Gesellschafter-Geschäftsführer erhält im Dezember des laufenden Geschäftsjahrs rückwirkend ab Beginn des Geschäftsjahrs eine Gehaltserhöhung von insgesamt 24.000 €.
f) Ein Gesellschafter einer GmbH nutzt den Firmen-Pkw für private Zwecke. Die Privatnutzung ist im Anstellungsvertrag nicht geregelt, außerdem wird keine Lohnversteuerung vorgenommen.
g) Eine GmbH richtet zum 50. Geburtstag ihres Gesellschafter-Geschäftsführers eine Geburtstagsfeier aus, zu der nur Geschäftsfreunde geladen werden, die Aufwendungen für die Geburtstagsfeier betragen 5.000 €.
h) Der Gesellschafter-Geschäftsführer einer GmbH begleicht aus privatem Vermögen eine Darlehensschuld der GmbH und verzichtet gleichzeitig auf Rückzahlung.

2 Der Gesellschafter der Media GmbH Nürnberg erhielt von der GmbH einen neuen PC für 1.190.00 € gegen Barzahlung. PC's dieser Art verkauft die GmbH an Kunden für 2.000 € + 19 % USt. In welchem Umfang liegt eine vGA vor?

4.7 Steuersatz – Entstehung und Veranlagung der KSt

§ 23 (1) KStG Die Körperschaftsteuer beträgt **15 % des zu versteuernden Einkommens**. Dieser Steuersatz gilt sowohl für thesaurierte als auch für ausgeschüttete Gewinne.

§ 31 (1) KStG Die Körperschaftsteuer ist eine **Jahressteuer**. Sie wird im Veranlagungsverfahren erhoben. Dabei sind die Vorschriften des Einkommensteuergesetzes auf die Veranlagung und die Entrichtung der Körperschaftsteuer und des Solidaritätszuschlags sinngemäß anzuwenden.

R 31.1 KStR Die Festsetzung der KSt kann unterbleiben, wenn die Kosten der Festsetzung und Einziehung der Steuer außer Verhältnis zu dem festzusetzenden Betrag stehen

Diese Voraussetzungen können bei kleineren Körperschaften vorliegen, die keinen Freibetrag nach § 24 oder § 25 KStG erhalten und deren Einkommen im Einzelfall **500 €** nicht übersteigt.

§ 30 KStG Die Körperschaftsteuer entsteht für
- Steuerabzugsbeträge mit dem Zufluss
- Vorauszahlungen mit Beginn des Kalendervierteljahrs, in dem die Vz zu entrichten sind bzw. mit Begründung der Steuerpflicht, wenn diese erst im Laufe des Kalenderjahrs begründet wird
- die veranlagte Steuer mit Ablauf des Veranlagungszeitraums

§ 37 EStG Die **KSt-Vorauszahlungen** sind am **10.03.**, **10.06.**, **10.09.** und **10.12.** zu entrichten. Sie sind nur festzusetzen, wenn sie **mindestens 400 € im Kalenderjahr** und **mindestens 100 €** für einen **Vorauszahlungszeitpunkt** betragen.

§ 31 (2) KStG Bei einem vom Kalenderjahr abweichenden Wirtschaftsjahr sind die Vorauszahlungen auf die KSt bereits während des Wirtschaftsjahrs zu entrichten, das im Veranlagungszeitraum endet.

Beispiel

Eine GmbH mit einem Wirtschaftsjahr vom 01.04.2022–31.03.2023 hat zu den Vorauszahlungszeitpunkten im Kalenderjahr 2022 jeweils 12.000 € entrichtet. Im Kalenderjahr 2023 wurden am 10.03. 15.000 € KSt gezahlt.
Auf die Körperschaftsteuerschuld aus dem Wirtschaftsjahr 2022/2023 in Höhe von 52.000 € werden die Vorauszahlungen vom 10.06., 10.09., 10.12.2022 und vom 10.03.2023 von insgesamt 51.000 € angerechnet.

Fall 11: Eine AG erzielte im Wj 01.08.2022–31.07.2023 ein zu versteuerndes Einkommen von 2.400.000 €.

a) Wie hoch ist die festzusetzende KSt?
b) Wie hoch ist die Abschlusszahlung, wenn im Kalenderjahr 2022 zu den Vorauszahlungszeitpunkten jeweils 80.000 € und im Kalenderjahr 2023 jeweils 100.000 € Vorauszahlungen entrichtet wurden?

4.8 Freibeträge

Vom Einkommen sind abzuziehen:

5.000 €	15.000 €
insbesondere bei unbeschränkt steuerpflichtigen Vereinen mit wirtschaftlichem Geschäftsbetrieb; **keinen Freibetrag** erhalten Körperschaften, deren Leistungen bei den Empfängern zu den Einnahmen i. S. d. § 20 Abs. 1 Nr. 1 oder 2 EStG gehören und Vereine i. S. d. § 25 KStG.	Bei unbeschränkt steuerpflichtigen Genossenschaften oder Vereinen, die eine Land- und Forstwirtschaft betreiben, erfolgt keine Veranlagung, wenn das Einkommen den Freibetrag nicht übersteigt. Der Freibetrag ist im Vz der Gründung und in den folgenden neun Vz's abzuziehen.
§ 24 KStG	§ 25 KStG/R 25 KStR

Der Abzug der Freibeträge ist auf die Höhe des Einkommens begrenzt.

Fall 12: Ein Tennis-Club erwirtschaftete mit seiner Vereinsgaststätte im Jahr 2023 Einnahmen von 52.000 €. Die Betriebsausgaben betrugen im gleichen Zeitraum 24.250 €.
Berechnen Sie das zu versteuernde Einkommen und die festzusetzende KSt sowie den SolZ.

Übungen

1 Eine AG in Leipzig erwirtschaftete im Wj 2023 (Wj = Kj) einen handelsrechtlichen Gewinn in Höhe von 1.200.000 €. Der Gewinn ist vermindert um KSt-Vorauszahlungen von 280.000 €, Solidaritätszuschlag von 15.400 €, GewSt-Vorauszahlungen 200.000 €, GewSt-Rückstellung 11.000 € und Aufsichtsratsvergütungen von 240.000 €.

Berechnen Sie das zu versteuernde Einkommen und die festzusetzende KSt sowie den SolZ.

2 Eine GmbH in Nürnberg wies im VZ 2023 (Wj = Kj) einen handelsrechtlichen Gewinn von 240.000 € aus. Im Gewinn enthalten ist eine Investitionszulage nach dem InvZulG in Höhe von 80.000 €. Außerdem wurden 10.000 € Spenden an politische Parteien als Aufwendungen gebucht.

a) Wie hoch ist das zu versteuernde Einkommen?
b) Berechnen Sie die Tarifbelastung einschließlich Solidaritätszuschlag.

3 Ein Sportverein in Ravensburg erhob von seinen Mitgliedern laut Satzung im Kj 2023 20.000 € Mitgliedsbeiträge. In der vereinseigenen Gaststätte wurde ein Gewinn von 20.000 € erwirtschaftet. Die Betriebseinnahmen betrugen 40.000 €.

Berechnen Sie das zu versteuernde Einkommen und die festzusetzende KSt sowie den SolZ.

4 Ein gemeinnütziger Verein veranstaltete im Sommer 2023 ein großes Fest. Die Mitglieder verkauften an verschiedenen selbstgebauten Ständen Speisen und Getränke für insgesamt 48.200 €. Die Ausgaben für Waren, Wasser, Strom betrugen 13.400 €. An die tätigen Mitglieder wurde Arbeitslohn bezahlt, der nach § 40 a (1) EStG ordnungsgemäß versteuert wurde. Die Aufwendungen beliefen sich einschließlich LSt, SolZu und KiSt auf 5.125 €.

Wie hoch ist die Belastung mit KSt und SolZ aus dieser Veranstaltung?

4.9 Ausschüttungen an natürliche Personen

Mit der Ausschüttung erzielt der Anteilseigner Kapitalerträge in Höhe der tatsächlichen Ausschüttung.

Beispiel

Eine GmbH erwirtschaftet **in 2022** einen Gewinn vor Körperschaftsteuer von 180.000 €. Der Gewinn wird in 2023 voll an den ledigen Gesellschafter ausgeschüttet. Dieser macht 800 € Werbungskosten geltend, die mit den Dividendeneinnahmen im Zusammenhang stehen. Der individuelle ESt-Satz beträgt 40%.

Steuerliche Auswirkung bei der Kapitalgesellschaft:

	Gewinn vor KSt	180.000 €
–	15% Körperschaftsteuer	27.000 €
–	5,5% Solidaritätszuschlag	1.485 €
=	ausschüttungsfähiger Gewinn (Bardividende)	151.515 €

Steuerliche Auswirkungen beim Anteilseigner:

Bei der Ausschüttung der Dividende an den Anteilseigner ist die **Abgeltungsteuer von 25% zuzüglich 5,5% Solidaritätszuschlag und ggf. Kirchensteuer** einzubehalten.

§ 20 (9) EStG §

Die **Bemessungsgrundlage ist der Bruttoertrag**, der nur durch den **Sparer-Pauschbetrag in Höhe von 1.000 € bzw. 2.000 € vermindert** werden darf. Damit werden typisierend Werbungskosten berücksichtigt. Höhere nachgewiesene Werbungskosten dürfen nicht abgezogen werden.

Der inländische Schuldner (z.B. GmbH, AG) oder die Zahlstelle (z.B. Bank) ist verpflichtet, den Steuerabzug vorzunehmen und an die Finanzverwaltung abzuführen. Mit dem **Steuerabzug ist die Einkommensteuer des Gläubigers grundsätzlich abgegolten**. Steuerpflichtige mit einem niedrigeren persönlichen Steuersatz können jedoch über die ESt-Veranlagung einen Teil der gezahlten Abgeltungsteuer zurückerhalten (Optionsrecht).

Beispiel

Die Ausschüttung von 151.515,00 € erfolgt an einen ledigen Steuerpflichtigen, ohne Berücksichtigung der Kirchensteuer.

Lösung:

Bardividende	151.515,00 €	›	151.515,00 €
– Sparer-Pauschbetrag	1.000,00 €		
Bemessungsgrundlage	150.515,00 €		
– 25% Abgeltungsteuer			37.628,75 €
– 5,5% Solidaritätszuschlag			2.069,58 €
auszuzahlender Betrag			111.816,67 €

Übung

Eine GmbH in Ulm schüttet auf Beschluss der Gesellschafter im Juni 2023 den im Veranlagungszeitraum 2022 (Wj = Kj) erzielten Gewinn vor KSt von 240.000 € in voller Höhe an ihre Gesellschafter Aubele und Bertram je zur Hälfte aus.

a) Ermitteln Sie die höchstmögliche Ausschüttung.
b) Welche Beträge fließen den Gesellschaftern nach Abzug der Abgeltungsteuer und des Solidaritätszuschlags jeweils zu? Sparer-Pauschbeträge sind nicht zu berücksichtigen.
c) Welche einkommensteuerlichen Auswirkungen hätte es, wenn der individuelle ESt-Satz von Aubele 31,65 % und der Steuersatz von Bertram 42,2 % jeweils einschließlich Solidaritätszuschlag betragen würde?

Die Gesellschafter sind nicht kirchensteuerpflichtig.

4.10 Ausschüttungen an Kapitalgesellschaften – Dividendenfreistellung

Bei der Ausschüttung an eine Kapitalgesellschaft werden die Dividenden so lange nicht besteuert, als sie den Kreis der beteiligten Kapitalgesellschaften nicht verlassen. §8b(1) KStG
Nach §8b(5) KStG gelten jedoch 5% der Bezüge als Ausgaben, die nicht als Betriebsausgaben abgezogen werden dürfen. §3c EStG ist nicht anzuwenden. Dies bedeutet, dass letztendlich nur 95% der Dividende bei der Ermittlung des Einkommens der beteiligten Körperschaft steuerfrei bleiben. Erträge aus Beteiligungen unter 10% an anderen Kapitalgesellschaften unterliegen jedoch in vollem Umfang der Körperschaftsteuer, §8b Abs. 4 KStG.

Beispiel

An der A GmbH ist die B GmbH zu 100% beteiligt. C ist Gesellschafter an der B GmbH. Sein individueller Einkommensteuersatz beträgt 40%. Der von der A GmbH in **2022** erzielte Gewinn in Höhe von 180.000 € wird in höchstmöglichem Umfang über die B GmbH in 2023 an C ausgeschüttet.

Steuerliche Auswirkungen bei der A GmbH:

	Gewinn vor KSt	180.000,00 €
–	15% Körperschaftsteuer	27.000,00 €
–	5,5% Solidaritätszuschlag	1.485,00 €
=	ausschüttungsfähiger Gewinn	151.515,00 €

Einkommensermittlung bei der B GmbH:

Beteiligungsertrag	151.515,00 €
– **Dividendenfreistellung §8b(1)**	151.515,00 €
+ 5% von 151.515,00 € §8b(5)	7.575,75 €
Einkommen (Gewinn)	7.575,75 €
= zu versteuerndes Einkommen	
davon 15% KSt	1.136,36 €
5,5% SolZ	62,50 €
= Tarifbelastung	1.198,86 €
ausschüttungsfähiger Gewinn	150.316,14 €

Steuerliche Auswirkungen beim Anteilseigner:

Bardividende	150.316,14 €	›	150.316,14 €
Sparer-Pauschbetrag	1.000,00 €		
	149.316,14 €		
davon 25% Abgeltungsteuer			– 37.329,04 €
5,5% Solidaritätszuschlag			– 2.053,10 €
auszuzahlender Betrag			110.934,00 €

Übung

Eine GmbH erhielt im Jahr 2023 eine Dividende aus einer 20prozentigen Beteiligung an einer AG in Höhe von 200.000 €. Die Dividende wurde nach Abzug von 25 % Kapitalertragsteuer und 5,5 % Solidaritätszuschlag auf das Bankkonto der GmbH überwiesen. Der Vorgang wurde handelsrechtlich richtig gebucht. Welche **körperschaftsteuerlichen Auswirkungen** hat die Dividendenausschüttung bei der GmbH?

4.11 Auswirkungen von verdeckten Gewinnausschüttungen

Verdeckte Gewinnausschüttungen, die sich aus unangemessenen Leistungsvergütungen zugunsten des Anteilseigners ergeben, führen bei der Kapitalgesellschaft zu einer definitiven Belastung von 15%. Auf der Ebene des Gesellschafters ergibt sich eine Belastung in Höhe der Abgeltungsteuer + Solidaritätszuschlag + Kirchensteuer.

Beispiel

Dem Gesellschafter-Geschäftsführer einer GmbH (Wj = Kj) wird im Dezember 2023 **rückwirkend** ab 01.01.2023 das Gehalt um 2.500 € monatlich erhöht. Der individuelle Steuersatz des Gesellschafters beträgt einschließlich Solidaritätszuschlag 42,2%.

Steuerliche Auswirkung bei der Kapitalgesellschaft:

Verdeckte Gewinnausschüttung	30.000,00 €
15% Körperschaftsteuer	4.500,00 €
5,5% Solidaritätszuschlag	247,50 €

Steuerliche Auswirkung beim Gesellschafter-Geschäftsführer:

	Einnahme aus Kapitalvermögen	30.000,00 €
	25% Abgeltungsteuer	7.500,00 €
+	5,5% Solidaritätszuschlag	412,50 €
	(ohne Berücksichtigung von Kirchensteuern und Sparer-Pauschbetrag)	
	Steuerliche Gesamtbelastung:	12.660,00 €

Übung

Ein beherrschender Gesellschafter-Geschäftsführer einer GmbH (Wj = Kj) bezog im Veranlagungszeitraum 2023 unter Verletzung des Nachzahlungsverbots eine Tantieme von 50.000 €. Außerdem gewährte er der GmbH ein Darlehen über 60.000 €, wofür er insgesamt 9.000 € Zinsen erhielt. Die bankübliche Verzinsung vergleichbarer Darlehen beträgt 3 %.

a) Berechnen Sie die Körperschaftsteuerbelastung bei der GmbH.
b) Wie hoch ist die Einkommensteuerbelastung auf der Ebene des Gesellschafters, wenn dessen persönlicher Steuersatz einschließlich Solidaritätszuschlag bei 42,2 % liegt?
c) Ermitteln Sie die Gesamtsteuerbelastung für die vGA.

4.12 Das steuerliche Einlagekonto

Erbringt eine Kapitalgesellschaft gegenüber ihren Anteilseignern gesellschaftsrechtlich bedingte Leistungen, ist für die Besteuerung des Anteilseigners zu unterscheiden, ob diese Leistungen der ESt unterliegen oder ob es sich um **nicht steuerbare Kapitalrückzahlungen** handelt.

Hierzu dient das **steuerliche Einlagekonto**. Es enthält die nicht in das Nennkapital geleisteten Einlagen am Schluss des Wirtschaftsjahrs. Das Konto weist die Zu- und Abgänge und den gesondert festgestellten Bestand für das jeweilige Wirtschaftsjahr aus. Es wird nur für steuerliche Zwecke außerhalb der Buchführung und des Jahresabschlusses geführt. § 27 KStG

Leistungen der Gesellschaft dürfen erst dann mit dem steuerlichen Einlagenkonto verrechnet werden, wenn keine anderweitigen Rücklagen (übriges Eigenkapital) mehr vorhanden sind. Es müssen also für Dividenden oder verdeckte Gewinnausschüttungen an die Gesellschafter zunächst die Gewinnrücklagen verbraucht werden.

Das Eigenkapital in der Steuerbilanz zum Schluss des Wirtschaftsjahrs, das dem Zeitpunkt der Leistung vorangeht, wird wie folgt eingeteilt:

- gezeichnetes Kapital (Nennkapital, Stammkapital, Grundkapital) steht für Rückzahlungen nicht zur Verfügung
- **steuerliches Einlagekonto** (nicht in Nennkapital geleistete Einlagen)
- übriges Eigenkapital (Kapitalrücklagen, Gewinnrücklagen)

Beispiel

Das gezeichnete Kapital einer GmbH beträgt 200.000 €. Der Bestand des steuerlichen Einlagekontos wird zum 31.12.2022 auf 90.000 € festgestellt. Das gesamte steuerliche Eigenkapital beläuft sich zum 31.12.2022 auf 400.000 €. Im Jahr 2023 wird eine Ausschüttung von 120.000 € für 2022 beschlossen.

Stellen Sie die Entwicklung des steuerlichen Einlagekontos dar.

Gewinnausschüttung 2023		120.000 €	
Eigenkapital zum 31.12.2022	400.000 €		
– gezeichntes Kapital	200.000 €		
verbeiben	200.000 €		
– Bestand Einlagekonto	90.000 €		
übriges Eigenkapital (≙ ausschüttbarer Gewinn)	110.000 €	110.000 €	(= steuerpflichtige Ausschüttung; unterliegt der Abgeltungsteuer
übersteigender Betrag		10.000 €	(= nicht steuerbare Ausschüttung; dieser Betrag ist in 2023 als Abgang auf dem steuerlichen Einlagekonto zu erfassen)

Entwicklung des steuerlichen Einlagekontos:

Bestand 31.12.2022	90.000 €	
– Abgang (Einlagenrückgewähr)	10.000 €	
Bestand 31.12.2023	80.000 €	(wird am Ende des Wj gesondert festgestellt, § 27 (2) KStG)

Auszahlungen aus dem Einlagekonto sind beim Anteilseigner, bei dem die Bezüge Einnahmen aus Kapitalvermögen nach § 20 (1) Nr. 1 und 2 EStG darstellen, nicht steuerbar. Ist er jedoch mindestens mit 1 % an der Kapitalgesellschaft beteiligt, ist die Ausschüttung steuerpflichtig, soweit die Ausschüttung aus dem Einlagekonto die Anschaffungskosten der Beteiligung übersteigt, § 17 (4) EStG.

Wird die Beteiligung im Betriebsvermögen gehalten, mindert die Ausschüttung aus dem Einlagekonto den Buchwert der Beteiligung. Wird dieser überschritten, ist der übersteigende Betrag Gewinn, der bei natürlichen Personen und Personengesellschaften dem Teileinkünfteverfahren unterliegt. Bei Kapitalgesellschaften ist der Gewinn steuerfrei.

Aufgaben zur Wiederholung und Vertiefung

1 Die Walther Maschinenbau GmbH, Ulm, legt zum 31.12.2023 folgende vorläufige Handelsbilanz und GuV-Rechnung vor:

Aktiva	vorl. Bilanz zum 31.12.2023		Passiva
verschiedene Aktiva	780.000 €	Gezeichnetes Kapital	200.000 €
		Jahresüberschuss	210.000 €
		KSt-Rückstellung	10.000 €
		Verbindlichkeiten	360.000 €
	780.000 €		780.000 €

GuV-Rechnung zum 31.12.2023		
Umsatzerlöse	2.800.000 €	
Sonstige betriebl. Erträge	160.000 €	2.960.000 €
Materialaufwand	1.500.000 €	
Personalaufwand	660.000 €	
Abschreibungen	150.000 €	
Sonstige betriebl. Aufw.	350.000 €	2.660.000 €
Ergebnis der gewöhnl. Geschäftstätigkeit		300.000 €
Steuern vom Einkommen und Ertrag		90.000 €
Jahresüberschuss		210.000 €

Die sonstigen betrieblichen Erträge enthalten eine steuerfreie Investitionszulage von 50.000 €, die zur Förderung regionaler wirtschaftlicher Strukturen gezahlt wurde.

In den sonstigen betrieblichen Aufwendungen sind enthalten:

Spenden für wissenschaftliche Zwecke	20.000 €
Spenden an politische Parteien	10.000 €

Rechnungen für Bewirtung von Geschäftsfreunden 3.000 € (netto), davon sind 500 € unangemessen.

Die Steuern vom Einkommen und Ertrag setzen sich wie folgt zusammen:

Körperschaftsteuer-Vorauszahlungen 2023	32.000 €
Körperschaftsteuer-Rückstellung 2023	10.000 €
Gewerbesteuer-Vorauszahlungen 2023	48.000 €

An der GmbH sind die Gesellschafter Walther mit 60 % und Weber mit 40 % beteiligt. Walther ist als Geschäftsführer tätig.
Für seine Tätigkeit bezog Walther bis zum 31.07.2023 ein Gehalt von 6.000 €. Dieses wurde am 01.08.2023 rückwirkend vom 01.01.2023 an um 3.000 € monatlich erhöht. Das Gehalt ist angemessen. Weber vermietete der GmbH ein unbebautes Grundstück für monatlich 2.500 €, das als Lagerplatz genutzt wird. Die monatliche ortsübliche Miete für vergleichbare Grundstücke beträgt 1.500 €.

Berechnen Sie das zu versteuernde Einkommen der GmbH sowie die festzusetzende KSt und den SolZ.

2 Die Gesellschafterversammlung der Walther Maschinenbau GmbH, Ulm, beschließt im Juli 2024 für das Wirtschaftsjahr 2023 (Wj = Kj) eine Gewinnausschüttung von 120.000 €.

Welche einkommensteuerlichen Auswirk ungen ergeben sich durch die Gewinnausschüttung bei den Gesellschaftern Walther, Steuersatz 40 % und Weber, Steuersatz 30 %?

3 Die Sinus Solaranlagen GmbH, Freiburg, legt zum 31.12.2023 folgende vorläufige Gewinn- und Verlustrechnung vor:

Umsatzerlöse	1.890.000 €
Sonstige betriebliche Erträge (= steuerfreie Investitionszulage nach dem InvestZulG)	50.000 €
Materialaufwand	280.000 €
Personalaufwand	525.000 €
Abschreibungen	160.500 €
Sonstige betriebliche Aufwendungen (davon 60.000 € Beiratsvergütungen)	110.000 €
Spenden für wissenschaftliche Zwecke	10.000 €
Zinsaufwand (wirtschaftlicher Zusammenhang mit Investitionszulage)	2.500 €
Ergebnis der gewöhnlichen Geschäftstätigkeit	852.000 €
Körperschaftsteuer-Vorauszahlungen	210.000 €
vorläufiger Jahresüberschuss	642.000 €

a) Berechnen Sie das zu versteuernde Einkommen für 2023.
b) Wie hoch ist die festzusetzende KSt und der SolZ?

4 Die Solex GmbH, Freiburg, weist zum 31.12.2023 einen nach handelsrechtlichen Vorschriften ermittelten Jahresüberschuss von 480.000 € aus. Bei der Gewinnermittlung wurden u. a. folgende Beträge als **Aufwendungen** gebucht:

Körperschaftsteuer-Vorauszahlungen incl. Solidaritätszuschlag	88.620 €
Körperschaftsteuer-Rückstellung	12.000 €
Gewerbesteuer-Vorauszahlungen	16.000 €
Gewerbesteuer-Rückstellung	4.000 €
Geschenke > 35 € je Empfänger	3.500 €
Vorsteuer auf die Geschenke	665 €
Bewirtungskosten 100 % netto	6.000 €
Beiratsvergütung	50.000 €
Spenden an eine politische Partei	5.000 €
Spende für mildtätige Zwecke	20.000 €
Sachspende für einen gemeinnützigen Verein, Buchwert die USt auf die Sachspende wurde passiviert	12.000 €

In den **Erträgen** ist eine steuerfreie Investitionszulage von 30.000 € und eine Dividendenzahlung aus einer 20 %igen Beteiligung an einer AG von 40.000 € enthalten, wovon 25 % Kapitalertragsteuer und 5,5 % Solidaritätszuschlag einbehalten und als **Aufwand** gebucht wurden. Berechnen sie das zu versteuernde Einkommen der GmbH sowie die festzusetzende KSt und den SolZ.

5 Gewerbesteuer

5.1 Bedeutung und Stellung im Steuersystem

Gewerbesteuer	
Gemeindesteuer	Die Berechtigung zur Steuererhebung steht den Gemeinden zu.
Realsteuer	Steuergegenstand ist der Gewerbebetrieb (= Objekt); persönliche Verhältnisse werden nicht berücksichtigt.
Betriebsteuer	Die Gewerbesteuer und die darauf entfallenden Nebenleistungen sind **keine** abziehbaren **Betriebsausgaben**, § 4 (5 b) EStG.
direkte Steuer	Steuerschuldner und Steuerträger sind identisch

5.1.1 Steueraufkommen

2021

61,103 Mrd. €

Umlage an Bund, Länder →

ca. 4.951 Mrd. €

5.1.2 Rechtsgrundlagen

Gewerbesteuergesetz (GewStG) | **Gewerbesteuerdurchführungsverordnung (GewStDV)**

= Rechtsnormen, verbindlich für Bürger, Gerichte, Verwaltung

Gewerbesteuer-Richtlinien (GewStR)

behandeln Zweifels- und Auslegungsfragen von allgemeiner Bedeutung und stellen eine einheitliche Rechtsanwendung durch die Finanzbehörden sicher.

= Verwaltungsvorschriften, binden nur die Finanzbehörden

5.1.3 › Die Verwaltung der Gewerbesteuer R 1.2 GewStR

Die Verwaltung der Gewerbesteuer steht grundsätzlich den **Landesfinanzbehörden (Finanzämter)** zu. Die Festsetzung und Erhebung der Gewerbesteuer ist jedoch in den meisten Bundesländern auf die **Gemeinden** übertragen worden. H 1.2 GewStH

5.1.3.1 › Zuständigkeiten

§§ 22, 184-190 AO

R 1.2 GewStR

Gemeinden	Betriebsfinanzämter

zuständig für:
– Festsetzung und Erhebung der Gewerbesteuer
– Erstellung des Gewerbesteuer-bescheids
– Entscheidungen über
  – Stundung
  – Niederschlagung
  – Erlass der Gewerbesteuer
  – Aussetzung der Vollziehung
	zuständig für:
	– Ermittlung der Besteuerungsgrundlagen
	– Festsetzung, ggf. Zerlegung des Steuermessbetrags
	– Festsetzung und Erhebung der Gewerbesteuer, wenn diese nicht auf die Gemeinden übertragen ist

Gemeinde erstellt ↓	‹ teilt Inhalt mit	Betriebs FA erstellt ↓
Gewerbesteuerbescheid **(Folgebescheid)**		Gewerbesteuermessbescheid/ ggf. -zerlegungsbescheid **(Grundlagenbescheid)**
Bekanntgabe ↓		Bekanntgabe ↓
steuerpflichtiger Unternehmer		steuerpflichtiger Unternehmer

Für die Festsetzung und ggf. Zerlegung des Steuermessbetrags ist das **Betriebsfinanzamt** örtlich zuständig. Das ist bei einem stehenden Gewerbebetrieb das FA, in dessen Bezirk sich die Geschäftsleitung und bei einem Reisegewerbe der Mittelpunkt der gewerblichen Tätigkeit befindet. § 22 (1) AO R 1.3 GewStR

Ist die Geschäftleitung nicht im Inland, ist das FA zuständig, in dessen Bezirk eine Betriebsstätte, bei mehreren Betriebsstätten die wirtschaftlich bedeutendste, unterhalten wird.

5.1.3.2 › Steuerbescheide und Rechtsbehelfe

Bescheide	Gewerbesteuerbescheid	Gewerbesteuermessbescheid, -zerlegungsbescheid
Rechtsbehelfe	❑ Widerspruch bei der Gemeinde	❑ Einspruch beim Finanzamt
	❑ Anfechtungsklage Verwaltungsgericht	❑ Klage Finanzgericht
	❑ Berufung Landesverwaltungsgericht	
	❑ Revision Bundesverwaltungsgericht (Leipzig)	❑ Revision Bundesfinanzhof (München)

Übungen

1 Prüfen Sie, welche Behörde zuständig ist:

a) Feststellung des Steuermessbetrags

b) Erstellung des Gewerbesteuerbescheids

c) Zerlegung des Steuermessbetrags

d) Stundung der Gewerbesteuer-Abschlusszahlung

e) Herabsetzung der Gewerbesteuer-Vorauszahlungen

f) Erstellung des Gewerbesteuermessbescheids

g) Aussetzung der Vollziehung

h) Einspruch gegen Steuermessbescheid

i) Widerspruch gegen Gewerbesteuerbescheid

2 Der Gewerbetreibende Max Weber, München, erhielt am 23.11.2023 den Gewerbesteuermessbescheid und den Gewerbesteuerbescheid für 2022. Bei der Überprüfung der Bescheide stellt Weber fest, dass die Finanzierungsentgelte um 2.400 € zu hoch angesetzt wurden. Dadurch ergab sich eine um 336 € höhere Gewerbesteuer-Abschlusszahlung.

a) Wie kann Weber eine Korrektur erreichen?

b) Was muss Weber tun, wenn er die überhöhte Abschlusszahlung bis zur Klärung des Sachverhalts nicht bezahlen möchte?

5.1.4 Schema zur Ermittlung der Gewerbesteuer

			Beispiel: OHG
	Gewinn aus Gewerbebetrieb	§ 7 GewStG	Gewinn 200.000 €
+	Hinzurechnungen	§ 8 GewStG	15.000 €
–	Kürzungen	§ 9 GewStG	12.000 €
–	Gewerbeverlust	§ 10 a GewStG	1.000 €
=	Gewerbeertrag (abgerundet auf volle 100 €)		202.000 €
–	Freibetrag 24.500 € bei natürlichen Personen und Personengesellschaften; 5.000 € z. B. bei Vereinen	§ 11 (1) GewStG	24.500 €
=	verbleibender Gewerbeertrag		177.500 €
×	Steuermesszahl	§ 11 (2) GewStG	3,5%
=	Steuermessbetrag		6.212,50 €
×	Hebesatz der Gemeinde	§ 16 GewStG	360%
=	**Gewerbesteuer**		**22.365 €**

Übungen

1 Eine GmbH legt für den Erhebungszeitraum 2023 folgende Zahlen vor:

Gewinn aus Gewerbebetrieb	140.000 €
Hinzurechnungen	30.000 €
Kürzungen	20.000 €
Hebesatz der Gemeinde	450 %

Berechnen Sie die Gewerbesteuerschuld der GmbH!

2 Ein Einzelunternehmer erzielte im Kalenderjahr 2023 86.000 € Gewinn aus Gewerbebetrieb. Dieser ist um 8.000 € zu kürzen. Die Hinzurechnungen betragen 12.000 €. Die Gemeinde hat den Hebesatz auf 380 % festgelegt.

Wie hoch ist die Gewerbesteuerschuld des Einzelunternehmers?

5.2 Gewerbesteuerpflicht

§ 2 (1) GewStG R 2.1 GewStR

Der Gewerbesteuer unterliegen alle Gewerbebetriebe, soweit sie im Inland betrieben werden. Unter Gewerbebetrieb ist ein gewerbliches Unternehmen i. S. d. EStG zu verstehen, das persönlich und sachlich selbstständig ist.

§ 15 (2) EStG

5.2.1 Merkmale eines Gewerbebetriebs

R/H 15.1 EStH	Selbstständigkeit	Tätigkeit auf eigene Rechnung und Verantwortung
H 15.2 EStH	Nachhaltigkeit	Tätigkeit mit Wiederholungsabsicht
H 15.3 EStH	Gewinn-erzielungsabsicht	Streben nach Betriebsvermögensmehrung; Erzielung eines Totalgewinns bei neu eröffneten Betrieben von der Gründung bis zur Aufgabe bzw. Veräußerung oder Liquidation
H 15.4 EStH	Beteiligung am allgemeinen wirtschaftlichen Verkehr	nachhaltige Teilnahme am allgemeinen Güter- und Leistungsaustausch
H 15.5/15.6/15.7 EStH	keine Land- und Forstwirtschaft, kein freier Beruf, keine andere selbstständige Arbeit, keine Vermögensverwaltung	

5.2.2 Steuergegenstand

R 2.4 GewStR H 2.4 GewStH

Steuergegenstand ist der einzelne Gewerbebetrieb. Unterhält ein Gewerbetreibender mehrere Betriebe **verschiedener Art**, z. B. Fahrradhandel und Frisörgeschäft, Eiscafé und Imbissstand, ist jeder Betrieb für sich zu besteuern, auch dann, wenn die Betriebe in derselben Gemeinde liegen.
Für **jeden einzelnen Gewerbebetrieb** ist daher **eine GewSt-Erklärung** abzugeben.

Ein **einheitlicher Gewerbebetrieb** ist jedoch anzunehmen, wenn die unterschiedlichen Betriebszweige nach der Verkehrsauffassung als Teil eines Gewerbebetriebs anzusehen sind, z. B. Bäckerei und Café, Fleischerei und Speisewirtschaft.
In diesen Fällen bedarf es **nur einer Gewerbesteuererklärung**.

Bei mehreren **gleichartigen Betrieben** eines Unternehmers liegt ein einheitlicher Gewerbebetrieb vor, wenn die Betriebe **wirtschaftlich, finanziell und organisatorisch zusammenhängen**. Dies gilt auch, wenn sich die Betriebe in verschiedenen Gemeinden befinden, z. B. Filialen einer Bäckerei.

H 2.1 (2) GewStH

Gewerblich tätige und gewerblich geprägte Personengesellschaften i. S. d. § 15 (3) Nr. 2 EStG, z. B. GmbH & Co. KG, können nur einen Gewerbebetrieb haben, der ihre gesamte Tätigkeit umfasst.

R 2.4 (4) GewStR

Die Tätigkeit von **Kapitalgesellschaften**, sonstigen juristischen Personen des privaten Rechts und nichtrechtsfähigen Vereinen **gilt stets und in vollem Umfang als einheitlicher Gewerbebetrieb**.

Übungen

1 Stellen Sie fest, ob ein **einheitlicher Gewerbebetrieb** gegeben ist!

a) Hans Hansen betreibt in Hamburg eine Konditorei mit 8 Filialen in verschiedenen Stadtteilen.
b) Sybille Weidner unterhält in Dortmund, Essen, Düsseldorf und Köln Modeboutiquen. Die Geschäftsleitung befindet sich in Köln. Die Geschäftsführerinnen vor Ort sind weisungsgebunden.
c) Eine GmbH mit Sitz in Cottbus betreibt dort einen landwirtschaftlichen Betrieb, ein Archichtekturbüro und eine Immobiliengesellschaft.

2 Entscheiden Sie, ob ein Gewerbebetrieb i. S. d. § 15 (2) EStG vorliegt!

a) Zwei Steuerberater gründen eine Steuerberatungsgesellschaft in Form einer GbR.
b) Ein Kunsthandwerker stellt von ihm selbst entworfene Plastiken her.
c) Eine Steuerpflichtige ist Inhaberin einer Privatschule für Betriebswirtschaft. Der Unterricht wird von angestellten Lehrkräften erteilt. Die Inhaberin selbst übt keine Unterrichtstätigkeit aus.
d) Ein Architekt befasst sich ausschließlich mit der Beschaffung von Aufträgen. Die fachliche Arbeit erledigen Mitarbeiter.
e) Ein Steuerpflichtiger unterhält ein Bodybuilding-Studio. Die Kunden können gegen Entgelt die zur Verfügung gestellten Trainingsgeräte nach kurzer Einweisung benutzen.

5.2.2.1 › Arten des Gewerbebetriebs

Stehender Gewerbebetrieb	Reisegewerbebetrieb
= jeder Gewerbebetrieb, der kein Reisegewerbebetrieb ist § 2 (1) GewStG § 1 GewSt DV	Gewerbebetrieb, dessen Inhaber einer **Reisegewerbekarte** bedarf § 35 a (2) Satz 1 GewStG
› Betriebsstätte i. S. d. § 12 AO wird unterhalten	› keine Betriebsstätte i. S. d. § 12 AO vorhanden

Betriebsstätte ist jede feste Geschäftseinrichtung oder Anlage, in der sich dauernd Tätigkeiten vollziehen, die dem Gewerbebetrieb unmittelbar dienen. R 2.9 (1) GewStR
Dazu gehören auch fahrbare Verkaufsstätten mit wechselndem Standplatz oder fest zugewiesene Standplätze von Straßenhändlern auf Wochenmärkten. H 2.9 (1) GewStH

Als Betriebsstätten gelten auch Bauausführungen und Montagen, die mehr als sechs Monate in einer Gemeinde dauern. Das gilt auch dann, wenn es sich nicht um feste Baustellen handelt sowie für die Errichtung von Baukantinen, Unterkunftbaracken und Geräteschuppen. R 2.9 (2) GewStR H 2.9 (2) GewStH

Stehende Gewerbebetriebe unterliegen der GewSt in der Gemeinde, in welcher eine Betriebsstätte unterhalten wird. Bei Reisegewerbebetrieben erhebt die Gemeinde die GewSt, in welcher sich der Mittelpunkt der gewerblichen Tätigkeit befindet. § 4 § 35 a (3) GewStG

5.2.2.2 › Formen des Gewerbebetriebs

› Gewerbebetrieb kraft

§ 2 (1–3) GewStG

R 2.1 GewStR
H 2.1 GewStH

gewerblicher Betätigung	Rechtsform	wirtschaftlichen Geschäftsbetriebs
– Einzelunternehmen – Personengesellschaften, z. B. OHG, KG – juristische Personen des öffentlichen Rechts – nichtrechtsfähige Stiftungen und Zweckvermögen	– Kapitalgesellschaften, z. B. AG, GmbH – gewerblich geprägte Personengesellschaften, z. B. GmbH & Co. KG – optierende Gesellschaften i. S. d. § 1a KStG	– rechtsfähige Vereine und Stiftungen – nichtrechtsfähige Vereine Land- u. forstwirtschaftliche Betriebe sind von der GewSt-Pflicht ausgenommen.
Die Gewerbesteuerpflicht wird ausgelöst durch:		
eine gewerbliche Tätigkeit	jede Art von Tätigkeit	eine selbstständige, nachhaltige Tätigkeit zur Erzielung von Einnahmen; Gewinnerzielung und Teilnahme am allgemeinen wirtschaftlichen Verkehr ist nicht erforderlich

Übungen

Stellen Sie fest, in welchen Fällen ein Gewerbebetrieb vorliegt!
Bestimmen Sie jeweils die Art und die Form des Gewerbebetriebs!

1 Ein Sportverein in Kempten betreibt eine Vereinsgaststätte, in der auch Nichtmitglieder bewirtet werden.

2 Die Steuerberater Patrick Reis und Beatrix Möller gründen in Passau eine Steuerberatungs-GmbH.

3 Das Ehepaar Siegel besitzt in Göttingen ein vermietetes Mehrfamilienhaus.

4 Eine KG betreibt in Lüneburg einen Handel mit landwirtschaftlichen Geräten.

5 Linda Heinen unterhält in Greifswald einen Campingplatz mit modernster Infrastruktur. Sie kümmert sich außerdem um Pflege und Instandhaltung.

6 Die Schreiner & Lipp OHG bewirtschaftet mehrere Weinberge und verkauft den erzeugten Wein über ein kleines Handelsgeschäft in Koblenz.

7 Otto Weber verkauft auf Jahrmärkten in ganz Deutschland bunte Luftballons.

8 Die Handelskammer Mittlerer Neckar in Stuttgart unterhält eine Kantine.

9 Eine GmbH & Co. KG treibt in Gera einen landwirtschaftlichen Betrieb um.

10 Alice Rasch betreibt ein Fitness-Studio in Bad Waldsee. Sie weist ihre Kunden in die Gerätebedienung ein und überwacht auf Wunsch das Training.

11 Ein Steuerberater betreibt in Bad Herrenalb eine Steuerfachschule, in der er auch eigenverantwortlich Unterricht erteilt.

12 Hubert Weinzierl betreibt in München einen Zeitungskiosk.

5.2.3 Beginn und Ende der Gewerbesteuerpflicht

Beginn und Ende der **sachlichen Steuerpflicht** hängen von der Rechtsform des Gewerbebetriebs ab.

5.2.3.1 Beginn der Steuerpflicht

R 2.5 GewStR H 2.5 (1–3) GewStH

Form des Gewerbebetriebs	Beginn der Gewerbesteuerpflicht
Einzelunternehmen Personengesellschaften	Zeitpunkt, zu dem alle Voraussetzungen für einen Gewerbebetrieb erfüllt sind, insbesondere aktive Teilnahme am allgemeinen wirtschaftlichen Verkehr; **Vorbereitungshandlungen reichen nicht** aus, z. B. Anmieten eines Geschäftsraums, Errichtung eines Fabrikgebäudes, Kauf von Einrichtungsgegenständen
Kapitalgesellschaften, optierende Gesellschaften i. S. d. § 1a KStG	**Eintragung ins Handelsregister**, Genossenschaftsregister oder Erteilung der behördlichen Erlaubnis bzw. mit einer **nach außen in Erscheinung tretenden Geschäftstätigkeit**, z. B. Vorbereitungshandlungen
Sonstige juristische Personen des privaten Rechts u. nichtrechtsfähige Vereine	Aufnahme des **wirtschaftlichen Geschäftsbetriebs** (= selbstständige, nachhaltige Tätigkeit zur Erzielung von Einnahmen, § 14 AO), z. B. Betrieb eines Vereinslokals, wenn die **Besteuerungsgrenze von 45.000 € (Einnahmen + USt)** überschritten wird, § 64 (3) AO

5.2.3.2 Ende der Steuerpflicht

R 2.6 GewStR H 2.6 GewStH

Form des Gewerbebetriebs	Erlöschen der Gewerbesteuerpflicht
Einzelunternehmen Personengesellschaften	**tatsächliche Einstellung des Betriebs**; vorübergehende Unterbrechungen heben die Gewerbesteuerpflicht nicht auf, z. B. bei Saisonbetrieben
Kapitalgesellschaften Gesellschaften i. S. d. § 1a KStG	**Einstellung jeglicher Tätigkeit** und Verteilung des Vermögens an die Gesellschafter
Sonstige juristische Personen des privaten Rechts u. nichtrechtsfähige Vereine	**tatsächliche Einstellung** des wirtschaftlichen Geschäftsbetriebs

Durch die Eröffnung des Insolvenzverfahrens erlischt die Gewerbesteuerpflicht nicht. R 2.6 (4) GewStR

Geht ein Gewerbebetrieb im Ganzen auf einen anderen Unternehmer über, erlischt im Zeitpunkt des Unternehmerwechsels für den bisherigen Unternehmer die Steuerpflicht. Der Gewerbebetrieb gilt als eingestellt. (§ 2 (5) GewStG, R 2.7 GewStR)
Der übernommene Betrieb gilt als neu gegründet, wenn er nicht mit einem bereits bestehenden Gewerbebetrieb vereinigt wird. Die Steuerpflicht beginnt ab dem Übernahmezeitpunkt neu zu laufen. Geht nur ein Teilbetrieb auf einen anderen Unternehmer über, liegt keine Einstellung des bisherigen Betriebes vor.

R 2.7 (2) GewStR Die sachliche Steuerpflicht endet auch nicht, wenn aus einer Personengesellschaft alle bis auf einen Gesellschafter austreten oder ein Einzelunternehmen durch Aufnahme weiterer Gesellschafter in eine Personengesellschaft umgewandelt wird, solange mindestens einer der bisherigen Unternehmer den Gewerbebetrieb unverändert fortführt.

H 2.6 (1) GewStH Mit der Verpachtung eines Gewebebetriebs im Ganzen erlischt die Gewerbesteuerpflicht des Verpächters.

Die sachliche Steuerpflicht erlischt auch, sobald ein Steuerbefreiungsgrund nach § 3 GewStG eintritt.

Übungen

1 Sabine May möchte in Bad Elster ein Kosmetikfachgeschäft in der Rechtsform einer GmbH eröffnen. Am 15.02.2023 mietet sie zu diesem Zweck Geschäftsräume an und beginnt mit deren Einrichtung. Am 24.02.2023 schließt sie den notariellen Gesellschaftsvertrag ab. Am 01.03.2023 eröffnet sie mit einer kleinen Feier das Geschäft. Am 27.04.2023 wird die GmbH in das Handelsregister eingetragen.
Wann beginnt die Gewerbesteuerpflicht?

2 Die Betreiberin einer Modeboutique in Düsseldorf möchte altershalber das Geschäft aufgeben. Sie führt daher ab 10.08.2023 einen Räumungsverkauf durch. Ab dem 21.08.2023 ist das Geschäft geschlossen. Zu diesem Zeitpunkt geht die Modeboutique auf die Nachfolgerin Beatrix Klein über. Diese lässt die Geschäftsräume bis einschließlich 25.09.2023 renovieren und mit neuer Ware bestücken. Am 02.10.2023 wird die Boutique unter neuem Namen eröffnet.

a) Wann endet die Gewerbesteuerpflicht der alten Betreiberin?
b) Zu welchem Zeitpunkt beginnt die Gewerbesteuerpflicht für die Nachfolgerin?

§ 5 GewStG

5.3 Steuerschuldner

Steuerschuldner ist bei

Einzelunternehmen	Personengesellschaften	Kapitalgesellschaften
Unternehmer, auf dessen Rechnung und Gefahr das Gewerbe betrieben wird	**Gesellschaft,** z. B. die OHG, KG, GbR; die Gesellschafter können als Haftungsschuldner in Anspruch genommen werden	**juristische Person**, z. B. AG, GmbH; Gesellschaften i. S. d. § 1a KStG die Gesellschafter kommen als Haftungsschuldner nicht in Betracht

Fall 1: Die Gesellschafter Berthold & Raabe betreiben in Worms eine Weinhandlung in Form einer OHG. Wegen unüberbrückbarer Differenzen scheidet der Gesellschafter Raabe zum 30.09.2023 aus der Gesellschaft aus. Berthold führt das Handelsgeschäft allein weiter.

Welche Auswirkungen hat der Vorgang auf die persönliche Steuerpflicht (Steuerschuldnerschaft)?

R 5.1 (2) GewStR Bei einer **atypischen stillen Gesellschaft** ist der Inhaber des Handelsgeschäfts Steuerschuldner.

R 5.1 (1) Wird ein Einzelunternehmen in eine Personengesellschaft umgewandelt oder eine Personengesellschaft in ein Einzelunternehmen, beginnt oder endet die Steuerschuldnerschaft (**= persönliche Steuerpflicht**) im Zeitpunkt des Rechtsformwechsels.

5.4 Steuerbefreiungen

§ 3 GewStG

Bestimmte Betriebe sind aus wirtschafts- und sozialpolitischen Gründen von der Gewerbesteuer befreit. Dazu gehören z. B.

- staatliche Lotterieunternehmen
- zugelassene öffentliche Spielbanken
- Deutsche Bundesbank
- Kreditanstalt für Wiederaufbau
- Körperschaften, Vermögensmassen, Stiftungen, die nach Satzung und tatsächlicher Geschäftsführung ausschließlich und unmittelbar gemeinnützigen, mildtätigen, kirchlichen Zwecken dienen, z. B. DRK, Caritas, Arbeiterwohlfahrt, Diakonisches Werk
- Krankenhäuser
- Altenheime
- Pflegeheime, die von uristischen Personen des öffentlichen Rechts betrieben werden
- private Schulen und andere allgemeinbildende oder berufsbildende Einrichtungen, soweit ihre Leistungen von der USt befreit sind (§ 4 Nr. 21 UStG)
- Solaranlagen auf oder an einem Gebäude bis 30 kW (peak) Leistung

§

Fall 2: Ein Verein verfolgt nach seiner Satzung ausschließlich und unmittelbar gemeinnützige Zwecke. Daneben unterhält der Verein einen wirtschaftlichen Geschäftsbetrieb in Form einer Gaststätte, in der auch Nichtmitglieder zu **kostendeckenden** Preisen eine warme Mahlzeit einnehmen können. Die Einnahmen einschließlich Umsatzsteuer belaufen sich auf 46.000 €.

Ist der Verein gewerbesteuerpflichtig?

Übungen

Prüfen Sie, welche der folgenden Betriebe von der Gewerbesteuer befreit sind!

1 Eine Volkshochschule unterhält neben Einrichtungen, die der Schul- und Berufsausbildung dienen, auch eine Kantine.

2 Eine juristische Person des öffentlichen Rechts betreibt ein Krankenhaus sowie ein Alten- und Pflegeheim.

3 Eine private Steuerfachschule bereitet auf die Prüfung zum/zur Steuerfachangestellten und Steuerfachwirt vor.

4 Ein Steuerpflichtiger betreibt auf seinem Einfamilienhaus eine PV-Anlage mit einer Leistung von 24 kW (peak).

5 Hein Wolmuthsen betreibt von Büsum aus die Küstenfischerei. Er beschäftigt im Jahresdurchschnitt 6 Mitarbeiter.

6 Die Deutsche-Krankenversicherungs-AG gewährt ihren Mitgliedern Kranken- und Pflegeversicherungsschutz.

7 Der Deutsche Paketdienst befördert Pakete seiner Auftraggeber im Inland.

8 Eine GmbH betreibt eine Hundezucht.

§6 GewStG

5.5 Besteuerungsgrundlage

Besteuerungsgrundlage für die Erhebung der Gewerbesteuer ist der **Gewerbeertrag.**

Gewinn aus Gewerbebetrieb
+ Hinzurechnungen – Kürzungen
= maßgebender Gewerbeertrag – Gewerbeverlust
= **Gewerbeertrag** abgerundet auf volle 100 € – Freibetrag 24.500 € bei natürlichen Personen und Personengesellschaften
= verbleibender Betrag × Steuermesszahl (3,5%)
= Steuermessbetrag

5.5.1 Ausgangswert für die Berechnung des Gewerbeertrags

§7 GewStG Gewerbeertrag ist der Gewinn/Verlust aus Gewerbebetrieb, der nach den Vorschriften des Einkommen- oder des Körperschaftsteuergesetzes ermittelt wurde, vermehrt um Hinzurechnungen nach §8 GewStG und vermindert um Kürzungen §9 GewStG.

Fall 3: Der Gewinn aus Gewerbebetrieb eines Einzelunternehmers betrug 180.000 €. Im Gewinn enthalten ist ein Betrag von 40.000 € für den Verkauf einer Filiale sowie ein Gewinn von 10.000 € aus der Veräußerung einer Beteiligung an einer ausländischen OHG.

Welcher Betrag ist für die Ermittlung des Gewerbeertrages als Ausgangswert anzusetzen?

H 7.1 GewStH Der nach den Vorschriften des EStG oder KStG ermittelte Gewinn ist für die Gewerbesteuer nicht bindend. Es bedarf vielmehr einer selbstständigen Gewinnermittlung für die Gewerbesteuer.
Dabei sind die o.g. Vorschriften insoweit anzuwenden, als gewerbesteuerliche Vorschriften dies nicht ausdrücklich verbieten oder sie dem Wesen der Gewerbesteuer widersprechen.

R 7.1 GewStR **Nicht zum Gewerbeertrag bei natürlichen Personen und Personengesellschaften gehören** beispielsweise:

- Gewinne aus der Veräußerung oder Aufgabe des Gewerbebetriebes, §16 EStG
- Gewinne aus dem Verkauf einer Beteiligung, §17 EStG
- Entschädigungen, wenn sie nicht innerhalb eines Gewerbebetriebs anfallen oder unmittelbar Erträge des werbenden Betriebes sind, §24 EStG
- Verluste aus gewerblicher Tierzucht/Tierhaltung; §15(4) EStG
- Verluste bei beschränkter Haftung und Steuerstundungsmodellen, §§15a+b EStG

§7 GewStG Dagegen gehört der Gewinn aus der Veräußerung oder Aufgabe des
- Betriebs/Teilbetriebs einer Mitunternehmerschaft
- Anteils eines Mitunternehmers
- Anteils eines persönlich haftenden Gesellschafter einer KGaA

R 7.1 (3) GewStR zum Gewerbeertrag, soweit er **nicht auf eine natürliche Person als** unmittelbar beteiligter **Mitunternehmer** entfällt.

5.5.2 Hinzurechnungen

Hinzurechnungen nach § 8 GewStG

Dem Gewinn aus Gewerbebetrieb werden folgende Beträge hinzugerechnet, soweit sie bei der Gewinnermittlung abgesetzt worden sind:

§ 8 Nr. 1 a–f ein **Viertel der Summe** aus
- Entgelten für Schulden 100%
- Renten und dauernden Lasten 100%
- Gewinnanteilen des (typischen) stillen Gesellschafters 100%
- **einem Fünftel** der **Miet- und Pachtzinsen** (einschließlich Leasingraten)*) für die Benutzung von **beweglichen Wirtschaftsgütern** des Anlagevermögens, die im Eigentum eines anderen stehen; für Elektro- und Elektrohybridfahrzeuge beträgt die Hinzurechnung nur **ein Zehntel**
- **50 Prozent** der **Miet- und Pachtzinsen** (einschließlich Leasingraten)*) für die Benutzung der **unbeweglichen Wirtschaftsgüter** des Anlagevermögens, die im Eigentum eines anderen stehen
- **einem Viertel der Aufwendungen** für die zeitlich befristete **Überlassung*) von Rechten**, insbesondere Konzessionen und Lizenzen, **ausgenommen Vertriebslizenzen,** die ausschließlich zur Weiterüberlassung daraus abgeleiteter Rechte berechtigen.

soweit die Summe insgesamt den Betrag von 200.000 €[1] (= Freibetrag) übersteigt.

Beispiel

Ein Gewerbetreibender hat im Erhebungszeitraum (EZ) folgende Beträge als Betriebsausgaben abgezogen:
Schuldzinsen 48.000 €; Miete für Maschinen 24.000 €, Leasingraten für Pkw 12.000 €, Pachtzinsen für Lagerhalle 18.000 €. An den typischen stillen Gesellschafter (Privatperson) des Unternehmens wurden 20.000 € Gewinnanteil ausgezahlt.
Lösung:

Entgelte für Schulden 100%	48.000 €
+ Gewinnanteil typ. stiller Gesellschafter 100%	20.000 €
+ 20% Miete für Maschinen	4.800 €
+ 20% Leasingraten Pkw	2.400 €
+ 50% Pachtzinsen für Lagerhalle	9.000 €
Summe	84.200 €
Freibetrag	200.000 €

Es erfolgt keine Hinzurechnung, weil die Summe der Hinzurechnungen nach § 8 Nr. 1a)–f) den Freibetrag nicht übersteigt.

Beispiel wie oben

Die Schuldzinsen betragen allerdings 148.000 € und der Gewinnanteil des typ. stillen Gesellschafters 40.000 €.
Lösung:

Entgelte für Schulden 100%	148.000 €
+ Gewinnanteil typ. stiller Gesellschafter 100%	40.000 €
+ 20% Miete für Maschinen	4.800 €
+ 20% Leasingraten Pkw	2.400 €
+ 50% Pachtzinsen für Lagerhalle	9.000 €
Summe	204.200 €
Freibetrag	200.000 €
verbleiben	4.200 €
davon 25%	**1.050 € = Hinzurechnungsbetrag**

*) Die Hinzurechnung ist **beschränkt auf den Finanzierungsanteil** der Aufwendungen.
[1] Der Freibetrag beträgt seit 2020 200.000 € (Zweites Corona-Steuerhilfegesetz).

R 8.1 (1) H 8.1 Zu den **Entgelten für Schulden** gehören **alle Zahlungen**, die als Gegenleistung für die **Überlassung von Fremdkapital** entrichtet werden. Auf die Laufzeit der Schulden kommt es nicht an. Neben lang- und kurzfristigen Zinsen sind auch ein Damnum, Disagio oder eine Vorfälligkeitsentschädigung anzusetzen. Hinzuzurechnen sind auch laufende Sondervergütungen wie Provisionen und Garantieentgelte.

Als Entgelt gelten auch der Aufwand aus **nicht dem gewöhnlichen Geschäftsverkehr** entsprechenden **gewährten Skonti,** z. B. Abschläge für die vorzeitige Erfüllung von Forderungen aus Lieferungen und Leistungen bei Gewährung eines unüblich langen Zahlungsziels und **Diskontbeträge** bei der Veräußerung von Wechsel- und anderen Geldforderungen, z. B. Abschläge aus dem Verkauf von aktivierten Forderungen, nicht jedoch darin enthaltenen Wertermittlungskosten oder Risikoprämien.

Nicht zu den Entgelten gehören beispielsweise Kontoführungsgebühren, Depotgebühren, Bereitstellungszinsen, Kosten der Kreditsicherung, Provisionen für Finanzmakler oder Währungsverluste sowie Provisionen für nicht in Anspruch genommene Kredite, Umsatzprovisionen und gezahlte negative Einlagezinsen.

§ 8 Nr. 1 b **Renten und dauernde Lasten** sind hinzuzurechnen, unabhängig davon, wie sie beim Empfänger gewerbesteuerlich behandelt werden. Zusagen der betrieblichen Altersversorgung sind keine Renten und dauernden Lasten, z. B. Pensionszusagen, Pensionskassen, -fonds, Direktversicherung und Unterstützungskassen. Die Höhe der Hinzurechnung ergibt sich bei passivierten Renten und dauernden Lasten aus dem Unterschied zwischen der laufenden Zahlung (Aufwand) und der Verminderung des Passivpostens für die Verpflichtung (Ertrag).

H 8.1 (2) Eine Hinzurechnung ist nur für betriebliche Renten und dauernde Lasten, nicht für private Versorgungsrenten möglich.

Beispiel: Betriebliche Kaufpreisrente

Ein Industriemeister hat ab 01.01.2023 den Gewerbebetrieb seines früheren Arbeitgebers auf Rentenbasis übernommen. Die monatliche Rente beträgt 1.600 €. In der Eröffnungsbilanz wurde die Rentenverpflichtung mit dem Barwert von 200.602 € passiviert. Am 31.12.2023 betrug der Barwert der Rentenverpflichtung 195.284 €. Die Rentenzahlungen von insgesamt 19.200 € wurden als Aufwand gebucht.

R 8.1 (2) Satz 2

Summe der Rentenzahlungen	19.200 € (Aufwand)
– Verminderung des Passivpostens	5.318 € (Ertrag)
Hinzurechnung	**13.882 €**

§ 8 Nr. 1 c **Die Gewinnanteile** des **typischen stillen Gesellschafters** werden hinzugerechnet unabhängig davon, ob sie beim stillen Gesellschafter zum Privat- oder Betriebsvermögen gehören.

BFH-Urteil v. 28.01.2016 H 8.1 (3) **Verlustanteile typischer stiller Gesellschafter** werden beim Gewerbebetrieb bei der Ermittlung der Summe der Finanzierungsanteile **mindernd** berücksichtigt. Beträgt die Summe der Einzelhinzurechnungen danach zwischen – 1€ und – 200.000 €[1)], ist ein Viertel der Summe dem Gewinn aus Gewerbebetrieb negativ hinzuzurechnen.

Beispiel

Summe der Hinzurechnungen nach § 8 Nr. 1	40.000 €
– Verlustanteil typischer stiller Gesellschafter	50.000 €
Summe der Einzelhinzurechnungsbeträge	–10.000 €, davon 1/4 = –2.500 €

H 8.1 (3) **Atypische stille Gesellschafter** sind steuerlich Mitunternehmer und erzielen Einkünfte aus Gewerbebetrieb. Ihr Gewinnanteil ist Teil des gewerblichen Gewinns der Mitunternehmerschaft und darf diesen deshalb nicht mindern. Eine Hinzurechnung ist **nicht** vorzunehmen.

1) seit 2020 200.000 €

Miet- und Pachtzinsen, Erbbauzinsen sowie die Leasingraten für bewegliche und unbewegliche Wirtschaftsgüter des Anlagevermögens werden **hinzugerechnet, unabhängig davon, ob sie beim Empfänger der Gewerbesteuer unterliegen oder** nicht.[1] §8 Nr. 1 d+e

Hinzuzurechnen sind auch die Aufwendungen des Mieters oder Pächters für Instandsetzung, Instandhaltung und Versicherung des Miet- oder Pachtgegenstandes. Nicht hinzuzurechnen sind Betriebskosten, wie Wasser, Strom, Heizung. H 8.1 (4)

Fall 4: Eine GmbH nahm zur Betriebserweiterung ab 01.03.2023 ein Darlehen von 400.000 € zu folgenden Konditionen auf: Auszahlung 95%, Zinssatz 2,5%, Laufzeit 5 Jahre, Tilgung ab 01.03.2024.
Am 30.09.2023 war die letzte Tilgungsrate über 50.000 € für ein vor zehn Jahren aufgenommenes Darlehen fällig. Die Zinsen für dieses Darlehen betrugen im Jahr 2023 insgesamt 2.250 €.
Für Kontokorrentschulden zahlte die GmbH 2023 insgesamt 12.350 € Zinsen.
Prüfen Sie, ob und in welcher Höhe, im EZ 2023 Entgelte für Schulden hinzuzurechnen sind.

Fall 5: Eine Maschinenfabrik pachtete im Januar 2023 von einem benachbarten Unternehmen eine Produktionshalle einschließlich Maschinen für eine Jahrespacht von 1.200.000 €. Von der Pachtsumme entfallen 360.000 € auf die Produktionshalle und 840.000 € auf die Maschinen.
Welcher Betrag ist dem Gewinn aus Gewerbebetrieb hinzuzurechnen?

Gewinnanteile z.B. Dividenden, die nach §3 Nr. 40 EStG bzw. §8 b(1) KStG steuerfrei sind, werden dem Gewinn nach Abzug der auf sie entfallenden Betriebsausgaben wieder hinzugerechnet, soweit sie **nicht** die Voraussetzungen des §9 Nr. 2a und Nr. 7 GewStG erfüllen, d.h. bei einer **Beteiligung** zu Beginn des EZ **< 15%**. §8 Nr. 5

Beispiel

Ein Gewerbetreibender erhielt im EZ eine Bardividende von 5.000 €. Gebucht wurde:

Konto		Soll	Haben
Bank		5.000 €	
an Dividendenerträge steuerpflichtig	60%		3.000 €
an Dividendenerträge steuerfrei	40%		2.000 €

Der als **steuerfrei behandelte Dividendenertrag** in Höhe von 2.000 € ist dem Gewinn aus Gewerbebetrieb hinzuzurechnen, wenn die Beteiligung < 15% beträgt (Streubesitz).

Beispiel

Eine GmbH erhielt im EZ eine Bardividende von 10.000 €. Gebucht wurde:

Konto	Soll	Haben
Bank	10.000 €	
an Laufende Erträge aus Anteilen an Kapitalgesellschaften 100% steuerfrei		10.000 €

Außerbilanziell wurde der Gewinn der GmbH um 9.500 € gekürzt, da 5% der Dividende als nicht abziehbare Betriebsausgaben gelten, §8 b(5) KStG.
Beträgt die Beteiligung der GmbH < 15% ist nach §8 Nr. 5 GewStG der steuerfrei bleibende Gewinnanteil, also 9.500 €, dem Gewinn aus Gewerbebetrieb hinzuzurechnen. Bei einer Beteiligung von > = 15% unterbleibt die Hinzurechnung.

Verlustanteile an einer in- oder ausländischen **Personengesellschaft** sind dem Gewinn aus Gewerbebetrieb hinzuzurechnen, sofern sie diesen zuvor gemindert haben. §8 Nr. 8

[1] Hinzurechnung bei Elektro- und Hybridelektrofahrzeugen und Fahrrädern, die keine Kfz sind, nur 10%.

§ 8 Nr. 9 **Zuwendungen (Spenden und Mitgliedsbeiträge) zur Förderung steuerbegünstigter Zwecke** i. S. d. §§ 52–54 AO an eine inländische juristische Person des öffentlichen Rechts oder an eine inländische öffentliche Dienststelle oder steuerbefreite Körperschaft, Personenvereinigung oder Vermögensmasse sind bei **Betrieben, die dem KStG unterliegen,** z. B. AG, GmbH dem Gewinn aus Gewerbebetrieb hinzuzurechnen, soweit sie bei der Ermittlung des körperschaftlichen Einkommens abgezogen wurden.

Beispiel

Eine GmbH spendete im EZ insgesamt 25.000 € für mildtätige Zwecke. Das Einkommen der GmbH **vor Abzug der Spenden** betrug 220.000 €. Die Spenden sind nach § 9 (1) Nr. 2 KStG in Höhe von 20 % von 220.000 € = 44.000 € (max. gezahlter Betrag) vom Einkommen abzugsfähig. Der Gewinn der GmbH beträgt danach noch 195.000 €.
Bei der Ermittlung des Gewerbeertrags der GmbH sind dem Gewinn von 195.000 € nach § 8 Nr.9 GewStG wieder 25.000 € hinzuzurechnen. Damit ist bei der Gewerbesteuer die Gleichbehandlung von Kapitalgesellschaften und Einzelunternehmern/Personengesellschaften, die Spenden nicht als Betriebsausgaben abziehen können, wieder hergestellt.

Übungen

1 Zum Kauf mehrerer Maschinen nahm ein Gewerbetreibender ab 30.06.2023 einen Bankkredit von 180.000 € zu folgenden Konditionen auf: Auszahlung 98 %, Laufzeit 4 Jahre, Zinssatz 3 %, Tilgung halbjährlich beginnend am 31.12.2023.
Welche Beträge sind bei den Hinzurechnungen nach § 8 Nr. 1a anzusetzen?

2 Eine GmbH zahlte im EZ an eine Leasinggesellschaft folgende Leasingraten: für Gebäude 600.000 €, für Maschinen und Fahrzeuge 240.000 €.
Berechnen Sie die Höhe der Hinzurechnung.

3 Eine AG entrichtete im EZ für mehrere Darlehen 280.000 € und für Kontokorrentschulden 60.000 € Zinsen. Außerdem wurden Gebühren für Vertriebslizenzen von insgesamt 120.000 € gezahlt.
In welcher Höhe sind Hinzurechnungen vorzunehmen?

4 Eine Gewerbetreibende entrichtete im EZ folgende Beträge, die als Betriebsausgabe gebucht wurden:

Zinsen für Warenschulden	1.200 €
Zinsen für Kontokorrentschulden	9.800 €
Zinsen für Darlehen	36.000 €
Leasingraten für Maschinen und Fahrzeuge	96.000 €
Pachtzinsen für Fabrikhalle	48.000 €
Miete für Lagerplatz	6.000 €
Aufwendungen für Lizenzen	120.000 €

Ermitteln Sie die Höhe der Hinzurechnungen i. S. d. § 8 Nr. 1

5 Stellen Sie fest, ob die folgenden Gewinnanteile bei den Finanzierungsentgelten anzusetzen sind:

a) Am Gewerbebetrieb von Horst Walther ist Heinz Baumann mit 50.000 € beteiligt. Die Beteiligung erstreckt sich nicht nur auf den Gewinn/Verlust, sondern auch auf die stillen Reserven. Der Gewinnanteil von Baumann betrug 7.500 €.
b) Der Einzelhändler Berthold Kraut ist als typischer stiller Gesellschafter an der Fruchthof KG Olpe beteiligt. Sein Gewinnanteil belief sich auf 4.800 €. Kraut weist die Beteiligung in seiner Bilanz aus.
c) Ein Angestellter einer Bauunternehmung in Wilhelmshaven ist mit 10.000 € am Gewinn seines Unternehmens beteiligt. Den Gewinnanteil, in Höhe von 1.000 €, nutzte er zur Aufstockung seiner Beteiligung.

6 Eine GmbH in Reutlingen zahlte im EZ folgende Miet- und Pachtzinsen:

Mietobjekt	Miete/Pacht	Vermieter
Parkplatz	18.000 €	benachbartes Einkaufszentrum
Lagerhalle	144.000 €	Landwirt
Büroräume	24.000 €	selbstständiger Zahnarzt
Kopiergeräte	12.000 €	Büromaschinen GmbH in Zürich (Schweiz)
Doppelgarage	720 €	Privatperson

Außerdem wurden mehrere Elektrofahrzeuge für insgesamt 48.000 € geleast.
Wie sind die Vorgänge bei der Ermittlung des Gewerbeertrags der GmbH zu berücksichtigen?

7 Heinz Schlau erwarb vor Jahren von Gustav Kellermeier gegen Zahlung einer monatlichen Kaufpreisrate von 2.000 €, dessen Schreinerei. Im EZ buchte Schlau die gezahlten Beträge in Höhe von 24.000 € als Betriebsausgabe.
Der Kapitalwert der passivierten Rentenlast hat sich durch die Zahlung um 4.000 € verringert.
Wie sind die gezahlten Kaufpreisraten bei den Hinzurechnungen zu berücksichtigen?
Hinweis: R 8.1 (2) GewStR

8 Eine KG in Leipzig musste wegen Kapazitätserweiterung von einem benachbarten Unternehmen eine Fabrikationshalle einschließlich Maschinen und sonstigem Inventar (Teilbetrieb) pachten. Für den EZ wurde eine Pacht von 240.000 € vereinbart, davon entfallen 84.000 € auf die gepachtete Fabrikationshalle.
Stellen Sie fest, in welchem Umfang sich die Pachtzahlungen bei der KG als Hinzurechnungen niederschlagen!

9 Eine AG in Saarbrücken hat im EZ folgende Beträge gespendet:

– DRK	15.000 €
– Universität Saarbrücken	10.000 €
– CARITAS	8.000 €
– politische Parteien	6.000 €

Die Spenden wurden, soweit möglich, bei der Ermittlung des Einkommens der AG abgezogen. Das **Einkommen vor Abzug der Spenden** (i. S. d. § 9 (2) KStG) **hat 500.000 €** betragen.
Welche Auswirkungen hat dies bei den Hinzurechnungen nach § 8 Nr. 9 GewStG?

10 Ein Einzelhändler in Ulm spendete aus Mitteln des Gewerbebetriebs 4.000 € an eine gemeinnützige Organisation sowie 6.000 € an die Universität Ulm für Forschungszwecke. Beide Beträge buchte er als Betriebsausgaben. Sein Gewinn aus Gewerbebetrieb betrug danach 140.000 €.
Welche Auswirkungen ergeben sich dadurch hinsichtlich des Gewinns aus Gewerbebetrieb und der Hinzurechnungen?

11 Auf dem betrieblichen Bankkonto einer Gewerbetreibenden wurden im Mai des EZ's 5.000 € Dividende – ohne Berücksichtigung von Steuerabzugsbeträgen – gutgeschrieben. Auf dem Konto 7103 (2655) Laufende Erträge aus Anteilen an Kapitalgesellschaften 40 % steuerfrei wurden 5.000 € gebucht. Im Gewerbeertrag nach § 7 GewStG ist nur der steuerpflichtige Teil der Dividende enthalten.
Wie hoch ist der Hinzurechnungsbetrag, wenn die Gewerbetreibende nur zu 1 % an der ausschüttenden Kapitalgesellschaft beteiligt ist?

12 Eine GmbH erhielt im EZ eine Bardividende von 120.000 €. Die Dividende wurde auf dem Konto 7103 (2655) Laufende Erträge aus Anteilen an Kapitalgesellschaften 100 % steuerfrei gebucht. Außerbilanziell kürzte die GmbH ihren Gewinn um 114.000 €, weil 5 % der Dividende als nicht abziehbare Betriebsausgabe gelten, § 8 b (5) KStG. In welcher Höhe ist eine Hinzurechnung vorzunehmen, wenn die GmbH an der ausschüttenden Kapitalgesellschaft zu 20 % beteiligt ist?

5.5.3 Kürzungen

Kürzungen nach § 9 GewStG	
1,2 % des Einheitswerts (EW)[1] des zum Betriebsvermögen gehörenden **Grundsitzes**	**Gewinne** aus Anteilen an einer steuerpflichtigen **inländischen Körperschaft**
Gewinnanteile an einer in- oder ausländischen **Personengesellschaft**	**Spenden**, die aus Mitteln des Gewerbebetriebs geleistet worden sind

Kürzung bei Betriebsgrundstücken

§ 9 Nr. 1 GewStG Die Summe des Gewinns und der Hinzurechnungen ist um **1,2 % des Einheitswerts (EW)** ab EZ 2025 um 0,11 % des Grundsteuerwerts des zum Betriebsvermögen gehörenden und **nicht von der Grundsteuer befreiten Grundbesitzes** zu kürzen. Ob ein Grundstück zum Betriebsvermögen gehört, richtet sich hier nach den einkommensteuerlichen Vorschriften, R 4.2 EStR.

R 9.1 (1) GewStR Wird danach ein eigenbetrieblich genutztes Grundstück nicht als Betriebsvermögen behandelt, weil sein Wert nicht mehr als 1/5 des Werts des gesamten Grundstücks und auch nicht mehr als 20.500 € beträgt, § 8 EStDV, ist dennoch eine Kürzung vorzunehmen, um eine Doppelbesteuerung mit Grund- und Gewerbesteuer zu verhindern.

R 9.1 (1) S. 10+11 GewStR § 20 GewStDV Nur **Grundbesitz**, der zu Beginn des Erhebungszeitraums, also **am 01.01.**, zum Betriebsvermögen gehört hat, **ist zu berücksichtigen.**
Dient nur ein **Teil des Grundstücks eigenbetrieblichen Zwecken**, ist die **Kürzung nur** von dem Teil des EW (Grundstückswerts) vorzunehmen, der **auf den eigenbetrieblich genutzten Teil** des Grundstücks entfällt. Die Aufteilung des Einheitswerts (Grundstückswerts) erfolgt nach dem Verhältnis der Jahresrohmiete, der Nutzfläche oder des Rauminhalts. Befindet sich der Grundbesitz im Zustand der Bebauung, ist vom Einheitswert nach § 91 BewG auszugehen.

§ 121 a BewG R 9.1 (2) GewStR In den alten Bundesländern sind die Einheitswerte der Betriebsgrundstücke, soweit sie auf Wertverhältnissen am **01.01.1964** beruhen, mit 140 % des Einheitswerts anzusetzen.
In den neuen Bundesländern sind die Einheitswerte der Betriebsgrundstücke, soweit sie auf Wertverhältnissen am **01.01.1935** beruhen, wie folgt anzusetzen:

§ 133 BewG
- Mietwohngrundstücke mit 100 % des EW 1935;
- Geschäftsgrundstücke mit 400 % des EW 1935;
- gemischt genutzte Grundstücke mit 250 % des EW 1935;
- unbebaute Grundstücke mit 600 % des EW 1935.

Beispiel

Der Einheitswert des Geschäftsgrundstücks eines Elektrogeräteherstellers in Stuttgart wurde nach Wertverhältnissen zum 01.01.1964 auf 126.000 € festgestellt. Das Grundstück dient seit Jahren zu 85% eigenen gewerblichen Zwecken. Der Rest dient Wohnzwecken und gehört nicht zum Betriebsvermögen. Um die Parkplatzsituation zu entschärfen, wurde im Mai 2023 ein benachbartes, unbebautes Grundstück erworben. Der Einheitswert dieses Grundstücks beträgt nach WV 01.01.1964 12.000 €.
In welchem Umfang sind im EZ 2023 Kürzungen nach § 9 Nr. 1 GewStG vorzunehmen?

Kürzungen für das Geschäftsgrundstück:
1,2% von 126.000 € × 85% (soweit BV) × 1,4 = 1.799,28 €

Keine Kürzung erfolgt für das unbebaute Grundstück, weil es am 01.01.2023 (Beginn des Erhebungszeitraums) noch nicht zum Betriebsvermögen des Elektrogeräteherstellers gehörte.

[1] Einheitswerte werden letztmals auf den 01.01.2024 festgestellt. Ab 01.01.2025 beträgt die Kürzung einheitlich 0,11 % des Grundsteuerwerts, § 9 Nr. 1 GewStG.

Beispiel:

Im Betriebsvermögen eines Gewerbetreibenden in Jena befindet sich ein gemischt genutztes Grundstück, dessen Einheitswert nach Wertverhältnissen zum 01.01.1935 auf 15.000 € festgestellt wurde.

Die Kürzungen für den Grundbesitz beträgt:
1,2% von 15.000 € × 250% = 450 €

Fall 6: Ein Unternehmer betreibt auf eigenem Grundstück eine Werkzeuggroßhandlung. 80% des Grundstücks dienen eigenbetrieblichen Zwecken, der Rest ist an eine Privatperson als Wohnung vermietet. Der Einheitswert des Grundstücks beträgt 61.355 € (WV 01.01.1964). Am 01.04.2023 hat der Unternehmer ein unbebautes Grundstück **verkauft**, das als Kundenparkplatz genutzt wurde, Einheitwert 20.451 € (WV 01.01.1964).

Wie hoch sind die Kürzungsbeträge im Erhebungszeitraum 2023?

Übungen

1 Die Geschäftsräume eines Einzelgewerbetreibenden befinden sich in einem gemischt genutzten Grundstück in Chemnitz, dessen Einheitswert nach Wertverhältnissen zum 01.01.1935 6.136 € beträgt. Das Grundstück wird folgendermaßen genutzt:

EG	eigenbetrieblich genutzt	50 %
1. OG	Praxis eines Arztes	30 %
2.OG	Wohnung des Gewerbetreibenden	20 %

Das Grundstück ist zu 50 % bilanziert. Wie hoch ist die Kürzung für den Grundbesitz?

2 Ein Gewerbetreibender in Freiburg nutzt seit Jahren ein seiner Frau und ihm je zur Hälfte gehörendes bebautes Grundstück zu 80 % für eigene gewerbliche Zwecke, der Rest dient fremden Wohnzwecken. Der eigenbetrieblich genutzte Teil des Grundstücks ist bilanziert. Der EW für das gesamte Grundstück beträgt 71.580 € (WV 01.01.1964).
In welcher Höhe ist die Kürzung für den Grundbesitz vorzunehmen?

3 Kurt Zeller betreibt auf eigenem Grundstück in Frankfurt eine Handelsvertretung. Der eigenbetrieblich genutzte Grundstücksteil beträgt 20 % und ist, da er nicht mehr als 20.500 € beträgt, nicht bilanziert. Der Rest dient eigenen und fremden Wohnzwecken. Der EW des ganzen Grundstücks beträgt 32.723 € (WV 01.01.1964).
Prüfen Sie, ob eine Kürzung für den Grundbesitz vorzunehmen ist, und berechnen Sie ggf. den Kürzungsbetrag!

4 Eine GmbH & Co. KG in Bamberg erwarb im März 2021 ein unbebautes Grundstück, um darauf ein Bürogebäude zu errichten. Der EW des Grundstücks beträgt 4.090 € (WV 01.01.1964). Mit dem Bau wurde Anfang August begonnen.

Ende Dezember 2021 war das EG bereits bezugsfertig. Der Einheitswert für das Grundstück im Zustand der Bebauung betrug zum 01.01.2022 54.196 €. Nach Fertigstellung des Bürogebäudes im Juni 2022 wird der EW auf 01.01.2023 mit 75.671 € festgestellt.
Wie hoch ist die Kürzung für den Grundbesitz in den Erhebungszeiträumen 2021, 2022 und 2023?

Gewinnanteile an in- oder ausländischen Personengesellschaften, z.B. OHG, KG, GbR, werden abgezogen, wenn sie im Gewinn aus Gewerbebetrieb enthalten sind. §9 Nr. 2 GewStG

§ 9 Nr. 2 a GewStG R 9.3 GewStR

Gewinne aus Anteilen an inländischen steuerpflichtigen Kapitalgesellschaften, z. B. AG, GmbH, führen zu einer Kürzung, wenn die Gewinnanteile bei der Ermittlung des Gewinns i. S. d. § 7 GewStG angesetzt worden sind und die **Beteiligung zu Beginn des EZ mindestens 15% des Grund- oder Stammkapitals beträgt**. Fließen die Beteiligungserträge einer Kapitalgesellschaft zu, ist der § 8b (1+5) KStG zu beachten. Die nach § 8b (5) KStG nicht abziehbaren Betriebsausgaben sind keine Gewinne aus Anteilen an Kapitalgesellschaften, § 9 Nr. 2a Satz 4.

§ 9 Nr. 5 GewStG

Spenden als Kürzungsbetrag

Die aus Mitteln des Gewerbebetriebs geleisteten Zuwendungen (Spenden und Mitgliedsbeiträge) zur Förderung steuerbegünstigter Zwecke i. S. d. §§ 52–54 AO an eine juristische Person des öffentlichen Rechts, eine öffentliche Dienststelle oder an eine nach § 5 (1) Nr. 9 steuerbefreite Körperschaft geleistet werden, die in der EU oder in einem EWR-Staat belegen ist.

Die Spenden können bei **allen Gewerbebetrieben, unabhänig von der Rechtsform**, im Rahmen der Höchstbeträge abgezogen werden.

Berechnungsmethoden für abzugsfähige Spenden

Methode 1	Methode 2
20% des Gewinns + Hinzurechnungen nach § 8 Nr. 9 (bei Kapitalgesellsch.)	4‰ der Summe aus Umsätzen, Löhnen und Gehältern

Abziehbare Zuwendungen, welche die **Höchstbeträge überschreiten**, führen im **Rahmen der Höchstbeträge in den folgenden Erhebungszeiträumen** zu Kürzungen.

§ 4 (6) EStG

Spenden für politische Parteien und für Wählervereinigungen sind nicht abziehbar.

Beispiel

1. Eine Gewerbetreibende spendete aus betrieblichen Mitteln 20.000 € für wissenschaftliche Zwecke an eine Universität. Der Gewinn aus Gewerbebetrieb betrug im selben Erhebungszeitraum 92.000 € . Die Summe der gesamten Umsätze, Löhne und Gehälter belief sich auf 8.860.000 € .
   Berechnen Sie den Kürzungsbetrag nach den Methoden 1 und 2.

Methode 1:	wissenschaftliche Spende	20.000 €	
	abzugsfähig 20% von 92.000 € =	**18.400 €**	**(= Kürzungsbetrag)**
	nicht abzugsfähig	1.600 €	
Methode 2:	wissenschaftliche Spende	20.000 €	
	abzugsfähig 4‰ von 8.860.000 € max.	**20.000 €**	**(= Kürzungsbetrag)**

2. Nach Abzug einer Spende in Höhe von 18.400 € für wissenschaftliche Zwecke betrug der Gewinn einer **GmbH** noch 73.600 €. Wie hoch ist der Kürzungsbetrag bei Anwendung der **Methode 1**?

Gewinn aus Gewerbebetrieb	73.600 €	
+ Hinzurechnung § 8 Nr.9	**18.400 €**	**(= Erhöhungsbetrag)**
Gewinn + Hinzurechnung	92.000 €	
– Kürzung nach § 9 Nr. 5, Spende 20% von 92.000 €	**18.400 €**	**(= Kürzungsbetrag)**

Gewerbesteuerlich werden bei der Höhe der Kürzung Kapitalgesellschaften und Einzelunternehmen/Personengesellschaften gleich gestellt.

> **Fall 7:** Eine Aktiengesellschaft spendete aus betrieblichen Mitteln 10.000 € für wissenschaftliche Zwecke sowie 5.000 € für kirchliche Zwecke. Die Beträge wurden bei der Ermittlung des Einkommens der AG abgezogen. Der Gewinn der AG betrug danach 165.000 €.
>
> Wie hoch ist der Kürzungsbetrag?

Nicht abziehbar sind Mitgliedsbeiträge an Körperschaften, §9 Nr. 5 GewStG

- die den Sport fördern
- für kulturelle Betätigungen, die in erster Linie der Freizeitgestaltung dienen
- die Heimatpflege und Heimatkunde fördern
- die Zwecken i.S.d.,§52(2) Nr.23 AO (Tierzucht, Pflanzenzucht, Kleingärtnerei, Brauchtum, Karneval, Fastnacht, Modellflug, Hundesport ...) dienen

Einzelunternehmen und Personengesellschaften können auf Antrag neben den o. g. Kürzungen eine Kürzung um die im Erhebungszeitraum in den Vermögensstock einer Stiftung des öffentlichen Rechts oder einer nach §5(1) Nr.9 KStG steuerbefreiten Stiftung des privaten Rechts geleisteten Spenden in das nicht verbrauchbare Vermögen im EZ der Leistung und in den folgenden neun Erhebungszeiträumen bis zu 1 Mio € vornehmen. Der Kürzungsbetrag kann innerhalb von zehn Jahren nur einmal in Anspruch genommen werden.

Übungen

1 Ein Einzelgewerbetreibender in Aachen hat aus betrieblichen Mitteln im EZ folgende Spenden geleistet:

– für mildtätige Zwecke	4.800 €
– für kirchliche Zwecke	3.200 €
– für wissenschaftliche Zwecke	5.000 €
– an politische Parteien	1.000 €

Die Spenden wurden erfolgsneutral gebucht.
Wie hoch ist der Kürzungsbetrag bei einem Gewinn aus Gewerbebetrieb von 126.000 €?

2 Eine AG in München spendete im EZ folgende Beträge:

- 5.000 € für religiöse Zwecke
- 5.000 € für mildtätige Zwecke
- 20.000 € für wissenschaftliche Zwecke

Das Einkommen der AG betrug vor Abzug der Spenden 280.000 €. Die Summe der gesamten Umsätze und der aufgewendeten Löhne und Gehälter belief sich auf 14.420.000 €. In welchem Umfang wirken sich die Spenden als Kürzung im günstigsten Falle aus?

3 Die Gewerbetreibende Marlies Fink ist mit 15 % an einer GmbH beteiligt. Die Beteiligung wird im Betriebsvermögen gehalten. Im Juni 2023 wurden auf dem betrieblichen Bankkonto von Frau Fink 10.500 € Gewinnanteil für 2022 gutgeschrieben. Steuerabzugsbeträge wurden nicht vorgenommen.

Gebucht wurde:

Konto		Soll	Haben
Bank		10.500 €	
an Dividendenerträge steuerpflichtig	60 %		6.300 €
an Dividendenerträge steuerfrei	40 %		4.200 €

Der steuerpflichtige Anteil ist im Gewerbeertrag nach §7 GewStG enthalten.
In welchem Umfang ist eine Kürzung nach §9 Nr. 2a vorzunehmen?

4 Eine GmbH buchte auf dem Konto 7103 Laufende Erträge aus Anteilen an Kapitalgesellschaften 100 % steuerfrei eine Dividende von 120.000 €. Außerbilanziell verminderte die GmbH ihren Jahresüberschuss um 95 % = 114.000 €, da 5 % der Dividende als nichtabziehbare Betriebsausgabe gelten, § 8 b (5) KStG.
Wie hoch ist der Kürzungs- bzw. Hinzurechnungsbetrag, wenn die GmbH mit 15 %/8 % an der ausschüttenden AG beteiligt ist?

5 Die Tönnies KG in Düsseldorf erzielte im EZ einen Gewinn aus Gewerbebetrieb von 268.000 €. Aus den Büchern und Aufzeichnungen können folgende Angaben entnommen werden:

- Die KG zahlte 24.800 € Hypothekenzinsen für einen Erweiterungsbau.
- Aus der Beteiligung an einer OHG ergab sich ein Verlust von 20.000 €, der als Aufwand gebucht wurde.
- Vom betrieblichen Bankkonto wurde eine Spende über 5.000 € für CARITAS abgebucht. Der Betrag wurde nicht als Aufwand gebucht.
- Im EZ hat die KG mehrere Elektrofahrzeuge für insgesamt 96.000 € geleast.
- Der Prokurist der KG ist als typischer stiller Gesellschafter mit einer Einlage von 30.000 € an der KG beteililgt. Sein Gewinnanteil hat im EZ 3.000 € betragen.
- Wegen eines höheren Schuldsaldos auf dem Kontokorrentkonto musste die KG im EZ 12.480 € Zinsen bezahlen.
- Der Einheitswert des Geschäftsgrundstücks beträgt 96.000 € (WV 01.01.1964).

Wie hoch ist der Gewerbeertrag?

6 Aus den Büchern und Unterlagen des Einzelunternehmers Petersen in Kiel ergeben sich für den EZ 2023 folgende Vorgänge und Zahlen:

- Gewinn aus Gewerbebetrieb 108.000 €
- Im Zusammenhang mit einem Grundstückskauf wurde ab 30.09.2023 ein Hypothekendarlehen von 120.000 € zu folgenden Konditionen aufgenommen:
  Auszahlung 96 %, Laufzeit 10 Jahre, Zinssatz 3 %, Tilgung vierteljährlich beginnend am 31.12.2023. Der EW des Grundstücks beträgt 43.000 € (WV 01.01.1964), es wird zu 100 % eigenbetrieblich genutzt.
- Für seine Kontokorrentschulden zahlte Petersen im EZ 8.460 € Zinsen.
- Am Unternehmen ist eine Privatperson als typischer stiller Gesellschafter beteiligt. Der Gewinnanteil in Höhe von 15.000 € wurde als Betriebsausgabe gebucht.
- Von einem Computerhändler in Lübeck wurde eine DV-Anlage geleast, die monatlichen Leasingraten betrugen 900 €.
- Das alte Betriebsgrundstück wird zu 85 % eigenbetrieblich genutzt. Der EW beträgt 70.000 € (WV 01.01.1964).
- Petersen ist an einer OHG in Wismar beteiligt. Die OHG erzielte im EZ 2023 einen Verlust, von dem 27.000 € auf Petersen entfallen.
- Im Kalenderjahr 2023 spendete Petersen aus betrieblichen Mitteln 4.000 € für besonders förderungswürdige kulturelle Zwecke und 5.000 € für wissenschaftliche Zwecke. Beide Beträge buchte er als Betriebsausgabe.

Ermitteln Sie den Gewerbeertrag für den EZ 2023!

7 Die Fritz Reutlinger KG, Ulm, ermittelt den Gewinn nach § 5 EStG. Im Erhebungszeitraum 2023 wurde ein handelsrechtlicher Gewinn von 260.000 € ausgewiesen. Das Wj entspricht dem Kj.

Ermitteln Sie den Gewerbeertrag für den **Erhebungszeitraum 2023!**

a) Im Gewinn der KG ist ein Betrag von 60.000 € für den Verkauf einer Ausstellungshalle (Teilbetrieb) in München enthalten, die nicht mehr benötigt wird. Der EW der Halle betrug 24.000 € (WV 01.01.1964). Der Kaufvertrag wurde am 30.08. abgeschlossen.

b) Zur Erweiterung des Betriebs in Ulm wurde Ende März ein unbebautes Grundstück für 140.000 € erworben, EW 36.000 € (WV 01.01.64). Der Kaufpreis wurde am 01.04 durch Aufnahme eines Darlehens von 148.936 € beglichen. Die Kreditbedingungen lauten: Auszahlung 94 %, Laufzeit 10 Jahre, Zinssatz 2 %, Tilgung ab 01.04.2024.

c) Die KG wird auf eigenem Geschäftsgrundstück betrieben. Der EW beträgt 62.000 €, (WV 01.01.1964). 10 % des Geschäftsgrundstücks dienen fremden Wohnzwecken.

d) Von einem benachbarten Unternehmen wurde Anfang des Jahres eine Maschinenhalle samt Einrichtung gepachtet. Der EW beträgt 28.000 €. Die Jahrespacht in Höhe von 280.000 € fällt zu 80 % auf die Einrichtung.

e) Am 01.06. wurde von einer schweizerischen Datenverarbeitungsgesellschaft eine neue DV-Anlage probeweise bis zum Jahresende gemietet. Die monatlichen Mietzahlungen betrugen 1.500 €.

f) An der KG ist ein leitender Angestellter mit 50.000 € als typischer stiller Gesellschafter beteiligt. Sein Gewinnanteil belief sich im EZ auf 6.000 €. Der Betrag wurde als Betriebsausgabe gebucht.

g) Zur Pflege der Außenanlagen wurde mehrmals von einem Landwirt ein Traktor mit Mähwerk gemietet. Die Zahlungen an den Landwirt betrugen im EZ insgesamt 600 €.

h) Aus betrieblichen Mitteln wurden aufgrund eines Gesellschafterbeschlusses im EZ an die Universität Ulm 10.000 € und an die CARITAS 5.000 € für mildtätige Zwecke gespendet. Die Spenden wurden als Betriebsausgaben behandelt.

i) Die KG unterhält bei der KSK Ulm ein Kontokorrentkonto. Die jeweiligen Schuldsalden wurden bis zum 30.06. mit 10 % und ab 01.07. mit 12 % verzinst. Die Zinsbelastung belief sich im EZ auf insgesamt 29.680 €.

j) Die KG ist an einer OHG in Wuppertal beteiligt. Die OHG erwirtschaftete im EZ einen Gewinn von 188.000 €. Davon entfallen auf die Reutlinger KG 15 %. Der Gewinnanteil wurde als Ertrag gebucht.

k) Außerdem hält die KG eine Beteiligung in Höhe von 18 % an einem Zulieferer, der in Form einer GmbH betrieben wird. Im EZ erhielt die KG eine Dividende von 10.000 €, die zu 60 % als steuerpflichtige Betriebseinnahme gebucht wurde.

l) Der Gesellschafter Fritz Reutlinger mietete ab 01.07. von seiner Frau, die als selbstständige Rechtsanwältin tätig ist, zwei Büroräume an. Die KG zahlte dafür an die Ehefrau Reutlingers monatlich 2.000 €, obwohl die ortsübliche Miete für vergleichbare Räume nur 1.000 € beträgt. Die Mietzahlungen wurden als Betriebsausgaben erfasst.

m) In den Personalkosten der KG ist die Tätigkeitsvergütung für den Komplementär Fritz Reutlinger in Höhe von 84.000 € enthalten.

§ 10 GewStG

5.5.4 Maßgebender Gewerbeertrag

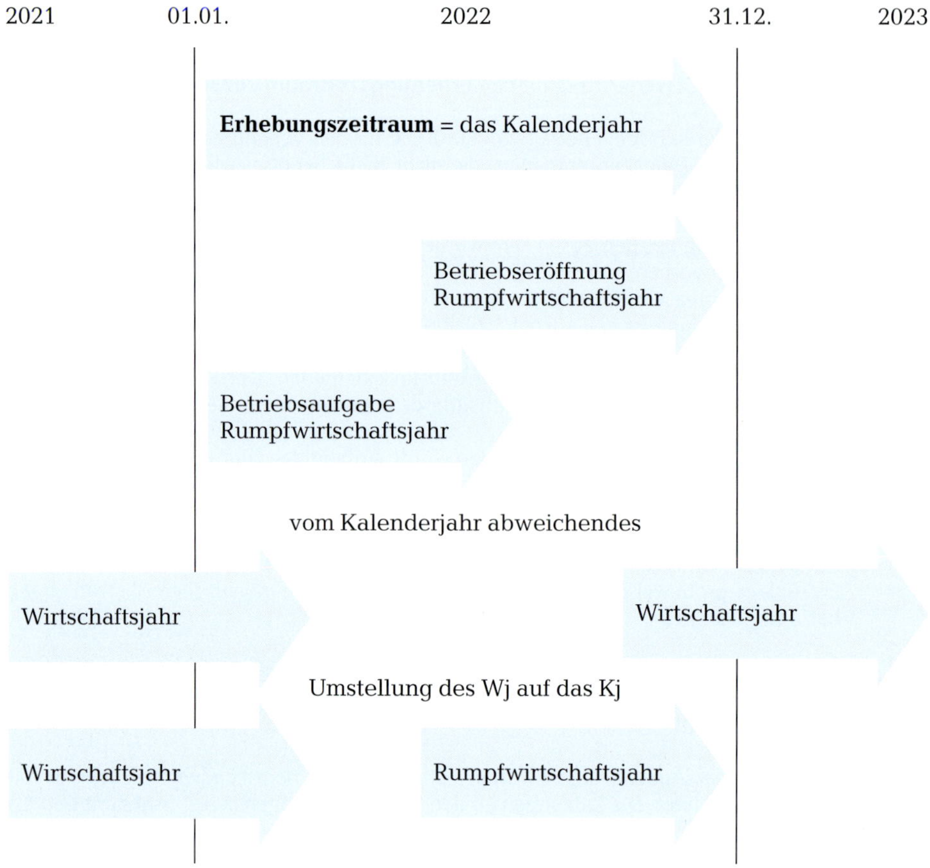

Fall 8: Ein Gewerbetreibender eröffnet seinen Betrieb am 01.10.2023. Das Wirtschaftsjahr läuft jeweils vom 01.10.–30.09.

a) Wird für den Erhebungszeitraum 2023 ein Gewerbeertrag festgestellt?
b) Wie wäre zu entscheiden, wenn das Wj dem Kj entspräche?

§ 10 (1)/§ 14 S. 2 GewStG Für die Berechnung des Steuermessbetrags ist der Gewerbeertrag maßgebend, der im Erhebungszeitraum bezogen worden ist. Erhebungszeitraum ist das Kalenderjahr.

§ 10 (2) GewStG Weicht bei einem Unternehmen das Wirtschafsjahr vom Kalenderjahr ab, gilt der Gewerbeertrag als in dem Erhebungszeitraum bezogen, in dem das Wirtschaftsjahr endet. Diese Regelung ist auch anzuwenden bei Beginn oder Ende der Gewerbesteuerpflicht oder bei der Umstellung des Wirtschaftsjahrs.

§ 14 S. 3 GewStG Besteht die Gewerbesteuerpflicht nicht während des ganzen Kalenderjahrs, tritt an die Stelle des Kalenderjahrs der Zeitraum der Steuerpflicht **(= abgekürzter Erhebungszeitraum).**

Übungen

1 Ein Gewerbetreibender, dessen Wirtschaftsjahr jeweils vom 01.04.–31.03. lief, stellt im Erhebungszeitraum 2023 auf das Kalenderjahr um. Der Gewinn im Wj 2022/2023 betrug 126.000 €, der Gewinn des Rumpfwirtschaftsjahrs belief sich auf 84.000 €.
Wie hoch ist der Gewerbeertrag im Erhebungszeitraum 2023?

2 Eine KG eröffnete am 01.03.2022 in Dresden einen Gewerbebetrieb. Das Wirtschaftsjahr entspricht dem Kalenderjahr. Im Rumpfwirtschaftsjahr 2022 betrug der Gewerbeertrag 56.000 €. Im Jahr 2023 stellt die KG auf ein vom Kj abweichendes Wj um. Das Wj läuft künftig vom 01.04.–31.03. Vom 01.01.2023–31.03.2023 beträgt der Gewerbeertrag 28.000 €, im Wj 2023/2024 112.000 €.
Welche Beträge sind in den Erhebungszeiträumen 2022, 2023, 2024 als Gewerbeertrag anzusetzen?

5.5.5 Gewerbeverlust

§ 10 a GewStG

	Gewinn aus Gewerbebetrieb
+	Hinzurechnungen
–	Kürzungen
=	maßgebender Gewerbeertrag
–	**Gewerbeverlust**
	verbleibender Gewerbeertrag

	Gewinn aus Gewerbebetrieb	60.000 €
+	Hinzurechnungen	5.000 €
–	Kürzungen	80.000 €
	Gewerbeverlust (Fehlbetrag)	**15.000 €**

Fall 9: Der Gewinn aus Gewerbebetrieb betrug bei einem Einzelunternehmen im Kalenderjahr 2022 40.000 €. An Hinzurechnungen nach § 8 GewStG sind 4.000 € und als Kürzungen i. S. d. § 9 GewSt 50.000 € zu berücksichtigen.

Berechnen Sie den Gewerbeverlust!

Das GewStG bezeichnet den Gewerbeverlust, der bei der Ermittlung des maßgebenden Gewerbeertrags entstehen kann, als **Fehlbetrag.** Der Gewerbeverlust ist nach den §§ 179ff AO gesondert festzustellen und auf die **folgenden Erhebungszeiträume** so lange **vorzutragen**, bis er verbraucht ist. **Ein Rücktrag**, wie bei der Einkommensteuer, **ist nicht möglich**. Fehlbeträge können nur bis 1 Mio. € mit positiven Gewerbeerträgen verrechnet werden. Darüber hinaus gehende Fehlbeträge sind nur bis zu 60% des verbleibenden positiven Gewerbeertrags verrechenbar, der Rest wird auf künftige Erhebungszeiträume vorgetragen.

Beispiel

Für eine GmbH wurde im EZ 2021 ein Verlustvortrag von 1.460.000,00 € festgestellt. Im Jahr 2022 erzielte die GmbH einen positiven Gewerbeertrag von 1.220.000,00 € und im Jahr 2023 von 800.000 €.

Lösung:

Gewerbeertrag 2022	1.220.000 €	vorl. Gewerbeertrag 2023	800.000 €
– Verlustvortrag aus 2021	1.000.000 €	– verbleibender Verlustvortrag	328.000 €
verbleiben	220.000 €	Gewerbeertrag 2023	472.000 €
– davon höchstens 60 %	132.000 €		
Gewerbeertrag 2022	88.000 €		

Verbleibender Verlustvortrag für 2023: 1.460.000 € – 1.132.000 € = 328.000 €

Die Kürzung des maßgebenden Gewerbeertrags des folgenden Erhebungszeitraums um den Gewerbeverlust ist von Amts wegen auch dann vorzunehmen, wenn der Gewerbeertrag durch den Verlustabzug unter den Freibetrag von 24.500 € bei Einzelunternehmen und Personengesellschaften sinkt. Es besteht kein Wahlrecht des Unternehmers, in welchem Jahr er den Verlust geltend machen will. R 10a.1 (3) GewStR H 10a.1 GewStH

Voraussetzung für die Berücksichtigung des Gewerbeverlustes ist, dass der Fehlbetrag sowohl bei demselben Unternehmer **(= Unternehmergleichheit)** als auch bei demselben Unternehmen **(= Unternehmensgleichheit)** entstanden ist, bei dem der maßgebende Gewerbeertrag gekürzt werden soll. R 10a.2/10a.3 GewStR

Übungen

1 Ein Einzelunternehmer in Koblenz erzielte im EZ 2023 einen Gewinn aus Gewerbebetrieb von 22.400 €. Die Summe der Hinzurechnungen betrug 4.600 €, die Summe der Kürzungen 40.000 €.
   a) Wie hoch ist der Gewerbeverlust 2023?
   b) Welche Folge hätte das berechnete Ergebnis, wenn der maßgebende Gewerbeertrag im EZ 2023 30.000 € betragen würde?

2 Eine GmbH in Freiburg wies im EZ 2022 einen negativen Gewerbeertrag (= Gewerbeverlust) von 1.080.000 € aus. Im EZ 2023 beträgt der maßgebende Gewerbeertrag der GmbH 1.100.000 € und im EZ 2024 voraussichtlich 960.000 €. Welche Auswirkungen ergeben sich für die EZ 2023 und 2024 durch den im EZ 2022 entstandenen Gewerbeverlust?

§ 11 (1) Nr. 1 + 2 GewStG

5.5.6 Freibeträge bei der Ermittlung des Gewerbeertrags

R 11.1 GewStR

H 11.1 GewStH

24.500 €	5.000 €
wenn der **Gewerbebetrieb von natürlichen Personen oder Personengesellschaften** betrieben wird. Der Freibetrag wird auch Kapitalgesellschaften gewährt, wenn an deren gewerblichen Unternehmen **nur natürliche Personen** als **atypische stille Gesellschafter** beteiligt sind oder nur **eine andere Kapitalgesellschaft** als **atypischer stiller Gesellschafter** beteiligt ist. Der Freibetrag wird betriebsbezogen gewährt. Bei Wechsel des Steuerschuldners wird er nach der Dauer der persönlichen Steuerpflicht aufgeteilt.	wenn ein **wirtschaftlicher Geschäftsbetrieb** von einer sonstigen juristischen Person des privaten Rechts oder einem nichtrechtsfähigen Verein betrieben wird sowie bei Unternehmen von juristischen Personen des öffentlichen Rechts

5.6 Steuermesszahl und Steuermessbetrag

Die Steuermesszahl für den auf **volle 100 € abgerundeten Gewerbeertrag** beträgt bei

§ 11 (2) GewStG

allen Gewerbebetrieben
3,5 %.

Beispiel

1.) Der Gewerbeertrag eines Handwerksbetriebs beträgt 86.000 €. Der Steuermessbetrag kann wie folgt berechnet werden :

Gewerbeertrag	86.000 €
– Freibetrag	24.500 €
verbleiben	61.500 € × 3,5 % = 2.152,50 € (= Steuermessbetrag)

2. Würde der Handwerksbetrieb in der Rechtsform einer GmbH betrieben, könnte kein Freibetrag abgezogen werden.

Steuermessbetrag: 86.000 € × 3,5 % = 3.010 €.

Übungen

1 Der Gewerbeertrag einer Maschinenbau AG in Augsburg beträgt im EZ 184.970 €.
Wie hoch ist der Steuermessbetrag?

2 Ein Einzelunternehmer in Gera weist im EZ einen Gewerbeertrag von 76.400 € aus.
Berechnen Sie den Steuermessbetrag!

3 Aus den Büchern und Unterlagen einer GmbH in Mannheim ergeben sich für den EZ folgende Zahlen:

– Gewinn aus Gewerbebetrieb	35.780 €
– Entgelte für Schulden, § 8 Nr. 1a	160.960 €
– Verlustanteil an einer KG	50.000 €
– Einheitswert des Betriebsgrundstücks nach Wertverhältnissen 01.01.64	74.000 €
– Leasingraten für bewegl. Wirtschaftsgüter	48.000 €
– Pacht für Immobilien	60.000 €
– Spenden für steuerbegünstigte Zwecke nach § 9 Abs.1 Nr. 2 KStG	40.000 €

Wie hoch ist der Steuermessbetrag?

5.7 Die Berechnung der Gewerbesteuer

			Beispiel:
	Steuermessbetrag		6.800 €
×	Hebesatz	§ 16 (1) GewStG	400 %
=	Gewerbesteuerschuld		27.200 €
–	Vorauszahlungen	§ 20 (1) GewStG	24.000 €
=	Abschlusszahlung	§ 20 (2) GewStG	3.200 €

Fall 10: Der Steuermessbetrag einer GmbH beträgt im Erhebungszeitraum 2023 10.000 €. Der Hebesatz der Gemeinde wurde für 2023 auf 450 % festgesetzt. Die GmbH hat für den EZ insgesamt 42.000 € Gewerbesteuervorauszahlungen entrichtet.

Wie hoch ist die Abschlusszahlung?

5.7.1 Hebesatz

Zur Berechnung der Gewerbesteuerschuld wird der Steuermessbetrag mit einem Prozentsatz (Hebesatz) multipliziert. Den Hebesatz legt die hebeberechtigte Gemeinde (§§ 4, 35 a GewStG) fest. Der Hebesatz kann für mehrere Jahre festgesetzt werden. Er muss für alle Unternehmen in der Gemeinde gleich hoch sein und **mindestens 200 %** betragen.

§ 16 GewStG
§ 16 (4) GewStG

5.7.2 Entstehung der Steuer

Die Gewerbesteuer entsteht mit Ablauf des Erhebungszeitraums (= Kalenderjahr) für den die Steuerfestsetzung vorgenommen wird.

§ 18 GewStG

5.7.3 Vorauszahlungen

§ 19 GewStG Gewerbesteuervorauszahlungen sind am **15.02.**, **15.05.**, **15.08.** und **15.11.** zu entrichten. Sie betragen grundsätzlich ein Viertel der Steuer, die sich bei der letzten Veranlagung ergeben hat. Vorauszahlungen werden jedoch nur festgesetzt, wenn sie mindestens **50 €** betragen.

§ 21 GewStG Die Vorauszahlungen entstehen mit Beginn des Kalendervierteljahrs, in dem die Vorauszahlung zu entrichten ist.

§ 19 (3) GewStG Die Gemeinde kann die Vorauszahlungen der Steuer anpassen, die sich für den laufenden Erhebungszeitraum voraussichtlich ergeben wird. Bei einer nachträglichen Erhöhung der Vorauszahlungen ist der Erhöhungsbetrag innerhalb eines Monats nach Bekanntgabe des Vorauszahlungsbescheids zu entrichten.

Der Steuerermäßigungsbetrag ist betriebsbezogen zu ermitteln.

R 19.1 GewStR Bei einem vom Kalenderjahr abweichenden Wirtschaftsjahr sind die GewSt-Vorauszahlungen bereits während des Wj zu entrichten, das im Erhebungszeitraum endet.

Beispiel

Ein Unternehmen mit einem Wirtschaftsjahr vom 01.10.2022–30.09.2023 hat am 15.11.2022 6.000 € und an den weiteren Vorauszahlungsterminen 15.02., 15.05. und 15.08.2023 jeweils 5.000 €. Vorauszahlungen entrichtet. Die Gewerbesteuerschuld für den Erhebungszeitraum 2023 beträgt 24.000 €. Darauf werden die im abweichenden Wj 01.10.2022–30.09.2023 geleisteten Vorauszahlungen in Höhe von 21.000 € angerechnet.

Fall 11: Ein Gewerbetreibender, dessen Wirtschaftsjahr vom 01.04.–31.03. läuft, hat im Kj 2022 insgesamt 24.000 € und im Kj 2023 insgesamt 30.000 € Vorauszahlungen geleistet.

Welche Beträge werden auf die GewSt-Schuld in Höhe von 28.000 € für den Erhebungszeitraum 2023 angerechnet?

5.7.4 Abschlusszahlung

§ 20 GewStG Die für einen Erhebungszeitraum entrichteten Gewerbesteuer-Vorauszahlungen werden auf die Steuerschuld für diesen Erhebungszeitraum angerechnet.

Folge:

§ 20 (2 + 3) GewStG

Steuerschuld > Vorauszahlungen › Abschlusszahlung	Steuerschuld < Vorauszahlungen › Erstattung
Zahlung innerhalb eines Monats nach Bekanntgabe des Steuerbescheids bzw. sofort nach Erhalt des Steuerbescheids, wenn es sich um fällige, bisher nicht entrichtete Vorauszahlungen handelt	Der Erstattungsbetrag wird nach Bekanntgabe des Steuerbescheids aufgerechnet oder erstattet.

5.7.5 Teilanrechnung der Gewerbesteuer auf die Einkommensteuer

§ 35 EStG sieht eine teilweise Anrechnung der Gewerbesteuer auf die tarifliche Einkommensteuer, die auf die gewerblichen Einkünfte entfällt, vor. Die Steuerermäßigung beträgt das **4,0fache** des für den Erhebungszeitraum **festgesetzten Gewerbesteuermessbetrags.** Bei Mitunternehmern ist der **anteilige Gewerbesteuermessbetrag** anzusetzen. § 35 (1) Nr. 2 EStG

Der Abzug des **Steuerermäßigungsbetrags ist auf die tatsächlich zu zahlende Gewerbesteuer beschränkt**, die dem Veranlagungszeitraum entspricht. Bei zusammen veranlagten Ehegatten/Lebenspartnern ist das Abzugsvolumen zusammen zu fassen, wenn beide jeweils eine positive Summe der Einkünfte i. S. d. § 15 EStG haben. Ist bei einem der beiden die Summe der gewerblichen Einkünfte negativ, ist nur die positive Summe des anderen zu berücksichtigen. § 35 (1) S. 5 EStG

Beispiel

Die tarifliche Einkommensteuer, die auf die positiven gewerblichen Einkünfte entfällt, beträgt 12.800 €. Der festgesetzte Gewerbesteuermessbetrag beläuft sich auf 500 €.
Der Hebesatz der Gemeinde ist 360%.
Berechnen Sie den Steuerermäßigungsbetrag.

Lösung:

vorläufige tarifliche ESt	12.800 €
Steuerermäßigung 500,0 € × 4,0 = 2.000 €	
maximal abziehbar ist die tatsächlich zu zahlende Gewerbesteuer 500 € × 360% =	1.800 €
verminderte tarifliche ESt	11.000 €

Übungen

1 Der Steuermessbetrag einer OHG beträgt 7.200 €. Wie hoch ist die Abschlusszahlung, wenn der Hebesatz der Gemeinde 420% beträgt und die für den EZ entrichteten Vorauszahlungen 27.200 € betragen haben?

2 Eine GmbH hatte im EZ 2022 einen maßgebenden Gewerbeertrag von 294.800 €. Der Hebesatz der Gemeinde beträgt 480%. Für den EZ 2022 wurden am 15.02., 15.05., und 15.08. jeweils 9.000 € Vorauszahlungen (VZ) entrichtet. Die VZ zum 15.12. wurde bisher nicht geleistet. Die Gemeinde gab den Gewerbesteuerbescheid für 2022 am 24.11.2023 zur Post.

a) Wie hoch ist die Nachzahlung?
b) Wann ist die rückständige Vorauszahlung fällig?
c) Bis zu welchem Zeitpunkt ist die Abschlusszahlung zu entrichten?

3 Ein Einzelhändler in Leipzig erwirtschaftete im EZ 2023 einen Gewinn aus Gewerbebetrieb von 74.660 €. Der Händler betreibt sein Gewerbe auf eigenen Geschäftsgrundstück, Einheitswert 14.000 € (WV 01.01.1935). Die Hinzurechnungen betragen 4.300 €.

Wie hoch ist die Steuerermäßigung nach § 35 EStG, wenn der Hebesatz der Gemeinde

a) 360%
b) 440% beträgt?

§ 28 ff GewStG

5.8 Zerlegung des Steuermessbetrags

Der Steuermessbetrag

wird aufgeteilt in

Zerlegungsanteile	**Zerlegungsanteile**	**Zerlegungsanteile**

= Anteile am Steuermessbetrag, die auf die einzelnen Gemeinden entfallen, in denen sich eine Betriebsstätte befindet

§ 28 (1) GewStG

5.8.1 Voraussetzungen für die Zerlegung

R 30.1 GewStR

Betriebsstätten werden in mehreren Gemeinden unterhalten.	Betriebsstätte erstreckt sich auf mehrere Gemeinden.	Betriebsstätte wurde verlegt von einer Gemeinde in eine andere.

§ 28 (2) GewStG

Bei der Zerlegung werden Gemeinden nicht berücksichtigt, in denen

- Verkehrsunternehmen nur Gleisanlagen unterhalten,
- sich nur Anlagen zur Weiterleitung fester, flüssiger, gasförmiger Stoffe oder elektrischer Energie befinden,
- Bergbauunternehmen keine oberirdischen Anlagen haben, in denen eine gewerbliche Tätigkeit entfaltet wird.

§ 29 GewStG

5.8.2 Zerlegungsmaßstab

§ 29 (1) Nr. 1 GewStG
R 29.1 GewStR

Zerlegungsanteil einer Gemeinde in Prozent

$$= \frac{\text{Arbeitslöhne in der Betriebsstätte der jeweiligen Gemeinde} \times 100}{\text{Summe der Arbeitslöhne aller Betriebsstätten}}$$

§ 29 (3) GewStG

Bei Betrieben, die Anlagen zur Erzeugung von Windenergie betreiben, gilt ein besonderer Zerlegungsmaßstab, § 29 (1) Nr. 2 GewStG.
Bei der Ermittlung der Verhältniszahlen sind die Arbeitslöhne auf volle **1.000 €** abzurunden.

Beispiel

Ein Bäckermeister mit Hauptgeschäft in der Gemeinde Alfdorf unterhält in den Gemeinden Blumstadt und Colbach jeweils eine Filiale. Der Unternehmer leitet die Geschäfte von Alfdorf aus. Auf die Betriebsstätten entfallen folgende Arbeitslöhne: A 75.000 €; B 30.000 €; C 20.000 €.
Das Betriebsfinanzamt hat einen einheitlichen Steuermessbetrag von 12.000 € ermittelt. Die Hebesätze der Gemeinden betragen: A 350 %; B 330 %; C 310 %.
Berechnen Sie die Gewerbesteuerschuld für die jeweilige Gemeinde.

Lösung:

Gemeinden	Arbeitslöhne		Unternehmerlohn	Zerlegungsanteil	
A	75.000 €		25.000 €	$\frac{100.000\ € \times 100}{150.000}$	= 66 2/3%
B	30.000 €		0 €	$\frac{30.000\ € \times 100}{150.000}$	= 20%
C	20.000 €		0 €	$\frac{20.000\ € \times 100}{150.000}$	= 13 1/3%
Summe	125.000 €	+	25.000 €		
	= 150.000 €				= 100%

Die Gemeinden erheben auf Grund des Steuermessbetrags unter Anwendung ihres Hebesatzes die Gewerbesteuer:

Gemeinden	Anteil am Steuermessbetrag ×	Hebesatz	= Gewerbesteuer
A	66 2/3% von 12.000 € = 8.000 €	350%	28.000 €
B	20% von 12.000 € = 2.400 €	330%	7.920 €
C	13 1/3% von 12.000 € = 1.600 €	310%	4.960 €

Fall 12: Eine GmbH unterhielt im Erhebungszeitraum in den Gemeinden A, B und C jeweils eine Betriebsstätte. Die Arbeitslöhne in der Gemeinde A betrugen 108.000 €, in der Gemeinde B 189.000 € und in der Gemeinde C 243.000 €. Der Steuermessbetrag belief sich auf 20.000 €. Die Hebesätze wurden für den EZ von den Gemeinden wie folgt festgesetzt: Gemeinde A 360%, B 420 %, C 450%.

Berechnen Sie die auf die einzelnen Gemeinden entfallenden Zerlegungsanteile und die entsprechende Gewerbesteuer!

Als **Arbeitslöhne** gelten alle steuerpflichtigen Vergütungen i.S.d. §19(1) Nr.1 EStG einschließlich der Zuschläge für Mehrarbeit, Sonntags-, Feiertags- und Nachtarbeit. Es sind nur die Löhne anzusetzen, die an eigene AN gezahlt werden. §31 GewStG R 31.1 GewStR

Ausbildungsvergütungen werden nicht angesetzt, ebenso nach dem Gewinn berechnete einmalige Vergütungen, wie z. B. Tantiemen, Gratifikationen. Das gilt auch für sonstige Vergütungen, soweit sie beim einzelnen Arbeitnehmer **50.000 €** übersteigen.

Bei Einzelunternehmen und Personengesellschaften sind für die im Betrieb tätigen Unternehmer (Mitunternehmer) **insgesamt 25.000 €** jährlich anzusetzen. Der Betrag ist nach dem Anteil der Tätigkeit in den einzelnen Betriebsstätten zu verteilen. §31(5) GewStG

§ 33 GewStG R 33.1 GewStR

Führt die Zerlegung für eine Gemeinde zu einem offenbar unbilligen Ergebnis, ist nach einem Maßstab zu zerlegen, der die tatsächlichen Verhältnisse besser berücksichtigt. Ein offenbar unbilliges Ergebnis ist beispielsweise gegeben, wenn einer Gemeinde durch die Betriebsstätte wesentliche Lasten durch sogenannte Arbeitnehmerfolgekosten entstehen, z. B. Bau von Straßen, Kindergärten, Schulen, Krankenhäusern, Altenheimen für die dort wohnenden Arbeitnehmer der Betriebsstätte.

Übungen

1 Die Gesellschafter Herbert Glanzow (G) und Fritz Schmaldienst (S) betreiben in Berlin ein Speditionsunternehmen in der Rechtsform einer OHG. In Rostock unterhält die OHG ein Außenlager. Die beiden Gesellschafter arbeiten im Betrieb mit. G ist zu 100 % in Berlin tätig. S arbeitet zu 60 % in Rostock und zu 40 % in Berlin. Die OHG zahlte im EZ in Berlin 624.400 € und in Rostock 212.000 € Löhne und Gehälter einschließlich Ausbildungsvergütung. In Berlin wurden zwei Auszubildende mit je 7.200 € und in Rostock ein Auszubildender mit 6.000 € Ausbildungsvergütung beschäftigt.
Der Steuermessbetrag für den EZ beträgt 12.000 €.

Ermitteln Sie die auf Berlin und Rostock entfallenden Zerlegungsanteile.

2 Eine GmbH, deren Geschäftsleitung sich in Hamburg befindet, betreibt Verbrauchermärkte in Hamburg, Köln, Ulm, München und Chemnitz.
Im EZ wurden Gehälter von insgesamt 1.120.000 € gezahlt. Diese verteilen sich auf die einzelnen Betriebsstätten wie folgt:

Betriebsstätte	Arbeitslöhne	Hebesätze
Hamburg	280.000 €	470 %
Köln	224.000 €	450 %
Ulm	112.000 €	360 %
München	336.000 €	490 %
Chemnitz	168.000 €	450 %

Der Steuermessbetrag für den EZ beträgt 27.000 €.

a) Welches Finanzamt erteilt die Zerlegungsbescheide?
b) Wie hoch ist die Gewerbesteuerschuld in den einzelnen Städten?

5.9 Die Gewerbesteuer-Rückstellung

Bei der Gewerbesteuer ist nach den Grundsätzen ordnungsmäßiger Buchführung für eine sich ergebende Abschlusszahlung eine Rückstellung in die Schlussbilanz einzustellen.

RW 399 f.

5.9.1 Berechnungsschema für die Rückstellung

	Vorläufiger Gewinn aus Gewerbebetrieb i. S. d. § 7 GewStG	Beispiel: GmbH:	192.000 €
+	Hinzurechnungen		18.000 €
–	Kürzungen		12.000 €
–	Gewerbeverlust		–
=	vorläufiger Gewerbeertrag (abrunden auf volle 100 €)		198.000 €
–	Freibetrag (bei Einzelunternehmen u. Personengesellschaften)		–
=	verbleiben		198.000 €
×	Steuermesszahl		3,5 %[1]
=	vorläufiger Steuermessbetrag		6.930 €
×	Hebesatz		380 %
=	**vorläufige Gewerbesteuerschuld**		26.334 €
–	Vorauszahlungen		24.000 €
=	Rückstellung		2.334 €

Die Gewerbesteuer und die auf sie entfallenden Nebenleistungen dürfen nicht als Betriebsausgabe abgezogen werden, § 4 (5 b) EStG.
Ungeachtet dieses Abzugsverbots ist **in der Steuerbilanz eine Gewerbesteuerrückstellung** zu bilden. Die dadurch verursachten Gewinnauswirkungen sind außerbilanziell zu neutralisieren (R 5.7 (1) Satz 2 EStR).

Fall 13: Der vorläufige Gewinn i. S. d. § 7 GewStG einer GmbH beträgt 240.000 €.
Die Hinzurechnungen nach § 8 belaufen sich auf 24.000 €, die Kürzungen nach § 9 betragen 36.000 €. Die GewSt-Vorauszahlungen betrugen 32.000 €.
Berechnen Sie die Höhe der Gewerbesteuer-Rückstellung.
Der Hebesatz der Gemeinde beträgt 420 %.

[1] Die **Steuermesszahl beträgt für alle Unternehmen, unabhängig von der Rechtsform, 3,5 %**.

Übungen

1 Der **steuerliche Gewinn** eines Einzelunternehmers in Magdeburg hat im EZ 156.800 € betragen. Die Gewerbesteuer-Vorauszahlungen beliefen sich auf insgesamt 14.400 €. Nach § 8 GewStG sind Hinzurechnungen von 18.800 € und nach § 9 GewStG Kürzungen von 12.000 € vorzunehmen. Der Hebesatz beträgt 440 %.

a) Berechnen Sie die Höhe der Gewerbesteuer-Rückstellung in der **Handelsbilanz.**

b) Wie hoch ist nach Bildung der Rückstellung der endgültige Gewinn in der Handelsbilanz?

2 Der Handelsbilanzgewinn einer GmbH vor Bildung der Gewerbesteuer-Rückstellung betrug im EZ 80.000 €. Die als Aufwand gebuchten Gewerbesteuer-Vorauszahlungen beliefen sich auf 18.600 €. Nach § 8 GewStG sind 32.000 € Hinzurechnungen und nach § 9 GewStG 18.000 € Kürzungen vorzunehmen. Der Hebesatz für den Erhebungszeitraum beträgt 460 %.

Berechnen Sie die Gewerbesteuer-Rückstellung für die **Steuerbilanz.**

3 Aus den Büchern und Unterlagen eines Gewerbetreibenden ergeben sich für den Erhebungszeitraum folgende Zahlen:

– steuerlicher Gewinn aus Gewerbebetrieb	180.000 €	
– entrichtete GewSt-Vorauszahlungen	20.000 €	(nicht als Aufwand gebucht)
– gezahlte Kontokorrentzinsen	12.000 €	

- für den Bau einer neuen Lagerhalle wurde am 01.03. ein Darlehen über 150.000 € zu folgenden Konditionen aufgenommen: Auszahlung 96 %, Zinssatz 5 %, Laufzeit 5 Jahre, Tilgung am Ende der Laufzeit
- die entrichteten Leasingraten für Maschinen und Fahrzeuge betrugen insgesamt 240.000 €
- der an einen typischen stillen Gesellschafter ausgezahlte Gewinnanteil betrug 15.000 €
- der Einheitswert des Betriebsgrundstücks (WV 01.01.1964) beträgt 124.000 €

Berechnen Sie die Höhe der GewSt-Rückstellung. Der Hebesatz beträgt 420 %.

4 Eine GmbH weist nach handelsrechtlichen Vorschriften einen vorläufigen Gewinn von 420.000 € aus. Als **Aufwendungen wurden u. a. gebucht:**

– KSt-Vorauszahlungen einschließlich SolZ	84.400 €
– GewSt-Vorauszahlungen	72.000 €
– lang- und kurzfristige Zinsen insgesamt	96.000 €
– Miete für eine Fabrikationshalle	108.000 €
– Leasingraten für Maschinen	124.000 €
– Spenden für wissenschaftliche Zwecke	40.000 €

Die GmbH wird auf eigenem Geschäftsgrundstück betrieben, Einheitswert (WV 01.01.1964) 148.000 €

Mit welchem Betrag ist die GewSt-Rückstellung in die **Steuerbilanz** einzustellen, wenn der Hebesatz der Gemeinde 380 % beträgt?

Aufgaben zur Wiederholung und Vertiefung

1 Gewerbesteuer-Abschlusszahlung:

Jens Heinen betreibt auf eigenem Grundstück in Bremen die Kneipe „Alter Kahn". Im Wirtschaftsjahr **2023** erzielte er einen Gewinn von 96.000 €. Das Wirtschaftsjahr entspricht dem Kalenderjahr. Der Einheitswert des gemischt genutzten Grundstücks beträgt 38.000 € (WV 01.01.1964). Das Grundstück ist zu 75 % bilanziert. 25 % dienen fremden Wohnzwecken.

1. Im Erhebungszeitraum wurden 8.000 € Gewerbesteuervorauszahlungen geleistet. Die Beträge wurden nicht als Aufwendungen gebucht.

2. Für gemeinnützige Zwecke spendete Heinen 2.000 € und für wissenschaftliche Zwecke 1.000 € aus Mitteln des Gewerbebetriebs. Beide Beträge buchte Heinen als Betriebsausgabe.

3. Anfang 2023 ließ Heinen die Kneipe renovieren. Dazu nahm er bei seiner Hausbank am 31.01. 100.000 € Kredit zu folgenden Konditionen auf:
   Auszahlung 94 %, Zinssatz 2,4 %, Laufzeit 10 Jahre, Tilgung ab 01.01.2024.

4. Der Verkauf der alten Einrichtung erbrachte einen Gewinn von 14.250 €. Der Betrag wurde bisher buchhalterisch nicht berücksichtigt.

5. Als Attraktion mietete Heinen ab 01.03.von der Firma Elektra, Bremen, für 300 € monatlich eine Laseranlage. Für die Instandhaltung der Anlage zahlte Heinen insgesamt 1.860 €.

6. Wegen des steigenden Andrangs der Gäste pachtete Heinen ab 01.01.2023 von der Stadt ein neben der Kneipe liegendes, unbebautes Grundstück als Parkplatz. Die Pacht in Höhe von 2.400 € entrichtete Heinen für ein Jahr im Voraus.

7. Zur Abwicklung seiner laufenden Geschäfte unterhielt Heinen bei seiner Hausbank ein Kontokorrentkonto, für das im Erhebungszeitraum insgesamt 12.980 € Kontokorrentzinsen angefallen sind.

8. Heinen ist in Hamburg an einer Diskothek beteiligt, die in der Rechtsform einer KG betrieben wird. Die Beteiligung gehört zum Betriebsvermögen. Seinen Gewinnanteil für das Jahr 2023 in Höhe von 24.000 € buchte Heinen als Ertrag.

9. An der Kneipe ist die Freundin von Heinen, Eva Rasch, als typische stille Gesellschafterin mit 30.000 € beteiligt. Ihr als Aufwand gebuchter Gewinnanteil für das Jahr 2023 betrug 3.000 €.

10. Ab Mai mietete Heinen von einem niederländischen Hersteller mehrere Gewinnspielautomaten für insgesamt monatlich 600,00 €.

    Berechnen Sie die Höhe der Gewerbesteuer-Abschlusszahlung!

    Der Hebesatz beträgt 480 %.

2 Gewerbesteuer-Abschlusszahlung

Die Maschinenfabrik Rohring GmbH mit Sitz in Cottbus hat für das Geschäftsjahr **2023** einen vorläufigen Handelsbilanzgewinn von 888.400 € ermittelt.

1. Als Betriebsausgaben wurden folgende Beträge gebucht:

Körperschaftsteuervorauszahlungen	320.000 €
Solidaritätszuschlag	17.600 €
wissenschaftliche Spenden	10.000 €
gemeinnützige Spenden	5.000 €
Spenden an politische Parteien	20.000 €
Gewerbesteuervorauszahlungen	148.000 €

2. Die Maschinenfabrik wird auf eigenem Geschäftsgrundstück betrieben. Der Einheitswert des zu 100 % bilanzierten Grundstücks beträgt 30.000 € (WV 01.01.1935).

3. Im März wurde zur Betriebserweiterung ein benachbartes unbebautes Grundstück von einem Landwirt erworben, Kaufpreis 320.000 €, Einheitswert 36.000 € (WV 01.01.1935). Der Kaufpreis wurde durch Aufnahme eines Kredits über 250.000 € bezahlt. Die im EZ angefallenen Kreditzinsen von insgesamt 10.416 € wurden als Betriebsausgaben gebucht. Ebenso das anteilige Damnum von 1.875 €.

4. Aus der Beteiligung an einer Zulieferer KG entstand der Maschinenfabrik für den Erhebungszeitraum ein Verlust von 40.000 €, der als Aufwand erfasst wurde.

5. Die Maschinenfabrik ist außerdem an einer Vertriebs-GmbH in Rostock mit 20 % beteiligt. Die steuerfreie Dividende in Höhe von 100.000 € ist im Gewinn der GmbH nicht enthalten. Da jedoch 5 % der Dividende als nichtabziehbare Betriebsausgabe gelten, (§ 8 b (5) KStG), hat die GmbH ihr zu versteuerndes Einkommen (Gewinn) um 5.000 € erhöht.

6. Der geschäftsführende Gesellschafter Rohring erhielt im Geschäftsjahr ein Gehalt von 96.000 €. Das Gehalt gilt als angemessen. Der Betrag wurde als Betriebsausgabe angesetzt.

7. Am 30.09. wurde der Rest eines vor 8 Jahren aufgenommenen Darlehens getilgt. Die im Erhebungszeitraum angefallenen Zinsen betrugen 12.920 €.

8. Die Maschinenfarbrik Rohring erhielt im Geschäftsjahr eine steuerfreie Investitionszulage von 20.000 €. Der Betrag wurde auf dem Konto „Sonstige betriebliche Erträge" gebucht.

9. Bis zur Inbetriebnahme des neuen Betriebsgebäudes pachtete die GmbH eine Fabrikationshalle für eine Jahrespacht von 120.000 €. Außerdem wurden die zur Produktion erforderlichen Maschinen für jährlich 72.000 € sowie mehrere Elektrofahrzeuge für insgesamt 48.000 € geleast.

   Ermitteln Sie die Höhe der Gewerbesteuer-Abschlusszahlung.

   Der Hebesatz beträgt 380 %.

3 Zerlegung

Die GroßhandelsKG Weinreuther mit Sitz in Bielefeld, unterhält Außenlager in Hannover und Heilbronn. Der handelsrechtliche Gewinn für das Wirtschaftsjahr **2023** beläuft sich auf 236.800 €. Das Wj entspricht dem Kalenderjahr.

1. Ferdinand Weinreuther ist Komplementär und Geschäftsführer. Für seine Tätigkeit bezog er im EZ 90.000 € Gehalt. Seine beiden Söhne Jürgen und Andreas sind Kommanditisten und gleichzeitig Angestellte des Unternehmens. Die angemessenen Gehälter von Jürgen und Andreas betrugen jeweils 48.000 €.

2. Frau Weinreuther ist nicht an der KG beteiligt. Für die Gewährung eines langfristigen Darlehens an die KG erhielt sie im Erhebungszeitraum 12.000 € Zinsen. Die banküblichen Zinsen für ein gleichartiges Darlehen hätten nur 9.000 € betragen. Für weitere Darlehen wurden im EZ insgesamt 156.000 € Zinsen an verschiedene Banken bezahlt.

3. Die KG betreibt ihren Gewerbebetrieb am Sitz in Bielefeld auf einem eigenen Grundstück, das zu 60 % aktiviert ist. Das Grundstück ist als gemischt genutztes Grundstück bewertet, der Einheitswert beträgt 54.000 € (WV 01.01.1964).

4. Die Außenlager sind angemietet. Die Mieten für die Gebäude betrugen in Hannover 180.000 € und in Heilbronn 126.000 €. Auf die Einrichtung entfielen jeweils zusätzlich 60.000 €.

5. Die von der KG im Erhebungszeitraum gezahlten Löhne und Gehälter betrugen insgesamt 586.000 €, davon entfielen auf Bielefeld 293.000 €, auf Hannover 117.200 € und auf Heilbronn 175.800 €. In Heilbronn war ein Auszubildender mit einer Jahresvergütung von 7.200 € beschäftigt.

6. Ferdinand Weinreuther ist ausschließlich in Bielefeld tätig. Seine beiden Söhne leiten die Außenlager. Jürgen arbeitet zu 75 % in Hannover, Andreas zu 75 % in Heilbronn. Darüberhinaus sind sie zu je 25 % in Bielefeld beschäftigt.

7. Die KG entrichtete im EZ für Vertriebslizenzen 96.000,00 €.

Berechnen Sie die Gewerbesteuerschuld für Bielefeld, Hannover und Heilbronn!

Die Hebesätze betragen in Bielefeld 480 %, in Hannover 480 % und in Heilbronn 420 %.

6 Abgabenordnung

6.1 Die Zuständigkeit der Finanzbehörden

Die Zuständigkeit bedeutet das Recht und die Pflicht einer Behörde, die vom Gesetzgeber zugewiesenen Aufgaben wahrzunehmen.

6.1.1 Sachliche Zuständigkeit

Durch die sachliche Zuständigkeit wird der Aufgabenbereich **unterschiedlicher Behörden** nach **sachlichen Gesichtspunkten** festgelegt. Danach sind

Bundesfinanzbehörden Landesfinanzbehörden Gemeindefinanzbehörden	sachlich zuständig für die →	Verwaltung der Steuern.

> **Fall 1:** Stellen Sie fest, welche Finanzbehörden zuständig sind für die Verwaltung folgender Steuern:
> Einkommensteuer, Einfuhrumsatzsteuer, Energiesteuer, Ausfuhrzölle, Hundesteuer, Umsatzsteuer, Körperschaftsteuer, Vergnügungsteuer, Kraftfahrzeugsteuer!

Die Artikel 108, 83, 85 und 87 Grundgesetz legen fest, welcher Finanzbehörde die Verwaltung einzelner Steuerarten obliegt. Danach sind die

- **Bundesfinanzbehörden** zuständig für die Verwaltung von Zöllen, Finanzmonopolen, bundesgesetzlich geregelten Verbrauchsteuern, Einfuhrumsatzsteuer und Abgaben im Rahmen der Europäischen Gemeinschaft,
- **Landesfinanzbehörden** zuständig für die übrigen Steuern, also die bundes- und landesgesetzlich geregelten Besitz- und Verkehrsteuern, z. B. ESt, USt, KSt.

Die Länder können die Verwaltung von Steuern, die den Gemeinden zufließen – örtliche Verbrauch- und Aufwandsteuern – ganz oder teilweise auf die Gemeinden übertragen.

§ 16 AO Die sachliche Zuständigkeit der Finanzbehörden ergibt sich für die Hauptzollämter als örtliche Bundesbehörde aus § 12 FVG und für die Finanzämter als örtliche Landesfinanzbehörde aus § 17 FVG.

Rechtsfolgen sachlicher Unzuständigkeit

§ 125 AO
§ 130 AO

Verwaltungsakte sind nichtig	Verwaltungsakte sind anfechtbar
Sie haben keine rechtliche Wirkung bei besonders schweren, offenkundigen Zuständigkeitsmängeln. **Beispiele:** – Die Gemeinde erlässt an einen Sozialhilfeempfänger einen ESt-Bescheid. – Das Finanzamt stundet einem Steuerpflichtigen die Hundesteuer, obwohl dieser gar keinen Hund besitzt.	Sie sind fehlerhaft und damit zurückzunehmen, aufzuheben oder zu ändern. **Beispiel:** Das Finanzamt berücksichtigt bei der Festsetzung eines Verspätungszuschlags nicht die anzurechnenden Steuerabzugsbeträge, § 152 (5) S. 2 AO.

6.1.2 Örtliche Zuständigkeit

§ 17 AO

Die örtliche Zuständigkeit grenzt Aufgabenbereiche **gleichartiger Behörden** nach **räumlichen Gesichtspunkten** ab. Die örtliche Zuständigkeit der Finanzämter richtet sich nach

- dem Wohnsitz des Steuerpflichtigen,
- dem Ort der Geschäftsleitung,
- dem Ort der Betriebsstätte,
- dem Ort der freiberuflichen Tätigkeit,
- der Lage des Steuergegenstandes,
- dem Ort der Verwaltung von Einkünften.

Fall 2: Der Rechtsanwalt Dr. Waxmann wohnt in Halle in einem eigenen Haus. Seine Kanzlei befindet sich in Leipzig in gemieteten Räumen.

Welche Finanzämter sind örtlich zuständig für die Einkommensteuer, Umsatzsteuer und die Erstellung des Grundsteuermessbescheids?

örtliche Zuständigkeit der Finanzämter nach der Steuerart

Bezeichnung des Finanzamts	zuständig für	
Wohnsitzfinanzamt	Einkommensteuer Umsatzsteuer natürlicher Personen, die keine Unternehmer sind	§ 19 AO § 21 (2) AO
Finanzamt der Geschäftsleitung	Körperschaftsteuer Bauleistungen inländischer Unternehmer	§ 20 AO § 20 a AO
Betriebsfinanzamt	Umsatzsteuer Gewerbesteuermessbescheid, -zerlegungsbescheid	§ 18/21 AO § 22 AO
Betriebsfinanzamt bzw. Tätigkeitsfinanzamt	Umsatzsteuer der freiberuflich Tätigen	§ 18/21 AO
Lagefinanzamt	Grundsteuermessbescheid, -zerlegungsbescheid	§ 22 AO
Zentralfinanzamt	Steuern vom Einkommen bei Bauleistungen ausl. Unternehmer, Umsatzsteuer, Realsteuern	§ 20 a AO § 21 AO § 22 AO

Fall 3: Thorsten Klüver betreibt in Kiel zusammen mit Detlev Holsten eine Autoreparaturwerkstätte auf eigenem Grundstück in Form einer OHG. Klüver wohnt in Rendsburg und Holsten in Neumünster zur Miete.

Wofür ist das Finanzamt (FA) Kiel örtlich zuständig?

§ 180 AO

örtliche Zuständigkeit der Finanzämter für die gesonderte und ggf. einheitliche Feststellung			
der Einkünfte aus	**Finanzamt**	**des Einheitswerts für**	**Finanzamt**
Land- und Forstwirtschaft	Lage FA	Betriebe der Land- und Forstwirtschaft	Lage FA
Gewerbebetrieb	Betriebs FA	Grundstücke, Betriebsgrundstücke	Lage FA
selbstständiger Arbeit	Tätigkeits FA		
Kapitalvermögen, Vermietung und Verpachtung	Verwaltungs FA		

§ 18 AO **Gesondert festgestellt** werden Einheitswerte[1] und die Einkünfte aus Land- und Forstwirtschaft, Gewerbebetrieb oder freiberuflicher Tätigkeit, wenn das für die Ermittlung der Einkünfte zuständige Finanzamt nicht mit dem Wohnsitzfinanzamt identisch ist.

§ 179 (2) Satz 2 AO Eine **einheitliche und gesonderte Feststellung** wird gegenüber mehreren Personen einheitlich vorgenommen, wenn der Einheitswert mehreren Personen zuzurechnen ist oder an den Einkünften mehrere Personen beteiligt sind.

Rechtsfolgen örtlicher Unzuständigkeit

Gebundene Verwaltungsakte	Ermessensentscheidungen
bleiben bestehen, da es nicht sinnvoll ist, sie durch gleichlautende Verwaltungsakte der örtlich zuständigen Behörde zu ersetzen, § 125 AO.	sind von der örtlich zuständigen Behörde aufzuheben und nach erneuter Ermessensentscheidung wieder zu erlassen, da die Ermessensausübung verschiedener Behörden zu abweichenden Ergebnissen führen kann.

Ein Verwaltungsakt ist nicht schon deshalb nichtig, weil Vorschriften über die örtliche Zuständigkeit nicht eingehalten worden sind, § 125 (3) Nr. 1 AO.

Übungen

1 Der Steuerpflichtige Carsten Möller wohnt in Ulm zusammen mit seiner Frau im eigenen Einfamilienhaus. Möller betreibt in Neu-Ulm eine Gastwirtschaft auf eigenem Grundstück.

a) Wofür sind die Finanzämter Ulm und Neu-Ulm örtlich zuständig?

b) Wie werden die Finanzämter jeweils bezeichnet?

[1] Einheitswerte nach den bisherigen Regelungen werden letztmals auf den 01.01.2024 festgestellt. Ab 01.01.2025 gelten neue Regelungen.

2 Die Wohlfahrt GmbH betreibt auf eigenem Grundstück in Würzburg ein Waffengeschäft. Der Gesellschafter-Geschäftsführer Hintermaier wohnt in Wertheim.

Welches Finanzamt ist örtlich zuständig für

a) die Körperschaftsteuer;

b) die Umsatzsteuer;

c) den Gewerbesteuer-Messbescheid;

d) den Grundsteuer-Messbescheid;

e) die Einkommensteuer des Gesellschafters Hintermaier?

3 Prüfen Sie, welche Finanzämter für den Steuerpflichtigen Jens Fröhlich (F) und seine Ehefrau Cornelia örtlich zuständig sind!
Die Ehegatten werden zusammen veranlagt. An jedem genannten Ort befindet sich ein Finanzamt.

Die Ehegatten bewohnen das der Ehefrau gehörende Einfamilienhaus in Ravensburg. Frau F betreibt in Lindau eine Arztpraxis in gemieteten Räumen. Herr F unterhält in Friedrichshafen einen Elektrogroßhandel in gepachteten Räumen.
F hat von seinen Eltern in Oberstdorf vor längerer Zeit einen land- und forstwirtschaftlichen Betrieb geerbt, den er mit Hilfe eines Verwalters weiterführt. Frau F gehört zusammen mit ihrer Schwester ein Mehrfamilienhaus in Mannheim. Die Verwaltung dieses Gebäudes hat die Schwester, die in Ludwigshafen wohnt, übernommen.

6.2 Steuerverwaltungsakte

Die Finanzbehörden erfüllen ihre Aufgaben als staatliche Organe im Bereich der Hoheitsverwaltung durch **Steuerverwaltungsakte**.

6.2.1 Begriff

§ 118 AO

Verwaltungsakt – Steuerverwaltungsakt			
jede Verfügung, Entscheidung oder andere hoheitliche Maßnahme	zur Regelung eines Einzelfalles	auf dem Gebiet des Steuerrechts	mit unmittelbarer Rechtswirkung nach außen.

Steuerverwaltungakte sind Willensäußerungen der Finanzbehörden nach außen, meist in Form von Bescheiden, die in die Rechtsverhältnisse einzelner Personen eingreifen.

Steuerverwaltungsakte sind beispielsweise:
- Steuerbescheide, Steuermessbescheide, Haftungsbescheide;
- Fristverlängerung, Stundung, Erlass von Steuern;
- Festsetzung von Verspätungszuschlägen und Säumniszuschlägen.

keine Verwaltungsakte:
- innerdienstliche Anweisungen, OFD-Verfügungen, Gesetze, Richtlinien, Erlasse

6.2.2 Arten von Steuerverwaltungsakten

Steuerverwaltungsakte

nach der Wirkung für den Betroffenen

Begünstigende Steuerverwaltungsakte	Belastende Steuerverwaltungsakte
begründen oder bestätigen ein Recht oder einen Vorteil. **Beispiele:** – Festsetzung einer Steuererstattung – Fristverlängerung – Stundung, Erlass von Steuern – Gewährung von Buchführungserleichterungen – Aussetzung der Vollziehung	versagen ein Recht oder begründen/bestätigen einen Rechtsnachteil. **Beispiele:** – Festsetzung einer Steuerschuld – Ablehnung einer Fristverlängerung oder Stundung – Festsetzung von Verspätungszuschlägen, Säumniszuschlägen, Zwangsgeldern – Pfändung

nach dem Grad der Gebundenheit für die entscheidende Behörde

Gebundene Steuerverwaltungsakte	Ermessensentscheidungen
lassen der Finanzbehörde keinen Entscheidungsspielraum. **Beispiele:** – Aufforderung zur Abgabe der Steuererklärungen – Durchführung einer einheitlichen und gesonderten Feststellung der Einkünfte, wenn mehrere Steuerpflichtige an den Einkünften beteiligt sind – Festsetzung von Zinsen	erlauben der Finanzbehörde mehrere Verhaltensweisen. **Beispiele:** – Gewährung von Stundung, Fristverlängerung – Festsetzung von Verspätungszuschlägen – Erlass von Steuern – vorläufige Festsetzung von Steuern – Aussetzung der Vollziehung

6.2.3 Form und Inhalt

§ 119 (2) AO **Form**

Grundsatz: Formfreiheit	Schriftform
Verwaltungsakte können – schriftlich, elektronisch – mündlich oder durch – schlüssiges Handeln erlassen werden.	ist z. B. vorgeschrieben bei: – Steuerbescheiden § 157 – Steuermessbescheiden § 184 – Feststellungsbescheiden § 181 – Zerlegungsbescheiden § 188 – Haftungsbescheiden § 191 – Androhung von Zwangsmitteln § 332 – Einspruchsentscheidungen § 366

§ 125 (1) AO Fehlt die gesetzlich vorgeschriebene Form, ist der Bescheid nichtig.

Inhalt eines Steuerbescheids nach 157 i. V. m. § 119 AO

schriftliche/elektronische Verwaltungsakte müssen enthalten:

- erlassende Behörde (genaue Bezeichnung des Finanzamts)
- Steuerschuldner
- festgesetzte Steuer nach Art und Betrag
- Begründung
- Rechtsbehelfsbelehrung
- Unterschrift des Behördenleiters, Vertreters oder Beauftragten, (nicht bei formularmäßig oder automatisiert erlassenen Verwaltungsakten) ggf. qualifizierte elektronische Signatur

Verwaltungsakte sind zu begründen, wenn dies zu ihrem Verständnis erforderlich ist. § 121 AO
Ermessens-Verwaltungsakte müssen begründet werden, weil der Steuerpflichtige sonst die Ermessensentscheidung nicht nachvollziehen kann. Fehlt eine notwendige Begründung, handelt es sich um einen Formfehler, der durch nachträgliche Begründung geheilt werden kann. § 126 (1) AO

Steuerbescheiden ist außerdem eine Rechtsbehelfserklärung beizufügen. § 157 (1) Satz 3 AO
Fehlt die Rechtsbehelfserklärung oder ist sie nicht richtig erteilt, kann der Steuerpflichtige bis zum **Ablauf eines Jahres seit Bekanntgabe des Bescheids Einspruch einlegen**. § 356 (2) AO
Der erlassene Bescheid ist jedoch wirksam.

6.2.4 Voraussetzungen für das Wirksamwerden

Bekanntgabe	Ein Verwaltungsakt wird erst wirksam, wenn er dem Beteiligten, für den er bestimmt ist oder der von ihm betroffen wird, bekannt gegeben wurde. Ein Steuerverwaltungsakt wird nur mit dem Inhalt wirksam, der dem Steuerpflichtigen bekannt gegeben wird.
Zeitpunkt der Bekanntgabe	Ein Steuerverwaltungsakt ist bekannt gegeben, wenn er in den Machtbereich des Empfängers gelangt ist und dieser von ihm Kenntnis nehmen kann. Es kommt nicht darauf an, ob der Empfänger tatsächlich Kenntnis nimmt.

§ 124 AO

Fall 4: Der Gewerbesteuerbescheid eines Unternehmers wird in den gemeinschaftlichen Briefkasten der Ehegatten geworfen. Die Ehefrau heftet den Bescheid versehentlich in ihren Privatakten ab.

Ist der Steuerbescheid wirksam bekannt gegeben?

Eine wirksame Bekanntgabe von Steuerverwaltungsakten setzt voraus, dass die Person oder die Personen, an welche er sich richtet, genau bezeichnet sind. Die Bekanntgabe eines Verwaltungsakts an einen Beteiligten mit Wirkung für und gegen andere Beteiligte ist zulässig, soweit die Beteiligten einverstanden sind. § 122 (6) AO

Bei Einzelveranlagung ist an jeden Ehegatten/Lebenspartner der ihn betreffende Bescheid zu richten. Betreffen Verwaltungsakte Ehegatten/Lebenspartner, die zusammen veranlagt werden, oder Ehegatten/Lebenspartner, denen die gesetzliche Vertretung ihrer Kinder zusteht, oder Alleinstehende mit ihren Kindern, kann ihnen eine Ausfertigung unter ihrer **gemeinsamen Anschrift** übermittelt werden, wenn zwischen ihnen nicht ernstliche Meinungsverschiedenheiten bestehen oder sie die Bekanntgabe an die einzelnen Beteiligten beantragt haben. Besteht keine gemeinsame Anschrift und liegt auch kein Einverständnis zur Bekanntgabe nach § 122 (6) AO vor, ist eine Einzelbekanntgabe erforderlich. § 122 (7) AO

AEAO zu § 22 2.2, 2.3

Ist ein Minderjähriger Steuerschuldner (=Inhaltsadressat), ist der gesetzliche Vertreter, z.B. Eltern, Vormund, Pfleger, Bekanntgabeadressat und gleichzeitig Empfänger des Bescheids. Soll eine andere Person Empfänger sein, z.B. ein Steuerberater, muss der Bekanntgabeadressat eine entsprechende Empfangsvollmacht erteilt haben.
Ist der Steuerschuldner eine juristische Person, z.B. AG, GmbH, sind die Steuerbescheide an diese zu richten und bekanntzugeben. Bei Personengesellschaften, z.B. OHG, KG, gilt dies nur für Betriebssteuerbescheide.

Arten der Bekanntgabe	
mündlich	Der Steuerverwaltungsakt ist bekannt gegeben, wenn der Betroffene die Erklärung vernommen hat, z.B. die telefonische Bestätigung einer Fristverlängerung/Stundung
schriftlich durch: öffentliche Bekanntgabe § 122 (3) AO	wenn dies durch Rechtsvorschrift zugelassen und angegeben ist, wo der Verwaltungsakt eingesehen werden kann, z. B. – die Abgabe von Steuererklärungen, § 149 AO – wenn der Aufenthaltsort des Empfängers unbekannt ist Bekanntgabe zwei Wochen nach ortsüblicher Bekanntmachung
Postübermittlung § 122 (2) AO (umfasst alle Unternehmen, die Postdienstleistungen erbringen) elektronische Übermittllung § 122 (2a) AO Bereitstellung zum Datenabruf nach vorheriger Zustimmung des Stpfl. § 122a AO	durch gewöhnlichen Brief erfolgt die Bekanntgabe – **im Inland:** am dritten Tag nach Aufgabe zur Post bzw. am dritten Tag nach Absendung der Benachrichtigung an den Abrufberechtigten bei elektronischer Übermittlung, außer wenn er nicht oder später zugegangen ist – **im Ausland:** ein Monat nach Aufgabe zur Post bzw. Absendung **Zugangsvermutung** Ein Verwaltungsakt ist auch dann am dritten Tag nach Aufgabe zur Post bzw. Absendung der Abrufbenachrichtigung bekannt gegeben, wenn er tatsächlich früher zugegangen ist. Ist dieser Tag ein Samstag, Sonntag oder gesetzlicher Feiertag gilt der Verwaltungsakt erst am nächstfolgenden Werktag als bekannt gegeben. Ist der Verwaltungsakt nicht oder später zugegangen, hat die Finanzbehörde den Zugang und den Zeitpunkt des Zugangs zu beweisen, bei elektronischer Übermittlung beispielsweise durch Sendeprotokoll
Zustellung § 122 (5) AO	wenn dies gesetzlich vorgeschrieben oder behördlich angeordnet wird, z. B. bei – Pfändungsverfügungen § 309 AO – Arrestanordnungen § 324 AO – Bußgeldern § 412 AO Die Zustellung erfolgt durch die – Post mit Zustellungsurkunde § 3 VwZG[1] – Post mit eingeschriebenem Brief § 4 VwZG – Behörde gegen Empfangsbekenntnis § 5 VwZG

§ 15 VwZG

[1] Erfolgt die Zustellung mit Zustellungsurkunde, Einschreiben mit Rückschein oder gegen Empfangsbekenntnis, ist Tag der Bekanntgabe der Tag der Zustellung.

6.2.5 Fehlerhafte Verwaltungsakte

Verwaltungsakte, die an einem offenkundigen, besonders schwerwiegenden Fehler leiden, sind nichtig. § 125 (1) AO

Beispiel

Das Standesamt erlässt einen Einkommensteuer-Bescheid.

Ein Verwaltungsakt ist beispielsweise auch dann nichtig, wenn § 125 (2) AO
- bei einem schriftlichen/elektronischen Verwaltungsakt die erlassende Behörde nicht zu erkennen ist
- er aus tatsächlichen Gründen nicht befolgt werden kann
- die Begehung einer rechtswidrigen Tat verlangt wird
- er gegen die guten Sitten verstößt

Rücknahme und Widerruf von Verwaltungsakten, die keine Steuerbescheide sind

Ein Verwaltungsakt bleibt wirksam, solange und soweit er nicht zurückgenommen, widerrufen, anderweitig aufgehoben oder durch Zeitablauf erledigt ist. Die in den **§§ 130, 131 AO enthaltenen Korrekturvorschriften gelten nicht für Steuerbescheide** und den Steuerbescheiden gleichgestellte Bescheide. Sie betreffen insbesondere Ermessensverwaltungsakte wie die Stundung, die Festsetzung von Verspätungszuschlägen oder die Aussetzung der Vollziehung.

Rechtswidrige Verwaltungsakte, § 130 AO	Rechtsmäßige Verwaltungsakte, § 131 AO
Belastende Verwaltungsakte können ganz oder teilweise mit Wirkung für die Zukunft oder Vergangenheit **zurückgenommen** werden. **Begünstigende** Verwaltungsakte dürfen nur zurückgenommen werden, wenn sie – von einer sachlich unzuständigen Behörde erlassen wurden – durch unlautere Mittel oder – durch falsche oder unvollständige Angaben erwirkt worden sind	**Belastende** Verwaltungsakte können ganz oder teilweise mit Wirkung für die Zukunft **widerrufen** werden. **Begünstigende** Verwaltungsakte dürfen für die Zukunft nur widerrufen werden, wenn – der Widerruf zugelassen oder vorbehalten ist – der Begünstigte die mit dem Verwaltungsakt verbundene Auflage nicht erfüllt hat – nachträglich eingetretene Tatsachen den Erlass des Verwaltungsakts nicht gerechtfertigt hätten oder ohne den Widerruf das öffentliche Interesse gefährdet wäre.

Übungen

1 Handelt es sich bei den folgenden Vorgängen um Verwaltungsakte?
Begründen Sie Ihre Meinung!

a) Das FA lehnt einen Stundungsantrag des Steuerpflichtigen Trautmann ab, weil dieser sich nicht in ernsthaften Zahlungsschwierigkeiten befindet.
b) Die Oberfinanzdirektion Stuttgart weist das FA Ulm an, die Einkommensteuerschulden des Steuerpflichtigen Weidner zu erlassen.
c) Der Vorsteher des FA Nürnberg II lässt die Kantine des FA neu tapezieren.
d) Die Steuerpflichtige Gerda Wölfermann, Hagen, wird zur Erörterung von Zweifelsfragen im Zusammenhang mit ihrer ESt-Erklärung in das FA Hagen geladen.

e) Das FA Dresden setzt nach Androhung gegen den Gewerbetreibenden Dombrowsky ein Zwangsgeld von 100 € wegen Nichtabgabe der USt-Erklärung fest.
f) Steuerberater Fritsche bittet das FA Hannover um Fristverlängerung für die Abgabe mehrerer ESt-Erklärungen. Er verzichtet auf Nachricht, wenn dem Antrag entsprochen wird. Der zuständige Sachbearbeiter äußert sich nicht.

2 Welche der in Nr. 1 genannten Vorgänge sind
a) begünstigende Verwaltungsakte;
b) belastende Verwaltungsakte?

3 Ein dem Steuerpflichtigen Reiber, München, zugesandter Steuerbescheid enthält keine Rechtsbehelfserklärung.
Welchen Einfluss hat dies auf die Wirksamkeit des Steuerverwaltungsakts?

4 Das FA Schwerin gibt am Freitag, dem 03. November 2023, ein Mahnschreiben an den Steuerpflichtigen Petersen zur Post.
Wann gilt die Mahnung als bekannt gegeben?

5 Der Steuerpflichtige Jürgen Bellmann will am 1. August 2023 nach Australien auswandern. Er reicht daher seine ESt-Erklärung für 2023 bereits am 20. Juli 2023 beim Finanzamt Paderborn ein. Nach erfolgter Veranlagung sendet das FA Paderborn den ESt-Bescheid mit gewöhnlichem Brief am 17. November 2023 an die angegebene Adresse in Melbourne.
Wann ist der ESt-Bescheid bekannt gegeben?

6 Die Ehegatten Werner und Gudrun Schmatz betreiben einen Bio-Laden in Form einer KG. Das FA Reutlingen richtet den USt-Bescheid an den Komplementär Werner Schmatz, Reutlingen.
Ist der USt-Bescheid wirksam bekannt gegeben?

7 Der Steuerpflichtige, Anton Huber, nimmt am Datenabruf-Bekanntgabeverfahren teil. Am 24.08.2023 erhält er per E-Mail die Nachricht, dass sein ESt-Bescheid 2022 zum Abruf im Elster-Online-Portal bereit steht.
Wann gilt der ESt-Bescheid als bekanntgeben?

§ 108 AO

6.3 Fristen und Termine

Frist	Termin
abgegrenzter Zeitraum z. B. Rechtsbehelfsfrist	bestimmter Zeitpunkt z. B. 10.10.2023, 14.00 Uhr

6.3.1 Arten der Fristen

Gesetzliche Fristen	Behördliche Fristen
werden durch ein Gesetz oder eine Rechtsverordnung festgelegt, z. B. – Frist zur Abgabe von Steuererklärungen, § 149 AO, – Rechtsbehelfsfrist, § 355 AO.	werden im Einzelfall von der Finanzbehörde festgelegt, z. B. – Frist zur Vorlage von Belegen, – Stundungsfrist.
(§ 109 (1, 2) AO) Gesetzliche Fristen können nur verlängert werden, wenn dies im Gesetz ausdrücklich vorgesehen ist.	Behördliche Fristen können – auch rückwirkend – verlängert werden.

Nach der Dauer werden folgende Fristen unterschieden:

Jahresfristen	Monatsfristen	Wochenfristen	Tagesfristen
z. B. Festsetzungs-, Verjährungsfrist	z. B. Rechtsbehelfs-, Klagefrist	z. B. Mahnfrist, Zwei-Wochen-Regelung	z. B. Schonfrist, Drei-tage-Regelung

6.3.2 Berechnung von Fristen

Die Berechnung von Fristen richtet sich nach dem Bürgerlichen Gesetzbuch (BGB). Für den Beginn einer Frist ist danach zu unterscheiden zwischen **Ereignisfristen** und **Beginnfristen**. §§ 187-193 BGB

Ereignisfristen

§ 187 (1) § 188 BGB

Fristbeginn	Fristdauer	Fristende
Ereignisfristen knüpfen an ein Ereignis während des Tages an. Der Ereignistag wird nicht mitgerechnet, z. B. der Tag der Bekanntgabe eines Steuerbescheids.	Jahresfristen Monatsfristen	mit Ablauf des Tages, der die gleiche Zahl trägt, wie der Ereignistag
	Wochenfristen	mit Ablauf des Tages, der den gleichen Namen trägt, wie der Ereignistag
	Tagesfristen	mit Ablauf des letzten Tages der Frist

Fall 5: Das Finanzamt Köln gibt am 24.03.2023/24.04.2023 den Einkommensteuerbescheid des Steuerpflichtigen Schmidt zur Post.

Wann beginnt und wann endet jeweils die Rechtsbehelfsfrist?

Ereignisfristen beginnen nicht am Tag des Ereignisses, z. B. Bekanntgabe des Steuerbescheids, sondern am darauf folgenden Tag um 0.00 Uhr. § 108 (2) AO

Fehlt bei einer Monatsfrist der für den Fristablauf maßgebende Tag z. B. der 30. im Monat Februar, endet die Frist mit Ablauf des letzten Tages dieses Monats am 28. bzw. 29., § 188 (3) BGB. § 188 (3) BGB

Fällt das Ende einer Frist auf einen Samstag, Sonntag oder gesetzlichen Feiertag, endet die Frist mit Ablauf des nächstfolgenden Werktags, § 108 (3) AO, § 193 BGB.

Beginnfristen

§ 187 (2) § 188 BGB

Fristbeginn	Fristdauer	Fristende
Beginnfristen knüpfen an den Beginn eines Tages an. Der Anfangstag wird mitgerechnet, z. B. der Tag der Geburt.	Jahresfristen Monatsfristen	mit Ablauf des Tages **vor dem Tag**, der die gleiche Zahl/Bezeichnung trägt, wie der Anfangstag
	Wochenfristen	
	Tagesfristen	mit Ablauf des letzten Tages der Frist

Fall 6: Der Sohn des Ehepaars Sögtrop, Hamburg, wurde am 01.01.2005 geboren.
Wann hat der Sohn das 18. Lebensjahr vollendet?

Übungen

1 Der Steuerpflichtige Paul Kaiser, Karlsruhe, erhält am 30.03.2023 den Einkommensteuerbescheid für 2020, Poststempel 28.03.2023.
Wann beginnt und wann endet die Rechtsbehelfsfrist?

2 Der Steuerpflichtigen Gerda Walch ist am Freitag, dem 13.10.2023, eine Mahnung zur Zahlung innerhalb einer Woche zugegangen, Poststempel, 12.10.2023.
Wann endet die Zahlungsfrist?

3 Franz Huber, Passau, wurde am 01.01.1960 geboren. In seiner ESt-Steuererklärung für 2021 macht er positive Einkünfte in Höhe von 56.000 € aus Gewerbebetrieb geltend.
Kann ihm ein Altersentlastungsbetrag gewährt werden?

4 Felix, geb. am 25.11.1998, wohnt und studiert in München Betriebswirtschaftslehre. Er hat keine eigenen Einkünfte und Bezüge. Seine Eltern, die in Nürnberg wohnen, unterstützen Felix mit monatlich 400 €. Können die Eltern für das Jahr 2023 einen Ausbildungsfreibetrag nach § 33 a (2) EStG geltend machen?

6.3.3 Folgen der Fristversäumnis

Verspätungszuschlag § 152 AO

bei nicht rechtzeitiger Abgabe von Steuererklärungen, kann die Finanzbehörde einen Verspätungszuschlag festsetzen, es sei denn, die Verspätung wäre entschuldbar, z. B. lang andauernde schwere Krankheit

› Ermessensentscheidung, **§ 152 (1)**

Für Steuererklärungen, die sich auf ein Kj oder einen gesetzlich bestimmten Zeitpunkt beziehen und die nicht innerhalb von 14 bzw. 19 Monaten nach Ablauf des Kj[1] oder nicht zu dem bestimmten Zeitpunkt abgegeben wurden, ist die Festsetzung **obligatorisch**, ausgenommen bei Fristverlängerung, einer Steuerfestsetzung von 0 € oder in Erstattungsfällen (152 (2+3)).

Höhe im Fall des § 152 (1): 0,25 % der festgesetzten Steuer je angefangener Monat der Verspätung, mindestens 10 €; § 152 (5) S.1
Höhe bei Steuererklärungen, die sich auf ein Kj oder einen gesetzlich bestimmten Zeitpunkt beziehen: 0,25% der die Vorauszahlungen und Steuerabzugsbeträge übersteigenden festgesetzten Steuer, abgerundet auf volle €, mind. jedoch 25 € je angefangener Monat der Verspätung § 152 (5) S.2, höchstens 25.000 € § 152 (10). In den Fällen des **§ 152 (2)** kann der Verspätungszuschlag automationsgestützt festgesetzt werden, § 152 (11) S. 2.

Fall 7: Der Steuerpflichtige Herbert Gruber, Darmstadt, hat seine ESt-Erklärung für 2021 erst Mitte September 2023 abgegeben. Das Finanzamt setzte Anfang November 2023 die ESt mit 18.460 € fest. G hatte für 2021 12.000 € Vorauszahlungen geleistet.
Wie hoch ist der festzusetzende Verspätungszuschlag, wenn G
a) steuerlich beraten[1] b) steuerlich nicht beraten wird?

Die Festsetzung von Verspätungszuschlägen nach **§ 152 (1)** ist eine **Ermessensentscheidung**. Diese kann beeinflusst werden von:

- der Dauer der Fristüberschreitung,
- den sich aus der verspäteten Abgabe ergebenden Vorteilen,
- der bisherigen Zuverlässigkeit des Steuerpflichtigen,
- der Höhe des sich aus der Steuerfestsetzung ergebenden Zahlungsanspruchs.

BMF-Schreiben v. 20.07.2021

[1] Abgabefrist für steuerlich beratene Stpfl. bis 31.08.2023, für nicht beratene Stpfl. bis 31.10.2022; § 149 AO = i.V.m. Artikel 97 § 36 (3) EGAO

Weitere Regelungen gelten u. a. für die gesonderte Ermittlung von Besteuerungsgrundlagen und die gesonderte Ermittlung von einkommensteuerlichen und körperschaftsteuerlichen Einkünften sowie für abzugebende Steueranmeldungen. § 152 (6–8) AO

Säumniszuschlag § 240 AO
bei nicht rechtzeitiger Zahlung von Steuern oder Rückzahlung von Steuervergütungen, z. B. Sparzulage; **nicht** bei verspäteter Zahlung von steuerlichen Nebenleistungen, z. B. Verspätungszuschlägen, Zinsen
Höhe: 1 % des rückständigen, auf volle 50 € abgerundeten Steuerbetrags für jeden angefangenen Monat der Säumnis
Ein Säumniszuschlag wird bei einer **Säumnis bis zu drei Tagen** nicht erhoben **(Zahlungsschonfrist)**. Diese **Schonfrist** gilt nicht für Bar- und Scheckzahlungen, § 240 (3) AO. Die gesonderte Anforderung von Säumniszuschlägen kann automationsgestützt erfolgen, § 254 (2).

Fall 8: Hein Olpert, Flensburg, begleicht seine ESt-Vorauszahlung in Höhe von 2.260 €, fällig am 10.12.2023 (Sonntag) am 15.12.2023 durch Banküberweisung. Der Betrag wird am 18.12.2023 auf dem Konto des Finanzamts gutgeschrieben.

Ist ein Säumniszuschlag zu erheben? Berechnen Sie ggf. dessen Höhe.

Die **Schonfrist beginnt mit Ablauf des Fälligkeitstages** und endet mit Ablauf des **dritten** Tages nach dem Fälligkeitstag, sofern dies kein Samstag, Sonntag oder gesetzlicher Feiertag ist.

Bei **Steueranmeldungen**, z. B. USt-Voranmeldung, LSt-Anmeldung tritt die Säumnis nicht vor Abgabe der Anmeldung beim Finanzamt ein. Bei verspäteter Abgabe einer Steueranmeldung kann daher zwar ein Verspätungszuschlag nicht aber ein Säumniszuschlag erhoben werden, wenn die Steueranmeldung und die Zahlung gleichzeitig erfolgen. Bei Zahlungen mit Scheck ist darauf zu achten, dass diese erst drei Tage nach Eingang des Schecks als entrichtet gelten, § 224 (2) Nr. 1 AO.

Übungen

1 Der steuerlich nicht beratene Manfred Mägerle, Stuttgart, hat seine ESt-Erklärung für 2021 erst am 30.11.2023 beim Finanzamt Stuttgart I eingereicht. Das FA setzte am 14.01.2024 die ESt mit 18.340 € fest. Darauf wurden 8.000 € Vorauszahlungen geleistet. Außerdem sind 2.420 € Lohnsteuer anzurechnen.

Wie hoch ist der festzusetzende Verspätungszuschlag?

2 Der Steuerpflichtige Max Weishaupt, Günzburg, begleicht die ESt-Abschlusszahlung 2021 in Höhe von 12.680 €, fällig 25.12.2022 (Sonntag), erst am 27.01.2023 durch Banküberweisung. Der Betrag geht am 30.01.2023 (Montag) auf dem Bankkonto des Finanzamts ein.

Wieviel € beträgt der festzusetzende Säumniszuschlag?

3 Die ESt-Abschlusszahlung der Steuerpflichtigen Alma Günther, Düsseldorf, ist am 21.08.2023 (Montag) fällig. Frau Günther überweist den Betrag von 5.680 € am 28.08.2023 an das Finanzamt Düsseldorf. Die Gutschrift auf dem Konto des Finanzamts erfolgt am 31.08.2022.
Ist ein Säumniszuschlag zu entrichten?

4 Die Torax GmbH, Magdeburg, reicht am 14.06.2023 die Lohnsteuer-Anmeldung Mai 2023, zusammen mit einem Verrechnungsscheck über 12.800 €, beim zuständigen Finanzamt ein.

Kann das Finanzamt einen Verspätungszuschlag/Säumniszuschlag erheben?
Berechnen sie ggf. die Höhe des jeweiligen Zuschlags!

§ 110 AO

6.3.4 Wiedereinsetzung in den vorigen Stand

Steuerpflichtige, die eine gesetzliche Frist versäumt haben, werden so gestellt, als hätten sie rechtzeitig gehandelt. § 110 AO umfasst nur Handlungs- und Erklärungsfristen, die Beteiligte oder Dritte gegenüber den Finanzbehörden zu wahren haben.

Voraussetzungen der Wiedereinsetzung in den vorigen Stand		
Versäumt wurde eine **gesetzliche, nicht verlängerbare Frist**, z. B. Rechtsbehelfsfrist, Wiedereinsetzungsfrist. nicht gesetzliche Zahlungsfristen, z. B. USt-Vz	**unverschuldete Fristversäumnis**, z. B. schwerer Unfall oder schwere Krankheit, Irrtum im Verfahrensrecht; **nicht** bei Arbeitsüberlastung, Urlaubs- oder Geschäftsreisen > 6 Wochen	**Antrag auf Wiedereinsetzung**, mit schlüssiger Angabe der Wiedereinsetzungsgründe, innerhalb eines Monats nach Wegfall des Hindernisses **und Nachholung der versäumten Rechtshandlung**
Ein Jahr nach Ablauf der versäumten Frist kann Wiedereinsetzung in den vorigen Stand nicht mehr beantragt werden, ausgenommen bei höherer Gewalt, z. B. Brand, Überschwemmung, Erdbeben.		

Fall 9: Peter Gerber, Chemnitz, will am 04.08.2023, drei Tage vor Ablauf der Einspruchsfrist, gegen den ESt-Bescheid 2020 Einspruch einlegen. Auf der Fahrt zum Finanzamt verunglückt Gerber schwer. Erst am 25.09.2023 ist er wieder in der Lage seine Interessen wahrzunehmen. Er sucht am 23.10.2023 das Finanzamt Chemnitz auf und legt Einspruch gegen den ESt-Bescheid ein, gleichzeitig bittet er wegen des Unfalls um Wiedereinsetzung in den vorigen Stand.

Kann Wiedereinsetzung gewährt werden?

Übungen

1 Prüfen Sie, ob in den folgenden Fällen eine Wiedereinsetzung in den vorigen Stand möglich ist!

Ein Steuerpflichtiger versäumt eine gesetzliche, nicht verlängerbare Frist, weil

a) er sich auf einer fünfwöchigen Urlaubsreise befindet;
b) sein mit der Terminüberwachung beauftragter Buchhalter erkrankt ist;
c) er ein Einspruchsschreiben am letzten Tag der Frist in einen Postbriefkasten wirft, der erst wieder am folgenden Tag geleert wird;
d) er sich beim Skifahren einen Finger gebrochen hat und daher nicht schreiben konnte;
e) er wegen eines Unfalls eine Woche bewusstlos im Krankenhaus lag.

2 Hein Piepenbrinck (P) möchte gegen den am 27.10.2023 bekannt gegebenen ESt-Bescheid 2021 unter Vorlage verschiedener Beweismittel am 24.11.2023 Einspruch beim zuständigen Finanzamt einlegen. Durch eine Gasexplosion in seinem Wohnhaus wird P. an diesem Tag schwer verletzt, außerdem werden seine Unterlagen vernichtet. Erst am 02.01.2024 ist er wieder in der Lage, seine Rechte wahrzunehmen. Kann sein Einspruch noch berücksichtigt werden, wenn er am 31.01.2024 die versäumte Rechtshandlung nachholt? Erläutern Sie ausführlich die Rechtslage.

6.4 Das steuerliche Ermittlungsverfahren

Im Ermittlungsverfahren hat das Finanzamt die Besteuerungsgrundlagen festzustellen, z. B. Umsatz, Gewinn. Das Finanzamt bestimmt Art und Umfang der Ermittlungen und beachtet dabei die Grundsätze der Gesetzmäßigkeit, Gleich-, Verhältnis-, Wirtschaftlichkeit und Zweckmäßigkeit.

6.4.1 Pflichten des Finanzamts

Beachtung von Besteuerungsgrundsätzen

<table>
<tr><th>Gesetzmäßigkeit der Besteuerung</th><th>Gleichmäßigkeit der Besteuerung</th><th>Untersuchungs-grundsatz</th><th>rechtliches Gehör</th></tr>
<tr><td>Die Steuern sind nach Maßgabe der Gesetze festzusetzen.</td><td>Die Steuern sind gleichmäßig festzusetzen.</td><td rowspan="2">Das FA ermittelt den Sachverhalt von Amts wegen; dabei sind auch für den Steuerpflichtigen günstige Umstände zu berücksichtigen, § 88 (1) AO.</td><td rowspan="2">Bevor das Finanzamt in wesentlichen Punkten von der Steuererklärung abweicht, soll dem Steuerpflichtigen Gelegenheit zur Äusserung gegeben werden, § 91 AO.</td></tr>
<tr><td colspan="2">Das Finanzamt hat sicherzustellen, dass Steuern nicht zu Unrecht erhoben, verkürzt oder Steuererstattungen nicht zu Unrecht gewährt oder versagt werden, § 85 AO.</td></tr>
</table>

Fall 10: Der Sachbearbeiter eines Finanzamts stellt bei der Veranlagung zur ESt eines Steuerpflichtigen fest, dass dieser Werbungskosten bei den Einkünften aus V&V übersehen hat. Er setzt nur die vom Steuerpflichtigen angegebenen Werbungskosten von den Mieteinnahmen ab.

Beurteilen Sie das Verhalten des Sachbearbeiters!

6.4.2 Pflichten des Steuerbürgers

Die AO sieht im Besteuerungsverfahren Mitwirkungspflichten des Steuerpflichtigen ggf. auch dritter Personen vor. Der Mitwirkungspflicht kommen die Beteiligten insbesondere dadurch nach, dass sie

- die für die Besteuerung erheblichen Tatsachen vollständig und wahrheitsgemäß offenlegen und § 90 (1) AO
- die ihnen bekannten Beweismittel angeben.

Fall 11: Ein Steuerpflichtiger hat aus unterschiedlichen Quellen Einkünfte bezogen. Zu Einkünften aus Kapitalvermögen verweigert er die Vorlage von Belegen.

Kann das FA das Bundeszentralamt für Steuern ersuchen sich mit einem Kontoabrufverfahren an das betreffende Kreditinstitut zu wenden?

Mitwirkungspflichten

Anzeigepflicht	Auskunftspflicht	Steuererklärungspflicht
Wer einen – land- u. forstwirtschaftlichen Betrieb – Gewerbebetrieb oder – eine Betriebsstätte eröffnet, muss dies der zuständigen Gemeinde, wer eine freiberufliche Tätigkeit aufnimmt, dem zuständigen Finanzamt mitteilen, § 138 AO.	Der Steuerpflichtige und/oder dritte Personen haben dem Finanzamt die für die Besteuerung erforderlichen Auskünfe zu erteilen, § 93 AO, dritte Personen i. S. d. §§ 101 ff. AO können die Auskunft verweigern, nicht aber der Steuerpflichtige.	Eine Steuererklärung muss abgeben, wer – aufgrund eines Gesetzes dazu verpflichtet ist, – vom Finanzamt dazu aufgefordert wird, § 149 AO. Die Steuererklärungspflicht ergibt sich z. B. für die ESt aus § 56 EStDV USt aus § 18 UStG GewSt aus § 25 GewStDV.

RW 27 ff.

Buchführungspflichten	
abgeleitete Buchführungspflicht § 140 AO	Wer nach anderen Gesetzen als den Steuergesetzen Bücher zu führen hat, z. B. alle Kaufleute nach dem HGB, muss dies auch für die Besteuerung tun.
originäre Buchführungspflicht § 141 AO	Gewerbliche Unternehmer und Land- u. Forstwirte sind buchführungspflichtig, wenn eine der folgenden Grenzen überschritten wird: **Umsätze**[1] **> 600.000 €** **Wirtschaftswert > 25.000 €** **Gewinn aus** **– Gewerbebetrieb > 60.000 €** **– Land- u. Forstwirtschaft > 60.000 €**

RW 30

Aufzeichnungspflichten	
abgeleitete Aufzeichnungspflichten § 140 AO	**Außersteuerliche Aufzeichnungspflichten** bestehen beispielsweise für: Apotheken, Auskunfteien, Bauträger, Beherbergungsstätten, Blindenwerkstätten, Buchmacher, Fahrschulen, Gebrauchtwarenhändler, Kursmakler, Reisebüros.
originäre Aufzeichnungspflichten	**Steuerliche Aufzeichnungspflichten** ergeben sich aus Steuergesetzen: – Anbauverzeichnis, § 142 AO – Aufzeichnung des Warenein- und -ausgangs bei Gewerbetreibenden, § 143/144 AO – bestimmte Betriebsausgaben, § 4 Absätze 5 + 7 EStG – umsatzsteuerliche Aufzeichnungen, § 22 UStG

[1] Gesamtumsatz i. S. d. § 19 (3) UStG

BMF-Schreiben v. 05.07.2021

Aufbewahrungspflichten § 147 AO

RW 34 f.

Aufbewahrungsfrist 10 Jahre	Aufbewahrungs-frist 6 Jahre	Beginn der Aufbewahrungsfrist
– Bücher, Aufzeichnungen – Buchungsbelege – Inventare – Eröffnungsbilanzen – Jahresabschlüsse – Lageberichte – Arbeitsanweisungen – Organisations-unterlagen	– empfangene und abgesandte Handels- oder Geschäftsbriefe[1] – sonstige für die Besteuerung wichtige Unterlagen – Aufzeichnungen und Unterlagen von Stpfl., bei denen die **Summe der positiven Überschusseinkünfte > 500.000 €** ist, § 147a AO	Die Aufbewahrungsfrist beginnt mit dem Schluss des Kalenderjahrs, in dem die letzte Eintragung in das Buch gemacht, das Inventar, die Eröffnungsbilanz, der Jahresabschluss oder Lagebericht erstellt, der Geschäftsbrief empfangen oder abgesandt worden oder der Buchungsbeleg/die Unterlage entstanden ist.

6.4.3 Rechtsfolgen bei Verletzung von Pflichten[2]

Verstöße	Rechtsfolgen	
Bücher/Aufzeichnungen werden geführt, jedoch mit geringen formellen und materiellen Fehlern	Fehlerberichtigung oder **Zuschätzung**	§ 162 AO
Bücher/Aufzeichnungen werden geführt, jedoch mit wesentlichen formellen und materiellen Fehlern	Verwerfung der Buchführung, **Vollschätzung**, bei – **Steuergefährdung:** Geldbuße bis 5.000 € – **Steuerverkürzung:** Geldbuße bis 25.000 € – **Steuerhinterziehung:** Geldstrafe oder Freiheitsstrafe bis zu 5 in schweren Fällen bis zu 10 Jahren	§ 162 AO § 379 AO § 378 AO § 370 AO
Bücher/Auszeichnungen werden nicht geführt	Zwangsmittel, Zwangsgeld bis 25.000 €, Vollschätzung, Geldbußen, Geldstrafen, Freiheitsstrafen wie oben	§ 329 AO

6.4.4 Auskunftsverweigerungsrecht

Der Steuerpflichtige hat als **Beteiligter** im Besteuerungsverfahren kein Auskunftverweigerungsrecht. Beteiligter ist derjenige, an den die Finanzbehörde einen Verwaltungsakt richten will oder gerichtet hat. Andere Personen haben ein Auskunftverweigerungsrecht, z. B.: § 78 AO

Angehörige § 101 AO	Verlobte, Ehegatten, Kinder, Eltern, Geschwister haben ein generelles Auskunftsverweigerungsrecht.
bestimmte Berufs-gruppen § 102 AO	– Geistliche, Abgeordnete, Redakteure über das, was ihnen anvertraut worden ist bzw. was ihnen im Hinblick auf ihre Tätigkeit mitgeteilt wurde – Rechtsanwälte, Notare, Steuerberater, Wirtschaftsprüfer und ihre Gehilfen; diese Personen können jedoch von ihrer Schweigepflicht entbunden werden
Personen, die sich der Gefahr einer Strafverfolgung aussetzen § 103 AO	Nichtbeteiligte brauchen sich oder ihre Angehörige nicht selbst einer Steuerstraftat oder -ordnungswidrigkeit zu bezichtigen.

[1] Für Lieferscheine, die keine Buchungsbelege sind, endet die Aufbewahrungsfrist mit Erhalt oder Versand der Rechnung, § 147 (3) AO.

[2] siehe auch Seiten 479 f.

§§ 193 ff AO

6.4.5 Die Außenprüfung

Die Finanzbehörden können die Angaben des Steuerpflichtigen durch **Außenprüfungen** kontrollieren. Zweck der Außenprüfung ist die richtige Ermittlung und Beurteilung
§ 2 BpO steuerlich bedeutsamer Sachverhalte, nicht die Erzielung von Mehrsteuern.
§ 200 AO Der Steuerpflichtige hat bei der Feststellung der für die Besteuerung erheblichen Sachverhalte mitzuwirken, insbesondere die erforderlichen Auskünfte zu erteilen, Aufzeichnungen, Bücher, Geschäftspapiere vorzulegen und die erforderlichen Erläuterungen zu geben.
§ 147 (5+6) AO Die Finanzbehörde hat im Rahmen der Außenprüfung das Recht, Einsicht in gespeicherte Daten zu nehmen und das Datenverarbeitungssystem des Stpfl. zur Prüfung der steuerlich relevanten Daten zu nutzen.

Fall 12: Ein Steuerpflichtiger betreibt in Stuttgart ein Schreibwarengeschäft. Außerdem bezieht er Einkünfte aus Vermietung und Verpachtung.

a) Kann das FA eine Außenprüfung (Ap) anordnen?
b) Worauf kann sich die Ap erstrecken?

Zulässigkeit § 193 AO	Außenprüfungen sind bei Steuerpflichtigen zulässig, die – einen Gewerbebetrieb unterhalten, – einen land- u. forstwirtschaftlichen Betrieb unterhalten, – freiberuflich tätig sind, – für andere Steuern einbehalten und abführen oder für Rechnung anderer Steuern entrichten, – positive Überschusseinkünfte > 500.000 € im Kj erzielen oder für die Besteuerung erhebliche Verhältnisse der Aufklärung bedürfen und eine Prüfung an Amtsstelle nicht zweckmäßig ist.
Umfang § 194 AO	Außenprüfungen können sich erstrecken auf: – alle Steuerarten, – einzelne Steuern, auf bestimmte Sachverhalte – Lohnsteueraußenprüfung, – Umsatzsteueraußenprüfung, – wesentliche Besteuerungsgrundlagen (= abgekürzte Außenprüfung § 203 AO).
Durchführung § 196 ff. AO § 199 AO	– **Prüfungsanordnung:** enthält sachlichen und zeitlichen Umfang der Prüfung sowie eine Rechtsbehelfsbelehrung und ist schriftlich/elektronisch bekanntzugeben bei Großbetrieben Anschlussprüfung, bei anderen Betrieben letzte drei Besteuerungszeiträume vor Prüfungsanordnung; Prüfungsbeginn; Prüfungsort – **Prüfungsgrundsätze:** Zu prüfen sind tatsächliche und rechtliche Verhältnisse, die sich sowohl steuererhöhend als auch steuermindernd auswirken können. Steuerpflichtige und/oder Berater sind über die Ermittlungen und Auswirkungen zu unterrichten.
Kontrollmitteilungen	Der Prüfer kann ermittelte und für die Besteuerung anderer Personen bedeutsame Feststellungen den zuständigen Finanzämtern mitteilen.
Abschluss § 201 AO	– **Schlussbesprechung:** bei Änderung der Besteuerungsgrundlagen – **Prüfungsbericht:** mit Darstellung der Änderungen

Übungen

1 Ein Steuerpflichtiger macht in seiner Einkommensteuererklärung Aufwendungen für den Kauf eines Computers in Höhe von 2.000 € als Werbungskosten geltend. Der zuständige Sachbearbeiter sendet dem Steuerpflichtigen einen umfangreichen Fragebogen zur Beantwortung zu und bittet außerdem um Vorlage des Kaufbelegs.

a) Auf welche Vorschriften stützt der Sachbearbeiter seine Bitte?
b) Muss der Steuerpflichtige der Aufforderung des Sachbearbeiters nachkommen?

2 Ein Facharzt in Frankfurt hat im Kalenderjahr 2023 210.000 € Betriebseinnahmen erzielt. Die Betriebsausaben beliefen sich im gleichen Zeitraum auf 98.000 €.
Muss der Facharzt Bücher führen?

3 Franziska Novak eröffnete im Mai 2022 in Koblenz eine Modeboutique (Wj = Kj).
Sie ist nicht im Handelsregister eingetragen. Die Boutique erfordert keinen in kaufmännischer Weise eingerichteten Geschäftsbetrieb. N. ermittelt den Gewinn nach § 4 Abs. 3 EStG. Im Rumpfwirtschaftsjahr 2022 erzielte sie einen Umsatz von 84.000 €, der Gewinn betrug 12.200 €. Im Kalenderjahr 2023 erwirtschaftete sie einen Umsatz von 130.000 € und einen Gewinn von 25.000 €. Für das Kalenderjahr 2024 wird ein Umsatz von 230.000 € und ein Gewinn von 62.000 € erwartet.

a) Wann liegen die Voraussetzungen für die Buchführungspflicht vor?
b) Muss Franziska Novak ab diesem Zeitpunkt Bücher führen?

4 Ein Gastwirt in Hannover weigert sich, trotz Aufforderung des Finanzamts, Bücher zu führen und Abschlüsse zu machen.

Welche Möglichkeiten hat das Finanzamt, seine Aufforderung durchzusetzen?

5 Das Finanzamt Ulm ist der Meinung, dass der Steuerpflichtige Pfleiderer seine Einkünfte nicht voll der Besteuerung unterworfen hat. Der Sachbearbeiter ruft in der Steuerkanzlei Dr. Rasch, Ulm, an und bittet um entsprechende Auskunft.

Muss Dr. Rasch die gewünschte Auskunft erteilen?

6 Das Finanzamt Regensburg führt in einem Baugeschäft eine Außenprüfung durch. Der Prüfer stellt fest, dass die Großeltern dem Unternehmer ein Darlehen von 80.000 € zur Verfügung gestellt und dafür 3.500 € Zinsen erhalten haben, die als Betriebsausgaben gebucht wurden. Die üblichen Zinsen für Darlehen dieser Art unter Fremden betragen 3 %. Die Großeltern haben die Zinsen in ihrer Steuererklärung nicht angegeben.

Welche Folgen könnte dies für den Bauunternehmer und die Großeltern haben?

6.5 Das Festsetzungsverfahren

6.5.1 Steuerbescheid

Sind die Besteuerungsgrundlagen ermittelt, wird die Steuer durch das Finanzamt festgesetzt. Dies geschieht in der Regel durch einen **schriftlichen Steuerbescheid.** Die Festsetzung kann unterbleiben, wenn der festzusetzende Betrag 25 € nicht übersteigt, diese keinen Erfolg haben wird oder die Kosten der Festsetzung außer Verhältnis zum festzusetzenden Betrag stehen. In den beiden letztgenannten Fällen kann der Betrag auch über 25 € hinausgehen.

§ 155 (1) AO
§ 156 (1, 2) AO

Steuerbescheide sind Verwaltungsakte,
- in denen ein Steuerbetrag gegenüber einem bestimmten Steuerschuldner festgesetzt wird,
- durch die jemand ganz oder teilweise von einer Steuer freigestellt wird (= **Freistellungsbescheid**),
- die einen Antrag auf Steuerfestsetzung ablehnen (= **Nichtveranlagungsbescheid**).

Finanzamt Biberach

Steuernummer: 54273/60000

88400 Biberach
Bahnhofstr. 11
Postfach 13 61
Telefon (0 73 51/5 93 02)
Telefax (0 73 51/5 92 02)

20.09.2023

Bescheid für **2021** über Umsatzsteuer

Herrn
Walter Weber
Am Alten Turm 20

88401 Biberach

A. Festsetzung	Umsatzsteuer €
Festgesetzt werden	123,50
B. Abrechnung (Stichtag: 31.08.2023)[1]	
Abzurechnen sind	123,50
Bereits getilgt	123,50
Unterschiedsbetrag d. Verrechnung	0,00
Noch zu zahlen	0,00
Bitte zahlen Sie:	0,00

C. Erläuterung
Die am 31.08.2023 eingegangene Umsatzsteuererklärung steht einer Steuerfestsetzung unter Vorbehalt der Nachprüfung gleich. Dieser Vorbehalt wird hiermit nach § 164 Abs. 3 AO aufgehoben.

Rechtsbehelfsbelehrung
Die Festsetzung der Umsatzsteuer kann mit dem Einspruch angefochten werden. Der Einspruch ist bei dem vorbezeichneten Finanzamt schriftlich einzulegen oder zur Niederschrift zu erklären.
Die Frist für die Einlegung eines Rechtsbehelfs beträgt einen Monat. Sie beginnt mit Ablauf des Tages, an dem Ihnen dieser Bescheid bekannt gegeben worden ist …

Fall 13: Prüfen Sie, ob der abgebildete Steuerbescheid die in den § 119 und § 157 AO vorgeschriebenen Inhalte aufweist.

Welche Folge hätte es, wenn die Rechtsbehelfsbelehrung fehlen würde?

[1] Frist § 149 (3) AO verlängert bis 31.08.2023, wenn Personen i.S.d. §§ 3+4 StBerG, mit der Erstellung der Erklärung beauftragt sind (Viertes Corona-Steuerhilfegesetz).

6.5.2 Steueranmeldung

§ 150 AO

Hat der Steuerpflichtige in der Steuererklärung die Steuer selbst zu berechnen, bezeichnet man diese Erklärung als **Steueranmeldung**. Eine Festsetzung der Steuer durch das Finanzamt ist nur erforderlich, wenn von der erklärten Steuer abgewichen wird oder der Steuerschuldner keine Steueranmeldung abgibt.

Steueranmeldungen sind beispielsweise die

- Umsatzsteuer-Voranmeldung § 18 (1) UStG
- Umsatzsteuer-Jahreserklärung § 18 (3) UStG
- Lohnsteuer-Anmeldung § 41 a (1) EStG
- Kapitalertragsteuer-Anmeldung § 45 a EStG

6.5.3 Steuerfestsetzung unter Vorbehalt der Nachprüfung

§ 164 AO

Das Finanzamt kann die Steuer **„unter Vorbehalt der Nachprüfung"** festsetzen, solange ein Steuerfall nicht abschließend geprüft ist.

<table>
<tr><th colspan="2">Vorbehaltsfestsetzung</th></tr>
<tr><td>Wirkung</td><td>Der Vorbehalt der Nachprüfung bezieht sich auf den gesamten Steuerfall. Während der Vorbehalt gilt, kann die Steuerfestsetzung innerhalb der Festsetzungsfrist jederzeit aufgehoben oder geändert werden.
Dabei sind jedoch die Grundsätze des Vertrauensschutzes nach § 176 AO zu beachten.</td></tr>
<tr><td>Arten des Vorbehalts</td><td>Vorbehalt durch Vermerk
Steuerbescheide und ihnen gleichgestellte Bescheide können, solange der Steuerfall nicht abschließend geprüft ist, mit dem Vermerk „unter Vorbehalt der Nachprüfung" versehen werden.

Vorbehalt kraft Gesetzes
Ohne besonderen Vermerk stehen unter Vorbehalt:
– Vorauszahlungsbescheide, § 164 AO,
– Steueranmeldungen, § 168 AO,
– die Bildung von Steuerabzugsmerkmalen in den ELSTAM, § 39 i.V.m. § 39e EStG.

Kein Vorbehalt ist möglich bei: Haftungsbescheiden, Festsetzung von Zwangsgeldern oder Verspätungszuschlägen.</td></tr>
<tr><td>Dauer</td><td>Das Finanzamt kann den Vorbehalt aufheben
– von Amts wegen,
– auf Antrag des Steuerpflichtigen, > durch Aufhebungsbescheid
– nach einer Außenprüfung.

Der Vorbehalt entfällt mit Ablauf der Festsetzungsfrist ohne Nachprüfung oder Mitteilung an den Steuerpflichtigen.</td></tr>
</table>

Fall 14: Der Stpfl. Mühlenbrink hat im Mai 2022 seine ESt-Erklärung für 2018 beim FA Münster abgegeben. Im August 2022 setzte das FA die ESt unter Vorbehalt der Nachprüfung fest. Im November 2023 möchte der zuständige Sachbearbeiter den ESt-Bescheid zuungunsten des Stpfl. ändern.

Ist dies noch möglich?

§ 165 AO

6.5.4 Vorläufige Steuerfestsetzung

Die Steuer kann vorläufig festgesetzt werden, wenn hinsichtlich eines bestimmten Besteuerungsmerkmals eine Ungewissheit besteht, die sich durch zumutbare Ermittlungen nicht beseitigen lässt.

Vorläufige Steuerfestsetzung	
Wirkung	Die Vorläufigkeit erstreckt sich nur auf **die ungewissen Besteuerungsmerkmale**. Diese können jederzeit aufgehoben oder geändert werden. Ein Einspruch ist insoweit nicht erforderlich.
Dauer	Die vorläufige Steuerfestsetzung ist aufzuheben, zu ändern oder für endgültig zu erklären, wenn die Ungewissheit beseitigt ist.

Auszug aus einem Steuerbescheid

„Der Bescheid ist nach § 165 Abs. 1 S. 2 Nr. 3 AO teilweise vorläufig hinsichtlich:
- der Besteuerung von Leibrenten und anderen Leistungen aus der Basisversorgung nach § 22 Nr. 1 S. 3 Buchstabe a …
- der Verfassungsmäßigkeit des Solidaritätszuschlags 1995 … "

6.5.5 Festsetzungsverjährung

Steuern sind innerhalb der gesetzlich festgelegten Frist vom Finanzamt festzusetzen. Nach Ablauf der Festsetzungsfrist erlischt der Steueranspruch durch Verjährung. Eine Steuerfestsetzung sowie ihre Aufhebung oder Änderung ist dann nicht mehr zulässig.

§ 169 AO **Festsetzungsfristen**

Beginn	Dauer	Ende
wenn eine Steuererklärung oder Steueranmeldung einzureichen ist: – mit Ablauf des Kj, in dem diese eingereicht wird – spätestens mit Ablauf des dritten Kj, das dem Jahr der Steuerentstehung folgt, § 170 (2) AO (**Anlaufhemmung**)[1)] – für Steuern auf Kapitalerträge aus nicht EU-Ländern spätestens 10 Jahre nach Ablauf des Kj, in dem die Steuer entstanden ist, § 170 (6) AO	die Festsetzungsfrist beträgt für: – Zölle und Verbrauchsteuern **1 Jahr** – alle übrigen Steuern **4 Jahre** – leichtfertige Steuerverkürzung **5 Jahre** – Steuerhinterziehung **10 Jahre**	mit Ablauf der nebenstehenden Zeiträume **Ablaufhemmung** § 171 AO wegen: – höherer Gewalt – Beginn einer Außenprüfung oder Steuerfahndung – vorläufiger Festsetzung oder Aussetzung der Steuerfestsetzung – Einspruch oder Klage

Fall 15: Der Steuerpflichtige Heinze, Worms, reicht die ESt-Erklärung für 2021 am 22.12.2023 beim zuständigen Finanzamt ein. Beim Finanzamt Bremen geht am 20.01.2023 die ESt-Erklärung für 2017 des Gastwirts Ralf Paulsen ein.

Wann beginnt und wann endet jeweils die Festsetzungsfrist?

1) Die Anlaufhemmung greift nicht, wenn der Stpfl. berechtigt, aber nicht verpflichtet ist, eine Steuererklärung abzugeben, z. B. bei der Antragsveranlagung nach § 46 (2) Nr. 8 EStG.

6.5.6 Berichtigung von Steuerbescheiden

Mit der Bekanntgabe wird ein Steuerbescheid wirksam solange er nicht zurückgenommen, widerrufen oder anderweitig aufgehoben wird. Das Finanzamt ist an den Inhalt des Bescheids gebunden. Der Steuerpflichtige kann innerhalb eines Monats nach Bekanntgabe durch Einspruch (§ 347 (1) AO) eine Überprüfung des Steuerbescheids einleiten. Nach Ablauf der Einspruchsfrist ist der Bescheid bestandskräftig. Er kann vom Finanzamt **innerhalb der Festsetzungsfrist** nur noch berichtigt werden, soweit dies eine Korrekturvorschrift gestattet. (Korrekturvorschriften für § 124 (2) AO

- Nichtsteuerbescheide, §§ 130,131, siehe Seite 447,
- Bescheide „unter Vorbehalt" und „vorläufige Bescheide", §§164,165, siehe Seite 459f.).

› Korrekturvorschriften für alle Verwaltungsakte

Berichtigung offenbarer Unrichtigkeiten nach § 129 AO[1]	sind dem Finanzamt beim Erlass eines Steuerbescheids Fehler unterlaufen, z. B. Schreibfehler, Rechenfehler oder ähnliche offensichtliche Unrichtigkeiten, also Fehler, bei denen ein Rechtsirrtum ausgeschlossen ist, z. B. Versehen, Übersehen, Verwechseln, Vertauschen, falsches Übertragen, Eintragen, können diese außerhalb des Einspruchsverfahrens **bis zum Ablauf der Festsetzungsfrist jederzeit zugunsten wie zuungunsten des Stpfl. korrigiert** werden, § 169 (1) S. 2 AO. Die Festsetzungsfrist endet jedoch nicht vor Ablauf eines Jahres nach Bekanntgabe des unrichtigen Steuerbescheids (= **Ablaufhemmung**), § 171 (2) AO.

Fall 16: Der Steuerpflichtige Linke, Berlin, hat seine Einkommensteuer-Erklärung für 2016 am 30.05.2021 beim Finanzamt eingereicht. Durch ein Versehen wird der Einkommen-Steuerbescheid dem Steuerpflichtigen erst am 21.01.2022 bekannt gegeben. Das Finanzamt hat durch einen Rechenfehler die Werbungskosten des Steuerpflichtigen bei den Einkünften aus V&V zu niedrig angesetzt. Bei der Bearbeitung der nachfolgenden Steuererklärung wird der Fehler am 17.01.2023 vom Sachbearbeiter entdeckt.

Ist die Korrektur des Fehlers noch möglich?

› Korrekturvorschriften für Steuerbescheide (Beispiele)

Aufhebung oder Änderung nach § 172 AO	› **Abs. 1 Nr. 2a** Korrektur **zum Vorteil** des Steuerpflichtigen vor **Ablauf der Einspruchsfrist** nur mit dessen **Zustimmung** oder **auf Antrag („schlichte Änderung")**; die Korrektur darf über den Antrag oder die Zustimmung des Stpfl. nicht hinausgehen. Materielle Fehler können über § 177 AO mitberichtigt werden. **Beachte:** Anträge auf Änderungen **zu Lasten** des Stpfl. können **jederzeit** gestellt werden. › **Abs. 1 Nr. 2b** Der Steuerbescheid wurde von einer sachlich unzuständigen Behörde erlassen. › **Abs. 1 Nr. 2c** Der Steuerbescheid wurde durch unlautere Mittel, arglistige Täuschung, Drohung oder Bestechung erwirkt.

[1] Siehe auch § 173a AO, S.463

Eine vor Ablauf der Einspruchsfrist beantragte Änderung des Steuerbescheids, die nicht ausdrücklich als Einspruch bezeichnet wird, kann als **„schlichte Änderung"** behandelt werden, wenn der Antragsteller eine **genau bestimmte Änderung** beantragt und das Finanzamt dem Begehren entsprechen will. Der Antrag ist formfrei.
Das Finanzamt darf in diesem Fall den Steuerbescheid nur in dem beantragten Umfang **(Punktberichtigung)** ändern. Eine Erweiterung ist nicht möglich. Es sei denn, sie erfolgt durch Einspruch des Stpfl. noch innerhalb der Rechtsbehelfsfrist.
Materielle Fehler, die nicht mit dem **Änderungswunsch** in Zusammenhang stehen, können jedoch über **§ 177 AO mit berichtigt** werden. Materieller Fehler sind alle Fehler, die zu einer falschen Steuerfestsetzung führen. Werden Steuerbescheide zu Lasten oder zugunsten des Stpfl. geändert, dürfen bei der Mitberichtigung nach § 177 (1+2) AO bestimmte Mitberichtigungsgrenzen nicht über- oder unterschritten werden.

Beispiel

1. Eine Stpfl. beantragt innerhalb der Rechtsbehelfsfrist die schlichte Änderung ihres ESt-Bescheids, wegen nicht berücksichtigter Werbungskosten bei den Einkünften aus nicht selbstständiger Arbeit in Höhe von 400 € unter Vorlage von Belegen.

   Der ESt-Bescheid ist nach § 172 (1) Satz 1 Nr. 2a AO zu ändern.

2. Fall wie oben: Bei der Überprüfung des ESt-Bescheids nach Ablauf der Rechtsbehelfsfrist entdeckt der Stpfl. noch weitere 200 € Werbungskosten, die er bei den Einkünften aus Vermietung und Verpachtung nicht angegeben hatte.

   Dieser Fehler kann nicht nach § 172 (1) Satz 1 Nr. 2a AO berücksichtigt werden, da der Antrag der Stpfl. hierfür nicht gestellt wurde (Punktberichtigung). Eine Erweiterung des Antrags wäre nur noch **innerhalb der RB-Frist** möglich. Hätte die Stpfl. Einspruch gegen den ESt-Bescheid eingelegt, könnten die 200 € ohne weiteres als Werbungskosten angesetzt werden, da in diesem Falle der gesamte Steuerfall neu aufgerollt wird.

3. Fall wie Beispiel 1: Bei der Prüfung des ESt-Bescheids stellt der Sachbearbeiter des FA fest, dass nicht nur die 400 € sondern weitere 200 € als Werbungskosten bei den Einkünften aus V & V abzuziehen sind und darüber hinaus 300 € Einnahmen aus der Vermietung einer Garage bisher nicht angesetzt wurden. Dem Antrag der Stpfl. wird daher nur teilweise stattgegeben.

   Mitberichtigung nach § 177 (2) AO soweit die Änderung reicht:

Fehler zugungsten des Stpfl.	200 €
Fehler zuungungsten des Stpfl.	300 €
Saldo zuungungsten des Stpfl.	– 100 €

   Senkung des zu versteuernden Einkommens gegenüber Fall 1. um 400 € – 100 € = **300** €

§ 1 KBV ESt- oder KSt-Festsetzungen werden nur geändert oder berichtigt, wenn die Abweichung von der bisherigen Festsetzung zugunsten des Stpfl. mind. 10 € oder zuungunsten mind. 25 € beträgt.

Fall 17: Ein Steuerpflichtiger in Memmingen hat in seiner Einkommensteuererklärung 2022 vergessen, Beiträge zu Berufsverbänden in Höhe von 240 € anzugeben. Nach Bekanntgabe des Steuerbescheids am 30.11.2023 beantragt er unter Vorlage von Belegen am 21.12.2023, den Betrag als Werbungskosten zu berücksichtigen.

Prüfen Sie, ob das FA den ESt-Bescheid 2022 nach § 172 AO ändern kann?

Aufhebung oder Änderung nach § 173 AO

wegen **neuer Tatsachen oder Beweismittel,** die nach abschließender Entscheidung des Amtsträgers oder nach abschließender maschineller Bearbeitung jedoch innerhalb der Festsetzungsfrist bekannt geworden sind und zu einer

höheren Steuer führen	niedrigeren Steuer führen
Eine Korrektur erfolgt auch **ohne Verschulden** des Steuerpflichtigen.	Eine Korrektur erfolgt nur, wenn den Steuerpflichtigen **kein grobes Verschulden** trifft und deshalb die Tatsachen oder Beweismittel dem FA erst nachträglich bekannt geworden sind.

Steuerbescheide, die nach einer Außenprüfung ergangen sind, können nur aufgehoben oder geändert werden, wenn eine Steuerhinterziehung, § 370 AO, oder leichtfertige Steuerverkürzung, § 378 AO, vorliegt (**= Änderungssperre**). § 173 (2) Satz 1 AO

§ 173a AO

Aufhebung oder Änderung von Steuerbescheiden, wenn dem Stpfl. bei Erstellung der Steuererklärung Schreib- oder Rechenfehler unterlaufen sind und deshalb dem Finanzamt rechtserhebliche Tatsachen nicht mitgeteilt wurden. Fehler bei der Datenübertragung an das Finanzamt fallen nicht unter diese Vorschrift. BFH -Urteil v. 27.04.2022

§ 175 b AO

Steuerbescheide sind auch aufzuheben oder zu ändern, wenn bei der Datenübermittlung durch Dritte, z. B. mitteilungspflichtige Stellen, rechtserhebliche Daten i. S. d. § 93c AO bei der Steuerfestsetzung nicht oder nicht zutreffend berücksichtigt wurden bzw. zu Ungunsten des Stpfl. unrichtig sind.

Fall 18: Ein Gewerbetreibender in Lörrach hat wegen schlampiger Belegführung Betriebseinnahmen von 3.000 € und Betriebsausgaben von 5.000 € des Jahres 2021 nicht gebucht. Nach Bekanntgabe des ESt-Bescheids am 20.11.2023 entdeckt er die Belege und beantragt am 18.12.2023 (Montag) die Änderung des Bescheids.

Kann das FA den ESt-Bescheid nach § 173 AO zugunsten des Steuerpflichtigen ändern?

Bei der Änderung oder Aufhebung von Steuerbescheiden besteht für den Stpfl. Vertrauensschutz, wenn Gesetze nachträglich zuungunsten des Stpfl. geändert, für unrichtig oder verfassungswidrig erklärt werden. § 176 AO

Tatsachen sind Merkmale eines Steuertatbestandes, z. B. der Zufluss von Einnahmen oder der Abfluss von Ausgaben, die mit einer Einkunftsart i. S. d. EStG zusammenhängen. Die falsche Darstellung von Sachverhalten in Steuererklärungen oder in der Buchführung gilt nicht als Tatsache, z. B. Buchungsfehler. Keine Tatsachen sind auch Schlussfolgerungen und Vermutungen sowie Handlungen und Erklärungen des Finanzamts. Ereignet sich ein Sachverhalt erst nach der Bekanntgabe eines Bescheids, ist dies für die Anwendung des § 173 AO unerheblich.

Beweismittel sind Erkenntnismittel, die zur Aufklärung eines Sachverhalts dienen können, z. B. Gutachten, Urkunden, Belege, Auskünfte. Sie müssen im Zeitpunkt der Bekanntgabe des Bescheids vorliegen. Neue Tatsachen oder Beweismittel rechtfertigen eine Änderung eines Steuerbescheides nur, wenn das Finanzamt bei rechtzeitiger Kenntnis dieser bereits bei der ursprünglichen Veranlagung zu einer höheren oder niedrigeren Steuer gelangt wäre.

Grobes Verschulden eines Steuerpflichtigen umfasst Vorsatz und grobe Fahrlässigkeit. Werden beispielsweise Angaben wegen schlampiger Buchführung vergessen oder beachtet ein Steuerpflichtiger die Anleitungen zum Ausfüllen von Steuererklärungen nicht oder lässt er in einem Formular ausdrücklich gestellte Fragen unbeantwortet, obwohl sie zum Sachverhalt gehören, gilt dies bereits als grobes Verschulden.

§ 173 (1) Nr. 2 Satz 2 AO **Grobes Verschulden ist jedoch unerheblich,** wenn die neue Tatsache zugunsten des Steuerpflichtigen mit solchen zuungunsten des Steuerpflichtigen zusammenhängt. Dies kann dazu führen, dass trotz groben Verschuldens die Änderung zugunsten des Steuerpflichtigen ausfällt.

Übungen

1 Prüfen Sie, wann in den folgenden Fällen die Festsetzungsfrist abläuft!

a) Der Steuerpflichtige Breitenbach, Magdeburg, reicht am 25.07.2023 seine ESt-Erklärung für 2022 beim zuständigen Finanzamt ein.

b) Der Steuerberater Schäfer, Rostock, hat die USt- und GewSt-Erklärung 2021 eines Mandanten erst am 01.08.2023 beim Finanzamt eingereicht.

c) Die Frist für die Festsetzung der ESt eines Unternehmers würde am 31.12.2022 auslaufen. Am 28.12.2022 sollte eine Außenprüfung beginnen, die auf Bitten des Stpfl. auf 10.01.2023 verschoben wird. Die sich aus der Außenprüfung ergebenden Mehrsteuern von 6.840 € werden in einem ESt-Steuerbescheid festgesetzt, der dem Steuerpflichtigen am 10.02.2023 bekannt gegeben wird.

2 Die Festsetzungsfrist für die USt endet am 31.12.2022. Der USt-Bescheid wurde dem Steuerpflichtigen am 21.12.2022 bekannt gegeben. Bei der Überprüfung des Bescheids am 20.01.2023 entdeckt der Steuerpflichtige, dass er sich zu seinen Lasten verrechnet hatte. Das Finanzamt hat den Rechenfehler übernommen.
Kann der Bescheid noch berichtigt werden?
Begründen Sie Ihre Antwort!

3 Der ESt-Bescheid für das Jahr 2018 wurde am 30.11.2019 bekannt gegeben. Nach einer Außenprüfung erfolgte die Änderung des Bescheids mit Bekanntgabe am 12.08.2022. Der geänderte Bescheid enthält einen Additionsfehler, der vom Steuerpflichtigen erst im Juli 2023 aufgedeckt wird.
Stellen Sie fest, ob eine Berichtigung noch möglich ist!

4 Das Finanzamt hat 2014 die ESt für 2013 eines Stpfl. unter Vorbehalt der Nachprüfung auf 10.000 € festgesetzt. Im Jahr 2023 werden Steuerhinterziehungen im VZ 2013 von 7.500 € aufgedeckt.
Kann das Finanzamt die hinterzogenen Steuern nachfordern?

5 Nach der Unanfechtbarkeit eines USt-Bescheids erfährt das Finanzamt noch innerhalb der Festsetzungsfrist durch eine Kontrollmitteilung von bisher nicht erklärten steuerpflichtigen Umsätzen in Höhe von 10.000 € netto. Bei der Änderung der Veranlagung stellt das Finanzamt fest, dass in diesem Fall außerdem Vorsteuerbeträge von 3.200 € nicht abgezogen wurden.

a) Kann der bestandskräftige Bescheid noch geändert werden?

b) In welchem Umfang ist die Korrektur ggf. vorzunehmen?

6 Ein nichtselbstständig beschäftigter Kfz-Mechaniker repariert nach Feierabend in seiner als Werkstätte eingerichteten Garage die Fahrzeuge seiner Freunde und Bekannten gegen Entgelt. In seiner ESt-Erklärung verschweigt er diese gewerbliche Tätigkeit. Nach Bestandskraft des ESt-Bescheids erfährt das Finanzamt durch eine Kontrollmitteilung von der Tätigkeit und bittet den Steuerpflichtigen um Stellungnahme. Dieser teilt dem Finanzamt Betriebseinnahmen von 12.500 € und Betriebsausgaben von 14.000 € mit.

a) Kann das Finanzamt einen Änderungsbescheid erlassen?

b) In welchem Umfang wären bei einer Berichtigung die Angaben des Steuerpflichtigen zu berücksichtigen?

6.6 Das Erhebungsverfahren

§ 218 ff AO

Im Erhebungsverfahren geht es um die Erfüllung von Ansprüchen aus dem Steuerschuldverhältnis.

Voraussetzung für die Erhebung einer Steuer ist, dass diese **entstanden**, in einem Steuerbescheid **festgesetzt und fällig** ist.

6.6.1 Entstehung der Steuer

Eine Steuer entsteht, sobald der Tatbestand verwirklicht ist, an den das Gesetz die Leistungspflicht knüpft. Der **Entstehungszeitpunkt** geht aus den einzelnen Steuergesetzen hervor. § 38 AO

Steuer	Entstehung	
ESt-Vorauszahlung	Beginn des Kalendervierteljahrs	§ 37 (1) EStG
KSt-Vorauszahlung	"	§ 30 Nr. 2 KStG
ESt	Ablauf des Veranlagungszeitraums	§ 36 (1) EStG
KSt	"	§ 30 Nr. 3 KStG
Lohnsteuer	Zufluss des Arbeitslohns	§ 38 (2) EStG
GewSt-Vorauszahlung	Beginn des Kalendervierteljahrs	§ 21 GewStG
GewSt	Ablauf des Erhebungszeitraums	§ 18 GewStG
Umsatzsteuer	Ablauf des Voranmeldungszeitraums	
– Sollbesteuerung	– der Leistung	§ 13 (1) Nr. 1a UStG
– Istbesteuerung	– der Vereinnahmung	§ 13 (1) Nr. 1b UStG

Fall 19: Ein Kfz-Mechaniker repariert seit März 2023 mit Zustimmung seines Arbeitgebers am Abend und an den Wochenenden auf eigene Rechnung und Gefahr die Fahrzeuge seiner Freunde und Bekannten in seiner Garage, ohne dies dem Finanzamt mitzuteilen.

Welche Steuern sind durch die Nebentätigkeit des Malergesellen möglicherweise entstanden?

§ 220 AO

6.6.2 Fälligkeit der Steuer

Der Steuergläubiger kann vom Steuerschuldner zu einem bestimmten Zeitpunkt die Zahlung der Steuer verlangen. Der **Zeitpunkt der Fälligkeit** kann sich ergeben aus:

§ 220 (1) AO

Einzelsteuergesetzen, z. B. Abschlusszahlung § 36(4) EStG.
Diese Regelungen gehen der AO vor.

Ist in einem Einzelsteuergesetz keine Fälligkeitsregelung vorhanden, richtet sich die Fälligkeit nach § 220 (2) AO. Danach werden

- Ansprüche frühestens mit ihrer Entstehung,
- festzusetzende Ansprüche mit Bekanntgabe der Festsetzung,
- Leistungsgebote mit Ablauf der vom FA gesetzten Zahlungsfrist

fällig.

Fälligkeitsregelungen in Einzelsteuergesetzen

Steuer	Fälligkeit		
ESt-Vorauszahlung KSt-Vorauszahlung	10.03.; 10.06.; 10.09.; 10.12. 10.03.; 10.06.; 10.09.; 10.12.	§ 37 (1) § 31 (1)	EStG KStG
ESt-Abschlusszahlung KSt-Abschlusszahlung	1 Monat nach Bekanntgabe des Bescheids	§ 36 (4) § 31 (1)	EStG KStG
Lohnsteuer	10. Tag nach Ablauf des Lohnsteuer-Anmeldungszeitraums	§ 41 a (1)	EStG
GewSt-Vorauszahlung	15.02.; 15.05.; 15.08.; 15.11.	§ 19 (1)	GewStG
GewSt-Abschlusszahlung	1 Monat nach Bekanntgabe des Bescheids	§ 20 (2)	GewStG
USt-Vorauszahlung	10. Tag nach Ablauf des Voranmeldungszeitraums	§ 18 (1)	UStG
USt-Abschlusszahlung	1 Monat nach Einreichung der Jahressteuererklärung	§ 18 (4)	UStG

Fall 20: Ein Arbeitgeber reicht am 13.11.2023 die Lohnsteuer-Anmeldung für Oktober 2023 beim zuständigen Finanzamt ein.

a) Wann ist der zu zahlende Betrag fällig?
b) Wie wäre zu entscheiden, wenn die Lohnsteuer-Anmeldung für Oktober 2023 zusammen mit der Zahlung erst am 31.12.2023 eingehen würde?
c) Könnte das FA im Fall b) einen Säumniszuschlag berechnen?

6.6.3 Stundung

§ 222 AO

Durch eine Stundung wird die Zahlungsfälligkeit einer Steuer hinausgeschoben. Eine Stundung ist nicht möglich, wenn ein Dritter die Steuer für Rechnung des Steuerschuldners zu entrichten, insbesondere einzubehalten und abzuführen hat, z. B. der Arbeitgeber die Lohnsteuer, das inländische Kredit- oder Finanzdienstleistungsinstitut die Kapitalertragsteuer.

Voraussetzungen für die Gewährung einer Stundung	
Einziehung der Steuer bedeutet eine **erhebliche Härte** für den Schuldner.	**sachliche Gründe:** Schuldner befindet sich in ernsthaften Zahlungsschwierigkeiten, unerwartet hohe Steuernachzahlungen als Folge einer Außenprüfung, erhebliche Forderungsausfälle durch Insolvenz eines Kunden **persönliche Gründe**: langandauernde schwere Krankheit, Arbeitslosigkeit
Der **Steueranspruch** darf durch die Stundung **nicht gefährdet** sein.	Eine Besserung der Zahlungsfähigkeit des Schuldners wird erwartet, eine ausreichende Sicherheitsleistung ist vorhanden.

Fall 21: Ein Steuerpflichtiger in Halle beantragt wegen der anhaltend schlechten Auftragslage und eines dadurch entstandenen Liquiditätsengpasses die Stundung seiner ESt-Abschlusszahlung.

Kann das FA dem Antrag stattgeben?

Stundungsverfahren	
Nebenbestimmungen	– Stundung soll nur auf Antrag gewährt werden – Fristsetzung für Zahlung des Gesamtbetrags bzw. der einzelnen Raten – Widerrufsvorbehalt, falls sich die Vermögenslage des Schuldners verbessert – auflösende Bedingung, wenn der Schuldner mit den Raten in Verzug kommt – aufschiebende Bedingung, Stundung wird erst wirksam, wenn ein Teilbetrag gezahlt oder Sicherheitsleistung erbracht ist
Stundungszinsen	Für die Dauer der gewährten Stundung werden Zinsen erhoben. Sie betragen **für jeden vollen Monat des Zinslaufs 0,5 % des auf volle 50 € abgerundeten Steuerbetrags.** Zinsen werden nur festgesetzt, wenn sie **mindestens 10 €** betragen. Sie sind auf volle EURO zum Vorteil des Stpfl. zu runden. Dabei ist jeder Anspruch, der sich von anderen nach Steuerart, Veranlagungszeitraum und Zinslauf unterscheidet, für sich zu betrachten. Wird der Steuerbescheid nach Ablauf der Stundung aufgehoben oder geändert, wirkt sich dies auf die Erhebung der Zinsen nicht aus. Bei vorzeitiger Zahlung kann das FA auf die bereits festgesetzten Zinsen, für den Zeitraum ab Eingang der Leistung, auf Antrag verzichten, wenn der gestundete Anspruch mehr als ein Monat vor Fälligkeit getilgt wird.

§ 234/ § 238 AO § 239 (2) AO

AEAO zu § 234 AO Tz. 1

Fall 22: Die ESt-Abschlusszahlung von 4.480 € eines Steuerpflichtigen, fällig am 10.08.2023, wird bis 31.10.2023 gestundet. Gleichzeitig stundet das FA die zum 11.09.2023 fällige Vorauszahlung von 2.200 € ebenfalls bis zu diesem Termin.

Wieviel € betragen die Stundungszinsen?

§ 47 AO

6.6.4 Erlöschen des Steueranspruchs

Ansprüche aus dem Steuerschuldverhältnis erlöschen durch Zahlung, Aufrechnung, Erlass oder Verjährung.

§ 224 AO **Zahlungen** sind an die zuständige Finanzkasse zu entrichten.

Zahlungsart	Zahlungstag
– Übergabe oder Übersendung von Zahlungsmitteln – Scheck – Überweisung oder Einzahlung auf ein Konto des Finanzamts – Einzahlung mit Zahlschein oder Postüberweisung	– Tag des Eingangs bzw. Tag der Übergabe des Geldes – 3 Tage nach Eingang beim FA – Gutschrift auf dem Konto des Finanzamts
– SEPA-Lastschriftmandat	– Fälligkeitstag

Fall 23: Ein Unternehmer reicht die USt-Voranmeldung für Mai 2023 am 12.06.2023 beim Finanzamt ein. Die USt-Zahllast in Höhe von 1.580 € überweist er am 15.06.2023. Der Betrag wird am 19.06.2023 auf dem Konto des Finanzamts gutgeschrieben.

Wann ist die Zahlung bewirkt? Sind Säumniszuschläge zu berechnen?

§ 226 AO
§ 387 BGB **Aufrechnung** ist die wechselseitige Tilgung von Forderungen durch Verrechnung.

Voraussetzungen für die Aufrechnung **(Aufrechnungslage)**	
Gegenseitigkeit der Forderungen	Schuldner der einen Forderung ist Gläubiger der anderen Forderung
Gleichartigkeit der Forderungen	auf beiden Seiten Geldforderungen
Erfüllbarkeit der Hauptforderung	Die Forderung des Aufrechnungsgegners muss entstanden sein; Steuerpflichtige können nur mit unbestrittenen oder rechtskräftig festgestellten Gegenansprüchen aufrechnen.
Fälligkeit der Gegenforderung	Die Forderung des Aufrechnenden muss fällig sein.

Fall 24: Dem Steuerpflichtigen Hurtig, Bonn, wurde am 05.12.2023 der ESt-Bescheid für 2022 bekannt gegeben. Daraus ergibt sich ein Erstattungsanspruch von 2.400 €. Am 11.12.2023 reicht er die USt-Voranmeldung für November 2023 beim Finanzamt ein. Die Steuerschuld beträgt 1.800 €. Das FA erklärt die Aufrechnung mit dem ESt-Erstattungsanspruch.

Zu welchem Zeitpunkt ist die Aufrechnungslage gegeben?
Begründen Sie Ihre Entscheidung!

Erlass ist der endgültige Verzicht auf den Steueranspruch, wenn dessen Einziehung nach Lage des einzelnen Falles unbillig wäre. Dagegen ist die **Niederschlagung** nach § 261 AO **kein** Erlöschensgrund, sondern eine amtsinterne Ermessensentscheidung, keine Vollstreckungsmaßnahmen einzuleiten, wenn zu erwarten ist, dass die Einziehung der Steuer keinen Erfolg haben wird oder die Kosten der Einziehung außer Verhältnis zum einzuziehenden Betrag stehen. § 227 AO

› Erlassgründe

persönliche:	**sachliche:**
Steuerpflichtiger muss – **erlassbedürftig** sein, d. h seine wirtschaftliche Existenz oder der notwendige Lebensunterhalt der Familie ist gefährdet – **erlasswürdig** sein, z. B. unverschuldete finanzielle Notlage, bisheriges steuerehrliches Verhalten	– unvollständige gesetzliche Regelung; dem Steuerpflichtigen werden z. B. Abgaben auferlegt, die ihn nach dem Willen des Gesetzen nicht treffen sollen – unvorhersehbare Gesetzesänderungen beeinträchtigen bereits eingeleitete unternehmerische Maßnahmen – Verstoß gegen Treu und Glauben, z. B. falsche Auskunft des Finanzamts

Fall 25: Ein Steuerpflichtiger aus Konstanz hat erhebliches Vermögen in der Spielbank verloren. Die Begleichung einer rückständigen ESt-Schuld würde seine wirtschaftliche Existenz vollends gefährden.

Kommt ein Billigkeitserlass der Steuerschuld in Frage?

› Erlassmaßnahmen

im

Festsetzungsverfahren § 163 AO	**Erhebungsverfahren § 227 AO**
Das Finanzamt kann – Steuern niedriger festsetzen, – steuererhöhende Besteuerungsgrundlagen unberücksichtigt lassen oder später berücksichtigen, – steuermindernde Besteuerungsgrundlagen früher berücksichtigen.	Das Finanzamt kann – festgesetzte Steueransprüche ganz oder teilweise erlassen.

> **Fall 26:** Ein Gewerbetreibender wurde von einer Hochwasserkatastrophe existenzgefährdet betroffen. Für den Wiederaufbau seines Betriebs benötigt er alle verfügbaren Mittel. Er bittet das FA, die ESt auf 0 € festzusetzen.
>
> Kann das FA dem Antrag des Steuerpflichtigen stattgeben?

§ 232 AO **Zahlungsverjährung** bewirkt, dass festgesetzte Steueransprüche durch Zeitablauf erlöschen. Dies gilt auch für Ansprüche des Stpfl., z.B. Steuererstattungen. Die Verjährung von Ansprüchen aus dem Steuerschuldverhältnis ist von Amts wegen zu berücksichtigen.
§ 37 (2) AO Zahlt der Steuerpflichtige trotz Verjährung, hat er einen Erstattungsanspruch.

Zahlungsverjährung	
Beginn § 229 AO	mit Ablauf des Kalenderjahrs, in dem der Anspruch erstmals fällig geworden ist, jedoch nicht vor Ablauf des Kalenderjahrs, in dem die Festsetzung, Aufhebung, Änderung, Berichtigung wirksam geworden ist (= **Anlaufhemmung**)
Dauer § 228 AO	Die Verjährungsfrist beträgt **5 Jahre**, in den Fällen der §§ 370, 373, 374 AO 10 Jahre.

> **Fall 27:** Ein Unternehmer reicht am 30.10.2023 die USt-Erklärung für 2021 beim zuständigen Finanzamt ein. Die im USt-Steuerbescheid vom 20.11.2023 festgesetzte Abschlusszahlung beträgt 6.480 €. Sie weicht um 480 € von der durch den Steuerpflichtigen berechneten Steuerschuld ab.
>
> Wann beginnt und wann endet die Frist für die Zahlungsverjährung?

Die Verjährung kann gehemmt oder unterbrochen werden.

Hemmung § 230 AO	wegen höherer Gewalt innerhalb der letzten sechs Monate der Verjährungsfrist **Wirkung:** Verlängerung der Verjährungsfrist um den Zeitraum der Hemmung
Unterbrechung § 231 AO	**Beispiele für Unterbrechungshandlungen:** – schriftliche/elektronische Geltendmachung des Anspruchs, z. B. durch Zahlungsaufforderung oder Kontoauszug auch durch den Steuerpflichtigen – Zahlungsaufschub – Stundung – Aussetzung der Vollziehung – Sicherheitsleistung – Anmeldung im Insolvenzverfahren – Ermittlungen des Finanzamts nach Wohnsitz oder gewöhnlichem Aufenthalt **Wirkung:** Die Verjährungsfrist beginnt mit Ablauf des Kalenderjahrs neu zu laufen, in dem die Unterbrechung geendet hat, § 231 (3) AO. Die Dauer der Unterbrechung hängt von der jeweiligen Unterbrechungshandlung ab, § 231 (2) AO.

Fall 28: Ein Steuerpflichtiger in Ulm schuldet 4.820 € ESt. Die reguläre Zahlungsverjährung tritt mit Ablauf des Jahres 2023 ein. Mit Schreiben vom 15.12.2023 mahnt die Finanzkasse Ulm den säumigen Steuerpflichtigen, den rückständigen Betrag innerhalb einer Woche zu entrichten. Welche Folgen hat die Mahnung hinsichtlich der Zahlungsverjährung?

6.6.5 Verzinsung von Steuern (Vollverzinsung)

§ 233 AO

Ansprüche aus dem Steuerschuldverhältnis, ausgenommen steuerliche Nebenleistungen, werden verzinst, wenn dies gesetzlich vorgeschrieben ist. Durch die Verzinsung sollen Vor- bzw. Nachteile ausgeglichen werden, die durch unterschiedliche Erhebungszeitpunkte bei einer Steuer entstehen.
Zinsen sind keine Sanktions-, Druckmittel oder Strafen, sondern die laufzeitabhängige Gegenleistung für eine mögliche Kapitalnutzung. Es ist unerheblich, ob der Zinsvorteil des Stpfl. auf einer verzögerten Einreichung der Steuererklärung oder einer verzögerten Bearbeitung des Finanzamts beruht.

Verzinsung von Steuernachforderungen und Steuererstattungen

Anwendungsbereich	ESt, KSt, USt, GewSt, **nicht** für Vorauszahlungen
Beginn der Verzinsung i. d. R. 15/23 Monate nach Ablauf des Kalenderjahrs der Steuerentstehung.	Sonderregelungen gelten u.a. für die Besteuerungszeiträume Zinslaufbeginn 2021 01.10.2023 2022 01.09.2024 2023 01.07.2025 2024 01.06.2026
Ende der Verzinsung	mit Ablauf des Tages, an dem die Steuerfestsetzung wirksam wird (Tag der Bekanntgabe des Steuerbescheids); bei „freiwilligen" Zahlungen mit Eingang der Zahlung; bei USt-Erklärungen, die zu einer Nachzahlung führen, am Tag des Eingangs der Steueranmeldung
Höhe und Berechnung der Zinsen	**Zinssatz: 0,15** für jeden **vollen Monat des Zinslaufs;** der zu **verzinsende Betrag** jeder Steuerart ist auf volle **50 € abzurunden**, § 238 AO. Eine Festsetzung erfolgt jedoch nur,wenn der **Zinsbetrag mindestens 10 €** beträgt, § 239 (2) AO. Zinsen sind **auf volle €** zum Vorteil des Stpfl. gerundet festzusetzen.
Berechnung der Bemessungsgrundlage	**Nachforderungszinsen:** festgesetzte Steuer – anzurechnende Steuerabzugsbeträge – **festgesetzte** Vorauszahlungen = **Unterschiedsbetrag** (BMG nach § 233 a (3) AO) **Erstattungszinsen:** Berechnungsschema wie bei Nachforderungszinsen; statt der festgesetzten Vorauszahlungen sind jedoch nur die **tatsächlich geleisteten** abzuziehen. Bei einer Aufhebung, Änderung, Berichtigung der Steuerfestsetzung oder bei anzurechnenden Beträgen ist die Zinsfestsetzung zu ändern. Bemessungsgrundlage ist in diesem Fall der **Unterschiedsbetrag** nach § 233 a (5) AO.

§ 233 a (2) S. 1AO
AEAO zu § 233 a Tz.4
BMF Schreiben v. 03.11.2022
AEAO zu § 233a Tz.5

> **Fall 29:** Ein Steuerpflichtiger hat aufgrund des ESt-Vorauszahlungsbescheids für 2021 8.400 € Vorauszahlungen geleistet. Die im ESt-Bescheid 2021 vom 08.12.2023 (Tag der Bekanntgabe) festgesetzte ESt beträgt 14.260 €.
>
> Wie hoch sind die Zinsen für die Steuernachforderung?

BMF-Schreiben v. 03.11.2022

Der Zinssatz für Stundungszinsen (§ 234 AO), Zinsen für hinterzogene Steuern (§ 235 AO), Prozesszinsen (§ 236 AO) und Zinsen für bei Aussetzung der Vollziehung (§ 237 AO) beträgt weiterhin 0,5%.

Übungen

1 Die Schiffbau GmbH, Bremen, reicht am 08.12.2023 folgende Steuererklärungen beim zuständigen Finanzamt ein.

a) USt-Voranmeldung für November 2023
b) LSt-Anmeldung für Oktober und November 2023
c) KSt-Erklärung für 2022
d) USt-Erklärung für 2022
e) GewSt-Erklärung für 2022

Die GmbH versteuert ihre Umsätze nach vereinbarten Entgelten. Alle eingereichten Steuererklärungen führen zu einer Steuerschuld.
Wann sind die Steuern jeweils entstanden und wann sind die Zahlungen fällig?

2 Das Finanzamt Kiel sandte dem Steuerpflichtigen Willemsen am 11.08.2023 den ESt-Bescheid 2021 mit der Post zu. Die Abschlusszahlung beträgt 1.680 €. Der Steuerpflichtige bittet das Finanzamt um Stundung bis zum 31.12.2023, da er zur Zeit arbeitslos ist und über keine Ersparnisse verfügt.

a) Ist eine Stundung gerechtfertigt?
b) Wovon könnte das Finanzamt die Stundung abhängig machen?
c) Wie hoch wären die Stundungszinsen wenn das Finanzamt dem Antrag des Steuerpflichtigen entspräche?
d) Da der Steuerpflichtige Anfang Oktober 2023 wieder eine Arbeit gefunden hat, zahlt er bereits am 06.10.2023, Eingang beim Finanzamt, die 1.680 € zurück.
Wieviel Stundungszinsen sind zusätzlich zu entrichten?

3 Ein Schreinermeister beantragt beim Finanzamt Rottweil den Erlass seiner Einkommensteuerschuld von 28.600 €. Er begründet seinen Antrag mit der andauernden Materialknappheit. Durch Insolvenz eines Großkunden seien Forderungen von 50.000 € ausgefallen. Außerdem erhalte er von seiner Hausbank keine weiteren Kredite mehr.
Prüfen Sie, ob das Finanzamt Erlass gewähren kann!

4 Ein Unternehmer reicht am 10.08. seine USt-Voranmeldung über 3.220 € für Juli 2023 beim Finanzamt ein. Am 10.01.2024 gibt er eine um 1.000 € erhöhte Voranmeldung für Juli 2023 ab.
Wann beginnt und wann endet die Zahlungsverjährung für die Voranmeldungen?

5 Das Finanzamt Hildesheim gab am 24.10.2023 dem Steuerpflichtigen Huber den ESt-Bescheid für 2022 bekannt. Die Abschlusszahlung beträgt 3.800 €. Huber legt am 21.11.2023 Einspruch ein und bittet um Aussetzung der Vollziehung. Das Finanzamt setzt die Vollziehung bis einen Monat nach Bekanntgabe der Einspruchsentscheidung aus. Diese wird dem Steuerpflichtigen am 16.01.2024 bekannt gegeben. Danach beträgt die Abschlusszahlung nur noch 3.200 €.
Welche Wirkung hat die Aussetzung der Vollziehung?
Wann beginnt und wann endet die Verjährungsfrist für die Zahlung?

6 Der Stahlbau GmbH, Karlsruhe, werden am 22.12.2023 der KSt-Bescheid und der USt-Bescheid für 2021 bekannt gegeben. Die festgesetzte USt beträgt danach 63.200 € und die festgesetzte KSt 174.280 €. Die GmbH hat für 2021 170.000 € KSt und 52.000 € USt vorausgezahlt. Die USt-Erklärung für 2021 wurde am 10.11.2023 beim Finanzamt eingereicht. Berechnen Sie die Nachzahlungszinsen.

7 Dem Steuerpflichtigen Knoll, Saarbrücken, wird am 14.08.2023 der ESt-Bescheid 2021 bekannt gegeben. Die festgesetzte ESt beträgt 22.000 €. Gegen den ESt-Bescheid legt Knoll am 30.08.2023 Einspruch ein, weil seiner Meinung nach Betriebsausgaben in Höhe von 4.000 € nicht berücksichtigt wurden. Er bittet das Finanzamt gleichzeitig um Aussetzung der Vollziehung bis zur Entscheidung über den Einspruch. Der Einspruch wird am 30.10.2023 (Tag der Bekanntgabe der Einspruchsentscheidung) als unbegründet zurückgewiesen.
Berechnen Sie die Höhe der Aussetzungszinsen.

8 Der Rechtsanwalt Günther, Bamberg, hat in seiner ESt-Erklärung für 2021 Einkünfte aus Vermietung und Verpachtung mehrerer Eigentumswohnungen nicht angegeben. Das Finanzamt setzte die ESt entsprechend der Erklärung des Stpfl. mit Bescheid vom 04.08.2022 (Donnerstag) fest, fällig am 08.09.2022. Bei einer Betriebsprüfung im März 2023 wurde die Steuerhinterziehung entdeckt. Für 2021 ergab sich ein ESt-Mehrbetrag von 14.600 €. Der Änderungsbescheid des Finanzamts wurde dem Stpfl. am 20.10.2023 gekanntgegeben. Die hinterzogenen Steuern wurden am 20.11.2023 fällig und bezahlt.
Wie hoch sind die zu zahlenden Zinsen für die hinterzogene Steuer?

6.7 Das Rechtsbehelfsverfahren

Das Rechtsbehelfsverfahren ermöglicht es dem Steuerpflichtigen, Maßnahmen der Finanzbehörden auf ihre Rechtmäßigkeit überprüfen zu lassen.

6.7.1 Das außergerichtliche Rechtsbehelfsverfahren

§ 347 ff AO

Im außergerichtlichen Rechtsbehelfsverfahren hat die Finanzbehörde die Möglichkeit, eine getroffene Entscheidung noch einmal zu überprüfen. Dieses Verfahren ist dem gerichtlichen Verfahren vorgeschaltet. **Es ist kostenfrei.** § 44 FGO

Der Rechtsbehelf gegen Steuerverwaltungsakte der Finanzbehörden von Bund und Ländern wird bezeichnet als

Einspruch.

Er ist zulässig gegen Verwaltungsakte in:

- Abgabenangelegenheiten, die der AO unterliegen,
- Vollstreckungsangelegenheiten,
- Angelegenheiten des Steuerberatungsgesetzes,
- anderen, von den Finanzbehörden verwalteten Angelegenheiten,

und

- wenn über einen Antrag des Steuerpflichtigen auf Erlass eines Verwaltungsakts nicht innerhalb angemessener Frist entschieden wird **(= Untätigkeitseinspruch)**.

§§ 347/348 AO

mit Einspruch anfechtbar	mit Einspruch nicht anfechtbar
z. B. – Steuerbescheide, ausgenommen: Realsteuerbescheide (GewSt,GrSt) – Steueranmeldungen, Feststellungsbescheide, Steuermessbescheide, Zerlegungsbescheide – Festsetzung von Verspätungszuschlägen, Säumniszuschlägen – Ablehnung von Stundungs- und Erlassanträgen – Nichterlass eines Verwaltungsakts – verbindliche Auskkunft	z. B. – Einspruchsentscheidungen, Nichtentscheidung über einen Einspruch – Verwaltungsakte der obersten Finanzbehörden des Bundes und der Länder – Prüfungs- und Zulassungsentscheidungen der OFD in Angelegenheiten des Steuerberatungsgesetzes Gegen diese Verwaltungsakte ist die Klage unmittelbar statthaft, § 44 FGO.

Fall 30: Ein Steuerpflichtiger will sowohl gegen den ESt-Bescheid 2022 als auch gegen den GewSt-Bescheid 2021 Rechtsbehelf einlegen. Beide Bescheide wurden am 23.11.2023 zur Post gegeben.

a) Wie werden diese Rechtsbehelfe bezeichnet?
b) Bis zu welchem Zeitpunkt sind die Rechtsbehelfe spätestens einzulegen?
c) Bei welcher Behörde sind die Rechtsbehelfe i. d. R. einzulegen?

Einspruchsberechtigter	wer durch den Verwaltungsakt **beschwert,** das bedeutet belastet oder benachteiligt wird, § 350 AO		
Anbringungsbehörde § 357 (2) AO	Finanzbehörde, die den Verwaltungsakt erlassen hat oder jede andere Behörde, wenn der Einspruch vor Ablauf der Rechtsbehelfsfrist der zuständigen Behörde übermittelt wird		
Einspruchsfrist § 355 AO	Einspruch ist **innerhalb eines Monats nach Bekanntgabe des Verwaltungsakts** einzulegen[1]. Ist die Rechtsbehelfsbelehrung unterblieben oder fehlerhaft, läuft die Einspruchsfrist längstens ein Jahr nach Bekanntgabe des Bescheids ab, § 356 (2) AO.		
Form § 357 (1) AO	schriftlich	zur Niederschrift Protokoll durch Amtsträger	elektronisch, z.B. Telefax, Computerfax; nicht telefonisch
Inhalt § 357 (3) AO	**Sollvorschriften** – genaue Bezeichnung der angefochtenen Entscheidung – Anfechtungsgründe und Beweismittel – Antrag muss erkennen lassen, dass sich der Steuerpflichtige beschwert fühlt und eine Nachprüfung begehrt		
§ 357 (1) AO	Eine falsche Bezeichnung des Rechtsbehelfs ist unschädlich, z. B. statt Einspruch – Widerspruch.		

BFH-U 09.11.05

[1] Ist der Verwaltungsakt nach Ablauf der Dreitagesfrist zugegangen, beginnt die Einspruchsfrist am Tag des tatsächlichen Zugangs, auch wenn dies ein Samstag, Sonntag oder gesetzlicher Feiertag ist.

> **Fall 31:** Ein Stpfl. legt am Montag, 16.10.2023 telefonisch Einspruch ein gegen den am 26.09.2022 bekannt gegebenen ESt-Bescheid.
>
> Kann das FA den Einspruch als unzulässig verwerfen?

Das Finanzamt prüft zunächst, ob der Einspruch zulässig ist, d. h. in der vorgeschriebenen Form und Frist eingelegt wurde.

Ist dies nicht der Fall, wird der Einspruch als unzulässig verworfen. Dies gilt auch, wenn der Einspruch **rechtlich** nicht begründet ist.

Die Entscheidung über den **Einspruch führt zu einer Wiederaufrollung des gesamten Steuerfalls**. Eine Einschränkung im Rechtsbehelfsverfahren auf Teile des Verwaltungsakts ist unzulässig. Die Einspruchsentscheidung ist schriftlich/elektronisch zu erteilen, zu begründen und mit einer Rechtsbehelfserklärung zu versehen. § 367 (2) AO § 366 AO

Dabei ist auch eine Entscheidung zum Nachteil des Einspruchsführers möglich **(= Verböserung)**, wenn diesem zuvor die Gründe genannt und Gelegenheit zur Äußerung gegeben wurde, um ihm ggf. die Rücknahme des Einspruchs zu ermöglichen. Die Rücknahme des Einspruchs führt zu einer Beendigung des Rechtsbehelfsverfahrens, wenn die Rücknahme vor Bekanntgabe der Einspruchsentscheidung erfolgt. § 362 (1) AO

Zuständig für die Entscheidung ist die Behörde, die den Verwaltungsakt erlassen hat. Sie entscheidet durch:

Einspruchsentscheidung § 367 (1) AO	wenn dem Einspruch nicht abgeholfen wird, oder nur teilweise, weil er unzulässig oder unbegründet ist
Abhilfebescheid § 367 (2) AO	wenn dem Begehren des Einspruchsführers in **vollem Umfang** abgeholfen wird; der Abhilfebescheid ist ein geänderter Steuerbescheid

> **Fall 32:** Ein Steuerpflichtiger, der aus mehreren Einkunftsarten Einkünfte bezogen hat, legt Einspruch ein mit der Begründung, die Einkünfte aus V & V seien um 3.000 € zu hoch angesetzt.
>
> Das FA entdeckt bei der Überprüfung des Steuerbescheids, dass Einkünfte aus Gewerbebetrieb in Höhe von 4.000 € nicht angesetzt wurden.
>
> Insgesamt ergibt sich dadurch ein um 1.000 € höheres zu versteuerndes Einkommen.
>
> a) Kann das FA die sich ergebende höhere Steuer festsetzen?
>
> b) Welche Möglichkeit hat der Steuerpflichtige einer höheren Steuerfestsetzung zu entgehen?

6.7.2 Das gerichtliche Rechtsbehelfsverfahren

§ 40 ff FGO

Bei erfolglosem außergerichtlichem Rechtsbehelfsverfahren kann der Steuerpflichtige gegen den Verwaltungakt der Finanzbehörden gerichtlich vorgehen.

Gerichtliches Rechtsbehelfsverfahren		
Bezeichnung der Rechtsbehelfe	**Klage beim Finanzgericht (FG)**	**Revision beim Bundesfinanzhof (BFH)**
Zulässigkeit § 33 FGO	wenn außergerichtliches Verfahren erfolglos § 44 FGO	wenn Finanzgericht Revision zulässt, § 115 FGO z. B. – bei grundsätzlicher Bedeutung der Rechtssache – wenn FG-Urteil von einer BFH-Entscheidung abweicht – wenn FG-Urteil auf Verfahrensmangel beruht
Frist § 47 FGO § 120 FGO	Erhebung der Klage innerhalb eines Monats nach Bekanntgabe des außergerichtlichen Rechtsbehelfs	innerhalb eines Monats nach Zustellung des FG-Urteils, Begründung innerhalb eines weiteren Monats
Anbringungsbehörde § 38 FGO § 120 FGO	zuständiges Finanzgericht oder Finanzamt, das den angefochtenen Verwaltungsakt erlassen hat	die Revision ist beim FG einzulegen
Form § 64 FGO	schriftlich oder zur Niederschrift	
Entscheidung § 95 FGO	durch Urteil	durch Urteil
Kosten §§ 135/143 FGO	kostenpflichtig	kostenpflichtig

Fall 33: Das FA Heidelberg gibt am 15.06.2023 eine Einspruchsentscheidung zur Post. Der Steuerpflichtige ist mit der Entscheidung des FA nicht einverstanden und möchte Anfechtungsklage (§ 40 FGO) erheben.

a) Bei welcher Behörde kann er die Klage einreichen?
b) Bis zu welchem Termin muss die Klage spätestens bei der Anbringungsbehörde eingegangen sein?

6.7.3 Aussetzung der Vollziehung

§ 361 AO
§ 69 FGO

Durch die Einlegung des Einspruchs oder Erhebung der Klage wird die Vollziehung des angefochtenen Verwaltungsakts nicht gehemmt. Der Steuerpflichtige muss beispielsweise eine festgesetzte Steuer trotz Rechtsbehelf bezahlen.

Will der Steuerpflichtige die Forderung der Finanzbehörde nicht erfüllen, kann er **„Aussetzung der Vollziehung"** beantragen.

Aussetzung der Vollziehung	
zuständige Behörde	Finanzbehörde, die den angefochtenen Verwaltungsakt erlassen hat; bei Ablehnung der Aussetzung Finanzgericht
Voraussetzungen	– Rechtsbehelfsverfahren muss anhängig sein – ernstliche Zweifel an der Rechtmäßigkeit des angefochtenen Verwaltungsakts – Vollziehung bedeutet unbillige Härte für den Betroffenen – ggf. Sicherheitsleistung bei Gefährdung des Anspruchs
Wirkung	– die Vollziehung des angefochtenen Verwaltungsakts ist gehemmt, dies gilt bei Grundlagenbescheiden auch für die Folgebescheide – das FA darf keine Vollstreckungsmaßnahmen einleiten – während der Aussetzungsfrist fallen keine Säumniszuschläge an
Aussetzungszinsen §§ 237, 238, 239 (2) AO	**Zinssatz: 0,5 % je vollen Monat der Aussetzung** ab der Fälligkeit des Anspruchs; der zu verzinsende **Betrag ist** auf **volle 50 € abzurunden**; die Zinsen sind auf **volle € zum Vorteil** des Stpfl. **gerundet** festzusetzen. Sie sind nur zu erheben, wenn der Einspruch oder die Anfechtungsklage erfolglos geblieben sind. AEAO zu § 237 Tz. 4. Eine Festsetzung erfolgt nur, wenn die **Zinsen mindestens 10 €** betragen, § 239 (2) AO.

Fall 34: Ein Steuerpflichtiger in Mannheim hat gegen den USt-Bescheid 2022, der am 09.10.2023 bekannt gegeben wurde, am 20.10.2023 Einspruch eingelegt und gleichzeitig die Aussetzung der Vollziehung bis zur Entscheidung über den Einspruch beantragt.

a) Welche Wirkung hat der Antrag auf Aussetzung der Vollziehung?
b) Mit welchen „Kosten" muss der Steuerpflichtige rechnen, wenn das Finanzamt Mannheim die Vollziehung am 24.10.2023 ausgesetzt hat, die Einspruchsentscheidung am 04.01.2024 bekannt gegeben wird und dabei von der ursprünglichen Steuerfestsetzung in Höhe von 10.380 € nicht abgewichen wurde?

Übungen

1 Entscheiden Sie, ob und bei welcher Behörde in den folgenden Fällen ein Rechtsbehelf eingelegt werden kann!

Das Finanzamt
a) Rostock setzt im ESt-Bescheid für 2022 die Steuer auf 0 € fest.
b) Stuttgart I weist den Einspruch eines Steuerpflichtigen als unbegründet zurück.
c) Hagen lehnt einen Stundungsantrag ab.
d) Braunschweig setzt einen Verspätungszuschlag von 220 € fest.
e) Worms lehnt einen Antrag auf Aussetzung der Vollziehung ab.
f) Lindau setzt mit USt-Bescheid vom 15.09.2022 (Aufgabe zur Post) die USt für 2021 nachweislich zu hoch fest. Auf dem Bescheid fehlt die Rechtsbehelfsbelehrung. Der Steuerpflichtige entdeckt den Fehler erst am 15.12.2023.

2 Den Eheleuten Heidenreich, Koblenz, wurde am 20.01.2023 der ESt-Bescheid für 2021 bekannt gegeben. Die ESt wurde auf 6.440 € festgesetzt. Herr Heidenreich hatte neben anderen Werbungskosten Arbeitskleidung in Höhe von 320 € geltend gemacht, die vom Finanzamt zu Unrecht nicht anerkannt wurden.

a) Bis zu welchem Zeitpunkt kann Einspruch eingelegt werden?
b) Auf welche Weise kann der Einspruch eingelegt werden?
c) Worin besteht die „Beschwer" der Steuerpflichtigen?
d) Das Finanzamt will dem Antrag der Einspruchsführer entsprechen. Wie kann das Verfahren beendet werden?

3 Die Steuerpflichtige Hermine Rupprecht, Augsburg, legt gegen den ESt-Bescheid 2020 form- und fristgerecht Einspruch ein, da das Finanzamt unstreitige Werbungskosten bei den Einkünften aus nichtselbstständiger Arbeit nicht angesetzt hat. Die ESt wurde dadurch um 860 € zu hoch festgesetzt. Bei der Überprüfung des Bescheids stellt der Sachbearbeiter fest, dass er bei der Veranlagung Einnahmen aus Vermietung und Verpachtung übersehen hat. Bei entsprechendem Ansatz würde sich eine um 1.620 € höhere ESt ergeben.

a) Kann der ursprüngliche Steuerbescheid auch zum Nachteil der Steuerpflichtige geändert werden?
b) Welche Möglichkeit hat die Steuerpflichtige, sich einer „Verböserung" zu entziehen?

4 Der Geschäftsführer einer GmbH legt beim zuständigen Finanzamt form- und fristgerecht Einspruch gegen den KSt-Bescheid für 2021 ein. Gleichzeitig beantragt er die Aussetzung der Vollziehung.

a) Was bewirkt der Antrag auf Aussetzung der Vollziehung?
b) Angenommen, das Finanzamt würde den Antrag ablehnen, wie könnte sich der Geschäftsführer gegen die Ablehnung wehren?

5 Das Finanzamt Erfurt lehnt den Einspruch des Steuerpflichtigen Kopiez gegen dessen ESt-Bescheid 2021 ab. Die Einspruchsentscheidung wird dem Steuerpflichtigen am 24.03.2023 bekannt gegeben.
Der Steuerpflichtige ist mit der Einspruchsentscheidung nicht einverstanden.

a) Welcher Rechtsbehelf ist zulässig?
b) Wie lange hat der Steuerpflichtige Zeit zur Einlegung des Rechtsbehelfs?
c) Bei welcher Behörde muss der Rechtsbehelf erhoben werden?

6.8 Rechtsverstöße im Steuerrecht

Im Besteuerungsverfahren können Sachverhalte aufgedeckt werden, die straf- oder bußgeldrechtlich zu verfolgen sind.

6.8.1 Steuerstraftaten

§ 369 AO

Steuerstraftaten sind rechtswidrige Handlungen, die mit **Geld- oder Freiheitsstrafe** geahndet werden. Die Strafe wird von einem **ordentlichen Gericht festgesetzt**.

Steuerstraftaten		
Voraussetzungen einer Steuerstraftat	– **Tatbestandsmäßigkeit:** Straftatbestand ist erfüllt – **Rechtswidrigkeit:** Verstoß gegen die Rechtsordnung – **Schuld:** Täter kann Unrecht seiner Tat erkennen – **kein Strafaufhebungsgrund:** z. B. Selbstanzeige	
Arten von Steuerstraftaten	Verstöße	Strafe
Steuerhinterziehung § 370 AO	**vorsätzlich** unrichtige oder unvollständige Angaben über steuerlich erhebliche Tatsachen, die dazu führen, dass Steuern nicht, nicht in voller Höhe oder nicht rechtzeitig festgesetzt werden	Geldstrafe oder Freiheitsstrafe bis zu 5 Jahren, in besonders schweren Fällen bis 10 Jahre
Bannbruch § 372 AO	verbotene Einfuhr, Ausfuhr, Durchfuhr von Gegenständen	wie Steuerhinterziehung nach § 370 (1 + 2) AO
gewerbsmäßiger, gewaltsamer u. bandenmäßiger Schmuggel § 373 AO	gewerbsmäßige Hinterziehung von Eingangsabgaben (Zölle, EUSt) oder Verstöße gegen die Monopolvorschriften	Freiheitsstrafe 6 Monate bis 10 Jahre, in minder schweren Fällen 5 Jahre oder Geldstrafe
Steuerhehlerei § 374 AO	An- und Verkauf von Waren, bei denen Verbrauchsteuern oder Zölle hinterzogen wurden	wie Steuerhinterziehung, bei gewerbsmäßigem Handeln wie § 373 AO

Fall 35: Ein Rentner gibt in seiner ESt-Erklärung Einkünfte aus V + V nicht an, um Einkommensteuer zu sparen.

a) Liegt in dem Verhalten des Steuerpflichtigen eine Steuerstraftat vor?
b) Wie wäre zu entscheiden, wenn der Rentner eine ESt-Erklärung nicht abgibt, weil er der Meinung ist, bei seinem geringen Einkommen falle eine ESt nicht an. Tatsächlich würde sich durch eine Veranlagung aber eine geringe Steuer ergeben?

§ 377 AO

6.8.2 Steuerordnungswidrigkeiten

Steuerordnungswidrigkeiten sind rechtswidrige, vorwerfbare Handlungen, die mit einer **Geldbuße** geahndet werden, die von den **Finanzbehörden festgesetzt** wird.

Steuerordnungswidrigkeiten		
Voraussetzungen einer Steuerordnungswidrigkeit	– **Tatbestandsmäßigkeit, Rechtswidrigkeit:** Strafbestand ist erfüllt – **Vorwerfbarkeit:** Schuldfähigkeit – **kein Verfolgungsaufhebungsgrund:** z. B. Selbstanzeige	
Arten von Steuerordnungswidrigkeiten	Verstöße	Geldbuße
Leichtfertige Steuerverkürzung § 378 AO	**leichtfertig** unrichtige oder unvollständige Angaben über steuerlich erhebliche Tatsachen i.S.d. § 370 (1), die dazu führen, dass Steuern nicht, nicht in voller Höhe oder nicht rechtzeitig festgesetzt werden	bis 50.000 €, wenn der Täter die verkürzten Steuern nicht innerhalb einer bestimmten angemessenen Frist entrichtet
Steuergefährdung § 379 AO	vorsätzliche oder leichtfertige Ausstellung unrichtiger Belege, fehlende oder falsche Buchungen, Verletzung der Kontenwahrheit, Inverkehrbringung von Belegen gegen Entgelt, z. B. Tankquittungen durch Internetauktionen	5.000 € bis 25.000 €, wenn die Handlung nicht nach § 378 AO geahndet werden kann
Gefährdung von Abzugsteuern § 380 AO	Steuerabzugsbeträge werden nicht, nicht vollständig, nicht rechtzeitig einbehalten und abgeführt	bis 25.000 €
unzulässiger Erwerb von Steuererstattungs- und Vergütungsansprüchen § 383 AO	geschäftsmäßiger Erwerb von Erstattungs- und Vergütungsansprüchen zum Zweck der Einziehung auf eigene Rechnung	bis 50.000 €

Fall 36:

a) Ein Steuerpflichtiger vermietet gelegentlich sein privates Wohnmobil an Freunde und Bekannte, die damit in Urlaub fahren. In seiner ESt-Erklärung vergisst er die Einkünfte in Höhe von 600 € anzugeben.

b) Ein Gewerbetreibender reicht die LSt-Anmeldung fristgerecht beim zuständigen Finanzamt ein, zahlt jedoch die fällige LSt erst Monate später.

Welche Steuerordnungswidrigkeiten liegen vor?

6.8.3 Selbstanzeige bei Steuerhinterziehung und leichtfertiger Steuerverkürzung

§§ 371, 378 AO

Die Selbstanzeige kann sowohl durch den Täter als auch in seinem Auftrag durch Dritte beim sachlich und örtlich zuständigen Finanzamt vorgenommen werden.

Straffreiheit tritt bei einer verkürzten Steuer oder einem nicht gerechtfertigten Steuervorteil nur bis zu **25.000 € je Tat** ein.

Tatbestände	**Voraussetzungen für die Straffreiheit**
– Steuerhinterziehung – leichtfertige Steuerverkürzung	– die Tat darf noch nicht entdeckt bzw. dem Täter oder seinem Vertreter darf eine Prüfungsanordnung noch nicht bekannt gegeben worden sein – zu allen **unverjährten Steuerstraftaten einer Steuerart** der **letzten zehn Jahre** müssen die unrichtigen Angaben in vollem Umfang ergänzt oder die unterlassenen Angaben nachgeholt werden – die hinterzogene Steuer, die Hinterziehungszinsen nach § 235 und ggf. die Zinsen nach § 233a sowie der Strafzuschlag nach § 398a (1) Nr. 2 müssen vom Täter innerhalb einer ihm bestimmten angemessenen Frist entrichtet werden

Von der Verfolgung einer Straftat wird abgesehen, wenn der Tatbeteiligte die hinterzogene Steuer entrichtet und einen Geldbetrag in folgender Höhe an die Staatskasse bezahlt: 10 % ≤ 100.000 €, 15 % > 100.000 € – ≤ 1.000.000 €, 20% > 1.000.000 € des Hinterziehungsbetrags.

§ 398 a AO

Fall 37: Ein Unternehmer hat Betriebseinnahmen nicht in voller Höhe angegeben. Dies führte zu einer Steuerverkürzung von 20.000 €. Nach Bekanntgabe einer Prüfungsanordnung nach § 196 AO übersendet er dem Finanzamt eine berichtigte Steuererklärung.
Hat der Unternehmer eine strafbefreiende Selbstanzeige erstattet?
Begründen Sie Ihre Auffassung!

Übungen

1 Ein Einzelhändler reicht im Dezember 2023 seine ESt-Erklärung 2022 zusammen mit der Bilanz und GuV-Rechnung beim zuständigen Finanzamt ein. Der erklärte Gewinn ist zu niedrig, da Verkäufe an ausländische Touristen vorsätzlich nicht buchmäßig erfasst wurden.
a) Hat der Einzelhändler eine Steuerstraftat oder eine Steuerordnungswidrigkeit begangen?
b) Welche Strafe/Buße kann bei diesem Sachverhalt verhängt werden?

2 Ein Gewerbetreibender erwirbt eine Maschine für 2.400 € netto und bittet den Verkäufer drei Rechnungen für Kleingeräte über je 800 € auszustellen.
Der Gewerbetreibende bucht den Vorgang über das Konto „GWG".
a) Beurteilen Sie das Verhalten des Gewerbetreibenden!
b) Begeht der Verkäufer mit der Ausstellung der „Belege" eine Steuerstraftat oder eine Steuerordnungswidrigkeit?

3 Ein Unternehmer hat vorsätzlich zu hohe Vorsteuerbeträge in seiner USt-Voranmeldung für Oktober 2022 angegeben, um mit der dadurch erwirkten Steuererstattung vorübergehende Zahlungsschwierigkeiten zu vertuschen. Aus Furcht vor Entdeckung korrigiert er die Voranmeldung und zahlt Anfang Januar 2023 den zu Unrecht erhaltenen Betrag zurück.
Liegt eine wirksame Selbstanzeige vor?

4 Ein Steuerpflichtiger prahlt am Stammtisch mit seinen nebenberuflichen Einkünften aus der Reparatur von Kraftfahrzeugen. Einige Wochen später wird er vom Finanzamt aufgefordert, seine Einnahmen aus dieser Tätigkeit vorzulegen. Daraufhin reicht der Stpfl. beim Finanzamt eine Gewinnermittlung nach § 4 Abs. 3 EStG ein.
Liegt eine strafbefreiende Selbstanzeige vor? Begründen Sie Ihre Meinung!

Aufgaben zur Wiederholung und Vertiefung

1 Örtliche Zuständigkeit

Die Eheleute Bernd und Alice Albrecht bewohnen ihr gemeinsames Einfamilienhaus in Dessau. Herr Albrecht betreibt in Halle in gemieteten Räumen ein Optikerfachgeschäft mit mehreren Angestellten. Frau Albrecht unterhält als selbstständige Augenärztin eine Praxis in Magdeburg, ebenfalls in gemieteten Räumen. Außerdem gehört ihr, zusammen mit ihrer Schwester, ein Mehrfamilienhaus in Leipzig, das die Schwester von Leipzig aus verwaltet. Bei einer Bank in München besitzen die Ehegatten ein größeres Wertpapierdepot, das von der Bank verwaltet wird.

An allen genannten Orten befinden sich Finanzämter. Stellen Sie fest, wofür die einzelnen Finanzämter örtlich zuständig sind!

2 Verwaltungsakte

Gerd und Rosalinde Mack werden zusammen veranlagt. Beide Ehegatten erzielen Einkünfte. Das Finanzamt Krefeld veranlagte entsprechend der Einkommensteuer-Erklärung, die beide unterschrieben haben, setzte aber wegen der verspäteten Abgabe der Erklärung gleichzeitig einen Verspätungszuschlag von 100 € im Einkommensteuerbescheid fest. Der Bescheid wurde an „Herrn Gerd Mack" adressiert und am 07.09.2023 zur Post gegeben. Im Bescheidkopf wird darauf hingewiesen, dass der ESt-Bescheid zugleich mit Wirkung für und gegen die Ehefrau Rosalinde Mack ergeht.

1. Handelt es sich bei der Festsetzung des Verspätungszuschlags um einen Verwaltungsakt? Begründen Sie Ihre Auffassung!

2. Ist der ESt-Bescheid ordnungsgemäß adressiert?

3. Wann und in welchem Umfang wird der ESt-Bescheid wirksam?

3 Mitwirkungspflichten/Auskunftsverweigerungsrecht

Manuel Fink betreibt seit Anfang 2022 in Göttingen ein Computerfachgeschäft. Im Jahr 2022 betrug der Umsatz 440.000 €, der Gewinn belief sich auf 43.000 €. Im Jahr 2023 stieg der Umsatz auf 560.000 € und der steuerliche Gewinn auf 67.000 €. Ein in kaufmännischer Weise eingerichteter Geschäftsbetrieb besteht seit Beginn des Unternehmens. Eine Eintragung ins Handelsregister ist bisher nicht erfolgt. Frau Fink arbeitet als Sekretärin im Geschäft mit.

1. Stellen Sie fest, ob und ggf. ab wann Buchführungspflicht besteht.

2. Bei der Prüfung der Gewerbesteuererklärung für das Jahr 2023 ergeben sich bei dem zuständigen Sachbearbeiter erhebliche Zweifel an deren Richtigkeit. Er wendet sich daher telefonisch an

   a) Herrn Fink;
   b) Frau Fink

   und bittet um Auskunft. Muss diese erteilt werden?

3. Der Sachbearbeiter des Finanzamts bittet den Steuerberater von Herrn Fink schriftlich um die Vorlage der Geschäftsbücher und Aufzeichnungen.
   Muss der Steuerberater die Unterlagen herausgeben.

4. Ohne Herrn Fink zu verständigen, will sich der Sachbearbeiter bei dessen Hausbank über die Privatkonten von Fink erkundigen. Ist dieses Vorgehen zulässig?

4 Festsetzungsverfahren

Der Arzt Dr. Günther Wepper setzte bei der Gewinnermittlung für den Veranlagungszeitraum 2022 Aufwendungen für eine Fortbildungsveranstaltung in Japan, auf die ihn seine Frau begleitete, als Betriebsausgabe ab. Das Finanzamt Passau erkannte die Aufwendungen für die Ehefrau nicht als Betriebsausgabe an und erließ den ESt-Bescheid „unter Vorbehalt der Nachprüfung", da bei Wepper eine Außenprüfung geplant war.
Nach Klärung des Sachverhalts durch die Außenprüfung erging ein Änderungsbescheid, in dem ein teilweiser Abzug der Reisekosten als Betriebsausgaben zugelassen wurde.

1. Durfte das Finanzamt Passau den ESt-Bescheid unter dem Vorbehalt der Nachprüfung erlassen?

2. Hätte der Bescheid auch vorläufig ergehen können?

3. Darf der Änderungsbescheid unter Vorbehalt der Nachprüfung stehen?

4. Angenommen, das Finanzamt hätte den Vorbehalt nach Abschluss der Außenprüfung nicht aufgehoben, wann erlischt dann spätestens der Vorbehalt der Nachprüfung, wenn der Stpfl. die ESt-Erklärung für den VZ 2022 am 25.12.2023 beim Finanzamt Passau eingereicht hätte?

5 Korrektur von Steuerbescheiden

Der Stpfl. Manfred Gerhard erhielt am 02.09.2023 (Samstag) mit der Post den ESt-Bescheid für 2022; Datum des Bescheids 01.09.2023 (Freitag). Bei der Überprüfung des ESt-Bescheids stellt Gerhard fest, dass Spenden für steuerbegünstigte Zwecke in Höhe von 1.200 € nicht berücksichtigt worden sind. Er informiert den zuständigen Sachbearbeiter des Finanzamts am 06.10.2023 telefonisch und bittet um Berücksichtigung der Aufwendungen. Der Sachbearbeiter sieht daraufhin am 19.10.2023 die ESt-Erklärung von Gerhard noch einmal durch und bemerkt, dass auch noch Werbungskosten bei den Einkünften aus Vermietung und Verpachtung von 1.200 € anzusetzen gewesen wären.

1. Kann der ESt-Bescheid aufgrund des telefonischen Antrags geändert werden? Begründen Sie Ihre Entscheidung!

2. In welchem Umfang ist ggf. eine Änderung vorzunehmen?

3. Angenommen, der Steuerpflichtige hätte sich mit einem Schreiben vom 06.10.2022 beim Finanzamt beschwert und um den Ansatz der Aufwendungen als Sonderausgaben gebeten, welche Folgen hätte dies gehabt?

4. Bei der Bearbeitung des Einspruchs entdeckt der Sachbearbeiter neben den genannten Beträgen noch weitere 2.800 € Einnahmen aus selbstständiger Arbeit, die bisher bei der Festsetzung der Steuer nicht berücksichtigt wurden.
   Kann dieser Fehler im Einspruchsverfahren beseitigt werden?

5. Welche Bescheide ergehen in den Fällen 2,3,4?

6. Welcher Rechtsbehelf ist gegen eine Einspruchsentscheidung möglich?

7. Wie wirkt sich ein Einspruch auf die Festsetzungsverjährung aus?

6 Rechtsbehelfsverfahren

Der Stpfl. Walter Späth hat trotz wiederholter Aufforderungen des Finanzamts Saarbrücken seine ESt-Erklärung für 2020 erst am 20.06.2023 abgegeben. Mit Bescheid vom 05.10.2023 (Aufgabe zur Post) setzte das Finanzamt die ESt mit 22.480 € sowie einen Verspätungszuschlag von 1.120 € fest. Der Stpfl. hatte für den Veranlagungszeitraum 2020 keine ESt-Vorauszahlungen entrichtet.
Am 10.11.2023 ging beim Finanzamt Saarbrücken ein Schreiben des Stpfl. Späth ein mit der Überschrift: „Beschwerde gegen die Festsetzung des Verspätungszuschlags".

1. Wie ist das Schreiben des Stpfl. Späth auszulegen?

2. War die Festsetzung des Verspätungszuschlags rechtmäßig?

3. Wie wird das Finanzamt Saarbrücken auf das Schreiben des Stpfl. Späth reagieren?

4. Könnte Späth einen Antrag auf Wiedereinsetzung in den vorigen Stand stellen?

5. Was müsste Späth tun, wenn er den festgesetzten Verspätungszuschlag bis zur abschließenden Klärung der Angelegenheit nicht bezahlen möchte?

7 Zinsberechnung

Der Inhaber des Autohauses Mildner-Pkw schuldet dem Finanzamt Heidelberg folgende Steuern:

– Einkommensteuer-Abschlusszahlung 2021	12.580 €	fällig am 20.03.2023, gestundet bis 30.09.2023;
– Einkommensteuer-Vorauszahlung II/2023	3.660 €	fällig am 12.06.2023, gestundet bis 30.09.2023; (10.06. = Samstag)
– Umsatzsteuer-Vorauszahlung Juni/2023	1.890 €	fällig am 10.07.2023, gestundet bis 30.09.2023;
– Säumniszuschlag auf die USt-VA Juli/2023	50 €	fällig am 15.09.2023, gestundet bis 31.10.2023.

Berechnen Sie die entsprechenden Zinsen!

7 Das Bewertungsgesetz

7.1 Einführung in das Bewertungsgesetz (BewG)

Das BewG ist ein allgemeines Steuergesetz. Es enthält grundlegende Bestimmungen, für die Bewertung von Wirtschaftsgütern und Vermögensgegenständen für erbschaft- und schenkungsteuerliche Zwecke sowie für die Grund-, Grunderwerb- und Gewerbesteuer.

7.2 Aufbau des Bewertungsgesetzes

Bewertungsgesetz (BewG)	
Allgemeine Bewertungsvorschriften Teil I, §§ 2–16 BewG	Besondere Bewertungsvorschriften Teil II, §§ 17–263 BewG
Die Vorschriften gelten für alle öffentlich-rechtlichen Abgaben, die bundesgesetzlich geregelt sind, z. B. Einkommensteuer, Erbschaftsteuer, Grundsteuer.	Die Vorschriften enthalten spezielle Regelungen, die den allgemeinen Bewertungsvorschriften vorgehen, z. B. Bewertung von Wirtschaftsgütern des Grundbesitzes.
Schlussbestimmungen Teil III, §§ 264, 266	

Für die Anwendung bewertungsrechtlicher Vorschriften gilt nachstehende Reihenfolge:

- Einzelsteuergesetz, z. B. § 6 EStG
- Besondere Bewertungsvorschrift, z. B. § 145 BewG
- Allgemeine Bewertungsvorschrift, z. B. § 9 BewG

7.3 Bewertungsgegenstand

Bewertungsgegenstand ist jede wirtschaftliche Einheit, die bewertet werden soll, das können sein:	
einzelne Wirtschaftsgüter, z. B. ein Einfamilienhaus, ein Pkw, eine Lebensversicherung.	**mehrere Wirtschaftsgüter zusammen,** z. B. die Praxiseinrichtung eines Arztes.

Was als wirtschaftliche Einheit gilt, richtet sich nach der Verkehrsauffassung. § 2 BewG
Dabei ist

- die örtliche Gewohnheit,
- die tatsächliche Übung,
- die Zweckbestimmung,
- die wirtschaftliche Zusammengehörigkeit von WG zu beachten.

Fall 1: Ein Unternehmer betreibt auf einem Grundstück seiner Frau eine Maschinenfabrik. Die Bilanz des Unternehmens enthält auf der Aktivseite die Positionen Maschinen, Betriebs- und Geschäftsausstattung, Rohstoffe, Forderungen, Bankguthaben. Auf der Passivseite werden das Eigenkapital und die Verbindlichkeiten gegenüber Banken und Lieferanten ausgewiesen.

Welche WG sind als wirtschaftliche Einheit anzusehen?

Einzelne Wirtschaftsgüter, die für sich allein genutzt werden können und nicht von anderen abhängig sind, bilden eine selbstständige wirtschaftliche Einheit, z. B. ein Grundstück. Als WG kommen nicht nur körperliche Gegenstände in Betracht, sondern auch Rechte und immaterielle WG, wie der Firmenwert. Schulden sind negative WG.

Mehrere Wirtschaftsgüter bilden eine wirtschaftliche Einheit, wenn sie
- zu einem bestimmten Zweck zusammengefasst sind,
- demselben Eigentümer gehören,
- derselben Vermögensart zuzurechnen sind,

z. B. auf einem Grundstück werden vom selben Eigentümer eine Metzgerei und eine Gastwirtschaft betrieben.

Eine wirtschaftliche Einheit kann sich nur auf eine Vermögensart erstrecken.

§ 26 BewG Die Zurechnung mehrerer WG zu einer wirtschaftlichen Einheit wird beim Grundbesitz nicht dadurch ausgeschlossen, dass die WG zum Teil dem einen oder zum Teil dem anderen Ehegatten gehören.

Der Wert einer wirtschaftlichen Einheit ist grundsätzlich **im Ganzen** festzustellen.

§ 3 BewG Eine Bewertung im Ganzen wird auch vorgenommen, wenn an einem WG mehrere Personen beteiligt sind. Der ermittelte Gesamtwert ist dann im Verhältnis ihrer Anteile auf die Beteiligten zu verteilen.

Übungen

1 Eine Steuerpflichtige betreibt in Köln eine Gastwirtschaft, in Düsseldorf eine Modeboutique und in Aachen einen Friseursalon. In Kiel besitzt sie ein Mietwohngrundstück. Zu ihrem Privatvermögen gehören 500 Aktien einer großen deutschen Aktiengesellschaft und mehrere Pfandbriefe der Deutschen Pfandbriefanstalt.
Wie viele wirtschaftliche Einheiten liegen vor? Können diese WG zu einer wirtschaftlichen Einheit zusammengefasst werden?

2 Ein Gewerbetreibender in Braunschweig betreibt auf einem Grundstück seiner Ehefrau einen Gebrauchtwagenhandel. Das Grundstück dient zu 50% dem Gewerbebetrieb. Die Bilanz des Unternehmens enthält folgende Positionen: Betriebs- und Geschäftsausstattung, Gebrauchtwagen (Waren), Forderungen, Bankguthaben, Kassenbestand, Eigenkapital, Verbindlichkeiten gegenüber Kreditinstituten, Sonstige Verbindlichkeiten.
Welche WG bilden eine wirtschaftliche Einheit?

3 Ein Einzelhändler betreibt in einem gemieteten Geschäftsgrundstück ein Fotofachgeschäft. Das Grundstück wird zu 100% betrieblich genutzt.
Prüfen Sie, ob das gemietete Grundstück zusammen mit den übrigen WG des Gewerbebetriebs als wirtschaftliche Einheit behandelt werden kann!

4 Gerlinde Reich betreibt auf einem Grundstück ihres Ehemanns ein Kosmetikgeschäft. Das Grundstück dient zu 80% betrieblichen Zwecken und zu 20% als Wohnung für eine Mitarbeiterin. Von einer benachbarten Rentnerin mietete sie ein unbebautes Grundstück, das zu 100% als Kundenparkplatz genutzt wird.
Können die WG zu einer wirtschaftlichen Einheit zusammengefasst werden? Begründen Sie ihre Auffassung!

7.4 Bewertungsmaßstäbe

7.4.1 Ursprüngliche (originäre) Bewertungsmaßstäbe

Gemeiner Wert	Teilwert	Wirtschaftswert
§ 9 BewG	§ 10 BewG	§ 163 BewG

Fall 2: Ein Steuerpflichtiger betreibt in Stuttgart ein Elektrofachgeschäft. Der Gewinn wird nach § 5 EStG ermittelt. Der Steuerpflichtige besitzt in Mannheim ein Mehrfamilienhaus. Auf der Schwäbischen Alb hat er von seinen Eltern einen landwirtschaftlichen Betrieb geerbt, den er durch einen Verwalter bewirtschaften lässt.

Welche Bewertungsmaßstäbe sind bei der Bewertung der jeweiligen wirtschaftlichen Einheiten anzuwenden?

Der gemeine Wert entspricht dem Verkaufspreis, der im gewöhnlichen Geschäftsverkehr für das WG zu erzielen wäre. Ungewöhnliche und persönliche Verhältnisse sind nicht zu berücksichtigen, z. B. verwandtschaftliche Beziehungen zwischen Käufer und Verkäufer, Verkaufserlöse aufgrund einer Zwangsversteigerung.
Schreibt das BewG keinen anderen Bewertungsmaßstab vor, ist immer der gemeine Wert anzusetzen. Dies gilt auch für die Bewertung des **Grundvermögens** und des **Betriebsvermögens**. Der gemeine Wert soll möglichst aus zeitnahen Verkäufen vergleichbarer Vermögenswerte abgeleitet werden.
Mit dem gemeinen Wert sind beispielsweise auch GmbH-Anteile und an der Börse nicht gehandelte Teilhaberpapiere zu bewerten. Außerdem werden mit dem gemeinen Wert bewegliche körperliche Gegenstände wie Hausrat, Wäsche, Kleidung, Kunstgegenstände, Sammlungen, Münzen, Edelmetalle und Schmuck sowie Luxusgegenstände, z. B. Privatjachten, Privatflugzeuge und ausländisches Sachvermögen angesetzt, § 31 BewG.

Der Teilwert ist der Betrag, den ein Käufer eines ganzen Betriebs im Rahmen des Gesamtkaufpreises für das einzelne WG ansetzen würde. Mit dem Teilwert sind WG zu bewerten, die einem Unternehmen dienen.

Bei der Ermittlung des **Wirtschaftswerts** eines L&F Betriebs ist vom nachhaltig erzielbaren **Reinwinn**, der bei ordnungsmäßiger Bewirtschaftung des Betriebs erzielt werden kann, auszugehen. Der Reingewinn umfasst das ordentliche Ergebnis abzüglich eines angemessenen Lohnsatzes für die Arbeitsleistung des Betriebsinhabers und der nicht entlohnten Arbeitskräfte. Die **nachhaltige Ertragsfähigkeit** ergibt sich aus dem Durchschnitt der letzten fünf abgelaufenen Wirtschaftsjahre vor dem Bewertungsstichtag.

7.4.2 Abgeleitete (derivative) Bewertungsmaßstäbe

Kurswert	Nennwert	Rücknahmepreis	Rückkaufswert	Kapitalwert
§ 11 (1) BewG	§ 12 (1) BewG	§ 11 (4) BewG	§ 12 (4) BewG	§ 13 (1) BewG

Fall 3: Ein Steuerpflichtiger in Berlin besitzt folgende Vermögenswerte: an der Börse notierte Aktien, mehrere Investmentzertifikate, eine Lebensversicherung, nicht an der Börse gehandelte Anleihen sowie einen Anspruch auf Erbbauzinsen für ein auf seinem Grundstück erbautes Mehrfamilienhaus.

Welche Bewertungsmaßstäbe sind der Bewertung jeweils zugrunde zu legen?

Mit dem **Kurswert** werden an der Börse gehandelte Teilhaberpapiere, wie Aktien, Kuxe und Gläubigerpapiere, wie Anleihen, Pfandbriefe, Obligationen angesetzt sowie Schuldbuchforderungen gegen den Bund oder die Länder.
Diese Papiere sind mit dem niedrigsten am Stichtag (31.12.) notierten Kurs anzusetzen. Liegt am Stichtag keine Notierung vor, ist der Kurs innerhalb der letzten 30 Tage davor maßgebend.

Kapitalforderungen, die nicht unter § 11 BewG fallen, z. B. Darlehen, Steuererstattungsansprüche, Sparbriefe, Bundesschatzbriefe A, Einlagen des typischen stillen Gesellschafters, partiarische Darlehen und Schulden sind mit dem **Nennwert** zu bewerten. Uneinbringliche Forderungen sind nicht zu berücksichtigen. Zweifelhafte Forderungen sind mit dem wahrscheinlichen Wert anzusetzen. Gehören die Forderungen und Schulden zum Betriebsvermögen, ist der gemeine Wert anzusetzen, § 109 (1) BewG.

Anteilscheine an Kapitalanlagegesellschaften (= Investmentzertifikate) sind mit dem **Rücknahmepreis** zu bewerten, Bundesschatzbriefe B mit dem Rückzahlungswert.

Noch nicht fällige Ansprüche aus Lebens-, Kapital- oder Rentenversicherungen sind mit dem **Rückkaufswert** zu bewerten. Fällige Ansprüche aus diesen Versicherungen werden als Kapitalforderungen, § 12 (1) BewG, behandelt.

Wiederkehrende Nutzungen und Leistungen, z. B. Renten, freiwillige Unterhaltsleistungen, Erbbauzinsen, sind mit dem **Kapitalwert** (§ 14 (1) S. 4 BewG) zu bewerten. Die Vervielfältiger zur Berechnung des Kapitalwerts lebenslänglicher Nutzungen und Leistungen ergeben sich aus der Anlage zum BMF-Schreiben vom 14.11.2022[1] Ist der gemeine Wert nachweislich höher oder niedriger, kann dieser der Bewertung zugrunde gelegt werden.

Übungen

1 Eine Fachärztin aus Regensburg besitzt folgende Wirtschaftsgüter:
- ein Zweifamilienhaus in Regensburg,
- ein forstwirtschaftlich genutztes Grundstück im Bayerischen Wald,
- an der Börse notierte Aktien,
- Bundesschatzbriefe A,
- Hypothekenpfandbriefe,
- Investmentzertifikate,
- Anteile an einer Arzneimittel-GmbH,
- eine Darlehensforderung an ihren Schwager,
- eine Geldforderung an einen Schuldner, der bereits eine eidesstattliche Versicherung abgegeben hat.

Außerdem steht ihr aus dem Verkauf eines Geschäftsgrundstücks eine lebenslange Rente zu. Mit welchem Wert sind die WG jeweils zu bewerten? Können die WG zu einer wirtschaftlichen Einheit zusammengefasst werden?

2 Gernot Walter, Hamburg, hat im Oktober 2020 von seiner Tante ein wertvolles Gemälde geerbt, das diese vor 40 Jahren auf einer Auktion für 40.000 € erstanden hatte. Anlässlich einer Kunstausstellung wurde das Gemälde Anfang Dezember 2022 von einem Sachverständigen auf 90.000 € geschätzt. Ein Kunstliebhaber ist bereit, für das Gemälde, das ihm noch zur Abrundung seiner Sammlung fehlt, 125.000 € zu bezahlen.
Mit welchem Wert ist das Gemälde im Zeitpunkt des Erbanfalls zu bewerten?

3 Aus dem Verkauf eines unbebauten Grundstücks bezieht Margot Müller (M), Leipzig, seit dem 01.01.2023 eine monatliche Leibrente von 1.200 €. Zu diesem Zeitpunkt war Frau M 60 Jahre alt.
Wie hoch ist der Gegenwartswert (Kapitalwert) der Leibrente zum 01.01.2023?

---

[1] Ab 01.01.2023 sind die im BMF-Schreiben vom 14.11.2022 veröffentlichten Vervielfältiger anzuwenden.

7.5 Vermögensarten[1)]

§ 18 BewG

Land- und forstwirtschaftliches Vermögen §§ 33–67; 158–175 BewG	**Grundvermögen** §§ 68–94; 176–198 BewG	**Betriebsvermögen** §§ 95–109 BewG §§ 199–203 BewG

Für die Bewertung des Grundbesitzes für die Grundsteuer ab 01.01.2022 werden nur die Vermögensarten land- und forstwirtschaftliches Vermögen und Grundvermögen unterschieden. §218 BewG

Fall 4: Ein Steuerpflichtiger betreibt im Thüringer Wald einen forstwirtschaftlichen Betrieb. In Erfurt besitzt er ein vermietetes Geschäftsgrundstück und ist an einer Holzhandlung, die in der Rechtsform einer OHG betrieben wird, beteiligt.
Welche Vermögensarten liegen vor?

7.5.1 Land- und forstwirtschaftliches Vermögen

Zum land- und forstwirtschaftlichen Vermögen gehören alle WG, die einem Betrieb der Land- und Forstwirtschaft zu dienen bestimmt sind. § 158 (3)/ § 232 (1) S. 2 BewG

Wirtschaftsgüter der L + F	Beispiele
Grund und Boden	Wiesen, Weiden, Äcker, Wald, Weinberge, Hoffläche, Hausgärten
Wohngebäude[2)]	Wohnhaus, Altenteilwohnung
Wirtschaftsgebäude	Stallungen, Scheunen, Maschinenschuppen, Silos
stehende Betriebsmittel	Maschinen, Geräte, Zug- und Zuchttiere, Milchkühe
normaler Bestand an umlaufenden Betriebsmitteln	Mastvieh, Erzeugnisse, wie Getreide, Milch, Eier, Gemüse, Obst, das zur gesicherten Betriebsführung erforderlich ist

Nicht zum land- und forstwirtschaftlichen Vermögen gehören: § 158 (4) BewG

Wirtschaftsgüter	Beispiele
Zahlungsmittel	Kassenbestand, Bankguthaben
Geldforderungen	aus Verkauf von Betriebsmitteln
Geschäftsguthaben	bei Genossenschaften
Wertpapiere	Aktien, Anleihen, Pfandbriefe, Obligationen
Geldschulden	für Anschaffung von Betriebsmitteln
Überbestände an umlaufenden Betriebsmitteln	über den Bestand zur gesicherten Betriebsführung hinausgehende Bestände, z. B. Düngemittel
gewerbliche Tierbestände	und die damit zusammenhängenden Gebäude, Flächen, Betriebsmittel

1) §§ 33, 50, 53, 56, 59, 62, 68, 71, 72, 74, 78, 83, 91 gelten nur noch bis 31.12.2024

2) Grund und Boden und Gebäude, die Wohnzwecken oder anderen nicht land- und forstwirtschaftlichen Zwecken dienen, gehören ab 01.01.2022 zum Grundvermögen, § 232 (4) Nr. 1 BewG.

7.5.2 Grundvermögen

Grundvermögen ist eine Vermögensart. Grundbesitz ist der Oberbegriff für
- Betriebe der Land- und Forstwirtschaft,
- Grundstücke,
- Betriebsgrundstücke.

7.5.2.1 Umfang des Grundvermögens

§ 176 (1)/ § 243 (1) BewG

Zum Grundvermögen gehören:
- Grund und Boden, Gebäude, sonstige Bestandteile, Zubehör,
- Erbbaurecht,
- Wohnungseigentum, Teileigentum, Wohnungserbbaurecht und Teilerbbaurecht nach dem Wohnungseigentumsgesetz,

soweit es sich nicht um land- und forstwirtschaftliches Vermögen oder Betriebsgrundstücke handelt.

§ 176 (2)/ § 243 (2) BewG

Nicht zum Grundvermögen gehören:
- Bodenschätze,
- Maschinen oder Betriebsvorrichtungen, auch wenn sie wesentliche Bestandteile sind, z.B. Lastenaufzüge, Verladerampen, Förderbänder.

§§ 178/180 (1) BewG

7.5.2.2 Begriffe des Grundvermögens

unbebaute Grundstücke	bebaute Grundstücke
Grundstücke ohne benutzbare Gebäude, § 72/§ 246 BewG	Grundstücke mit benutzbaren Gebäuden, § 74/§ 248 BewG

Fall 5: Ein Steuerpflichtiger in Halle besitzt seit Jahren ein Grundstück mit einer Ruine. Im Jahr 2020 begann er, die Ruine abzureißen, um ein Geschäftsgrundstück zu errichten. Mitte 2022 war das Erdgeschoss bezugsfertig. Das erste und zweite Obergeschoss wurden im Laufe des Jahres 2023 fertiggestellt.

Welche Grundstücksart liegt in den Jahren 2020, 2022, 2023 jeweils vor?

§ 178 BewG

Ein Grundstück gilt als **unbebaut,** wenn sich darauf kein benutzbares Gebäude befindet, oder das Gebäude so verfallen ist, dass auf Dauer gesehen benutzbarer Raum nicht vorliegt. Ein Gebäude ist benutzbar, sobald es bezugsfertig ist, d.h. dem künftigen Benutzer der Bezug zugemutet werden kann.
Wird ein Gebäude in Bauabschnitten errichtet, ist der bereits fertiggestellte und bezugsfertige Teil als Gebäude anzusehen.

Ein **Gebäude** ist ein Bauwerk, das Menschen oder Sachen durch räumliche Umschließung Schutz gegen Witterungseinflüsse gewährt, den Aufenthalt von Menschen gestattet, fest mit dem Grund und Boden verbunden, von einiger Beständigkeit und ausreichend standfest ist.

§ 73 (2) BewG

Baureife Grundstücke sind unbebaute Grundstücke, die in einem Bebauungsplan als Bauland ausgewiesen sind und sofort bebaut werden können.

§ 180 BewG

Befindet sich auf einem Grundstück ein benutzbares Gebäude, gilt es als **bebautes Grundstück.** Wird ein Gebäude in Bauabschnitten errichtet, ist der fertiggestellte Teil als benutzbares Gebäude anzusehen.

Einteilung der bebauten Grundstücke nach § 181/ §249 BewG[1]	
Grundstücksart	**Merkmale**
Ein- und Zweifamilienhäuser	Wohngrundstücke mit bis zu zwei Wohnungen, kein Wohnungseigentum; beträgt die Nutzung zu anderen als Wohnzwecken weniger als 50 % der Wohn- oder Nutzfläche, ist dies unschädlich
Mietwohngrundstücke	Grundstücke, die zu mehr als 80 % der Wohn- oder Nutzfläche Wohnzwecken dienen und kein Einfamilienhaus, Zweifamilienhaus oder Wohneigentum sind
Wohnungseigentum	Sondereigentum an einer Wohnung in Verbindung mit dem Miteigentum am gemeinschaftlichen Eigentum
Teileigentum	Sondereigentum an nicht zu Wohnzwecken dienenden Räumen in Verbindung mit dem Miteigentum am gemeinschaftlichen Eigentum
Geschäftsgrundstücke	Grundstücke, die zu mehr als 80 % der Wohn- und Nutzfläche eigenen oder fremden betrieblichen oder öffentlichen Zwecken dienen und kein Teileigentum sind
Gemischt genutzte Grundstücke	Grundstücke, die teils Wohnzwecken, teils eigenen oder fremden betrieblichen oder öffentlichen Zwecken dienen und keine Einfamilien-, Zweifamilienhäuser, Mietwohn-, Geschäftsgrundstücke oder Wohnungseigentum und Teileigentum sind
sonstige bebaute Grundstücke	Grundstücke, die nicht unter die obengenannten Grundstücke fallen, z. B. Vereinsheime, Turnhallen, Jagdhütten

Begriff Wohnung § 181 (9) BewG
Eine Wohnung ist eine Mehrheit von Räumen, welche die Führung eines selbstständigen Haushalts ermöglicht. Die Wohnung muss eine von anderen Wohnungen oder Räumen baulich getrennte, in sich abgeschlossene Wohneinheit bilden mit notwendigen Nebenräumen, wie Küche, Bad oder Dusche, Toilette und einen selbstständigen Zugang haben. Die Wohnfläche muss mindestens 23 m² betragen.

7.5.3 Betriebsvermögen

§ 95 BewG

7.5.3.1 Begriff und Umfang

Das Betriebsvermögen umfasst alle Teile eines Gewerbebetriebs i. S. d. § 15 (1) + (2) EStG, die bei der steuerlichen Gewinnermittlung zum Betriebsvermögen gehören. Bildet die Land- und Forstwirtschaft den Hauptzweck eines Unternehmens, gilt der Betrieb selbst dann nicht als Gewerbebetrieb, wenn er von einer Kapitalgesellschaft betrieben wird.

Die freien Berufe i. S. d. § 18 (1) EStG werden wie Gewerbebetriebe behandelt. § 96 BewG

[1] Grundstücksarten für Grundsteuerzwecke siehe § 249 BewG

Übungen

1 Ein Steuerpflichtiger betreibt in Münster einen landwirtschaftlichen Betrieb. Stellen Sie fest, welche WG dem land- und forstwirtschaftlichen Vermögen zuzurechnen sind!

- Forderungen aus dem Verkauf von Getreide
- Stallungen
- Scheunen
- Hofflächen
- Geschäftsguthaben bei der örtlichen Genossenschaftsbank
- Schulden für die Beschaffung von Kunstdünger
- Wohnhaus des Steuerpflichtigen
- Bauplatz für das Einfamilienhaus seiner Tochter
- Altenteilwohnung
- Überbestände an Futter- und Düngemitteln

2 Welcher Grundstücksart sind zuzurechnen:

- ein erschlossener Bauplatz;
- ein Grundstück mit einem Gebäude, das erst im EG fertiggestellt ist;
- ein Gebäude mit einer Wohnung von 160 qm und einer Anwaltskanzlei von 80 qm;
- ein Grundstück mit einer Ruine;
- ein Grundstück mit einer Brücke?

3 Ein bebautes Grundstück wird wie folgt genutzt:

– EG	eigenbetrieblich genutzt	180 m²
– 1. OG	Praxis eines Facharztes	120 m²
– 2. OG	Büro eines Maklers	90 m²
– 3. OG	Wohnung	60 m²

Welche Grundstücksart liegt nach § 181 BewG vor?

4 Ein Grundstück wird je zur Hälfte eigenbetrieblich und zu Wohnzwecken genutzt. Der eigenbetriebliche Teil ist bilanziert.

Zu welcher Vermögensart gehört das Grundstück?

5 Der eigenbetrieblich genutzte Teil eines Grundstücks beträgt 55 %. Der Rest dient fremden Wohnzwecken.

Welcher Vermögensart ist das Grundstück zuzurechnen?

6 Ein Steuerpflichtiger in Wismar betreibt auf einem Grundstück, das ihm und seiner Ehefrau je zur Hälfte gehört, ein Hotel. Das Gebäude wird zu 80 % betrieblich genutzt, der Rest dient eigenen Wohnzwecken.

In der Bilanz ist nur der betrieblich genutzte Teil des Ehemanns ausgewiesen. Bei welcher Vermögensart ist das Grundstück zu erfassen?

7.6 Feststellung von Einheitswerten[1)]

Einheitswerte werden festgestellt für: § 19 (1) BewG

inländischen Grundbesitz

- Betriebe der Land-, und Forstwirtschaft
- Grundstücke
- Betriebsgrundstücke

Fall 6: Ein Steuerpflichtiger betreibt in Köln eine Arztpraxis. Außerdem gehören ihm mehrere Mietwohngrundstücke in Aachen und Düsseldorf sowie ein kleiner Betrieb zur Herstellung von Operationsbestecken in Münster. Im Sauerland besitzt er noch einen verpachteten landwirtschaftlichen Betrieb.

Für welche wirtschaftlichen Einheiten sind Einheitswerte festzustellen?

Der **Einheitswert** ist der Wert, der für eine wirtschaftliche Einheit gesondert festgestellt wird, § 180 (1) AO. **Einheitswerte sind auf volle 100 DM abzurunden, danach in € umzurechnen (1 € = 1,95583 DM) und auf volle € abzurunden,** § 30 BewG.

Wirtschaftliche Einheiten sind beim

- Land- und forstwirtschaftlichen Vermögen, der **einzelne Betrieb** der L + F, § 33 BewG
- Grundvermögen, das **einzelne Grundstück,** § 70 BewG
- Betriebsvermögen, das **einzelne Betriebsgrundstück,** § 99 BewG

Der in einem Feststellungsbescheid (Einheitswertbescheid) verbindlich festgelegte Einheitwert bildet die Bemessungsgrundlage für andere Steuerbescheide **(= Folgebescheide)**.

Der Feststellungsbescheid wird deshalb auch **Grundlagenbescheid** genannt. Er ist selbstständig anfechtbar. Änderungen des Grundlagenbescheids, z. B. infolge eines Einspruchs, ziehen auch Änderungen der Folgebescheide nach sich.

Für Betriebe der Land- und Forstwirtschaft, Grundstücke und Betriebsgrundstücke sind Einheitswerte nach bisherigem Recht nur noch festzustellen, wenn und soweit sie für die Besteuerung von Bedeutung sind. Für Zwecke der Erbschaftsteuer/Schenkungsteuer und Grunderwerbsteuer findet eine Bewertung statt, wenn hierfür die Grundbesitzwerte benötigt werden **(= Bedarfsbewertung)**. § 19 (4) BewG §§ 177 ff. BewG

Die bisherigen Einheitswerte nach Wertverhältnissen zum 01.01.64 oder 01.01.35 sind bei der
- Erbschaftsteuer/Schenkungsteuer und bei der
- Grunderwerbsteuer

nicht mehr anzuwenden.
Bei der Gewerbesteuer sind die §§ 121a und 133 BewG für die Ansätze der Einheitswerte 01.01.64 und 01.01.35 für Grundstücke und Betriebsgrundstücke bis zum 31.12.2024 weiterhin zu beachten.

[1)] Einheitswerte nach bisherigen Regelungen werden letztmals auf 01.01.2024 festgestellt. Ab 01.01.2025 gelten neue Regelungen.

Einheitswerte für Gewerbebetriebe werden nicht mehr festgestellt. Für Zwecke der Erbschaftsteuer/Schenkungsteuer ist jedoch die Bewertung des inländischen Betriebsvermögens erforderlich, siehe Kapitel 7.8.

7.6.1 Feststellungsarten

für die Einheitswerte bis 31.12.2024 und die Grundsteuerwerte ab 01.01.2025

Hauptfeststellung § 21/221 BewG	**Fortschreibungen** § 22/222 BewG	**Nachfeststellung** § 23/223 BewG

Fall 7: Ein Steuerpflichtiger hat im Jahr 2020 in Heilbronn auf eigenem Grundstück einen Gewerbebetrieb eröffnet. Im gleichen Jahr erwarb er in Weinsberg ein unbebautes Grundstück, um darauf ein Einfamilienhaus zu erstellen. Das Gebäude wurde im Sommer 2022 bezugsfertig.

Wofür sind Einheitswerte festzustellen?
Wie werden die Festellungen jeweils genannt?

§§ 21/221 BewG

7.6.1.1 Hauptfeststellung

Eine allgemeine Feststellung von Einheitswerten (EW) erfolgt für Grundbesitz in Zeitabständen von jeweils 6 Jahren.

Diese regelmäßige Feststellung der Einheitswerte wird **Hauptfeststellung** genannt. Sie erfolgt auf einen bestimmten Zeitpunkt, den **Hauptfeststellungszeitpunkt**. Den Zeitraum zwischen zwei Hauptfeststellungszeitpunkten nennt man **Hauptfeststellungszeitraum**. Dieser kann durch Rechtsverordnung verkürzt oder durch Gesetz verlängert werden.

Der letzte Hauptfeststellungszeitpunkt war für Grundbesitz
- der 01.01.1964 in den alten Bundesländern,
- der 01.01.1935 in den neuen Bundesländern.

§ 221 (1) BewG Erster **Hauptfeststellungszeitpunkt** für die **Ermittlung der Grundsteuerwerte** ist der 01.01.2022. Die Bewertung des Grundbesitzes für die Grundsteuer richtet sich dann nach den §§ 218 ff. BewG. Die Hauptfeststellung erfolgt in Zeitabständen von jeweils 7 Jahren. Bei der Bewertung des Grundbesitzes für die Grundsteuer werden nur noch zwei Vermögensarten unterschieden:

- land- und forstwirtschaftliches Vermögen
- Grundvermögen.

Betriebsgrundstücke werden entweder dem land- und forstwirtschaflichen Vermögen oder dem Grundvermögen zugeordnet, § 218 BewG.

Die **Grundsteuer** kann noch bis zum 31.12.2024 nach den bisherigen Einheitswerten auf 01.01.1964 bzw. 01.01.1935 bemessen werden. Ab dem 01.01.2025 kommt die gesetzliche Neuregelung zur Anwendung.

§§ 21 (2)/ 221 (2) BewG Der Hauptfeststellung werden die Verhältnisse zu Beginn des Kalenderjahrs (01.01.) zugrunde gelegt.

7.6.1.2 › Fortschreibungen

§§ 22/222 BewG

Wertfortschreibung	Artfortschreibung	Zurechnungsfortschreibung
erfolgt, wenn bestimmte Wertgrenzen überschritten bzw. erreicht sind.	erfolgt, wenn sich Änderungen in der Art des Bewertungsgegenstands ergeben haben.	erfolgt, wenn der Bewertungsgegenstand einem anderen Steuerpflichtigen zuzurechnen ist.

Fall 8: Ein Steuerpflichtiger in Rostock kaufte am 15.12.2020 ein unbebautes Grundstück, um darauf ein Mehrfamilienhaus zu errichten. Mit den Bauarbeiten wurde Anfang Januar 2021 begonnen. Das Gebäude wurde im April 2022 fertiggestellt und ab Mai 2022 vermietet.

Welche Fortschreibungen sind durchzuführen?
Wie lauten die jeweiligen Fortschreibungszeitpunkte?

Fortschreibungen werden durchgeführt, wenn sich während eines Hauptfeststellungszeitraums Änderungen
- im Wert,
- in der Art,
- in der Zurechnung

eines Bewertungsgegenstandes ergeben haben oder zur Beseitigung von Fehlern bei der letzten Feststellung.

Fortschreibungszeitpunkt ist der Beginn des Kalenderjahrs, 01.01., das auf die Änderung folgt, bzw. der Beginn des Kj, in welchem der Fehler dem Finanzamt bekannt wird. §§ 22 (4)/222 (3) BewG

Art und Zurechnungsfortschreibungen werden nur durchgeführt, wenn sie von der zuletzt getroffenen Feststellung abweichen oder dies für die Besteuerung von Bedeutung ist. §§ 22 (2)/222 (2) BewG

Wertfortschreibungen erfolgen, wenn der in **DM/€** ermittelte und auf volle hundert **DM/€** abgerundete Wert, der sich für den Beginn eines Kalenderjahrs ergibt, von dem entsprechenden Wert des letzten Feststellungszeitpunkts abweicht und dabei die untenstehenden Wertgrenzen überschreitet bzw. erreicht. § 22 (1) BewG

Wertfortschreibungsgrenzen bis 31.12.2024		
Abweichung des abgerundeten Werts	nach oben	nach unten
vom entsprechenden Wert des letzten Feststellungs-Zeitpunkts	$> \frac{1}{10}$, mindestens 5.000 DM oder > 100.000 DM	$> \frac{1}{10}$, mindestens 500 DM oder > 5.000 DM

§ 222 (1) BewG

Wertfortschreibungsgrenzen ab 01.01.2025		
Abweichung abgerundet auf volle 100 €	nach oben > 15.000 €	nach unten > 15.000 €

Fall 9: Ein Steuerpflichtiger verkaufte im Jahr 2023 20 % eines unbebauten Grundstücks zum Bau eines Radwegs an die Stadt Reutlingen. Der bisherige EW des ganzen Grundstücks betrug 150.000 DM/76.693 € (150.000 : 1,95583 = 76.693, abgerundet auf volle €).

Führt der Verkauf zu einer Wertfortschreibung? Wie wäre zu entscheiden, wenn der Verkauf im Jahr 2025 stattfinden würde?
Begründen Sie Ihre Entscheidung!

§§ 19 (3) /219 (2) BewG

Artfortschreibungen ergeben sich in der Regel nur beim Grundbesitz. Bei Grundstücken ist im Feststellungsbescheid die Grundstücksart anzugeben. Da sowohl das Bewertungsverfahren als auch die Grundsteuermesszahl von der Grundstücksart abhängen, ist die Artfortschreibung regelmäßig auch für die Besteuerung von Bedeutung.

Fall 10: Ein Steuerpflichtiger in Bremen baute 2023 bzw. 2025 sein Einfamilienhaus durch Aufstockung in ein Zweifamilienhaus um. Der bisherige Wert des EFH von 48.000 DM stieg durch die Baumaßnahme um 12.000 DM/ 6.135 €.

Welche Fortschreibungen sind durchzuführen?

§§ 19 (3) Nr. 2 /219 (2) Nr. 2 BewG

Zurechnungsfortschreibungen werden bei Änderung der Eigentumsverhältnisse vorgenommen. Nach § 39 (1) AO sind Wirtschaftsgüter dem Eigentümer zuzurechnen. Dies gilt auch für die wirtschaftlichen Einheiten nach dem BewG. Sind an einer wirtschaftlichen Einheit mehrere beteiligt, ist zusätzlich die Höhe ihrer Anteile anzugeben.

Fall 11: An einem Geschäftsgrundstück sind A und B je zur Hälfte beteiligt. A schenkt seiner Tochter C im April 2023 bzw. 2025 1/4 seines Anteils und B seinem Sohn 1/6.

Welche Fortschreibung ist vorzunehmen? Wie hoch sind die Anteile künftig?

§§ 23/223 BewG

Entsteht nach dem Hauptfeststellungszeitpunkt eine wirtschaftliche Einheit neu oder wird eine solche erstmals zu einer Steuer (Grundsteuer) herangezogen, findet eine **Nachfeststellung** statt. Nachfeststellungszeitpunkt ist der Beginn des Kalenderjahrs, das auf die Entstehung der wirtschaftlichen Einheit folgt, bzw. der Beginn des Kalenderjahrs, in dem der Einheitswert/Grundsteuerwert der Besteuerung erstmals zugrunde gelegt wird.

§§ 24/224 BewG

Ein Einheitswert/Grundsteuerwert wird **aufgehoben**, wenn eine wirtschaftliche Einheit wegfällt oder für diese eine Steuerbefreiung eintritt.

Übungen

1 Ein Steuerpflichtiger in Ravensburg verkaufte im August 2022 ein als Bauland ausgewiesenes Grundstück an ein Ehepaar, das darauf ein Fertighaus erstellen lässt. Anfang 2023 ist das Einfamilienhaus bezugsfertig. Welche bewertungsrechtlichen Maßnahmen sind vom zuständigen Finanzamt durchzuführen?

2 Der Wert eines unbebauten Grundstücks beträgt nach Wertverhältnissen zum 01.01.1964 80.000 DM. Im September 2023 bzw. 2025 wird 1/4 des Grundstücks verkauft. Welche Fortschreibungen sind durchzuführen? Wie lauten die Fortschreibungszeitpunkte?

3 Eine Steuerpflichtige in Mainz hat im Jahr 2023 bzw. 2025 das Dachgeschoss ihres Einfamilienhauses ausgebaut und anschließend vermietet. Der bisherige Wert (WV 01.01.1964) lautete auf 75.000 DM. Der Wertzuwachs durch den Ausbau beträgt 35.000 DM/17.895 €. Welche Fortschreibungen sind durchzuführen?

4 Nach dem Tode ihres Ehemannes im April 2023 bzw. 2025 baute eine Steuerpflichtige das vom Ehemann geerbte Zweifamilienhaus in ein Einfamilienhaus um und verkaufte außerdem einen Teil des bebauten Grundstücks für die Anlage eines Gehweges an die Stadt Ulm. Der bisherige Wert von 78.000 DM (WV 01.01.1964) vermindert sich insgesamt um 18.000 DM/ 9.203 €. Wie sind die Vorgänge bewertungsrechtlich zu behandeln?

5 Ein Landwirt aus Aalen verkaufte im März 2023 bzw. 2025 ein landwirtschaftlich genutztes Grundstück an einen Baumarkt, der darauf einen Lagerplatz errichtet. Welche bewertungsrechtlichen Maßnahmen sind zum 01.01.2024 bzw. 01.01.2026 vom zuständigen Finanzamt vorzunehmen?

7.7 Bewertung von Grundstücken

Die Grundbesitzbewertung erfolgt nur, wenn die **Grundbesitzwerte für die Erbschaftsteuer oder Grunderwerbsteuer** benötigt werden **(= Bedarfsbewertung)**.
Die Grundbesitzwerte sind gesondert festzustellen. Dabei werden die tatsächlichen Verhältnisse und die Wertverhältnisse zum **Besteuerungszeitpunkt**, z. B. Anfall der Erbschaft, zugrunde gelegt.
Grundstücke sind mit dem **Verkehrswert/gemeinen Wert** zu bewerten, **§ 177 BewG.**
Die Bewertung des Grundbesitzes für die Grundsteuer ab 01.01.2022 wird in den folgenden Ausführungen nicht berücksichtigt.

7.7.1 Bewertung unbebauter Grundstücke (Vergleichswertverfahren)

Unbebaute Grundstücke werden mit dem **gemeinen Wert** bewertet. Dieser ergibt sich indem die **Fläche des Grundstücks mit dem aktuellen Bodenrichtwert multipliziert** wird. Wurde kein Bodenrichtwert festgestellt, kann dieser aus dem **Wert vergleichbarer** Flächen abgeleitet werden. Der für die Bewertung maßgebende Bodenrichtwert wird von den Gutachterausschüssen der Gemeinde/Stadt jeweils zum Jahresende festgestellt, spätestens alle zwei Jahre. Werden für lagetypische Grundstücke Bodenrichtwerte festgestellt, kann bei abweichenden Merkmalen des zu bewertenden Grundstücks der Bodenrichtwert mit Hilfe von Umrechnungsfaktoren vom Bodenrichtwertgrundstück abgeleitet werden. § 179 BewG

Ist der **gemeine Wert nachweislich** – z. B. durch Verkauf – **niedriger**, ist dieser Wert anzusetzen, unabhängig davon, welchem Bewertungsverfahren das Grundstück unterliegt. § 198

Beispiel

Ein Stpfl. hat von seinem Vater im Mai 2023 ein unbebautes Grundstück von 840 qm geerbt.
Der aktuelle Bodenrichtwert beträgt 345 €/qm.
Wie hoch ist der Grundbesitzwert?

Lösung:

840 qm × 345 € = **289.800 €**

Fall 12: Ein Steuerpflichtiger in Ulm schenkt seiner Tochter am 25.08.2023 ein unbebautes Grundstück von 600 qm. Nach der Bodenrichtwertkarte der Stadt Ulm betrug der Preis je qm 540 €.

Mit welchem Betrag ist der Grundbesitzwert zum 25.08.2023 nach § 179 BewG anzusetzen?

§ 182 BewG

7.7.2 Bewertung bebauter Grundstücke

Der Wert der bebauten Grundstücke ist nach dem **Vergleichswertverfahren, dem Ertragswertverfahren oder dem Sachwertverfahren** zu ermitteln. Weist der Stpfl. nach, dass der **gemeine Wert** am Bewertungsstichtag **niedriger** ist, so ist dieser anzusetzen, § 198 BewG.

Bewertungsmethode	ist anzuwenden für ...
Vergleichswertverfahren	Einfamilienhäuser, Zweifamilienhäuser, Wohnungseigentum, Teileigentum
Ertragswertverfahren	Mietwohngrundstücke, Geschäftsgrundstücke, gemischt genutzte Grundstücke, für die sich auf dem örtlichen Grundstücksmarkt eine **übliche Miete ermitteln** lässt
Sachwertverfahren	Grundstücke, für die **keine Vergleichswerte** vorliegen, Geschäftsgrundstücke und gemischt genutzte Grundstücke, für die sich **keine übliche Miete ermitteln** lässt; sonstige bebaute Grundstücke, z. B. Vereinsheime

§ 183 **Vergleichswertverfahren**

Bei diesem Verfahren wird der Verkehrswert aus dem Verkauf vergleichbarer Grundstücke abgeleitet. Diese müssen hinsichtlich der ihren Wert beeinflussenden Merkmale mit dem zu bewertenden Grundstück hinreichend übereinstimmen. Liegen keine Vergleichspreise vor, erfolgt die Bewertung im **Sachwertverfahren**, unabhängig davon, ob die Objekte vermietet oder eigengenutzt werden.

§ 184 **Ertragswertverfahren**

Der Ertragswert wird gebildet aus der Summe von Bodenwert und Gebäudeertragswert. Außenanlagen sind mit dem Ertragswert abgegolten. Der **Bodenwert** wird mit dem Bodenrichtwert angesetzt. Der Bodenwert stellt auch den **Mindestwert** für das Grundstück dar, § 184 (3) Satz 2 BewG. Der **Gebäudeertragswert** wird wie folgt ermittelt:

§§ 185/186 **Jahresmiete/Rohertrag** (Entgelt für 12 Monate, ohne Umlagen) bzw. **ortsübliche Miete** ohne Betriebskosten (wenn eigengenutzt, ungenutzt, unentgeltlich oder zum mehr als 20% von der üblichen Miete abweichend überlassen)

§ 187 – **Bewirtschaftungskosten** (Verwaltungs-, Instandhaltungskosten, Mietausfallwagnis in Prozent des jährlichen Rohertrags, **s. Anlage 23** zum BewG

= **Reinertrag des Grundstücks**

§ 188 § – **Bodenwertverzinsung** (Liegenschaftszinssatz für Verzinsung von Grundstücken; 3,5% für Mietwohngrundstücke, 4,5% für gemischt genutzte Grundstücke mit gewerblichem Anteil < = 50% bzw. 5% bei gewerblichem Anteil > 50%, 6,0% für Geschäftsgrundstücke)

= **Gebäudereinertrag**

× **Vervielfältiger** (richtet sich nach Restnutzungsdauer[1] und dem Liegenschaftszinssatz, **s. Anlage 21** zum BewG.

= **Gebäudeertragswert**

\+ **Bodenwert**

= **Grundbesitzwert**

---

[1] Die Restnutzungsdauer beträgt mindestens 30% der wirtschaftlichen Gesamtnutzungsdauer, **s. Anlage 22** zum BewG.

Beispiel

Eine Stpfl. in Ulm erbte von ihrer Tante im Juli 2023 ein vermietetes Dreifamilienhaus mit einer Gesamtwohnfläche von 300 m² und 3 Garagen. Das Gebäude wurde im Mai 1993 fertiggestellt. Das Grundstück hat eine Fläche von 960 qm. Der Bodenrichtwert ist mit 250 €/qm anzusetzen. Die Jahresnettokaltmiete beträgt 28.800 €. Die Bewirtschaftungskosten betragen insgesamt 4.260 €.
Berechnen Sie den Grundbesitzwert.

Jahresmiete	28.800,00 €
– Bewirtschaftungskosten	4.260,00 €
Reinertrag des Grundstücks	24.540,00 €
– Bodenwertverzinsung (hier 3,5% vom Bodenwert 240.000,00 €)	8.400,00 €
Gebäudereinertrag	16.140,00 €
× Vervielfältiger (hier 23,46, RestND 50 Jahre,[1] Zinssatz 3,5%)	378.644,40 €
+ Bodenwert	240.000,00 €
Grundbesitzwert	618.644,40 €

Fall 13: Am 10.10.2023 starb der Eigentümer eines Mietwohngrundstücks in Augsburg. Für Zwecke der Erbschaftsteuer muss der Grundbesitzwert festgestellt werden. Das Gebäude mit 4 Wohnungen zu je 85 m² und 4 Kfz-Stellplätzen hat eine Restnutzungsdauer von 60 Jahren. Der Grund und Boden umfasst 580 qm. Laut Bodenrichtwertkarte beträgt der Preis pro qm 350 €. Die Jahresmiete ohne Umlagen belief sich in den letzten 12 Monaten auf 24.000 €. Die Bewirtschaftungskosten betragen insgesamt 4.852 €. Der Vervielfältiger ist mit 24,94 anzusetzen. Der Liegenschaftszinssatz ist 3,5%.
Berechnen Sie den Grundbesitzwert.

Sachwertverfahren

Der Grundbesitzwert beim Sachwertverfahren wird ermittelt aus dem **Bodenwert** und dem **Gebäudesachwert**. Für die Ermittlung des Gebäudesachwerts ist von den **Regelherstellungskosten**[2] auszugehen, die in der **Anlage 24** typisierend festgelegt sind je nach Bauart, Ausstattungsstandard und Baujahr. Diese werden mit der **Bruttogrundfläche** des Gebäudes multipliziert. Vom Gebäuderegelherstellungswert ist eine Alterswertminderung abzuziehen. Der sich danach ergebende Gebäudewert ist mit mindestens 30% des Gebäudeherstellungswerts anzusetzen. §§ 189–191 § 190 (4) Satz 5

Die **Summe aus Bodenwert und Gebäudesachwert** wird mit einem **von den Gutachterausschüssen ermittelten Sachwertfaktor multiplitziert** oder einer in der **Anlage 25** festgelegten **Wertzahl**. § 189 (3)/191

Beispiel

Eine Tochter erbt im Dezember 2023 von ihrer Mutter ein im Oktober 1993 hergestelltes Bürogebäude, Standardstufe 3, Regelherstellungskosten 1.685 €/qm, Bruttogrundfläche 680 qm. Für das 900 qm große Grundstück wurde ein Bodenrichtwert von 400 €/qm festgelegt. Die Alterswertminderung beträgt 37,5%. Die Wertzahl nach Anlage 25 ist 0,9.
Lösung:

Gebäudeherstellungswert 680 qm × 1.685 €	1.145.800,00 €
– 37,5% Alterswertminderung	429.675,00 €
Gebäudesachwert	716.125,00 €
+ Bodenwert (900 qm × 400 €)	360.000,00 €
vorläufiger Sachwert	1.076.125,00 €
× 0,9 Wertzahl	968.512,50 €
Grundbesitzwert	

[1] Bei der Ermittlung des Alters eines Gebäudes ist vom Jahr des Bewertungszeitpunkts das Jahr der Bezugsfertigkeit abzuziehen.

[2] Regelherstellungskosten 2010

Fall 14: Für ein Industriegrundstück soll wegen eines Erbfalls der Grundbesitzwert ermittelt werden. Das zu bewertende Grundstück umfasst 2.500 qm, Bodenrichtwert 150 €/qm. Das aufstehende Gebäude hat eine Grundfläche von 800 qm, die Regelherstellungskosten haben 1.260 €/qm betragen. Die Alterswertminderung ist mit 25% anzusetzen. Die Wertzahl nach Anlage 25 beträgt 0,8.

Mit welchem Wert ist das bebaute Grundstück nach dem Sachwertverfahren zu bewerten?

Übungen

1 Ein Steuerpflichtiger in Bamberg schenkt seinem Sohn zu dessen Heirat ein unbebautes Grundstück von 860 qm. Nach der Bodenrichtwertkarte der Stadt Bamberg beträgt der qm-Preis 180 €.
Wie hoch ist der Grundbesitzwert nach § 179 BewG im Zeitpunkt der Schenkung?

2 Nach dem Tode ihrer Mutter erbt Katrin Blanck ein 320 qm großes Gartengrundstück mit aufstehendem Geräteschuppen am Stadtrand von Magdeburg. Der Bodenrichtwert beträgt 220 €/qm.
Ihre Nachbarn zahlen für ein gleich großes Grundstück jährlich 600 € Pacht.
Mit welchem Wert ist das Grundstück nach § 179 BewG bei der Berechnung der Erbschaftssteuer anzusetzen?

3 Herbert Hauser, Nürnberg, erbte ein Geschäftsgrundstück mit einer Gesamtnutzfläche von 600 m² und 8 Kfz-Stellplätzen, das wie folgt genutzt wird:

Miete monatlich

– EG	Spielwarengeschäft	2.400 €
– 1. OG	Praxis eines Zahnarztes	1.500 €
– 2. OG	Büroräume	1.000 €
– DG	Wohnung	600 €

Die Größe des Grundstücks beträgt 1.200 qm, Bodenrichtwert 250 €/qm. Die Bewirtschaftungskosten belaufen sich auf insgesamt 10.564 €. Die Bodenwertverzinsung ist mit 6,0% und der Vervielfältiger mit 14,50 anzusetzen (Restnutzungsdauer 35 Jahre).
Wie hoch ist der Grundbesitzwert?

4 Die Familie Gernot bewohnt seit der Bezugsfertigkeit im März 1996 ein Reihenhaus im Allgäu. Die Eltern überschreiben das Haus am 20.04.2023 beiden Kindern je zur Hälfte unentgeltlich. Die Wohnfläche des EFH beträgt 160 qm. Die ortsübliche Miete beläuft sich auf 6 €/qm. Das Gebäude steht auf einem 680 qm großen Grundstück. Nach der Bodenwertkarte beträgt der qm-Preis 110 €.
Im Oktober 2022 wurde ein benachbarter Reihenhausanteil gleicher Größe und Ausstattung für 240.000 € verkauft.
Mit welchem Wert ist das Einfamilienhaus zum 20.04.2023 zu bewerten?

5 Ein Steuerpflichtiger hat von seiner Großmutter ein Zweifamilienhaus geerbt. Das auf einem 420 qm großen Grundstück stehende Gebäude hat eine Gesamtwohnfläche von 240 qm. Es wurde Ende 1973 fertiggestellt. Das EG des Gebäudes wurde von der Großmutter bis zu deren Tod selbst bewohnt, das OG war für monatlich 630 € kalt vermietet. Beide Wohnungen sind gleich groß und gleichwertig ausgestattet. Ein amtlicher Sachverständiger hat den Verkehrswert des Grundstücks wegen des renovierungsbedürftigen Gebäudes auf 210.000 € festgestellt. Nach der Bodenrichtwertkarte beträgt der Preis des Grund und Bodens 160 € pro qm. Die Bewirtschaftungskosten betragen insgesamt 3.118 €, der Vervielfältiger 18,39.
Mit welchem Wert ist das bebaute Grundstück zu bewerten?

7.8 Bewertung des Betriebsvermögens

Betriebsvermögen, gewerbliche Mitunternehmeranteile und Anteile an Kapitalgesellschaften sind mit dem **gemeinen Wert** zu bewerten. §§ 109/199 BewG

Der gemeine Wert ist vorrangig **aus Verkäufen abzuleiten**, die innerhalb eines Jahres vor dem Besteuerungszeitpunkt zwischen fremden Dritten erfolgt sind. Liegen keine Verkäufe vor, ist der Wert des Betriebsvermögens unter Berücksichtigung der Ertragsaussichten oder einer anderen anerkannten im gewöhnlichen Geschäftsverkehr für nichtsteuerliche Zwecke üblichen Methode zu ermitteln. Hierzu stehen verschiedene betriebswirtschaftliche Ertragswertmethoden zu Verfügung, die alle recht aufwändig sind.

Der Gesetzgeber hat im BewG ein **vereinfachtes Ertragswertverfahren** geregelt, das bei allen Handels-, Fertigungs- und anderen Leistungsbetrieben sowie bei den Freien Berufen angewandt werden kann, wenn dies nicht zu offensichtlich unzutreffenden Ergebnissen führt. § 199 (2) ff.

Bei der Unternehmensbewertung nach dem vereinfachten Ertragswertverfahren ist als Mindestwert der Substanzwert anzusetzen. Dieser ergibt sich aus der **Summe der gemeinen Werte der einzelnen Wirtschaftsgüter abzüglich der Schulden.** § 11 (2) BewG

Beim **vereinfachten Ertragswertverfahren** wird der **Durchschnittsertrag**, der in den **letzten drei Jahren** vor dem Bewertungsstichtag endenden Wirtschaftsjahren erzielt wurde, mit einem **Kapitalisierungsfaktor multipliziert**. Dieser beträgt **13,75**. Er ist durch Rechtsverordnung an die Entwicklung der Zinsstrukturdaten anzupassen. Bei Neugründungen innerhalb der letzten drei Jahre ist ein entsprechend kürzerer Ermittlungszeitraum anzusetzen. § 201 (2) § 203

Zur Ermittlung des Betriebsergebnisses ist vom Gewinn i.S.d. §§ 4 (1) bzw. 4 (3) EStG auszugehen **(Ausgangswert)**. Nicht in den Gewinn einzubeziehen sind Erträge und Aufwendungen im Zusammenhang mit § 202 (1)

- nicht betriebsnotwendigem Vermögen § 200 (2–4)
- Wirtschaftsgütern, die innerhalb von zwei Jahren vor dem Besteuerungszeitpunkt in das Betriebsvermögen eingelegt wurden („Junges Betriebsvermögen")
- betriebsnotwendigen Beteiligungen an anderen Gesellschaften

Die genannten Wirtschaftsgüter **werden zusätzlich zum Ertragswert** des übrigen Betriebsvermögens mit dem jeweiligen **gemeinen Wert** erfasst.

Der **Gewinn ist u. a. zu erhöhen** um:

- Sonderabschreibungen, erhöhte Absetzungen, Bewertungsabschläge, Teilwertabschreibungen, Investitionsabzugsbeträge § 202 (1) Nr. 1
- Zuführung zu steuerfreien Rücklagen
- Absetzungen auf den Geschäfts-, Firmenwert oder firmenwertähnliche Wirtschaftsgüter
- einmalige Veräußerungsverluste sowie außerordentliche Aufwendungen
- Ertragsteueraufwand (Körperschaftsteuer, Zuschlagsteuern, Gewerbesteuer im Gewinnermittlungszeitraum)

Vom **Gewinn abzuziehen** sind beispielsweise:

- Teilwertzuschreibungen § 202 (1) Nr. 2
- gewinnerhöhende Auflösung steuerfreier Rücklagen
- einmalige Veräußerungsgewinne sowie außerordentliche Erträge
- ein angemessener Unternehmerlohn (nur bei Personenunternehmen)
- Erträge aus der Erstattung von Ertragsteuern

Zur Abgeltung des Ertragsteueraufwands ist der **Gewinn um 30% zu mindern.** § 202 (3)

Beispiel

Ein am 30.01.2023 verstorbener Stpfl. hinterlässt einen Gewerbebetrieb mit folgenden Besitz- und Schuldposten:
Grundstück mit Fabrikationshalle: Buchwert 360.000 €, Grundbesitzwert 600.000 €, Betriebs- und Geschäftsausstattung: Buchwert 168.000 €, gemeiner Wert 214.000 €,
Vorräte: Buchwert 84.600 €, gemeiner Wert 96.500 €
Forderungen: 92.000 €
Schulden gegenüber Kreditinstituten und Lieferanten: 250.500 €

Der durchschnittliche Gewinn innerhalb der letzten drei Jahre vor dem Besteuerungszeitpunkt betrug nach Hinzurechnungen und Kürzungen 120.000 €

Mit welchem Wert ist das Betriebsvermögen zum Besteuerungszeitpunkt bei einem Kapitalisierungsfaktor von 13,75 nach dem vereinfachten Ertragswertverfahren, § 11 (2) BewG anzusetzen?

Lösung:

Durchschnittsgewinn der letzten 3 Jahre	120.000 €
– Abschlag für Ertragsteueraufwand 30%	36.000 €
vereinfachter Ertragswert	84.000 € × 13,75 = **1.155.000 €**

Mindestwert § 11 (2) Satz 3 BewG

Besitzposten:	
Grundvermögen, Grundbesitzwert	600.000 €
BGA, gemeiner Wert	214.000 €
Vorräte, gemeiner Wert	96.500 €
Forderungen	92.000 €
Summe	1.002.500 €
Schulden	250.500 €
Substanzwert	752.000 €

Anzusetzen ist der **Ertragswert** 1.155.000 €, weil er höher ist als der Substanzwert.

Fall 15: Eine Stpfl. hinterlässt ihrer Tochter einen kleinen Gewerbebetrieb mit folgenden Besitz- und Schuldposten:
Grundstück mit gemischt genutztem Gebäude: Buchwert 150.000 €, Grundbesitzwert 210.000 €, Betriebs- und Geschäftsausstattung: Buchwert 80.000 €, gemeiner Wert 96.000 €, Fuhrpark: Buchwert 10.000 €, gemeiner Wert 12.000 €, Vorräte: Buchwert 48.000 €, gemeiner Wert 54.000 €, Forderungen 25.000 €, Flüssige Mittel 18.000 €, Verbindlichkeiten gegenüber Kreditinstituten 120.000 €, Verbindlichkeiten aus Lieferungen und Leistungen 30.000 €.
Der durchschnittliche Gewinn der letzten drei Jahre vor dem Besteuerungszeitpunkt belief sich auf 60.000 €. Korrekturen sind nicht vorzunehmen. Der Kapitalisierungsfaktor beträgt 13,75.
Ermitteln Sie den Wert des Betriebsvermögens nach dem vereinfachten Ertragswertverfahren sowie den Substanzwert des Betriebes.

Übungen zu 7.8

Ermitteln Sie zum 30.06.2023 den Wert des Betriebsvermögens nach dem vereinfachten Ertragswertverfahren.

Aktiva	Steuerbilanz zum 30.06.2023		Passiva
Grund u. Boden bebaut	120.000 €	Eigenkapital	618.530 €
Gebäude	380.000 €	Verbindlichkeiten gegenüber	
Betriebs- u. Geschäftsausst.	86.400 €	– Kreditinstituten	340.000 €
Maschinen	256.000 €	– Lieferanten	86.400 €
Fuhrpark	45.600 €	Sonstige Verbindlichkeiten	35.470 €
Vorräte	110.500 €		
Forderungen	48.280 €		
Kasse	8.720 €		
Bankguthaben	24.900 €		
	1.080.400 €		1.080.400 €

Anmerkungen zu den Bilanzpositionen:

Die Fläche des Grundstücks beträgt 2.400 qm, Bodenrichtwert 180 €/qm.
Das Gebäude hat eine Bruttogrundfläche von 720 qm. Die Regelherstellungskosten betragen 1.190 €/qm. Es ist eine Alterswertminderung von 20% zu berücksichtigen. Der Marktanpassungsfaktor ist 0,8.

Die gemeinen Werte der folgenden Besitzposten betragen:
Betriebs- und Geschäftsausstattung: 105.000 €, Maschinen: 320.000 €, Fuhrpark: 55.400 €, Vorräte: 125.600 €.
Der durchschnittliche Gewinn der letzten drei Jahre vor dem Besteuerungszeitpunkt beträgt nach Korrekturen 110.000 €. Für den Ertragsteueraufwand ist noch ein Abschlag von 30% vorzunehmen. Der Kapitalisierungsfaktor ist 13,75.

Aufgaben zur Wiederholung und Vertiefung

1 Bewertungsmaßstäbe

Für die Festsetzung der Erbschaftsteuer ist eine Bewertung folgender Vermögenswerte des Erblassers vorzunehmen; dabei sind angefallene Zinsen/Stückzinsen nicht zu berücksichtigen:

- 500 Aktien der X-AG, Nennwert 5 €, Kurs 286/Stück
- 1000 Investmentzertifikate, Ausgabepreis 30,40; Rücknahmepreis 26,80
- Bundesschatzbriefe A, Nennwert 10.000 €
- Pfandbriefe der Stadt München, Nennwert 5.000 €, Kurs 99,95 %
- Festgeldkonto über 50.000 €; Sparkonto über 4.800 €
- GmbH-Anteil 100.000 €, Kaufpreis 110.000 €, gemeiner Wert 140.000 €
- typische stille Beteiligung an einem Handelsbetrieb 80.000 €, verbriefter Gewinnanteil 8 %, die Kündigungsfrist ist für 5 Jahre ausgeschlossen
- fällige Kapitallebensversicherung über 150.000 €, eingezahlte Beiträge 66.000 €, Rückkaufswert 98.000 €
- Ferienwohnung in Portugal, Anschaffungskosten 180.000 €, Verkehrswert 260.000 €, Grundbesitzwert 145.000 €
- Briefmarkensammlung, Anschaffungskosten 26.000 €, Wiederbeschaffungskosten 54.000 €; ein Sammler bietet 60.000 €

2 Vermögensarten

Entscheiden Sie, welchen Vermögensarten die Wirtschaftsgüter zuzuordnen sind!
- Geschäftsguthaben eines Landwirts bei einer Genossenschaftsbank
- Honorarforderung eines Facharztes
- eigengenutztes Einfamilienhaus eines Arbeitnehmers
- Pkw eines Gewerbertreibenden, der zu 60 % betrieblich genutzt wird
- Wohnhaus eines Landwirts
- Grundstück, das zu 50 % eigenbetrieblich genutzt wird und zu 50 % zu fremden Wohnzwecken vermietet ist; der betrieblich genutzte Anteil ist bilanziert
- Forderung eines Handwerkers gegen eine Privatperson
- vermietetes Zweifamilienhaus eines Pensionärs
- uneinbringliche Forderung eines Steuerberaters an einen Mandanten
- Ferienhaus eines Rechtsanwalts am Gardasee
- Obst- und Gemüsegarten eines Rentnerehepaars
- fondsgebundene Lebensversicherung eines Börsenmaklers

3 Feststellungsarten

1. Ein Steuerpflichtiger in Freiburg erweiterte im Jahr 2022 sein Zweifamilienhaus durch Aufstockung um zwei weitere Wohnungen, die ab 05.10.2023 bezogen werden konnten. Der bisherige Wert betrug 68.000 DM. Durch die Baumaßnahme stieg der Wert auf 110.000 DM.

Welche bewertungsrechtlichen Maßnahmen hat das zuständige Finanzamt zum 01.01.2024 zu veranlassen?

2. Ein Landwirt in Münster parzellierte ein bisher landwirtschaftlich genutztes Grundstück. Von den 10 entstandenen gleich großen Bauplätzen verkaufte er im Laufe des Jahres 2023 8 Plätze, die auch gleich mit Fertighäusern bebaut wurden.

Der Einheitswert des bisherigen Grundstücks betrug 12.000 DM.

a) Welche Folge hat die Parzellierung?
b) Welche Feststellungen/Fortschreibungen sind zum 01.01.2024 zu treffen?

4 Bedarfsbewertung

1. Ein Steuerpflichtiger aus Schwerin hat seiner Tochter ein am Schweriner See gelegenes unbebautes Grundstück übertragen. Das Grundstück mit einem Einheitswert von 18.000 DM (WV 01.01.1935) hat eine Länge von 28,5 m und eine Breite von 18,85 m. Ein amtlicher Sachverständiger schätzte den Verkehrswert (gemeiner Wert) auf 84.363 €.
Nach der Bodenrichtwertkarte der Stadt beträgt der Preis 120 €/qm.

Mit welchem Wert ist das Grundstück im Zeitpunkt der Schenkung nach § 179 BewG anzusetzen?

2. Zum Nachlass eines verstorbenen Steuerpflichtigen gehört ein gemischt genutztes Grundstück in Kassel. Im Erdgeschoss ist ein Textilfachgeschäft untergebracht, im 1. Obergeschoss befindet sich eine Rechtsanwaltskanzlei, das 2. Obergeschoss enthält zwei vermietete Wohnungen, das 3. Obergeschoss mit ebenfalls zwei Wohnungen wurde vom Erblasser und von dessen Tochter genutzt.
Der Grund und Boden umfasst 980 qm. Der Bodenrichtwert beträgt 240 €/qm.
Die Bewirtschaftungskosten sind mit 8.544 €, der Liegenschaftszinssatz mit 5% und der Vervielfältiger mit 19,12 anzusetzen.

Die monatliche Kaltmiete beträgt für das Geschäft im EG 2.000 €; die Rechtsanwaltskanzlei im 1.OG 1.250 €; die beiden Wohnungen im 2. OG je 500 €; die Wohnung der Tochter im 3.OG 250 €. Alle Wohnungen sind gleich groß und gleichartig ausgestattet.

Berechnen Sie den Grundbesitzwert.

3. Mit Vollendung des seines 65. Lebensjahres überträgt Fritz Bauer am 31.12.2023 seine Tankstelle mit Verkaufsraum und Waschhalle an seinen Sohn. Die Fläche des Grund und Bodens beträgt 1460 qm. Sie wird zu 100 % betrieblich genutzt. Der Bodenrichtwert lautet auf 180 €/qm. Die zum Übergabezeitpunkt erstellte Steuerbilanz enthielt folgende Wirtschaftsgüter:

	Buchwerte	
Grund und Boden	160.000 €	Grundbesitzwert 450.000 € (Grund und Boden, Verkaufsraum, Waschhalle)
Verkaufsraum	90.400 €	
Waschhalle	15.820 €	
Autowaschanlage	94.920 €	gemeiner Wert 90.000 €
Tankanlage mit Zapfsäulen und unterirdischen Tanks	158.200 €	gemeiner Wert 160.000 €
Betriebsausstattung	82.600 €	gemeiner Wert 80.000 €
Handelswaren	165.340 €	gemeiner Wert 150.000 €
Forderungen	13.920 €	
Verbindlichkeiten aus Lieferungen und Leistungen	31.900 €	
Sonstige Verbindlichkeiten	18.200 €	
durchschnittlicher Gewinn der letzten 3 Jahre	112.700 €	

Mit welchem Wert ist das Betriebsvermögen zum Bewertungsstichtag nach dem vereinfachten Ertragswertverfahren anzusetzen, wenn der Kapitalisierungsfaktor 13,75 beträgt? Wie hoch ist der Substanzwert?

5 Ein Gewerbetreibender überträgt unentgeltlich seinen Betrieb an seine Tochter. Zum 31.12.2023 wurde folgende Bilanz erstellt:

Aktiva — Steuerbilanz zum 31.12.2023 — Passiva

Aktiva		Passiva	
Grund u. Boden	160.000 €	Eigenkapital	580.000 €
Gebäude	420.000 €	Verbindlichkeiten gegenüber	
Betriebsausst.	60.000 €	– Kreditinstituten	320.000 €
Maschinen u. Werkzeuge	160.600 €	– Lieferanten L & L	140.000 €
Rohstoffe	186.000 €	Sonstige Verbindlichkeiten	31.000 €
Forderungen	48.400 €		
Guthaben bei Kreditinstituten	36.000 €		
	1.071.000 €		1.071.000 €

Anmerkung zu den Bilanzpositionen:
Die Grundstücksfläche beträgt 1.480 qm, Bodenrichtwert 145 €/qm
Die Bruttogrundfläche des Gebäudes ist 800 qm. Die Regelherstellungskosten haben 1.260 €/qm betragen. Die Alterswertminderung ist mit 10% anzusetzen. Der Marktanpassungsfaktor ist 0,8.

Die gemeinen Werte betragen zum Bewertungsstichtag

– Betriebs- und Geschäftsausstattung	80.000 €
– Maschinen und Werkzeuge	150.000 €
– Rohstoffe	190.000 €

Berechnen Sie den vereinfachten Ertragswert bei einem Kapitalisierungsfaktor 13,75 sowie den Substanzwert des Betriebes. Der durchschnittliche Gewinn der letzten 3 Jahre vor dem Bewertungsstichtag betrug nach Korrekturen 140.000 €.

8 Erbschaftsteuer/Schenkungsteuer

8.1 Bedeutung und Stellung im Steuersystem

Erbschaftsteuer	
Personensteuer	Die ErbSt ist nicht als Betriebsausgabe oder Werbungskosten abziehbar.
Besitzsteuer	Die ErbSt knüpft an vorhandenes Vermögen an.
direkte Steuer	Steuerschuldner und Steuerträger sind identisch.
Ländersteuer	Das Aufkommen aus der ErbSt – 2021 ca. 9.824 Mrd. € – steht den Ländern zu.

8.2 Rechtsgrundlagen

Erbschaftsteuergesetz (ErbStG)	Erbschaftsteuer-Durchführungsverordnung (ErbStDV)

= Rechtsnormen, verbindlich für Bürger, Gerichte, Verwaltung

Erbschaftsteuerrichtlinien (ErbStR)

= Verwaltungsvorschriften für die Finanzbehörden zur einheitlichen Anwendung des Erbschaft- und Schenkungsteuerrechts und des dazu notwendigen Bewertungsrechts

8.3 Steuerpflicht

8.3.1 Steuerpflichtige Vorgänge

§ 1 ErbStG Der Erbschaftsteuer/Schenkungsteuer unterliegen:

Erwerb von Todes wegen § 3	Schenkungen § 7	Zweckzuwendungen § 8
z. B. der Erwerb – durch Erbanfall – auf Grund Erbersatzanspruchs – durch Vermächtnis – auf Grund eines geltend gemachten Pflichtteilsanspruchs – durch Schenkung auf den Todesfall – aufgrund eines vom Erblasser geschlossenen Vertrages	z. B. – jede freigebige Zuwendung unter Lebenden – die Bereicherung eines Ehegatten/Lebenspartners bei Vereinbarung der Gütergemeinschaft – die Abfindung für einen Erbverzicht	z. B. – Zuwendungen von Todes wegen – freigebige Zuwendungen unter Lebenden zugunsten eines bestimmten Zwecks soweit dadurch die Bereicherung des Erwerbers gemindert wird

Fall 1: Frau Nolle, Ulm, schenkte an ihrem 80. Geburtstag ihrer langjährigen Freundin Alma Grün Schmuck im Wert von 10.000 €. Kurz danach verstarb sie und hinterließ ihrem Sohn ein Barvermögen von 200.000 €. Testamentarisch verfügte Frau Nolle, dass ihr Sohn aus diesem Vermögen 20.000 € an das städtische Tierheim zu zahlen habe.

Welche steuerpflichtigen Vorgänge i. S. d. § 1 ErbStG liegen hier vor?

8.3.2 Persönliche Steuerpflicht

§ 2 ErbStG

Unbeschränkte Steuerpflicht	Beschränkte Steuerpflicht
tritt ein, wenn der – Erblasser zur Zeit seines Todes, – der Schenker zur Zeit der Ausführung der Schenkung, – Erwerber zur Zeit der Entstehung der Steuer Inländer ist.	weder Erblasser/Schenker noch Erwerber hat seinen Wohnsitz/gewöhnlichen Aufenthalt, Sitz und oder Geschäftsleitung im Inland

Als **Inländer** gelten beispielsweise

- natürliche Personen mit Wohnsitz oder gewöhnlichem Aufenthalt im Inland § 2 (1) Nr. 1a–d ErbStG
- Körperschaften, Personenvereinigungen, Vermögensmassen mit Geschäftsleitung oder Sitz im Inland.

Die unbeschränkte Steuerpflicht	Die beschränkte Steuerpflicht
erstreckt sich auf sämtliches in- und ausländisches Vermögen, das zum Erwerbsvorgang gehört (Weltvermögen).	erstreckt sich nur auf Vermögen der in § 121 BewG genannten Art, das auf das Inland entfällt (Inlandsvermögen).

Seit dem 17. August 2015 gilt EU-weit, ausgenommen in Großbritannien, Irland, und Dänemark, die einheitliche EU-Erbrechtsverordnung. Die gesamte Rechtsnachfolge von Todeswegen unterliegt dann dem Erbrecht des Staates, in dem der Erblasser zum Zeitpunkt seines Todes seinen gewöhnlichen Aufenthalt hatte. Das ist der Ort, an dem sich der Schwerpunkt der familiären und sozialen Bindungen befand. Der Erblasser kann jedoch in seinem Testament bestimmten, dass deutsches Erbrecht gelten soll. Art. 24 (2) EuErbVO

8.3.3 Entstehung der Steuer

§ 9 ErbStG

Die Steuer entsteht bei

Erwerb von Todes wegen § 9 (1) Nr. 1	Schenkungen § 9 (1) Nr. 2	Zweckzuwendungen § 9 (1) Nr. 3
mit dem Tod des Erblassers. Ausnahmen gelten beispielsweise für: – Pflichteilsansprüche, – Nacherben.	mit dem Zeitpunkt der Ausführung der Zuwendung.	mit dem Zeitpunkt des Eintritts der Verpflichtung des Beschwerten.

Fall 2: Ein Ehepaar zog nach Erreichen des Ruhestands des Ehemanns von Ulm auf Gran Canaria und bewohnt dort eine Finka, die der Ehemann vor Jahren erworben hat. Im Jahr 2021 verstarb der Ehemann. Er hinterlässt neben seiner Frau auch eine Tochter, die in Australien lebt. Die Ehegatten lebten im Güterstand der Zugewinngemeinschaft.

Nach welchem Recht richtet sich die Rechtsnachfolge, wenn der Erblasser

a) kein Testament erstellt hat?
b) für die Rechtsnachfolge deutsches Recht wählt, Art. 22 (2) EuErbVO?

§ 10 ErbStG

8.4 Steuerpflichtiger Erwerb

Als steuerpflichtiger Erwerb gilt die Bereicherung des Erwerbers, soweit sie nicht steuerfrei ist.

8.4.1 Berechnung bei Erwerb von Todes wegen

Beim Erwerb von Todes wegen unterliegt der gesamte Vermögensanfall abzüglich Nachlassverbindlichkeiten, soweit er nicht steuerfrei ist, mit den nach § 12 ErbStG ermittelten Werten der Besteuerung.

R E 10.1 ErbStR

Berechnungsschema (vereinfacht)
Steuerwert
land- und forstwirtschaftliches Vermögen
+ Betriebsvermögen
+ Anteile an Kapitalgesellschaften
+ Grundvermögen
+ übriges Vermögen
= **Vermögensanfall nach Steuerwerten**
– abzugsfähige Nachlassverbindlichkeiten, mindestens Pauschbetrag für Erbfallkosten
– sachliche Freibeträge
= **Bereicherung des Erwerbers (Nachlasswert)**
– persönliche Freibeträge
– ggf. Versorgungsfreibetrag
= **steuerpflichtiger Erwerb (abgerundet auf volle 100 €)**

Fall 3: Eine Erblasserin hinterließ ihren zwei Kindern ein Barvermögen von 40.000 €, Bankguthaben von 86.000 €, ein unbebautes Grundstück mit einem Grundbesitzwert von 240.000 € und Darlehensschulden von 66.000 €. Die Kinder haben für die Bestattung ihrer Mutter nachweislich 9.320 € aufgewendet. Außerdem mussten sie noch die Kosten für einen Krankenhausaufenthalt ihrer Mutter in Höhe von 14.225 € begleichen.

Berechnen Sie den Wert des Nachlasses!

Nachlassverbindlichkeiten § 10 (5) ErbStG		
Nachlassverbindlichkeiten § 10 (5) ErbStG	**Nr. 2 Erbanfallverbindlichkeiten**	**Nr. 3 Erbfallkosten**
z. B. – Bankschulden – Steuerschulden – Schulden aus Dienst-, Werk-, Werklieferungsverträgen, Miet- und Pachtverträgen soweit sie nicht beim Erwerb eines Gewerbebetriebs/ Betriebs der L&F oder Anteils daran berücksichtigt worden sind	Verbindlichkeiten aus – Vermächtnissen – geltend gemachten Pflichtteilen – Auflagen	Kosten für – Bestattung des Erblassers – ein angemessenes Grabdenkmal – übliche Grabpflege; Ansatz mit dem Kapitalwert für unbestimmte Dauer – Abwicklung, Regelung, Verteilung des Nachlasses – die Erlangung des Erwerbs

Kosten für die Verwaltung des Nachlasses sind **nicht abzugsfähig**.
Ebenso **Schulden und Lasten,** die in wirtschaftlichem Zusammenhang stehen mit Vermögensgegenständen, die bei der **Besteuerung nicht anzusetzen oder ganz bzw. teilweise von der Steuer befreit sind.** § 10 (6) ErbStG R E 10.10

Statt der nachgewiesenen **Kosten** i. S. d. **§ 10 (5) Nr. 3**, wird ein **Pauschbetrag von 10.300 €** gewährt. Der **Pauschbetrag** bezieht sich auf den **gesamten Erbfall** und kann daher auch bei mehreren Erben **nur einmal in Anspruch** genommen werden. R E 10.9

Ergeben sich bei der Berechnung des steuerpflichtigen Erwerbs Eurobeträge mit Nachkommastellen, sind diese zugunsten des Stpfl. auf volle €-Beträge auf- oder abzurunden. H E 10.1

Übungen

1 Herr Weinzierl (W) aus Passau hinterlässt seiner Ehefrau ein Aktienpaket zum Kurswert von 100.000 € sowie Barvermögen von 40.000 €. Frau W hat für die Beerdigung ihres Mannes und für einen angemessenen Grabstein 11.250 € ausgegeben. Das Aktienpaket wurde mit einem Kredit erworben, der zum Besteuerungszeitpunkt mit 30.000 € valutierte.
Wie hoch ist der Nachlasswert?

2 Nach dem Tode ihrer Mutter erbt eine Tochter folgende **Vermögenswerte:**
einen Bauplatz, Grundbesitzwert 148.000 €, Bargeld 2.500 €, Bankguthaben 22.000 €, Festgeld 15.000 €, Aktien, Kurswert 56.800 €, festverzinsliche Wertpapiere Nennwert, 40.000 €, Kurswert 39.400 €,
Schulden:
Darlehen für den Bauplatz 60.000 €, Schulden für eine Pkw-Reparatur 8.000 €, Schuldenstand auf dem Girokonto 1.840 €, Einkommensteuerschuld 12.480 €, Schulden für ärztliche Behandlung und Krankenhausaufenthalt 3.260 €

Berechnen Sie den Wert des Nachlasses/die Bereicherung der Tochter.

§ 12 ErbStG

8.4.2 Bewertung des Vermögensanfalls

Die Bewertung des Vermögensanfalls erfolgt nach den in § 12 ErbStG genannten allgemeinen und besonderen Bewertungsvorschriften des Bewertungsgesetzes.

Übersicht über die wichtigsten Wertansätze

Grundbesitz	Wertansätze bis 31.12. 2024	Gesetzliche Grundlagen
unbebaute Grundstücke	Grundbesitzwert, bzw. gemeiner Wert (Vergleichswertverf.)	§ 179 BewG
Mietwohngrundstücke, Geschäftsgrundstücke, gemischt genutzte Grundstücke, für die sich **eine übliche Miete** ermitteln lässt	**Ertragswertverfahren** = Summe aus Bodenwert und Gebäudeertragswert	§ 184 ff. BewG
Mietwohngrundstücke, Geschäftsgrundstücke, gemischt genutzte Grundstücke, sonstige bebaute Grundstücke für die sich **keine übliche Miete** ermitteln lässt	**Sachwertverfahren** = Summe aus Bodenwert und Gebäudeertragswert	§ 189 ff. BewG
Ein- und Zweifamilienhäuser	Grundbesitzwert, bzw. gemeiner Wert (Vergleichswertverfahren)	§§ 183 bzw. 189 BewG
Gebäude für Spezialnutzungen	Sachwertverfahren	§ 189 BewG
Land- und forstwirtschaftliches Vermögen:		
Land- u. forstwirtschaftlicher Betrieb einschließlich Betriebsgrundstücke, normaler Bestand an Betriebsmitteln, Tierbestände	landw. Wohnhaus: Grundbesitzwert bzw. gemeiner Wert; Betrieb: typisierendes Reinertragsverfahren	§§ 183 bzw. 189 BewG §§ 158–175 BewG
Kapitalforderungen, Zahlungsmittel, Geschäftsguthaben, Wertpapiere, Geldschulden, Überbestand an Betriebsmitteln,	Bewertung wie beim sonstigen Vermögen, s.u.	
Betriebsvermögen		
unbebaute Betriebsgrundstücke	Grundbesitzwert Vergleichswertverf.	§ 179 BewG
bebaute Betriebsgrundstücke	Sachwertverfahren, Ertragswertverf.	§ 184 ff. BewG

Beteiligungen an Personengesellschaften	Anteil am Betriebsvermögen	§ 11 (2) BewG
börsennotierte Wertpapiere, Zerobonds	Kurswert	§ 11 (1) BewG
Investmentzertifikate, An- teile an Immobilienfonds	Rücknahmepreis	§ 11 (4) BewG
nicht notierte Anteile an Kapitalgesellschaften	Gemeiner Wert	§ 11 (2) BewG
restliches Anlage- und Umlaufvermögen	Betriebswirtschaftliche Ertragswertmethoden bzw. **vereinfachtes Ertragswertverfahren**	§§ 11 (2) Satz 1, 199 ff. BewG §§ 11 (2) Satz 2, 199 ff. BewG
Schulden	Nennwert, Rückzahlungswert	§ 12 (1) BewG
sonstiges Vermögen		
körperliche Gegenstände	Gemeiner Wert	§ 9 BewG
Kapitalforderungen	Nennwert	§ 12 BewG
Sachleistungsansprüche	Gemeiner Wert	§ 9 BewG
börsennotierte Wertpapiere, Zerobonds	Kurswert	§ 11 (1) BewG
nicht notierte Wertpapiere, Beteiligung an stiller Gesellschaft	Nennwert	§ 12 (1) BewG
Bundesschatzbriefe A	Nennwert	§ 12 (1) BewG
Bundesschatzbriefe B	Rückzahlungswert am Stichtag	§ 12 (1) BewG
abgezinste Sparbriefe, unverzinsliche Schatzanweisungen	Stichtagswert	§ 12 (1) BewG
noch nicht fällige Ansprüche aus Lebensversicherungen	Rückkaufswert	§ 12 (4) BewG
Ansprüche aus wiederkehrenden Nutzungen u. Leistungen	Kapitalwert	§§ 13 (1) BewG
Schulden	Nennwert	§ 12 (1) BewG

Beispiel

Beispiele zur Bewertung des Grundvermögens

1. unbebautes Grundstück § 179 BewG

Ein Stpfl. hat ein unbebautes Grundstück von 480 qm geerbt. Der aktuelle Bodenrichtwert beträgt 320 €/qm.
Wie hoch ist der Grundbesitzwert?

Lösung:

480 qm × 320 €	153.600 €

2. Mietwohngrundstück § 184 BewG

Eine Stpfl. erbte ein Mietwohngrundstück. Das Grundstück hat eine Fläche von 860 qm. Der Bodenrichtwert ist mit 150 €/qm anzusetzen. Die Jahresmiete, ohne Umlagen, beträgt 24.000 €. Die Bewirtschaftskosten belaufen sich auf 2.956 €. Der Liegenschaftszinssatz ist 3,5%. Der Vervielfältiger beträgt 18,39.
Berechnen Sie den Grundbesitzwert nach dem **Ertragswertverfahren.**

Lösung:

Jahresmiete	24.000,00 €
– Bewirtschaftskosten	2.956,00 €
Reinertrag des Grundstücks	21.044,00 €
– Bodenwertverzinsung (hier 3,5% vom Bodenwert 129.000)	4.515,00 €
Gebäudereinertrag	16.529,00 €
× Vervielfältiger (hier 18,39)	303.968,31 €
+ Bodenwert	129.000,00 €
Grundbesitz, abgerundet	432.968,31 €
– 10% Verschonungsabschlag	43.296,83 €[1]
abgerundet auf volle €, H24a ErbStH	389.671,00 €

3. Industriegebäude § 189 BewG

Ein Unternehmer überträgt seinem Sohn unentgeltlich das Eigentum an einem Industriegebäude, mittlere Ausstattung, Regelherstellungskosten 1.040 €/qm, Bruttogrundfläche 700 qm. Für das 960 qm große Grundstück wurde ein Bodenrichtwert von 180 €/qm festgelegt. Die Alterswertminderung beträgt 20 %. Der Marktanpassungsfaktor/die Wertzahl ist mit 0,8 anzusetzen.
Berechnen Sie den Grundbesitzwert nach dem **Sachwertverfahren.**

Lösung:

Gebäudenormalherstellungswert 700 qm × 1.040 €	728.000,00 €
– 20 % Alterswertminderung	145600,00 €
Gebäudesachwert	582.400,00 €
+ Bodenwert (960 qm × 180 €)	172.800,00 €
vorläufiger Sachwert	755.200,00 €
× 0,8 Marktanpassungsfaktor	604.160,00 €
Grundbesitzwert	

§ 13d (1) ErbStG

[1] Für **vermietete** bebaute **Grundstücke** im Inland, der EU oder im EWR, die nicht zum nach § 13a ErbStG begünstigten Betriebsvermögen gehören, z.B. Mietwohngrundstücke, Eigentumswohnungen, Ein- und Zweifamilienhäuser, vermietete Wohnungen in gemischt genutzten Grundstücken, ist ein **Befreiungsabschlag** von 10 % vom gemeinen Wert (Grundbesitzwert) vorzunehmen. Der Befreiungsabschlag ist nach den tatsächlichen Nutzungsverhältnissen zum Besteuerungszeitpunkt nur auf den Teil des Grundbesitzwertes zu gewähren, der auf den zu Wohnzwecken vermieteten Teil des Gebäudes entfällt, § 13d (3) Nr. 1 ErbStG.

Beispiel

Beispiel zur Bewertung des Betriebsvermögens nach dem vereinfachten Sachwertverfahren, §§ 11 (2) Satz 2, 199 ff. BewG

Ein Stpfl. hinterlässt einen Gewerbebetrieb mit folgenden Besitz- und Schuldposten:

Grundstück mit gemischt genutztem Gebäude: Buchwert 210.000 €, Grundbesitzwert 380.000 €, Betriebs- und Geschäftsausstattung: Buchwert 90.000 €, gemeiner Wert 106.000 €, Fuhrpark: Buchwert 25.000 €, gemeiner Wert 29.000 €, Vorräte: Buchwert 75.000 €, gemeiner Wert 90.000 €, Forderungen 35.000 €, Flüssige Mittel 28.000 €, Verbindlichkeiten gegenüber Kreditinstituten 115.000 €, Verbindlichkeiten aus Lieferungen und Leistungen 45.000 €.
Der durchschnittliche Gewinn der letzten drei Jahre vor dem Besteuerungszeitpunkt belief sich auf 126.000 €. Korrekturen sind darin bereits enthalten. Der Kapitalisierungsfaktor beträgt 13,75.
Ermitteln Sie den Wert des Betriebsvermögens nach dem **vereinfachten Ertragswertverfahren sowie den Substanzwert (Mindestwert) des Betriebes**.

Lösung:

Durchschnittsgewinn der letzten 3 Jahre	126.000,00 €
– Abschlag für Ertragsteueraufwand 30%	37.800,00 €
vereinfachter Ertragswert	88.200,00 € × 13,75 = **1.212.750,00 €**

Mindestwert (RB 11.5/6 BewR)

Besitzposten:	
Grundvermögen, Grundbesitzwert	380.000,00 €
BGA, gemeiner Wert	106.000,00 €
Fuhrpark, gemeiner Wert	29.000,00 €
Vorräte, gemeiner Wert	90.000,00 €
Forderungen	35.000,00 €
Flüssige Mittel	28.000,00 €
Summe	668.000,00 €
– Schulden	160.000,00 €
Substanzwert	508.000,00 €

Der Wert des Gewerbetriebs ist mit dem höheren **Ertragswert** anzusetzen.

Übungen

1 Eine Steuerpflichtige in Köln schenkt ihrem Sohn zur Hochzeit einen Bauplatz, Verkehrswert (nachweislich) 250.000 €. Das Grundstück ist 840 qm groß. Der Bodenrichtwert beträgt 360 €/qm.
Wie hoch ist der Grundbesitzwert nach § 179 BewG im Besteuerungszeitpunkt?

2 Herr Ullrich aus Zwickau ist verstorben und hinterlässt seiner Frau ein vermietetes Zweifamilienhaus mit 220 m² Wohnfläche auf einem 620 qm großen Grundstück. Der Verkehrswert wird auf 280.000 € geschätzt. Laut Bodenrichtwertkarte beträgt der Preis des Grundstücks pro qm 280 €. Die ortsübliche Kaltmiete belief sich im letzten Jahr vor dem Todesfall auf 14.400 €.
Die Bewirtschaftungskosten sind mit 2.924 € anzusetzen. Der Liegenschaftszinssatz beträgt 3,5%. Der anzuwendende Vervielfältiger ist 20,00.
Berechnen Sie den Grundbesitzwert nach dem Ertragswertverfahren.
Mit welchem Wert ist das Zweifamilienhaus bei der Berechnung der Erbschaftsteuer anzusetzen?

3 Stellen Sie fest mit welchem Wert die jeweiligen Vermögensgegenstände bei der Ermittlung des Vermögensanfalls nach Steuerwerten anzusetzen sind:

a) Bargeld 1.250 €
b) Sparbuch, Nennwert 18.500 €, Zinsen bis zum Todestag 450 €
c) Festgeld, Nennwert 20.000 €, Zinsen bis zum Todestag 360 €
d) Aktien, Nennwert 20.000 €, Kurswert am Todestag 34.800 €
e) 20%ige Beteiligung an einer GmbH, Stammkapital der GmbH 100.000 €; gemeiner Wert der Anteile 220 %
f) unbebautes Grundstück, Einheitswert 14.000 €, Verkehrswert 110.000 € Grundbesitzwert 82.000 €
g) vermietetes Einfamilienhaus, Einheitswert 60.000 €, Verkehrswert 380.000 €, Grundbesitzwert 124.000 €
h) Investmentzertifikate, Ausgabepreis 30.000 €, Rücknahmepreis 28.000 €
i) Pfandbriefe, Nennwert 10.000 €, Kurs 98 %
j) Fällige Lebensversicherung über 200.000 €, eingezahlte Beiträge 90.000 €, Rückkaufswert 150.000 €
k) Kapitalforderung über 50.000 €, davon uneinbringlich 20.000 €
l) Börsennotierte Zero-Bonds, Ausgabebetrag 15.000 €, Kurs im Besteuerungszeitpunkt 105 %
m) Bundesschatzbriefe A, Nennwert 30.000 €
n) Bundesschatzbriefe B, Ausgabewert 19.000 €, Rückzahlungswert 20.000 €
o) abgezinste Sparbriefe, Rückzahlungswert 10.000 €, Ausgabewert 9.400 €

4 Eine Gewerbetreibende übergibt zum 31.12.2023 ihren Betrieb an ihre Tochter.
Ermitteln Sie den Wert des Betriebsvermögens nach dem vereinfachten Ertragswertverfahren sowie den Substanzwert. Zum 31.12.2023 wurde folgende Steuerbilanz erstellt:

Aktiva	Steuerbilanz zum 31.12.2023		Passiva
Grund u. Boden bebaut	140.000,00 €	Eigenkapital	830.000,00 €
Gebäude	230.000,00 €	Verbindlichkeiten gegenüber	
BGA	86.000,00 €	Kreditinstituten	250.000,00 €
Maschine	128.000,00 €	Verbindlichkeiten aus L & L	95.000,00 €
Fuhrpark	54.600,00 €	Sonstige Verbindlichkeiten	30.000,00 €
Roh-, Hilfs-, Betriebsst.	184.000,00 €		
Fertigerzeugnisse	270.000,00 €		
Forderungen	75.000,00 €		
Flüssige Mittel	38.000,00 €		
	1.205.000,00 €		1.205.000,00 €

Anmerkungen zu den Bilanzpositionen:

Der Bodenrichtwert für das 1.200 qm große Betriebsgrundstück beträgt 120 €/qm. Bei dem Gebäude handelt es sich um ein Industriegebäude mit Büro- und Sozialtrakt mit einfacher Ausstattung, Regelherstellungskosten 700 €/qm, Bruttogrundfläche 960 qm. Die Alterswertminderung beträgt 60%. Der Marktanpassungsfaktor ist 0,9. Die gemeinen Werte zum Bewertungsstichtag betragen bei BGA 80.000,00 €, Maschinen 120.000,00 €, Fuhrpark 60.000,00 €, Roh-, Hilfs-, Betriebsstoffe 190.000 €, Fertigerzeugnisse 260.000,00 €. Der durchschnittliche Gewinn der letzten drei Jahre betrug nach Korrekturen 125.000,00 €. Der Kapitalisierungsfaktor ist 13,75.

8.5 Sachliche Steuerbefreiungen

§ 13 ErbStG R E 13.1 ErbStR

Die Voraussetzungen für eine Steuerbefreiung müssen bereits zur Zeit der Steuerentstehung vorliegen. Jede einzelne Steuerbefreiung ist für sich anzuwenden, es sei denn, eine weitergehende Befreiung schließt eine andere ein.

Fall 4: Herr und Frau Klüver, Kiel, schenkten ihrer Tochter Sybille zu deren Hochzeit Hausrat und Wäsche im Wert von 25.000 €. Darüber hinaus erhielt die Tochter von ihrer Mutter Familienschmuck von 9.000 € und von ihrem Vater dessen gebrauchten Pkw, geschätzter Verkehrswert 6.000 €.

Mit welchen Werten unterliegen die Gegenstände der Besteuerung?

Beispiele für Steuerbefreiungen

§ 13 (1) ErbStG

steuerfrei bleiben je Erben/Miterben	Freibetrag	Steuerklasse
Hausrat, Wäsche, Kleidungsstücke	41.000 €	I
andere bewegliche körperliche Gegenstände z. B. Pkw, Schmuck	12.000 €	I
Hausrat, Wäsche, Kleidungsstücke und andere bewegliche körperliche Gegenstände	12.000 €	II, III

Beim Erwerb durch einen Lebenspartner gelten die Freibeträge wie in Steuerklasse I.

Familienheim-Ergänzungsfreibetrag § 13 Abs. 1 Nr. 4 a–c
Erwerben Ehegatten, eingetragene Lebenspartner oder Kinder der Steuerklasse I Nr. 2 oder Kinder verstorbener Kinder der Stkl. I **von Todes** wegen Eigentum oder Miteigentum an einem bebauten Grundstück i.S.d. § 181 Abs. 1 Nr. 1–5 BewG, das im Inland, in der EU oder dem EWR belegen ist, werden sie von der **Besteuerung freigestellt**, wenn folgende Voraussetzungen vorliegen: R E 13.4

- das Grundstück (Familienheim) muss vom Erblasser bis zum Erbfall selbst genutzt worden sein (unschädlich ist die Aufgabe der Eigennutzung wegen Unterbringung im Pflegeheim)
- unverzügliche Eigennutzung des Objekts (innerhalb von 6 Monaten) durch überlebenden Ehegatten, Lebenspartner nach dem Lebenspartnerschaftsgesetz, Kinder oder Enkel über einen Zeitraum von 10 Jahren. BFH-Urteil v. 28.05.2019
- Ehegatten und eingetragene Lebenspartner müssen das **gesamte** vom Erblasser eigengenutzte Objekt selbst bewohnen
- bei Kindern und Kinder verstorbener Kinder (Enkel) darf die **Wohnfläche der Wohnung** 200 qm nicht übersteigen, der **darüber hinausgehende Teil ist steuerpflichtig**. R E 13.4 (7)

Weitere **sachliche Steuerbefreiungen** bestehen u. a. für § 13 (1) ErbStG

- Grundbesitz, Kunstgegenstände, Kunstsammlungen, wissenschaftliche Sammlungen, Bibliotheken, Archive, wenn deren Erhaltung im öffentlichen Interesse liegt oder diese Gegenstände der Forschung/Bildung dienen; Nr. 2
- die Zuwendung unter Lebenden eines zu eigenen Wohnzwecken genutzten Hauses oder einer Eigentumswohnung an den Ehegatten; Nr. 4 a
- steuerpflichtige Erwerbe bis zu 20.000 € für Personen, die dem Erblasser/Schenker unentgeltlich oder gegen ein geringes Entgelt Pflege- und Unterhaltsleistungen gewährt haben; Nr. 9
- Zuwendungen unter Lebenden zum Unterhalt oder zur Ausbildung des Bedachten; Nr. 12
- Gelegenheitsgeschenke, z. B. übliche Geschenke zum Geburtstag, zu Weihnachten, zur Verlobung, Hochzeit oder zu Jubiläen; Nr. 14

Nr. 16 – Zuwendungen an inländische Religionsgesellschaften des öffentlichen Rechts;
Nr. 17 – Zuwendungen, die ausschließlich kirchlichen, gemeinnützigen oder mildtätigen Zwecken gewidmet sind;
Nr. 18 – Zuwendungen an politische Parteien und Vereine ohne Parteicharakter.

§ 13 (1) Nr. 1 Satz 3 **Nicht befreit** sind Gegenstände, die zum land- und forstwirtschaftlichen Vermögen, zum Grundvermögen oder zum Betriebsvermögen gehören sowie Zahlungsmittel, Wertpapiere, Münzen, Edelmetalle, Edelsteine und Perlen.

Übungen

1 Ferdinand Bleibtreu (B) hinterlässt seiner Ehefrau das ihm gehörende eigengenutzte Einfamilienhaus, das von seiner Ehefrau weiterhin eigengenutzt wird, Grundbesitzwert 160.000 €, Bargeld von 40.000 € und mehrere Gemälde im Gesamtwert von 75.000 €, Hausrat von 60.000 €, einen Pkw, Wert 10.000 €, sowie ein Segelboot für 30.000 € und eine Münzsammlung für 25.000 €. Da der Erhalt der Gemälde im öffentlichen Interesse liegt, stellt Frau B die Gemälde einem Museum zur Verfügung.

a) Berechnen Sie den Wert des Nachlasses!
b) Welcher Wert würde sich ergeben, wenn die Gemäldesammlung noch mit einer Bankschuld von 50.000 € belastet wäre und Frau B deshalb auf die Steuerfreiheit verzichten würde?

2 Günter Ahrens starb am 20.04.2023. Alleinerbin ist seine Tochter (30). Der Erblasser hat folgendes Vermögen und Schulden hinterlassen:
- eine eigengenutzte Eigentumswohnung, Verkehrswert 120.000 €, Grundbesitzwert 92.000 €
- ein Sparbuch, Guthaben einschließlich Zinsen 12.960 €
- festverzinsliche Anleihen, Nennwert 20.000 €, Kurswert 19.800 €
- Hausrat, Verkehrswert 45.000 €
- Pkw, Anschaffungskosten 36.000 €, aktueller Wert laut Schwacke-Liste 12.000 €
- vier Gemälde, Verkehrswert insgesamt 120.000 €, Kaufpreis 80.000 €
- Darlehensschulden im Zusammenhang mit der Eigentumswohnung 35.000 €
- rückständige Betriebskosten für die Eigentumswohnung 560 €
- noch nicht bezahlte Rechnung für eine Reparatur am Pkw 1.785 €

Die Tochter übernahm die Kosten für die Beerdigung und ein angemessenes Grabdenkmal in Höhe von 9.520 €. Die Eigentumswohnung wird künftig vermietet.
Wie hoch ist der Wert des Nachlasses?

3 Anna Block hinterlässt ihrem Sohn Bertram laut Testament folgende Vermögenswerte:
- ein vermietetes Zweifamilienhaus, Grundbesitzwert 250.000 €
- Festgeld, Nennwert 40.000 €, Zinsen bis zum Todestag 200 €
- Aktien, Nennwert 60.000 € Kurs am Bewertungsstichtag 124
- Hausrat, gemeiner Wert 125.000 €, im Mobiliar des Hauses ist eine wertvolle Porzellansammlung enthalten, gemeiner Wert 45.000 €
- Schmuck, gemeiner Wert 36.800 €
- Segelboot, Verkehrswert 40.000 €, ein Liebhaber ist bereit 45.000 € zu zahlen
- Porsche Carrera, Verkehrswert 75.000 €

Die abziehbaren Nachlassverbindlichkeiten betragen insgesamt 124.000 €, darin sind nicht die Kosten für die Beerdigung, ein Grabdenkmal und die kapitalisierte Grabpflege in Höhe von insgesamt 16.000 € enthalten.
Berechnen Sie den Wert des Nachlasses.

8.6 Steuerbefreiung für Betriebsvermögen, Betriebe der Land- und Forstwirtschaft und Anteile an Kapitalgesellschaften

§ 13a ErbStG

Begünstigtes Vermögen i.S.d. § 13b (1+2) bleibt zu 85% außer Ansatz (Regelverschonung), wenn es insgesamt nicht mehr als 26 Mio. € beträgt und nach seinem Hauptzweck einer Tätigkeit i. S. d. §§ 13,15 und 18 EStG dient und insgesamt **150.000 € (gleitender Abzugsbetrag)** nicht übersteigt. Der Abzugsbetrag verringert sich, wenn der Wert des begünstigten Vermögens die Wertgrenze von 150.000 € übersteigt um 50 % des diese Wertgrenze übersteigenden Betrags. Der Abzugsbetrag kann innerhalb von zehn Jahren nur ein Mal von derselben Person beim Erwerb von begünstigtem Vermögen berücksichtigt werden. § 13a (1+2) ErbStG

Die Bewertung des nach ertragsteuerlichen Grundsätzen abgegrenzten Betriebsvermögens erfolgt mit dem **gemeinen Wert**. Dieser ist aus Verkäufen an fremde Dritte abzuleiten, die nicht mehr als ein Jahr vor dem Besteuerungszeitpunkt liegen.
Soweit dies nicht möglich ist, kann das vereinfachte Ertragswertverfahren zur Ermittlung verkehrsnaher Werte herangezogen werden (siehe Seiten 501 ff. u. 513).:

Beispiel (Regelverschonung)

H E 13a.3 ErbStH

begünstigtes Betriebsvermögen			1.200.000 €
– 85 % Verschonungsabschlag, § 13a (1)			1.020.000 €
restliches begünstigtes Vermögen			180.000 €
Abzugsbetrag, § 13a (2)		150.000 €	
Kürzung			
180.000 € – 150.000 €	= 30.000 €,		
davon 50 %	=	15.000 €	135.000 €
steuerpflichtiger Anteil des Betriebsvermögens			45.000 €

Bei einem Erwerb > 26 Mio. € ist sowohl die Regelverschonung als auch die Optionsverschonung (100 % Befreiung nach § 13a Abs. 10 ErbStG) ausgeschlossen.

Zum **begünstigten Vermögen** gehören: § 13b (1) ErbStG
- der Wirtschaftsteil des land- und forstwirtschaftlichen Vermögens
- gewerbliches Betriebsvermögen, Beteiligungen an Personengesellschaften und gewerblich geprägten Personengesellschaften und Anteile eines persönlich haftenden Gesellschafters einer KG a.A.
- Anteile an einer Kapitalgesellschaft im Inland, der EU oder einem Staat des Europäischen Wirtschaftsraums (EWR)

Als **nicht begünstigtes Betriebsvermögen** gelten beispielsweise § 13b (4) ErbStG
- Dritten überlassene Grundstücke und Grundstücksteile
- Anteile an Kapitalgesellschaften < = 25 %
- Beteiligungen an Personengesellschaften, mit Verwaltungsvermögen > 50 %
- Wertpapiere und vergleichbare Forderungen
- Kunstgegenstände, -sammlungen, Münzen, Edelmetalle, Edelsteine, Oldtimer, Yachten, Segelflugzeuge sofern der Handel oder die Verarbeitung dieser Gegenstände nicht Hauptzweck des Betriebes ist

Der Verschonungsabschlag von 85% bei Regelverschonung oder 100 % bei Optionsverschonung wird nur gewährt, wenn der **Betrieb fünf/sieben Jahre lang fortgeführt** wird (Behaltensfrist) und die **Mindestlohnsumme 400 %/700 %** der Löhne der letzten fünf Jahre vor dem Besteuerungszeitpunkt **(Ausgangslohnsumme)** nicht unterschreitet. Bei einem Verstoß kommt es zu einem prozentualen Wegfall des Verschonungsabschlags entsprechend der Verminderung der Mindeslohnsumme. Betriebe, deren Ausgangslohnsumme 0 € beträgt oder die nicht mehr als 5 Beschäftigte haben, unterliegen nicht der Lohnsummenregelung. Bei mehr als 5 aber nicht mehr als 15 Beschäftigten gilt für die Mindestlohnsumme eine gestaffelte Regelung. R E 13a.9 (1+2) § 13a (3+10) ErbStG

Beispiel

Ermittlung des Nachlasswerts
Zum Nachlass eines Verstorbenen gehören folgende Vermögensgegenstände und Verbindlichkeiten:
Land- und forstwirtschaftliches Vermögen: ein Acker, Grundstückswert 15.000 € und eine Wiese, Grundstückswert 8.000 € (begünstigtes Betriebsvermögen)
Grundvermögen: ein unbebautes Grundstück, Grundbesitzwert 36.800 €, ein Mietwohngrundstück, Grundbesitzwert 168.000 €
Betriebsvermögen: Einzelunternehmen, begünstigtes Betriebsvermögen 560.000 €, nicht begünstigtes Betriebsvermögen 50.000 € [1]
Übriges Vermögen: Aktien zum Kurswert von 50.000 €; festverzinsliche Wertpapiere Kurswert 40.000 €; Guthaben bei Kreditinstituten, einschließlich Zinsen 18.600 €; rückständige Mietforderungen 5.000 €; fällige Lebensversicherung über 120.000 € (eingezahlte Beiträge 48.000 €); nicht steuerbefreite Gemäldesammlung, gemeiner Wert 150.000 €; Hausrat 60.000 €; Pkw, gemeiner Wert 25.000 €; Segelboot, gemeiner Wert 38.000 €;
Schulden: Hypothekenschuld auf Mietwohngrundstück 90.000 €; offene Reparaturrechnung f. Segelboot 5.800 €; Kosten für Bestattung, Grabdenkmal, Nachlassregelung 15.000 €.
Wie hoch ist der Nachlasswert?

Lösung:

Vermögen:		
Begünstigtes Vermögen		
Land- und forstwirtschaftliches Vermögen, Ertragswert		23.000 €
Betriebsvermögen, gemeiner Wert		610.000 €
begünstigtes Vermögen		633.000 €
– 85 % pauschaler Abschlag		538.050 €
steuerpflichtiger Wert		94.950 €
– Freibetrag 150.000 €, max.		94.950 €
		0 €
Grundvermögen		
unbebautes Grundstück		36.800 €
Mietwohngrundstück	168.000 €	
– 10 % Abschlag	16.800 €	151.200 €
Übriges Vermögen:		
Aktien, Kurswert		50.000 €
Festverzinsliche Wertpapiere Kurswert		40.000 €
Guthaben bei Kreditinstituten plus Zinsen		18.600 €
Rückständige Mietforderungen, Nennwert		5.000 €
Fällige Lebensversicherung		120.000 €
Gemäldesammlung, gemeiner Wert		150.000 €
Hausrat 60.000 € – 41.000 € (Freibetrag)		19.000 €
Pkw, gemeiner Wert	25.000 €	
Segelboot, gemeiner Wert	38.000 €	
	63.000 €	
Freibetrag	12.000 €	51.000 €
Zwischensumme		641.600 €
Schulden:		
Hypothekenschuld (90%)	81.000 €	
offene Rechnung, Segelboot	5.800 €	
Erbfallkosten	15.000 €	101.800 €
Wert des Nachlasses, abgerundet auf volle 100 €		539.800 €

Beachte:

§ 19 a ErbStG Erwerben natürliche Personen der Steuerklasse II und III Betriebsvermögen, Betriebe der Land- und Forstwirtschaft oder Anteile von Kapitalgesellschaften, ist bei der Berechnung der Steuer § 19a ErbStG zu beachten.

[1] Ermittlung siehe nächste Seite

Beispiel zur Ermittlung des begünstigten/nicht begünstigten Betriebsvermögens

Der Anteil des **Verwaltungsvermögens** darf höchstens 10 % bei Regelverschonung bzw. 20 % bei Optionsverschonung betragen. Der Anteil wird bestimmt nach dem Verhältnis der Summe des gemeinen Werts des Verwaltungsvermögens zum gemeinen Wert des Betriebs. Schulden die nur das Verwaltungsvermögen betreffen, dürfen bei der Berechnung der 10 %/20 %-Grenze nicht berücksichtigt werden. Werden die Grenzen nicht überschritten, unterliegt auch das Verwaltungsvermögen (unschädliches Verwaltungsvermögen) dem Verschonungsabschlag. Von der Begünstigung ausgenommen ist „junges Verwaltungsvermögen", das im Besteuerungszeitpunkt weniger als zwei Jahre zum Betriebsvermögen gehörte. RE 13a.21u. 13b.9/27

Beispiel:

Betriebsvermögen gesamt		610.000 € = 100 %
darin enthalten **Verwaltungsvermögen**:		
vermietetes Betriebsgrundstück, Grundbesitzwert	10.000 €	
börsennotierte Aktien, Kurswert	15.000 €	
nicht notierter GmbH-Anteil, Ertragswert	20.000 €	
Kunstgegenstände, gemeiner Wert	5.000 €	
	50.000 €	= 8,2 % (Verwaltungsvermögensquote) < = 10 %

Vom **gesamten Betriebsvermögen** kann damit ein pauschaler Abschlag von 85 % vorgenommen werden (§ 13b (7) BewG).

8.7 Berechnung der Steuer

Wert des Nachlasses/Bereicherung des Erwerbers	
–	persönlicher Freibetrag § 16 ErbStG
–	besonderer Versorgungsfreibetrag § 17 ErbStG
steuerpflichtiger Erwerb, abgerundet auf volle 100 €	
×	tarifliche Erbschaftsteuer § 19 ErbStG
=	**festzusetzende Erbschaftsteuer**

8.7.1 Steuerklassen

Zur Berechnung der Steuer werden die Erwerber je nach Verwandtschaftsverhältnis zum Erblasser/Schenker in drei Steuerklassen eingeteilt. § 15 ErbStG

Steuerklassen	Erwerber
I	Ehegatte, Lebenspartner, Kinder[1], Stiefkinder, Abkömmlinge der Kinder und Stiefkinder (Enkel, Urenkel), Eltern und Großeltern bei Erwerben von Todes wegen
II	Eltern, Großeltern beim Erwerb durch Schenkung, Geschwister, Abkömmlinge ersten Grades von Geschwistern, Stiefeltern, Schwiegerkinder, Schwiegereltern, der geschiedene Ehegatte und der Lebenspartner einer aufgehobenen Lebenspartnerschaft
III	alle übrigen Erwerber, Zweckzuwendungen

Fall 5: Ein Urgroßvater stirbt und hinterlässt seiner Ehefrau, seinem Sohn und seiner Tochter sowie deren Kinder und Kindeskinder ein beträchtliches Vermögen.
In welche Steuerklasse sind die Erben jeweils einzuteilen?

[1] Bei Erbschaft/Schenkung vom/von der rechtlichen Vater/Mutter StKl I, vom/von der biologischen Vater/Mutter StKL III

8.7.2 Persönliche Freibeträge

§ 16 (1) ErbStG

Für **unbeschränkt steuerpflichtige** Erwerber i. S. d. § 2 (1) Nr. 1 gelten folgende Freibeträge:

Freibeträge	Erwerber
500.000 €	Ehegatten, eingetragene Lebenspartner
400.000 €	Kinder und Stiefkinder sowie Kinder verstorbener Kinder und Stiefkinder
200.000 €	Kinder der Kinder (Enkel, Urenkel) und Stiefkinder
100.000 €	übrige Personen der Steuerklasse I (z. B. Eltern u. Großeltern im Erbfall)
20.000 €	Personen der Steuerklasse II
20.000 €	Personen der Steuerklasse III, ausgenommen eingetragene Lebenspartner

§ 16 (2) ErbStG

Für beschränkt steuerpflichtige Erwerber i. S. d. § 2 (1) Nr. 3 sind die Freibeträge nach § 16 (1) anteilig, soweit sie auf das Inlandsvermögen entfallen, zu gewähren,

Übung

Welche persönlichen Freibeträge können die im Fall 5 genannten Erben in Anspruch nehmen?

§ 17 ErbStG

8.7.3 Versorgungsfreibeträge

Neben den persönlichen Freibeträgen erhalten Ehegatten, eingetragene Lebenspartner und Kinder der Steuerklasse I Nr. 2 und beschränkt Stpfl. i. S. d. § 2 (1) Nr. 3 für Erwerbe von Todes wegen besondere Versorgungsfreibeträge.

Freibeträge	Erwerber
256.000 €	Ehegatten, Lebenspartner
52.000 €	Kinder bis zu 5 Jahre
41.000 €	Kinder > 5 bis 10 Jahre
30.700 €	Kinder > 10 bis 15 Jahre
20.500 €	Kinder > 15 bis 20 Jahre
10.300 €	Kinder > 20 bis 27 Jahre

R E 74 ErbStR

Die Freibeträge werden gekürzt, wenn der überlebende Ehegatte/Lebenspartner oder die Kinder Versorgungsbezüge erhalten, die nicht der Erbschaftsteuer unterliegen. Die Kürzung erfolgt zum Kapitalwert, § 14 BewG, der Versorgungsbezüge am Bewertungsstichtag.

Beispiel

Alleinerbin eines Erblassers ist dessen 60-jährige Ehefrau. Der Vermögensanfall nach Steuerwerten beträgt 1.240.000 €. Die Nachlassverbindlichkeiten belaufen sich auf 40.000 €. Die Witwe erhält nach dem Tode ihres Mannes nicht der Erbschaftsteuer unterliegende Versorgungsbezüge von monatlich 1.200 €.
Berechnen Sie die Höhe des steuerpflichtigen Erwerbs für 2023.

Lösung:	Vermögensanfall nach Steuerwerten	1.240.000,00 €
–	Nachlassverbindlichkeiten	40.000,00 €
=	Bereicherung der Erwerberin	1.200.000,00 €
–	persönlicher Freibetrag § 16 ErbStG	500.000,00 €
–	Versorgungsfreibetrag § 17 ErbStG (256.000,00–199.857,60 €*)	56.142,40 €
=	steuerpflichtiger Erwerb, abgerundet auf volle 100 €	643.800,00 €

*) 1.200 € × 12 = 14.400 € (Jahreswert) × 13,879[1] = 199.857,60 € (Kapitalwert des Versorgungsbezugs).

[1] Vervielfältiger für Bewertungsstichtage ab 01.01.2023, siehe Seite 488 unten

Fall 6: Nach dem Tode eines wohlhabenden Steuerpflichtigen geht dessen Vermögen im Steuerwert von 1.200.000 € auf dessen Ehefrau, 60, und auf seine Tochter, 28, über. Die Witwe bezieht Versorgungsbezüge aus der gesetzlichen Rentenversicherung ihres Mannes. Der Jahreswert der Rente beträgt 18.000 €.

Wie hoch ist der steuerpflichtige Erwerb nach Abzug der persönlichen Freibeträge und des Versorgungsfreibetrags, wenn das Vermögen je zur Hälfte auf Mutter und Tochter übergehen soll?

8.7.4 Steuersätze

§ 19 ErbStG

Die Erbschaft-/Schenkungsteuer wird vom Wert des steuerpflichtigen Erwerbs berechnet und erhoben. Dieser wird auf volle 100 € abgerundet.

Seit dem 01.01.2009 gelten die folgenden Tarifstufen und Steuersätze.

Wert des steuerpflichtigen Erwerbs bis einschließlich	Steuerklasse I	Steuerklasse II	Steuerklasse III
75.000 €	7%	15%	30%
300.000 €	11%	20%	30%
600.000 €	15%	25%	30%
6.000.000 €	19%	30%	30%
13.000.000 €	23%	35%	50%
26.000.000 €	27%	40%	50%
und darüber	30%	43%	50%

Fall 7: Maraike Seidel, 30 Jahre alt, hat von ihrer Mutter ein Kapitalvermögen von 600.000 € geerbt.
Wieviel € Erbschaftsteuer hat Maraike an das Finanzamt abzuführen?

Übungen

1 Berechnen Sie die zu erhebende Erbschaft-/Schenkungsteuer für folgende Erwerbe:

	Wert des steuerpflichtigen Erwerbs	Steuerklasse
a)	10.000 €	III
b)	45.000 €	II
c)	90.000 €	I
d)	410.000 €	I
e)	2.870.000 €	II
f)	35.300.000 €	I
g)	70.000.000 €	III

2 Erich Altmann ist im Mai 2023 verstorben. Seine Ehegattin, Martha, hat er als Alleinerbin eingesetzt. Altmann hinterlässt folgende Vermögenswerte:
- ein Einfamilienhaus, Eigentümer sind er und seine Ehefrau je zur Hälfte, Verkehrswert 500.000 €, Grundbesitzwert 450.000 €, auf dem Grundstück lastet noch eine Hypothek von 60.000 €; das EFH wird von der Witwe weiterhin eigengenutzt
- Bargeld und Bankguthaben einschließlich Zinsen bis zum Todestag 48.400 €
- anteiliger Hausrat (= 50 %), gemeiner Wert 46.000 €
- ein nur E. A. gehörender Sportwagen, Verkehrswert 50.000 €
- GmbH-Beteiligung in Höhe von 200.000 €, Stammkapital der GmbH 800.000 €
- Die Einlage ist voll eingezahlt, gemeiner Wert der Anteile am Todestag 300.000 €

Die Nachlassverbindlichkeiten ohne die Hypothekenschuld und Erbfallkosten betragen 120.000 €. E. A. bezieht eine Altersrente aus der gesetzlichen Rentenversicherung. Nach seinem Tod erhält seine Ehefrau eine Witwenrente im Jahreswert von 18.000 €. Bei Beginn des Rentenbezugs ist Martha Altmann 58 Jahre alt.

Berechnen Sie den Wert des steuerpflichtigen Erwerbs und die darauf entfallende Erbschaftsteuer.

3 Eine Stpfl. hinterlässt ihrer Tochter als Alleinerbin folgende Vermögenswerte und Schulden:

Gewerbebetrieb, gemeiner Wert	900.000 €
Mietwohngrundstück, Grundbesitzwert	420.000 €
Hausrat, gemeiner Wert	60.000 €
Pkw, Verkehrswert	18.000 €
Bankguthaben einschließlich Zinsen	50.600 €
Aktien, Nennwert 20.000 €, Kurswert	30.000 €

Investmentzertifikate, Ausgabepreis 15.000 €, Rücknahmepreis 12.000 €, Bundesschatzbriefe B, Ausgabewert 12.000 €, Rückzahlungswert 15.000 €, Grundschuld Mietwohngrundstück 120.000 €, Restschuld am Todestag 80.000 €

Das Betriebsvermögen besteht ausschließlich aus begünstigtem Vermögen. Der Bewertungsabschlag ist noch vorzunehmen. Ein Versorgungsfreibetrag steht der Tochter nicht zu. Berechnen Sie den Wert des steuerpflichtigen Erwerbes und die Erbschaftsteuer.

§ 14 ErbStG

8.7.5 Berücksichtigung früherer Erwerbe

	Wert des letzten Erwerbs
+	Summe aller Vermögensvorteile der letzten 10 Jahre (Ansatz mit dem früheren Steuerwert)
=	Gesamtbetrag
–	aktuelle Freibeträge
=	Nachlasswert
×	aktueller Steuertarif
=	Erbschaftsteuer
–	fiktive Abzugssteuer bzw. Abzugsteuer
=	Steuerbetrag auf den letzten Erwerb

Erhält eine Person **innerhalb von 10 Jahren mehrere Vermögensvorteile**, werden diese bei der Besteuerung mit dem letzten Erwerb zusammengerechnet. Für die früheren Erwerbe bleibt dabei deren ursprünglicher steuerlicher Wert erhalten. Vorerwerbe mit negativem Steuerwert dürfen nicht angesetzt werden.

Die Steuer für den Gesamtbetrag ist nach den Tarifvorschriften zu berechnen, die zur Zeit des Letzterwerbs gelten. Die Steuerklasse, die persönlichen Freibeträge und der Steuertarif richten sich nach dem geltenden Recht.

Von der Steuer des Gesamtbetrags wird die tatsächlich erhobene Steuer **(= Abzugssteuer)** für frühere Erwerbe abgezogen.

Beispiel

Ein Vater schenkte 2014 seiner Tochter 1.000.000 €. Im Jahr 2023 erhält die Tochter von ihrem Vater ein bebautes Grundstück. Grundbesitzwert 220.000 €.

Wie hoch ist die im Jahr 2023 zu entrichtende Erbschaftsteuer unter Berücksichtigung des früheren Erwerbs?

Lösung:

Ersterwerb 2014	
Barvermögen	1.000.000 €
– persönlicher Freibetrag	400.000 €
steuerpflichtiger Erwerb	600.000 €
Steuersatz 15 %	**90.000 €**
Zweiterwerb 2023	
Grundbesitzwert	220.000 €
+ Barvermögen aus 2014	1.000.000 €
Gesamtbetrag der Erwerbe	1.220.000 €
– persönlicher Freibetrag	400.000 €
steuerpflichtiger Erwerb	820.000 €
Steuersatz 19%	**155.800 €**
– anzurechnende ErbSt aus 2014	90.000 €
festzusetzende ErbSt 2023	**65.800 €**

Die 2014 entrichtete Steuer auf den Vorerwerb wird auf zu zahlende Steuer für 2023 angerechnet.

Fall 8: Ein Steuerpflichtiger schenkte seinem Sohn im Juli 2016 ein Barvermögen von 540.000 €. Am 20.04.2023 verstarb der Steuerpflichtige und hinterließ seinem Sohn ein Mietwohngrundstück mit einem Grundbesitzwert von 180.000 €.

Berechnen Sie die zu zahlende Schenkung-/Erbschaftsteuer!

§ 27 ErbG

8.7.6 Steuerermäßigung bei mehrfachem Erwerb desselben Vermögens

Erhalten Personen der Steuerklasse I von Todes wegen Vermögen, das in den letzten 10 Jahren vor dem Erwerb von einer Person mit der Steuerklasse I erworben und versteuert wurde, ermäßigt sich der auf dieses Vermögen entfallende Steuersatz:

um ... Prozent	wenn zwischen den beiden Zeitpunkten der Entstehung der Steuer liegen			
50	≦	1 Jahr		
45	>	1 Jahr	≦	2 Jahre
40	>	2 Jahre	≦	3 Jahre
35	>	3 Jahre	≦	4 Jahre
30	>	4 Jahre	≦	5 Jahre
25	>	5 Jahre	≦	6 Jahre
20	>	6 Jahre	≦	8 Jahre
10	>	8 Jahre	≦	10 Jahre

Fall 9: Ein Sohn erbte von seinem Vater am 10.01.2016 ein Mietwohngrundstück zum Grundbesitzwert von 360.000 € und Barvermögen von 140.000 €. Im Mai des Jahres 2023 kam der Sohn bei einem Verkehrsunfall ebenfalls ums Leben. Das gesamte Vermögen ging danach auf dessen Tochter, 28, über.

Um wieviel Prozent ermäßigt sich der auf dieses Vermögen entfallende Steuersatz? Wieviel € Erbschaftsteuer muss die Tochter entrichten?

Beispiel

Eine Tochter erbte im Juli 2018 von ihrer Mutter ein Geschäftsgrundstück, Grundbesitzwert 625.000 €. Im Mai 2023 erbt nach einem tötlichen Verkehrsunfall der Tochter ihr Sohn das Geschäftsgrundstück.

Wie hoch ist die Erbschaftsteuer für den Sohn?

Lösung:

Ersterwerb durch Tochter 2018

Grundbesitzwert	625.000,00 €
– persönlicher Freibetrag	400.000,00 €
steuerpflichtiger Erwerb	225.000,00 €
Steuersatz 11%	24.750,00 €

Zweiterwerb durch den Sohn der Tochter 2023

Grundbesitzwert	625.000,00 €
– persönlicher Freibetrag	400.000,00 €
steuerpflichtiger Erwerb	225.000,00 €
fiktiver Steuersatz 11%	24.750,00 €
abzüglich 30 %	7.425,00 €
ermäßigte Steuer	17.325,00 €

alternative Berechnung:

Steuersatz Ersterwerb	11,00 %	
– Ermäßigung für Zweiterwerb 30 %	3,30 %	
Steuersatz für Zweiterwerb	7,70 %	von 225.000 € = 17.325,00 €

8.8 Steuerfestsetzung und Erhebung

8.8.1 Steuerschuldner

§ 20 ErbStG

Steuerschuldner ist bei

- Erwerb von Todes wegen der **Erwerber;**
- Schenkungen der **Erwerber** und der **Schenker** (= Gesamtschuldner);
- Zweckzuwendungen der mit der Ausführung der Zuwendung **Beschwerte;**
- in den Fällen des § 1 (1) Nr. 4 ErbStG die **Stiftung** oder der **Verein.**

8.8.2 Anzeige des Erwerbs

§ 30 ErbStG

Jeder steuerpflichtige Erwerb im Sinne des § 1 ErbStG ist vom Erwerber innerhalb von drei Monaten nach Kenntnis vom Anfall oder Eintritt der Verpflichtung dem für die Verwaltung der Erbschaftsteuer zuständigen Finanzamt, zu dessen Bezirk das Wohnsitz- oder Geschäftsleitungsfinanzamt des Erwerbers gehört, schriftlich anzuzeigen.

§§ 33,34 ErbStG; §§ 1 (4), 3 (3) ErbStDV

Gerichte, Behörden, Beamte, Notare haben eine besondere Anzeigepflicht, ebenso Banken und Versicherungsunternehmen. Bei **Konten, die 5.000 €** nicht übersteigen, oder bei **Kapitalversicherungen**, deren auszuzahlender Wert nicht mehr als **5.000 €** beträgt, darf die Anzeige unterbleiben.
Die Anzeigepflichten ergeben sich im Einzelnen aus den **§§ 1–11 ErbStDV.**

§§ 7 (4), 8 (3) ErbStDV

Die **Anzeigepflicht** der Gerichte, Notare und sonstigen Urkundspersonen **darf** in Erbfällen **unterbleiben**, wenn die Annahme berechtigt ist, dass außer **Hausrat, einschließlich Wäsche und Kleidungsstücken** im Wert von höchstens 12.000 € nur noch **anderes Vermögen** im reinen Wert von höchstens 20.000 € vorhanden ist. Dies gilt auch bei Schenkungen und Zweckzuwendungen unter Lebenden, wenn die Schenkung/Zuwendung nur Hausrat und anderes Vermögen betrifft, das wertmäßig die genannten Grenzen nicht überschreitet.

8.8.3 Steuererklärung

§ 31 ErbStG

Die Finanzämter können von jedem am Erwerb Beteiligten die Abgabe einer Steuererklärung verlangen, auch wenn der Beteiligte nicht steuerpflichtig ist.

Der Steuererklärung ist ein Verzeichnis der zum Erwerb gehörenden Gegenstände und deren Wert beizufügen.

8.8.4 Kleinbetragsgrenze und Stundung

§§ 22, 28 ErbStG

Die Steuer wird nur festgesetzt, wenn sie **mehr als 50 €** beträgt.

Gehört zum Erwerb von Todeswegen Betriebsvermögen oder land- und forstwirtschaftliches Vermögen, ist dem Erwerber die darauf entfallende ErbSt auf Antrag bis zu sieben Jahre zu stunden, soweit dies zur Erhaltung des Betriebs notwendig ist. Der erste Jahresbetrag ist zinslos zu stunden. Die weiteren Beträge sind zu verzinsen. Die Stundung endet, wenn der Erwerber den Betrieb oder den Anteil daran überträgt oder aufgibt. Beim Erwerb von Mietwohngrundstücken gilt dies auch, soweit der Erwerber die ErbSt nur durch Verkauf des Mietwohngrundstücks aufbringen kann. Nutzt der Erwerber ein Ein- oder Zweifamilienhaus oder Wohneigentum zu eigenen Wohnzwecken wird die ErbSt für die Dauer der Selbstnutzung gestundet, wenn die Nutzung zu eigenen Wohnzwecken innerhalb von zehn Jahren nach dem Erwerb aufgegeben wird.

Aufgaben zur Wiederholung und Vertiefung

1 Eine verstorbene Steuerpflichtige hinterlässt ihrer 32-jährigen Tochter folgende Vermögenswerte und Schulden:

1. ein Zweifamilienhaus auf einem 740 qm großen Grundstück, Bodenrichtwert 220 €/qm. Das Gebäude wurde im EG von der Erblasserin bewohnt. Im gleich großen Obergeschoss wohnt eine Freundin der Erblasserin für eine ermäßigte Miete von 600 € monatlich. Die übliche Miete für das EG kann mit 700 €/Monat angenommen werden. Der Grundbesitzwert beträgt 240.000 €.
   Die Tochter vermietet künftig auch das EG.
2. Hausrat, gemeiner Wert 60.000 €; Schmuck im Wert von 22.500 €,
3. Pkw, gemeiner Wert 18.000 €,
4. ein Wertpapierdepot mit 500 Aktien, Nennwert 5 €/Stück, Kurs 480; die Aktien wurden mit einem Bankdarlehen finanziert, das am Bewertungsstichtag mit 50.000 € valutierte, die rückständigen Darlehenszinsen betrugen 250 €,
5. Bankguthaben 20.180 € einschließlich Zinsen bis zum Todestag,
6. Bargeld 2.740 €; Schweizer Franken 1.800, Kurs 1,06,
7. Gewerbebetrieb, begünstigtes Betriebsvermögen 1.257.000 €.
8. Ferienhaus auf Mallorca, Herstellungskosten 240.000 €, Verkehrswert 380.000 €, Grundstückswert 190.000 €, (ganzjährig vermietet).

Berechnen Sie die Höhe der festzusetzenden Erschaftsteuer!

2 Im Januar 2023 verstarb der Steuerberater Dr. Weller, Lübeck. Er hinterließ eine Kanzlei und verschiedene andere Vermögenswerte. Erben sind seine 60-jährige Ehefrau Renate und sein 20-jähriger Neffe Bertram, der noch studiert. Zwischen den Eheleuten war Gütertrennung vereinbart.
Die Witwe erklärt folgende Vermögenswerte:

1. Einfamilienhaus in Lübeck: Verkehrswert 288.500 €. Auf dem Grundstück lastet am 01.01.2023 noch eine Hypothekenschuld von 60.000 €. Die am 31.12.2022 fälligen Darlehenszinsen von 1.800 € wurden noch nicht entrichtet. Die Witwe bewohnt weiterhin das EFH in Lübeck.
2. Mietwohngrundstück in Wismar mit 3 Wohnungen, Gesamtwohnfläche 330 m²: das Gebäude wurde 1959 fertiggestellt. Der dazugehörende Grund und Boden umfasst 540 qm, der Bodenrichtwert beträgt 180 €/qm. Die durchschnittliche Nettokaltmiete in den letzten Jahren betrug 30.492 €.
   Die Bewirtschaftungskosten sind mit 4.534 € anzusetzen. Der Liegenschaftszinssatz beträgt 3,5 %. Der anzuwendende Vervielfältiger ist 22,7.
3. Weller ermittelte den Gewinn seiner Kanzlei nach § 4 (3) EStG.
   Der Wert der Einrichtungsgegenstände beläuft sich laut Anlageverzeichnis zum 31.12.2022 auf 62.000 €, der gemeine Wert beträgt 90.000 €.
   Die Honorarforderungen betragen zum Bewertungsstichtag 49.300 €, davon sind 1.500 € uneinbringlich.
   Das Geschäftsbankkonto weist ein Guthaben von 11.320 € aus.
   Dem Verstorbenen gehörte ein Pkw, der zu 40 % für berufliche Zwecke und zu 60 % für private Zwecke genutzt wurde. Das Fahrzeug wurde nicht dem BV zugeordnet. Ein Gebrauchtwagenhändler bot für das Fahrzeug 18.000 €. Die sonstigen Verbindlichkeiten setzen sich zusammen aus:
   - LSt/KiSt für Dezember 2022 4.120 €
   - Sozialversicherungsbeiträge für Dezember 2022 9.320 €
   - USt für Dezember 2022 1.680 €.

4. Der Verstorbene hinterlässt ein privates Wertpapierdepot mit festverzinslichen Wertpapieren, Nennwert 175.000 €, Kurs 101,5 %; am 01.01.2023 sind 2.250 € Stückzinsen fällig.

5. Zum Nachlass gehört eine nicht begünstigte Gemäldesammlung. Die Anschaffungskosten betrugen 90.000 €, ein Sachverständiger schätzte den gemeinen Wert auf 220.000 €.

6. Der Erblasser hatte eine Kapitallebensversicherung über 200.000 € abgeschlossen, fällig bei Tod. Die bisher eingezahlten Beiträge belaufen sich auf 98.000 €, der Rückkaufswert wird von der Versicherung mit 146.000 € angegeben. Als Bezugsberechtigten hat der Verstorbene seinen Neffen benannt.

7. Als Nachlassverbindlichkeiten werden folgende Beträge geltend gemacht:

– Bestattungskosten	8.000 €
– Grabdenkmal	4.000 €
– Aufwendungen für die Nachlassregelung	4.500 €

8. Die Ehefrau bezieht seit dem Tod ihres Gatten aus dem Versorgungswerk der Steuerberater eine Witwenpension mit einem Jahreswert von 18.000 €.

   Wie hoch ist die zu entrichtende Erbschaftsteuer für die Witwe und für den Neffen?

3 Am 20.01.2023 starb der Landwirt Albert Braun. Seine Frau Alma (65) ist Alleinerbin. Die Eheleute lebten im Güterstand der Gütertrennung. Der Nachlass setzt sich wie folgt zusammen:

- Betrieb der Land- und Forstwirtschaft, Wirtschaftswert 800.000 €
- Mietwohngrundstück, Grundbesitzwert 240.000 €, Hypothekenschuld auf dem Grundstück 60.000 €
- Bargeld und Guthaben bei Kreditinstituten 147.850 € einschließlich Zinsansprüche bis zum Bewertungsstichtag
- Wertpapierdepot mit 200 Aktien, Kurswert 120 €; festverzinsliche Wertpapiere, Nennwert 90.000 €, Kurs 102 %, angefallene Stückzinsen bis zum Bewertungstichtag 750 €
- anteiliger Hausrat, gemeiner Wert 30.000 €
- Pkw, gemeiner Wert 25.000 €

Der Witwe steht mit dem Tod des Ehemanns eine Jahresrente von 9.600 € zu.
Berechnen Sie die zu zahlende Erbschaftsteuer.

4 Ferdinand Schmaldienst hinterlässt seiner Frau (60 Jahre alt) ein Geschäftsgrundstück, Grundbesitzwert 780.000 €, darauf lasten noch Schulden im Wert von 84.600 €, ein Bankguthaben einschließlich Zinsen von 120.000 € und ein Wertpapierdepot von 180.000 €. Frau Schmaldienst beglich 7.000 € Kosten für die Bestattung und ein angemessenes Grabdenkmal. Sie lässt das Grab von einem Friedhofsgärtner pflegen. Die jährlichen Grabpflegekosten belaufen sich auf 750 €. Die Ehegatten lebten im Güterstand der Zugewinngemeinschaft.

Für den Zugewinnausgleich machte Frau Sch. folgende Angaben:

	Herr Sch.	Frau Sch.
Anfangsvermögen	400.000 €	100.000 €
Endvermögen	1.200.000 €	300.000 €

Berechnen Sie die Zugewinnausgleichsforderung (= zusätzlicher steuerfreier Betrag) von Frau Schmaldienst und die zu begleichende Erbschaftsteuerschuld.

Stichwortverzeichnis

Abflussprinzip 192
Abgabenordnung 440 ff.
Abgabeschonfrist 159, 450
Abgeleitete Bewertungsmaßstäbe 487 f.
Abgeltungsteuer 262 ff., 398
Abhilfebescheid 475
Ablaufhemmung 460
Abschlusszahlung 430
Abschreibung
– linear 222 f.
– degressiv 223
– leistungsmäßig 225
– Sonderabschreibung 227 f.
Abziehbare Spenden bei der KSt 391
Abzug für L & F 291
Abzugsteuer 522
Abzugsumsätze 148
Änderung der BMG 123
Änderung von Steuerbescheiden 461 f.
Änderungssperre 463
Agenturgeschäfte 44
Altersentlastungsbetrag 291
Altersvorsorgeaufwendungen 312 f.
Altersvorsorgesparleistungen 321
Allgemeine Lohnsteuertabelle 364
Allgemeine Steuergesetze 22
Anbringungsbehörde 474
Anzeige des Erwerbs 525
Andere Verwaltungsanweisungen 22
Anforderungen an Rechnungen 135
Anlaufhemmung 460
Anmeldung und Abführung der LSt 381
Anschaffungskosten 199
Anschaffungskosten, nachträgliche 199
Anschaffungsnebenkosten 199
Anschaffungspreisminderungen 199
Antragsveranlagung 265
Anzeigepflicht 525
Arbeitsgebiete 25
Arbeitsmittel 258
Arbeitszimmer 258
Arten des Gewerbebetriebs 409
Artfortschreibung 495 f.
Aufbewahrungsfristen 455
Aufbewahrungspflichten 455
Aufhebung von Steuerbescheiden 461 f.
Aufmerksamkeit (USt) 50
Aufrechnung 468
Aufrechnungslage 468
Aufteilungsmaßstäbe 149
Aufteilung des Werts des BV 512 f.
Aufzeichnungspflichten 161 ff., 454
Ausbildungsfreibetrag 326 f.
Ausbildungsvergütungen 433
Ausfuhrlieferung 98 ff.
Ausgangsumsatzsteuer 32
Auskunftspflicht 454
Auskunftsverweigerungsrecht 455
Ausland 72
Ausschließliche Gesetzgebung 20
Ausschlussumsätze 148
Aussetzung der Vollziehung 477
Aussetzungszinsen 477
Außenprüfung 456
Außergerichtliches
Rechtsbehelfsverfahren 473
Außergewöhnliche Belastungen 322 ff.

Bannbruch 479
Baureife Grundstücke 490
Bebaute Grundstücke 490
Bedarfsbewertung 414, 497
Beförderung (USt) 42
Beförderungseinzelbesteuerung 163
Beförderungsleistungen, innergem. 91 ff.
Beförderungslieferung 42
Befugnis zur Hilfeleistung 27
Beginnfristen 449
Begriffe des Grundvermögens 490
Begünstigende
Steuerverwaltungsakte 444
Begünstigtes Vermögen 518
Behinderten-Pauschbeträge 328 f.
Behördliche Fristen 448
Beiträge 16
Bekanntgabeadressat 446
Bekanntgabe von
Steuerverwaltungsakten 445 ff.
Belastende Steuerverwaltungsakte 445
Bemessungsgrundlage
– Änderung 123
– Begriff 110 ff.
– innergemeinschaftlicher Erwerb 111 ff.
– Leistungen 112 ff.
– Tausch 122
– unentgeltliche Wertabgaben 113 ff.
Benutzungsgebühren 16
Berechnung der GewSt 429

Berechnung von Fristen 449 f.
Berechnungsmethoden für die GewSt-Rückstellung 435
Berichtigung der VSt 152
Berichtigung von Steuerbescheiden 461 f.
Berichtigungszeitraum 153
Berücksichtigung früherer Erwerbe 522
Berufsausbildung 300, 326 f.
Berufspflichten 28
Beschäftigung im Niedriglohnsektor 379 f.
Besitzsteuern 17
Besteuerung von Reiseleistungen 164
Besteuerungsanteil 278 f.
Besteuerungsgrenze 386
Besteuerungsgrundlage bei der GewSt 414
Besteuerungsgrundsätze 453
Besteuerungsverfahren (USt) 157 ff.
Besteuerungszeitpunkt 507
Beteiligte 455
Betreuungsfreibetrag 334
Betriebe verschiedener Art 408
Betriebsausgaben 192 ff.
Betriebseinnahmen 192 ff.
Betriebsfinanzamt 405
Betriebsstätte 409
Betriebsvermögen 188, 491, 517
Betriebsvermögensvergleich 190
Beweismittel 463
Bewertung 199 ff.
Bewertung bebauter Grundstücke 498
Bewertung der Einlagen 212
Bewertung der Entnahmen 210
Bewertung der Verbindlichkeiten 209
Bewertung des Anlagevermögens 206
Bewertung des Betriebsvermögens 199, 501 f.
Bewertung des Umlaufvermögens 208
Bewertung des Vermögensanfalls 510 f.
Bewertung
bebauter Grundstücke 498
unbebauter Grundstücke 497
Bewertung von Grundstücken 497 f.
Bewertungsabschlag 515
Bewertungsfreiheit für GWG 213
Bewertungsgegenstand 485
Bewertungsgesetz 485 ff.
Bewertungsgrundsätze 216
Bewertungsmaßstäbe 199, 487 f.
Bewertungsstetigkeit 216
Bewertungsstichtag 501
Bewertungsvorschriften 206
Bewirtungsaufwendungen (USt) 144
Bilanzberichtigung 219
Bilanzidentität 216
Bilanzänderung 219
Bilanzwertverfahren 499
Bodenrichtwert 497 f.
Buchführungspflichten 454
Bundesfinanzbehörden 24
Bundesfinanzhof 23
Bundessteuern 18

Damnum 415
Dauerfristverlängerung 158
Schulden 415 f.
– Entgelte für Schulden 415
Dienstreisen 145
Differenzbesteuerung 165
Direkte Steuern 18
Dividende 262 ff.
– Bardividende 263
– Nettodividende 263
Doppelte Haushaltsführung 258
Dreiecksgeschäfte, innergemeinschaftl. 89
Drittlandsgebiete 72
Durchführungsverordnungen 21
Durchlaufende Posten (USt) 113
Durchschnittsätze 141 ff.

Ehegattenveranlagung 337 f.
Eigenhandel 44
Einfuhr 36, 76
Einfuhrumsatzsteuer 75
Einheitlicher Gewerbebetrieb 408
Einheitswert 493
Einkommensteuertarif 339
Einkünfte aus Land- und Forstwirtschaft 241
Einkünfte aus Gewerbebetrieb 242 ff.
Einkünfte aus Kapitalvermögen 262 ff.
Einkünfte aus
– Leistungen 285
– selbstständiger Arbeit 248 ff.
– nichtselbstständiger Arbeit 251 ff.
Einkünfte aus Veräußerungsgeschäften 283 ff.
Einkünfte aus Vermietung und Verpachtung 271 ff.
Einkünfte aus wiederkehrenden Bezügen 278 f.
Einspruch 473 ff.

Einspruchsberechtigter 474
Einspruchsentscheidung 475
Einspruchsfrist 474
Einzelbekanntgabe 445
Einzelbewertung 216
Einzelkosten 203
Einzelsteuergesetz 22
Einzelveräußerungspreis 205
Einzelveranlagung 337 f.
Entgelt (USt) 74, 110
– vor Ausführung der Leistung 127
– vereinbart 126
– vereinnahmt 126
Entgelterhöhung 123
Entgeltminderung 123
Entlastungsbetrag für Alleinerziehende 293
Entnahmegewinn 211
Entstehung der Erbschaftsteuer 507
Entstehung der GewSt 429
Entstehung der Steuer 126 ff.
Erbfolge 74
Erbschaftsteuer 506 ff.
Ereignisfristen 449
Erfüllungsgeschäft 41
Erhaltungsaufwendungen 273
Erhebliche Härte 467
Erhebungsformen, ESt 181
Erhebungsverfahren 465 ff.
Erhebungszeitraum 426
Erlass 469
Erlassbedürftig 469
Erlassgründe 469
Erlassmaßnahmen 469
Erlasswürdig 469
Erlöschen des Steueranspruchs 468
Ermessensentscheidungen 442
Ermittlung der Gewerbesteuer 408
Ermittlung des Betriebsvermögens 501
Ermittlung des Einkommens bei der KSt 388 f.
Ermittlungsverfahren 453 ff.
Erstattungsanspruch 32
Erstattungszinsen 471
Ertragshoheit 18
Ertragswert 487
Ertragswertverfahren 498, 501
Erwerb, innergemeinschaftlich 36, 76 ff.
Erwerb von Todes wegen 506
Erwerbsschwelle 80
Erwerbsteuer 77
Exoten 80

Fälligkeit der Steuer 466
Fahrausweise (USt) 139 ff.
Fahrtenbuchregelung 116
Fahrzeuge 57
– Altfahrzeuge 115 ff.
– Besteuerung 57
– Neufahrzeuge 86, 115
– Unternehmensfahrzeuge 115
– Vorsteuerabzug 141 ff.
Fahrzeugeinzelbesteuerung 163
Faktorverfahren 362
Familienheim-Freibetrag 515
Fehlbetrag 427
Fehlerhafte Verwaltungsakte 447
Fehlmaßnahme 205
Fertigungsgemeinkosten 203
Festsetzungsfristen 460
Festsetzungsverfahren 457 ff.
Festsetzungsverjährung 460
Feststellung von Einheitswerten 493 ff.
Feststellungsarten 494 ff.
Feststellungsverfahren 457 ff.
Festwert 217
Fiktive Abzugssteuer 523
Finanzamt der Geschäftsleitung 441
Finanzgerichte 23, 476
Firmenwert 234
Folgebescheid 405
Folgen der Fristversäumnis 450
Formen des Gewerbebetriebs 410
Fortschreibungen 495
Fortschreibungszeitpunkt 495
Freibetrag 184
Freibeträge bei der
– ESt 175, 184, 255, 330
– ErbSt 515, 516, 520 f.
– GewSt 428
– KSt 397
– LSt 370 ff.
Freigrenze 184, 283
Freistellungsauftrag 263 f.
Freistellungsbescheid 458
Frist 448
– Berechnung von 448
– behördliche 448
– gesetzliche 448
Fristbeginn 449 f.
Fristdauer 449 f.
Fristen und Termine 448 ff.
Fristende 449 f.

Gebäude 490
Gebäudeabschreibung
– linear 232
– degressiv 233 f.
Gebundene Steuerverwaltungsakte 443
Gebühren 16
Gefährdung von Abzugsteuern 480
Gegenstandsentnahme 49 f.
Gegenstandszuwendung 48, 50
Geldbeschaffungskosten 200, 203
Geldbuße 480
Geldwerter Vorteil 252
Gemeindesteuern 18
Gemeiner Wert 487
Gemeinkosten 203
Gemeinschaftsgebiet 72 f.
Gemeinschaftsteuern 18
Gemischt genutztes Grundstück 491
Gerichtliches Rechtsbehelfsverfahren 475 f.
Geringfügiges Beschäftigungsverhältnis 379
Geringwertige Wirtschaftsgüter 213 ff.
Geschäftsbetrieb, wirtschaftlicher 387, 410
Geschäftsgrundstück 491
Geschäftsreisen 145
Gesetzgebungshoheit 20
Gesetzliche Fristen 448
Gesetzmäßigkeit der Besteuerung 453
Gewerbebetrieb
– einheitlicher 408
– kraft Rechtsform 410
– kraft gewerblicher Betätigung 410
– kraft wirtschaftlichen Geschäftsbetriebs 410
– stehender 409
Gewerbeertrag 414 f.
Gewerbesteuer 404 ff.
Gewerbesteuer-Abschlusszahlung 430
Gewerbesteueranrechnung 342, 431
Gewerbesteuer-Rückstellung 435 ff.
Gewerbesteuerpflicht 408 ff.
– Beginn und Ende 411
Gewerbesteuervorauszahlungen 430
Gewerbeverlust 427
Gewerbsmäßiger Schmuggel 479
Gewerbsmäßige Steuerhinterziehung 479
Gewinnermittlungsarten 187
Gewinnermittlungszeitraum 187, 388
Gewöhnlicher Aufenthalt 182
Gleichmäßigkeit der Besteuerung 453
Grobes Verschulden 463
Grundbesitz 490, 493, 494
Grundformen der Lieferung 42 ff.
Grundgeschäft 70
Grundlagenbescheid 405
Grundsätze der Besteuerung 453
Grundsatz der
– Bilanzidentität 216
– Einzelbewertung 216
– Fortführung der Unternehmertätigkeit 216
– periodengerechten Abgrenzung 216
– Stetigkeit der Bewertungsmethoden 216
– Vorsicht 216
Grundstücke
– baureife 490
– bebaute 490
– unbebaute 490
– sonstige bebaute 491
Grundstücksarten 491
Grundstückswert 497
Grundtabelle 336 f.
Grundtabelle 339
Grundvermögen 489 f.
Grundversorgung 312
Gruppenbewertung 217
Günstigerprüfung 265, 334

Halbunternehmer 80
Härteausgleich 336
Hauptfeststellung 494
Hauptfeststellungszeitpunkt 494
Hauptfeststellungszeitraum 494
Haushaltsnahe Dienstleistungen 343 f.
Hebesatz 429
Hemmung 470
Herstellungsaufwendungen 273 f.
Herstellungskosten 202
Hilfeleistung in Steuersachen 27
Hilfsgeschäft 70
Hinterbliebenen-Pauschbetrag 328 f.
Hinzurechnungen, Gewerbeertrag 415 ff.
Hinzurechnungsbetrag 373
Höchstwertprinzip 209
Höherer Teilwert 209
Horizontaler Verlustausgleich 288

Identifikationsnummer 93
Immaterielle Wirtschaftsgüter 234

Imparitätsprinzip 216
Indirekte Steuern 18
Inhaltsadressat 446
Inland 71, 182, 383
Inländer 507
Innenumsatz 37
Innergemeinschaftliche
- Beförderungsleistungen 90 ff.
- Dreiecksgeschäfte 89
- Erwerb 36, 77 ff.
- Lieferung 100
- Warenumsätze 78 ff.
Innergemeinschaftliches Verbringen 79
innergemeinschaftlicher Fernverkauf 82 f.
Investitionsabzugsbetrag 229 f.
Istbesteuerung 126

Jahresmiete 498

Kapitalertragsteuer 263
Kapitalwert 487 f.
Karenzbetrag 325 f.
Kinder 331 ff.
Kinderbetreuungskosten 310, 345
Kinderfreibetrag 332 f.
Kindergeld 332 f.
Kirchensteuer 298
Kleinbetragsgrenze 525
Kleinbetragsrechnung 135
Kleinunternehmer 166 ff.
Körperschaftsteuer 382 ff.
Körperschaftsteuerpflicht 382 ff.
Kommissionsgeschäfte 44
Konkurrierende Gesetzgebung 20
Kontokorrentschulden 415
Kontrollmitteilungen 456
Korrekturvorschriften für Steuerbescheide 461
Kosten 15
Kosten der Lebensführung 239
Kostenpauschale 325
Kürzungen, Gewerbeertrag 420 ff.
Kurswert 487 f.

Lagefinanzamt 441 f.
Land- und forstwirtschaftl. Vermögen 489
Landesfinanzbehörden 24
Landessteuern 18
Laufender Arbeitslohn 371
Leichtfertige Steuerverkürzung 480
Leistungen (USt) 37 ff.
- an Personal 48 ff.
- im betrieblichen Interesse 50
Leistungsaustausch 74 f.
Lieferfiktion 79, 100
Liefergegenstand 39
Lieferschwelle 83
Lieferung 39 ff.
- innergemeinschaftlich 100
- innergemeinschaftl. von neuen Fahrzeugen 86 f.
- Ort 51
Lifo-Verfahren 217
Lohnsteuer 359 ff.
Lohnsteuerabzugsmerkmale 366
Lohnsteuer-Jahresausgleich durch den AG 375
Lohnsteuerermäßigungsverfahren 369
Lohnsteuerklassen 361
Lohnsteuertabellen 364
Lohnzahlungszeitraum 360

Materialeinzelkosten 203
Materialgemeinkosten 203
Maßgebender Gewerbeertrag 426
Maßgebender Arbeitslohn 360
Maßgeblichkeitsgrundsatz 215
Meldepflicht (USt) 162
Merkmale eines Gewerbebetriebs 408
Mietwohngrundstück 491
Mindest-Ist-Besteuerung 127
Mindestbemessungsgrundlage 119 f.
Mindestwert 499
Mischumsätze 148
Mitgliedsbeiträge, echte 74, 306
Mittelbehörden 24
Mitwirkungspflichten 454

Nachfeststellung 496
Nachforderungszinsen 471
Nachhaltigkeit 66
Nachlassverbindlichkeiten 509
Nachteilsausgleich 211
Nebengeschäft 70
Nebenleistung 38
Nennwert 487 f.
Nicht abziehbare Aufwendungen bei der KSt 392 f.
Nicht abziehbare Vorsteuern 146 ff.

Nichtige Verwaltungsakte 440
Nichtveranlagungsbescheid 458
Nichtveranlagungsbescheinigung 263
Niederstwertprinzip
– eingeschränktes 206
– uneingeschränktes 208
Niedriglohnsektor 379
Nutzungsentnahmen 210

Objektsteuern 17
Öffentlich rechtliche Abgaben 14
Öffentliches Recht 13
Örtliche Zuständigkeit 441 f.
Offenbare Unrichtigkeit 461
Option auf
– Erwerbsschwelle 80 f.
– Lieferschwelle 83 f.
– Steuerbefreiung 97, 101 f.
Organschaft (USt) 67
Ort der Lieferung 51 f.
Ort der sonstigen Leistung 58 ff.

Parteispenden 306 ff.
Partiarisches Darlehen 264
Partielle Steuerpflicht 384
Pauschalabgaben 379
Pauschalierung der Lohnsteuer 377 ff.
Pauschbetrag Erbschaftsteuer 508
Pauschsteuersätze 373 f.
Periodengerechte Abgrenzung 206
Personensteuern 19
Persönliche Freibeträge 520
Pflege-Pauschbetrag 329 f.
Pflichten des Finanzamts 453
Pflichten des Steuerbürgers 453 ff.
private Veräußerungsgeschäfte 265
Privatvermögen 188
Progressionsvorbehalt 340
Prüfungsanordnung 456
Prüfungsbericht 456
Prüfungsgrundsätze 456

Rahmen des Unternehmens 71
Realisationsprinzip 216
Realsteuern 17
Realsplitting 281
Rechnungen, Anforderungen 135
Rechnungsarten 135
Rechnungsmängel 136
Rechtliches Gehör 453
Rechtsbehelfe, GewSt 405
Rechtsbehelfsverfahren 473 ff.
Rechtsgrundlagen
– ESt 179
– KSt 382
– GewSt 404
– USt 30
Rechtsverstöße im Steuerrecht 479 ff.
Regelsteuersatz 108
Reihengeschäft 53
Reisegewerbebetrieb 409
Reisekosten (USt) 144
Reiseleistungen 164
Renten 278 ff., 298
Reverse-Charge-Verfahren 130
Richtlinien 21
Rückgabe/Rücknahme (USt) 46
Rückkaufswert 487 f.
Rücklieferung 47
Rücknahmepreis 487 f.
Rückwirkungsverbot 393
Rumpfwirtschaftsjahr 426

Sachbezugswerte 252
Sachen 39
Sachentnahmen 210
Sachgebiete 25
Sachgesamtheit 39
Sachliche Steuerbefreiung 515
Sachliche Zuständigkeit 440
Sachsteuern 19
Sachwertverfahren 499
Sachzuwendungen an AN 50, 249 f.
Säumniszuschläge 15, 451
Sammelbewertung 217
Sammelposten 214 f.
Schadenersatz 74
Schenkung 74
Schenkungen 506
Schlussbesprechung 456
Schonfrist 451
Schulgeld 301
Schuldzinsen 264
Schwellenerwerber 80
Selbstständigkeit 68
Selbstanzeige 481
Sitz 383
Solidaritätszuschlag 263, 376 f.
Sollbesteuerung 126
Sonder-AfA § 7b 274
Sonderausgaben 297 ff.
Sondereinzelkosten der Fertigung 202
Sonstige Bezüge 360
Sonstige Einkünfte 278 ff.

Sonstige Leistung 54
– Ort der sonstigen Leistung 58 ff.
Sonstiges Vermögen 510
Sonstige Vorsorgeaufwendungen 312, 316
Sparer-Pauschbetrag 263 f.
Spekulationsgeschäft 283 f.
Spenden 302 ff., 391, 422
Splittingtabelle 337 f.
Stehender Gewerbebetrieb 409
Steueranmeldung 459
Steueraufkommen
– ESt 179
– GewSt 404
– KSt 382
– USt 29
Steuerbare Umsätze 35 ff.
Steuerbefreiungen bei der
– ESt 184 f.
– ErbSt 515 ff.
– GewSt 413
– KSt 386
– USt 95 ff.
Steuerbescheide u. Rechtsbehelfe, GewSt 406
Steuerbilanzwert 487
Steuerentstehung 126 ff., 507
– innergemeinschaftlicher Erwerb 128
– Leistungen 126
– unrichtiger Steuerausweis 129
Steuererklärung Erbschaftsteuer 525
Steuererklärungspflicht 454
Steuerermäßigung für energetische Maßnahmen 345
Steuerfestsetzung unter Vorbehalt der Nachprüfung 459
Steuerfreie Umsätze
– mit VSt-Abzug 96
– ohne VSt-Abzug 96
Steuergefährdung 480
Steuergegenstand bei der GewSt 408
Steuergerichte 23
Steuergesetze 21
Steuergesetzgebung 20
Steuerhehlerei 479
Steuerhinterziehung 479
Steuerklassen Erbschaftsteuer 519
Steuerklassenkombination 362
Steuerliche Nebenleistungen 15
Steuerliche Rechtsgrundlagen 21
Steuerliches Einlagenkonto 401
Steuermesszahl, Steuermessbetrag 428
Steuern 15
Steuerordnungswidrigkeiten 480
Steuerpflicht
– Einkommensteuer
– beschränkte 184 f.
– unbeschränkte 182 ff.
– Gewerbesteuer 408 ff.
– sachliche 411
– persönliche 412
– Körperschaftsteuer 383
– beschränkte 384
– unbeschränkte 383 f.
Steuerpflicht bei Erbschaftsteuer 506
– beschränkte/unbeschränkte 507
Steuerpflichtiger Erwerb 508
Steuersätze
– Entwicklung 29
– ErbSt 521
– ermäßigter 108 f.
– Körperschaftsteuer 396
– Land- und Forstwirtschaft 108
– Umsatzsteuer 108
Steuerschuldner bei der
– GewSt 412
– LSt 360
– USt 32, 130 ff.
Steuerschuldner Erbschaftsteuer 525
Steuerstraftaten 479
Steuersätze Erbschaftsteuer 521
Steuersatz KSt 396
Steuerverwaltung 24
Steuerverwaltungsakte 443 ff.
– begünstigende 444
– belastende 444
– gebundene 444
– Form und Inhalt 444 f.
Steuerverwaltungshoheit 24
Stille Gesellschaft 244, 263
Stiller Gesellschafter
– atypischer 244, 417
– typischer 244, 417
Strafe 479
Stundung 467
Stundung Erbschaftsteuer 525
Stundungsverfahren 467
Stundungszinsen 467
Säumniszuschlag 451
Säumniszuschläge 15

Tätigkeitsfinanzamt 441 f.
Tätigkeitsstätte 145
Tarifbelastung 396

Tatsachen 463
Tausch 45
Tauschähnlicher Umsatz 45
Teilleistung 38
Teilpauschalierung 142
Teilwert 204, 478
Teilwertabschreibung 205
Teilwertvermutungen 205
Termin 450

Überschussrechnung 192 ff.
Umfang des Grundvermögens 490
Umgekehrte Maßgeblichkeit 215
Umlaufvermögen 208
Umsätze
– heilberuflicher Tätigkeiten 105 ff.
– in ausländischer Währung 113
– in Freihafen 72
– steuerbar 35 ff.
– steuerfrei 95 ff.
Umsatzsteuer
– Aufkommen, Entwicklung 29
– Bedeutung 30
– Berechnungsschema 34
– Entstehung 126
– Erklärung 159
– Identifikationsnummer 93
– Jahreserklärung 163
– Rechtsgrundlagen 30
– System 31 ff.
– Wesen 30
– Schuld 32
– Schuldner 130
– Voranmeldung 157
Voranmeldungszeiträume 127
Umschlagsleistungen, innergemeinschaftl. 91
Umtausch 46
Umzugskosten 146
Unbebaute Grundstücke 490
Unterbrechung 470
Unterhaltsaufwendungen 325 f.
Unterhaltsleistungen 281, 299
Unternehmen
– Umfang 68 ff.
– im Rahmen des Unternehmens 71
Unternehmensgleichheit 426
Unternehmensveräußerung 36
Unternehmer 66 ff.
Unternehmergleichheit 428
Untersuchungsgrundsatz 453
Untätigkeitseinspruch 473
Unzulässiger Erwerb von Steuererstattungsansprüchen 480
Ursprüngliche Bewertungsmaßstäbe 487

Valutaverbindlichkeiten 209
Veranlagungsarten 337 f.
Veräußerungsgeschäfte 266 f., 283
Veräußerungsgewinn 244, 249, 266, 283
Verbrauchsteuern 17
Verbrauchsteuerpflichtige Waren 87 f.
Verbringen
– innergemeinschaftlich 80
– rechtsgeschäftslos 43
Verdeckte Einlage 395
Verdeckte Gewinnausschüttungen 394
Vereinfachungsregel 222 f.
Verfügungsmacht 40 ff.
Vergleichswertverfahren 498
Verkehrsteuern 17
Verletzung von Pflichten 455
Verlustabzug 296
Verlustausgleich 288 f.
Vermietungs-, Verpachtungsumsätze 101 ff.
Verminderter Wertansatz § 13a ErbStG 516
Vermittlungsleistungen, innergemeinschaftl. 91
Vermögensarten 479
Verpflichtungsgeschäft 41
Versandhandel 81
Versendung, Begriff 42
Versorgungsbezüge 253
Versorgungsfreibetrag 255 f.
Versorgungsfreibeträge 520
Verspätungszuschlag 450
Verspätungszuschläge 15
Vertikaler Verlustausgleich 288
Vertretbare Sache 39
Vertriebskosten 202
Verwaltung der GewSt 405
Verwaltungsakte 443 f.
Verwaltungsfinanzamt 441
Verwaltungsgebühren 16
Verzinsung von Steuern 471
Vollpauschalierung 142
Vollschätzung 455
Vorabzurechnung 513
Voranmeldungszeitraum 127
Vorauszahlung, GewSt 430
Vorbehaltsfestsetzung 459

Vorgesellschaft 385
Vorgründungsgesellschaft 385
Vorläufige Festsetzung 460
Vorsicht 216
Vorsorgeaufwendungen 312 ff.
Vorsorgepauschale 318 ff.
Vorsteuerabzug 133 ff.
– Anschaffung von Fahrzeugen 141
– Ausschluss 143
– Begriff 32
– Bewirtungsaufwendungen 144
– Durchschnittsätze 141 ff.
– Einfuhr 138
– Fahrausweise 139 f.
– Geschenke 144
– innergemeinschaftlicher Erwerb 138
– Kleinbetragsrechnungen 139
– Leistungen 133
– Reisekosten 145 ff.
Vorsteuer
– Abzugsverbot 143 ff., 147
– Aufteilung 148 ff.
– Berichtigung 152 ff.
Vorteilsgewährung 395

Warenumsätze, innergemeinschaftl. 78 ff.
Werbungskosten 237 ff., 272, 274
Werbungskostenpauschbeträge 238
Werkleistung 64 f.
Werklieferung 64 f.
Wertabgaben, 47 ff., 56
– Bemessungsgrundlage 113 ff.
– unentgeltliche 47 ff., 56
Wertansätze 500 f.
Wertaufhellungsprinzip 216
Wertaufholungsgebot 206
Wertfortschreibung 495
Wertfortschreibungsgrenzen 495
Wertminderung wegen Alters 499
Wertzusammenhang, eingeschränkter 209
Wiederbeschaffungskosten 204
Wiedereinsetzung in den vorigen Stand 452
Wirtschaftliche Einheit 485 f.
Wirtschaftlicher Geschäftsbetrieb 386, 410
Wirtschaftsjahr 426
Wohnsitzfinanzamt 441

Zahllast 32
Zahlung 468
Zahlungsart 468
Zahlungstag 468
Zahlungsverjährung 470
Zerlegung – Voraussetzungen 432
Zerlegung des Steuermessbetrags 432 ff.
Zerlegungsanteil 432 f.
Zertifikate 267
Zerlegungsmaßstab 432
Zinsen 15, 471
Zufluss des Arbeitslohns 360 f.
Zuflussprinzip 192, 262
Zurechnungsfortschreibung 495 f.
Zusammenfassende Meldung 94
Zusammenveranlagung 337 f.
Zuschätzung 455
Zuschreibung 206
Zuschlag zum Versorgungsfreibetrag 256
Zuschüsse 112
Zuständigkeit der Finanzbehörden 440 ff.
– örtliche 441
– sachliche 440
Zuständigkeiten, GewSt 405
Zwangsgelder 15
Zweckbetrieb 386
Zweckbetriebsgrenze 386
Zweckzuwendungen 506